ACCESO GRATIS a la Lectura en la Nube

Para visualizar el libro electrónico en la nube de lectura envíe junto a su nombre y apellidos una fotografía del código de barras situado en la contraportada del libro y otra del ticket de compra a la dirección:

ebooktirant@tirant.com

En un máximo de 72 horas laborables le enviaremos el código de acceso con sus instrucciones.

La visualización del libro en **NUBE DE LECTURA** excluye los usos bibliotecarios y públicos que puedan poner el archivo electrónico a disposición de una comunidad de lectores. Se permite tan solo un uso individual y privado

La posición de la persona jurídica en el proceso penal

La posición de la persona jurídica en el proceso penal

ÍÑIGO ZAPATERO MORÁN

tirant lo blanch
Valencia, 2025

En caso de erratas y actualizaciones, la Editorial Tirant lo Blanch publicará la pertinente corrección en la página web www.tirant.com.

Colección:
"Corrupción, crimen organizado y delincuencia económica"

Dirigida por:
NICOLÁS RODRÍGUEZ-GARCÍA
Catedrático de Derecho Procesal - Universidad de Salamanca
(ORCID ID: 0000-0003-0045-796X)

EDITA: TIRANT LO BLANCH
C/ Artes Gráficas, 14 - 46010 - Valencia
TELFS.: 96/361 00 48 - 50
FAX: 96/369 41 51
Email:tlb@tirant.com
www.tirant.com
Librería virtual: www.tirant.es
DEPÓSITO LEGAL: V-1476-2025
ISBN: 978-84-1095-506-6
MAQUETA: Tink Factoría de Color

ÍNDICE

ABREVIATURAS 13

PRÓLOGO 15

INTRODUCCIÓN 19

Capítulo I. MARCO REGULADOR DE LA RESPONSABILIDAD PENAL DE LAS PERSONAS JURÍDICAS EN EL CÓDIGO PENAL ESPAÑOL 25

1. BREVE CONTEXTUALIZACIÓN 25
2. LA RESPONSABILIDAD PENAL DE LAS PERSONAS JURÍDICAS EN EL CÓDIGO PENAL 26
   2.1. Configuración de la responsabilidad penal de las personas jurídicas 29
   2.2. Modificaciones más relevantes introducidas por la Ley Orgánica 1/2015, de 30 de marzo 32
      2.2.1. Requisito del beneficio directo o indirecto 35
      2.2.2. Personas físicas capaces de responsabilizar penalmente a las personas jurídicas 39
      2.2.3. Ausencia de control respecto de los sujetos subordinados a las personas comprendidas en la letra a) del art. 31 bis 1 del Código Penal 49
      2.2.4. El nacimiento de los *compliance program* y los requisitos del programa de organización y gestión del apartado 5 del artículo 31 bis del Código Penal 52
      2.2.5. Sociedades de pequeñas dimensiones 63
   2.3. Críticas al sistema de atribución de responsabilidad penal a las personas jurídicas 70
3. CRITERIOS INTERPRETATIVOS DE LA FISCALÍA GENERAL DEL ESTADO Y EL TRIBUNAL SUPREMO ANTE LA RESPONSABILIDAD PENAL A LAS PERSONAS JURÍDICAS VIGENTE EN EL CÓDIGO PENAL 75
   3.1. Posición de la Fiscalía General del Estado 77
   3.2. Posición del Tribunal Supremo 81
4. RECAPITULACIÓN 85

Capítulo II. SISTEMAS TEÓRICOS DE ATRIBUCIÓN DE RESPONSABILIDAD PENAL A LAS PERSONAS JURÍDICAS ... 91

1. INTRODUCCIÓN ... 91
2. MODELO DE HETERORRESPONSABILIDAD O RESPONSABILIDAD VICARIAL ... 93
   2.1. El principio de legalidad como límite y piedra angular del modelo ... 93
   2.2. Requisitos cuya concurrencia debe acreditarse para responsabilizar penalmente a las personas jurídicas. Art. 31 bis 1 CP ... 96
   2.3. Corriente doctrinal favorable al modelo de la heterorresponsabilidad ... 103
   2.4. Críticas al modelo de heterorresponsabilidad ... 108
3. MODELO DE AUTORRESPONSABILIDAD O RESPONSABILIDAD POR EL HECHO PROPIO ... 112
   3.1. Capacidad de actuación de la persona jurídica ... 121
   3.2. Los elementos del delito en la persona jurídica ... 129
      3.2.1. La conducta típica cometida por la persona jurídica. Su participación en el delito ... 132
      3.2.2. Culpabilidad de la persona jurídica ... 136
   3.3. Principio de personalidad de las penas ... 153
      3.3.1. Finalidad de las penas ... 155
      3.3.2. Las personas jurídicas como sujetos capaces de ser penados ... 158
4. TOMA DE POSTURA: PROPUESTA DE UN MODELO DE ATRIBUCIÓN DE RESPONSABILIDAD PENAL A LAS PERSONAS JURÍDICAS ... 164
   4.1. La cooperación necesaria ... 164
   4.2. La omisión ... 168
   4.3. Teoría de la imputación objetiva de resultado ... 171
   4.4. Propuesta de un modelo teórico de atribución de responsabilidad penal a las personas jurídicas ... 176
5. RECAPITULACIÓN ... 185

Capítulo III. TRIBUNALES COMPETENTES PARA LA INSTRUCCIÓN Y EL ENJUICIAMIENTO DE LAS PERSONAS JURÍDICAS ... 195

1. LA JURISDICCIÓN ... 196
   1.1. Criterios para el conocimiento de delitos cometidos en el extranjero ... 198
      1.1.1. Principio de personalidad ... 198
      1.1.2. Principio real, de protección o de defensa y principio de justicia universal ... 209

2. COMPETENCIA ... 215
   2.1. Competencia objetiva ... 215
      2.1.1. Tribunal del Jurado ... 218
      2.1.2. Audiencia Nacional ... 222
   2.2. Competencia territorial ... 224
3. PROCEDIMIENTOS PENALES ADECUADOS PARA EL ENJUICIAMIENTO DE PERSONAS JURÍDICAS ... 228
   3.1. Procedimiento penal en función de la materia ... 228
   3.2. Procedimiento penal en función de la pena en abstracto del delito ... 231
   3.3. Delitos conexos ... 235
4. RECAPITULACIÓN ... 236

Capítulo IV. LA IMPUTACIÓN DE LA PERSONA JURÍDICA EN EL PROCEDIMIENTO PENAL ... 241

1. MOMENTO PROCESAL OPORTUNO PARA REALIZAR LA IMPUTACIÓN A LA PERSONA JURÍDICA ... 244
2. PRINCIPIO DE OPORTUNIDAD Y RESPONSABILIDAD PENAL DE PERSONAS JURÍDICAS ... 255
   2.1. El principio de oportunidad como oposición al principio de legalidad en nuestro ordenamiento jurídico ... 256
   2.2. Elementos a favor de la introducción del principio de oportunidad ... 261
      2.2.1. La evitación de daños a la imagen y la reputación de la persona jurídica ... 261
      2.2.2. La incentivación para la elaboración de programas de cumplimiento ... 263
      2.2.3. La colaboración con la Justicia ... 266
      2.2.4. La agilización de la Justicia y el ahorro de costes para el Estado ... 274
   2.3. Efectos de la introducción del principio de oportunidad en la defensa del interés público como elementos negativos para su aplicación ... 277
   2.4. Discriminación en favor de las multinacionales y empresas de gran tamaño ... 282
3. ACTO DE IMPUTACIÓN DE LA PERSONA JURÍDICA ... 284
   3.1. Medidas coercitivas para asegurar la presencia de la persona jurídica en el procedimiento penal ... 289
   3.2. Tramitación del procedimiento penal con la persona jurídica investigada en rebeldía ... 291
   3.3. Lugar de citación de la persona jurídica y persona responsable de recibir la misma ... 294

4. LA PERSONA JURÍDICA COMO IMPUTADA Y COMO PARTE ACUSADORA EN UN MISMO PROCEDIMIENTO PENAL 305
5. RECAPITULACIÓN 313

Capítulo V. EL REPRESENTANTE ESPECIALMENTE DESIGNADO DE LA PERSONA JURÍDICA 321

1. LA FIGURA DEL REPRESENTANTE ESPECIAL COMO DERECHO A LA AUTODEFENSA DE LA PERSONA JURÍDICA 323
   1.1. Utilidad de la declaración del representante especialmente designado para la defensa de los intereses de la persona jurídica 328
   1.2. Efectos jurídicos de la no designación del representante especialmente designado 331
2. PERSONAS FÍSICAS CAPACES DE REPRESENTAR A LA PERSONA JURÍDICA EN EL PROCEDIMIENTO PENAL 338
3. LA PERSONA FÍSICA COMO REPRESENTANTE ESPECIALMENTE DESIGNADO Y COMO TESTIGO. POSIBLE CONFLICTO DE INTERESES 346
4. SUSTITUCIÓN DEL REPRESENTANTE ESPECIALMENTE DESIGNADO 355
5. PERSONAS FÍSICAS CON CAPACIDAD DE DECISIÓN RESPECTO DE QUIÉN VA A SER EL REPRESENTANTE DE LA PERSONA JURÍDICA EN EL PROCEDIMIENTO PENAL 363
6. RECAPITULACIÓN 372

Capítulo VI. DERECHOS DE LOS QUE LA PERSONA JURÍDICA ES TITULAR: ESPECIAL ATENCIÓN A LOS DERECHOS A LA NO AUTO INCRIMINACIÓN, LA INVIOLABILIDAD DOMICILIARIA Y AL SECRETO DE LAS COMUNICACIONES 381

1. CONSIDERACIONES PREVIAS 381
2. CONFLICTO SOBRE LA TITULARIDAD DE DERECHOS POR PARTE DE LAS PERSONAS JURÍDICAS 382
   2.1. Origen del reconocimiento de las personas jurídicas como titulares autónomas de derechos en general 382
   2.2. Conflicto doctrinal sobre la titularidad por parte de las personas jurídicas de determinados derechos 384
   2.3. Postura del Tribunal Supremo y método de traslación de derechos a las personas jurídicas 386
   2.4. La titularidad de derechos por parte de las personas jurídicas en función de las penas imponibles a las mismas 390

2.5. Consecuencias derivadas de la no equiparación de derechos entre las personas físicas y las jurídicas 393
3. DERECHO A LA NO AUTO INCRIMINACIÓN 398
3.1. Personas físicas pertenecientes a la persona jurídica titulares del derecho a la no auto incriminación 400
3.1.1. Teorías extremistas sobre la extensión del derecho a la no auto incriminación 402
3.1.2. Teoría intermedia sobre la extensión del derecho a la no auto incriminación 405
3.1.3. El abogado interno de la persona jurídica y el *compliance officer*, y su capacidad para reivindicar el derecho a la no auto incriminación de la entidad colectiva 410
3.1.3.1. Abogado interno de la persona jurídica 411
3.1.3.2. Compliance Officer 416
3.2. La negativa a aportar documentos como vertiente del derecho a la no auto incriminación 422
3.2.1. Origen de la cuestión y planteamientos jurisprudenciales y doctrinales 426
3.2.1.1. Tesis de la preexistencia, la predeterminación normativa y la certeza 428
3.2.1.2. Tesis de la accesibilidad 430
3.2.1.3. Conclusiones sobre las teorías doctrinales analizadas 432
3.2.2. La tardía imputación de la persona jurídica como posible vulneración de su derecho a la no auto incriminación y la obligación o posibilidad de presentar el programa de cumplimiento al procedimiento penal.. 435
3.2.3. Personas físicas indicadas para atender el requerimiento documental efectuado por la autoridad judicial 441
3.3. Breve reflexión sobre las consecuencias de la utilización del presente derecho 445
4. DERECHO A LA INVIOLABILIDAD DOMICILIARIA Y AL SECRETO DE LAS COMUNICACIONES 448
4.1. Inviolabilidad domiciliaria 449
4.2. Secreto de las comunicaciones 459
5. RECAPITULACIÓN 462

Capítulo VII. LA CARGA DE LA PRUEBA EN EL PROCEDIMIENTO PENAL SEGUIDO FRENTE A PERSONAS JURÍDICAS, MEDIDAS CAUTELARES ADOPTABLES FRENTE A ELLAS Y LA INSTITUCIÓN DE LA CONFORMIDAD 467

1. CONSIDERACIONES INICIALES 467

2. LA CARGA PROBATORIA EN LOS PROCEDIMIENTOS PENALES SEGUIDOS CONTRA PERSONAS JURÍDICAS 468
   2.1. Breve contextualización del conflicto 471
   2.2. Posición del Tribunal Supremo, de la Fiscalía General del Estado y de la corriente doctrinal mayoritaria 472
   2.3. Toma de postura 478
   2.4. Estrategia defensiva de la persona jurídica 484
3. LAS MEDIDAS CAUTELARES: ESPECIAL ANÁLISIS A LA MEDIDA DE INTERVENCIÓN JUDICIAL 487
   3.1. Contextualización: procedimiento y momento procesal oportuno para la adopción de medidas cautelares frente a personas jurídicas 487
   3.2. Clausura de locales o establecimientos y suspensión de actividades 495
   3.3. La intervención judicial de la persona jurídica investigada ... 499
4. CONFORMIDAD DE LAS PERSONAS JURÍDICAS CON LOS HECHOS OBJETO DE INVESTIGACIÓN 509
   4.1. Breve contextualización 509
   4.2. El representante especialmente designado 513
   4.3. La falta de unanimidad en la prestación de la conformidad . 517
5. RECAPITULACIÓN 522

BIBLIOGRAFÍA 529

JURISPRUDENCIA 543

NORMATIVA 547

INFORMES Y CIRCULARES 551

ABREVIATURAS

AAN	Auto de la Audiencia Nacional
AN	Audiencia Nacional
AP	Audiencia Provincial
Art./Arts.	Artículo/Artículos
ATC	Auto del Tribunal Constitucional
CC	Código Civil
CE	Constitución Española
CNMV	Comisión Nacional del Mercado de Valores
CP	Código Penal
CPP	Código Procesal Penal
DM	Decisión Marco
DP	Diligencias Previas
EOMF	Estatuto Orgánico del Ministerio Fiscal
EM/EEMM	Estado Miembro/Estados Miembros
FE	Fiscalía Europea
FGE	Fiscalía General del Estado
FJ	Fundamento Jurídico
ISO	Organización Internacional de Estandarización
IVA	Impuesto sobre el Valor Añadido
JAI	Consejo de Justicia y Asuntos de Interior
JCI	Juzgado Central de Instrucción
JI	Juzgados de Instrucción
JP	Juzgado de lo Penal
JUR	Repertorio de Jurisprudencia de Aranzadi
LEC	Ley de Enjuiciamiento Civil
LECrim	Ley de Enjuiciamiento Criminal
LO/LLOO	Ley Orgánica/Leyes Orgánicas
LOPJ	Ley Orgánica del Poder Judicial
LOTJ	Ley Orgánica del Tribunal del Jurado

LSC	Ley de Sociedades de Capital
MF	Ministerio Fiscal
Op. Cit.	Opus Citatum
Pág./Págs.	Página/Páginas
PJ	Persona jurídica
RAE	Real Academia Española
RCL	Repertorio Cronológico Legislación
RPPJ	Responsabilidad penal personas jurídicas
RTC	Repertorio del Tribunal Constitucional
SAP	Sentencia de la Audiencia Provincial
Ss.	Siguientes
STC	Sentencia del Tribunal Constitucional
STEDH	Sentencia del Tribunal Europeo de Derechos Humanos
STJCE	Sentencia del Tribunal de Justicia de las Comunidades Europeas
STS	Sentencia del Tribunal Supremo
STSJ	Sentencia del Tribunal Superior de Justicia
TC	Tribunal Constitucional
TEDH	Tribunal Europeo de Derechos Humanos
TIC	Tecnologías de la Información y las Comunicaciones
TJ	Tribunal del Jurado
TS	Tribunal Supremo
UE	Unión Europea
UNE	Asociación Española de Normalización

PRÓLOGO

La obra que tengo el honor de prologar es el resultado de un exhaustivo y riguroso trabajo de investigación realizado por Íñigo Zapatero. Sin duda, constituye una valiosa contribución a la teoría y la práctica del Derecho en el abordaje de los problemas sustantivos y procesales que plantea la responsabilidad de las personas jurídicas en nuestro sistema penal.

Es un hecho ampliamente reconocido que el Derecho penal ha sido desafiado por la constante transformación del mundo, lo que ha generado cambios en las relaciones sociales y en las estructuras económicas y empresariales. La globalización y la sociedad postindustrial han proporcionado a las organizaciones empresariales un escenario idóneo para asumir un papel de liderazgo en diversos sectores de actividad. Sin embargo, este protagonismo ha traído consigo nuevas formas de manifestación del delito, lo que ha llevado a la necesidad de articular respuestas jurídicas adecuadas, entre ellas, la atribución de responsabilidad penal a las personas jurídicas. La regulación de esta responsabilidad en el Código Penal español ha generado y sigue generando un inagotable debate sobre el modelo de responsabilidad que habría consagrado. A ello se suman los problemas procesales en la aplicación práctica de este régimen, pues, como sabemos, las escasas previsiones legales existentes a estos efectos se incorporaron a la legislación procesal con posterioridad a la regulación introducida en el Código penal. Pero, por otro lado, la normativa procesal referida a las personas jurídicas fue previa a la reforma del artículo 31 bis del Código penal que llevó a cabo la LO 1/2015 de 30 de marzo. Reforma que, a falta de consenso doctrinal sobre el modelo que consagraba el legislador penal español, por lo menos aclaró ya definitivamente la finalidad de fomento de la autorregulación empresarial que persigue la responsabilidad penal de las personas jurídicas y que ha sido tenida en cuenta posteriormente por el Tribunal Supremo para tomar postura a favor de un modelo de autorresponsabilidad, con las implicaciones de índole procesal que de ello se derivan.

Íñigo se adentra en ambas dimensiones, de naturaleza sustantiva y procesal. En una primera parte desarrolla un análisis detallado de los fundamentos teóricos que sustentan cada enfoque de atribución de responsabilidad a las personas jurídicas y que continúan generando controversia en la doctrina y la jurisprudencia, siempre a la luz de las previsiones de los artículos 31 bis y siguientes del Código Penal. La propuesta central del autor se inclina hacia un modelo de autorresponsabilidad, sustentado en la necesidad de reconocer que las personas jurídicas, en virtud de su capacidad de autoorganización, deben ser consideradas responsables directas por la ausencia o ineficacia de medidas de control internas. No cabe duda de que el análisis teórico de esta cuestión es esencial para comprender sus implicaciones, pero el valor diferencial de esta obra radica en la combinación del estudio dogmático con la experiencia práctica del autor, abogado en ejercicio, que aporta una visión enriquecida por su contacto directo con la realidad judicial. A partir de su conocimiento del funcionamiento de los tribunales y de la práctica procesal, el autor no solo expone los fundamentos teóricos, sino que también ilustra los problemas reales que enfrentan las personas jurídicas en los procedimientos penales y las estrategias que pueden adoptarse para su defensa, eje central de la presente obra.

El autor se adentra en cuestiones procesales de singular relevancia, identificando las lagunas y contradicciones de la legislación y formulando soluciones coherentes que permitan dotar al proceso penal de una mayor seguridad jurídica. La determinación de la competencia jurisdiccional, sobre todo cuando la actividad delictiva, resultado de la deslocalización empresarial, trasciende fronteras, la determinación del momento procesal oportuno para la imputación de la persona jurídica en la búsqueda de un equilibrio entre el interés público en la persecución penal con la protección del derecho de defensa de la entidad y la minimización del impacto reputacional de la imputación de la entidad, las implicaciones prácticas de la citación de la entidad en distintos domicilios, la figura del representante especialmente designado, cuya función trasciende la de un mero intermediario procesal y resulta esencial en la defensa de los derechos de la persona jurídica, los derechos procesales que la asisten, principalmente el derecho a la no-autoincriminación, la carga probatoria en el enjuiciamiento de personas jurídicas, o la conformidad de estas, son algunas de las cuestiones a las que Íñigo se enfrenta a lo largo de la obra con rigor académico, experiencia práctica y sobrada solvencia, y que le lleva a plantea propuestas para mejorar la coherencia y eficacia del sistema sin menoscabo de los derechos procesales de la persona jurídica.

En qué medida las respuestas y propuestas de Íñigo resultan satisfactorias, corresponde al lector juzgarlo, pero estoy convencida de que esta obra constituye una aportación fundamental para la comprensión del sistema penal y procesal aplicable a las personas jurídicas, así como una herramienta de consulta imprescindible para cualquier operador jurídico. Invito, pues, al lector a adentrarse en sus páginas y a reflexionar sobre las claves que aquí se presentan.

María Soledad Gil Nobajas

Coimbra, 16 de marzo de 2025

INTRODUCCIÓN

Como es ampliamente conocido, en el año 2010 el legislador español introdujo por medio de la LO 5/2010, de 22 de junio la responsabilidad penal de las personas jurídicas en nuestro ordenamiento jurídico-penal. El debate en torno a esta cuestión ha existido desde antaño, desde el momento en el que estas realidades organizativas surgen y empiezan a relacionarse en el mercado y en nuestra sociedad como sujetos independientes y autónomos de las personas físicas que las conforman, con especial incidencia en el ámbito de los sistemas jurídicos de tradición romano-germánica a partir de las últimas décadas del siglo XX. Este creciente interés por el tratamiento jurídico-penal de las personas jurídicas encuentra su raíz, como no podría ser de otra manera, en que estas realidades sociales trajeron consigo nuevas formas de cometer delitos por medio de su actividad empresarial. No podemos ignorar la transformación que ha experimentado el mundo en las últimas décadas con la irremediable globalización y la apertura de los mercados internacionales que ha traído consigo. En un escenario como el descrito, las empresas se han erigido en líderes indiscutibles de las relaciones económicas y comerciales, circunstancia que, de forma exponencial, les ha hecho tener una relevancia capital en el mercado.

Por ello, a nivel comparado, cada vez son más los ordenamientos jurídicos que, a la par que estas entidades se iban desarrollando y acaparando un poder económico —y en ocasiones político— cada vez mayor, encontrando nuevas formas de estructurarse y alcanzar sus objetivos, han ido paulatinamente sometiéndolas a un régimen sancionador que ha atribuido a estos fenómenos organizativos la condición de sujetos responsables. Mientras que algunos países han optado por sancionar las conductas socialmente reprochables cometidas por las personas jurídicas exclusivamente en el ámbito administrativo, otros estados se han inclinado por la atribución de responsabilidad penal a estas. Ahora bien, lo que no parece cuestionable es que exista un ordenamiento jurídico en el que no se reconozca a las personas jurídicas como sujetos de Derecho capaces de actuar en el mercado, tomar decisiones y, por consiguiente, participar eventualmente en conductas socialmente reprochables, ya sea desde un punto de vista estrictamente administrativo o penal.

En lo que a España se refiere, el debate respecto de la responsabilidad penal de las personas jurídicas ha sido un debate con larga trayectoria. De hecho, amplios sectores doctrinales se llegaron a plantear que dicha responsabilidad penal ya estaba incluso incorporada en nuestro derecho positivo a partir del Código Penal del año 1995, por la vía de las consecuencias accesorias del art. 129, que en aquel momento presentaba una regulación diferente a la que actualmente recoge este mismo artículo, si bien la ausencia de un marco teórico claramente definido en el CP llevó a su escasa aplicación práctica. No obstante, ya incluso con anterioridad al régimen de consecuencias accesorias que introdujo el CP de 1995, la cuestión de la punición de las personas jurídicas ya venía siendo objeto de tratamiento en la discusión científica dentro y fuera de nuestras fronteras, lo que ha permito contar con un rico bagaje previo teórico a la hora de abordar la compleja cuestión de interpretar el modelo de responsabilidad por el que el legislador penal español ha optado.

En este contexto, la reforma del Código Penal por medio de la LO 5/2010, de 22 de junio, supuso ya expresamente una derogación del axioma histórico "*societas delinquere non potest*", con la introducción de un sistema de responsabilidad penal de las personas jurídicas de la mano, fundamentalmente, del art. 31 bis. A partir de ese momento, estas entidades pasaron a ser sujetos penalmente responsables, de manera que su participación en la comisión de hechos delictivos por parte de sus integrantes puede acarrear su sanción penal. Ahora bien, ello produjo igualmente una intensificación del debate, aplicado a la nueva regulación sobre las bases de esta responsabilidad, y, en particular, en relación con su fundamento. En términos genéricos, el debate se sustenta en dos grandes grupos de opinión: los que defienden un modelo de atribución de responsabilidad basado en la responsabilidad por el hecho ajeno, y los que defienden un sistema de responsabilidad por el hecho propio. En este sentido, aunque la LO 1/2015, de 30 de marzo, supuso una reforma clave en esta discusión, al dar carta de naturaleza a los modelos de organización y control, no puede decirse que diera por zanjado un debate que, de hecho, continúa en la actualidad.

La ausencia de un posicionamiento común a la hora de interpretar la naturaleza del modelo de responsabilidad que establecen en la actualidad los arts. 31 bis y ss. CP tiene un impacto directo, como no podía ser de otra manera, en su aplicación práctica, fundamentalmente en relación con los problemas y conflictos procesales que surgen en los procesos penales en los que se depura la responsabilidad penal de la persona jurídica. Para empezar, nuestro legislador tardó más de un año en regular un estatuto procesal propio de las personas jurídicas acorde con su naturaleza tras la aprobación de la LO 5/2010, de 22 de junio. Las previsiones legales necesarias para conocer cómo debía depurarse la responsabilidad penal de estas entidades se introdujeron en la LECrim con la Ley 37/2011, de 10 de octubre, de medidas de agilización procesal, lo cual derivó, como no podía ser de otra manera, en la inaplicación del régimen de atribución de responsabilidad penal en su primer año de vida.

No obstante, la situación tampoco mejoró en exceso a partir de la entrada en vigor de la Ley 37/2011, que, en esencia, redujo el estatuto procesal de la persona jurídica a los arts. 14 bis, 119, 120, 409 bis, 455 quater, 554.4, 786 bis, 787.8 y 839 bis LECrim. (y cuyo contenido ha permanecido prácticamente inalterado hasta la actualidad), en la medida en que presenta una serie de omisiones e incongruencias que, en esencia, lo convierte en insuficiente para hacer respetar con plenas garantías los derechos que asisten a la persona jurídica en el proceso penal. El análisis y posterior solución a las numerosas cuestiones controvertidas que se plantean en este marco es el fin principal de la obra que aquí nos ocupa. La posibilidad de que la ausencia de un estatuto procesal claramente definido legalmente para las personas jurídicas pueda derivar en respuestas o prácticas diferentes en atención al concreto órgano judicial en el que se esté depurando la responsabilidad penal de una persona jurídica genera un marco de inseguridad jurídica contrario a nuestro Estado de Derecho y a la eficacia preventiva del Derecho Penal.

A este respecto, no es posible desvincular algunas de las cuestiones claves que afectan relevantemente a la posición de la persona jurídica en el proceso penal del modelo de responsabilidad penal que instauran los arts. 31 bis y ss. CP. Por ello, y sobre la base de la interpretación de esta regulación y de nuestra toma de postura en torno a la cuestión del fundamento de la responsabilidad penal de la persona jurídica, se estará en condiciones de abordar correctamente dichas cuestiones procesales que condicionan la persecución y enjuiciamiento de estas. En aras de dotar de seguridad jurídica al estatuto procesal de las personas jurídicas y, por extensión, a la atribución de responsabilidad penal a estas entidades colectivas, nos parece de vital importancia dar respuesta a cuestiones como, entre otras, las relativas a la jurisdicción y competencia judicial, su imputación en el proceso, el papel que desempeña el representante especialmente designado por ellas, así como los derechos procesales que la asisten, en la medida en que nuestra legislación procesal no siempre ofrecería una respuesta suficientemente clarificadora al respecto.

De cara a dar respuesta a estos interrogantes, parece evidente que la primera cuestión que debemos plantearnos es "dónde" y "por quién" debe enjuiciarse a las personas jurídicas. Atendiendo a sus especiales características, que le permiten operar simultáneamente en varios lugares y, frecuentemente, países a la vez, centraremos especial atención en delimitar los supuestos en los que los jueces y tribunales españoles podrán reclamar su jurisdicción para conocer los delitos cometidos por ellas en el extranjero. Asimismo, estudiaremos qué concretos tribunales son competentes, tanto objetiva como territorialmente, para depurar su responsabilidad penal. Por último, brevemente, analizaremos la cuestión relativa a qué clase de procedimiento es el más adecuado para tramitar la responsabilidad penal de las personas jurídicas.

Una vez que un tribunal se considere competente para investigar unos hechos delictivos en los que presumiblemente haya participado una persona jurídica, es evidente que ésta deberá ser citada en el juzgado, donde se le comunicará su nueva situación procesal, los concretos hechos por los que se la está investigando y los derechos que le asisten. Ahora bien, resulta fundamental averiguar cuál es el momento procesal oportuno para imputar a la entidad en el procedimiento penal. A la hora de abordar este acto de imputación, debemos analizar las ventajas e inconvenientes que supondría para los intereses de la persona jurídica introducir en nuestro ordenamiento jurídico el principio de oportunidad. Además, en conexión con el acto de imputación, resulta igualmente necesario dar respuesta a cuestiones de especial trascendencia como son, entre otras, la posibilidad de imponer a la persona jurídica medidas coercitivas para asegurar su presencia en el procedimiento, los lugares en las que se la podrá citar y las concretas personas físicas que podrán recibir dicha citación por ella, así como si es posible que la persona jurídica actúe como sujeto investigado y como parte acusadora en el mismo procedimiento. Este acto de imputación, lejos de ser un mero formalismo, se erige como el primer momento procesal de relevancia en la presente materia, ya que su no realización o su cumplimiento sin haberse realizado con las debidas garantías puede derivar posteriormente incluso en nulidades que impidan penar a la persona jurídica.

Otra de las cuestiones jurídico-procesales sobre las que tratará de arrojarse luz en la presente obra es la figura del representante especialmente designado de la persona jurídica. Este sujeto no es un representante procesal de la entidad, sino un representante material mediante el cual el legislador ha querido otorgar un cuerpo y, sobre todo, una voz a la persona jurídica, con la finalidad de satisfacer la vertiente personal del derecho de defensa que le asiste. Por consiguiente, entendemos imprescindible analizar el sentido de esta figura, las personas físicas capaces de actuar como tal, su posible sustitución durante la tramitación de la causa, las concretas personas físicas con capacidad para designar este representante en nombre de la persona jurídica y la respuesta que deberá darse ante la eventualidad de un conflicto de interés entre la propia entidad y aquel sujeto.

Una vez expuesto ante qué órgano judicial y en virtud de qué procedimiento debe tramitarse la responsabilidad penal de las personas jurídicas, así como la forma en la que entendemos que debe realizarse la imputación formal de la misma, la siguiente cuestión que deberá analizarse es cómo tramitar el procedimiento seguido frente a ella. Para ello, en primer lugar, entendemos que resultará imprescindible analizar la titularidad y la extensión por parte de la persona jurídica de los derechos que le asisten en el proceso. En este sentido, merecerá especial atención el derecho a la no auto incriminación, en ocasiones puesto erróneamente en entredicho por los órganos judiciales a través, por ejemplo, de la tardía imputación de la persona jurídica o por vía de requerimientos documentales. Igualmente se abordará el derecho que también le asiste al secreto de las comunicaciones o a la inviolabilidad domiciliaria, ya que, aunque su titularidad no parece discutirse en relación con las personas jurídicas, presentan algunos aspectos necesitados de clarificación.

Por último, se dará respuesta fundada a diversas cuestiones de elevada relevancia práctica en la tramitación de los procedimientos penales frente a personas jurídicas. Así, una vez la persona jurídica ha sido llamada al procedimiento, podrá adoptar tanto una posición activa como pasiva. Es decir, dependiendo del estado de las actuaciones y los concretos hechos sometidos a investigación, a la persona jurídica le puede interesar plantear una serie de diligencias instructoras tendentes a acreditar la irrelevancia penal de los hechos que presuntamente se le atribuyen o, si lo prefiere, podrá adoptar una posición pasiva en el procedimiento. A este respecto, de cara a conocer cuál es la estrategia adecuada para la defensa a la persona jurídica analizaremos la cuestión de la carga de la prueba, así como la posibilidad de imponerles medidas cautelares y, por último, la posibilidad de que las personas jurídicas puedan acogerse a la institución de la conformidad.

La falta de un consenso claro en torno a las cuestiones procesales que hemos señalado genera, como ya mencionamos, un déficit de seguridad jurídica en este ámbito. Esto conduce a situaciones en las que se observan prácticas divergentes frente a cuestiones procesales idénticas, dependiendo del órgano judicial ante el que nos encontremos. El objetivo de esta obra es aproximarnos a soluciones que brinden suficientes garantías, permitiendo anticipar con mayor certeza qué escenarios procesales se presentarán y cómo debemos actuar ante nuestros jueces y tribunales cuando se aborde la responsabilidad penal de las personas jurídicas.

Capítulo I

MARCO REGULADOR DE LA RESPONSABILIDAD PENAL DE LAS PERSONAS JURÍDICAS EN EL CÓDIGO PENAL ESPAÑOL

1. BREVE CONTEXTUALIZACIÓN

Pese a que el objeto principal de la presente obra sea la elaboración de un estudio tendente a abordar los problemas de índole procesal que surgen durante la tramitación de un procedimiento penal en el que se esté investigando la posible responsabilidad penal de una persona jurídica, en aras de dotar al mismo de coherencia interna, entendemos totalmente imprescindible realizar un análisis previo de los diferentes sistemas de atribución de responsabilidad penal a las personas jurídicas existentes en la actualidad. Sin un estudio previo del marco teórico-sustantivo que nos ocupa, los pronunciamientos realizados a lo largo de la presente obra quedarían incompletos, habida cuenta de que es necesario posicionarse a favor de uno de los sistemas teóricos de responsabilidad penal de las personas jurídicas para resolver con coherencia los problemas procesales que pueden surgir cuando defendamos a una entidad colectiva en un procedimiento penal.

Cuando el legislador introdujo en nuestro ordenamiento jurídico a través de la Ley Orgánica 5/2010, de 22 de junio, la responsabilidad penal de las personas jurídicas, dando, para muchos, por extinguido el aforismo *societas delinquere non potest*, no imaginaba que más de una década después de la citada reforma la doctrina estaría tan divida como se encuentra en la actualidad. Mientras que un sector de esta abogaba rápidamente por denunciar que la persona jurídica, como ficción que era, no tenía capacidad de actuar y por lo tanto no se la podía considerar culpable de un hecho delictivo propio, otro sector doctrinal consideró que el espíritu de la ley estaba destinado a considerar a esas ficciones jurídicas como responsables penales e interpretaron la legislación en el sentido de otorgarles a las mismas una responsabilidad por el hecho propio. En este sentido, el presente Capítulo consistirá en detallar cuál es la regulación vigente en la presente materia y en analizar los pronunciamientos realizados hasta la fecha por el Tribunal Supremos sobre la misma y los dictámenes publicados por la FGE a modo de Circular.

Así, se insistirá en que un estudio teórico previo resulta imprescindible para poder desarrollar posteriormente un marco procesal coherente y respetuoso con los principios rectores del Derecho Penal que sea capaz de disipar las diversas dudas que han surgido en la doctrina desde la introducción en el año 2010 de la responsabilidad penal de las personas jurídicas.

2. LA RESPONSABILIDAD PENAL DE LAS PERSONAS JURÍDICAS EN EL CÓDIGO PENAL

Pese a que fue la LO 5/2010, de 22 de junio, la norma que introdujo en nuestro ordenamiento jurídico la responsabilidad penal de las personas jurídicas, la misma se ha visto modificada con el paso de los años en varias ocasiones mediante la promulgación de diversas reformas legislativas: la LO 7/2012, de 27 de diciembre, la LO 1/2015, de 30 de marzo, la LO 1/2019, de 20 de febrero, la LO 8/2021, de 4 de junio, la LO 10/2022, de 6 de septiembre, y LO 3/2023, de 28 de marzo.

Si bien todas y cada una de las reformas aducidas han introducido modificaciones de elevado interés[1], es la LO del año 2015 la que supo-

---

[1] Mientras que la LO 7/2012, de 27 de diciembre atribuyó la condición de sujeto penal a los partidos políticos y los sindicatos, a la vez que armonizaba la pena impuesta a las personas jurídicas en los delitos contra la Hacienda Pública, la LO 1/2019, de 20 de febrero amplió el listado tasado de delitos por los que pueden responder las personas jurídicas, incluyendo los delitos de malversación (art. 435.5° CP), terrorismo (art. 580 bis), revelación de información privilegiada (art. 285 bis) e introduciendo su responsabilidad para los supuestos de provocación, conspiración y proposición para cometer delitos contra el mercado (art. 285 quater). Asimismo, la citada LO modificó, precisó y delimitó otros tipos que podían ser cometidos por las mismas (tráfico de órganos). La LO 10/2022, de 6 de septiembre volvió a ampliar el listado tasado de delitos por los que pueden responder las entidades colectivas, incluyendo entre los mismos los delitos contra la integridad moral (art. 173) y el acoso sexual (art. 184). Por último, la

ne una verdadera modificación del sistema de atribución de responsabilidad penal a dichos entes colectivos, tal y como posteriormente se analizará. La razón de una reforma de tanto calado, cuando la norma aún era tan joven, se debió a los intensos debates doctrinales que surgieron junto con la regulación que derogaba el principio *societas delinquere non potest*, los cuales demandaban prácticamente al unísono una nueva legislación que fuera capaz de solucionar las diferentes cuestiones controvertidas que se habían puesto de manifiesto y que tendremos ocasión de analizar a lo largo del presente Capítulo.

No obstante, pese a los notables esfuerzos realizados por el legislador para solucionar las deficiencias denunciadas por la doctrina, como por ejemplo tratando de esclarecer en el Preámbulo de la LO 1/2015, de 30 de marzo cuál es el modelo de atribución de responsabilidad penal a las personas jurídicas vigente, la citada reforma, para la gran mayoría de la doctrina, lejos de acallar las críticas y las dudas que nacieron con la LO 5/2010 de 22 de junio, siguió sin dar una respuesta efectiva a los múltiples interrogantes que se plantean en la materia, no solo a nivel doctrinal, sino igualmente en el día a día de nuestros tribunales. Aspectos que, según se verá, ha entrado a valorar el TS, principalmente en lo que se refiere a la naturaleza del modelo de responsabilidad de las entidades colectivas.

Ahora bien, el legislador no debiera seguir modificando nuestro CP en lo que al sistema de atribución de responsabilidad penal a las personas jurídicas se refiere cada corto lapso de tiempo. Se lo impide una de las vertientes del principio de seguridad jurídica exigido por nuestra CE en su art. 9.3. El citado principio ha sido definido por nuestro TC de la siguiente manera:

> "(...) suma de certeza y legalidad, jerarquía y publicidad normativa, irretroactividad de lo no favorable, interdicción de la arbitrariedad, pero que, si se agotara en la adición de estos principios, no hubiera precisado de ser formulada expresamente. La seguridad jurídica es la suma de estos principios, equilibrada de tal suerte que permita promover, en el orden jurídico, la justicia y la igualdad, en libertad"[2]

LO 3/2023, de 28 de marzo introdujo la responsabilidad penal de las personas jurídicas para los delitos contra los animales.

2 STC nº 27/1981, de 20 de julio.

Así, aunque la STC nº 46/1990, de 15 de marzo afirmara que "la exigencia del artículo 9.3 relativa al principio de seguridad jurídica implica que el legislador debe perseguir la claridad y no la confusión normativa, (...) y debe huir de provocar situaciones objetivamente confusas (...)", lo cierto es que la seguridad jurídica también debe de garantizar la estabilidad del ordenamiento jurídico.

Como es bien conocido, un legislador que estuviera modificando la legislación cada corto periodo de tiempo generaría una situación de confusión en la sociedad contraria a lo exigido por el principio previamente analizado. Esta reflexión se hace aún más intensa en relación con el Derecho Penal dado que se trata de la rama del ordenamiento jurídico encargada de lidiar con las situaciones más gravosas que ocurren en la sociedad.

En este sentido, el Derecho Penal, al resultar un instrumento capaz de interponer penas o sanciones que limitan las libertades que todas las personas que conforman una sociedad poseen, en aras de garantizar la paz social, es el último recurso al que debe recurrir el Estado para resolver un conflicto. Por este motivo, una modificación constante de las leyes penales no permitiría que calase en la sociedad con la necesaria profundidad el conocimiento de qué es delictivo y qué no, algo de lo que debe de huir el Estado y, concretamente, el legislador, por los nocivos efectos que ello pudiera llegar a acarrear. Sin embargo, esta prudencia no es una máxima que esté debidamente arraigada en nuestra sociedad, tal y como ponen de manifiesto las frecuentes reformas legislativas en la presente materia que se aprueban en nuestro país.

Por ello, entendemos que las bases legislativas necesarias para poder penar a las personas jurídicas ya han sido introducidas en nuestro ordenamiento jurídico, siendo competencia a partir de este momento de nuestros tribunales —sobre todo al TS— elaborar un criterio jurisprudencial que vaya acotando y precisando a través del tiempo el modo en el que deba entenderse y aplicarse la responsabilidad penal de los entes colectivos.

2.1. *Configuración de la responsabilidad penal de las personas jurídicas*

La responsabilidad penal de las personas jurídicas está fundamentalmente regulada en los arts. 31 bis, 31 ter, 31 quater, 31 quinquies, 33.7, 66 bis y 130.2 CP, arts. a los que deben sumarse otros preceptos como las concretas sanciones a imponer a las personas jurídicas que se establecen en un artículo o apartado final de los delitos por los que pueden responder las mismas. Por consiguiente, puede concluirse que el sistema de atribución de responsabilidad penal a las personas jurídicas viene regulado en la parte general del CP, estando dividido el mismo en dos títulos diferentes, uno relativo a las personas criminalmente responsables de los delitos, que es donde se desarrolla completamente el sistema de atribución de responsabilidad penal, y otro relativo a las penas, que es donde se detalla, por un lado, cuáles son las sanciones imponibles a las mismas y, por el otro, cómo aplicarlas. Como se ha expuesto, el resto de las disposiciones sobre las personas jurídicas a lo largo del CP son menciones que se introducen al final de los diferentes capítulos que regulan los ilícitos penales y cuyo cometido es establecer la pena a imponer en caso de que el ente colectivo haya cometido ese tipo delictivo en concreto.

Para empezar, tal y como acaba de exponerse, la responsabilidad penal de las personas jurídicas, o al menos las herramientas necesarias para configurar su responsabilidad penal, viene principalmente regulada en los arts. 31 bis, 31 ter, 31 quater y 31 quinquies CP, siendo en el primero de ellos en el que encontramos las condiciones para que opere su responsabilidad. En este sentido, el contenido del apartado primero del art. 31 bis CP establece lo siguiente:

> "1. En los supuestos previstos en este Código las personas jurídicas serán penalmente responsables:
>
> a) De los delitos cometidos en nombre o por cuenta de las mismas, y en su beneficio directo o indirecto, por sus representantes legales o por aquellos que actuando individualmente o como integrantes de un órgano de la persona jurídica, están autorizados para tomar decisiones en nombre de la persona jurídica u ostentan facultades de organización y control dentro de la misma.
>
> b) De los delitos cometidos, en el ejercicio de actividades sociales y por cuenta y en beneficio directo o indirecto de las mismas, por quienes, estando sometidos a la autoridad de las personas físicas mencionadas en

> el párrafo anterior, han podido realizar los hechos por haberse incumplido gravemente por aquéllos los deberes de supervisión, vigilancia y control de su actividad atendidas las concretas circunstancias del caso."

Como bien puede apreciarse, nuestro legislador establece dos escenarios diferentes a través de los cuales puede sancionarse penalmente a una persona jurídica, siendo la diferencia principal entre uno y otro la concreta posición jerárquica que la concreta persona física que ha cometido el delito tiene en la entidad.

Por un lado, establece que la persona jurídica será penalmente responsable cuando sus representantes legales o aquellos que, actuando individualmente o como integrantes de un órgano de la persona jurídica, estén autorizados para tomar decisiones en nombre de la persona jurídica u ostenten facultades de organización y control dentro de la misma, cometan delitos, siempre y cuando estas personas físicas hayan cometido el hecho delictivo en nombre o por cuenta de las mismas y en su beneficio directo o indirecto. Es decir, deben concurrir tres requisitos para que la persona jurídica responda penalmente a través de este primer cauce: que se cometa un delito por parte de uno de los sujetos definidos en la letra a) del art. 31 bis 1 CP y que el mismo se haya cometido en nombre o por cuenta de la sociedad y en su beneficio, ya sea éste directo o indirecto.

Por otro lado, nuestro legislador ha establecido que la persona jurídica también responderá penalmente cuando las personas físicas sometidas a la autoridad de las anteriores, esto es, aquellas que se encuentren bajo la responsabilidad de las que representan a la sociedad o tengan la posición de autoridad establecida por letra a) del art. 31 bis 1 CP, cometan delitos, eso sí, en el ejercicio de sus actividades sociales y por cuenta y en beneficio directo o indirecto de las mismas. En otras palabras, los requisitos que se repiten en este segundo escenario de responsabilidad penal de la persona jurídica son que una persona relacionada con la empresa haya cometido un delito (en este caso un empleado) y que lo haya cometido por cuenta y en beneficio directo o indirecto de la mercantil.

Ahora bien, esta segunda conducta capaz de responsabilizar penalmente a la persona jurídica exige dos requisitos adicionales independientes a la conducta descrita en la letra a) del art. 31 bis 1 CP: que los sujetos definidos en el apartado b) del art. 31 bis 1 CP hayan actuado en el ejercicio de sus actividades sociales y que estos mismos sujetos hayan podido cometer el hecho delictivo como consecuencia del grave incumplimiento de los deberes de supervisión, vigilancia y control de sus actividades atendidas las concretas circunstancias del caso por parte de los sujetos bajo cuya responsabilidad se encuentran, esto es, los sujetos definidos en el apartado a) del precepto que nos ocupa.

En definitiva, tras un primer contacto con el apartado primero del art. 31 bis del CP podemos llegar a la conclusión de que cualquier integrante de una entidad colectiva, en mayor o menor medida, puede someter a la misma a una posible responsabilidad penal con su conducta, siempre y cuando concurran los requisitos previamente enumerados, los cuales actuarán como presupuesto de su responsabilidad penal[3]. Ahora bien, los elementos analizados hasta ahora, si bien resultan imprescindibles para poder sancionar penalmente a una persona jurídica, no son los únicos que deben de concurrir. En este sentido, aunque sean las personas físicas definidas en las letras a) y b) del citado precepto las que cometen el hecho delictivo por el que la entidad colectiva puede responder, en aras de huir de una responsabilidad penal automática, deberán analizarse —y acreditarse— otra serie de elementos, como la concreta posición de la persona jurídica frente al delito.

En este sentido, de cara a que la imagen general de la responsabilidad penal de las personas jurídicas sea completa, debe traerse a colación el contenido del apartado segundo del art. 31 bis CP[4], ya que

---

3 Como posteriormente se verá, la consideración de estos requisitos del art. 31 bis 1 CP como presupuestos de hecho necesarios para atribuir responsabilidad penal a la persona jurídica es la corriente mayoritaria de nuestro TS, la cual ya adelantamos que venimos a defender en la presente obra.

4 "2. Si el delito fuere cometido por las personas indicadas en la letra a) del apartado anterior, la persona jurídica quedará exenta de responsabilidad si se cumplen las siguientes condiciones:
1ª el órgano de administración ha adoptado y ejecutado con eficacia, antes de la comisión del delito, modelos de organización y gestión que incluyen las medidas de vigilancia y control idóneas para prevenir delitos de la misma naturaleza o para reducir de forma significativa el riesgo de su comisión;
2ª la supervisión del funcionamiento y del cumplimiento del modelo de prevención implantado ha sido confiada a un órgano de la persona jurídica con poderes autónomos de iniciativa y de control o que tenga encomendada legalmente la función de supervisar la eficacia de los controles internos de la persona jurídica;

el mismo establece que la persona jurídica quedará exenta de responsabilidad si se cumplen una serie de condiciones[5].

Previo análisis de las diferentes lecturas que pueden hacerse del sistema de atribución de responsabilidad penal a la persona jurídica previamente expuesto —ya sea una lectura favorable a la heterorresponsabilidad, ya lo sea a la autorresponsabilidad—, entendemos totalmente imprescindible analizar cuál es la concreta situación legislativa de la presente materia en la actualidad. Para ello, debemos detenernos en las modificaciones que la LO 1/2015 de 30 de marzo introdujo en el sistema de atribución de responsabilidad penal a las personas jurídicas.

2.2. *Modificaciones más relevantes introducidas por la Ley Orgánica 1/2015, de 30 de marzo*

Como ya se ha expuesto con anterioridad, ante las enormes críticas que suscitó en la doctrina la introducción de la responsabilidad penal de las personas jurídicas en el CP de 2010, en el año 2015, el Congreso de los Diputados acordó promulgar una modificación del sistema de atribución de responsabilidad penal a los entes colectivos, que pasó a tener una nueva redacción en algunos de sus apartados. De hecho, el legislador, consciente de las abundantes críticas que había recibido el modelo anterior, tomó la iniciativa de dedicar parte de la Exposición de Motivos de la nueva LO a manifestar cuáles eran

---

3ª los autores individuales han cometido el delito eludiendo fraudulentamente los modelos de organización y de prevención y

4ª no se ha producido una omisión o un ejercicio insuficiente de sus funciones de supervisión, vigilancia y control por parte del órgano al que se refiere la condición 2ª.

En los casos en los que las anteriores circunstancias solamente puedan ser objeto de acreditación parcial, esta circunstancia será valorada a los efectos de atenuación de la pena."

5 Aunque el referido apartado únicamente se refiera a las personas indicadas en la letra a), el apartado cuarto del art. 31 bis CP establece que "4. Si el delito fuera cometido por las personas indicadas en la letra b) del apartado 1, la persona jurídica quedará exenta de responsabilidad si, antes de la comisión del delito ha adoptado y ejecutado eficazmente un modelo de organización y gestión que resulte adecuado para prevenir delitos de la naturaleza del que fue cometido o para reducir de forma significativa el riesgo de su comisión".

las concretas intenciones del poder legislativo con la reforma que se introducía en ese momento. Concretamente, en la exposición de motivos se introducían las siguientes apreciaciones:

> "La reforma lleva a cabo una mejora técnica en la regulación de la responsabilidad penal de las personas jurídicas, introducida en nuestro ordenamiento jurídico por la Ley Orgánica 5/2010, de 22 de junio, con la finalidad de delimitar adecuadamente el contenido del «debido control», cuyo quebrantamiento permite fundamentar su responsabilidad penal.
>
> Con ello ***se pone fin a las dudas interpretativas que había planteado la anterior regulación, que desde algunos sectores había sido interpretada como un régimen de responsabilidad vicarial***, y se asumen ciertas recomendaciones que en ese sentido habían sido realizadas por algunas organizaciones internacionales. En todo caso, el alcance de las obligaciones que conlleva ese deber de control se condiciona, de modo general, a las dimensiones de la persona jurídica.
>
> Asimismo, se extiende el régimen de responsabilidad penal a las sociedades mercantiles estatales que ejecuten políticas públicas o presten servicios de interés económico general, a las que se podrán imponer las sanciones actualmente previstas en las letras a) y g) del apartado 7 del artículo 33 del Código Penal."[6]

Por consiguiente, resulta evidente que del Preámbulo se desprende que el ánimo del legislador fue instaurar un modelo de responsabilidad penal autónomo y propio de las personas jurídicas. Ahora bien, si el sistema introducido consigue o no alcanzar su objetivo será objeto de estudio en los apartados posteriores del presente Capítulo. Sin embargo, para un mayor entendimiento de las virtudes y los defectos de cada uno de los dos grandes modelos de atribución de responsabilidad penal existentes a nivel doctrinal, entendemos imprescindible realizar previamente un estudio sobre las modificaciones más relevantes que se introdujeron en el año 2015 en el CP, las cuales están, al menos teóricamente, dirigidas a implantar una responsabilidad penal autónoma de las personas jurídicas.

Entrando en materia, si la reforma del año 2015 dejó algo claro es que el articulado ha crecido. El sistema de atribución de responsabilidad penal que previamente se desarrollaba en un solo artículo (31 bis)

---

6 Subrayado y negrita añadidos.

ahora se ha extendido a 4. Así, el art. 31 bis se ve acompañado ahora de los arts. 31 ter, 31 quater y 31 quinquies.

No obstante, mientras que el art. 31 bis se ha modificado prácticamente en su totalidad, los nuevos preceptos únicamente se destinan a regular los extremos que anteriormente se desarrollaban en los apartados 2, 3, 4 y 5 del art. 31 bis. Concretamente, los arts. 31 ter, 31 quater y 31 quinquies regulan a partir de la reforma de la LO 1/2015, de 30 de marzo, la responsabilidad autónoma de las personas jurídicas, el sistema de atenuación de penas de estas y las entidades que no están sujetas al sistema de responsabilidad penal, respectivamente.

La única modificación que se introduce en los citados artículos es la mención que se realiza a las sociedades mercantiles públicas en el art. 31 quinquies, las cuales pasan a ser penalmente responsables, aunque solamente puedan ser sancionadas con las penas previstas en las letras a) y g) del art. 33.7 CP[7] —salvo que las mismas se hubieran creado con un fin fraudulento, tal y como establece el propio precepto—. Recordemos que, en relación con esta misma cuestión, la LO 7/2012, de 27 de diciembre ya había eliminado tres años antes a los partidos políticos del catálogo de personas jurídicas a las que no puede atribuirse responsabilidad penal, lo que se entendió como una vía para instaurar una autorregulación de estos sujetos que garantizase su correcto funcionamiento y una adecuada transparencia[8].

Por consiguiente, la nueva redacción del art. 31 bis es la que introduce las modificaciones de mayor relevancia en lo que al sistema de atribución de responsabilidad penal a las personas jurídicas se refiere. Concretamente, los cambios introducidos por el legislador en el presente artículo podrían enumerarse en cinco bloques, los cuales se van a ir analizando de forma detallada en el presente apartado:

---

7 Por lo que únicamente podrá imponerse a estas entidades la pena de multa y de intervención judicial.

8 PUENTE ABA, Luz María. *El delito de financiación ilegal de partidos políticos.* Valencia: Tirant lo Blanch, 2017. Pág. 103.

2.2.1. Requisito del beneficio directo o indirecto

La primera modificación que vamos a abordar es la sustitución del término provecho por el de beneficio directo o indirecto por parte del legislador.

En este sentido, como ya se ha expuesto con anterioridad, el beneficio directo o indirecto es uno de los requisitos exigido por el art. 31 bis 1 CP para que una persona jurídica pueda ser penalmente responsable. Es decir, el hecho delictivo, ya fuera cometido este por los sujetos con capacidad de decisión en el seno de la persona jurídica o por los empleados, debe cometerse en beneficio de la entidad, o directo —por ejemplo, un aumento de ganancias— o indirecto —por ejemplo, una mejor publicidad y un mayor número de clientes gracias a un acto delictivo—. Si la entidad colectiva no logra beneficio alguno, ya sea este directo o indirecto, el ilícito cometido en su seno no será penalmente relevante para la misma, independientemente de la responsabilidad penal de la persona física que hubiera cometido el mismo.

Así, son dos las cuestiones de principal interés sobre el presente concepto del beneficio directo o indirecto.

En primer lugar, ante la interrogante de si el beneficio debe de materializarse o si, por el contrario, el ánimo de conseguirlo es suficiente para entender concurrente el presente requisito, la doctrina se muestra pacífica a la hora de considerar que no es necesario que la persona jurídica se vea beneficiada finalmente por la conducta delictiva para entender satisfecho este requisito, dado que la mera expectativa de este es suficiente[9]. Es decir, para entender cumplido el presente requisito y poder penar a la persona jurídica es suficiente con que la obtención del citado beneficio fuera lo que motivara la realización del hecho delictivo[10]. En palabras de GALAN MUÑOZ, el beneficio

9 FEIJÓO SÁNCHEZ, Bernardo José. *El delito corporativo en el Código penal español: cumplimiento normativo y fundamento de la responsabilidad penal de las empresas*. 2ª edición. Navarra: Civitas, 2016. Pág. 123.

10 FEIJÓO SÁNCHEZ, Bernardo José. "Los requisitos del art. 31 bis 1". En *Tratado de responsabilidad penal de las personas jurídicas: adaptada a la Ley 1/2015, de 30 de marzo, por la que se modifica el Código Penal*, coordinado por Miguel BAJO FERNÁNDEZ, Bernardo José FEIJÓO SÁNCHEZ y Carlos GÓMEZ-JARA DÍEZ, 75-88. 2ª edición. Navarra: Civitas, 2016. Págs. 82 y ss.

deberá entenderse como un elemento objetivo que conecte la conducta de la persona física con la entidad que habrá de responder por la misma, por lo que se establecerá la exigencia de que la actuación delictiva realizada tenga que ser objetivamente idónea para revertir en beneficio de la entidad[11], con independencia, continua PÉREZ MACHÍO, de los factores externos que puedan determinar que la utilidad no se produzca[12]. Por consiguiente, se debe llegar a la conclusión de que el beneficio deberá analizarse *ex ante* a través de la posición de un espectador objetivo[13], debiendo llegarse a la conclusión de que el hecho cometido por la persona física tenía como finalidad repercutir en alguna clase de beneficio a la jurídica.

Así lo entiende también DEL ROSAL BLASCO, quien considera que el hecho de que lo que se exija por el precepto del CP sea que la conducta delictiva se cometa en beneficio, "orienta hacia un entendimiento de la expresión de que la actuación del sujeto activo basta que sea para beneficiar a la persona jurídica, es decir, que no hace falta que el beneficio para la persona jurídica sea efectivo o se verifique realmente, sino que es suficiente con que la actuación del directivo estuviera destinada a beneficiar a la persona jurídica"[14].

En relación con esta cuestión, el TS ha concluido que "no es preciso para que pueda predicarse la responsabilidad penal de la persona jurídica, colmadas todas las demás exigencias para ello, que los hechos delictivos hubieran producido efectivamente un beneficio para ésta. Pero sí debe ser exigido, a partir del texto legal vigente, que la conducta delictiva imputable a las personas físicas que actúan en re-

---

11 GALÁN MUÑOZ, Alfonso. *Fundamentos y límites de la responsabilidad penal de las personas jurídicas tras la Ley Orgánica 1/2015*. Valencia: Tirant lo Blanch, 2017. Pág. 127.

12 PÉREZ MACHÍO, Ana Isabel. *La responsabilidad penal de las personas jurídicas en el Código Penal español: a propósito de los programas de cumplimiento normativo como instrumentos idóneos para un sistema de justicia penal preventiva*. Granada: Comares, 2017. Pág. 90.

13 GÓMEZ TOMILLO, Manuel. *Introducción a la responsabilidad penal de las personas jurídicas*. 2ª edición. Navarra: Thomson Reuters Aranzadi, 2015. Pág. 119.

14 DEL ROSAL BLASCO, Bernardo. "Responsabilidad penal de personas jurídicas: títulos de imputación y requisitos para la exención". En *Estudios sobre el Código Penal reformado (Leyes Orgánicas 1/2015 y 2/2015)*, dirigido por Lorenzo MORILLAS CUEVA, 81-125. Madrid: Dykinson, 2015. Pág. 99.

presentación o por cuenta de aquéllas, se realice en beneficio directo o indirecto de las mismas. Resulta indispensable así que la conducta delictiva resulte beneficiosa, contemplada ex ante y enmarcada en el proyecto delictivo de su autor, directa o indirectamente, para la persona jurídica, con independencia de que dicho beneficio llegue o no a materializarse"[15].

Pues bien, una vez concluido que el beneficio exigido por el art. 31 bis 1 CP, ya sea este directo o indirecto, debe analizarse independientemente de que el mismo se haya producido finalmente o no, la siguiente cuestión de interés para el objeto del presente estudio es qué debe entenderse concretamente como beneficio —directo o indirecto— en la nueva redacción del CP, cuestión que ya venía siendo debatida conceptualmente incluso cuando la anterior redacción dada a este requisito se encontraba vigente (en provecho) y que no ha sido abordada pacíficamente por la doctrina.

Por un lado, DEL ROSAL BLASCO entiende que el concepto de provecho, el cual es definido en su primera acepción por la RAE como un beneficio o utilidad que se consigue o se origina de algo o por algún medio[16], "podía remitir a un significado aún más amplio, haciéndolo sinónimo de utilidad, ventaja, interés, etc."[17], pero al mismo tiempo considera que la sustitución de dicho término por el de beneficio hace que dicha interpretación extensiva no resulte adecuada atendiendo a la nueva literalidad del CP, motivo por el que concluye que "el concepto de beneficio hay que ceñirlo a la idea de beneficio patrimonial"[18]. Por el contrario, PÉREZ MACHÍO considera que la reforma del término provecho por el de beneficio directo o indirecto favorece una concepción amplia del mismo y evita las discrepancias doctrinales que existían al respecto[19].

A este respecto, para RAGUÉS I VALLÉS la concurrencia del beneficio deberá analizarse desde una doble vertiente. En primer lugar,

---

15 STS nº 89/2023, de 10 de febrero.

16 REAL ACADEMIA ESPAÑOLA. *Diccionario de la lengua española*, 23ª ed. (versión 23.6 en línea). Http://dle.rae.es (última consulta 9 de enero de 2023).

17 DEL ROSAL BLASCO, Bernardo. "Responsabilidad penal... *Op. Cit.* Pág. 99.

18 *Ibidem.*

19 PÉREZ MACHÍO, Ana Isabel. *La responsabilidad penal de las personas jurídicas... Op. Cit.* Pág. 90.

el autor entiende que deberán conocerse cuáles son los objetivos de la persona jurídica en cuestión, entendiendo tales como “el conjunto de finalidades por las que un determinado ente colectivo ha sido creado y por el que subsiste”[20]. A continuación, una vez determinados dichos objetivos, para este autor actuar en beneficio de una persona jurídica significará “llevar a cabo alguna actividad apta para facilitar o favorecer la consecución de dichos fines”[21].

Por otro lado, en lo que respecta al concepto del beneficio indirecto, pueden hacerse las siguientes lecturas: por un lado, DEL ROSAL BLASCO entiende que “habrá supuestos en los que una ventaja inmediata pueda ser un beneficio patrimonial mediato, como puede ser el caso de una ventaja competitiva que, a medio largo plazo, puede concretarse en un beneficio patrimonial”[22]. Es decir, llega a la conclusión de que el beneficio indirecto será aquel que, a pesar de que no sea inmediatamente, siempre acabará derivando en un beneficio patrimonial directo a la persona jurídica. Por el otro lado, hay quien considera que el término indirecto se refiere más a una ventaja o un interés empresarial que no tiene por qué traducirse necesariamente en una ganancia económica.

En este sentido, al contrario de la tesis mantenida por la FGE en su Circular del año 2011[23] y posteriormente confirmada en su Circular del año 2016[24], entendemos excesivamente complicado huir del

---

20 RAGUÉS I VALLÉS, Ramón. *La actuación en beneficio de la persona jurídica como presupuesto para su responsabilidad penal.* Madrid: Marcial Pons, 2017. Pág. 107.

21 RAGUÉS I VALLÉS, Ramón. *La actuación en beneficio... Op. Cit.* Pág. 108.

22 DEL ROSAL BLASCO, Bernardo. “Responsabilidad penal de personas jurídicas... *Op. Cit.* Pág. 99.

23 Circular 1/2011, 1 de junio, de la FGE. Pág. 17: “(...) sería preciso concretar un parámetro fijo para medir ese beneficio social, el cual no necesariamente tiene por qué ser reducido a términos económicos; piénsese en este sentido en la importancia que pueden tener para una corporación activos difícilmente cuantificables como el capital reputacional, el prestigio de marca, etc.”

24 Circular 1/2016, 22 de enero, de la FGE. Pág. 10: “La sustitución en la LO 1/2015 (RCL 2015, 439) del término `provecho´ por el de `beneficio directo o indirecto´ despeja las dudas en favor de la interpretación lata que permite extender la responsabilidad de la persona jurídica a aquellas entidades cuyo objeto social no persigue intereses estrictamente económicos, así como incluir los beneficios obtenidos a través de un tercero interpuesto (caso de las cadenas de sociedades),

concepto de beneficio económico y patrimonial como finalidad de cualquier tipo de beneficio, habida cuenta de que cualquiera de esas utilidades, ventajas o intereses competitivos que podrían definir el beneficio indirecto ajeno al puro beneficio económico se convertirán, inevitablemente, en ventajas económicas o ganancias, esto es, en un beneficio patrimonial.

Por su parte, sin perjuicio de reconocer que estas cuestiones darán lugar a importantes debates en el futuro, el TS ha querido dejar claro desde ahora que el "término de 'provecho' (o 'beneficio') hace alusión a cualquier clase de ventaja, incluso de simple expectativa o referida a aspectos tales como la mejora de posición respecto de otros competidores, etc., provechosa para el lucro o para la mera subsistencia de la persona jurídica en cuyo seno el delito de su representante, administrador o subordinado jerárquico, se comete"[25].

2.2.2. Personas físicas capaces de responsabilizar penalmente a las personas jurídicas

A través de la nueva redacción del CP, el legislador ha querido abrir el abanico de personas físicas capaces de vincular y responsabilizar penalmente con su conducta a las personas jurídicas. Donde inicialmente se nombraba a los representantes legales y a los administradores de hecho o de derecho en la redacción dada al art. 31 bis 1 por la LO 5/2010, a partir de la reforma del año 2015 las personas físicas capaces de comprometer con su conducta delictiva a una persona jurídica han pasado a ser aquellos sujetos que, actuando individualmente o como integrantes de un órgano de la persona jurídica, gozan de la autorización necesaria para tomar decisiones en nombre de la persona jurídica u ostentan facultades de organización y control dentro de la misma.

Antes de que la reforma del CP viera la luz, ya existía una corriente doctrinal que mostraba cierta preocupación por la simpleza con la que el legislador había definido al grupo de personas comprendidos

---

los consistentes en un ahorro de costes y, en general, todo tipo de beneficios estratégicos, intangibles o reputacionales."

25 STS nº 89/2023, de 10 de febrero.

en la letra a) del art. 31 bis CP, ya que entendían, como NEILA NEILA, que el legislador había marginado cualquier referencia concreta a otros posibles cargos dentro de las sociedades que tenían atribuciones reales para tomar decisiones, como podían ser los gerentes, directores y directivos en general, e incluso los apoderados voluntarios[26], autor que también consideraba que no hubiera estado de más que, siguiendo las directrices del Derecho Mercantil, el legislador hubiera incluido expresamente el vocablo apoderado entre quienes actúan por la sociedad para que esta pudiera ser penalmente responsable[27].

Por el contrario, un sector doctrinal consideraba innecesaria la reforma dado que entendía que la referencia al administrador de hecho o de derecho que realizaba el antiguo texto del CP ya implicaba *per se* una extensión a todos los sujetos capaces de comprometer con su actuación delictiva la responsabilidad penal de la persona jurídica[28].

Ahora bien, esta postura ha sido frontalmente rechazada, entre otros, por FERNÁNDEZ TERUELO, por entender que dicha remisión se limitaba a las personas que realizaban las tareas propias de la administración de la sociedad, funciones muy concretas que correspondían a un círculo relativamente restringido de sujetos[29].

En otro orden de cosas, si bien es cierto que con carácter previo a la reforma de 2015 podía surgir la duda de que el art. 31 bis únicamente otorgaba capacidad para atribuir responsabilidad penal a las personas jurídicas a aquellas personas físicas que actuasen como

---

26 NEILA NEILA, José María. *La responsabilidad penal ante* los delitos cometidos por administradores sociales y personas jurídicas: adaptada a la Ley de Sociedades de Capital, a la reforma del Código Penal de 2010 y a las medidas de agilización procesal de 2011, así como al RDL 9-2012, de 16 de marzo. 1ª edición. Barcelona: Bosch, 2012. Pág. 44.

27 *Ibidem.*

28 FEIJÓO SÁNCHEZ, Bernardo José. "La responsabilidad penal de las personas jurídicas". En *Estudios sobre las reformas del Código Penal (operadas por las LO 5/2010, de 22 de junio y 3/2011, de 28 de enero)*, dirigido por Julio DÍAZ-MAROTO Y VILLAREJO, 65-141. Navarra: Civitas, 2011. Pág. 93

29 FERNÁNDEZ TERUELO, Javier. "Regulación vigente: exigencias legales que permiten la atribución de responsabilidad penal a la persona jurídica y estructura de imputación (CP art. 31 bis 1, 2 inciso 1° y 5)". En *Responsabilidad penal y procesal de las personas jurídicas*, dirigido por Ángel JUANES PECES, 59-85. Madrid: Francis Lefebvre, 2015. Pág. 74.

miembros de un órgano de la persona jurídica y no a quienes actuasen de forma individual o compartida sin formar parte oficialmente de ningún órgano de la entidad colectiva, tras la LO 1/2015, 30 de marzo, la letra a) del art. 31 bis. 1 CP otorga capacidad para atribuir responsabilidad penal a la persona jurídica a todas aquellas personas autorizadas para tomar decisiones o a aquellos que ostenten facultades de organización y control, ya actúen individualmente o como integrantes de un órgano de la persona jurídica. Por consiguiente, se desprende de la propia literalidad de la norma que las personas físicas que no tengan posición alguna en un órgano de la entidad, pero sí tengan atribuidas las capacidades previamente reseñadas, serán sujetos capaces de atribuir responsabilidad penal a las personas jurídicas. En este sentido, GALAN MUÑOZ opina que considerar que lo que hizo el legislador fue, simplemente, definir de otra forma al mismo grupo de sujetos que ya estaban incardinados en dicho nivel antes de la reforma no dejaría de ser sino una muestra más del gatopardismo con el que una parte de nuestra doctrina ha tratado la reforma de 2015[30], conclusión con la que no podemos mostrarnos más de acuerdo.

Por consiguiente, la doctrina se ha mostrado unánime al considerar que gracias a la reforma de 2015 el apartado a) del art. 31 bis.1 CP ya no afecta solo a quienes ejercen funciones de administración —de hecho, o de derecho— y representación, sino que se rompe ese limitado círculo para ampliar su contenido a otras personas con capacidades decisorias o facultades organizativas o de control dentro de la organización[31]. Ahora bien, son dos las preguntas principales que nos surgen en relación con la presente materia.

En primer lugar, ¿verdaderamente se ha ampliado el círculo de sujetos capaces de vincular a la persona jurídica? La presente cuestión nace como consecuencia de que la figura del administrador de hecho, debidamente desarrollada a través de nuestros tribunales penales a lo largo de los años, ya abarcaría por sí misma buena parte del círculo de personas que nuestro legislador ha concretado a través de la LO 1/2015, de 30 de marzo. El origen de estos pronunciamientos judicia-

---

30 GALÁN MUÑOZ, Alfonso. *Fundamentos y límites de la responsabilidad... Op. Cit.* Pág. 124.

31 JUANES PECES, Ángel. "Introducción a la responsabilidad penal... *Op. Cit.* Págs. 74 y ss.

les reside en que la noción clásica mercantil de la figura del administrador de hecho no resultaba totalmente satisfactoria a efectos penales, ya que planteaba serias dificultades para sancionar penalmente las conductas de aquellos directivos que ostentaban la condición jurídica de apoderados o mantenían alguna otra relación de gestión de tipo contractual con la misma, lo que llevó a nuestros tribunales, en virtud de la autonomía interpretativa del Derecho Penal, a desarrollar un concepto de administrador de hecho distinto y más amplio, según el cual puede ser considerado como tal todo sujeto que realice actos de administración, gestión o representación de la sociedad sin ostentar jurídicamente dicha condición[32].

Así, en su sentencia nº 816/2006, de 26 de julio, nuestro TS definió de la siguiente manera la figura del administrador de hecho:

> "Por administradores 'de derecho' se entiende en cada sociedad los que administran en virtud de un título jurídicamente válido y en la sociedad anónima los nombrados por la Junta General (art. 123 LSA) o, en general, los que pertenezcan al órgano de administración de la sociedad inscrita en el Registro Mercantil. Los 'de hecho' serán todos los demás que hayan ejercido tales funciones en nombre de la sociedad, siempre que esto se acredite, o los que ofrezcan alguna irregularidad en su situación jurídica, por nombramiento defectuoso no aceptado, no inscrito o caducado; o prescindiendo de conceptos extrapenales, se entenderá por administrador de hecho toda persona que por sí sola o conjuntamente con otras, adopta e impone las decisiones de la gestión de una sociedad, y concretamente los expresados en los tipos penales, quien de hecho manda o gobierna desde la sombra."[33]

---

32 FERNÁNDEZ TERUELO, Javier. "La responsabilidad penal de los dirigentes, representantes de la persona jurídica o de quienes ostentan facultades de organización y control dentro de la misma". En *Responsabilidad penal y procesal de las personas jurídicas*, dirigido por Ángel JUANES PECES, 239-259. Madrid: Francis Lefebvre, 2015. Pág. 255.

33 Pronunciamiento que ha sido confirmado por la más reciente STS nº 467/2018, de 15 de octubre. En sentido similar, la STS nº 94/2018, de 23 de febrero, para la que "es administrador de hecho el que, sin título suficiente, desempeñe, sin embargo, las funciones propias del administrador en la materia que resulta fácticamente de su competencia, adoptando decisiones que son respetadas y ejecutadas por los demás como si procediesen de un administrador nombrado con todas las formalidades previstas en la ley".

En una línea similar, la STS nº 59/2007, de 26 de enero estableció lo siguiente:

> "(...) será administrador de hecho quien, sin ostentar formalmente la condición de administrador de la sociedad, ejerza poderes de decisión de la sociedad y concretando en él los poderes de un administrador de derecho. Es la persona que, en realidad manda en la empresa, ejerciendo los actos de administración, de obligación de la empresa, aunque formalmente sean realizadas por otra persona que figura como su administrador. (...) Por lo tanto, en la concepción de administrador de hecho no ha de estarse a la formalización del nombramiento, de acuerdo a la respectiva modalidad societaria, ni a la jerarquía en el entramado social, sino a la realización efectiva de funciones de administración, del poder de decisión de la sociedad, la realización material de funciones de dirección. Son muchas las situaciones que pueden plantearse, normalmente referidas a apoderados para obligar a la sociedad, y será la concurrencia de una dirección real de la sociedad la que marque el sujeto activo del delito, en este caso, como destinatario de un deber especial de cumplir la exigencia de veracidad en la presentación anual de las cuentas de la sociedad."

Por consiguiente, al encontrar algunos de los sujetos que han sido señalados por la nueva redacción del precepto amparo en el concepto de administrador de hecho —sin ir más lejos aquellos que, ya sea individualmente o como integrantes de un órgano de la persona jurídica, están autorizados para tomar decisiones en nombre de la persona jurídica—, la utilidad de la modificación del citado apartado se ha puesto en duda. No obstante, no debe pasar inadvertido que el resto de los sujetos comprendidos en la nueva redacción —las personas que ostentan facultades de organización y control en la persona jurídica— no encajan de forma tan pacífica en la figura del administrador de hecho, motivo por el que llegamos a la conclusión de que sí que se han ampliado los sujetos capaces de vincular a la persona jurídica con sus actos. En este sentido, para la doctrina mayoritaria, recurrir a un concepto tan amplio como el descrito en la letra a) del art. 31 bis 1 CP responde a la necesidad de hacer frente a situaciones en las que el sujeto que lleva a cabo la conducta típica no reúne la condición de administrador de derecho, pero tampoco es un órgano que actúa de forma irregular[34].

---

34 FERNÁNDEZ TERUELO, Javier. "La responsabilidad penal de los... *Op. Cit.* Pág. 255.

En relación con lo previamente expuesto e íntimamente ligada con la segunda de las cuestiones que nos planteamos en el presente epígrafe se encuentra la reflexión que realiza la FGE en su Circular 1/2016, de 22 de enero, en la que el citado órgano plantea que "es discutible que el nuevo texto mejore el anterior pues, en contraposición a la nueva y compleja redacción, administrador de derecho y administrador de hecho eran términos ya consolidados en la legislación penal y mercantil y su alcance había sido reiteradamente interpretado por la Sala Segunda, particularmente en el ámbito de los delitos societarios"[35]. En este sentido, ¿verdaderamente supone la nueva redacción del círculo de personas que pueden vincular a la persona jurídica con su conducta delictiva una mejora para la responsabilidad penal de las personas jurídicas?

En primer lugar, DEL ROSAL BLASCO considera imprescindible definir quién es el que, actuando individualmente o como integrante de un órgano de la persona jurídica, está autorizado para tomar decisiones en nombre de esta u ostenta facultades de organización y control en ella[36]. Es decir, debe precisarse a qué concretos sujetos se amplía el círculo de personas capaces de vincular a la persona jurídica con sus actos, ya que podemos encontrarnos ante situaciones en las que un excesivo incremento de ese círculo pueda derivar en situaciones contraproducentes o excesivas.

En este sentido, es cierto, tal y como expone JUANES PECES, que con el texto del CP de 2010 quedaban excluidas determinadas personas que tenían verdadera capacidad para obligar y comprometer con su actuación a la persona jurídica y que no eran estrictamente representantes ni administradores, como las personas con capacidad decisoria o facultades organizativas o de control dentro de la organización. Ahora bien, aunque el citado autor considere que el círculo de sujetos debía abrirse, entiende que el nuevo modelo que ha implantado el legislador podría resultar excesivo, posibilitando la derivación de responsabilidad penal a la persona jurídica hasta en casos muy extremos. Por ello, entiende necesario que la jurisprudencia restringa

---

35 Circular 1/2016, 22 de enero, de la FGE. Pág. 14.

36 DEL ROSAL BLASCO, Bernardo. "Responsabilidad penal de personas jurídicas... *Op. Cit.* Pág. 99.

la amplitud contemplada en la legislación ya que la misma casa mal con la esencia del modelo, centrado en actuar contra los defectos de organización identificables. Así, resulta difícil poder afirmar que todas esas categorías introducidas por la reforma del año 2015 puedan quedar sometidas a un control efectivo por parte de la propia persona jurídica[37].

En definitiva, tal y como hace la FGE, podríamos distinguir los sujetos pertenecientes a la letra a) del art. 31 bis 1 CP en tres grupos: los representantes legales, los que están autorizados para tomar decisiones en nombre de la persona jurídica y aquellos que ostentan facultades de organización y control dentro de la misma.

Para empezar, la remisión que realiza el legislador a los representantes legales no es más que una redundancia, ya que tanto ellos como los administradores de hecho y de derecho se incluyen en el círculo de personas autorizadas para tomar decisiones en el nombre de la persona jurídica.

En relación con este grupo de personas, como ya se ha expuesto con anterioridad, la doctrina se ha mostrado bastante pacífica a la hora de incluir en el mismo a los administradores de derecho y de hecho. Aunque no haya duda alguna sobre los primeros, puesto que por definición un administrador designado a tal efecto está autorizado a tomar decisiones en el seno de la persona jurídica[38], la inclusión en este grupo de los administradores de hecho generó en un primer momento cierta controversia.

No obstante, la FGE concluyó que los administradores de hecho solo encajarían en el apartado relativo a las personas autorizadas para tomar decisiones, no en el de quienes ostentan facultades de organización y control[39], razonamiento que no nos parece acertado habida cuenta de que, a nuestro modo de ver, si bien es evidente que el administrador de hecho será quién esté autorizado a tomar decisiones en nombre de la persona jurídica, entendemos que, en ocasio-

---

37 JUANES PECES, Ángel. "Introducción a la responsabilidad penal... *Op. Cit.* Págs. 74 y ss.

38 LSC. Arts. 212 y ss.

39 Circular 1/2016, 22 de enero, de la FGE. Pág. 16.

nes, este también puede llegar a ostentar facultades de organización y control.

Cómo último apunte en relación a quiénes estarán autorizados para tomar decisiones en nombre de la empresa, además de los representantes legales y administradores de hecho y de derecho, la FGE va un paso más allá y considera que la legislación actual permite incluir también en este apartado a quienes, sin ser propiamente administradores ni representantes legales de la sociedad, forman parte de órganos sociales con capacidad para tomar decisiones, así como a los apoderados singulares y a otras personas en quienes se hayan delegado determinadas funciones[40].

Por otro lado, independientemente de los propios administradores de la persona jurídica, resulta una cuestión mucho más complicada concretar quiénes son las personas que ostentan facultades de organización y control dentro de la misma, máxime si tenemos en cuenta que nuestro TS aún no ha tenido oportunidad de pronunciarse sobre ello. Sin embargo, mientras llegan los pronunciamientos jurisprudenciales que nos permitan definir con precisión qué concretas personas en el seno de una mercantil ostentan dichas facultades de organización y control, a estas alturas lo que no puede ignorarse es que la literalidad de la ley es una clara referencia a la figura del *compliance officer*, sujeto sobre la que la doctrina venía preguntándose si, como responsable de la efectiva aplicación del programa de organización y control en la persona jurídica, en caso de cometer un hecho delictivo, podría vincular con el mismo a la entidad colectiva en virtud de lo preceptuado en el art. 31 bis CP.

Con todo, esta no es una cuestión en absoluto pacífica en la doctrina. Por un lado, un sector entiende que mientras que las facultades de organización y control exigidas por el CP se refieren a las concretas funciones que están vinculadas con el devenir de la organización empresarial y que se realizan en nombre y por cuenta de la persona jurídica, los poderes autónomos de iniciativa y control del órgano de supervisión o cumplimiento se refieren específicamente al ámbito funcional de este órgano, esto es, a la supervisión del funcionamiento y del cumplimiento del modelo de prevención. No obstante, otro sector

---

40 *Ibidem.*

doctrinal entiende que en la medida en que un modelo de organización y control adecuado eficazmente implantado afecta a la gestión de toda la organización, el órgano que se ocupe de su supervisión bien puede ser considerado también como el titular de las citadas facultades de organización y control del CP[41].

Por su parte, la FGE llega a la conclusión de que el *compliance officer* sí que puede vincular con sus hechos a la entidad colectiva al ser un sujeto perteneciente a la persona jurídica con las facultades de organización y control legalmente exigidas por nuestro CP[42].

Así, tal y como se ha expuesto con anterioridad, entre los individuos que comprenden este último grupo de sujetos capaces de vincular a la persona jurídica en virtud de la letra a) del art. 31 bis 1 CP también se encuentran mandos intermedios con facultades de organización y control. Es decir, estos mandos intermedios, por su propia posición en la empresa, podrían encontrarse ante la situación de poder pertenecer a ambos círculos de sujetos, tanto los comprendidos en la letra a) como en la b) del art. 31 bis 1 CP, ya que mientras que los mismos pueden vincular a la persona jurídica como consecuencia de sus facultades de organización y control, tal y como hemos visto, también podrán hacerlo por estar bajo la supervisión de otros sujetos pertenecientes a la misma letra a), como por ejemplo los administradores de la sociedad, lo cual puede dificultar la labor de las acusaciones de conocer qué concretos presupuestos deben de probar, ya que, tal y como posteriormente se analizará, los requisitos que deben acreditarse son diferentes en función de qué persona física cometa el hecho delictivo de referencia.

---

41 GÓMEZ MARTÍN, Víctor. "El compliance officer en los modelos de prevención de delitos: siete preguntas, ¿sin respuesta?". *La Ley Compliance Penal*, nº 1 (2020).

42 *Ibidem*: "la expresión engloba a un potencialmente alto número de cargos y mandos intermedios que tengan atribuidas tales facultades, entre ellas las medidas de vigilancia y control para prevenir delitos. Esta nueva redacción amplia y define mejor la posición de garante de la empresa, utiliza un lenguaje más adecuado a las categorías de imputación y establece con mayor precisión el hecho de conexión que genera la responsabilidad penal de la persona jurídica, lo que permite, como consecuencia más relevante, incluir en la letra a) del art. 31 bis 1 al propio oficial de cumplimiento".

Por consiguiente, en caso de que el hecho delictivo se hubiera cometido por uno de estos mandos intermedios, podría perseguirse la responsabilidad penal de hasta 3 sujetos diferentes: el propio mando intermedio, su supervisor —entiéndase, por regla general, el administrador— y, en última instancia, la propia persona jurídica.

Podría argumentarse que al incluir a los citados mandos intermedios entre los sujetos comprendidos en la letra a) del art. 31 bis 1 CP junto con los representantes legales y las personas con capacidad de decisión de la empresa, lo que ha tratado el legislador es precisamente de evitar esa doble responsabilidad personal, ya que no tendría sentido hacer responder, además del mando intermedio, a su supervisor. No obstante, debemos concluir que la atribución de responsabilidad penal a los tres sujetos previamente señalados (el mando intermedio, su supervisor y la persona jurídica) es posible, ya que responderían por conductas diferentes: a) el mando intermedio respondería por la comisión del correspondiente delito en el que se prevé la responsabilidad penal de la persona jurídica, b) el supervisor podría responder asimismo por omisión (comisión por omisión)[43], en este caso por haber incumplido gravemente los deberes de vigilancia y control que legalmente tenían atribuidos que no han evitado la comisión del delito por su subordinado; y, por último, c) la persona jurídica respondería en virtud del modelo de atribución de responsabilidad penal preceptuado en los arts. 31 bis y ss. CP.

Finalmente, interesa mencionar brevemente que las discrepancias respecto de qué sujetos conforman o pueden vincular a la persona jurídica en relación con el apartado a) del art. 31 bis 1 CP no se dan respecto a aquéllas que conforman el apartado b). La doctrina, de forma prácticamente unánime, ha llegado a la conclusión de que el grupo de sujetos a los que se refiere el apartado b) es deliberadamente amplio y no se ciñe a los trabajadores y mandos intermedios de la empresa,

---

43 Generalmente, los supervisores responderán por omisión, al incumplir gravemente —ya sea con dolo o imprudencia grave, si se tipifica el castigo por imprudencia en el correspondiente delito en el que se prevé la aplicación del art. 31 bis, lo cual será excepcional— el deber de supervisión del que eran titulares respecto de sus subordinados. No obstante, debe hacerse la matización de que estos sujetos también podrían responder por acción si lo que se acredita en el procedimiento judicial es que actuaban en connivencia con los subordinados.

sino que apela a todo sujeto que opere integrado bajo el ámbito de dirección de los administradores, de modo que se pueden incluir, sin mayores objeciones, a sujetos que, sin estar vinculados formalmente a la persona jurídica por un contrato laboral o mercantil, desarrollan para ella sus actividades sociales integradas en su ámbito o dominio social[44].

2.2.3. Ausencia de control respecto de los sujetos subordinados a las personas comprendidas en la letra a) del art. 31 bis 1 del Código Penal

En otro orden de cosas, el art. 31 bis CP en su redacción vigente hasta el año 2015 responsabilizaba a las personas jurídicas por aquellos actos cometidos por las personas físicas sometidas a la autoridad de los representantes legales y los administradores de hecho y de derecho, siempre y cuando no se hubiera ejercido sobre los mismos "el debido control atendidas las concretas circunstancias del caso". Así, se exigía un requisito adicional a los exigidos en la letra a) del art. 31 bis 1 CP que debía ser acreditado para poder sancionar penalmente a las personas jurídicas, un elemento que tan solo era exigible cuando los autores del hecho delictivo por cuya comisión podía responder la entidad colectiva pertenecían al círculo de personas que actualmente —y tras la reforma del año 2015— conforman la letra b) del art. 31 bis 1 CP.

Como consecuencia de su evidente indeterminación, este concepto, el "debido control", dio lugar a diferentes interpretaciones doctrinales. No obstante, todas ellas exigían un cambio legislativo en el que, en aras de la seguridad jurídica, se concretase qué debía entenderse por aquel. A pesar de ello, nuestro legislador, en lugar de aclarar o matizar el significado de la expresión, a través de la reforma del CP del año 2015 modificó el concepto del debido control por el siguiente: "haberse incumplido gravemente por aquéllos los deberes de supervisión, vigilancia y control de su actividad". Si bien sigue siendo un

---

44 DEL ROSAL BLASCO, Bernardo. "Responsabilidad penal de personas jurídicas... *Op. Cit.* Pág. 92; GÓMEZ TOMILLO, Manuel. *Introducción a la responsabilidad penal... Op. Cit.* Pág. 107.

concepto jurídico susceptible de interpretación —sobre todo en relación con la gravedad del incumplimiento—, no debe obviarse que su inconcreción resulta notoriamente inferior y que, por consiguiente, se ha dado un paso adelante.

A este respecto, aunque somos plenamente conscientes de que una absoluta determinación nunca va a ser posible, entendemos que la intención del legislador ha sido la de dejar en manos de la doctrina, por un lado, y los tribunales, fundamentalmente, el ir desarrollando y matizando qué debe entenderse, en términos generales, por un incumplimiento grave de los deberes previamente señalados. En esta línea se manifiesta DEL ROSAL BLASCO, para quien parece haber quedado excluido de nuestro Derecho un ámbito normativo explícito que defina y limite los contornos y el contenido de los deberes de supervisión, vigilancia y control del empresario[45].

Lo que si resulta evidente para el previamente citado autor es que los sujetos que conforman el apartado a) del art. 31 bis 1, aquellos que anteriormente debían garantizar un debido control sobre sus subordinados, y que ahora se encargan de llevar a cabo las tareas de supervisión, vigilancia y control sobre los mismos, tienen los deberes propios del garante sobre la conducta de estos[46]. Esto quiere decir, tal y como señala GÓMEZ-JARA DÍEZ, que "si la actuación delictiva de los empleados se hubiera producido, pese a un adecuado control por parte de los directivos, la conducta de los empleados no genera responsabilidad penal para la persona jurídica"[47].

Pese a la indeterminación aducida, ya hay voces que han ido estableciendo diferentes criterios sobre el incumplimiento de los deberes de supervisión. En primer lugar, el autor previamente citado señala que "en este punto, la dogmática de la omisión resulta muy útil para

---

45 DEL ROSAL BLASCO, Bernardo. "Responsabilidad penal de personas jurídicas... *Op. Cit.* Pág. 102.

46 DEL ROSAL BLASCO, Bernardo. "Responsabilidad penal de personas jurídicas... *Op. Cit.* Pág. 95.

47 GÓMEZ-JARA DÍEZ, Carlos. "El sistema de imputación de responsabilidad penal de las personas jurídicas". En *Responsabilidad penal de las personas jurídicas. Aspectos sustantivos y procesales*, editado por Julio BANACLOCHE PALAO, Jesús ZARZALEJOS NIETO y Carlos GÓMEZ-JARA DÍEZ, 65-86. Madrid: La Ley, 2011. Pág. 71.

determinar los deberes que atañen a los directivos y en qué formas puede producirse una infracción de los mismos"[48] y que "la referencia a la falta de debido control evoca inmediatamente conductas imprudentes realizadas por los directivos de la empresa"[49].

Partiendo de esa misma premisa, GALAN MUÑOZ entiende que la persona jurídica solo respondería por el delito cometido por su subordinado cuando la incorrecta conducta de supervisión, vigilancia o control del dirigente se materialice efectivamente en la concreta conducta delictiva realizada por el subordinado. Concretamente, el autor habla de una medida que resultara objetivamente tan idónea para prevenir el delito que, en caso de haber sido aplicada, habría evitado su ejecución[50]. A la misma conclusión llega GÓMEZ-JARA DÍEZ, quien considera que entre el delito cometido por el empleado y el fallo de supervisión del directivo a cuya autoridad se encuentra sometido el primero "debe establecerse una relación de imputación objetiva, de tal manera que el riesgo que se genera por el fallo de supervisión es el que se tiene que concretar en la actuación del empleado —y no en otro—"[51].

Por último, vinculará a la persona jurídica y la podrá hacer responsable penalmente la omisión del deber de cuidado llevada a cabo por cualquiera de las personas comprendidas en la letra a) del art. 31 bis 1 CP. Si bien con la redacción anterior del precepto surgían dudas respecto de qué ocurriría en los supuestos en los que el administrador de la compañía o el directivo hubieran cumplido con los deberes de control inherentes a su puesto, pero se hubieran incumplido los mismos por el director de cumplimiento, con la reforma introducida mediante la LO 1/2015 parecen desaparecer dichas dudas ya que la letra a) del art. 31 bis 1 CP atribuye directamente a cualquier persona con facultades de control y organización en la mercantil —como es el *compliance officer*— la obligación de llevar a cabo los deberes de supervisión, vigilancia y control.

---

48 *Ibidem*.

49 GÓMEZ-JARA DÍEZ, Carlos. "El sistema de imputación… *Op. Cit*. Pág. 72.

50 GALÁN MUÑOZ, Alfonso. *Fundamentos y límites de la responsabilidad… Op. Cit*. Pág. 166.

51 GÓMEZ-JARA DÍEZ, Carlos. "El sistema de imputación… *Op. Cit*. Pág. 72.

2.2.4. El nacimiento de los *compliance program* y los requisitos del programa de organización y gestión del apartado 5 del artículo 31 bis del Código Penal

En un claro paso hacia el sistema de autorresponsabilidad o responsabilidad por el hecho propio y, en aras de dotar de autonomía a la responsabilidad penal de la persona jurídica y diferenciarla de la responsabilidad penal de las personas físicas, el legislador ha establecido en los apartados 2, 4 y 5 del art. 31 bis una serie de requisitos que, de ser satisfechos por los entes colectivos, les permitiría quedar exentos de responsabilidad penal. La persona jurídica podrá quedar exenta de responsabilidad penal con independencia de la concreta persona física que haya cometido el hecho delictivo. Ahora bien, los requisitos que la entidad colectiva deberá satisfacer para verse exenta de responsabilidad penal serán diferentes en función de si el ilícito penal lo ha cometido una persona física con capacidad para tomar decisiones o facultades de organización y control por cuenta o en nombre de la entidad colectiva y en su beneficio directo o indirecto (apartado 2 art. 31 bis CP) o un subordinado sometido a la autoridad de las personas previamente señaladas en el ejercicio de actividades sociales y por cuenta y en beneficio directo o indirecto de la misma (apartado 4 art. 31 bis CP).

Como pequeño inciso, hay que recordar que el apartado 3 del art. 31 bis CP establece una excepción a favor de las sociedades de pequeñas dimensiones, a las que permite que sea su propio órgano de administración el encargado de supervisar el funcionamiento del modelo de prevención implantado en la mercantil en lugar de constituir un órgano autónomo, decisión que a pesar de ser tomada de cara a ahorrar costes a las personas jurídicas más pequeñas no es ajena a diversas críticas en las que posteriormente nos detendremos.

Asimismo, cuando los requisitos comprendidos en los apartados 2 y 4 del art. 31 bis CP sólo puedan ser acreditados de forma parcial por las personas jurídicas sometidas al procedimiento penal, ello se tendrá en cuenta a los efectos de atenuar la pena, tal y como preceptúa el último párrafo del art. 31 bis 2 CP.

Tal y como puede observarse en el art. 31 bis 2 del CP, las condiciones que nuestro CP exige a las personas jurídicas para lograr la exención penológica cuando el delito ha sido cometido por una de las personas físicas comprendidas en la letra a) del art. 31 bis 1 CP son la adopción y ejecución antes de la comisión de un delito de un modelo de organización y gestión que incluya medidas de vigilancia y control idóneas, que la supervisión del funcionamiento de dicho modelo se haya atribuido a un órgano autónomo a la entidad colectiva, que la concreta conducta delictiva se haya cometido eludiendo fraudulentamente dicho modelo y que no se haya producido una omisión en el ejercicio de dichas funciones por el órgano autónomo encargado de supervisar el reiterado modelo.

Por el contrario, el CP se muestra menos exigente cuando el delito ha sido cometido por las personas comprendidas en la letra b) del art. 31 bis 1 CP, tal y como puede observarse en el apartado 4 del mismo artículo. En este supuesto, la persona jurídica quedará exenta de responsabilidad penal si, antes de la comisión del delito, ha adoptado y ejecutado eficazmente un modelo de organización y gestión que resulte adecuado para prevenir delitos de la naturaleza del que fue cometido o para reducir de forma significativa el riesgo de su comisión. Es decir, en aquellos supuestos en los que el hecho delictivo lo haya cometido uno de los sujetos comprendidos en la letra b) del art. 31 bis 1 CP, nuestro código punitivo únicamente exige a la persona jurídica para que quede exenta de responsabilidad penal que acredite el 1° de los requisitos que la exige cuando el ilícito penal lo ha cometido una persona comprendida en el grupo de sujetos de la letra a) del art. 31 bis 1 CP. Ahora bien, cabe preguntarse por qué motivo el legislador plantea unas exigencias más laxas cuando se refiere a los delitos cometidos por este segundo grupo de sujetos.

Pues bien, la doctrina mayoritaria ha entendido que dicha diferenciación se debe a que no siempre la actuación delictiva de los sujetos comprendidos en la letra b) del art. 31 bis 1 CP va a derivar en la concurrencia de un defecto organizativo en el seno de la persona jurídica, al contrario de lo que ocurre con los sujetos comprendidos en la letra a). Es decir, el hecho de que nuestro ordenamiento jurídico penal, cuando los sujetos que han cometido el hecho en cuestión son los comprendidos en la letra b) del art. 31 bis 1 CP, exija menos condiciones para exonerar de responsabilidad a la persona jurídica es una realidad motivada por la mayor dificultad existente en vincular el delito cometido por estos subordinados con el defecto organizativo de la persona jurídica[52].

Cuestión distinta es si, a pesar del alejamiento que se produce entre el hecho delictivo y el defecto estructural de la persona jurídica cuando el primero lo comete un subordinado sin capacidad de gestión o decisión en el seno de la mercantil, dicha diferenciación legal tiene sentido desde un punto de vista estrictamente lógico. Así, no encontramos motivos por los que, de cara a que la persona jurídica sea exonerada de responsabilidad penal, los sujetos pertenecientes a la letra b) del art. 31 bis 1 CP, no deban cometer el hecho delictivo eludiendo fraudulentamente los modelos de organización y de prevención[53] que, según el art. 31 bis 4 CP, la persona jurídica sí que debe tener implantados con anterioridad a la comisión del delito. Y del mismo modo, que no se exija que el *compliance officer* haya ejercicio sus funciones de supervisión, diligencia y control diligentemente, ya que este requisito alude precisamente a un aspecto que condiciona la eficacia del programa de cumplimiento. Es decir, entendemos que sería legalmente más coherente exigir los mismos requisitos para exonerar de responsabilidad penal a la persona jurídica con independencia de la concreta persona que haya cometido el hecho delictivo por el que la misma acaba siendo condenada.

En virtud de todo lo expuesto, resulta capital para la correcta comprensión del sistema de atribución de responsabilidad penal a las personas jurídicas definir qué es un modelo de organización y gestión que incluye medidas de vigilancia y control idóneas, también conocido co-

---

52 MONTANER FERNÁNDEZ, Raquel. "La exención de responsabilidad penal de las personas jurídicas: Regulación jurídico-penal vs. UNE 1960". *La Ley Penal*, nº 132 (2018): "En realidad, las personas que, con su actuación infractora, pueden generar responsabilidad penal a la persona jurídica son aquellas personas que la representan. Y estos representantes pueden cometer el delito de forma directa —lo que sería la comisión directa— o de forma indirecta, esto es, infringiendo sus deberes de supervisión, control y vigilancia respecto de la actividad de aquellos sujetos a su autoridad. Ahora bien, estos deberes de supervisión, vigilancia y control no son ilimitados. En tanto que, también en una empresa en la que participan sujetos autorresponsables rige el principio de confianza, no todo lo que hace el que está sujeto a la autoridad del representante tiene que ser vigilado. De otro modo, el propio desarrollo de la actividad sería inviable".

53 CP. Art. 31 bis 2. 3ª.

mo *compliance program* como consecuencia del origen anglosajón del concepto. Son dos las cuestiones principales a las que debe de darse respuesta: 1) Por un lado, resulta indispensable comprender qué es un *compliance program* y el motivo o las razones por las que resulta más que recomendable su adopción; 2) Por otro lado, debe definirse con la mayor concreción posible cuáles son los requisitos o los elementos mínimos que debe presentar el citado programa para resultar válido, de cara a garantizar cierta seguridad jurídica.

Resulta cuanto menos curioso observar cómo el CP se sirve del apartado quinto del art. 31 bis para establecer los requisitos que deben cumplir los modelos de organización y gestión, ya que como señala DEL ROSAL BLASCO, choca ver a una Ley Orgánica haciendo gala de cierto reglamentarismo[54]. A la luz de estos requisitos legales[55], surge rápidamente la siguiente pregunta: ¿se debe concluir que nos encontramos ante un modelo de organización y gestión capaz de excluir la responsabilidad penal del ente colectivo en todos los casos en los que los seis requisitos establecidos por el CP concurran o, por el contrario, dichas condiciones son únicamente un mínimo desde el que partir y deberá de evaluarse individualmente cada modelo en concreto para concluir si el mismo es susceptible de exentar la responsabilidad penal de la persona jurídica?

---

54 DEL ROSAL BLASCO, Bernardo. "Responsabilidad penal de personas jurídicas... *Op. Cit.* Pág. 108.

55 "1.º Identificarán las actividades en cuyo ámbito puedan ser cometidos los delitos que deben ser prevenidos.
2.º Establecerán los protocolos o procedimientos que concreten el proceso de formación de la voluntad de la persona jurídica, de adopción de decisiones y de ejecución de las mismas con relación a aquéllos.
3.º Dispondrán de modelos de gestión de los recursos financieros adecuados para impedir la comisión de los delitos que deben ser prevenidos.
4.º Impondrán la obligación de informar de posibles riesgos e incumplimientos al organismo encargado de vigilar el funcionamiento y observancia del modelo de prevención.
5.º Establecerán un sistema disciplinario que sancione adecuadamente el incumplimiento de las medidas que establezca el modelo.
6.º Realizarán una verificación periódica del modelo y de su eventual modificación cuando se pongan de manifiesto infracciones relevantes de sus disposiciones, o cuando se produzcan cambios en la organización, en la estructura de control o en la actividad desarrollada que los hagan necesarios".

El autor previamente citado llega a la conclusión de que las concretas medidas de prevención y control deben elaborarse individualmente para cada persona jurídica, ya que la creación del programa dependerá de múltiples factores como su tamaño, su número de trabajadores, etc., no pudiendo generalizarse[56]. En este mismo sentido, autores como GUTIÉRREZ PÉREZ han considerado que el análisis de los riesgos viene a configurarse como el verdadero traje a medida de cada programa de cumplimiento, debiendo realizarse un estudio pormenorizado de la estructura de cada empresa, no pudiendo reproducirse un mapa de riesgos penales de una empresa farmacéutica en una que se dedique a la exportación de obras de arte[57].

Por consiguiente, amparándonos en la tesis de estos dos autores, llegamos a la conclusión de que el mero cumplimiento formal de los requisitos establecidos por la ley no es suficiente para cumplir las expectativas del legislador en la presente materia, siendo por ello necesario que cada persona jurídica reduzca los riesgos derivados de su actividad de forma concreta e individualizada. De lo contrario nos encontraríamos ante programas que, lejos de tratar de prevenir delitos de forma eficaz, serían aplicados únicamente con la intención de eludir hipotéticas responsabilidades penales, algo de lo que ya advirtió la FGE en su Circular del año 2011 sobre la presente materia y lo cual atenta directamente contra el contenido del art. 31 bis 2 CP, precepto que exige que el modelo de organización y gestión se haya adoptado y ejecutado con eficacia.

Pese a que, como hemos visto, parte de la doctrina ha criticado que el CP haya establecido los requisitos que debe de cumplir el programa de organización y gestión de las personas jurídicas, no todos son críticas, ya que, para otros autores, como PÉREZ MACHÍO, la especificación de los elementos básicos de dicho modelo —los requisitos del apartado quinto del art. 31 bis— coadyuva a la seguridad jurídica, en tanto que proporciona a las personas jurídicas una guía básica de los requisitos mínimos e indispensables que debe reunir el modelo

---

56 *Ibidem.*

57 GUTIÉRREZ PÉREZ, Elena. "Los compliance programs como eximente o atenuante de la responsabilidad penal de las personas jurídicas. La `eficacia e idoneidad´ como principios rectores tras la reforma de 2015". *Revista General de Derecho Penal*, nº 24 (2015). Pág. 5.

mencionado[58]. Prosigue la autora argumentando que dicho precepto se refiere a la delimitación del denominado mapa de riesgos, donde se identificarán los inherentes al sector al que se dedique la empresa. Se trata de localizar los riesgos penales que pueden producirse en la corporación, que deben estar asociados con la propia actividad social, la zona geográfica, la estructura organizativa, el historial de cumplimiento anterior u otros indicadores como la comprobación de problemas similares en otras empresas del mismo ramo de actividad[59].

De hecho, algunos de los defensores de esta corriente doctrinal van un paso más allá y demandan una mayor protección legislativa, al entender que existe una patente falta de seguridad, ya que no existe una normativa clara que delimite los contornos que debe ostentar un *compliance* efectivo[60]. Ahora bien, en caso de emprender una reglamentarización del contenido que deberían presentar los programas de cumplimiento para exonerar de responsabilidad penal a la persona jurídica, la vía adecuada no parece que sea el CP, lo cual no obsta para que haya otros medios más indicados para llevar a cabo dicha normativización, como pueden ser, y de hecho están siendo ya, las normas ISO —disposiciones internacionales cuya finalidad, entre otras, es la de reducir los riesgos de la posible comisión de delitos en los senos de las empresas y cuyo estudio, por su número y contenido, excede del objeto del presente trabajo—.

No obstante, es preciso reconocer que existen y que cada vez están adquiriendo una mayor relevancia en el mundo empresarias. Estas normas de calidad establecidas por la Organización Internacional de Normalización (ISO) han sido definidas como "una especie de auditoría formal que se puede aplicar en cualquier tipo de corporación o persona jurídica y/o actividad orientada a la producción de bienes o servicios, acreditando desde un punto de vista formal una correcta implantación de estructura, organización y servicio, que recogen

---

58 PÉREZ MACHÍO, Ana Isabel. *La responsabilidad penal de la persona jurídica... Op. Cit.* Pág. 105.

59 PÉREZ MACHÍO, Ana Isabel. *La responsabilidad penal de la persona jurídica... Op. Cit.* Pág. 109.

60 SÁNCHEZ MARTÍN, Miguel Ángel. *Responsabilidad penal de las personas jurídicas. Plan de Prevención de riesgos penales y Códigos Éticos de Conducta.* Pamplona: Aranzadi, 2017. Pág. 314.

tanto el contenido mínimo estandarizado de actuación, así como las directrices y herramientas específicas de implantación, como los métodos de auditoría que se realizan"[61]. Ejemplos de estas normas que puedan tener interés en relación con la responsabilidad penal de las personas jurídicas serían la UNE-ISO 19600: 2015, la UNE 19601: 2017, la ISO 37001:2016 o la UNE-ISO 37301:2021, las cuales aportan directrices importantes relativas a los requisitos que debe de ostentar un programa de cumplimiento para condicionar su eficacia.

Así, frente a la ausencia de una reglamentación propia que establezca objetivamente los requisitos que debe ostentar un programa de cumplimiento para ser eficaz desde el punto de vista jurídico penal y ser capaz de exonerar de responsabilidad penal a una persona jurídica, estas normas internacionales se erigen como un instrumento muy valioso de cara a valorar la eficacia del programa.

A este respecto, no parece que nuestro legislador vaya a afrontar en un corto periodo de tiempo una nueva reforma del sistema de atribución de responsabilidad penal a las personas jurídicas instaurado por la reforma del CP de 2015. Si bien han existido reformas legislativas posteriores que atañen a las personas jurídicas, como son las LLOO 1/2019, de 20 de febrero y 10/2022, de 6 de septiembre, lo cierto es que las mismas no han variado el sistema de atribución de responsabilidad penal a las personas jurídicas comprendido en los arts. 31 bis y ss. CP. Por consiguiente, será la jurisprudencia emanada de nuestros tribunales, la casuística, la que vaya estableciendo resolución a resolución las pautas o criterios exigibles a los programas de organización y gestión. Sin embargo, hasta la fecha, las resoluciones de nuestros tribunales no se han pronunciado sobre esta cuestión, no habiéndose profundizado sobre las características concretas que debe ostentar un *compliance program*. Ante esta ausencia de pronunciamientos judiciales, la FGE se ha erigido a través de sus Circulares —1/2011, 1 de junio y 1/2016, 22 de enero— como una buena referencia en la materia.

Sin perjuicio de que en apartados posteriores de la presente obra se vaya a analizar con más detenimiento las recomendaciones de dichas

---

61 PASCUAL CADENA, Antonio. *El plan de prevención de riesgos penales y responsabilidad corporativa*. Barcelona: Bosch, 2016. Pág. 126.

Circulares sobre las características concretas que debe de presentar un *compliance program* para ser susceptible de excluir la responsabilidad penal de una persona jurídica, resulta procedente tratar de dilucidar qué es concretamente el citado programa de organización y gestión, y señalar los motivos o razones que hacen de su implantación algo prácticamente indispensable para aquellas entidades colectivas susceptibles de ser responsables penales.

SÁNCHEZ MARTÍN considera que el modelo de prevención y gestión de riesgos penales es la materialización del compromiso de la Alta Dirección por la existencia de una cultura de cumplimiento ético empresarial, manifestado en un apoyo positivo y activo por parte de aquella[62]. Ahora bien, ¿qué es el citado programa de cumplimiento? Doctrinalmente se ha venido definiendo el *compliance program* como el modelo de organización y gestión mediante el que:

> "se ejerce supervisión, vigilancia y control para la prevención de la comisión de delitos en beneficio de la persona jurídica. Su contenido material debe incluir medidas de vigilancia y control idóneas para prevenir los delitos de la misma naturaleza del cometido, en beneficio de la persona jurídica o para reducir de forma significativa el riesgo de su comisión. (...) estas medidas no pueden consistir únicamente en directrices de conducta o códigos éticos, sino que deben tener un contenido idóneo para dificultar o evitar la comisión de delitos. En este sentido, deben incorporar pautas que permitan vigilar, controlar o supervisar la conducta del sujeto en cuestión."[63]

Por consiguiente, tal y como se ha expuesto con anterioridad, la importancia de una correcta elaboración y aplicación de este reside en que, si queda probado en el procedimiento penal que la persona jurídica ha adoptado e implementado un modelo de organización, gestión y control idóneo para la prevención de delitos, la misma podrá quedar exenta de responsabilidad penal. Esto se debe a que dicho modelo demostraría el compromiso de la entidad con el respeto a

---

62 SÁNCHEZ MARTÍN, Miguel Ángel. *Responsabilidad penal de las personas... Op. Cit.* Pág. 316.

63 DÓPICO GÓMEZ-ALLER, Jacobo y GASCÓN INCHAUSTI, Fernando. "Responsabilidad penal de las personas jurídicas". En *Penal,* coordinado por Fernando MOLINA FERNÁNDEZ, 381-439. Madrid: Francis Lefevbre, 2018. Pág. 389.

la legalidad y garantizaría la ausencia de una cultura empresarial de fomento o tolerancia a la comisión de posibles hechos delictivos en su seno[64].

Una vez aceptada la capacidad del *compliance program* para excluir la responsabilidad penal de las personas jurídicas, debe plantearse qué efecto tendría su demostración en relación con la Teoría del Delito, en aras de atribuir la carga probatoria del mismo a una u otra parte. Es decir, sin perjuicio de que esta cuestión se analizará con mayor detenimiento en el marco teórico procesal de la presente obra[65], interesa al objeto del presente apartado adelantar que entendemos que el *compliance program* no debe interpretarse al modo de las habituales causas de exclusión de responsabilidad del art. 20 CP por ausencia de antijuridicidad o culpabilidad, sino que, en caso de disponer del mismo, este supondría la ausencia del hecho injusto, por faltar el título de imputación, doloso o imprudente, que pueda generar responsabilidad[66]. Es decir, afectaría a la tipicidad de la conducta de la persona jurídica.

Ahora bien, dicho programa no está destinado a tratar de eliminar totalmente el riesgo de comisión de delitos, sino de mantenerlo en unos niveles tolerables o permitidos[67], ya que lo contrario nos situaría en un escenario en el que ningún *compliance program* sería lo suficientemente extenso y detallado como para garantizar la tranquilidad de la persona jurídica, algo de lo que debemos huir de cara a alcanzar la mayor seguridad jurídica posible. No obstante, no debe obviarse la advertencia que realiza GALAN MUÑOZ, para quien la creación de programas de cumplimiento normativo perfectos desde un punto de vista preventivo *ex ante*, pero no aplicados, ni controlados de forma efectiva en la entidad de una forma *ex post*, solo cumpliría una función cosmética, pero carecerían de efecto preventivo alguno sobre los

---

64 DE LA MATA BARRANCO, Norberto. "La exclusión de la responsabilidad penal de las personas jurídicas. Protocolos de prevención de delitos". En *Responsabilidad penal y procesal de las personas jurídicas*, dirigido por Ángel JUANES PECES, 87-101. Madrid: Francis Lefebvre, 2015. Pág. 89.

65 Véase el epígrafe 2. del Capítulo VII.

66 DE LA MATA BARRANCO, Norberto. "La exclusión de la responsabilidad penal... *Op. Cit.* Pág. 91.

67 GALÁN MUÑOZ, Alfonso. *Fundamentos y límites de la responsabilidad... Op. Cit.* Pág.131.

delitos que el legislador quiere que las personas jurídicas ayuden a controlar[68]. Por consiguiente, es evidente que la virtualidad exoneratoria de los protocolos debería bascular sobre su aplicación efectiva, no teniendo relevancia alguna, por tanto, el documento elaborado como mero formalismo, pero de nulo seguimiento o incluso desconocido por el personal de la empresa[69].

Por lógico que pueda parecernos el razonamiento anterior, lo cierto es que nace de los numerosos problemas que se han dado en el día a día de la elaboración e implementación de los *compliance programs* desde que se instauró en nuestra legislación penal la responsabilidad penal de las personas jurídicas. Para muchas entidades colectivas la posibilidad de eludir hipotéticas responsabilidades penales mediante la "simple" elaboración de un manual de medidas de organización y control fue una tentación demasiado grande como para no confeccionar un *compliance program.* Sin embargo, un elevado porcentaje de estas se limitó a crear dicho manual para después guardarlo en un cajón donde fue cogiendo polvo hasta el momento en el que se ha intentado utilizar precisamente para eludir la ya no tan hipotética responsabilidad penal. Pues bien, la doctrina ha rechazado de plano la capacidad que ostentan dichos *estériles* manuales para diluir la responsabilidad penal de las personas jurídicas, amparándose para ello en el mismo CP, el cual es el primero que exige que los programas se hayan adoptado y, sobre todo, ejecutado con eficacia.

Las entidades colectivas que han actuado de esta manera lo hacían con la única finalidad de evitar a toda costa la posibilidad de ser enjuiciadas por la hipotética comisión de una conducta delictiva, esto es, se trataba de una política efectista destinada a tratar de evitar gravosas consecuencias a la compañía. Ahora bien, esta política no es suficiente para exonerar de responsabilidad penal a las personas jurídicas, y ello debido a que no puede serlo si lo que se pretende es la interiorización por parte de la compañía y sus integrantes de la verdadera importancia de las políticas aplicadas. SÁNCHEZ MARTÍN lo expone de forma categórica cuando nos advierte que el objetivo principal para

---

68 GALÁN MUÑOZ, Alfonso. *Fundamentos y límites de la responsabilidad... Op. Cit.* Pág. 217.

69 DE LA MATA BARRANCO, Norberto. "La exclusión de la responsabilidad penal... *Op. Cit.* Pág. 93.

la persona jurídica debe ser instaurar una cultura de cumplimiento de la legalidad. El autor llega a la conclusión de que si el objetivo, por el contrario, es evitar la sanción penal, se estaría corriendo el riesgo de que la importancia de la verdadera aplicación de los modelos no cale correctamente en la persona jurídica[70].

La FGE entiende que los citados programas de cumplimiento deben ser claros, precisos y eficaces, y considera insuficiente la existencia de un programa, por completo que sea, en caso de que no se acredite su adecuación para prevenir el concreto delito que se ha cometido, para lo que debería realizarse un juicio de idoneidad entre el contenido del programa y la infracción[71].

En definitiva, llegamos a la conclusión de que cada *compliance program* debe ser diferente en cada caso, y debe estar dirigido y debidamente orientado a evitar que la concreta persona jurídica que lo crea delinca. Así lo entiende también la FGE, quien entiende que, como criterio interpretativo, y con las necesarias adaptaciones a la naturaleza y tamaño de la correspondiente persona jurídica, puede resultar útil acudir a la normativa sectorial de las entidades para las que sí está específicamente prevista una determinada organización y gestión del riesgo, como por ejemplo las circulares de la CNMV[72].

Por lo tanto, somos partidarios de la idea de que únicamente pueden establecerse unos pocos criterios generales —como los introducidos por el legislador en nuestro CP—, a partir de los cuales cada persona jurídica irá moldeando su propio modelo en aras de cumplir con su fin, que no es otro que tratar de evitar o, al menos, detectar la comisión de ilícitos penales en el seno de la persona jurídica, tal y como se ha expuesto con anterioridad. Es decir, a nuestro parecer, la automática exención de la pena por la concurrencia de los requisitos establecidos en el CP es una posibilidad vedada en nuestro ordenamiento jurídico.

Ahora bien, una vez alcancemos la conclusión de que el modelo de organización y gestión cumple con las expectativas exigidas por nues-

---

70 SÁNCHEZ MARTÍN, Miguel Ángel. *Responsabilidad penal de las personas... Op. Cit.* Pág. 317.

71 Circular 1/2016, 22 de enero, de la FGE. Pág. 20.

72 Circular 1/2016, 22 de enero, de la FGE. Pág. 11.

tra legislación para actuar como una exención de la responsabilidad penal de la persona jurídica, no debemos detenernos ahí, ya que el legislador, tal y como se ha adelantado con anterioridad, exige la concurrencia de otras tres condiciones —reguladas en el apartado segundo del art. 31 bis CP— para que la entidad colectiva quede exenta de responsabilidad penal, tal y como señala GALÁN MUÑOZ[73], quien opina que para que el *compliance program* pueda eximir de responsabilidad penal a la persona jurídica deben de darse acumulativamente todas y cada una de las condiciones que dicho precepto contempla, siendo la implantación y ejecución de los citados sistemas preventivos solo una más de entra aquellas que son legalmente exigidas.

Por último, interesa al objeto de la investigación aclarar que, dado que la finalidad del presente Capítulo y del siguiente es la de determinar qué sistema teórico de atribución de responsabilidad a las personas jurídicas es el más pacífico con los principios básicos del Derecho Penal, lo cierto es que estos programas de organización y gestión no nos ayudan a decantarnos por un modelo u otro, ya que la responsabilidad penal se excluiría cuando concurriera el mismo indistintamente el marco teórico que se quisiera aplicar[74], por mucho que la naturaleza del programa fuera distinta en uno u otro caso. La única diferencia que entrañaría la aplicación de uno u otro modelo teórico de atribución en relación con el programa de cumplimiento es quién tendría la carga de probar, ya fuera el defecto estructural acaecido en el mismo o, por el contrario, su correcto funcionamiento.

2.2.5. Sociedades de pequeñas dimensiones

La última modificación efectuada por el legislador en la concreta materia que nos ocupa está relacionada con las sociedades de pequeñas dimensiones. El legislador, consciente de la diversidad de sociedades mercantiles que conviven en el mercado, ha introducido un modelo más flexible que el expuesto hasta este momento para las personas jurídicas de pequeñas dimensiones, al no exigirles, por un

---

73 GALÁN MUÑOZ, Alfonso. *Fundamentos y límites de la responsabilidad... Op. Cit.* Pág. 129.

74 DE LA MATA BARRANCO, Norberto. “La exclusión de la responsabilidad penal... *Op. Cit.* Pág. 87.

lado, que deriven el control del programa de organización y gestión a un órgano externo con poderes autónomos de decisión —art. 31 bis 3 CP— y, por el otro lado, al no ser tan exigentes con las características que deben de presentar sus *compliance programs,* dado los recursos más limitados que estas sociedades ostentan —art. 31 bis 4 CP—. Este proceder se debe a que, para sociedades unipersonales o mercantiles con poca estructura, el gasto económico o de recursos que la aplicación de un programa de cumplimiento de grandes características supondría, podría afectar incluso a la propia viabilidad y existencia de la empresa.

¿Y cuáles son estas sociedades de pequeñas dimensiones? Dadas las dificultades que se hubieran generado en caso de que no se hubiera determinado qué es o qué se considera una sociedad de pequeñas dimensiones, el CP estableció que son aquellas que están autorizadas para presentar una cuenta de pérdidas y ganancias abreviada según la regulación mercantil —art. 31 bis 3 CP—, concretamente, según lo establecido en el art. 258 LSC[75].

Íntimamente relacionado con esta cuestión está el contenido del antiguo art. 31 bis 2 CP, ahora art. 31 ter 1 CP tras la LO 1/2015, que establece la posibilidad de que los jueces y magistrados modulen las cuantías de las penas de multa en caso de que se hayan impuesto tanto a la persona jurídica como a la física. Atendiendo a que la misma norma anuncia que dicha posibilidad obedece a querer evitar

---

[75] "1. Podrán formular cuenta de pérdidas y ganancias abreviada las sociedades que durante dos ejercicios consecutivos reúnan, a la fecha de cierre de cada uno de ellos, al menos dos de las circunstancias siguientes:

a) Que el total de las partidas de activo no supere los once millones cuatrocientos mil euros.

b) Que el importe neto de su cifra anual de negocios no supere los veintidós millones ochocientos mil euros.

c) Que el número medio de trabajadores empleados durante el ejercicio no sea superior a doscientos cincuenta.

Las sociedades perderán la facultad de formular cuenta de pérdidas y ganancias abreviada si dejan de reunir, durante dos ejercicios consecutivos, dos de las circunstancias a que se refiere el párrafo anterior.

2. En el primer ejercicio social desde su constitución, transformación o fusión, las sociedades podrán formular cuenta de pérdidas y ganancias abreviada si reúnen, al cierre de dicho ejercicio, al menos dos de las tres circunstancias expresadas en el apartado anterior".

una desproporcionalidad, entendemos que cuando el legislador introdujo esta disposición lo hizo por dos motivos: por un lado, para limitar el efecto negativo que una condena desproporcionada tendría en las personas jurídicas que verdaderamente tuvieran una estructura limitada, y, por el otro, para evitar un posible *bis in idem*. Sobre este último aspecto se ha pronunciado el TS, cuyas palabras sobre el art. 31 ter 1 CP traemos a colación por su claridad y contundencia:

> "En el plano de una interpretación teleológica, muchos comentaristas sugieren que la previsión está pensando en personas jurídicas de escasas dimensiones o, más aún, en supuestos, como el presente, en que la persona física penalmente responsable es también socio mayoritario o muy relevante de la mercantil. De esa forma, se arguye, se armoniza la duplicidad, a veces más formal que material de sujetos responsables con la prohibición del *bis in idem*. De ahí que el Código fije como parámetro o referente de la buscada proporcionalidad la suma de las cuantías respectivas de las multas"[76].

¿Supone esta argumentación que nuestro TS esté asumiendo un sistema de atribución de responsabilidad penal a las personas jurídicas automática o derivada? En nuestra opinión no es así. El Alto Tribunal se limita a argumentar los motivos que, a su entender, han llevado al legislador a introducir en nuestro ordenamiento jurídico la expuesta fórmula de la proporcionalidad. Ahora bien, como la propia Sala Segunda del TS razona, el precepto en cuestión tan solo podrá aplicarse en aquellos supuestos en los que, aunque formalmente exista una distinta personalidad jurídica entre persona física y persona jurídica, materialmente no sea así (participación total en el capital), o cuando la persona física castigada representa una parte tan relevante de la persona jurídica (participación superior al 50% del capital), que si se pena a ambas se estaría sancionando doblemente a una misma persona. En definitiva, se trata de una decisión legislativa de política criminal que afecta a la culpabilidad penal de la persona jurídica, en concreto, a la imputabilidad empresarial[77].

---

[76] STS nº 746/2018, de 13 de febrero.

[77] GIL NOBAJAS, María Soledad. "Más de una década de responsabilidad penal de personas jurídicas: revisión jurisprudencial a la luz de los principios legitimadores del Derecho Penal". En *La anatomía de la justicia constitucional europea*, dirigido por Luis I. GORDILLO PÉREZ y coordinado por Naiara ARRIOLA

En relación con esta misma cuestión, a pesar de que la legislación se refiere genéricamente a "personas jurídicas", resulta conveniente introducir en este apartado el debate sobre si todas las entidades con personalidad jurídica deben estar sujetas al Derecho Penal. A la hora de plantear esta cuestión, resulta ilustrativo el símil utilizado por GÓMEZ-JARA DÍEZ para dar respuesta a esa idea: al igual que un niño no es imputable en Derecho Penal hasta no haber alcanzado un nivel de desarrollo psíquico concreto, tampoco una empresa puede considerarse imputable hasta que su sistema organizativo no sea lo suficientemente complejo, esto es, hasta que no haya alcanzado un determinado nivel interno de auto referencialidad o auto organización[78]. Pues bien, hay varias respuestas a la cuestión que nos acabamos de plantear.

Por un lado, el propio art. 31 quinquies CP enumera una serie de entes, organismos y organizaciones de Derecho Público a las que no será aplicable el sistema de responsabilidad penal de las personas jurídicas[79]. Por otro lado, cuando no nos encontremos ante una de esas organizaciones o entes, nuestro TS ha establecido además que tampoco podrá atribuirse responsabilidad penal a las personas jurídicas inimputables que carezcan del sustrato material suficiente, refiriéndose así a las mercantiles comúnmente denominadas como pantalla o trucha. En este sentido, aunque la FGE ya se había adelantado en la presente cuestión[80], a continuación exponemos lo establecido por la

---

ECHANIZ, 103-143. Madrid: Centro de estudios políticos y constitucionales, 2022. Pág. 127.

78 GÓMEZ-JARA DÍEZ, Carlos. "¿Responsabilidad penal de todas las personas jurídicas? Una antecrítica al símil de la ameba acuñado por Alex Van Weezel". *Política criminal*, vol. 5, nº 10 (2010). Pág. 469.

79 Estado, Administraciones públicas territoriales e institucionales, Organismos Reguladores, Agencias y Entidades públicas empresariales, organizaciones internacionales de derecho público ni aquellas que ejerzan potestades públicas de soberanía o administrativas.

80 "3. Finalmente, solo tendrán la consideración de personas jurídicas inimputables aquellas sociedades cuyo "carácter instrumental exceda del referido, es decir que lo sean totalmente, sin ninguna otra clase de actividad legal o que lo sea solo meramente residual y aparente para los propios propósitos delictivos" (auto de 19 de mayo de 2014, cit.). Frecuentemente, este tipo de sociedades suele emplearse para un uso único. Por ejemplo, como instrumento para la obtención de una plusvalía simulada mediante la compra y posterior venta de un mismo activo,

STS nº 154/2016, de 29 de febrero sobre la inimputabilidad de estas personas jurídicas:

> "la sociedad meramente instrumental, o 'pantalla', creada exclusivamente para servir de instrumento en la comisión del delito por la persona física, ha de ser considerada al margen del régimen de responsabilidad del artículo 31 bis, por resultar insólito pretender realizar valoraciones de responsabilidad respecto de ella, dada la imposibilidad congénita de ponderar la existencia de mecanismos internos de control y, por ende, de cultura de respeto o desafección hacia la norma, respecto de quien nace exclusivamente con una finalidad delictiva que agota la propia razón de su existencia"[81].

Esta línea jurisprudencial ha sido confirmada por el TS en resoluciones posteriores, como la STS nº 894/2022, de 11 de noviembre, en los siguientes términos:

> "Así lo consideramos, porque la razón para ese tratamiento diferenciado de responsabilidades, no está tanto en que se trate de personas jurídicas unipersonales o no, sino en criterios de complejidad y estructura organizativa interna (que la puede haber en sociedades unipersonales), pues, faltando esa complejidad, ni siquiera cabría apreciar la culpabilidad que derivaría del incumplimiento de unos deberes de supervisión y control, que si, como hemos dicho, quedan consumidos en la propia dinámica delictiva del administrador que delinque, bastará con la condena de este, y la absolución de la persona jurídica procederá por su consideración como inimputable, debido a que no cabe estimar que concurra en ella el elemento de culpabilidad, en la medida que es incompatible con su naturaleza hablar de mecanismos internos de control y, en consecuencia, de cultura de respeto a la norma, a partid de la cual de residencia su capacidad de culpabilidad.
>
> Lo determinante es la existencia de una complejidad interna, presumible a partir de un suficiente sustrato material organizativo, que, si falta, falta el presupuesto para hablar de imputabilidad penal, por inexistencia de capacidad de culpabilidad, ya que, debido a su mínima estructura, no se da la base desde la que conformarla, y es que, no habiendo posibilidad

---

normalmente un bien inmueble (por su elevado valor) o activos financieros (por su dificultad para conocer su valor real). En esta categoría se incluyen también aquellas sociedades utilizadas para un uso finalista, como mero instrumento para la tenencia o titularidad de los fondos o activos a nombre de la entidad, a modo de velo que oculta a la persona física que realmente posee los fondos o disfruta del activo".

81 STS nº 154/2016, 29 de febrero.

de establecer mecanismos de control, no puede surgir el fundamento de su responsabilidad, de ahí que no toda sociedad pueda considerarse imputable en el ámbito penal (...)".

En resumen, existen determinados entes u organizaciones en nuestro ordenamiento jurídico que, pese a ostentar personalidad jurídica propia, no pueden responder penalmente, ya sea por exclusión legal, ya sea porque nuestros tribunales han considerado que su sanción no aportaría nada de interés a la Administración de Justicia. Ahora bien, ¿qué ocurre con las mercantiles muy pequeñas, aquellas a las que puede resultar prácticamente imposible aplicar un programa de organización y control de riesgos?

Imaginémonos una mercantil compuesta por dos o tres socios; ¿verdaderamente puede considerarse a la persona jurídica como un sujeto penal independiente de las dos o tres personas físicas que la forman? Aunque parezca un poco excesivo, lo cierto es que nuestra legislación es clara respecto a la presente cuestión, ya que su ámbito de aplicación afecta a cualquier persona jurídica desde el momento en el que está debidamente constituida y ostenta personalidad jurídica propia, motivo por el cuál entendemos que no pueden hacerse diferencias entre estas sociedades de pequeñas dimensiones y el resto de entidades colectivas que operan en el mercando, con las únicas excepciones que han sido previamente analizadas a lo largo del presente apartado relativas al contenido del programa de cumplimiento y los requisitos exigibles para que no se les pueda atribuir responsabilidad penal.

La FGE advirtió sobre la poca practicidad que supondría la imputación de personas jurídicas que no gozan de una autonomía real y cuyo sustrato material no puede diferenciarse del de las concretas personas físicas que la forman. Concretamente, dicho órgano llegó a la siguiente conclusión:

"Otros supuestos en que procede la exclusiva imputación de la persona física eran advertidos por la Circular 1/2011. Se trata de aquellos en que existe una identidad absoluta y sustancial entre el gestor y la persona jurídica, de manera que sus voluntades aparecen en la práctica totalmente solapadas o en que resulta irrelevante la personalidad jurídica en la concreta figura delictiva, evitando así una doble incriminación que resultaría contraria a la realidad de las cosas y podría vulnerar el principio non bis in idem. El riesgo de incurrir en bis in idem es especialmente alto en el ca-

> so de las pequeñas empresas, tanto en los casos apuntados en la Circular 1/2011 (que se identifican con el hecho de conexión del art. 31 bis 1° a) como cuando la responsabilidad de la empresa por los actos de sus empleados se sustenta en la falda de control de sus responsables (art. 31 bis 1° b), que viene a confundirse con la propia falta de un sistema adecuado de control corporativo. Puede afirmarse que el sistema de responsabilidad, tal y como se ha diseñado, con las referencias al elenco de sujetos de la letra), los deberes de control o los propios modelos de organización y gestión, está ideado fundamentalmente para la mediana y gran empresa, en coherencia con las apuntadas razones de política criminal. Para las pequeñas empresas, las exigencias impuestas en los programas pueden resultar excesivas, aun con las correcciones del apartado 3 del art. 31 bis, cuestión esta que se analizará más adelante"[82].

Ahora bien, aunque compartimos el planteamiento de la FGE, ante la ausencia de pronunciamientos jurisprudenciales pacíficos sobre la presente materia, el principio de legalidad nos obliga a llegar a la conclusión de que a las personas jurídicas de pequeñas dimensiones también les es de aplicación el sistema de atribución de responsabilidad penal del art. 31 bis CP, con las matizaciones y salvedades que la propia legislación establece.

Como bien expone GIL NOBAJAS, a pesar de reconocer que un concepto estrictamente formal de la persona jurídica no es el más conveniente desde una perspectiva político-criminal, bajo esta perspectiva formal el art. 31 bis CP integraría igualmente a personas jurídicas que instrumentalizan a sus integrantes como aquellas que son instrumentalizadas por personas físicas para el mismo objetivo: cometer delitos[83].

Hasta la fecha, la única doctrina jurisprudencial establecida por nuestro TS referente a la inimputabilidad de las personas jurídicas responde a la inimputabilidad de aquellas sociedades cuyo carácter instrumental es total, sin ninguna clase de actividad legal, o con una actividad residual y aparente para los propios propósitos delictivos[84].

---

82 Circular 1/2016, 22 de enero, de la FGE. Pág. 15.

83 GIL NOBAJAS, María Soledad. "Personas jurídicas *versus* entidades sin personalidad jurídica: análisis y revisión de la dimensión institucional que delimita la aplicación de los artículos 31 bis y 129 del Código Penal". *Revista General de Derecho Penal*, n° 29 (2018). Pág. 22.

84 STS 156/2016, de 29 de febrero.

Ahora bien, no deben pasar inadvertidos determinados pronunciamientos de tribunales menores que, asumiendo el razonamiento por el que el TS establece la inimputabilidad de las personas jurídicas de carácter instrumental —la imposibilidad congénita de ponderar la existencia de mecanismos internos de control—, han concluido que la unipersonalidad de la persona jurídica también deriva en su inimputabilidad como consecuencia de la total confusión que se produce entre el sujeto activo y la sociedad[85].

2.3. *Críticas al sistema de atribución de responsabilidad penal a las personas jurídicas*

Una vez han sido expuestas las modificaciones introducidas en la presente materia por la LO 1/2015, de 30 de marzo, ya conocemos las herramientas legales que el legislador ha puesto a nuestro alcance para responsabilizar y sancionar penalmente a las personas jurídicas. Ahora bien, como posteriormente se verá, el sistema implantado en nuestro ordenamiento jurídico ha sido valorado por la doctrina de diferentes formas: mientras que existe un sector que se inclina por entender que nos encontramos ante un modelo de autorresponsabilidad de la persona jurídica —sistema defendido por la posición mayoritaria del TS— o de responsabilidad por hechos propios, el otro entiende que el sistema vigente en la actualidad se trata de un modelo vicarial o de responsabilidad por el hecho ajeno.

Previa valoración de dicho debate, cuyo análisis será el núcleo del presente marco teórico sustantivo de la obra, nos parece necesario traer a colación en este momento los, a nuestro entender, defectos que el sistema de atribución de responsabilidad penal a las personas jurídicas manifiesta, con independencia del concreto modelo —de au-

[85] SAP de Zaragoza nº 176/2016 de 22 de septiembre o la Sentencia del JP nº 8 de Madrid nº 63/2017, de 13 de febrero. No obstante, no es una cuestión pacífica en la doctrina, puesto que existe cierta confusión en la jurisprudencia entre sociedades instrumentales o fachadas y sociedades unipersonales, puesto que para un sector de la doctrina no toda sociedad unipersonal tiene por qué ser inimputable sin atender a su complejidad organizativa. En este sentido, GIL NOBAJAS, María Soledad. "Más de una década... *Op. Cit.* Págs. 137 y ss.

torresponsabilidad o heterorresponsabilidad— por el que finalmente acabemos por decantarnos.

En primer lugar, como ya se ha visto, el art. 31 bis 1 CP establece diferentes requisitos que en caso de concurrir permitirían sancionar penalmente a las personas jurídicas. Ahora bien, los elementos que deberán de acreditarse para ello son diferentes en función de la categoría que ostente la persona física que haya cometido la conducta delictiva en la mercantil, circunstancia que nos llama tremendamente la atención ya que, tal y como señala NIETO MARTÍN, "se distingue entre dos supuestos de imputación, pero posteriormente no se establecen consecuencias jurídicas más graves para el primer supuesto"[86].

Lo que resulta evidente es que el CP se muestra más exigente para atribuir responsabilidad penal a las personas jurídicas con los delitos cometidos por los empleados que con los cometidos por los directivos, al exigirse un requisito adicional, que es el incumplimiento grave de los deberes de supervisión y control por parte de los sujetos comprendidos en el apartado a) del art. 31 bis 1 CP. Este requisito resulta tremendamente importante, ya que en el incumplimiento de dichos deberes se encuentra la diferencia que justifica la distinción entre los apartados a) y b) del art. 31 bis 1. Diferencia que DEL ROSAL BLASCO tilda de sustancial, dado que varía la frontera de la relevancia penal en un caso respecto del otro, ya que "en el caso de los directivos, su conducta expresa la propia voluntad de la sociedad en todas sus relaciones externas, mientras que, en el caso de los empleados, la empresa solo tiene, sobre ellos, un deber de control, que, además, se habrá de demostrar que se ha incumplido gravemente, presumiéndose su cumplimiento en otro caso"[87]. En nuestra opinión, el hecho de que esta diferenciación de requisitos entre los apartados a) y b) del art. 31 bis 1 CP no tenga un reflejo en las penas a imponer a las personas jurídicas, aunque resulte relevante en el plano sustantivo, supone una ausencia de coherencia de la propia legislación.

---

86 DEL ROSAL BLASCO, Bernardo. *Manual de responsabilidad penal y defensa penal corporativas*. 1ª edición. Madrid: La Ley Wolters Kluwer, 2018. Pág. 66.

87 DEL ROSAL BLASCO, Bernardo. *Manual de responsabilidad penal... Op. Cit.* Pág. 67

En otro orden de cosas, se ha venido exigiendo en la doctrina, tanto por los defensores de uno y otro modelo de atribución de responsabilidad penal a las mercantiles, que para imponer una pena a una persona jurídica es necesario que otro (una persona física) cometa un delito[88].

Estamos de acuerdo con dicha afirmación, dado que el propio art. 31 ter CP[89] así lo establece: para poder penar a una persona jurídica, ya sea por hechos propios o por hechos ajenos, una persona física ha de cometer una conducta delictiva concreta, siendo un requisito que funciona como una especie de condición objetiva de punibilidad —la postura mayoritaria del TS la define como un presupuesto previo necesario para atribuir responsabilidad penal a la persona jurídica—, dado que sin la conducta delictiva de la persona física nuestra legislación impide castigar a la entidad colectiva.

En relación con esta última idea, GÓMEZ TOMILLO defiende que de alcanzarse la conclusión de que ninguna persona física enmarcada dentro de la persona jurídica actuó, u omitió actuar, dolosa o imprudentemente, no cabría mantener la responsabilidad penal de esta última[90]. En esta línea se ha pronunciado nuestro TS, pero matizando que la constatación de la actuación de esos sujetos penales —personas físicas— no significa que la condena de estas sea un presupuesto necesario para sancionar a las personas jurídicas[91].

Ahora bien, esta premisa pacíficamente reconocida y admitida debe ponerse en relación con el contenido del art. 31 ter CP, el cual además de exigir la constatación de la comisión de un delito por alguna de las personas comprendidas en las letras a) y b) del art. 31 bis 1 CP, establece que la responsabilidad penal de la persona jurídica seguirá

---

88 DEL MORAL GARCÍA, Antonio. "La responsabilidad penal de las personas jurídicas: Societas delinquere non potest…,sed puniri potest!". Disponible en: https://www.abogacia.es/actualidad/noticias/ (18 enero 2016).

89 "1. La responsabilidad penal de las personas jurídicas será exigible siempre que se constate la comisión de un delito que haya tenido que cometerse por quien ostente los cargos o funciones aludidas en el artículo anterior (…)".

90 GÓMEZ TOMILLO, Manuel. "Los distintos modelos de imputación de responsabilidad a las personas jurídicas: sistema español. Antecedentes." En *Responsabilidad penal y procesal de las personas jurídicas*, dirigido por Ángel JUANES PECES, 39-58. Madrid: Francis Lefebvre, 2015. Pág. 52.

91 STS nº 742/2018, de 7 de febrero.

siendo exigible "aun cuando la concreta persona física responsable no haya sido individualizada o no haya sido posible dirigir el procedimiento contra ella"[92], lo que significa que no es necesario identificar y castigar a una concreta persona física para poder castigar a la jurídica.

Es decir, según nuestra legislación, para penar a una persona jurídica resulta imprescindible constatar la existencia de un hecho delictivo que ha tenido que ser cometido por una de las personas físicas señaladas en las letras a) y b) del art. 31 bis 1 CP, pero, sin embargo, no resulta necesario identificarla concretamente.

El problema que esa situación genera es evidente: ¿cómo va a atribuirse responsabilidad penal a la persona jurídica si desconocemos quién es la persona física que ha llevado a cabo el concreto hecho delictivo objeto de investigación? Es decir, ¿cómo vamos a ser capaces de conocer los concretos requisitos que deben de concurrir para penar a la persona jurídica si desconocemos la posición que ostenta en la misma la persona física que ha cometido el ilícito penal? A este respecto, consideramos que para valorar si concurren o no los elementos exigidos por los apartados a) y b) del art. 31 bis 1 CP es necesario gozar de cierta información sobre la persona física que ha llevado a cabo la conducta delictiva, como, por ejemplo, su posición en la entidad colectiva.

Así, como ya ha sido expuesto, los elementos a probar son diferentes en función de si el hecho delictivo lo ha cometido un empleado o un representante/administrador de la entidad colectiva. En este sentido, ¿cómo se va a poder acreditar con las debidas garantías si la misma trabaja o está relacionada con la empresa? Asimismo, aunque asumamos que el hecho delictivo no ha podido ser realizado por un tercero ajeno a la entidad, sin identificar, conocer o interrogar a ese presunto responsable relacionado con la empresa, ¿de qué modo va a poder probarse si ha actuado por nombre o cuenta de la sociedad y buscando su beneficio directo o indirecto? No parece una tarea posible sin renunciar por el camino a la certeza sobre la que debe pivotar todo pronunciamiento en la jurisdicción penal.

Por consiguiente, sin conocer la concreta persona física que ha llevado a cabo el delito, no se sabría con certeza qué concretos requisitos

---

92 CP. Art. 31 ter 1.

o elementos comprendidos en el art. 31 bis 1 CP deben quedar acreditados para sancionar a la persona jurídica, lo cual, además de atentar contra la seguridad jurídica, parece incompatible con los principios informadores del Derecho Penal.

A este respecto, entendemos que una reforma legislativa consistente en exigir la concreta identificación de la persona física que ha cometido el hecho delictivo debe ser, como mínimo, valorada, habida cuenta de que entendemos que al no exigir expresamente el CP dicha identificación, ello puede dar lugar a la existencia de numerosas sentencias absolutorias —por no haberse podido probar con las debidas garantías los elementos delictivos propios de la persona jurídica (art. 31 bis 1 CP) que deben acreditarse en el caso concreto—, lo cual sería claramente contario al espíritu y, en definitiva, a la finalidad que persigue la norma.

En nuestra opinión, el art. 31 ter CP responde al esfuerzo llevado a cabo por el legislador de querer dotar de autonomía al sistema de responsabilidad penal de las personas jurídicas, intención que tal y como se ha expuesto, deja claro desde la Exposición de Motivos de la LO 1/2015, de 30 de marzo. La tesis sostenida por nuestro legislador responde a que, aunque en las mercantiles de tamaño reducido la identificación de las personas físicas autoras del delito sería sencilla, la constatación de esta en las empresas de mayor tamaño puede resultar una tarea prácticamente imposible, de ahí que a través de lo dispuesto en el art. 31 ter se haya tratado de establecer una fórmula que permita sancionar penalmente a la persona jurídica, aunque la concreta persona física no hubiera sido identificada. En esta línea se ha pronunciado DEL ROSAL BLASCO, quien entiende que "si bien el modelo de identificación puede funcionar en pequeñas empresas, con una estructura jerárquica lineal, en las que el máximo responsable posee, de forma integral, la competencia y la información, en las grandes compañías, en donde existe una mayor diferenciación funcional y una división de tareas estratégicas y operacionales, la detección de la responsabilidad de las personas naturales es más difícil"[93].

---

93 DEL ROSAL BLASCO, Bernardo. *Manual de responsabilidad penal... Op. Cit.* Pág. 97.

No obstante, en el camino para otorgar independencia a la responsabilidad penal de las personas jurídicas no pueden sacrificarse determinados principios básicos del Derecho Penal, tal y como expuso la STS nº 154/2015, de 2 de septiembre, motivo por el que entendemos que la legislación debería de modificarse en aras de eliminar la inseguridad que el contenido del art. 31 ter 1 CP introduce, o cuanto menos, clarificarse jurisprudencialmente, ya que no pueden conocerse los concretos elementos que deben de acreditarse para sancionar a una persona jurídica si la concreta persona física que ha cometido el delito no ha sido debidamente identificada.

En definitiva, si bien los cambios introducidos por la LO 1/2015 han dotado de cierta claridad al sistema de atribución de responsabilidad penal a las personas jurídicas, lo cierto es que aún queda mucho tiempo para que la presente materia esté debidamente asentada en nuestro ordenamiento jurídico, motivo por el que habrá que estar pendiente de eventuales futuras modificaciones, así como de la doctrina jurisprudencial que poco a poco vayan delimitando el contenido de estas previsiones legales. En este sentido se pronuncia también GALAN MUÑOZ, para quien "la reforma solo ha representado eso. Un paso más en la correcta dirección, pero ni el último, ni el definitivo en dicho camino, ya que, pese a las evidentes mejoras introducidas en el sistema español, el mismo todavía se enfrenta a muchas cuestiones y problemas que han quedado por resolver"[94].

3. CRITERIOS INTERPRETATIVOS DE LA FISCALÍA GENERAL DEL ESTADO Y EL TRIBUNAL SUPREMO ANTE LA RESPONSABILIDAD PENAL A LAS PERSONAS JURÍDICAS VIGENTE EN EL CÓDIGO PENAL

En la actualidad, entre las innumerables aportaciones doctrinales existentes sobre la presente materia, destacan los criterios establecidos por la FGE en sus Circulares y nuestro TS mediante sus resoluciones. A pesar de que ya nos hemos apoyado en algunos de dichos criterios para analizar la configuración del sistema de atribución de

94 GALÁN MUÑOZ, Alfonso. *Fundamentos y límites de la responsabilidad... Op. Cit.* Pág. 293.

responsabilidad penal a las personas jurídicas, a fin de dotar de la mayor concreción posible al modelo establecido legalmente entendemos de gran interés para la presente investigación realizar un análisis detallado de las líneas generales establecidas por los citados operadores jurídicos en la presente materia.

Ahora bien, conviene advertir que el presente epígrafe no va a exponer detalladamente la posición que defienden estos órganos respecto de cada cuestión controvertida existente en la atribución de responsabilidad penal a las personas jurídicas, dado que esas posturas se irán desglosando a medida que la investigación vaya avanzando y se analicen cada uno de estos aspectos problemáticos.

No obstante, resulta de incuestionable interés realizar un acercamiento general a la posición asumida por los citados órganos, dado que no hemos de olvidar que ostentan una gran importancia en la aplicación Derecho Penal. Por un lado, el TS es la cúspide del Poder Judicial de nuestro país. Pese a que sus resoluciones —la llamada jurisprudencia— no son fuente de Derecho en sí reconocidas, lo cierto es que la doctrina —el cúmulo de esas resoluciones— creada por el mismo sí que complementa e interpreta el ordenamiento jurídico. Esto es, nuestro Alto Tribunal ostenta la capacidad de desarrollar cuestiones que la legislación no abarca, no ampliando o dando una nueva lectura a los tipos penales, sino aclarando las dudas interpretativas que una determinada norma pudiera ocasionar.

Por otro lado, la FGE es la jefatura superior del Ministerio Fiscal en nuestro país, órgano que tiene encomendada la misión de promover la acción de la justicia en defensa de la legalidad, de los derechos de los ciudadanos y del interés público tutelado por la Ley, de oficio o a petición de los interesados, así como velar por la independencia de los Tribunales y procurar ante éstos la satisfacción del interés social, tal y como establece el art. 124 CE. Por consiguiente, la Fiscalía ostenta una posición de gran importancia en el proceso, una relevancia que puede ser incrementada en un futuro cercano —o no tan cercano si reconocemos que la tan ansiada reforma del procedimiento penal lleva siendo inminente durante décadas— si finalmente se le otorga el dominio sobre la investigación, tal y como planteó el Borrador del Código Procesal Penal publicado en el 2013 y más recientemente el Anteproyecto de la LECrim del año 2020.

Pues bien, desde que se introdujera mediante la LO 5/2010 de 22 de junio la responsabilidad penal de las personas jurídicas en nuestro ordenamiento jurídico, ambos órganos han tenido la oportunidad de abordar la materia.

De un lado, la FGE ha emitido dos Circulares por las que ha expresado su posición, las previamente señaladas 1/2011, de 1 de junio y 1/2016, de 22 de enero. Mientras que la primera de ellas perfiló cuál iba a ser la posición de la FGE en cuanto a la responsabilidad penal de las personas jurídicas, la segunda es una ratificación de la primera, adecuando los pronunciamientos a las modificaciones introducidas por la LO 1/2015, de 30 de marzo. De otro lado, el TS ha dictado decenas de sentencias en las que ha entrado a valorar y se ha pronunciado sobre la responsabilidad penal de las personas jurídicas. A pesar de que a lo largo de este trabajo analizaremos numerosas de las referidas sentencias —en los concretos apartados en los que se tratarán las cuestiones controvertidas valoradas por ellas—, lo cierto es que son dos fundamentalmente las resoluciones que verdaderamente se han detenido extensamente a valorar la naturaleza jurídica que debe darse al sistema de atribución de responsabilidad establecido por el legislador. Estas son las STS nº 154/2016, de 29 de febrero —la cuál, además, fue un pleno de la Sala Segunda— y la nº 221/2016, de 16 de marzo, resoluciones que tal y como puede observarse se publicaron prácticamente a la par, en un momento de inquietud doctrinal como consecuencia de la reforma que se había promulgado —LO 1/2015, de 30 de marzo—.

3.1. Posición de la Fiscalía General del Estado

Como ya se ha expuesto con anterioridad, como consecuencia de la reforma introducida por la LO 1/2015, la FGE reaccionó publicando una nueva Circular, concretamente la nº 1/2016, de 22 de enero, mediante la que ratificó la mayoría de los pronunciamientos que había realizado mediante su anterior Circular, los cuales pivotan sobre la consideración de que el sistema de atribución de responsabilidad penal a las personas jurídicas es un sistema vicarial o de responsabilidad por el hecho ajeno. Sin embargo, aunque la FGE llegue a dicha conclusión, reconoce en su propia argumentación importantes elementos que atribuyen una indudable autonomía a la responsabilidad penal de la empresa.

Algunos de estos ejemplos los encontramos cuando la FGE establece que la responsabilidad de la persona jurídica no depende de la previa declaración de responsabilidad penal de la persona física, cuando menciona que la no identificación del autor del delito o la imposibilidad de dirigir el procedimiento contra él no excluye la responsabilidad de la persona jurídica, al defender que las agravantes y atenuantes relativas a la culpabilidad de la persona física no son trasladables a la persona jurídica, cuando expone que la misma tiene unas circunstancias modificativas específicas y un sistema propio de penas con particulares reglas de aplicación o cuando concluye que la autonomía de la responsabilidad de la persona jurídica se refuerza muy notablemente con el valor eximente otorgado a los programas de organización[95].

Ahora bien, a pesar de que estas razones son muy significativas, la FGE atribuye un mayor peso a los argumentos que abogan por una responsabilidad vicarial de las personas jurídicas al entender, por un lado, que los delitos cometidos por las personas físicas comprendidas en el apartado a) del art. 31 bis 1 CP no exigen ningún defecto estructural u organizativo por parte de los entes colectivos, y por el otro, que el grave incumplimiento de los deberes de supervisión, vigilancia y control exigido en el apartado b) del mismo precepto no se exige a la persona jurídica, sino a las personas físicas que integran el primero de los apartados. Por consiguiente, como ya se hizo a través de la Circular 1/2011, se llega a la conclusión por parte de la FGE de que la persona jurídica no comete hecho delictivo alguno y que su responsabilidad obedece única y exclusivamente a la previa responsabilidad penal de la persona física, siempre y cuando, eso sí, la conducta protagonizada por las mismas se realice en nombre o por cuenta de la persona jurídica y ésta genere un beneficio directo o indirecto a la misma.

A pesar de que la defensa que la FGE hace respecto del sistema de heterorresponsabilidad pivote principalmente sobre los dos argumentos previamente señalados, fundamenta su posición a través de otros

---

95 Circular 1/2016, 22 de enero, de la FGE. Pág. 5.

dos razonamientos que por su relevancia para la presente investigación expondremos a continuación. Por un lado, la FGE expone que:

> "El art. 31 bis no dice que las personas jurídicas cometan el delito. Lo que establece el precepto, antes y después de la reforma de 2015, es que las personas jurídicas —serán penalmente responsables de los delitos cometidos— por personas físicas. La propia condición 3ª del apartado segundo del art. 31 bis recuerda que son los —autores individuales— los que —han cometido el delito— y en los distintos preceptos que contemplan la responsabilidad de la persona jurídica, no se atribuye a esta la comisión del delito, sino que se dice que —cuando de acuerdo con lo establecido en el art. 31 bis una persona jurídica sea responsable de los delitos [correspondientes] se le impondrán las siguientes penas— (...)"[96].

Esta tesis se ve completada por la siguiente conclusión:

> "Debe finalmente quedar claro que no se propone un sistema de responsabilidad automática de la persona jurídica pues, independientemente de que sea la conducta de personas físicas la que transfiera a esta su responsabilidad, el defecto de organización, aun construido por el Legislador como causa de exención de la pena, indudablemente opera como presupuesto y refuerzo de la culpabilidad, desterrando cualquier atisbo de responsabilidad penal objetiva de la empresa, que vulneraría el artículo 5 del Código Penal pues —parece evidente que cualquier pronunciamiento condenatorio de las personas jurídicas habrá de estar basado en los principios irrenunciables que informan el derecho penal— (STS nº 154/2016, 29 de febrero)"[97].

Estos son los argumentos que llevan a la FGE a defender que el sistema de atribución de responsabilidad penal a las personas jurídicas vigente en nuestro ordenamiento jurídico es vicarial o de responsabilidad por el hecho ajeno. Ahora bien, por los motivos que a continuación se expondrán no compartimos la tesis defendida por la Fiscalía de nuestro país.

Las manifestaciones relativas a la ausencia de exigencia expresa por parte de nuestra legislación del defecto estructural y al hecho de que el incumplimiento de las medidas de supervisión y vigilancia sean exigidas a personas físicas y no a la jurídica como tal, son cuestiones que se analizarán en apartados posteriores del presente marco teóri-

---

96 Circular 1/2016, 22 de enero, de la FGE. Pág. 4.

97 Circular 1/2016, 22 de enero, de la FGE. Pág. 6.

co, una vez nos adentremos a analizar detenidamente las virtudes y defectos de cada uno de los sistemas de atribución de responsabilidad penal a las personas jurídicas. No obstante, sí que interesa al objeto de la presente investigación detenerse en este momento a valorar los dos últimos argumentos secundarios mencionados, ya que la respuesta que daremos a los mismos comienza a sentar las bases del modelo defendido en esta obra, el cual, en nuestra opinión, es el vigente en la actualidad en la concreta materia que nos ocupa.

Por un lado, no nos parece significativo que nuestro CP, en lugar de establecer que las personas jurídicas cometerán delito, señale que las personas jurídicas serán penalmente responsables, ya que, en nuestra opinión, lo que el art. 31 bis está regulando es un modo de participación en el delito principal cometido. Esto es, partiendo de la premisa de que el hecho delictivo debe cometerlo una persona física, lo que el art. 31 bis CP establece son los requisitos que deben de concurrir en la comisión de dicho hecho delictivo para que se considere a la persona jurídica como partícipe, concretamente como autora por cooperación necesaria, como posteriormente se expondrá[98]. Es decir, la autoría de la persona jurídica será a través de uno de los modos de participación que se regulan en el Título II del CP, no siendo su responsabilidad penal diferente a la de los inductores, cooperadores o cómplices personas físicas, que responden penalmente como consecuencia del delito cometido por otro sujeto.

Por el otro lado, nos parece contradictorio que la FGE defienda que la responsabilidad penal de las personas jurídicas es por transferencia y que acto seguido alegue que el defecto de organización construido por el legislador como causa de exención de la responsabilidad es un elemento que refuerza la culpabilidad y, por consiguiente, autónoma responsabilidad penal de la persona jurídica. Evidentemente, la intención de la FGE a través de dicha argumentación es salvar la vulneración del art. 5 CP[99], extremo que no podemos aceptar ya que, si lo que se está defendiendo es una responsabilidad penal automática de los entes colectivos, es decir, una responsabilidad objetiva basada únicamente en la transferencia de responsabilidad sin ningún tipo de

---

98 Véase el epígrafe 3.2. del Capítulo II.

99 CP. Art. 5: "No hay pena sin dolo ni imprudencia".

culpabilidad inherente a la persona jurídica, no puede concluirse que el principio de dolo o culpa sea respetado.

Por consiguiente, entendemos que la responsabilidad vicarial o automática por el hecho ajeno defendida por la FGE vulnera el art. 5 CP, lo cual impediría sancionar penalmente a las personas jurídicas, tal y como expone también nuestro Alto Tribunal cuando exige que cualquier pronunciamiento condenatorio de las personas jurídicas esté basado en los principios irrenunciables que informan el derecho penal[100].

3.2. *Posición del Tribunal Supremo*

Frente a la postura jurídica defendida por la FGE se posiciona la doctrina jurisprudencial elaborada por el TS, la cual, por el momento, se nutre de poco más de una veintena de pronunciamientos, entre los cuáles, como ya se ha dicho, destacan las sentencias nº 154/2016, de 29 de febrero y la nº 221/2016 de 16 de marzo, a las que se hace inevitable volver de cara a analizar la tesis defendida por nuestro Alto Tribunal respecto de la naturaleza jurídica de la responsabilidad penal de las personas jurídicas.

En palabras de VILLEGAS GARCÍA y ENCINAR DEL POZO[101] los tres pilares fundamentales sobre los que, hasta el momento, descansa la jurisprudencia del Tribunal Supremo sobre la responsabilidad penal de las personas jurídicas son los siguientes: en primer lugar, que no basta, para la condena de la persona jurídica, la constatación de la comisión de un delito por parte de la persona física —en nombre o por cuenta y en beneficio directo o indirecto de aquella— sino que será preciso la indagación sobre aquellos elementos organizativo-estructurales de la entidad que han posibilitado un déficit de los mecanismos de control y gestión, con influencia decisiva en la relajación de los sistemas preventivos llamados a evitar la criminalidad de la empresa. En segundo lugar, que la persona jurídica goza, en el proceso

---

100 STS nº 514/2015, 2 de septiembre.

101 VILLEGAS GARCÍA, María Ángeles y ENCINAR DEL POZO, Miguel Ángel. "La Responsabilidad penal de las personas jurídicas. La jurisprudencia de la Sala de lo Penal del Tribunal Supremo". *Diario La Ley*, nº 9106 (2017).

penal, de los mismos derechos y garantías que la persona física por lo que podrá alegar, como esta, su vulneración. Por último, la indispensabilidad de evitar cualquier conflicto de intereses entre la persona jurídica y la física, cuando esta última, también acusada, represente a aquella en el proceso.

Para entender la motivación de los pronunciamientos que ha ido realizando nuestro Alto Tribunal para crear la doctrina jurisprudencial previamente señalada, debemos de acudir al origen de la misma, que es la sentencia nº 514/2015 de 2 de septiembre, resolución en la que un TS aún dubitativo sobre qué sistema de atribución de responsabilidad penal era el correcto para sancionar a las personas jurídicas, llegó a la conclusión de que, independientemente de cuál de los dos sistemas fuera el utilizado para penar a los citados entes colectivos, dicho pronunciamiento condenatorio habría de estar basado en los principios irrenunciables que informan el derecho penal. Por consiguiente, el hecho de que en sus siguientes pronunciamientos el TS se terminara de decantar por el sistema de autorresponsabilidad, esto es, por el sistema de responsabilidad por el hecho propio, obedece simple y llanamente a que el mismo es más respetuoso con dichos principios.

Así, con únicamente una resolución como precedente y consciente de la relevancia que podían tener los pronunciamientos por realizar sobre la concreta materia que nos ocupa, el Pleno del TS dictó la sentencia nº 154/2016 de 29 de febrero, con el objetivo que a continuación se extracta:

> "a fin de cumplir con las funciones nomofiláctica y de unificación doctrinal que esta Sala tiene encomendadas como Tribunal casacional, tratándose de materia tan novedosa como compleja, y por tanto precisada en el momento presente de una dotación, dirigida a los órganos de instrucción y de enjuiciamiento, de criterios válidos en la interpretación del régimen de responsabilidad penal de las personas jurídicas acordes con el sentido, naturaleza y finalidad del mismo".

Antes de valorar contenido de esta resolución, resulta imprescindible traer a colación un dato tremendamente revelador de la situación actual de desacuerdo en la materia: y es que, como bien se conoce, la resolución contó con un voto particular suscrito por 7 de los 15 magistrados que conformaron la Sala, quienes rechazaban la conclusión alcanzada por la mayoría respecto de cuál era el sistema correcto para atribuir la responsabilidad penal a las personas jurídicas, posicionándose los mismos a favor del criterio defendido por la FGE. Ahora bien, la sentencia principal llegó a la conclusión de que:

> "el sistema de responsabilidad penal de la persona jurídica se basa sobre la previa constatación de la comisión del delito por parte de la persona física integrante de la organización como presupuesto inicial de la referida responsabilidad, en la exigencia del establecimiento y correcta aplicación de medidas de control eficaces que prevengan e intenten evitar, en lo posible, la comisión de infracciones delictivas por quienes integran la organización"[102].

Por lo tanto, la Sala identifica y cataloga como requisito para responsabilizar a una persona jurídica la adopción por parte de esta de unas medidas de control capaces de evitar la producción de ilícitos penales en su seno. Es decir, para castigar a una empresa, nuestro Alto Tribunal exige que la organización de esta presente un defecto o una ausencia de medidas de control que haya favorecido o no haya dificultado la comisión del delito llevado a cabo por una persona física, lo que viene siendo una contribución con el hecho delictivo acaecido —y cometido por la persona física integrante de la entidad colectiva— que resulta independiente al actuar de la persona física.

Pese a que las virtudes y los defectos que presentan los dos sistemas de atribución de responsabilidad penal a las personas jurídicas serán objeto de estudio en el siguiente Capítulo, si interesa avanzar en este momento que el mayor obstáculo con el que se topa la tesis defendida por el Tribunal Supremo es la literalidad de la normal penal, concretamente el art. 31 bis 1 CP, el cual no exige en términos positivos el defecto estructural señalado por nuestro Alto Tribunal como el hecho relevante —ya sea una acción u omisión— del que nace la responsabilidad de la entidad. No obstante, esto no significa que el TS haya vulnerado el principio de legalidad, sino que al permitir el propio art. 31 bis 2 CP que la persona jurídica quede exenta de responsabilidad penal cuando cumpla con una serie de criterios, lo que hace nuestro TS es concluir que, precisamente por ello, para responsabilizar penalmente a la persona jurídica es necesario que adolezca de esos criterios, o lo que es lo mismo, que no ostente un programa

---

102 STS nº 154/2016, 29 de febrero.

de cumplimiento y organización eficaz capaz de reducir el riesgo de la comisión de delitos.

Además de definir cuál es el criterio que va a seguir la Sala respecto a qué elementos del delito deben de concurrir para que una persona jurídica sea condenada, la STS nº 154/2016 abordó otras cuestiones de gran relevancia, tanto sustantivas como procesales. Por un lado, la Sala llegó a la conclusión de que los derechos y las garantías que asisten a la persona física en el proceso penal también deberán de asistir a la persona jurídica, argumento que, aunque sobre el papel parezca que admite poca discusión, ha sido objeto de numerosas críticas, las cuales serán analizadas en el marco procesal del presente trabajo. Por otro lado, la Sala advirtió el automático conflicto de interés que podría suscitarse en aquellos supuestos en los que la persona física que había cometido el hecho delictivo de referencia fuera quien representara a la persona jurídica en el procedimiento judicial. La Sala señalaba cómo, en aras de evitar la propia responsabilidad individual, la persona física podía verse tentada a difuminar la misma mediante la asunción de la responsabilidad penal del ente colectivo, algo que vulneraría de forma notoria el derecho de defensa de la persona jurídica, quien tal y como se ha mencionado con anterioridad, es titular de los mismos derechos que asisten en el proceso penal a una persona física investigada. Por consiguiente, el TS llama a evitar este tipo de situaciones, exigiendo a los órganos jerárquicamente inferiores —que serán quienes conozcan de estas causas por norma general— que presten especial atención a estas situaciones.

Tan solo 16 días después, el TS dictó la sentencia nº 221/2016, de 16 de marzo, resolución que adoptaba la tesis defendida por la mayoría de los magistrados en la nº 154/2016. De esta manera, nuestro Alto Tribunal lograba por un lado disipar ligeramente las dudas que había generado el hecho de que prácticamente la mitad de la Sala hubiera adoptado una posición contraria a lo resuelto por su mayoría en la sentencia de 29 de febrero, y, por otro lado, desarrollar a través de la citada resolución su doctrina sobre el modelo de responsabilidad penal del art. 31 bis CP, introduciendo para ello el concepto del *delito corporativo*, que es como se denomina al hecho delictivo propio de la persona jurídica desde entonces:

> "(...) el juicio de autoría de la persona jurídica exigirá a la acusación probar la comisión de un hecho delictivo por alguna de las personas físicas a que se refiere el apartado primero del artículo 31 bis del CP, pero el desafío probatorio del Fiscal no puede detenerse ahí. Lo impide nuestro sistema constitucional. Habrá de acreditar además que ese delito cometido por la persona física y fundamento de su responsabilidad individual, ha digo realidad por la concurrencia de un delito corporativo, por un defecto estructural en los mecanismos de prevención exigibles a toda persona jurídica (...)".

Aunque el resto de sentencias dictadas por la Sala Segunda no hayan desarrollado completamente el modelo de atribución de responsabilidad penal construido por las dos sentencias previamente analizadas, la totalidad de las mismas, además de defender y adoptar para si la postura adoptada por éstas, esto es, el sistema de responsabilidad por el hecho propio, se centran en una variedad de cuestiones cuya relevancia ya había sido advertida por las sentencias de 29 de febrero y 16 de marzo de 2016 pero que aún no habían sido desarrolladas concretamente, como por ejemplo son la independencia entre la responsabilidad individual de la persona física y la responsabilidad de la persona jurídica, las medidas de control eficaces para la prevención del delito o el bien jurídico protegido por el art. 31 bis CP. Se hará alusión a cada una de dichas sentencias a medida que vayamos avanzando con el objeto del estudio y dando respuesta —o al menos una postura debidamente argumentada— a las cuestiones más controvertidas existentes en la materia.

4. RECAPITULACIÓN

El presente Capítulo ha tenido por objeto analizar los principales elementos que configuran la responsabilidad penal de las personas jurídicas en el CP español, principalmente tras la importante reforma producida en la materia por medio de la LO 1/2015, de 30 de marzo. A este respecto, la responsabilidad penal de las personas jurídicas, o al menos las herramientas necesarias para configurar su responsabilidad penal, viene principalmente regulada en los arts. 31 bis, 31 ter, 31 quater y 31 quinquies CP, siendo en el primero de ellos en el que encontramos las condiciones para que opere su responsabilidad, que serán diferentes dependiendo de la posición jerárquica que ostente en la entidad colectiva la concreta persona física que ha cometido el delito: ya sean sus representantes legales, las personas autorizadas para tomar decisiones o aquellas que ostenten facultades de organización y control o, por el contrario, los subordinados o empleados de estas.

El contenido del art. 31 bis CP ha sufrido diversas modificaciones a través de la LO 1/2015, de 30 de marzo, cuyos aspectos más relevantes han sido objeto de análisis en este Capítulo. Algunas de estas modificaciones legislativas no introdujeron relevantes cambios en la atribución de responsabilidad penal a las personas jurídicas. Por un lado, la sustitución del concepto del provecho por el de beneficio directo o indirecto, según ha quedado expuesto, no vino a modificar la esencia económica, ya fuera inmediata o mediata, de esta condición legal, la cual, además, no es necesario que se materialice, ya que la mera expectativa de obtención de un beneficio ya es suficiente para su cumplimiento. Por otro lado, la sustitución del término del debido control por el de deberes de supervisión, vigilancia y control tampoco alteró la esencia de dicho requisito legal, que siguió siendo la posición de garante que ostentan los superiores de la persona jurídica (letra a) art. 31 bis 1 CP), entre los que a partir del año 2015 se encuentran aquellos con facultades de organización y control, respecto de los subordinados de la misma (letra b) art. 31 bis 1 CP).

No obstante, otros cambios sí que resultaron más relevantes desde la perspectiva de la responsabilización penal de las personas jurídicas.

En primer lugar, la sustitución en el apartado a) del art. 31 bis 1 CP de los administradores de hecho o de derecho por aquellas personas con autorización para tomar decisiones en nombre de la persona jurídica o con facultades de organización y de control en esta abrió el abanico de personas físicas capaces de vincular y responsabilizar penalmente con su conducta a las personas jurídicas, ya que los sujetos con facultad de organización y control no encajaban en la anterior figura del administrador de hecho en la que quizás si podían encuadrarse aquellas personas con autorización para tomar decisiones.

En segundo lugar, de cara a dotar de autonomía a la responsabilidad penal de las personas jurídicas, el legislador introdujo una serie de condiciones en el art. 31 bis CP (apartados 2, 4 y 5) que permiten a la entidad quedar exenta de responsabilidad penal, unos requisitos que serán diferentes en función de si el hecho delictivo lo ha cometido uno de los sujetos de la letra a) del art. 31 bis 1 CP (la adopción y ejecución eficaz de un modelo de organización y gestión que incluya medidas de vigilancia y control idóneas con anterioridad al acaecimiento del delito; que la supervisión del funcionamiento de dicho modelo se haya atribuido a un órgano autónomo; que el hecho delictivo se haya cometido eludiendo fraudulentamente dicho modelo; y que no se haya producido una omisión en el ejercicio de dichas funciones de vigilancia y control por parte del órgano independiente) o uno de los sujetos de la letra b) del citado precepto (la adopción y ejecución eficaz de un modelo de organización y gestión que incluya medidas de vigilancia y control idóneas con anterioridad al acaecimiento del delito).

Si bien la razón de ser de esta diferenciación entendemos que reside en que resulta más complicado vincular el delito cometido por los sujetos de la letra b) del art. 31 bis 1 CP con el defecto estructural u organizativo de la persona jurídica, hemos concluido que resulta más coherente exigir los mismos requisitos para exonerar de responsabilidad penal a la entidad colectiva con independencia de la concreta persona que haya cometido el hecho delictivo en cuestión, ya que no vemos motivos por los que, por ejemplo, los sujetos comprendidos en la letra b) del art. 31 bis 1 CP no deban cometer el hecho delictivo eludiendo fraudulentamente los modelos de organización y prevención.

Sin perjuicio de lo que antecede, el mero cumplimiento de los requisitos establecidos por la ley no es suficiente para cumplir las expectativas del legislador en la presente materia. Es por ello necesario que cada persona jurídica haya eliminado o reducido los riesgos derivados de su actividad, siendo la jurisprudencia emanada de nuestros tribunales la encargada de delimitar los criterios para entender que un programa de organización y gestión es eficaz.

Por último, dada la diversidad de personas jurídicas y, particularmente, de sociedades mercantiles existentes en el mercado, el CP introdujo un modelo de exoneración de responsabilidad más flexible para determinadas personas jurídicas con menos recursos (aquellas que estén autorizadas para presentar una cuenta de pérdidas y ganancias abreviada según la legislación mercantil). En este sentido, a estas entidades colectivas no se les exige que deriven la supervisión y control del programa de organización y gestión a un órgano autónomo e independiente, pudiendo asumir esta función el propio órgano de administración, del mismo modo que las características que debe presentar el programa de *compliance* no son tan exigentes. Habrá que diferenciar de estas entidades con menos recursos aquellas que, pese a ostentar personalidad jurídica, no puedan responder penalmente por exclusión legal o porque nuestros tribunales así lo han entendido por considerarlas inimputables (por ejemplo, cuando se acredite la total confusión entre la persona física y la jurídica en sociedades mercantiles unipersonales o de un tamaño muy reducido).

Atendiendo a los elementos y requisitos que se regulan en los arts. 31 bis y ss. CP, resulta evidente que esta regulación se muestra más exigente para atribuir responsabilidad penal a las personas jurídicas con los delitos cometidos por sus empleados (subordinados), al exigirse un requisito adicional consistente en el incumplimiento grave de deberes de supervisión y control por parte de los superiores de estos. No obstante, que esta diferenciación de requisitos no tenga un reflejo en las penas a imponer nos parece una incoherencia propia de este modelo de responsabilidad.

En otro orden de cosas, para atribuir responsabilidad penal a una persona jurídica resulta imprescindible que se constate y acredite fehacientemente la comisión de un hecho delictivo por alguna de las personas físicas señaladas en las letras a) y b) del art. 31 bis 1 CP. Es decir, si bien no resulta necesario que se individualice y/o condene a la persona física que ha cometido el delito, sí que resulta necesario que el hecho delictivo haya existido y que el mismo lo haya cometido, aún sin saber concretamente quién, una persona física vinculada a la persona jurídica en virtud de lo dispuesto en el art. 31 bis 1 CP.

En lo que respecta a la posición que han adoptado hasta la fecha la FGE y el TS, hemos señalado que los pronunciamientos de la primera han pivotado sobre la consideración de que el sistema de atribución de responsabilidad penal a las personas jurídicas es un sistema vicarial o de responsabilidad por el hecho ajeno, a pesar de haber reconocido importantes elementos de autonomía en la legislación vigente, mientras que los del segundo se han posicionado entre los defensores del modelo de responsabilidad por el hecho propio, sobre todo a través de sus sentencias nº 154/2016, de 29 de febrero y nº 221/2016, de 16 de marzo.

Una vez analizado qué es lo que dispone la normativa penal y cuáles son las interpretaciones que han realizado sobre la misma el TS y la Jefatura del MF, llegamos a la conclusión de que, a pesar de la reforma de 2015 y la prolija labor jurisprudencial y doctrinal llevada a cabo para dotar de un marco teórico la aplicación del art. 31 bis, actualmente no puede hablarse de consenso cuando se trata de configurar la atribución de responsabilidad penal a las personas jurídicas. Por consiguiente, tal y como se ha puesto de manifiesto en la introducción del presente Capítulo, en aras de dar respuesta a las numerosas cuestiones controvertidas de carácter procesal en lo que a la investigación y enjuiciamiento de la persona jurídica se refiere, resulta previamente necesario para abordar esta labor analizar y posicionarnos a favor de uno de los dos bloques en los que se ha dividido la doctrina especializada, que se dividen entre los defensores del sistema de heterorresponsabilidad, responsabilidad vicarial o responsabilidad por el hecho ajeno, entre los que se encuentra la FGE, y los defensores del sistema de autorresponsabilidad o responsabilidad por el hecho propio, cuyo máximo exponente es el TS, según ha quedado ya expuesto.

Conforme a lo anterior, en el siguiente Capítulo se estudiarán las fortalezas y debilidades de las dos grandes familias de modelos existentes para fundamentar la responsabilidad penal de la persona jurídica para, finalmente, plantear nuestro planteamiento personal al respecto desde la que pivotarán la totalidad de los criterios procesales que iremos defendiendo a lo largo de este trabajo.

Capítulo II
SISTEMAS TEÓRICOS DE ATRIBUCIÓN DE RESPONSABILIDAD PENAL A LAS PERSONAS JURÍDICAS

1. INTRODUCCIÓN

Establecer qué sistema de atribución de responsabilidad penal a las personas jurídicas propone el art. 31 bis CP supone adentrarnos en una —si no la más— de las cuestiones más complicadas a la que se ha enfrentado la doctrina especializada desde que el legislador aboliera el axioma *societas delinquere non potest*, no solo por su relevancia teórica sino por su indiscutible incidencia práctica, habida cuenta de que dependiendo del modelo por el que se opte, la aplicación del mismo por los tribunales puede diferir de forma relevante, lo cual debe evitarse a toda costa para que una aplicación de la responsabilidad penal a la persona jurídica diferente en cada tribunal no acabe generando un grave perjuicio en la seguridad jurídica de nuestro Estado de Derecho.

Es evidente que la responsabilidad penal de las personas jurídicas es una materia reciente con la que el Derecho Penal aún tiene que familiarizarse. Sin embargo, pese a que la introducción de dicha responsabilidad en nuestro ordenamiento jurídico es bastante actual, lo cierto es que el tema no lo es en absoluto. Durante muchos años, diferentes Estados se han cuestionado si es posible sancionar penalmente a una persona jurídica por sus actos de forma independiente respecto de las personas físicas que la componen. Incluso en nuestro país, mucho antes de que el legislador decidiera responsabilizar penalmente a los entes colectivos, los diversos pronunciamientos doctrinales que se hacían eco de los caminos elegidos por dichos Estados para sancionar las conductas de las personas jurídicas acabaron por convertirse en modificaciones legislativas que introdujeron en nuestro ordenamiento jurídico regímenes como los previstos en el art. 129 o en el derogado art. 31.2 CP.

Estos preceptos introdujeron controvertidas vías de sanción penal para la persona jurídica y, a raíz de la introducción de su responsabilidad penal, se vieron modificados y adecuados al nuevo contenido legislativo o, como sucedió con el art. 31.2, directamente derogados. De esta cuestión se hace eco GONZÁLEZ TAPIA:

> "Así, en el art. 31 bis y a lo largo de los distintos preceptos concordantes dedicados al diseño legal de la responsabilidad penal corporativa, se configura un modelo de responsabilidad penal de los entes morales que (...) obliga a replantearse el sentido que debe concederse ahora al art. 129; más aun teniendo en cuenta que, como afirma este autor, en los quince años de vigencia del art. 129 en su original versión, las consecuencias accesorias se han aplicado poco y mal y, sobre todo, sin cuestionarse judicialmente los argumentos de instrumentalización de la persona jurídica que la harían merecedora de la imposición de esta consecuencia penal derivada del delito cometido"[103].

Pues bien, es evidente que un análisis pormenorizado de las diversas respuestas que se han ido dando al concreto interrogante que aquí nos ocupa, tanto a nivel nacional como en Derecho comparado, excedería con mucho el objeto de la presente obra, puesto que abarcaría una investigación en exclusiva para esta cuestión. Por ello, en lugar de centrarnos en analizar cómo se sanciona o pena a las personas jurídicas en los diferentes países de tradición tanto anglosajona como continental o en nuestro país con carácter previo a la reforma del año 2010, entendemos más relevante poner el foco sobre la cuestión respecto de la que, según sea la respuesta que se dé, se hace pivotar uno u otro sistema de atribución de responsabilidad penal a las personas jurídicas: ¿puede una persona jurídica cometer un ilícito penal? En función de la respuesta que elijamos nos estaremos decantando por uno u otro modelo de responsabilidad penal de las personas jurídicas.

---

[103] PALMA HERRERA, José Manuel y GONZÁLEZ TAPIA, María Isabel. *Procedimientos operativos estandarizados y responsabilidad penal de la persona jurídica*. Madrid: Dykinson, 2014. Pág. 45.

2. MODELO DE HETERORRESPONSABILIDAD O RESPONSABILIDAD VICARIAL

Para los defensores de la primera de las corrientes doctrinales que vamos a analizar —la heterorresponsabilidad o responsabilidad vicarial—, las personas jurídicas, consideradas como ficciones y creaciones de derecho, no pueden delinquir. Nuestra FGE, en sus Circulares 1/2011 y 1/2016 definió el modelo de atribución de responsabilidad penal a los entes colectivos como un sistema conforme al cuál el fundamento de la responsabilidad penal de la persona jurídica descansa en un hecho ajeno, y no en un hecho propio, concluyendo que la comisión del delito en concreto por las correspondientes personas físicas en las condiciones que exige el art. 31 bis CP determinará la transferencia de responsabilidad a la persona jurídica[104]. En la misma línea, DÍAZ Y GARCÍA CONLLEDO reconoce que el presente modelo imputa a la persona jurídica hechos ajenos, los de la persona física que delinque, siempre que la misma actúe en nombre y provecho de la mercantil, y ostente determinada posición en esta[105].

Por consiguiente, el presente sistema atribuye a la persona jurídica la responsabilidad penal del delito cometido por una persona física —a la que también se pena—.

2.1. *El principio de legalidad como límite y piedra angular del modelo*

Tal y como acaba de exponerse, el modelo de heterorresponsabilidad pivota sobre la transferencia a la persona jurídica de responsabilidad penal por los hechos delictivos cometidos por las personas físicas cuando concurren determinados requisitos. Para ello, el presente sistema de atribución se ampara, a nuestro juicio, en el respeto al principio de legalidad. Los defensores de este modelo entienden que

104 Circular 1/2016, 22 de enero, de la FGE. Pág. 28.

105 DÍAZ Y GARCÍA CONLLEDO, Miguel. "La responsabilidad penal de las personas jurídicas: un análisis dogmático." En *Tratado sobre Compliance Penal: responsabilidad penal de las personas jurídicas y modelos de organización y gestión*, dirigido por Juan Luis GÓMEZ COLOMER, 101-123. Valencia: Tirant lo Blanch, 2019. Págs. 107 y ss.

la regulación de la responsabilidad penal de las personas jurídicas no exige un hecho autónomo cometidos por las mismas[106] y que, en base al principio de legalidad, no le corresponde al TS elaborar o crear dicho requisito que no existe en la legislación[107].

El principio de legalidad penal, manifestado en el aforismo latino *nullum crimen, nulla poena sine praevia lege,* y que se fija en nuestro ordenamiento jurídico en los arts. 9.3 y 25.1 CE, se configura como el principal límite al ejercicio del *ius puniendi* del Estado. Como bien estableció el TC en su sentencia nº 127/2001, de 4 de junio:

> "La garantía material del principio de legalidad comporta el mandato de taxatividad o certeza, que se traduce en la exigencia de predeterminación normativa de las conductas punibles y de sus correspondientes sanciones (*lex certa*). Esta exigencia tiene implicaciones no sólo para el legislador, sino también para los órganos judiciales. En su labor de interpretación y aplicación de las leyes penales, estos últimos se hallan también sometidos al principio de tipicidad, en el sentido de que, por un lado, se encuentran en una situación de sujeción estricta a la ley penal y, por otro, les está vedada la interpretación extensiva y la analogía 'in malam par-

---

106 Circular 1/2016, 22 de enero, de la FGE. Pág. 28: "Ahora bien, partiendo de que el art. 31 bis establece un sistema de responsabilidad indirecta o vicarial conforme al cual el fundamento de la responsabilidad penal de la persona jurídica descansa en un hecho ajeno, y no en un hecho propio, la comisión del delito por las correspondientes personas físicas en las condiciones que exige el precepto determinará la transferencia de responsabilidad a la persona jurídica".

107 Esta fue la postura que, entre otros, adoptó el grupo de magistrados que suscribieron el voto particular de la STS nº 156/2016, de 29 de febrero, quienes criticaban la posibilidad de ir más allá de lo contemplado por el legislador en los art. 31 bis y ss. CP: "Pero esta culpabilidad la infiere el legislador, en el apartado a) del art 31 bis CP que es el aquí aplicado, del hecho de permitir que sus representantes cometan un acto delictivo, en nombre y por cuenta de la sociedad y en su beneficio. Y se fundamenta en los principios generales de la "*culpa in eligendo*" y la "*culpa in vigilando*", o incluso, si se quiere profundizar más, de la culpa "*in constituendo*" y la culpa "*in instruendo*". Sin constituir un elemento adicional del tipo objetivo que exija a la acusación acreditar en cada supuesto enjuiciado un presupuesto de tipicidad tan evanescente y negativo como es demostrar que el delito ha sido facilitado por la ausencia de una cultura de respeto al Derecho en el seno de la persona jurídica afectada, "como fuente de inspiración de la actuación de su estructura organizativa e independiente de la de cada una de las personas físicas que la integran", que es lo que, con cierta confusión, constituye el elemento típico que exige acreditar en cada caso la sentencia mayoritaria (fundamento jurídico octavo)".

> tem', es decir, la exégesis y aplicación de las normas fuera de los supuestos y de los límites que ellas mismas determinan".

Por consiguiente, independientemente de las diferentes teorías que se vayan desarrollando, tanto en la doctrina como en la jurisprudencia, sobre la concreta cuestión que nos ocupa, su aplicabilidad tanto teórica como práctica nunca podrá exceder este principio, que somete al imperio de la ley a los poderes públicos.

En este mismo sentido, el TS también ha concretado a lo largo de los años cuándo se entendería vulnerado el principio de legalidad:

> "...vulneradora de aquel principio de legalidad, cuando dicha aplicación resulte imprevisible para sus destinatarios, sea por apartamiento del tenor literal del precepto, sea por la utilización de pautas valorativas extravagantes en relación con el ordenamiento constitucional, sea por el empleo de modelos de interpretación no aceptados por la comunidad jurídica, comprobado todo ello a partir de la motivación expresada en las resoluciones recurridas"[108].

En definitiva, corresponde al legislador establecer y delimitar qué conductas son penalmente relevantes, recayendo en el poder judicial únicamente la capacidad de hacer cumplir la ley previamente promulgada por el poder legislativo. No obstante, es evidente que la ley puede y debe desarrollarse por los pronunciamientos de nuestros tribunales, los cuales pueden estar influenciados por corrientes doctrinales de mayor o menor peso, pero no es menos cierto que, si hay una jurisdicción en el ordenamiento jurídico donde deben extremarse las cautelas, esa es la penal, dado que, tal y como se ha establecido anteriormente, el Derecho Penal debe de ser el último recurso del Estado para regular la paz social. En este sentido, impera en la jurisdicción penal el principio de taxatividad, el cual exige precisión a la hora de formular los supuestos de hecho de las normas penales, las que, según dicho principio, deben de gozar de certeza y determinación, por lo que los tribunales no tienen margen para salirse de la literalidad de la norma, únicamente lo tienen para desarrollar cuestiones controvertidas y aclarar aspectos oscuros, además de la complementación que se hace de algunos tipos a través de las llamadas leyes penales en blanco.

---

108 STS nº 657/2013, de 15 de julio.

En virtud de todo lo expuesto, para los defensores del modelo de heterorresponsabilidad, el principio de legalidad opera como límite para la configuración del sistema de atribución de responsabilidad penal a las personas jurídicas, motivo por el que entienden que los únicos requisitos o elementos cuya acreditación resulta exigible para sancionar a las mismas serán los expresamente contenidos en la legislación, los cuales pasamos a analizar en el siguiente apartado.

2.2. *Requisitos cuya concurrencia debe acreditarse para responsabilizar penalmente a las personas jurídicas. Art. 31 bis 1 CP*

De cara a analizar este modelo de atribución de responsabilidad debemos cuestionarnos en base a qué condiciones o motivos se trasmite a las personas jurídicas la responsabilidad penal de las personas físicas que han cometido la conducta delictiva. Pues bien, para los defensores de este sistema, únicamente hay que observar el apartado primero del art. 31 bis, concretamente las letras a) y b), dependiendo su aplicación de la posición jerárquica que ostenta en la persona jurídica la persona física que ha llevado a cabo la concreta conducta delictiva.

Así, para los defensores del sistema vicarial de responsabilidad penal de las personas jurídicas, cuando nos encontremos ante un hecho delictivo cometido por un representante legal o por quien, actuando individualmente o como integrante de un órgano de la persona jurídica, esté autorizado para tomar decisiones en nombre de la persona jurídica u ostente facultades de organización y control dentro de la misma —letra a) del art. 31 bis 1 CP—, estas responderán si los delitos se han cometido en su nombre o por su cuenta y en su beneficio directo o indirecto. Para los defensores de esta corriente doctrinal no sería necesario acredita ningún elemento más. Si se considera probado un hecho delictivo cometido por una de las personas físicas pertenecientes al grupo previamente expuesto, únicamente deberá probarse que la conducta delictiva cometida por estos se ha realizado por cuenta o en nombre de la persona jurídica y en su beneficio directo o indirecto. En este sentido, las cuestiones relativas a los sujetos que podrían encajar en el círculo de personas previamente señalado y el significado que tiene la búsqueda del beneficio directo o indirecto ya han sido analizadas en el Capítulo anterior, por lo que nos remitimos aquí a lo ya expuesto con anterioridad[109].

Por el contrario, en cuanto a qué supone realizar el hecho delictivo en nombre o por cuenta de la persona jurídica, la doctrina mayoritaria ha llegado a la conclusión de que ambos términos resultan equivalentes, ya que tal y como expone DEL ROSAL BLASCO, "los términos actuar en nombre y por cuenta aparecen unidos por una conjunción disyuntiva, lo que invita a pensar que el legislador sí ha querido hacerlos equivalentes"[110]. Por su parte, GÓMEZ-JARA DÍEZ hace una diferenciación entre la extralimitación que pueden hacer los sujetos comprendidos en la letra a) del art. 31 bis 1 CP, al entender que dicha extralimitación puede ser formal cuando el sujeto simplemente realice una actuación que no está dentro de las competencias que tiene atribuidas, y material cuando la actuación sí esté dentro de sus atribuciones o competencias, pero con ella el mismo esté vulnerando las normas legales[111]. En el mismo sentido, DEL ROSAL BLASCO llega a la siguiente conclusión, con la que coincidimos plenamente:

> "(...) sólo si el administrador, el representante o directivo ha actuado en el ámbito de sus competencias se puede aceptar que ha actuado en nombre o por cuenta de la persona jurídica, de modo que deberán ser excluidos de esta posibilidad los casos de extralimitación formal, que podrían, en su caso, generar la responsabilidad del órgano o directivo, pero no de la persona jurídica. Los supuestos de extralimitación material sí generarían, sin embargo, la correspondiente responsabilidad penal de la persona jurídica, pero siempre que la actuación del órgano o del represen-

---

109 Véanse los epígrafes 2.2.1. y 2.2.2. del Capítulo I, donde asumíamos la distinción en tres grupos que hacía la FGE sobre los sujetos pertenecientes a la letra a) del art. 31 bis 1 CP, que eran los representantes legales de la persona jurídica, los que están autorizados para tomar decisiones en nombre de esta y, en un último nivel, aquellos que ostentan facultades de organización y control dentro de ella. Por otro lado, considerábamos complicado huir de la esencia económica y patrimonial del beneficio, habida cuenta de que, en nuestra opinión, cualquier utilidad, ventaja o interés competitivo que podría definir un beneficio indirecto ajeno al puro beneficio económico inevitablemente estaría ligado, en última instancia, a una ganancia patrimonial.

110 DEL ROSAL BLASCO, Bernardo. "Responsabilidad penal de personas jurídicas... *Op. Cit.* Pág. 98.

111 GÓMEZ-JARA DÍEZ, Carlos. *Fundamentos modernos de la responsabilidad penal de las personas jurídicas: bases teóricas, regulación internacional y nueva legislación española*. Buenos Aires: B de F, 2010. Pág. 486.

tante se haya producido en el seno de la persona jurídica, y dentro de su marco estatutario, y que aquella actuación sea consecuencia del cumplimiento de ese marco estatutario o de la implementación de una política empresarial, aunque sin necesidad de que haya una autorización específica de actuación en el caso concreto"[112].

Por otro lado, cuando nos encontremos ante un hecho delictivo cometido por quien se encuentra sometido a la autoridad de las personas físicas mencionadas por el apartado a) del art. 31 bis 1 CP, la persona jurídica responderá cuando se haya realizado la acción punible en el ejercicio de las actividades sociales y por cuenta y en beneficio directo o indirecto de la entidad colectiva, siempre que se hayan incumplido gravemente por "aquellos" los deberes de supervisión, vigilancia y control de su actividad atendiendo a las concretas circunstancias del caso.

En este caso, una vez cometido el delito por la persona física, subordinada de las mencionadas en la letra a) del art. 31 bis 1, además de haber tenido que realizar esta la acción en el ejercicio de las actividades sociales de la persona jurídica, por su cuenta y en beneficio directo o indirecto de la misma, se exige un nuevo requisito, que es el incumplimiento grave de los deberes de supervisión, vigilancia y control.

Son varias las cuestiones que deben de analizarse en relación con esta última condición exigida por el apartado b) del art. 31 bis 1 CP, dado que el nuevo texto legal no desarrolla el mismo. En este sentido, entendemos necesario determinar quién es el responsable de llevar a cabo dichos deberes de supervisión, vigilancia y control, en qué consisten los mismos y, por último, establecer cuándo el incumplimiento de estos debe de considerarse como grave.

En primer lugar, aunque la literalidad del precepto señala a "aquellos" como los responsables del cumplimiento de los deberes de supervisión, vigilancia y control, lo cuál de forma lógica podría concluirse que hace referencia a "las personas físicas mencionadas en el párrafo anterior", tal y como expresa la ley, también existe la posibilidad de

---

112 DEL ROSAL BLASCO, Bernardo. "Responsabilidad penal de personas jurídicas... *Op. Cit.* Pág. 98.

entender que dicha exigencia resulta propia de la persona jurídica en última instancia, no de los sujetos previamente señalados.

Independientemente de la literalidad del precepto, que consideramos lo suficientemente esclarecedor como para concluir que dichos deberes de supervisión competen al grupo de personas físicas del apartado a) del art. 31 bis 1 CP, existen otras vías para justificar a quién se refiere el legislador cuando alude a "aquellos", como quiénes son los sujetos responsables de que los deberes de supervisión, vigilancia y control sean respetados por los empleados. Así, si acudimos al apartado segundo del art. 31 bis CP, en el que, como sabemos, se regulan los supuestos en los que la persona jurídica puede verse exonerada de responsabilidad, podemos observar cómo, por un lado, la adopción y ejecución de los programas que incluyen los deberes de vigilancia y control mencionados se atribuye al órgano de administración, mientras que, por el otro lado, la supervisión de dichos deberes se atribuye a un órgano de la persona jurídica con poderes autónomos de iniciativa y control, es decir, el *compliance officer*, sujetos todos ellos comprendidos en el grupo a) del art. 31 bis 1 CP.

Por consiguiente, al estar la responsabilidad sobre el cumplimiento de dichos deberes atribuida a las personas comprendidas en el apartado a) del art. 31 bis 1 CP, debemos llegar a la conclusión de que posteriormente, cuando en el apartado b) del reiterado artículo el legislador se refiere a "aquellos", se está refiriendo a los sujetos previamente descritos y no a la persona jurídica como tal.

En segundo lugar, como ya se ha expuesto con anterioridad a la hora de analizar las modificaciones que la LO 1/2015 introdujo en nuestro CP sobre la responsabilidad penal de la persona jurídica, actualmente no es posible establecer una definición concreta de cuáles son los deberes de supervisión, vigilancia y control que deben de desempeñar los sujetos de la letra a) art. 31 bis 1 CP respecto de sus subordinados, dado que nos encontramos ante un concepto jurídico indeterminado. Prueba de ello es, además, que el propio legislador ha establecido que la valoración del incumplimiento de dichos deberes deberá realizarse atendidas las concretas circunstancias del caso, lo cual huye de una definición encorsetada de dichos deberes.

DÓPICO GÓMEZ-ALLER y GASCÓN INCHAUSTI han entendido dicha remisión a las concretas circunstancias del caso de la siguiente manera:

> "(l)a referencia al control debido —en el caso concreto— exige analizar la diligencia prestada en relación con el concreto delito. La acreditación de que la persona jurídica tiene una política general de prevención de delitos no es suficiente para demostrar si ha prestado el debido control en la evitación de cohechos, estafas o delitos tributarios, por ejemplo. Debe analizarse si la persona jurídica había adoptado medidas para prevenir, detectar o reprimir la comisión de delitos como el que efectivamente se cometió"[113].

Ahora bien, una vez llegados a este punto, debemos repetirnos la pregunta que ya nos hemos hecho con anterioridad: ¿cuándo podremos entender que se han incumplido los citados deberes? Son varias las respuestas que, partiendo de la premisa previamente planteada de que parece haber quedado excluido de nuestro ámbito normativo una explícita definición del contenido de los deberes de supervisión, vigilancia y control, pueden darse a dicha cuestión.

En relación con esto, interesa al objeto del presente debate traer a colación la tesis defendida por FEIJÓO SÁNCHEZ[114] y GÓMEZ-JARA DÍEZ[115], quienes opinan que la elaboración o adopción de códigos y manuales de buenas prácticas, de sistemas de análisis de riesgos y control de puntos críticos pueden servir como indicios para determinar la existencia de un *management* empresarial cuidadoso, al igual que las normas administrativas o la *lex artis* vienen sirviendo como indicios para determinar la existencia de una conducta cuidadosa o permitida. En este sentido, estos autores consideran que sería oportuno ir implementando de forma paulatina una serie de criterios que puedan asentarse en la experiencia común y actuar como medidas acreditativas de un correcto control capaz de probar la ausencia de

---

113 DÓPICO GÓMEZ-ALLER, Jacobo y GASCÓN INCHAUSTI, Fernando. "Responsabilidad penal... *Op. Cit.* Pág. 393.

114 FEIJÓO SÁNCHEZ, Bernardo. "Autorregulación y Derecho Penal de la empresa: ¿una cuestión de responsabilidad individual?". En *Autorregulación y sanciones*, dirigido por Luis ARROYO JIMÉNEZ y Adán NIETO MARTÍN, 197-248. 2ª edición. Valladolid: Lex Nova, 2015. Págs. 245 y ss.

115 GÓMEZ-JARA DÍEZ, Carlos. *Fundamentos modernos... Op. Cit.* Pág. 489.

ningún error en el mismo. Para ello, los autores aluden a una serie de códigos de conducta o manuales de buenas prácticas, esto es, a una estrategia con esencia reglamentaria que inevitablemente nos recuerda a las leyes penales en blanco o a las normas de cuidado de los delitos imprudentes.

Pero, por un lado, no podemos encontrarnos ante una tesis similar a la de las leyes penales en blanco, puesto que para que estos manuales o códigos puedan vincular directa y normativamente al órgano judicial, se requiere una referencia expresa en la legislación penal, algo que la letra b) del art. 31 bis 1 CP no establece. Ahora bien, por otro lado, entendemos que la tesis propuesta por los autores previamente citados sí que puede equipararse a las infracciones de las normas de cuidado existentes en los delitos imprudentes. Así, si los citados autores defendían que los manuales por ellos propuestos podían servir como indicios para determinar la existencia de una actuación empresarial cuidadosa, nuestro TS tiene establecido lo siguiente sobre las normas de cuidado:

> "Respecto al momento y fuentes del deber de cuidado, la situación debe ser objeto de un análisis —ex ante— y teniendo en cuenta la situación concreta en la que se desarrolló la acción. La norma de cuidado, al igual que el riesgo permitido, puede estar establecida en la ley, en un reglamento, en disposiciones particulares y, desde luego, basada en la experiencia. La acción peligrosa tiene que producir un resultado que pueda ser imputado objetivamente a la misma. Así, pues, el resultado debe ser evitable conforme a un análisis —ex ante—"[116].

En este sentido, serán los tribunales quienes irán definiendo los criterios esenciales que toda supervisión o control practicado en el seno de una persona jurídica debe cumplir para concluir que no ha habido fallas en el mismo. Por consiguiente, entendemos que únicamente a través de las sucesivas resoluciones judiciales que vayan realizándose podrá ir delimitándose qué debe entenderse como un incumplimiento grave de los deberes de supervisión, vigilancia y control, misión para la que nuestro Alto Tribunal podrá valerse, además de las reglas de la común de las experiencias, de los criterios doctrinales que han sido expuestos con antelación y de la normativa o reglamentación

---

[116] STS nº 54/2015, de 11 de febrero.

sectorial que regule la actividad del sector en el que actúe la concreta persona jurídica.

Por último, la adjetivación como grave del incumplimiento es un quebradero de cabeza más que la indeterminada redacción del art. 31 bis 1 b) CP está ocasionando a todos los operadores jurídicos. Nos volvemos a encontrar ante un concepto jurídico indeterminado que deberá desarrollarse mediante las resoluciones de nuestros tribunales. Por el momento, tan solo constan unos pocos pronunciamientos doctrinales sobre la presente cuestión. Entre ellos, el más relevante es el que proclama que "habrá de distinguir entre las distintas fases y contenidos que un programa de prevención tiene para definir algunos de sus componentes como esenciales y calificar las omisiones al respecto como graves"[117].

Una vez analizado en qué consistiría el requisito introducido por el apartado b) del art. 31 bis 1 CP consistente en el incumplimiento grave de los deberes de supervisión, vigilancia y control, este segundo apartado no exige para responsabilizar penalmente a las personas jurídicas otras condiciones diferentes a las que ya han sido analizadas respecto del apartado a), como son el beneficio directo o indirecto, o el actuar por cuenta de la persona jurídica, salvo en lo relativo al concepto de actuar en el ejercicio de actividades sociales, el cual entendemos que resulta equivalente al concepto de actuar en nombre de la persona jurídica cuando el delito lo comete uno de los sujetos pertenecientes al grupo a) del art. 31 bis 1 CP, tal y como se ha venido estableciendo en la doctrina. Así, FERNÁNDEZ TERUELO señala que:

> "la exigencia de que el trabajador actúe —en ejercicio de actividades sociales— es el equivalente a la exigencia de que el gestor actúe en nombre de la persona jurídica contenida en el apartado a) del art. 31 bis. Tiene por ello, desde un punto de vista negativo, el efecto de excluir del ámbito que activa la responsabilidad de la entidad de aquellos actos individuales (delictivos) que nada tengan que ver con el objeto social ni con las tareas que como empleado de la entidad tenga encomendadas"[118].

117 DEL ROSAL BLASCO, Bernardo. "Responsabilidad penal de personas jurídicas... *Op. Cit.* Pág. 103.

118 FERNÁNDEZ TERUELO, Javier. "Regulación vigente... *Op. Cit.* Pág. 77.

En definitiva, los partidarios del modelo de heterorresponsabilidad únicamente exigen la acreditación de los requisitos previamente analizados para condenar a una persona jurídica. Por consiguiente, esta corriente, que rechaza la capacidad de actuar de la persona jurídica en términos penales, concluye que a esta se le deberá de transferir la responsabilidad penal relativa a la persona física que ha cometido el delito cuando concurran los requisitos comprendidos en el apartado primero del art. 31 bis CP.

2.3. *Corriente doctrinal favorable al modelo de la heterorresponsabilidad*

El modelo de heterorresponsabilidad ha encontrado numerosos partidarios, no solo a nivel doctrinal, sino incluso en operadores jurídicos, como el TS —los magistrados firmantes del Voto Particular relativo a la sentencia nº 154/2016, de 29 de febrero— y la FGE. Así, son muchos quienes abogan por este sistema como el idóneo para entender y sancionar penalmente a las personas jurídicas.

Para empezar, la FGE, a pesar de reconocer la existencia de importantes elementos que atribuyen una indudable autonomía a la responsabilidad de la empresa, llega a la conclusión de que a pesar de la reforma introducida por la LO 1/2015, de 30 de marzo, el sistema vigente en la actualidad sigue siendo el vicarial[119].

Por otro lado, los magistrados de la Sala Segunda de nuestro Alto Tribunal que elaboraron el voto particular previamente mencionado, si bien no se posicionaron expresamente a favor del modelo vicarial de atribución de responsabilidad penal a las personas jurídicas, lo cierto es que dos de las conclusiones que alcanzaron no se entenderían desde una perspectiva diferente que la del modelo de la heterorresponsabilidad. Así, tal y como ha sido adelantado con an-

---

119 Circular 1/2016, 22 de enero, de la FGE. Pág. 3: "Pues bien, la vigente regulación del apartado primero del art. 31 bis continúa estableciendo en sus letras a) y b) los dos presupuestos que permiten transferir la responsabilidad de las personas físicas a la persona jurídica. El primer hecho de conexión lo generan las personas con mayores responsabilidades en la entidad y el segundo las personas indebidamente controladas por aquellas. En ambos casos, se establece un sistema de responsabilidad por transferencia o vicarial de la persona jurídica".

terioridad, cuando los magistrados manifestaron que los elementos que configuraban la responsabilidad penal de la persona jurídica se encontraban exclusivamente en el apartado primero del art. 31 bis CP y que la acreditación de la ausencia de una cultura de control no se había incorporado expresamente en nuestro Derecho positivo como un presupuesto específico de la responsabilidad penal de las personas jurídicas, se posicionaron de *facto* a favor del modelo de la heterorresponsabilidad[120].

Adentrándonos en la doctrina, una de las principales críticas a las que se ve sometido el sistema de responsabilidad por el hecho ajeno de la persona jurídica es precisamente que se considera que la sanción penal que se impone a la misma es automática, como única consecuencia de los hechos cometidos por las personas físicas que la vinculan. No obstante, tomando el art. 31 ter CP como referencia,

---

120 STS nº 154/2016, de 29 de febrero. Voto particular. Fundamento Jurídico 2º: "Los presupuestos específicos de la responsabilidad penal de las personas jurídicas o elementos del tipo objetivo a que se refiere la sentencia mayoritaria, vienen expresamente definidos por el legislador en los párrafos a) y b) del párrafo 1º del art 31 bis CP (RCL 1995, 3170 y RCL 1996, 777), y estos son los que deben ser probados por la acusación, y expresamente reflejados en el relato fáctico de la sentencia, para permitir la subsunción jurídica adecuada. No pretendemos, con esta afirmación, otorgar a la responsabilidad penal de las personas jurídicas una naturaleza objetiva. La persona jurídica es responsable penalmente de los delitos cometidos por sus representantes o dependientes en el contexto empresarial, societario o asociativo (art 31 bis 1º CP), porque es culpable (en la escasa medida en que este concepto puede ser aplicado a una persona jurídica, que no deja de constituir una ficción). Pero esta culpabilidad la infiere el legislador, en el apartado a) del art. 31 bis CP que es el aquí aplicado, del hecho de permitir que sus representantes cometan un acto delictivo, en nombre y por cuenta de la sociedad y en su beneficio. Y se fundamenta en los principios generales de la 'culpa in eligendo' y la 'culpa in vigilando', o incluso, si se quiere profundizar más, de la culpa 'in constituendo' y la culpa 'in instruendo'. Sin constituir un elemento adicional del tipo objetivo que exija a la acusación acreditar en cada supuesto enjuiciado un presupuesto de tipicidad tan evanescente y negativo como es demostrar que el delito ha sido facilitado por la ausencia de una cultura de respeto al Derecho en el seno de la persona jurídica afectada, "como fuente de inspiración de la actuación de su estructura organizativa e independiente de la de cada una de las personas físicas que la integran", que es lo que, con cierta confusión, constituye el elemento típico que exige acreditar en cada caso la sentencia mayoritaria (fundamento jurídico octavo)".

DEL MORAL GARCÍA responde a esta crítica a través del siguiente argumento:

> "la responsabilidad penal de la persona jurídica no es, empero, automática: es necesario constatar la presencia de ciertas condiciones entre las que se cuenta la ausencia de medidas de control. Pero ni después de 2010, ni después de 2015 las personas jurídicas pueden ni delinquir por sí solas, ni ser culpables en el sentido que predicamos esa categoría de las personas físicas. La persona jurídica no comete delitos. Quienes cometen el delito son personas físicas, aunque en algunos casos, cumplidos ciertos requisitos, presupuestos y condiciones, el delito cometido por determinadas personas individuales genere como consecuencia la imposición de una pena a la persona jurídica por cuya cuenta o bajo cuya dirección actuaba"[121].

Por su parte, BACIGALUPO SAGGESE coincide con esta postura al entender que nuestro legislador ha optado por establecer un sistema de atribución de responsabilidad a las personas jurídicas por el hecho cometido por una o varias personas físicas en el seno de su estructura empresarial, con independencia de la definición que se alcance respecto del concepto de la "acción"[122]. Ahora bien, la autora nos advierte que será imposible ofrecer un modelo de imputación adecuado a las entidades colectivas en el caso de que "se pretenda seguir vinculando la responsabilidad penal de las personas jurídicas a categorías dogmáticas elaboradas a partir y para el sujeto ser humano"[123].

No obstante, existe una corriente doctrinal que entiende que la reforma legislativa del año 2015 no modifica en absoluto el sistema de responsabilidad penal de las personas jurídicas introducido en el año 2010, que en su opinión sigue siendo vicarial o de transferencia. En palabras de GALÁN MUÑOZ, "el sistema de responsabilidad penal de las personas jurídicas en España no les hace responder por sus

---

121 DEL MORAL GARCÍA, Antonio. "La responsabilidad penal... *Op. Cit.*

122 BACIGALUPO SAGGESE, Silvina. *La responsabilidad penal de las personas jurídicas. Un estudio sobre el sujeto del Derecho penal.* 1ª edición. Barcelona: Bosch, 1998. Págs. 150 y ss.

123 BACIGALUPO SAGGESE, Silvina. "Los criterios de imputación de la responsabilidad penal de los entes colectivos y de sus órganos de gobierno (arts. 31 bis y 129 CP)". *Diario La Ley, Sección Doctrina*, nº 7541 (2011).

posibles defectos organizativos sino por la realización o producción de delitos"[124].

En línea con lo expuesto hasta ahora se muestran otras voces de peso en la doctrina. FERNÁNDEZ TERUELO, por ejemplo, afirma que el art. 31 bis CP no ha instituido un mecanismo que permita imputar directamente a la persona jurídica, sino que, partiendo de la conducta delictiva de la persona física, establece un vínculo normativo a resultas del cuál las personas jurídicas serán responsables de dichas infracciones[125]. Ahora bien, la comisión por parte de una persona física de un hecho delictivo es, como se ha dicho ya, un presupuesto imprescindible para poder analizar con posterioridad la posible atribución de responsabilidad penal a la persona jurídica por dicho delito. Como bien expone PÉREZ MACHÍO, si no se da dicho presupuesto no se actuaría penalmente sobre la entidad colectiva, aún en el supuesto de que exista una organización defectuosa en el seno de esta[126].

En definitiva, tal y como ha podido observarse, los defensores del modelo de heterorresponsabilidad hacen pivotar su tesis sobre el respeto al principio de legalidad, concretamente en su vertiente de taxatividad. Para ellos, con independencia de la capacidad de actuar de la persona jurídica, el CP no exige que la misma realice ninguna conducta (ya fuera acción u omisión) autónoma e individual a la persona física para sancionarla. A ello debe sumarse la circunstancia relativa a que dicho sector doctrinal, además, entiende que la responsabilidad objetiva y automática que se le imputa no es tal, dado que el art. 31 bis 1 CP establece una serie de requisitos adicionales que, en caso de concurrir, permiten la sanción a la entidad colectiva. A estos argumentos, que resultan el pilar del sistema de responsabilidad por el hecho ajeno, se suman otros como, por ejemplo, la modulación de la pena de multa establecida por el art. 31 ter CP.

Sobre este extremo sorprende que en el mismo apartado primero del art. 31 ter el legislador haya, por un lado, intentado dotar de in-

---

124 GALÁN MUÑOZ, Alfonso. *Fundamentos y límites de la responsabilidad… Op. Cit.* Pág. 211.

125 FERNÁNDEZ TERUELO, Javier. "Regulación vigente… *Op. Cit.* Pág. 68.

126 PÉREZ MACHIO, Ana Isabel. *La responsabilidad penal de la persona jurídica… Op. Cit.* Pág. 169.

dependencia al sistema de atribución de responsabilidad penal a las personas jurídicas, y que, por el contrario, incluya una compensación de la pena entre los dos sujetos teóricamente responsables del hecho, lo cual podría interpretarse como un claro indicio de la corresponsabilidad por el mismo hecho del que el legislador aparentemente ha tratado de huir por lo expuesto en la tantas veces mencionada Exposición de Motivos de la LO 1/2015. Es decir, ¿qué sentido puede tener esta compensación de penas si la verdadera intención del legislador ha sido la de instaurar un modelo de responsabilidad autónoma e independiente en el que persona física y persona jurídica son sujetos diferentes?

Como ya se ha adelantado a la hora de hablar de las sociedades de pequeñas dimensiones, podría argumentarse que, dado que la norma habla de una compensación para que la pena no sea desproporcionada en relación con la gravedad del hecho, únicamente estaría destinada a aquellas entidades que por su reducido tamaño no se separan lo suficiente de la figura de la persona física, es decir, no llegan a tener una identidad jurídica propia desligada de la/s misma/s. Ahora bien, la legislación nada dice sobre este extremo, siendo lo único cierto el hecho de que dicha remisión a la proporcionalidad de la pena ha servido para que los defensores del modelo de heterorresponsabilidad puedan concluir que "parece incongruente proclamar la independencia de la responsabilidad de la persona física y la persona jurídica cuando existe un apartado que divide proporcionalmente la pena de multa impuesta a las partes para no generar bis in ídem"[127]. Y no les falta razón.

De lo que no hay duda es de que nuestros tribunales, aplicando criterios estrictos de proporcionalidad y únicamente cuando concurren determinadas circunstancias específicas, están aplicando el criterio de la modulación. Así, entre otras, la STS nº 746/2018, de 13 de febrero redujo en vía casacional la pena de multa impuesta a una persona jurídica como consecuencia de que también había sido penado de forma individual un socio con una participación relevante en la citada

---

[127] FERNÁNDEZ TERUELO, Javier. "Regulación vigente... *Op. Cit.* Pág. 81.

mercantil y que, por consiguiente, ya iba a soportar a título individual buena parte de la multa impuesta a la misma[128].

Ahora bien, a pesar de los numerosos argumentos utilizados por los defensores del presente sistema de atribución de responsabilidad penal, lo cierto es que los razonamientos a los que recurren ostentan relevantes objeciones que no pueden ser ignoradas y que serán objeto de análisis en el apartado posterior.

2.4. *Críticas al modelo de heterorresponsabilidad*

Una vez analizadas las líneas generales del sistema vicarial de atribución de responsabilidad penal a las personas jurídicas defendido por los partidarios del modelo de heterorresponsabilidad, así como los diversos argumentos a favor de la vigencia del mismo, a pesar de que el mismo sea defendido por voces tan autorizadas en la doctrina, así como por los magistrados de la Sala Segunda del TS que elaboraron el voto particular unido a la sentencia nº 154/2016, de 29 de febrero, y por la FGE, no podemos dejar de observar las importantes lagunas que este presenta, unas deficiencias que pasaremos a analizar a lo largo del presente apartado.

De cara a catalogar alguno de los modelos planteados por la doctrina como el adecuado para sancionar penalmente a las personas jurídicas, resulta imprescindible partir de la premisa de que el mismo debe respetar los principios orientadores del Derecho Penal, tal y como ha exigido nuestra jurisprudencia en la STS nº 514/2015, de 2 de septiembre[129]. Por lo tanto, la cuestión que debemos plantearnos en este momento es si el modelo de responsabilidad por el hecho ajeno respeta los citados principios.

---

128 Ahora bien, no debe pasar inadvertido que dicha modulación obedece a un supuesto en el que el propio TS reconoce que nos encontramos ante una persona jurídica de carácter familiar y escasa complejidad sobre la que la persona física condenada ostentaba el 50% de las participaciones. Así, parece que nuestro Alto Tribunal ha entendido que la licencia contenida en el art. 31 ter CP relativa a la posible proporcionalidad de la pena está destinada a supuestos como el contemplado en la resolución que nos ocupa.

129 "(...) parece evidente que cualquier pronunciamiento condenatorio de las personas jurídicas habrá de estar basado en los principios irrenunciables que informan el derecho penal (...)".

Así, aunque los defensores del modelo que aquí nos ocupa han hecho del respeto al principio de legalidad el pilar fundamental de su tesis —al demandar una aplicación literal de los arts. 31 bis y ss. CP—, no puede decirse que el sistema de responsabilidad derivada respete otros principios esenciales igualmente fundamentales, como el de responsabilidad por el hecho propio, el de culpabilidad, o el de personalidad de las penas.

En este sentido, para DEL ROSAL BLASCO el modelo de heterorresponsabilidad presenta problemas, tanto en el ámbito de aplicación de los principios generales de imputación penal como en el ámbito práctico, y ello porque, entre otras cosas, los defensores de este modelo consideran al delito cometido por las personas físicas como el fundamento principal de la responsabilidad de la persona jurídica establecida en el art. 31 bis CP, lo que infringiría de forma manifiesta el principio de culpabilidad y de personalidad de las penas[130], algo que como ha podido constatarse en la presente investigación, ha sido vedado por nuestro TS.

Ahora bien, aunque un determinado sector doctrinal ha rechazado la vigencia del principio de personalidad de las penas en las personas jurídicas puesto que "es un concepto nacido para las personas físicas"[131], lo cierto es que, con independencia de este, no puede alcanzarse la misma conclusión sobre el resto de los principios orientadores del Derecho Penal, como el principio de culpabilidad o el de responsabilidad por el hecho propio. Es más, la totalidad del sector doctrinal que aboga por la tesis del modelo de autorresponsabilidad entiende, por el contrario, que el modelo de responsabilidad vicarial se basa en

---

130 DEL ROSAL BLASCO, Bernardo. *Manual de responsabilidad penal... Op. Cit.* Pág. 96.

131 La citada corriente doctrinal entiende que no es posible hablar de una verdadera personalidad de las penas cuando quienes realmente sufren el perjuicio derivado de las mismas son sus accionistas —quienes ven reducidos sus ingresos o los que tienen que asumir las pérdidas— o los trabajadores —quienes pueden perder su empleo-. DEL MORAL GARCÍA, Antonio. "Aspectos procesales de la responsabilidad penal de personas jurídicas". En *Aspectos prácticos de la responsabilidad criminal de las personas jurídicas*, coordinado por José Miguel ZUGALDÍA ESPINAR y Elena Blanca MARÍN DE ESPINOSA CEBALLOS, 229-310. Cizur Menor (Navarra): Thomson Reuters Aranzadi, 2013. Págs. 238 y ss.

un inconstitucional principio de responsabilidad objetiva que violenta el principio de responsabilidad por los propios hechos[132].

La concepción del presente modelo como una atribución de responsabilidad objetiva es uno de los principales problemas a los que se enfrenta. Tal y como se ha expuesto por la doctrina, este sistema no evita el riesgo de hacer responsable a toda la corporación por los hechos cometidos por uno de sus directivos o gerentes, aunque se hubiesen adoptado todas las cautelas razonables para prevenir dicho delito[133]. Es decir, se denuncia que no resulta respetuoso con el principio de culpabilidad que la persona jurídica sea sancionada con independencia de haber actuado conforme a la legalidad, y a pesar de que no hubiera podido actuar de forma diferente a como lo hizo. En la misma línea, PÉREZ MACHÍO coincide en que "la atribución a la persona jurídica del hecho cometido por la persona física se convierte en una suerte de responsabilidad penal objetiva que difícilmente resulta compatible con una imputación penal regida por el principio de culpabilidad propia"[134].

Sobre esta cuestión, interesa recordar en este momento uno de los argumentos que resulta recurrentemente utilizado por los defensores del modelo vicarial cuando se les confronta con la esencia automática de la atribución de responsabilidad penal por el hecho ajeno. DEL MORAL GARCÍA esgrime para justificar que la responsabilidad penal atribuida no es automática el hecho de que es necesario constatar la presencia de ciertas condiciones entra las que se cuenta la ausencia de medidas de control[135].

Ahora bien, a pesar de que tengan que acreditarse una serie de requisitos para penar a la persona jurídica, lo cierto es que estos son ajenos al individual y propio actuar de la misma. Es decir, los elementos cuya concurrencia exige el art. 31 bis 1 CP —el actuar en beneficio

---

132 Consejo General del Poder Judicial. Informe al anteproyecto de Ley orgánica por la que se modifica la Ley Orgánica 10/1995, de 23 de noviembre, del Código Penal. 26 febrero 2009. Pág. 7.

133 DEL ROSAL BLASCO, Bernardo. *Manual de responsabilidad penal... Op. Cit.* Pág. 96.

134 PÉREZ MACHÍO, Ana Isabel. *La responsabilidad penal de la persona jurídica... Op. Cit.* Pág. 72.

135 DEL MORAL GARCÍA, Antonio. "La responsabilidad penal... *Op Cit.*

de la mercantil o en su nombre o por su cuenta— son condiciones relativas a la posición y el dolo de las personas físicas que cometen el delito, pero totalmente ajenas a la conducta de la persona jurídica, quien no interviene en la construcción de su propia responsabilidad penal, motivo por el que entendemos que la atribución de responsabilidad exigida por este modelo es absolutamente automática.

De hecho, sus defensores rechazan incluso la aplicación de un sistema de atribución de responsabilidad mixto, que ha querido ver en el incumplimiento grave de los deberes de supervisión, vigilancia y control tipificado en la letra b) del art. 31 bis 1 CP un requisito propio de la persona jurídica[136] y no de las concretas personas físicas que tienen específicamente atribuida dicha responsabilidad, la expuesta obligación de supervisión, en el CP.

Para CIGÜELA SOLA y ORTIZ DE URBINA GIMENO la distinción clásica entre un modelo de heterorresponsabilidad y un modelo de responsabilidad propia está superada, ya que nadie defiende sistemas vicariales o de autorresponsabilidad puros[137]. En su opinión, lo que queda de discusión son los modelos mixtos, "en los que partiendo de la dependencia ineludible de la persona jurídica respecto de sus integrantes (elemento de hetero-responsabilidad), se intenta fundamentar y hacer operativa la atribución de la responsabilidad a partir de los elementos que caracterizan a la persona jurídica como organización colectiva, a saber: su defecto organizativo y, en algunos casos, su cultura corporativa (elemento de autorresponsabilidad)"[138]. Pero a pesar de que el modelo de atribución de responsabilidad mixto integra elementos característicos tanto del sistema de heterorresponsabilidad como del de autorresponsabilidad, GIL NOBAJAS llega a la conclusión de que "el defecto de organización, conforme a la inter-

---

136 Ello en aras a construir un elemento propio de la persona jurídica que ahuyentaría relativamente los fantasmas propios de la responsabilidad penal objetiva y automática.

137 CIGÜELA SOLA, Javier y ORTIZ DE URBINA GIMENO, Íñigo. "La responsabilidad penal de las personas jurídicas: fundamentos y sistemas de atribución". En *Lecciones de derecho penal económico y de la empresa. Parte general y especial*, dirigido por Jesús María SILVA SÁNCHEZ, 73-95. 1ª edición. Barcelona: Atelier, 2020. Págs. 77 y s.

138 CIGÜELA SOLA, Javier y ORTIZ DE URBINA GIMENO, Íñigo. "La responsabilidad penal de las personas jurídicas... *Op. Cit.* Pág. 78.

pretación que hace el TS del art. 31 bis, es el núcleo de la tipicidad, cuando no controle lo que hace sus empleados"[139].

Por otro lado, DEL ROSAL BLASCO critica que el modelo de heterorresponsabilidad, además de vulnerar el principio de responsabilidad individual al incurrir en un supuesto de responsabilidad por hecho ajeno, "abarca muy poco, porque la responsabilidad de la corporación nace de la responsabilidad individual, por más que los defectos y fallos en la gestión o el funcionamiento de la empresa sean inmensos"[140].

Por último, no debe pasar inadvertida la crítica realizada por MORALES sobre la posible vulneración que el sistema vicarial o de heterorresponsabilidad podría causar al principio *non bis in idem*, ya que, partiendo de la premisa de que la responsabilidad penal de la persona jurídica no es alternativa, sino acumulativa respecto a las personas físicas materialmente responsables del delito, ello podría derivar en severos problemas de doble castigo, especialmente intensos en casos de sociedades unipersonales[141].

Son estas las cuestiones problemáticas que han empujado primero, a parte de la doctrina, segundo, al legislador y, por último, a nuestros tribunales, a sentar las bases de la responsabilidad penal de las personas jurídicas en un modelo de responsabilidad por el hecho propio, cuyas líneas principales analizaremos en el siguiente apartado.

3. MODELO DE AUTORRESPONSABILIDAD O RESPONSABILIDAD POR EL HECHO PROPIO

Al contrario que el sistema de atribución de responsabilidad previamente analizado, el modelo de autorresponsabilidad de las perso-

---

139 GIL NOBAJAS, María Soledad. "Más de una década de responsabilidad penal... *Op. Cit.* Pág. 122.

140 DEL ROSAL BLASCO, Bernardo. *Manual de responsabilidad penal... Op. Cit.* Pág. 97.

141 MORALES GARCÍA, Oscar. "La persona jurídica ante el derecho y el proceso penal". *Actualidad Jurídica Uría Menéndez (Número especial. Homenaje al profesor D. Juan Luis Iglesias Prada)*, nº 30 (2011). Pág. 147.

nas jurídicas se fundamenta en la comisión por su parte de un hecho propio, que, si bien está relacionado con el hecho cometido por la persona física, es diferente e independiente al mismo. Es decir, la concurrencia de un delito cometido por una persona física seguirá siendo necesaria, tal y como establecen los arts. 31 bis 1 y 31 ter CP, pero este no funcionará como el fundamento de la responsabilidad de la persona jurídica, sino como un presupuesto para poder pasar a depurar la responsabilidad penal de la misma. Así, independientemente de la existencia de un delito cometido en el seno de la empresa por una persona física, el presente modelo defiende que la persona jurídica únicamente podrá ser sancionada en caso de que quede probado un hecho propio cometido por ella, que según los defensores de esta corriente doctrinal sería un defecto estructural, esto es, la ausencia de adopción y ejecución eficaz de un modelo de organización y control que incluya medidas de vigilancia y de control idóneas para prevenir delitos.

Son muchos los autores que defienden el presente modelo y se muestran contrarios a que la necesidad de que concurra el delito de una persona física derive inevitablemente en un sistema de responsabilidad vicarial o por el hecho ajeno. Así, FEIJÓO SÁNCHEZ nos recuerda que existen "multitud de supuestos de responsabilidad propia en relación con la acción de otros"[142], llegando a la conclusión de que "es un error de planteamiento entender que un modelo que no prescinde de la imputación del delito individual como presupuesto no pueda ser considerado un modelo de responsabilidad propia y que la única alternativa a un modelo puro de autorresponsabilidad sea un modelo vicarial"[143].

Ahora bien, no puede hablarse de un modelo de autorresponsabilidad de las personas jurídicas sin mencionar a GÓMEZ-JARA DÍEZ, uno de sus principales valederos en la doctrina española, ya que este autor viene defendiendo el sistema de autorresponsabilidad penal empresarial desde antes incluso de que la responsabilidad penal de las personas jurídicas fuera finalmente introducida en nuestro ordenamiento jurídico penal a través de la LO 5/2010, de 22 de junio. Para ello, en

---

142 FEIJÓO SÁNCHEZ, Bernardo José. *El delito corporativo... Op. Cit.* Págs. 85 y ss.

143 *Ibidem.*

primer lugar, GÓMEZ-JARA DÍEZ atribuyó a la persona jurídica una capacidad de acción consistente en la capacidad de organización:

> "(...) la capacidad de acción encuentra su equivalente funcional en la capacidad de organización, englobándose ambas bajo el concepto de persona social. Así, una persona social puede o bien realizar dicha capacidad de acción u organización, o bien no realizarla —o realizarla defectuosamente— dentro de un entorno social que exige su realización.
>
> (...) a la empresa se le va a atribuir una competencia organizativa, de tal manera que su organización debe permanecer dentro de los límites del riesgo permitido. En caso de que del ámbito de organización empresarial se derive un output que supere el riesgo permitido, entonces la empresa será responsable de las consecuencias de la misma"[144].

A su entender, la autorresponsabilidad penal empresarial implica "una verdadera responsabilidad penal empresarial no fundamentada en la imputación de ciertas actuaciones de personas físicas, sino en la organización de la propia empresa"[145]. Es decir, para este autor, la responsabilidad penal de las personas jurídicas debe girar en torno a la propia organización de la entidad colectiva, y no en torno a la actuación de determinadas personas físicas. Y ello debe ser así en opinión de GÓMEZ-JARA DÍEZ porque los modelos de autorresponsabilidad penal empresarial "estimulan que las empresas cumplan con su rol de ciudadanos corporativos fieles al Derecho y que, en general, se produzca un reforzamiento de la vigencia de las normas de la sociedad moderna"[146]. Este modelo es, en esencia, el defendido por la posición mayoritaria del TS, motivo por el que resultará inevitable volver a él a lo largo del presente Capítulo.

Los defensores de este modelo alternativo al sistema de atribución de responsabilidad vicarial entienden que la persona jurídica no responde por los delitos cometidos por un tercero, persona física, sino que su responsabilidad penal es independiente a pesar de estar rela-

---

144 GÓMEZ-JARA DÍEZ, Carlos. *La culpabilidad penal de la empresa*. Madrid: Marcial Pons, 2005. Págs. 233 y ss.

145 GÓMEZ-JARA DÍEZ, Carlos. "Autoorganización empresarial y autorresponsabilidad empresarial. Hacía una verdadera responsabilidad penal de las personas jurídicas." *Revista Electrónica de Ciencia Penal y Criminología*, nº 08-05 (2006). Pág. 3.

146 *Ibidem.*

cionada con ellos. En este sentido, existen vías de participación en un delito sin necesidad de cometerlo de forma directa, como podrían ser las figuras de la autoría mediata o la inducción. Al contrario de lo que ocurre con la responsabilidad de la persona jurídica, la relevancia jurídico penal de estos modos de intervenir en el hecho delictivo resulta pacífica.

Ahora bien, por mucho que entendamos que el modelo de autorresponsabilidad es el sistema idóneo para sancionar a las personas jurídicas —y el más respetuoso con los principios fundamentales del Derecho Penal—, no debemos obviar que el delito cometido por la persona física es imprescindible para que nazca la responsabilidad penal de la persona jurídica[147]. Sobre este extremo se han pronunciado autores como DÓPICO GÓMEZ-ALLER y GASCÓN INCHAUSTI, quienes concluyen que "la falta de control debido por parte de la persona jurídica sin inicio de actos ejecutivos por parte de un trabajador no es suficiente para que quepa imputarle responsabilidad penal"[148]. En este mismo sentido se ha pronunciado MARTÍNEZ-BUJÁN PÉREZ, al señalar que "no hay inconveniente en calificar al delito realizado por la persona física como un presupuesto (o como un requisito previo) de la RPPJ, pero siempre que se reconozca que no constituye el fundamento básico de la infracción penal de la PJ en sentido dogmático"[149]. Es decir, las personas jurídicas serán penalmente

---

147 La persona física que comete el delito no tiene que ser necesariamente el autor principal del mismo, ya que cualquier clase de participación en él por su parte es suficiente para responsabilizar penalmente a la persona jurídica. Así lo ha establecido el TS en su Sentencia nº 298/2024, de 8 de abril, cuando literalmente expuso que "cuando el art. 31 bis habla de `delitos cometidos´ por determinadas personas ligadas al ente colectivo está pensando en todas las formas de participación y no solo en la autoría directa. Ese entendimiento es el que concuerda no solo con la primera acepción del término `cometer´ en el diccionario, sino también con la inteligencia que se da a ese verbo en muchos pasajes del Código (vid. por todos, art. 120.4 CP). Cuando se habla de comisión de un delito se alude a todos los responsables penales, sea cual sea su participación, y en todas sus formas de aparición, también la tentativa. Quien intenta, sin lograr consumarlo, perpetrar un delito, también ha cometido un delito. Quien induce a otro a ejecutar un delito, ha cometido un delito en la semántica del CP".

148 DÓPICO GÓMEZ-ALLER, Jacobo y GASCÓN INCHAUSTI, Fernando. "Responsabilidad penal... *Op. Cit.* Pág. 394.

149 MARTÍNEZ-BUJÁN PÉREZ, Carlos. "La estructura de la infracción penal de la persona jurídica: el presupuesto (el déficit organizativo peligroso) y el resultado/

sancionables siempre y cuando exista un delito previo cometido por una persona física y esté tipificado en la parte especial del CP, es decir, se trata de un "requisito precedente necesario"[150] sin el cual la conducta de la persona jurídica no resulta punible. Ahora bien, ¿qué ocurre cuando no se puede identificar a la persona física responsable del hecho delictivo presupuesto del delito corporativo?

Como ya adelantó ZUGALDÍA ESPINAR, resulta bastante complicado saber qué concretas personas dentro de una gran empresa son las responsables del delito, ya que dicha responsabilidad se reparte entre muchas personas, haciendo difícil de probar su individualización[151]. En este sentido, en el supuesto, no solo de que no se encuentre a la persona física responsable del hecho delictivo, sino que la misma sea absuelta por entenderse que su actuar no resulta penalmente reprochable, la cuestión que debe responderse es si se puede tener por realizado el hecho y, por consiguiente —y siempre que se acredite la concurrencia de los requisitos del art. 31 bis 1 CP—, castigar a la persona jurídica. Pues bien, en nuestra opinión, entendemos que lo mismo no es posible.

La correcta identificación de la persona física que ha cometido el concreto hecho delictivo es imprescindible por dos motivos. Por un lado, porque para sancionar a una persona jurídica siempre debe de haberse cometido un concreto hecho delictivo de la parte especial del CP por una persona física plenamente identificada. Si no partimos de esa premisa no podremos sancionar a la persona jurídica. No se puede entender cometido el delito si no está atribuido a una concreta persona física. En este sentido se manifestaba MORALES cuando establecía que por mucho que las personas jurídicas actuaran como entelequias creadas por el ser humano, la determinación de un hecho merecedor de reproche penal para las mismas requerirá siempre la

---

condición objetiva de punibilidad (el hecho de conexión posterior)". *Revista Electrónica de Responsabilidad Penal de Personas Jurídicas y Compliance*, vol. 3 (2023). Págs. 26 y s.

150 Tal y como establece la STS 154/2016, de 29 de febrero.

151 ZUGALDÍA ESPINAR, José Miguel. "¿Qué queda en pie en el derecho penal del principio mínima intervención, máximas garantías?" *Cuadernos de política criminal*, nº 79 (2003). Pág. 119.

identificación del hombre de atrás[152]. Finalizaba el citado autor su argumento exponiendo que "el puro defecto organizativo no puede sustituir *in totum* el tipo penal de referencia para erigirse en tipo genérico en el que subsumir cualquier conducta de imposible atribución a un individuo"[153]. En otras palabras, debe quedar totalmente acreditado el delito de referencia, y, por extensión, la identificación de la concreta persona física que lo ha cometido, para poder pasar posteriormente a dilucidar si dicho delito se ha cometido como consecuencia de un defecto estructural de la persona jurídica.

Dicha exigencia no se reduce a otorgar coherencia interna al sistema de atribución de responsabilidad penal a las personas jurídicas. Como se ha expuesto con anterioridad, además del defecto estructural, el art. 31 bis CP exige la concurrencia de una serie de requisitos o elementos para poder penar a las personas jurídicas. Ahora bien, también se ha manifestado previamente que dichos requisitos varían en función de la posición jerárquica que ocupa la persona física responsable del hecho de referencia en el organigrama de la persona jurídica. En ese caso, ¿cómo van a saber las partes interesadas o el propio juez cuáles son los requisitos que deben de concurrir para poder castigar a la persona jurídica?

Por consiguiente, la cuestión es la siguiente: ¿qué es más aconsejable?; ¿tratar de probar los requisitos exigidos para los casos en los que la persona física que comete el hecho de referencia es el empleado/subordinado por ser esta la modalidad delictiva más exigente en cuanto a elementos del delito se refiere?[154]; ¿o asumir, por el contrario, que si no se conoce la persona física responsable del hecho de referencia no se puede sancionar a la persona jurídica con las garantías exigibles a cualquier procedimiento penal?

---

152 MORALES GARCÍA, Oscar. "La persona jurídica ante el derecho... *Op. Cit.* Pág. 145.

153 *Ibidem.*

154 Tal y como se ha desarrollado con anterioridad, cuando los delitos de referencia son cometidos por los empleados/subordinados de la persona jurídica, además del beneficio directo o indirecto, o el haber cometido el delito en nombre, por cuenta o en el ejercicio de las actividades sociales, debe probarse el incumplimiento grave de los deberes de supervisión, vigilancia y control de su actividad atendidas las concretas circunstancias del caso.

La FGE, partiendo de que pueden darse situaciones en las que, además de la comisión del delito por el subordinado, el superior (integrado en alguno de los sujetos que recoge la letra a) del art. 31 bis 1 CP) también podría ser responsable en comisión por omisión, según se ha expuesto anteriormente[155], apunta a que en estos casos deben mantener ambos títulos de imputación[156], sin mayores indicaciones al respecto.

En nuestra opinión, permitir que se sancione penalmente a una persona jurídica sin identificar y dilucidar la responsabilidad individual de la concreta persona física que ha cometido el hecho de referencia del que deriva la responsabilidad penal de los entes colectivos no parece adecuado, ya que friccionaría con el principio de seguridad jurídica. Ahora bien, el art. 31 ter CP establece que no es necesario identificar a dichas personas físicas para responsabilizar a la jurídica. En nuestra opinión, esta norma obedece a la intención del legislador de querer dotar de autonomía al sistema de atribución de responsabilidad penal a las personas jurídicas. No obstante, la existencia de esta regla resulta un tanto problemática porque puede desprenderse que es posible castigar a una persona jurídica sin tener identificado al responsable, persona física, y, por extensión, sin dejar acreditada la relación de este último con la entidad y la concurrencia de los requisitos exigidos por el art. 31 bis CP.

Como posteriormente se verá, nosotros abogamos por un modelo en el que la persona jurídica responde penalmente como partícipe —concretamente como cooperadora necesaria por omisión— en el delito cometido por una persona física, motivo por el que, en nuestra opinión, en ningún caso podrá atribuirse responsabilidad penal a la persona jurídica —cooperadora necesaria del delito— cuando la persona física —autor principal del delito— no haya sido debidamente identificada.

En este sentido, debemos rechazar la atribución de responsabilidad penal a las personas jurídicas en aquellos supuestos en los que las personas físicas responsables del delito no hubieran sido identificadas, dado que entendemos que lo contrario derivaría en una ausencia de

---

155 Véase epígrafe 2.2.2. del Capítulo I.

156 Circular 1/2016, 22 de enero, de la FGE. Pág. 30.

seguridad jurídica en los procedimientos penales. Difícilmente podrá defenderse en debida forma una persona jurídica cuando no se acredita por las acusaciones qué concreto sujeto ha cometido el hecho delictivo y cuál es su relación con la entidad.

Con esta postura no estamos defendiendo que para que la persona jurídica sea penalmente condenada en todo caso deba existir una condena a una persona física. Lo que en nuestra opinión resulta ineludible es identificar con las debidas garantías a la concreta persona física que ha cometido el delito en el que la entidad colectiva ha participado, con independencia de que finalmente esta sea condenada. Sin esa identificación no sabremos qué concretos elementos —letra a) o b) del art. 31 bis CP— deberán acreditarse por las acusaciones para responsabilizar penalmente a la persona jurídica y su absolución, de respetarse los principios orientadores del Derecho Penal, estaría garantizada.

Ahora bien, existe la posibilidad de que la persona física haya sido identificada y, posteriormente, su enjuiciamiento o condena haya devenido imposible, por ejemplo, por su fallecimiento. Nuestra legislación establece que la concurrencia en las personas que materialmente hayan realizado los hechos de circunstancias que afecten a la culpabilidad o agraven su responsabilidad, o el hecho de que dichas personas hayan fallecido o se hubieren sustraído a la acción de la justicia, no excluirá ni modificará la responsabilidad penal de las personas jurídicas[157]. A su vez, nuestro TS ha establecido que en supuestos como el fallecimiento la condena exclusiva de la persona jurídica es posible. A este respecto, interesa traer a colación la STS nº 742/2018, de 7 de febrero de 2019, resolución en la que pese a haber fallecido el administrador persona física de la persona jurídica previamente a resultar condenado, se confirmaba la pena impuesta a la persona jurídica por la AP de Huesca[158].

---

157 CP. Art. 31 ter. 2.

158 En una línea similar, la SAP Barcelona nº 63/2022, de 1 de febrero: "Es decir, aunque la declaración de responsabilidad penal de las personas jurídicas exige como sustrato probar la conducta delictiva de la persona o personas físicas integradas en su seno con poder de decisión o de dominio de la actuación, no es obstáculo para la sanción penal del ente corporativo el que estas personas no puedan ser condenadas, por no haber podido ser identificadas o por haber falle-

Así, la condena exclusiva de la persona jurídica es posible en aquellos supuestos en los que la persona física que cometió el delito, a pesar de haber fallecido, está identificada, ya que de este modo las acusaciones sabrán que elementos deberán acreditar para responsabilidad penalmente a la entidad colectiva. Por el contrario, responsabilizar a una persona jurídica sin haber identificado previamente a la persona física significaría una disminución de las garantías procesales que como sujetos pasivos en el procedimiento penal tiene reconocida aquella, vulnerándose de esta forma el derecho a la tutela judicial efectiva que debe primar en todo proceso de depuración de responsabilidad penal.

En definitiva, el modelo de autorresponsabilidad, al predicar una responsabilidad penal por un hecho propio y autónomo del sujeto que posteriormente es condenado, es —en teoría— más respetuoso que el modelo de heterorresponsabilidad con los principios orientadores del Derecho Penal. Además, si atendemos al tenor literal de la Exposición de Motivos de la LO 1/2015, de 30 de marzo, insistimos en que el legislador parece haberse decantado por este modelo como el adecuado para sancionar a las personas jurídicas. No obstante, el modelo de autorresponsabilidad no es inmune a variadas críticas que denuncian la imposibilidad material de aplicarlo —entre ellos el voto particular de la STS nº 154/016, de 29 de febrero y la Circular de la FGE 1/2016—, hasta el punto de que pueden catalogarse en tres grupos las principales objeciones que se han planteado doctrinalmente:

1. La consideración de la persona jurídica como una mera ficción, carente de sustento material suficiente como para ser considerada un sujeto penal. Esta corriente no solo niega su capacidad de acción u omisión, sino que rechaza incluso que pueda resultar culpable a efectos penales.
2. El respeto al principio de legalidad penal, en su vertiente del principio de taxatividad. Se denuncia que el CP no recoge ningún hecho delictivo propio de las personas jurídicas, sino que

cido, aunque necesariamente deberán cumplirse las exigencias subjetivas del tipo en tanto no pueden admitirse parcelas de responsabilidad objetiva en nuestro derecho penal".

simplemente se limita a enumerar una serie de requisitos que, en caso de concurrir, permiten sancionar a estas.

3. Con la imposición de penas a las personas jurídicas se está vulnerando el principio de personalidad de las penas puesto que, aunque se sancione a estas, no son las mismas quienes verdaderamente sufren los perjuicios derivados de ella.

Las críticas mencionadas dan pie a diversos debates que por su extensión e interés van a ser analizados en sucesivos apartados independientes, en los cuales, a través del estudio de la doctrina y la jurisprudencia, trataremos de llegar a los mayores consensos posibles.

3.1. Capacidad de actuación de la persona jurídica

En primer lugar, se cuestiona la capacidad de la persona jurídica para actuar a efectos penales. Por consiguiente, la cuestión que debemos de plantearnos aquí es la siguiente: en el campo del Derecho Penal, ¿puede actuar una persona jurídica? ¿Puede hacer o dejar de hacer?

En primer lugar, desde un punto de vista ontológico, la respuesta a esas cuestiones inevitablemente debe ser no. Una persona jurídica es una herramienta creada por una o varias personas físicas con la finalidad de alcanzar un fin que individualmente no podrían, o resultaría mucho más complicado, conseguir. En definitiva, para un importante sector de la doctrina su culpabilidad en Derecho Penal sería una mera ficción jurídica[159].

En esa línea se ha mostrado la doctrina dominante, que rechaza de plano la capacidad de acción de las personas jurídicas. DEL ROSAL BLASCO, entre otras razones, fundamenta su rechazo al sistema de autorresponsabilidad en el hecho de que si partimos de la premisa de que el delito supone una infracción de las normas de determinación[160], las mismas tan solo pueden ser dirigidas a las personas físicas

---

159 CHOCLÁN MONTALVO, José Antonio. *La aplicación práctica del delito fiscal: cuestiones y soluciones: adaptado a la reforma penal de la L.O. 5-2010*. 2ª edición. Barcelona: Bosch, 2016. Págs. 166 y s.

160 DEL ROSAL BLASCO, Bernardo. *Manual de responsabilidad penal... Op. Cit.* Pág. 100.

y no a las jurídicas[161], lo que deriva en que solo las primeras, y no las segundas, podrán cometer delitos[162]. Así, el autor considera que las corporaciones podrán ser objeto de normas de valoración, pero nunca pueden constituirse como destinatarias objetivamente adecuadas de normas de determinación[163], dado que "esta clase de normas presuponen la concurrencia en su destinatario de una serie de presupuestos (auto consciencia, libertad, racionalidad, etc.) que de ninguna manera podrían llegar a concurrir en una sociedad"[164]. En el mismo sentido, GOENA VIVES coincide en que tradicionalmente se ha entendido que las personas jurídicas no pueden ser destinatarias de normas de conductas porque carecen de capacidad de acción penal[165].

Uno de los primeros valedores de esta postura es SILVA SÁNCHEZ, quien con anterioridad a la introducción de la responsabilidad penal de las personas jurídicas en nuestro ordenamiento jurídico ya se había cuestionado si las entidades colectivas podían ser destinatarias de normas jurídico-penales, llegando a la siguiente conclusión:

> "Si, conforme a un modelo clásico, las normas penales se entienden como directivas de conducta (normas de determinación), entonces mi impresión es que las personas jurídicas no pueden ser destinatarias de ellas. Las directivas, que tratan de influir sobre la conducta de sus destinatarios mediante argumentos de racionalidad instrumental y de racionalidad valorativa, presuponen personas naturales, dotadas de autoconciencia y libertad. En otras palabras, si bien los "hechos" de las personas jurídicas pueden ser objeto de las normas de valoración penales que subyacen a las normas de determinación y, en este sentido, como se verá, antijurídicos, no pueden ser, en cambio, antinormativos, en el sentido de expresar el actuar contra la norma de determinación de un sujeto que podía actuar conforme a ella"[166].

---

161 *Ibidem.*

162 *Ibidem.*

163 *Ibidem.*

164 *Ibidem.*

165 GOENA VIVES, Beatriz. *Responsabilidad penal y atenuantes de la persona jurídica.* Madrid: Marcial Pons, 2017. Pág. 64.

166 SILVA SÁNCHEZ, Jesús María. "La evolución ideológica de la discusión sobre la "responsabilidad penal" de las personas jurídicas". *Derecho penal y criminología*, vol. 29, nº 86-87 (2008). Págs. 136 y s.

Consciente de las dificultades que la capacidad de acción de la persona jurídica podría suscitar para el asentamiento de su responsabilidad penal en nuestro ordenamiento jurídico, y partiendo de la premisa de que la condena a una persona jurídica se debe basar en su propia actuación/organización[167], GÓMEZ-JARA DÍEZ reconoce que "mientras se utilice la semántica de la acción —la cual, en los inicios de la Dogmática penal, únicamente se refería al ser humano—, está prácticamente destinada al fracaso cualquier transposición de esta categoría al ámbito empresarial"[168]. Por ello, el autor insta al legislador a que la capacidad de acción se sustituya por la capacidad de organización, siempre y cuando nos encontremos ante una empresa que goce de cierta complejidad, dado que solamente a partir de cierto tamaño puede entenderse que comienza esta a auto organizarse. Así, este autor pasa a definir el acto corporativo por el que respondería la persona jurídica como "una realidad diferente a la de cada uno de los sistemas psíquicos subyacentes, la cual comienza a adquirir una capacidad auto organizativa individual de cualquiera de sus miembros"[169].

En esta línea, GÓMEZ-JARA DÍEZ manifiesta que algunas empresas son tan complejas que comienzan a mostrar caracteres propios de autorreferencialidad, auto conducción y auto determinación, lo que les hace adquirir una determinada posición de garante respecto a su ámbito organizativo[170]. Es decir, para asemejar la capacidad de acción a la capacidad de organización hay que asumir que, llegados a un determinado nivel de complejidad interna, la persona jurídica comienza a organizarse a sí misma, a auto organizarse[171].

---

167 GÓMEZ-JARA DÍEZ, Carlos. *El Tribunal Supremo ante la responsabilidad penal de la persona jurídica. El inicio de una larga andadura*. 1ª edición. Pamplona: Aranzadi, 2017. Pág. 48.

168 GÓMEZ-JARA DÍEZ, Carlos. *Fundamentos modernos... Op. Cit.* Pág. 28.

169 GÓMEZ-JARA DÍEZ, Carlos. *Fundamentos modernos... Op. Cit.* Págs. 36 y ss.

170 GÓMEZ-JARA DÍEZ, Carlos. "Fundamentos de la responsabilidad penal de las personas jurídicas". En *Tratado de responsabilidad penal de las personas jurídicas: adaptada a la Ley 1/2015, de 30 de marzo, por la que se modifica el Código Penal*, coordinado por Miguel BAJO FERNÁNDEZ, Bernardo José FEIJÓO SÁNCHEZ y Carlos GÓMEZ-JARA DÍEZ, 89-119. 2ª edición. Navarra: Civitas, 2016. Pág. 104.

171 *Ibidem.*

En la línea de lo previamente expuesto, GÓMEZ-JARA DÍEZ concluye que, si las personas jurídicas gozan de libertad para organizarse, podrán hacerlo correcta o incorrectamente, surgiendo en estos segundos supuestos el defecto de organización, que en su opinión es el injusto penal por el que responde la persona jurídica[172]. Es decir, el hecho injusto por el que responde la persona jurídica "sería la configuración de un ámbito organizativo determinado, el cual se produce gracias a la capacidad de auto organización de la persona jurídica"[173].

El origen del planteamiento expuesto lo encontramos en ZUGALDÍA ESPINAR[174], quien fue el primer autor que nos habló del concepto anglosajón *"many-persons-actions"*. Dicho concepto establecía que, mediante la división del trabajo en una persona jurídica, la acción adquiere autonomía frente a los sujetos individuales, ganando el resultado una dinámica propia, que debía ser considerada como la acción propia de la empresa. Por otro lado, ZÚÑIGA RODRÍGUEZ, a la hora de analizar la teoría del acto empresarial, opina que "cuando muchas personas participan en los hechos y se realiza un suceso de eventos que acaban en delito, se entienden todos los hechos distintos como uno, realizado por la empresa como tal"[175]. La autora lo califica como una "actitud criminal de grupo"[176], dado que se hacen cosas que individualmente no se hacían.

Por su parte, PÉREZ MACHÍO se decanta por un argumento basado en la comparación, al entender que, si las empresas pueden cometer infracciones administrativas, en igual sentido, deben resultar sujetos de los hechos constitutivos de ilícitos penales, ya que de lo

---

172 GÓMEZ-JARA DÍEZ, Carlos. "Fundamentos de la responsabilidad penal... *Op. Cit.* Pág. 125.

173 GÓMEZ-JARA DÍEZ, Carlos. "¿Qué modelo de Responsabilidad Penal de las Personas Jurídicas?: una respuesta a las críticas planteadas al modelo constructivista de autoresponsabilidad penal empresarial". En *La responsabilidad penal de las personas jurídicas*, coordinado por Miguel ONTIVEROS ALONSO, 177-205. Valencia: Tirant lo Blanch, 2014. Págs. 202 y s.

174 ZUGALDÍA ESPINAR, José Miguel. "Bases para una teoría de la imputación de la persona jurídica". *Cuadernos de política criminal*, nº 81 (2003). Pág. 549.

175 ZÚÑIGA RODRÍGUEZ, Laura. *Bases para un modelo de imputación de responsabilidad penal a las personas jurídicas*. 3ª edición. Pamplona: Aranzadi, 2009. Pág. 122.

176 ZÚÑIGA RODRÍGUEZ, Laura. *Bases para un modelo... Op. Cit.* Pág. 88.

contrario tampoco se podría admitir la capacidad de acción administrativa[177]. Por ello, concluye su argumento estableciendo que "al igual que la persona física tiene una capacidad de acción que constituye la base sobre la que se construye el edificio de su responsabilidad, la persona jurídica tiene una capacidad de organización que debe servir al mismo propósito"[178].

Ahora bien, los postulados que se acaban de exponer no son predominantes en nuestra doctrina. GALÁN MUÑOZ es el primero que critica este planteamiento teórico, que defiende que en el momento en que las personas jurídicas adquieren cierta complejidad gozan de una capacidad auto organizativa propia y diferenciada de las decisiones individuales de sus integrantes, dado que considera que "por muy compleja que pueda ser la organización de la entidad, difícilmente podrá sostenerse que la misma actúa de forma completamente independiente y desvinculada de cualquier factor humano"[179]. El autor llega a dicha conclusión ya que:

> "el hecho solo puede serle imputado a la entidad en la medida en que haya habido una omisión de vigilancia y control por parte del sujeto colectivo con respecto al comportamiento de la persona individual que lo cometió, (...) algo plenamente coherente con el hecho de que no haya suficiente fundamento real para poder construir una conducta activa propia de la persona jurídica, dada su innegable incapacidad de acción"[180].

Es decir, esta corriente doctrinal entiende que por mucho que participen, por ejemplo, cien personas en un proceso de toma de decisión en determinada mercantil, el resultado de dicho proceso, la actuación derivada del mismo no será en ningún caso la voluntad propia de la persona jurídica, ni su acción u omisión individual e independiente, sino la acción conjunta de esas cien personas, quienes tendrán cada uno su responsabilidad individual respecto de esta. Para CIGÜELA

---

177 PÉREZ MACHÍO, Ana Isabel. *La responsabilidad penal de la persona jurídica... Op. Cit.* Pág. 65.

178 PÉREZ MACHÍO, Ana Isabel. *La responsabilidad penal de la persona jurídica... Op. Cit.* Pág. 67.

179 GALÁN MUÑOZ, Alfonso. *Fundamentos y límites de la responsabilidad... Op. Cit.* Pág. 205.

180 GALÁN MUÑOZ, Alfonso. *Fundamentos y límites de la responsabilidad... Op. Cit.* Pág. 108.

SOLA aquello que la organización es y aquello que la entidad hace depende de otros, lo que impide que se pueda apreciar ni fundamentar una culpabilidad que le resulte propia[181].

Aunque haya autores como FEIJÓO SÁNCHEZ que consideran que es "difícil que un solo individuo pueda ser responsable del cumplimiento generalizado de la legalidad penal en las actividades de la organización por largo tiempo" y que "una intervención individual aislada tiene escasa capacidad de influencia en la organización de la persona jurídica"[182], *a priori* debemos mostrar nuestra conformidad con los autores que defienden la incapacidad de acción de las personas jurídicas, dado que coincidimos con ellos en que las personas jurídicas por sí mismas no pueden llevar a cabo conducta alguna, ya que dependen en todo de la personal actuación de una persona física, por muy arraigada que la imagen de ciertas corporaciones se encuentra en la psique colectiva[183].

Con todo, existe un matiz muy importante que debe realizarse respecto a la conclusión alcanzada sobre la incapacidad de acción de las personas jurídicas: dicha conclusión obedece a que estamos hablando de una capacidad de acción basada en los conceptos tradicionales de acción y omisión. ¿Qué quiere decir esto?

La responsabilidad penal de las personas jurídicas es un concepto penal nuevo que ha sido introducido hace algo más de una década en nuestro ordenamiento jurídico. Se trata de una nueva forma de cometer delitos. Por primera vez se instaura la posibilidad de que los delitos sean cometidos por sujetos que no son personas físicas. Por ello, es lógico que surjan problemas a la hora de encajar la responsabilidad penal de estos nuevos sujetos en un sistema que fue erigido y ha sido desarrollado para responsabilizar únicamente conductas de seres humanos. ¿Verdaderamente resulta adecuado desarrollar teorías que traten de encajar la responsabilidad penal de las personas jurídicas en los conceptos tradicionales de acción, omisión, culpabilidad o pena,

---

181 CIGÜELA SOLA, Javier. "Culpabilidad, identidad y organización colectiva". *Política Criminal*, vol. 12, nº 24 (2017). Págs. 925 y s.

182 FEIJÓO SÁNCHEZ, Bernardo José. *El delito corporativo*… *Op. Cit.* Pág. 74.

183 GÓMEZ TOMILLO, Manuel. "Los distintos modelos de imputación… *Op. Cit.* Pág. 40.

o debería irse un paso más allá, y crear nuevos conceptos que se adecuen a la realidad que las personas jurídicas representan?

En relación con esta última idea, algunos autores ya han mencionado que no se puede partir de conceptos de acción y culpabilidad ya dados[184]. Así, como ya hemos adelantado con anterioridad, GÓMEZ-JARA es un firme defensor de que mientras se utilice la semántica de la acción, referida desde los inicios de la dogmática penal únicamente al ser humano, cualquier transposición de esta categoría al ámbito empresarial está prácticamente destinada al fracaso[185]. En este mismo sentido se pronuncia MORALES, cuya reflexión sobre la presente materia exponemos a continuación por su gran interés para la cuestión que aquí nos ocupa:

> "el Derecho penal ha sido hasta ahora descarnado enfrentando a la persona jurídica a su propia realidad: —no actúas sola, necesitas del ser humano—. Y solo el ser humano es capaz de hechos propios, por lo tanto, solo éste puede ser autor penalmente responsable de un hecho propio. Ahí radica el núcleo del debate y también la paradoja: aceptar o no la idea misma de la meta institución. O partimos siempre de la *fictio iuris* o no lo hacemos. Pero carece de sentido aceptar mercantil, civil, fiscal o incluso laboralmente la idea de que la persona jurídica actúa por sí misma, con capacidad autónoma de representación de sus propios intereses, soportando ella las consecuencias de sus decisiones para afirmar, a renglón seguido, que la persona jurídica no puede responder penalmente porque para actuar necesita del ser humano, desconociendo con ello la vocación de actuación contraria al ordenamiento penal que una persona jurídica puede desarrollar en el tráfico"[186].

Como hemos visto, existe una corriente doctrinal que se ha posicionado a favor de modificar las concepciones clásicas de acción y culpabilidad para dar cabida en el Derecho Penal a la nueva realidad social que suponen las personas jurídicas, ya que, tal y como defien-

---

184 BAJO FERNÁNDEZ, Miguel. "Vigencia de la RPPJ en el derecho sancionador español". En *Tratado de responsabilidad penal de las personas jurídicas: adaptada a la Ley 1/2015, de 30 de marzo, por la que se modifica el Código Penal*, coordinado por Miguel BAJO FERNÁNDEZ, Bernardo José FEIJÓO SÁNCHEZ y Carlos GÓMEZ-JARA DÍEZ, 25-54. 2ª edición. Navarra: Civitas, 2016. Pág. 34.

185 GÓMEZ-JARA DÍEZ, Carlos. *Fundamentos modernos... Op. Cit.* Pág. 28.

186 MORALES GARCÍA, Oscar. "La persona jurídica ante el derecho... *Op. Cit.* Pág. 145.

den los autores que pertenecen a la misma (GÓMEZ-JARA DÍEZ, BAJO FERNÁNDEZ, etc.), no nos encontramos ante uniones organizadas de personas, sino ante sujetos con una identidad metafísico-lógica propia[187]. En esta misma línea, PÉREZ MACHÍO considera que "el Derecho Penal debe hacer un esfuerzo por adecuar las categorías dogmáticas tradicionales, excesivamente ancladas en el principio de personalidad, con la finalidad de adecuarlas a la nueva realidad criminológica de las empresas"[188].

Por su parte, FEIJÓO SÁNCHEZ parte de la premisa de que a pesar de que nos encontramos ante realidades completamente diferentes cuando nos referimos a personas jurídicas y físicas, lo que resulta innegable desde el mismo momento en el que ambas son sancionables penalmente es que se les puede imputar hechos con relevancia delictiva[189]. No obstante, para este autor el motivo por el que ambas responden penalmente no es idéntico, entendiendo a su vez que el principal problema que ha surgido para responsabilizar penalmente a las personas jurídicas es que "se ha querido equiparar el defecto de organización con la acción culpable"[190], algo que, en palabras del propio autor, resulta imposible, dado que la entidad colectiva no está dotada de una auto consciencia que le permita construir su propia identidad. Por el contrario, FEIJÓO SÁNCHEZ entiende que el fundamento de la responsabilidad penal de la persona jurídica descansa en una perspectiva organizativa consistente en el cumplimiento generalizado y sistemático de leyes de organización, los cuales para el propio autor son tan reales como la acción humana[191]. En este sentido, el autor concluye que "el hecho delictivo no es casualidad para la persona jurídica porque existen razones organizativo-estructurales que, junto a la acción humana, explican el hecho delictivo"[192].

---

187 FERNÁNDEZ TERUELO, Javier. "Regulación vigente... *Op. Cit.* Pág. 64.

188 PÉREZ MACHÍO, Ana Isabel. *La responsabilidad penal de las personas jurídicas... Op. Cit.* Pág. 26.

189 FEIJÓO SÁNCHEZ, Bernardo José. *El delito corporativo... Op. Cit.* Pág. 19.

190 FEIJÓO SÁNCHEZ, Bernardo José. *El delito corporativo... Op. Cit.* Págs. 51 y ss.

191 FEIJÓO SÁNCHEZ, Bernardo José. *El delito corporativo... Op. Cit.* Pág. 70.

192 *Ibidem.*

Por su parte, GALÁN MUÑOZ entiende que independientemente de la infracción realizada por el individuo persona física, la responsabilidad penal de la persona jurídica se debe a incumplimientos de deberes organizativos que se derivan de "una serie de decisiones sucesivas, acumuladas y difusas en el tiempo que dan lugar a la aparición en la entidad de una cultura de cumplimiento de la legalidad defectuosa"[193].

Partiendo de la tesis recientemente expuesta, nos preguntamos si existe algún motivo que impida considerar como una "acción de la persona jurídica" el hecho de no haber realizado un protocolo de seguridad o una comprobación de los mecanismos de toma de decisión en determinada área.

Desde un punto de vista teórico, la no realización de las comprobaciones que derivan en el defecto estructural por el que se responsabiliza a la persona jurídica es responsabilidad de un conjunto de personas físicas. No obstante, en nuestra opinión, debemos abrazar un nuevo concepto de omisión global que, tal y como defienden autores como FEIJÓO SÁNCHEZ o GÓMEZ-JARA DÍEZ, sea propio de la persona jurídica y ajeno al concreto e individual actuar de las personas físicas que han participado en el mismo, lo cual, al constituir el hecho delictivo propio por el que respondería la persona jurídica, permitiría castigar a la misma con respeto al principio de responsabilidad por el hecho propio.

3.2. Los elementos del delito en la persona jurídica

Partiendo de la base de las conclusiones alcanzadas en el epígrafe anterior, una vez asumidas la capacidad de acción (capacidad de organización) y la capacidad de determinadas personas jurídicas para ser responsabilizadas penalmente, resulta necesario definir en base a qué criterios responden penalmente. En otras palabras, ¿cuál es la conducta delictiva de las personas jurídicas? ¿Cuál es el hecho típico cometido por las mismas que las hace merecedoras de reproche penal?

---

193 GALÁN MUÑOZ, Alfonso. *Fundamentos y límites de la responsabilidad... Op. Cit.* Pág. 191.

Doctrinalmente se ha rechazado que las personas jurídicas cometan un delito diferente al cometido por las personas físicas. Y no podemos mostrarnos más de acuerdo. En este sentido, coincidimos con GONZÁLEZ CUSSAC cuando señala que "no existe en nuestro ordenamiento el delito de no poseer modelos de organización y control"[194]. La persona jurídica no comete un delito autónomo y diferente al de la persona física, no hay un tipo en la parte especial de nuestro CP que suponga un delito propio aplicable a la misma. De hecho, persona física y jurídica responden por el mismo delito —siempre y cuando sea uno de los que una persona jurídica pueda ser responsable penal—, solo que en base a diferentes modos de participación en su realización. En esta línea se manifiesta GIL NOBAJAS, quien entiende que, tal y como está configurada la responsabilidad penal de las personas jurídicas en nuestro ordenamiento jurídico, si la conducta de una persona física no resulta subsumible en ningún tipo penal, tampoco lo será la de la persona jurídica, ya que ambos responden por el mismo delito, aunque la sanción se imponga por diferentes razones a cada uno de ellos[195].

No estamos de acuerdo con un determinado sector doctrinal que considera que si no se acredita la existencia de un delito propio y exclusivo de la persona jurídica, nos encontraremos inevitablemente ante un sistema de atribución de la responsabilidad por transferencia o un sistema vicarial, más cuando existen en nuestro ordenamiento jurídico diferentes formas de autoría, esto es, diferentes maneras de participación en el delito, las cuales no tienen por qué responder a una autoría ejecutiva directa, sino que pueden ser otro tipo de conductas como la inducción, la autoría mediata o la cooperación necesaria. Es decir, nuestro ordenamiento jurídico penal permite sancionar tanto a las personas jurídicas como a las físicas aun cuando las mismas no

---

194 GONZÁLEZ CUSSAC, José Luis. "Responsabilidad penal de las personas jurídicas: arts. 31 bis, ter, quáter y quinquies". En *Comentarios a la reforma del Código Penal de 2015*, dirigido por José Luis GONZÁLEZ CUSSAC, 151-210. 2ª edición. Valencia: Tirant lo Blanch, 2015. Pág. 161.

195 GIL NOBAJAS, María Soledad. "El delito de corrupción en los negocios (art. 286 bis): análisis de la responsabilidad penal del titular de la empresa, el administrador de hecho y la persona jurídica en un modelo puro de competencia". *Estudios Penales y Criminológicos*, vol. XXXV (2015). Pág. 597.

hayan realizado la concreta acción u omisión directa que supone la comisión del delito.

Véase por ejemplo la figura del inductor. La RAE define inducir como "incitar a alguien a algo"[196]. Quien incita o anima a alguien a cometer un delito no tiene una relación directa y personal con el mismo. No comete la acción, ni facilita los medios imprescindibles para que el mismo se cometa, sino que planta una semilla en la cabeza de quien posteriormente cometerá el delito, convenciéndole de llevarlo a cabo. Es decir, se realiza por su parte una acción previa que resulta penalmente relevante. Pues bien, no se considera que la responsabilidad penal del inductor es transferencia de la de la persona inducida, sino que surge de su propio e individual actuar. Dicho inductor responde por su propia participación en el hecho en virtud del art. 28 CP, dado que, aunque no haya tenido el dominio del hecho de la acción, que lo tiene el autor directo o sujeto inducido, sí que ha tenido una participación en el mismo que para nuestro ordenamiento jurídico es relevante y, por ende, constitutiva de reproche penal, hasta el punto de que es penada de la misma forma que la del autor.

Misma reflexión debe hacerse con las personas jurídicas. Aunque estas no realicen directamente los delitos por los que responden penalmente, sí que participan en su comisión, ostentando su conducta relevancia penal en virtud de lo preceptuado en el art. 31 bis CP.

De hecho, si observamos en qué título se regula la responsabilidad penal de las personas jurídicas en el CP, la ubicación por parte del legislador no ha podido ser más acertada, dado que se ubica en el Título correspondiente a las personas criminalmente responsables de los delitos, un motivo más para defender que la responsabilidad penal de las personas jurídicas no deriva en la comisión por su parte de nuevos delitos, sino que se trata de una nueva forma de participación en las ya existentes.

En definitiva, solo existe un delito, lo que ocurre es que en la comisión de este intervienen dos sujetos diferentes; la persona o personas físicas por un lado y la jurídica por el otro, cada uno con una participación distinta. En otras palabras, la persona jurídica no comete

---

[196] REAL ACADEMIA ESPAÑOLA. *Diccionario de la lengua española*, 23ª ed. (versión 23.6 en línea). Http://dle.rae.es (última consulta 9 de enero de 2023).

directamente delito alguno, sino que participa en el cometido por una persona física relacionada con ella. Así, a lo largo del siguiente apartado nos centraremos a analizar cuál es la concreta acción u omisión llevada a cabo por las personas jurídicas que las hace partícipes en el delito cometido por las físicas.

3.2.1. La conducta típica cometida por la persona jurídica. Su participación en el delito

En primer lugar, como ya se ha expuesto, el autor directo del delito siempre va a ser una persona física. La persona que cometa o lleve a cabo la acción u omisión concreta que suponga la conducta tipificada en el CP, siempre será una persona física, un sujeto capaz de obrar en base al concepto tradicional de la acción —u omisión—. Ahora bien, siendo las personas físicas quienes cometen directamente los hechos delictivos por los que se sanciona a las personas jurídicas, ¿cuál es la participación de las entidades colectivas en los mismos? ¿En qué consiste el injusto por el que responden estas?

Mucho se ha hablado sobre este asunto desde la LO 5/2010, de 22 de junio. En primer lugar, si bien existen diversos autores como CIGÜELA SOLA que entienden que el injusto de la persona jurídica consiste en un "contexto estructural y/o cultural de interacción favorecedor de delitos"[197], configurado por elementos tanto anteriores como posteriores a la realización del delito[198], entendemos necesario reiterar una idea que ya ha sido expuesta con anterioridad: en nuestra opinión, la cultura de cumplimiento de la legalidad no goza de la concreción suficiente como para convertirse en el hecho delictivo propio cometido por la persona jurídica.

En este sentido, en contra de lo manifestado por CIGÜELA SOLA, son numerosas las voces que critican la consideración de la cultura corporativa criminógena como un elemento del injusto. Para empezar, nada dice el art. 31 bis CP sobre la cultura de cumplimiento con

---

[197] CIGÜELA SOLA, Javier. "Cultura corporativa, compliance e injusto de la persona jurídica: aproximación criminológica y jurídico-penal". *La Ley Compliance Penal*, nº 2 (2020).

[198] *Ibidem*.

la legalidad. Asimismo, como bien expone GÓMEZ-JARA DÍEZ, la imposibilidad de considerar a la cultura de cumplimiento con la legalidad como un elemento del tipo reside en que lo mismo vulneraría el principio de taxatividad[199].

Es decir, como es ampliamente conocido, la responsabilidad penal no puede ir más allá de lo establecido por nuestra legislación. Los tribunales pueden aclarar o desarrollar cuestiones comprendidas en la misma, pero no crear o elaborar lo que no está en ella. Sobre este extremo, si bien estamos de acuerdo con DEL ROSAL BLASCO cuando afirma que "la labor interpretativa de los jueces debe ir fundamentalmente destinada a facilitar la aplicación de una norma legal, (...) a aclarar el sentido de las palabras de la Ley"[200], no compartimos, sin embargo, su argumentación de que "la labor de un juez no es la de tomar posición doctrinal"[201], ya que entendemos que son precisamente los tribunales los únicos con la potestad suficiente como para otorgar validez legal a una u otra corriente doctrinal, siempre y cuando no se caiga en una aplicación extensiva de la norma, lo cual está proscrito como acertadamente señala el autor[202], y el pronunciamiento judicial sirva para aclarar cuestiones oscuras o susceptibles de generar error. Esa es precisamente la labor de la jurisprudencia en nuestro país.

En la misma línea, no puede obviarse que la cultura de cumplimiento de la legalidad se trata de un concepto jurídico indeterminado que atenta contra la seguridad jurídica. Coincidimos plenamente con GALAN MUÑOZ en que la introducción de dicho concepto como hecho delictivo de la persona jurídica "introduciría un elemento tan difuso y de perfiles tan inconcretos que su exigencia generaría una inseguridad jurídica absolutamente contraria al principio constitucional de taxatividad"[203].

---

199 GÓMEZ-JARA DÍEZ, Carlos. *El Tribunal Supremo ante... Op. Cit.* Pág. 89.

200 DEL ROSAL BLASCO, Bernardo. "Sobre los elementos estructurales de la responsabilidad penal de las personas jurídicas: reflexiones sobre las STSS nº 154/2016 y 221/2016 y sobre la Circular nº 1/2016 de la FGE". *Diario La Ley* nº 8732 (2016).

201 *Ibidem.*

202 *Ibidem.*

203 GALÁN MUÑOZ, Alfonso. *Fundamentos y límites de la responsabilidad... Op. Cit.* Pág. 197.

De todos modos, las críticas a este concepto, que fue utilizado por primera vez en la sentencia nº 154/2016, de 29 de febrero de nuestro Alto Tribunal, surgieron desde un primer momento. Sir ir más lejos, el voto particular existente en la citada resolución —suscrito por casi la mitad de los magistrados que conformaron el Pleno de la Sala— ya advertía que no le parecía apropiado hacer descansar el núcleo de la tipicidad de la conducta de una persona jurídica en un elemento negativo y tan evanescente como el descrito. Así, el escenario de desacuerdo que reinaba en el TS de nuestro país en relación con la presente materia demandaba un nuevo pronunciamiento que tratara de aunar las dos corrientes que se habían originado hasta la fecha, pronunciamiento que llegó a través de la resolución nº 221/2016, de 16 de marzo, del TS, esta vez sin votos particulares, la cual estableció en su FJ 5º que el fundamento de la responsabilidad del delito corporativo residía en el defecto estructural existente en los modelos de gestión, vigilancia y supervisión de la mercantil, tesis que aún no ha sido suplida por ningún otro pronunciamiento de nuestro Alto Tribunal.

Por consiguiente, el criterio actual del TS es que la participación de la persona jurídica en el delito cometido por una persona física descansaría en una omisión; una omisión consistente en no haber adoptado y ejecutado con eficacia un modelo de organización y gestión que incluyera medidas de vigilancia y control idóneas para prevenir delitos.

En virtud de esta resolución judicial, cada vez son más las voces doctrinales que abogan por identificar en el defecto de organización de la persona jurídica el delito corporativo por el que debe responder penalmente la misma. Por ejemplo, algunos autores han entendido que "se debe exigir que la persona jurídica haya incurrido en un defecto o fallo de organización o bien que el delito haya sido cometido desde los centros de decisión de la entidad, es decir, por sus máximos responsables en ejercicio de sus funciones de administración y gestión"[204]. Prosiguen DÓPICO GÓMEZ-ALLER y GASCÓN INCHAUSTI manifestando que la lógica del art. 31 bis es clara: "si la persona jurídica ha actuado diligentemente para prevenir la con-

---

204 DÓPICO GÓMEZ-ALLER, Jacobo y GASCÓN INCHAUSTI, Fernando. "Responsabilidad penal... *Op. Cit.* Pág. 382.

ducta criminal, pero el autor material cometió el delito eludiendo las medidas de control, no cabe atribuir el delito a la persona jurídica, sino únicamente a la persona física"[205]. Es decir, entienden que para sancionar penalmente a una persona jurídica deberá ponderarse por la autoridad judicial si el delito cometido por la persona física ha sido posible o facilitado por la ausencia en la mercantil de una cultura de respeto al Derecho, la cual debería de concretarse en alguna omisión concreta de vigilancia o control[206]. En el mismo sentido, AYALA GONZÁLEZ expone que "el eje sobre el que gira la tipicidad de la persona jurídica es el defecto de organización, la falta del debido control sobre sus integrantes y procesos internos, configurando esto su propio injusto, separado del correspondiente a la persona física"[207].

Por su parte, GALÁN MUÑOZ también considera que el defecto estructural de los modelos de gestión, vigilancia y supervisión de las entidades colectivas es el verdadero fundamento del delito corporativo por el que responden las personas jurídicas. En palabras del autor, el injusto por el que la persona jurídica responde consiste en infringir el deber que tenía de prevenir el riesgo de que se cometiese el mismo, siendo "la efectiva materialización de dicho riesgo indebidamente no controlado el delito favorecido"[208]. Por consiguiente, como posteriormente se analizará en el apartado destinado a estudiar los criterios de imputación objetiva exigidos a las conductas cometidas por las personas jurídicas, es preceptivo que el riesgo generado como consecuencia del defecto estructural "esté referido, de forma específica, a la posible producción de delitos como el finalmente producido en la misma y no a otro y otros de naturaleza diversa a éste"[209]. En una línea idéntica se muestra MARTÍNEZ-BUJÁN PÉREZ cuando señala que son precep-

---

205 DÓPICO GÓMEZ-ALLER, Jacobo y GASCÓN INCHAUSTI, Fernando. "Responsabilidad penal... *Op. Cit.* Pág. 388.

206 DÓPICO GÓMEZ-ALLER, Jacobo y GASCÓN INCHAUSTI, Fernando. "Responsabilidad penal... *Op. Cit.* Pág. 397.

207 AYALA GONZÁLEZ, Alejandro. "Responsabilidad penal de las personas jurídicas: interpretaciones cruzadas en las altas esferas". *InDret: Revista para el Análisis del Derecho*, nº 1 (2019). Pág. 4.

208 GALÁN MUÑOZ, Alfonso. *Fundamentos y límites de la responsabilidad... Op. Cit.* Pág. 220.

209 *Ibidem.*

tivos dos elementos para construir la tipicidad de la infracción penal de las entidades colectivas:

> "por un lado, un presupuesto consistente en una omisión, caracterizada por el incumplimiento de las medidas idóneas para prevenir delitos que puedan ser cometidos en nombre de la PJ o por cuenta de ella y en su beneficio (art. 31 bis, 2 a 5), medidas generadoras de un peligro organizativo ex ante; por otro lado, un resultado derivado de esa omisión, integrado por la posterior realización de un hecho penalmente típico por parte de un representante, un miembro del órgano de la PJ o un empleado (art. 31 bis, 1), que debe ser consecuencia de dicho peligro organizativo"[210].

En definitiva, la participación de la persona jurídica en el delito cometido por la persona física, tal y como se ha expuesto a lo largo del presente apartado, estriba en una omisión consistente en no haber adoptado y ejecutado con eficacia un modelo de organización y gestión que incluyera medidas de vigilancia y control idóneas para prevenir el concreto delito que, en virtud de la teoría de imputación objetiva, hubiera acaecido. Es decir, el delito cometido por la persona física debe ser el resultado directo de la concreta omisión cometida por la persona jurídica.

Esta es la corriente doctrinal de la que partiremos para adoptar nuestra postura sobre el modelo de atribución de responsabilidad penal a las personas jurídicas, que analizaremos en un apartado autónomo posterior. No obstante, previo desarrollo de este, atendiendo al hecho de que nos encontramos analizando en este momento la conducta delictiva de la persona jurídica, entendemos necesario tratar a continuación la culpabilidad de las entidades colectivas.

3.2.2. Culpabilidad de la persona jurídica

Una vez asumida la capacidad de actuar de las personas jurídicas en base a una omisión, la siguiente cuestión que se nos plantea, siguiendo la teoría del delito, es si la persona jurídica puede ser culpable a efectos penales. Para ello, entendemos necesario partir en primer lugar del significado tradicional del concepto de la culpabilidad, con

---

210 MARTÍNEZ-BUJÁN PÉREZ, Carlos. "La estructura de la infracción penal de la persona jurídica… *Op. Cit.* Pág. 32.

la finalidad de saber si el mismo es compatible o no con las personas jurídicas.

Cuando se introdujo la responsabilidad penal de las personas jurídicas en el año 2010, se rechazó por una parte de la doctrina la capacidad de culpabilidad de estas. Se asumió su incapacidad para cuestionar la norma y comprender la ilicitud de su conducta —lo cual podría motivar su evitación—, motivo por el que se las consideraba inimputables[211]. En definitiva, se señalaba que no podían orientar sus comportamientos conforme a Derecho, lo que era la esencia del concepto tradicional de la culpabilidad. Ahora bien, no debemos olvidar que las entidades colectivas son una realidad jurídica distinta a las personas físicas. Por ello, es evidente que los planteamientos teóricos desarrollados para las personas físicas no podrán ser trasladados sin matización alguna a las mismas, debiendo ser su culpabilidad diferente.

Partiendo de esta hipótesis, no son poco los autores que doctrinalmente han ido desarrollando una idea constructivista de la culpabilidad empresarial. No obstante, previo análisis de estos planteamientos en el campo de la culpabilidad relativa a las personas jurídicas, nos merece especial atención traer a colación el contenido de la STS de 16 de marzo de 2016, que establece lo siguiente:

> "La responsabilidad de la persona jurídica ha de hacerse descansar en un delito corporativo construido a partir de la comisión de un previo delito por la persona física, pero que exige algo más, la proclamación de un hecho propio con arreglo a criterios de imputación diferenciados y adaptados a la especificidad de la persona colectiva. De lo que se trata, en fin, es de aceptar que sólo a partir de una indagación por el juez instructor de la efectiva operatividad de los elementos estructurales y organizativos asociados a los modelos de prevención, podrá construirse un sistema respetuoso con el principio de culpabilidad"[212].

Por consiguiente, tal y como puede observarse, el concepto constructivista de la culpabilidad empresarial no solo se trata de una corriente doctrinal, sino que es parte de la jurisprudencia de nuestro

---

211 SILVA SÁNCHEZ, Jesús María. "La evolución ideológica... *Op. Cit.* Págs. 136 y ss.

212 STS nº 221/2016, 16 de marzo.

Alto Tribunal, quien, como se ha visto, parte de la premisa de que las personas jurídicas pueden ser culpables. Ahora bien, ¿son todas las personas jurídicas susceptibles de ser culpables y resultar imputadas en un procedimiento penal?

Como ya se ha expuesto anteriormente, la sentencia nº 154/2016 del TS ya había establecido, en virtud de la previa conclusión alcanzada por el AAN de 19 de mayo de 2014[213], que las sociedades meramente instrumentales o pantalla no eran susceptibles de ser responsabilizadas penalmente. Esto es así dado que la AN vinculaba el criterio

---

213 AAN de 19 de mayo de 2014, recurso 128/2014: Resulta cierto, que a partir de la inclusión en nuestro ordenamiento jurídico de la responsabilidad penal de las personas jurídicas y la consecuente regulación de su posición procesal y de las garantías procesales inherentes de que están revestidas se ha introducido en nuestro ordenamiento jurídico un nuevo estatus jurídico procesal referido a esta clase de personas, del que en principio solo podrían gozar en tanto que efectivamente fueran penalmente imputables a tenor del artículo 31 bis del CP, por no ser meros instrumentos para delinquir o pantallas para ocultar tras ellas actividades delictivas, es decir evidentes meras proyecciones de la actividades delictivas de las personas físicas que delinquen a través de ellas u ocultándose detrás de ellas, y respecto de las que procedería únicamente el "levantamiento del velo" para poner al descubierto su verdadero estatus instrumental, como tal no susceptible ni merecedor en principio de ningún sistema de garantías para su disolución y el comiso de sus bienes enteramente afectos a la actividad delictiva. Sin embargo, ésta no es una situación que sea siempre tan nítida y evidente fáctica y jurídicamente, ni que tampoco se dé fácilmente en estado puro. Como se ha puesto de manifiesto por la doctrina, el límite a partir del cual se considera penalmente que la persona jurídica es una entidad totalmente independiente, no mero instrumento de la persona, es un límite normativo que, probablemente, irá variando a lo largo del tiempo. Los únicos elementos que por momento sirven de referencia jurídica son las menciones que se contienen en el art 66 bis 2 del CP, aunque referidas a la graduación de las penas imponibles a las personas jurídicas, para lo que, dicen, habrá de tenerse en cuenta "que la persona jurídica se utilice instrumentalmente para la comisión de ilícitos penales" y "que se entenderá que se está ante este último supuesto siempre que la actividad legal de la persona jurídica sea menos relevante que su actividad ilegal". Sin embargo, lo que dejan a nuestro juicio claro es que incluso en el caso de "que la persona jurídica se utilice instrumentalmente para la comisión de ilícitos penales" es penalmente imputable como persona jurídica y debe ostentar el estatus jurídico penal correspondiente. Razonando por exclusión debemos concluir, que solo cuando su carácter instrumental exceda del referido, es decir que lo sean totalmente, sin ninguna otra clase de actividad legal o que lo sea solo meramente residual y aparente para los propios propósitos delictivos, estaremos ante personas jurídicas puramente simuladas, es decir, no reales, y que por ello no resultan imputables".

de imputabilidad al sustrato organizativo subyacente de cada persona jurídica a través de lo dispuesto en el art. 66 bis CP, rechazando la imputabilidad de aquellas personas jurídicas simuladas.

No obstante, la culpabilidad penal empresarial concebida en la doctrina y asumida por nuestro TS, no ha sido inmune a numerosas críticas o matizaciones. DEL ROSAL BLASCO considera que sentencias como la expuesta o la Circular de la FGE 1/2016, "más que aceptar el fundamento de la imputabilidad de las personas jurídicas, y su consecuencia, que es la consideración de algunas personas jurídicas como inimputables, sobre la base de un concepto constructivista de la culpabilidad, lo que están pretendiendo resolver es un problema de naturaleza estrictamente práctico, de economía procesal"[214], concluyendo que la finalidad de la teoría constructivista "no es amparar un concepto constructivista de la culpabilidad individual y empresarial, sino quitarse procesalmente de encima este tipo de personas jurídicas instrumentales, que representan un semillero de obstáculos, desde el punto de vista de la viabilidad de su enjuiciamiento y permanencia en el proceso (...)"[215].

A este respecto, si bien la instauración de un concepto constructivista de la culpabilidad relativa a la persona jurídica es a nuestro entender un modelo perfectamente válido, la realidad que trasciende de los desarrollos teóricos se muestra en la línea de lo manifestado por DEL ROSAL BLASCO: la imputación de las sociedades unipersonales o aquellas que estén conformadas por unas pocas personas que también estén imputadas a título individual en el procedimiento penal se hace innecesaria e, incluso, molesta. Por último, esta postura doctrinal finaliza su argumentación haciendo una alusión al Derecho Penal de autor —vedado en nuestro ordenamiento jurídico—, al considerar que una concepción de la culpabilidad que identifica esta con la instalación en la empresa de una cultura de infidelidad o el incumplimiento de la legalidad "transita de forma peligrosa por la senda de la culpabilidad por la conducción de vida, una de las más denostadas formas

214 DEL ROSAL BLASCO, Bernardo. *Manual de responsabilidad penal... Op. Cit.* Pág. 46.

215 *Ibidem.*

de derecho penal de autor que ha conocido la historia de la teoría del delito"[216], cuestión que entendemos que no debe pasar inadvertida.

Ahora bien, antes de analizar los problemas que presenta el concepto de la culpabilidad en relación con las personas jurídicas, entendemos primordial resolver la siguiente pregunta: ¿qué significa exactamente la teoría constructivista de la culpabilidad empresarial?

El origen de esta teoría reside en el derecho constitucional que ostenta la persona jurídica para organizarse libremente. Es decir, cuando una empresa se crea, está en su mano —y por extensión, en la de las personas físicas que la crean (sus accionistas o socios)— organizarse de forma correcta y respetuosa con la legalidad vigente, siendo penalmente reprochable a la misma no hacerlo de dicha manera. Así lo entienden BAJO FERNÁNDEZ o GÓMEZ-JARA DÍEZ, quienes, respectivamente, defienden que la culpabilidad de la persona jurídica puede nacer del principio de libertad de empresa comprendido en el art. 38 CE, ya que la libertad de organización deriva en responsabilidad por las consecuencias[217] y que "la circunstancia de que las organizaciones empresariales puedan generar una cultura empresarial de fidelidad o infidelidad al Derecho o expresado de otra manera, de cumplimiento o incumplimiento de la legalidad, constituye la base de su culpabilidad"[218].

Sobre la presente cuestión, GÓMEZ-JARA DÍEZ aporta una interesante reflexión sobre el origen de la culpabilidad empresarial:

> "El reconocimiento de una esfera de autonomía a la persona jurídica con la consiguiente obligación de fidelidad al Derecho provoca, al igual que lo hizo en el individuo, el nacimiento del ciudadano (corporativo) fiel al Derecho. Por tanto, el rol que garantiza el Derecho penal (de la persona jurídica) es el del rol del ciudadano (corporativo) fiel al Derecho y, en consecuencia, la no institucionalización de esa cultura empresarial de

---

216 DEL ROSAL BLASCO, Bernardo. *Manual de responsabilidad penal... Op. Cit.* Pág. 48.

217 BAJO FERNÁNDEZ, Miguel. "Vigencia de la RPPJ en el derecho sancionador... *Op. Cit.* Pág. 46.

218 GÓMEZ-JARA DÍEZ, Carlos. "Fundamentos de la responsabilidad penal de las personas jurídicas". En *Responsabilidad penal de las personas jurídicas. Aspectos sustantivos y procesales*, editado por Julio BANACLOCHE PALAO, Jesús ZARZALEJOS NIETO y Carlos GÓMEZ-JARA DÍEZ, 25-47. Madrid: La Ley, 2011. Pág. 43.

fidelidad al Derecho constituye el quebrantamiento del rol del ciudadano (corporativo) fiel al Derecho; es decir, la manifestación del a culpabilidad jurídico-penal empresarial"[219].

Esta interpretación del derecho constitucional a organizarse libremente como razón de ser de la culpabilidad empresarial encuentra su sustento más relevante en determinados pronunciamientos jurisprudenciales llevados a cabo por nuestro TC. Así, la sentencia nº 246/1991, de 19 de diciembre, a pesar de dictarse en el ámbito de la jurisdicción administrativa, vincula su pronunciamiento con la jurisdicción penal cuando establece que "se ha vulnerado el principio del Derecho Penal, aplicable al ámbito del Derecho Administrativo sancionador, de la necesidad de que exista dolo o culpa en la acción punitiva"[220], motivo por el cuál entendemos de gran interés la reflexión que hace:

> "Esta construcción distinta de la imputabilidad de la autoría de la infracción a la persona jurídica nace de la propia naturaleza de ficción jurídica a la que responden estos sujetos. Falta en ellos el elemento volitivo en sentido estricto, pero no la capacidad de infringir las normas a las que están sometidos. Capacidad de infracción, y, por ende, reprochabilidad directa que deriva del bien jurídico protegido por la norma que se infringe y la necesidad de que dicha protección sea realmente eficaz (en el presente caso se trata del riguroso cumplimiento de las medidas de seguridad para prevenir la comisión de actos delictivos) y por el riesgo que, en consecuencia, debe asumir la persona jurídica que está sujeta al cumplimiento de dicha norma"[221].

Es decir, el TC indicó que, aunque la persona jurídica careciera de voluntad humana, sí que podía ser culpable, o lo que es lo mismo, que la ausencia del elemento volitivo no implica la renuncia a la capacidad de infracción de las personas jurídicas y, por consiguiente, a su capacidad de culpabilidad directa. Ahora bien, en un pronuncia-

---

219 GÓMEZ-JARA DÍEZ, Carlos. "La culpabilidad de la persona jurídica". En *Tratado de responsabilidad penal de las personas jurídicas: adaptada a la Ley 1/2015, de 30 de marzo, por la que se modifica el Código Penal*, coordinado por Miguel BAJO FERNÁNDEZ, Bernardo José FEIJÓO SÁNCHEZ y Carlos GÓMEZ-JARA DÍEZ, 143-219. 2ª edición. Navarra: Civitas, 2016. Pág. 166.

220 STC nº 246/1991, de 19 de diciembre.

221 *Ibidem.*

miento posterior, concretamente a través de la sentencia nº 56/1998, de 16 de marzo, el TC matizó que "la aplicación de principios penales al Derecho Administrativo sancionador no deben hacerse automáticamente, sino con matices y con atención a su compatibilidad con la naturaleza de dicho orden, máxime cuando se trata del ámbito de las relaciones especiales de sujeción (...) postulando una aplicación de las garantías procesal al procedimiento administrativo sancionador en línea de principio, cautelosa y respetuosa con la naturaleza de este procedimiento, y rechazando que dicha aplicación pueda realizarse de modo mimético, inmediato o automático"[222]. Por ello, *mutatis mutandis*, los principios administrativos tampoco serían aplicables automáticamente a la jurisdicción penal. Con ello el TC abrió la puerta a la posibilidad de que las personas jurídicas pudieran ser penalmente culpables, solo que les negaba la posibilidad de serlo conforme a la doctrina administrativa, exigiendo de esta manera la construcción de un criterio exclusivo de la jurisdicción penal, cuestión que no pudo ser desarrollada en debida forma hasta que el legislador optó por introducir la responsabilidad penal de las personas jurídicas en nuestro ordenamiento jurídico.

A partir de ese momento se han ido edificando diferentes teorías sobre la culpabilidad empresarial, existiendo en la actualidad dos doctrinas mayoritarias: la culpabilidad por el defecto organizativo[223] y la culpabilidad por la ausencia de una cultura de cumplimiento con la legalidad[224]. Habiéndonos decantado —tal y como posteriormente

---

222 STC nº 56/1998, de 16 de marzo.

223 CARRETERO SÁNCHEZ, Santiago. "El papel de los Principios Generales del Derecho en la responsabilidad penal de las personas jurídicas". *Diario La Ley*, nº 8751 (2016): "La novedosa regulación de los programas de cumplimiento normativo introducidos por la LO 1/2015 nos acerca un poco más al ambicioso modelo de «culpabilidad por defecto de organización»".

224 MONTANER FERNÁNDEZ, Raquel y FORTUNY, Miquel. "La exención de responsabilidad penal de las personas jurídicas: Regulación jurídico-penal vs. UNE 19601 (2ª parte)". *La Ley Penal*, nº 132 (2018): "Algunos autores sostienen que la culpabilidad de la persona jurídica podría encontrarse en la inexistencia de una «cultura de cumplimiento», concepto introducido y puesto en valor, como decimos, tanto por parte del voto mayoritario de la sentencia 154/2016, como por parte de la Circular 1/2016 de la FGE (LA LEY 2/2016). En nuestra opinión, podría llegar a defenderse que una referencia implícita a la «cultura de cumplimiento» encontraría encaje en la propia literalidad del precepto (art 31.2

profundizaremos— por un modelo de atribución de responsabilidad en el que el defecto estructural es el fundamento de la responsabilidad penal de la persona jurídica, esto es, el elemento típico principal por el que la misma responde, en el presente caso nos centraremos en analizar el concepto de culpabilidad consistente en la ausencia de una cultura de cumplimiento con la legalidad.

A pesar de la existencia, tal y como hemos visto, de un sector doctrinal que aboga por la culpabilidad por defecto de organización, lo cierto es que la corriente doctrinal mayoritaria es aquella que defiende la concepción de la culpabilidad de la persona jurídica consistente en la ausencia de una cultura de cumplimiento con la legalidad, una corriente que, como posteriormente veremos, ha ido erigiendo el concepto de la culpabilidad empresarial desde la comparación con la culpabilidad de las personas físicas.

La imputabilidad penal, entendida como la capacidad de entender y cuestionarse la norma jurídica y, aun así, decidir infringirla, históricamente ha sido atribuida únicamente a las personas físicas bajo el pretexto de que únicamente estas son capaces de comprender la norma y actuar en consonancia y respeto a la misma. Es decir, de forma continua se ha venido rechazando la libertad y la capacidad de la persona jurídica, bajo el pretexto de ser un ente ficticio, para actuar o no conforme a Derecho. A este respecto, interesa al objeto del presente estudio traer a colación las palabras de TIEDEMANN sobre esta cuestión:

> "Nada impide considerar a las personas morales como destinatarias de normas jurídicas revestidas de carácter ético y como entes en situación de violar estas normas. (...) De ahí, el concepto de culpa propia de la persona jurídica. ¿No se habla cotidianamente de la culpabilidad de la empresa que ha contaminado un río o que ha obtenido fraudulentamente subvenciones? En la vida y en el lenguaje de la sociedad, la culpabilidad de la empresa es ampliamente reconocida. Culpabilidad que no está completamente exenta de una impronta ética o moral, aun cuando la coloración moral sea de un contenido particularmente diverso"[225].

1ª bis CP): «adoptado y ejecutado con eficacia, antes de la comisión del delito, modelos de organización y gestión»".

225 TIEDEMANN, Klaus. "Responsabilidad penal de las personas jurídicas". En *Responsabilidad penal de las personas jurídicas*, coordinado por José HURTADO POZO. España: Grijley, 1997. Págs. 97 y ss.

En el mismo sentido, PÉREZ MACHÍO entiende que la culpabilidad de la persona jurídica consiste en un reproche similar al de la persona física, ya que mientras la culpabilidad de las personas físicas se relaciona con el respeto al derecho que resulta exigible a la ciudadanía, reprochándose la lesión de la norma, la de las entidades colectivas surgiría como consecuencia de la permanencia en su seno de una determinada cultura empresarial de incumplimiento de la legalidad[226]. Por lo tanto, la autora llega a la conclusión de que la culpabilidad de las personas jurídicas consistirá en "no haber organizado y/o gestionado su actividad conforme a las exigencias del ordenamiento"[227]. Así, considera que se deben exigir los mismos presupuestos —la capacidad de ser motivado por la norma jurídico penal y de orientar sus comportamientos conforme a derecho— tanto a las personas jurídicas como a las personas físicas, pero, eso sí, "adaptados a las peculiaridades y naturaleza de las mismas"[228]. Ahora bien, ¿cuáles son estas peculiaridades propias de las personas jurídicas?

En primer lugar, es evidente que, si el fundamento de la culpabilidad empresarial va a residir en la capacidad de organizarse de la persona jurídica, únicamente aquellas con la suficiente complejidad interna van a ser susceptibles de hacerlo culpablemente. Así lo entiende GÓMEZ-JARA DÍEZ cuando manifiesta que para que una entidad colectiva sea imputable "tiene que haber desarrollado una autorreferencialidad suficiente basada en una determinada complejidad propia para poder ser destinatario de las imputaciones jurídico-penales"[229]. De manera que solo aquellas empresas que adquieran cierto grado de complejidad interna van a ser susceptibles de ser penalmente culpables, puesto que las mercantiles unipersonales o aquellas que son sociedades interpuestas o pantalla no gozan del sustrato material suficiente como para exigirles una culpabilidad propia, autónoma e inde-

---

226 PÉREZ MACHÍO, Ana Isabel. *La responsabilidad penal de la persona jurídica... Op. Cit.* Pág. 76.

227 PÉREZ MACHÍO, Ana Isabel. *La responsabilidad penal de la persona jurídica... Op. Cit.* Pág. 77.

228 PÉREZ MACHÍO, Ana Isabel. *La responsabilidad penal de la persona jurídica... Op. Cit.* Pág. 190.

229 GÓMEZ-JARA DÍEZ, Carlos. *La culpabilidad penal... Op. Cit.* Pág. 244.

pendiente a la culpabilidad de las personas físicas que la conforman, al no ostentar las mismas una independencia real sobre estas.

Por otro lado, la culpabilidad de las personas jurídicas deberá medirse en el momento en el que se dé un defecto estructural u organizativo, puesto que, de lo contrario, tal y como señala GÓMEZ-JARA DÍEZ, nos encontraríamos ante una situación en la que únicamente las organizaciones criminales podrían ostentar dicha cultura, dado que las personas jurídicas que operan normalmente en el mercado incurren en delito excepcionalmente[230]. Es cuando se comete el delito de referencia en el seno de la empresa, cuando se acredita la existencia de un defecto estructural que ha derivado en la comisión de dicho ilícito penal, el momento en el que debe analizarse y valorarse si en la entidad existía una cultura de cumplimiento con la legalidad y si, por consiguiente, esta ha hecho todo lo que estaba en su mano para reducir los riesgos de la comisión de delitos en su seno. Es decir, si independientemente del concreto defecto estructural acaecido que ha facilitado la comisión del delito por parte de la persona física a ella vinculada, podemos concluir que en la misma impera una cultura de cumplimiento con la legalidad que evita que se la pueda responsabilidad penalmente.

En otras palabras, entendemos que la acreditación de un defecto estructural no va a derivar siempre y de manera automática en una culpabilidad propia de la persona jurídica, habida cuenta de que entendemos que, a pesar de una omisión puntual concreta, puede alcanzarse la conclusión de que la persona jurídica se ha organizado correctamente conforme a Derecho, siendo dicho defecto un riesgo que excede del control que le es exigible a una persona jurídica.

Ahora bien, esta concepción de la culpabilidad empresarial no es ajena a numerosas críticas. Uno de los principales detractores de la teoría constructivista de la culpabilidad es CIGÜELA SOLA, para quien la culpabilidad de la persona jurídica no encuentra en la cultura corporativa el equivalente funcional que de ella se espera[231]. Este autor llega a dicha conclusión amparándose en tres ideas: que

230 GÓMEZ-JARA DÍEZ, Carlos. "La culpabilidad de la persona... *Op. Cit.* Pág. 176.

231 CIGÜELA SOLA, Javier. "Cultura corporativa, compliance... *Op. Cit.*

la cultura corporativa es un estado de cosas del mundo social y no una capacidad; que la cultura corporativa no puede entenderse como una elaboración propia de la persona jurídica, sino que constituye un producto que emerge de la interacción entre los miembros de la corporación; y que las personas jurídicas no pueden ser integradas en el círculo de destinatarios de normas[232]. En definitiva, CIGÜELA SOLA entiende que "aquello que la organización 'es' —su filosofía o cultura corporativa— y aquello que 'hace' —su correcta o incorrecta organización— depende de otros, y no es posible hablar de una culpabilidad propia fundada en prestaciones que la organización recibe de terceros"[233].

Otra de las principales críticas que se ha hecho doctrinalmente a esta teoría radica en la subjetividad del concepto construccionista de la cultura de cumplimiento con la legalidad. Así, uno de los autores que más preocupación ha mostrado por la subjetividad de dicho concepto es DEL ROSAL BLASCO, quien se pregunta "¿cómo se define ese umbral de complejidad interna, con arreglo a qué procedimientos legales?"[234], para posteriormente denunciar que "el nivel de ambigüedad de tales conceptos como el de la complejidad interna o el de la autorreferencialidad casa mal con las exigencias de certeza del Derecho Penal"[235].

Ahora bien, existen diversos planteamientos sobre el umbral de complejidad que debe ostentar una persona jurídica para que pueda ser considerada penalmente culpable. GÓMEZ JARA DÍEZ, que como ya se ha expuesto es uno de los principales defensores del modelo de autorresponsabilidad de las personas jurídicas, entiende que existen determinadas organizaciones empresariales que "alcanzan un nivel de complejidad tal que —al igual que ocurre con la psique del ser humano— comienzan a mostrar caracteres propios de autorreferencialidad, autoconducción y autodeterminación"[236]. En la misma

---

232 *Ibidem.*

233 CIGÜELA SOLA, Javier. "Culpabilidad, identidad... *Op. Cit.*

234 DEL ROSAL BLASCO, Bernardo. *Manual de responsabilidad penal... Op. Cit.* Pág. 46.

235 *Ibidem.*

236 GÓMEZ-JARA DÍEZ, Carlos. "La culpabilidad penal (propia) de la persona jurídica: reto para la teoría, necesidad para la práctica". En *La teoría del delito*

línea, el TS exige que la persona jurídica ostente un sustrato material organizativo suficiente para poder considerarla penalmente culpable. En este sentido se pronuncia la STS nº 894/2022, de 11 de noviembre, cuyo contenido reza como sigue:

> "Lo determinante es la existencia de una complejidad interna, presumible a partir de un suficiente sustrato material organizativo, que, si falta, falta el presupuesto para hablar de imputabilidad penal, por inexistencia de capacidad de culpabilidad, ya que, debido a su mínima estructura, no se da la base desde la que conformarla, y es que, no habiendo posibilidad de establecer mecanismos de control, no puede surgir el fundamento de su responsabilidad, de ahí que no toda sociedad pueda considerarse imputable en el ámbito penal".

Para ZÚÑIGA RODRÍGUEZ ese umbral mínimo de complejidad no se supera en empresas unipersonales o en organizaciones pequeñas donde se pueden identificar las actividades de sus miembros de forma clara[237], criterio que ha sido asumido por la Sala de lo Penal de la AN a través de pronunciamientos como la sentencia nº 5/2021, de 3 de marzo, en los siguientes términos:

> "El problema, viene al examinar cuándo existe esa complejidad corporativa interna y cuándo no, límite normativo enormemente frágil, que sin duda puede variar con el tiempo, y cuya interpretación extensiva podría dar lugar a excluir del régimen de responsabilidad penal de las personas jurídicas a todas aquellas sociedades unipersonales, o no, que bajo la apariencia de una no excesiva complejidad en sus aspectos organizativo-funcionales, emplea aquella para la realización de actividades ilícitas, ocultas tras la actividad legal asimismo desarrollada. (...) Aunque es cierto que, en los casos de pequeñas empresas, sin asalariados, debido a su escasa complejidad organizativa resultará difícil diferenciar una culpabilidad propia de la persona jurídica de la culpabilidad propia de la persona física".

A pesar de las propuestas anteriores, lo cierto es que el concepto de la cultura de incumplimiento con la legalidad como fundamento de la culpabilidad de las personas jurídicas sigue siendo en la actualidad un concepto jurídico indeterminado debido a su subjetividad. Ahora

---

en la práctica penal económica, dirigido por Jesús María SILVA SÁNCHEZ y Fernando MIRÓ LLINARES, 503-543. Madrid: La Ley, 2013. Pág. 508.

237 ZÚÑIGA RODRÍGUEZ, Laura. *Bases para un modelo... Op. Cit.* Pág. 231. Nota a pie 110.

bien, esta subjetividad propia del concepto de culpabilidad empresarial no es mayor que la propia del concepto tradicional de culpabilidad de las personas físicas, tal y como explicamos a continuación.

La culpabilidad penal no atiende a criterios objetivos, sino puramente subjetivos, tanto para las personas físicas como para las personas jurídicas. Abordando la cuestión que aquí nos ocupa, MIR PUIG considera que el contenido de la culpabilidad de las personas físicas se constituye a través de tres elementos: la imputabilidad, sin la cual se entiende que el sujeto carece de libertad para comportarse de otro modo a como lo hace, la posibilidad de conocimiento de la antijuridicidad del hecho y la ausencia de causas de exculpación[238]. Así, para este autor, el concepto tradicional de la culpabilidad consiste en imputar personalmente el hecho delictivo y antijurídico cometido. En sus palabras, "la expresión imputación personal tiene la ventaja de que deja más claro que esta segunda parte de la teoría del delito se trata sólo de atribuir (imputar) el desvalor del hecho penalmente antijurídico a su autor (...)"[239].

Ahora bien, ¿qué criterios se utilizan para atribuir, para imputar, la comisión del hecho delictivo y antijurídico a un concreto sujeto, es decir, para considerarlo penalmente culpable? En nuestra opinión, el análisis que se realiza para determinar si un sujeto ha carecido de libertad para comportarse de otro modo a como lo hace o para valorar si ha tenido la posibilidad de conocer la antijuridicidad del hecho es una cuestión que atiende a criterios subjetivos, habida cuenta de que se deberán observar condiciones personales de los sujetos que no responden a criterios objetivos.

Así, resulta evidente que el concepto de culpabilidad para personas físicas está más arraigado que el de las personas jurídicas tanto en nuestras mentes como en nuestro ordenamiento jurídico, pero esto se debe única y exclusivamente a la novedad que supone la responsabilidad penal de las personas jurídicas. Con el tiempo, tanto la doctrina especializada como nuestros tribunales irán desarrollando y perfilando el concepto de la culpabilidad empresarial, en el senti-

---

238 MIR PUIG, Santiago. *Derecho Penal. Parte General*. 10ª edición. Barcelona: Reppertor, 2015. Pág. 549.

239 MIR PUIG, Santiago. *Derecho Penal... Op. Cit.* Pág. 544.

do de establecer cuándo se deberá entender excluida la misma, hasta que se encuentre igual de arraigado que el de las personas físicas en nuestro ordenamiento jurídico. Pero mientras se va desarrollando este concepto es necesario sistematizar y enumerar cuáles son los criterios que se vienen extendiendo por la doctrina en la actualidad para considerar culpable a una persona jurídica. Así, se ha llegado a cierto consenso doctrinal en cuanto a que al igual que la culpabilidad de las personas físicas nace en su libertad para actuar con respeto a la norma, la de las personas jurídicas lo hace en su libertad para organizarse de acuerdo con la norma, más concretamente como demanda el art. 31 bis CP. Entonces, ¿cuándo nos encontraremos ante una cultura de cumplimiento de la legalidad? ¿Cómo se puede acreditar por parte de la persona jurídica la existencia de dicha cultura?

Para CIGÜELA SOLA, las personas jurídicas ostentarán una cultura de cumplimiento con la legalidad cuando sus programas de cumplimiento —*compliance programs*— sean capaces de generar "culturas corporativas en las que el derecho y la ética no aparezcan como un coste o como algo a negociar, sino como elementos que dan forma y valor, y que en cierto modo limitan, a la propia actividad empresarial"[240].

En una línea similar, GIMENO BEVIÁ entiende que para que una persona jurídica ostente una verdadera cultura de cumplimiento capaz de eximir su responsabilidad penal, es necesario que la entidad colectiva presente "una actitud proactiva de la organización en el logro efectivo de la autorregulación"[241]. En palabras de este autor, para reconocer que la persona jurídica ostenta una cultura de cumplimiento con la legalidad, resulta necesario que la formación en dicha cultura llegue a todos los niveles de la organización empresarial, ya sea a través de una formación continuada o mediante acciones puntuales[242].

Ahora bien, se debe de partir de la premisa de que es imposible eliminar el riesgo en su totalidad. Nunca va a existir cero riesgos a

---

240 CIGÜELA SOLA, Javier. "Cultura corporativa, compliance… *Op. Cit.*

241 GIMENO BEVIÁ, Jordi. "La formación y comunicación en *Compliance* y su relevancia como prueba en el proceso penal". *La Ley Compliance Penal*, nº 1 (2020).

242 *Ibidem.*

que se cometa un delito en el seno de una persona jurídica. Por mucho esfuerzo y dedicación que se ponga en ello, eso es a todas luces imposible de conseguir. Asimismo, tampoco es exigible a una mercantil que tome excesivas medidas de protección, entendiendo por excesivas aquellas que impidan el normal desarrollo de su actividad empresarial. La exigencia del legislador de prevenir ilícitos penales en las personas jurídicas no puede alcanzar un punto en el que la empresa se vuelva improductiva. Por ello, debe existir una proporción entre las medidas tomadas por la persona jurídica para reducir los riesgos de comisión de delitos en su seno y la productividad y el funcionamiento normal de la persona jurídica en el mercado. Sobre este extremo se pronuncian DÓPICO GÓMEZ-ALLER y GASCÓN INCHAUSTI, estableciendo que "son exigibles medidas proporcionales al riesgo en cuestión y a la actividad de la que se trate; y no lo son las irrazonables o exageradas, ni las que puedan paralizar la actividad empresarial, ni aquellas que por su coste carezcan de lógica empresarial"[243]. Por tanto, debe haber límites a la implantación de medidas de prevención de delitos.

DÓPICO GÓMEZ-ALLER y GASCÓN INCHAUSTI consideran que "si se demuestra que la persona jurídica había aplicado instrumentos preventivos suficientes, no se la puede condenar, aunque un mando intermedio no prestara la vigilancia debida al concreto trabajador en el momento de la comisión del delito. Supondría considerar que hay un fallo organizativo en la persona jurídica cada vez que un empleado incumple su tarea de vigilancia o control, lo cuál sería inaceptable"[244]. Ahora bien, ¿cuándo debe entenderse que los medios aplicados han sido razonables y suficientes? GÓMEZ-JARA DÍEZ entiende que, para conjurar los riesgos penales de la empresa, se deberá valorar *ex ante* la adecuación de los modelos de organización y gestión[245], tesis con las que nos mostramos plenamente de acuerdo.

---

243 DÓPICO GÓMEZ-ALLER, Jacobo y GASCÓN INCHAUSTI, Fernando. "Responsabilidad penal... *Op. Cit.* Pág. 390.

244 DÓPICO GÓMEZ-ALLER, Jacobo y GASCÓN INCHAUSTI, Fernando. "Responsabilidad penal... *Op. Cit.* Pág. 393.

245 GÓMEZ-JARA DÍEZ, Carlos. "El injusto típico de la persona jurídica (tipicidad)". En *Tratado de responsabilidad penal de las personas jurídicas: adaptada a la Ley 1/2015, de 30 de marzo, por la que se modifica el Código Penal*, coordinado por Miguel BAJO FERNÁNDEZ, Bernardo José FEIJÓO SÁNCHEZ y

Por ello, cuando una persona jurídica tenga un *compliance program* debidamente implementado y aplicado, se le presupone, al menos de partida, que ha adoptado e implementado un modelo de organización, gestión y control idóneo para la prevención de delitos, lo que, en palabras de DE LA MATA BARRANCO, demostraría "su compromiso con el respeto a la normativa penal y garantizará la ausencia de cualquier atisbo de voluntariedad o incluso negligencia en relación con la comisión de posibles hechos delictivos en su seno"[246]. Con carácter general "mal puede censurarse a una empresa un defecto organizativo cuando se dotó a sí misma de un programa de tales características"[247], ya que, al igual de lo que pasa con las personas físicas, no tiene sentido que si un sujeto ha agotado todos los medios a su alcance para impedir la comisión de un hecho delictivo se le sancione por el mismo.

Por otro lado, la posición jerárquica en la persona jurídica de la persona física autora directa del delito viene siendo señalada tanto por la Circular de la FGE 1/2016 como por la doctrina como "un indicador bastante fiable del grado de culpabilidad de la empresa"[248]. Cuanto mayor poder de decisión tenga la persona física autora del delito en la persona jurídica, más difícil será para esta justificar que estaba obrando conforme a Derecho y que ostenta una cultura de cumplimiento con la legalidad. Es decir, no es lo mismo que quien cometa el delito sea un empleado o un subordinado sobre el que no se ha ejercido en un momento puntual el debido control por parte de la persona jurídica, que lo cometa uno de los sujetos comprendidos en la letra a) del art. 31 bis 1 CP ya que, al fin y al cabo, es ese caso nos encontraríamos ante las personas que ostentan el verdadero poder de decisión en la persona jurídica, lo que complica una hipotética justificación de que la entidad colectiva consideraba que se había organiza-

---

Carlos GÓMEZ-JARA DÍEZ, 121-142. 2ª edición. Navarra: Civitas, 2016. Pág. 128.

246 DE LA MATA BARRANCO, Norberto. "La exclusión de la responsabilidad penal... *Op. Cit.* Pág. 89.

247 GÓMEZ TOMILLO, Manuel. "Los distintos modelos de imputación... *Op. Cit.* Pág. 48.

248 GÓMEZ TOMILLO, Manuel. *Introducción a la responsabilidad penal... Op. Cit.* Pág. 140.

do con respeto a la norma, ostentando una cultura de cumplimiento con la legalidad.

En definitiva, la existencia de un defecto estructural en el seno de la persona jurídica no deriva de forma automática en su culpabilidad. No en todos los supuestos en los que concurran las condiciones establecidas en las letras a) y b) del art. 31 bis 1 CP y la comisión del ilícito penal se haya visto favorecido por la ausencia de medidas de organización y control la entidad va a resultar culpable. Así, una vez ocurrido el delito, la persona jurídica podrá defender su ausencia de culpabilidad acreditando que las medidas vigentes en la misma eran suficientes y han sido fraudulentamente eludidas por el autor del hecho delictivo, o justificando que el concreto delito cometido es consecuencia de la materialización de un riesgo que resultaba impredecible *ex ante*, lo cual derivaría en la atipicidad de la conducta, ya que nos adentraríamos en el supuesto del caso fortuito. En este mismo sentido se pronuncian GARCÍA CAVERO[249] o DE LA MATA BARRANCO[250].

En esta línea se muestra también PÉREZ MACHÍO cuando expone que "si existen medidas idóneas para la prevención del delito en cuestión, aunque su ejecución hubiese sido descuidada o defectuosa, no cabe afirmar que la persona jurídica ha dejado de prestar la supervisión, vigilancia y control debido, sino solo que una persona empleada lo ha ejecutado de modo incorrecto"[251]. En igual sentido se manifiesta GÓMEZ-JARA DÍEZ al exponer que "aunque dichas medidas no fueran adecuadas, si la persona jurídica prueba que ostenta una cultura de cumplimiento con la legalidad efectiva, no será culpable y podrá ser merecedora de una exención"[252].

---

249 GARCÍA CAVERO, Percy. "La eficacia del modelo de organización y gestión en la determinación de la responsabilidad penal de las personas jurídicas". *La Ley Compliance Penal*, nº 8 (2022).

250 DE LA MATA BARRANCO, Norberto. "La exclusión de la responsabilidad penal... *Op. Cit.* Págs. 92 y ss.

251 PÉREZ MACHÍO, Ana Isabel. *La responsabilidad penal de la persona jurídica... Op. Cit.* Pág. 101.

252 GÓMEZ-JARA DÍEZ, Carlos. *El Tribunal Supremo ante... Op. Cit.* Pág. 91.

3.3. *Principio de personalidad de las penas*

Tal y como se ha desarrollado a lo largo del presente Capítulo, entendemos y defendemos que la responsabilidad penal de las personas jurídicas depende de un hecho propio de las mismas, siendo el principal motivo que nos empuja a ello el principio jurídico que a continuación analizamos.

La personalidad de las penas es un principio orientador del Derecho Penal, también llamado principio de responsabilidad personal por el hecho propio. Es uno de los principios, junto con los principios de legalidad y culpabilidad, sobre los que pivota todo pronunciamiento penal en nuestro ordenamiento jurídico. Así, el principio que nos ocupa tiene su base en el art. 5 CP[253], y establece que únicamente se podrá penar a las personas que hayan cometido o participado en el concreto hecho delictivo sancionado por la norma. En otras palabras, se trata de una máxima que proscribe castigar a terceros que no han tenido participación en la conducta delictiva acaecida. Este es el principal motivo por el que rechazamos el sistema de heterorresponsabilidad o responsabilidad por transferencia, ya que atenta contra este principio: nadie puede ser penado sin que concurran en su persona un dolo o imprudencia propia en relación con un delito concreto. Ahora bien, la vigencia de este principio para las personas jurídicas no es en absoluto pacífica, dado que, tal y como posteriormente se analizará, un sector doctrinal entiende que estos elementos —desarrollados históricamente en relación con las personas físicas— no deben operar en el sistema de atribución de responsabilidad penal a las personas jurídicas.

A este respecto, para NIETO MARTÍN, en lo que a las personas jurídicas se refiere, el tipo subjetivo no es sino "la intensidad de la relación entre el defecto de organización y el comportamiento del autor"[254], motivo por el que entiende que "no es posible hablar por ello de un tipo objetivo y otro subjetivo en el injusto de la empresa"[255]. En una línea similar se muestra BENDEZÚ BARNUEVO, quien en-

---

253 "No hay pena sin dolo o imprudencia".

254 NIETO MARTÍN, Adán. *La responsabilidad penal de las personas jurídicas: un modelo legislativo*. Madrid: Iustel, 2008. Pág. 160.

255 *Ibidem.*

tiende que como no se han planteado nuevas delimitaciones conceptuales del dolo para la empresa que los doten de un sentido claro, ni tampoco se ha debatido el fundamento valorativo del tratamiento dispar entre dolo e imprudencia en la responsabilidad de la organización, ello "desaconseja hoy por hoy la exigencia de dichos elementos en el ámbito de la responsabilidad de la persona jurídica"[256].

En contra de quienes consideran que el dolo y la imprudencia resultan irrelevantes de cara a atribuir responsabilidad penal a las personas jurídicas se colocan diversos sectores doctrinales entre los que destacamos, por un lado, a aquellos que defienden que el dolo y la imprudencia, en lugar de fundamentar el injusto típico de la persona jurídica, sirven como elementos moduladores de la culpabilidad de esta[257], y, por el otro, a los que construyen un concepto de dolo e imprudencia propio de la persona jurídica, sustentado en el conocimiento organizativo del riesgo empresarial[258].

Huelga decir que estas corrientes doctrinales no resultan en absoluto pacíficas. Entre los escollos principales a los que deben enfrentarse los defensores del dolo como conocimiento organizativo del riesgo empresarial, GIL NOBAJAS señala el constante rechazo que produce todo intento de delimitar un concepto jurídico-penal de naturaleza subjetiva —que exige la constatación de elementos como el conocimiento y la voluntad— y las propias previsiones del CP, puesto que casi todos los delitos por los que la persona jurídica puede responder penalmente —sistema *numerus clausus*— son dolosos, siendo únicamente punible la imprudencia cuando así se recoge expresamente en el CP, tal y como establece su art. 12[259].

---

256 BENDEZÚ BARNUEVO, Rocci Fiorella. "¿Pueden delinquir dolosamente las empresas?: Actual estado de la discusión sobre el dolo de las personas jurídicas en la doctrina española". *La Ley Compliance Penal*, nº 7 (2021).

257 GÓMEZ TOMILLO, Manuel. *Introducción a la responsabilidad penal... Op. Cit.* Pág. 168.

258 GÓMEZ-JARA DÍEZ, Carlos. *Fundamentos modernos... Op. Cit.* Pág. 62.

259 GIL NOBAJAS, María Soledad. "Más de una década de responsabilidad penal... *Op. Cit.* Pág. 121 y ss.

Así, sin perjuicio de que en un epígrafe posterior[260] nos adentremos con mayor profundidad en la presente materia, lo cierto es que la única cuestión pacífica en la actualidad en relación con el dolo de la persona jurídica es que no existen respuestas sólidas al respecto.

Volviendo al principio de personalidad de las penas, este ha sido desarrollado por nuestro TC a lo largo de los años. Especialmente ilustrativa se muestra la STC nº 125/2001, de 4 de junio, que establece en su FJ sexto:

> "El principio de personalidad de las penas, que forma parte del de legalidad penal y se encuentra, por tanto, incluido en el art. 25.1 CE, implica que solo se puede responder penalmente por los actos propios y no por los ajenos [...], pero la existencia de responsabilidades penales de terceros no excluye necesariamente la responsabilidad del recurrente por sus propios actos [...]".

Previamente, el propio TC ya había definido este principio, solo que de forma negativa, en el FJ 3º de su STC nº 219/1988, de 22 de noviembre:

> "(...) debió evitar que la interpretación y aplicación de la norma llegara a una conclusión lesiva de aquellos derechos, es decir, a un indebido traslado de responsabilidad personal (no de responsabilidad civil subsidiaria), a persona ajena al hecho infractor, al modo de una exigencia de responsabilidad objetiva sin intermediación de dolo o culpa".

Pues bien, de cara a entender los motivos por los que se ha venido rechazando en la doctrina la aplicación a las personas jurídicas del principio de personalidad de las penas, entendemos fundamental abordar previamente el concepto de la pena y su finalidad.

3.3.1. Finalidad de las penas

Con carácter previo a exponer las razones que nos lleva a defender la vigencia del principio de personalidad de las penas en la atribución de responsabilidad penal a las personas jurídicas, entendemos necesario analizar, en primer lugar, cuál es la finalidad de aquellas, dado que únicamente podrán ser impuestas a las personas que puedan do-

---

260 Véase el epígrafe 4.4. del presente Capítulo.

tar de sentido su aplicación. Para ello, resulta imprescindible traer a colación el *Tratado de los delitos y de las penas*[261] escrito por Cesare BECCARIA en el año 1764, una obra que revolucionó la concepción que se tenía hasta entonces del Derecho Penal. BECCARIA estableció lo siguiente sobre la finalidad de las penas:

> "(...) se convence con evidencia que el fin de las penas no es atormentar y afligir un ser sensible, ni deshacer un delito ya cometido. ¿Se podrá en un cuerpo político que, bien lejos de obrar con pasión, es el tranquilo moderador de las pasiones particulares, se podrá repito, abrigar esta crueldad inútil, instrumento de furor y del fanatismo o de los flacos tiranos? ¿Los alaridos de un infeliz revocan acaso del tiempo, que no vuelve, las acciones ya consumadas? El fin, pues, no es otro que impedir al reo causar nuevos daños a sus ciudadanos y retraher a los demás de la comisión de otros iguales. Luego deberán ser escogidas aquellas penas y aquel método de imponerlas que, guardada la proporción, hagan una impresión más eficaz y más durable sobre los ánimos de los hombres, y la menos dolorosa sobre el cuerpo del reo"[262].

Como puede observarse, BECCARIA introdujo en su obra dos conceptos clave sobre los que aún pivota la concepción y finalidad de las penas en Derecho Penal; el castigo al infractor —finalidad retributiva— y la disuasión al autor del delito —finalidad preventiva especial— y al resto de la sociedad —finalidad preventiva general— de cometer hechos delictivos. Así, una vez superadas las teorías puramente retributivas, en la actualidad las penas ostentan además de la misma una finalidad preventiva, entendida esta desde una perspectiva especial y otra general.

En el mismo sentido, CARDENAL MONTRAVETA entiende que la prevención especial, entendida como función resocializadora, intimidatoria y asegurativa del concreto individuo, "no basta para justificar el recurso a la pena"[263]. Considera el autor que "hoy se considera

---

[261] BECCARIA, Cesare. *Tratado de los delitos y de las penas*. Madrid: Universidad Carlos III de Madrid, 2015.

[262] BECCARIA, Cesare. *Tratado de los delitos... Op. Cit.* Págs. 59 y ss.

[263] CARDENAL MONTRAVETA, Sergi. "Función de la pena y suspensión de su ejecución. ¿Ya no "se atenderá fundamentalmente a la peligrosidad criminal del sujeto"?". *InDret: Revista para el Análisis del Derecho*, nº 4 (2015). Pág. 5.

mayoritariamente que la pena cumple también una función de prevención general"[264].

Sobre este extremo, para entender cuál es la función de prevención general de las penas, debe recordarse la STC nº 160/2012, de 20 de septiembre dictada en Pleno:

> "Llegados a este punto, procede poner de manifiesto que el cometido esencial del sistema penal —que engloba también la legislación penal de menores— radica en la protección de los bienes jurídicos más importantes del ciudadano y la sociedad, para lo cual el legislador se ve obligado a establecer un complejo entramado de sanciones y medidas privativas de derechos que operan en diferentes estratos temporales —desde la conminación abstracta hasta el momento de ejecución efectiva de la sanción impuesta— y con distintas finalidades. Así, hemos afirmado que el legislador penal, para fijar la relación de proporción que deba guardar un comportamiento penalmente típico con la sanción que se le asigna, «ha de atender no sólo al fin esencial y directo de protección al que responde la norma, sino también a otros fines legítimos que puede perseguir con la pena, a las diversas formas en que la misma opera y que podrían catalogarse como sus funciones o fines inmediatos: a las diversas formas en que la conminación abstracta de la pena y su aplicación influyen en el comportamiento de los destinatarios de la norma —intimidación, eliminación de la venganza privada, consolidación de las convicciones éticas generales, refuerzo del sentimiento de fidelidad al ordenamiento, resocialización, etc.— y que se clasifican doctrinalmente bajo las denominaciones de prevención general y de prevención especial. Estos efectos de la pena dependen a su vez de factores tales como la gravedad del comportamiento que se pretende disuadir, las posibilidades fácticas de su detección y sanción, y las percepciones sociales relativas a la adecuación entre delito y pena» (SSTC 55/1996, de 28 de marzo [RTC 1996, 55], F. 6 y 161/1997, de 2 de octubre [RTC 1997, 161], F. 9). (...) En particular, la finalidad de prevención general, tanto en su vertiente de disuasión de potenciales delincuentes mediante la amenaza de pena, como de reafirmación de la confianza de los ciudadanos en el respeto de las normas penales, constituye igualmente un mecanismo irrenunciable para el cometido de protección de bienes jurídicos"[265].

Es decir, por un lado, la pena tiene una finalidad preventiva especial que se orienta a castigar la actuación de la concreta persona que ha cometido el delito para disuadirla de que vuelva a delinquir. Al

---

264 *Ibidem.*

265 STC nº 160/2012, 20 septiembre.

mismo tiempo, se entiende que la finalidad de la pena debe abarcar un espacio mucho mayor que el concreto individuo que comete el hecho delictivo, esto es, la pena impuesta debe estar dirigida igualmente a la colectividad. Esta finalidad alternativa de la pena es denominada preventiva general, y se utiliza como vehículo para advertir a la sociedad de que en caso de cometer determinadas acciones se les va a imponer una pena, lo que se espera que motive a la citada colectividad a orientar sus comportamientos de acuerdo con la legalidad.

El fin detrás de las penas impuestas a las personas jurídicas también ostentan esta finalidad preventiva. Ahora bien, en lo que a las entidades colectivas respecta, debe llamarse la atención sobre lo que la doctrina ha catalogado como finalidad preventivo general negativa o disuasoria. A este respecto, GIL NOBAJAS manifiesta que, a la luz del catálogo de penas que recoge el art. 33.7 CP, la disuasión se convierte en el principal fin de la pena, de manera que esta debe suponer para la persona jurídica un coste mayor que el beneficio que le podría reportar el delito[266]. En otras palabras, según la autora, el mensaje que se pretende comunicar a las entidades colectivas es que les resulta más conveniente invertir en programas de cumplimiento que en la comisión de delitos[267].

Una vez expuestas las finalidades actuales relativas a la imposición de penas, la siguiente cuestión que debemos resolver es si las personas jurídicas tienen la capacidad necesaria para que les sean impuestas las mismas.

3.3.2. Las personas jurídicas como sujetos capaces de ser penados

Tras la reforma introducida mediante la LO 5/2010, de 22 de junio, si hay algo claro es que a las personas jurídicas se les puede imponer penas, las que además tendrán la consideración de graves, tal

---

266 GIL NOBAJAS, María Soledad. "Régimen de penas principales y accesorias: multa e inhabilitaciones especiales". En *Las respuestas a la corrupción desde la parte general del derecho penal. Particular atención a la corrupción asociada al crimen organizado transnacional. Parte II – Personas jurídicas*, dirigido por María Soledad GIL NOBAJAS, Héctor OLASOLO y Norberto HERNÁNDEZ JIMÉNEZ. Valencia: Tirant lo Blanch, 2025. Pág. 336.

267 *Ibidem.*

y como especifica el art. 33.7 CP[268]. Cuestión diferente es saber si una persona jurídica puede ser destinaria de penas sin que se vulnere el principio de personalidad de las penas vigente en nuestro ordenamiento jurídico penal. A través del presente epígrafe se pretende dar respuesta al siguiente interrogante: ¿se puede afirmar que materialmente son las personas jurídicas quienes sufren las penas?

A este respecto, a nuestro juicio, lo que se les atribuye a las personas jurídicas cuando son condenadas como penalmente responsables de un hecho delictivo son verdaderas penas. Son ellas las que se extinguen y ven cancelada su personalidad jurídica cuando se las pena con la disolución y son ellas las que sufren un perjuicio económico cuando se las condena al pago de una multa, por tener un patrimonio autónomo e independiente al de las personas físicas que la conforman. En definitiva, las personas jurídicas son susceptibles de responder penalmente y, consecuentemente, se les pueden imponer penas, con todos los perjuicios que ello conlleva.

No obstante, se ha criticado por un sector doctrinal que las personas jurídicas son ficciones de Derecho, realidades artificiales no naturales creadas por las personas físicas, que no sufren, no padecen la consecuencia de sus actos. Continúa esta corriente doctrinal manifestando que las personas jurídicas no sienten, no son conscientes del correctivo, del castigo que se les impone. Un firme defensor de esta doctrina es DEL MORAL GARCÍA, para quien "si la pena se concibe como un mal, como una privación de derechos, el mal solo de una manera —figurada— es sufrido por la persona jurídica: las personas

---

268 "Las penas aplicables a las personas jurídicas, que ostentan la condición de graves, son las siguientes: a) Multa por cuotas o proporcional. b) Disolución de la persona jurídica. La disolución producirá la pérdida definitiva de su personalidad jurídica, así como la de su capacidad de actuar de cualquier modo en el tráfico jurídico, o llevar a cabo cualquier clase de actividad, aunque sea lícita. c) Suspensión de sus actividades por un plazo que no podrá exceder de cinco años. d) Clausura de sus locales y establecimientos por un plazo que no podrá exceder de cinco años. e) Prohibición de realizar en el futuro las actividades en cuyo ejercicio se haya cometido, favorecido o encubierto el delito. Esta prohibición podrá ser temporal o definitiva. Si fuere temporal, el plazo no podrá exceder de quince años. f) Intervención judicial para salvaguardar los derechos de los trabajadores o de los acreedores por el tiempo que se estime necesario, que no podrá exceder de cinco años".

jurídicas realmente —no sufren—"[269]. En este sentido, se expone que, aunque formalmente sea la persona jurídica quien abona una multa y sufre una disminución en su patrimonio como consecuencia de ello, son a su vez los accionistas de esta quienes estén viendo reducido su patrimonio, ya que el activo de una persona jurídica no deja de ser el del conjunto de las concretas personas físicas que la conforman —socios, accionistas, trabajadores, etc.—.

En definitiva, este sector doctrinal va más allá de la realidad formal de nuestro ordenamiento jurídico y critica que quienes verdaderamente sufren las penas impuestas a las personas jurídicas, en sentido material, son las personas físicas que conforman la misma.

A este respecto, aunque las personas jurídicas son destinatarias de penas desde que en el año 2010 se aprobara la LO 5/2010, de 22 de junio, no podemos ignorar que existen otros sujetos diferentes a la entidad colectiva que también son perjudicados por la pena impuesta a esta, que no son otros que las personas físicas que conforman la entidad. Ahora bien, ¿qué impacto tiene esto en el principio de personalidad de las penas? ¿Quebranta el principio de responsabilidad por el hecho propio o de personalidad de las penas esta duplicidad de afectados por la pena impuesta a la persona jurídica? ¿Cómo afecta el perjuicio que sufren las personas físicas como consecuencia de la pena impuesta a las personas jurídicas a la vigencia del art. 5 CP —no hay pena sin dolo o culpa, esto es, sin una participación en el concreto hecho delictivo—?

Así, no parece discutible que las personas físicas que conforman la persona jurídica penada son los principales perjudicados de dicha sanción además de la propia entidad colectiva. Pero no es menos cierto que el legislador, a raíz de la introducción de la responsabilidad penal de las personas jurídicas, ha querido que esto sea así.

Desde el momento en el que el legislador estableció que las personas jurídicas van a ser responsabilizadas de los delitos que ocurran en su seno o que se cometan valiéndose de su estructura, a no ser que elaboren e implementen unas políticas de organización y gestión eficaces que sirvan para prevenir dichos delitos, estas deben de extremar la cautela y comportarse conforme a la norma —a través de la implanta-

[269] DEL MORAL GARCÍA, Antonio. "La responsabilidad penal... *Op Cit.*

ción de un *compliance program*— si no quieren ver comprometida su responsabilidad penal. Pues bien, para un sector doctrinal, la amenaza de esa pena está dirigida a las personas físicas que conforman la jurídica —accionistas, socios, administradores—, que serían las personas con capacidad para asegurarse de que las personas jurídicas cumplan con todos los requisitos legales exigibles para evitar que sean consideradas como penalmente responsables de un ilícito penal. Así lo advierte SILVA SÁNCHEZ, quien considera que la pena imponible a la persona jurídica tiene como finalidad producir un efecto intimidatorio sobre los administradores y socios de la persona jurídica, que en su opinión son los únicos que experimentan un efecto psicológico derivado de dicha amenaza[270]. En palabras del autor, con la responsabilidad penal de las personas jurídicas "se pretende incentivar a dichos sujetos para que intenten impedir fácticamente los hechos delictivos que desencadenan el castigo de la persona jurídica. Es decir, para que intensifiquen la introducción de mecanismos de prevención técnica —controles— que tienen, en realidad, la naturaleza de medidas descentralizadas —privadas— de seguridad predelictual"[271].

En otras palabras, para una corriente doctrinal, pese a que la obligación de protegerse frente a posibles injerencias que deriven en delito se atribuye directamente a las personas jurídicas, la realidad material de estas hace que dicha obligación esté realmente dirigida a los titulares de la entidad colectiva —socios o accionistas—, que serían los perjudicados finales por dicha pena. Y esto a pesar de que quienes ostenten la capacidad jurídica de establecer e implantar en las entidades colectivas los sistemas y modelos de protección que les son exigibles y que las eximiría de responsabilidad sean, generalmente, los administradores —el órgano de gobierno de la sociedad—, quienes, a pesar de no sufrir directamente los perjuicios derivados de la pena impuesta a la persona jurídica, sí que pueden estar sometidos, por su actuar, a una autónoma e independiente responsabilidad penal.

En caso de asumir la tesis mantenida por esta corriente doctrinal, debemos preguntarnos si ello supondría que la responsabilidad

---

270 SILVA SÁNCHEZ, Jesús María. "¿"Quia peccatum est" o "ne peccetur"? Una modesta llamada de atención al Tribunal Supremo sobre la "pena" corporativa". *InDret Penal: Revista para el Análisis del Derecho*, nº 1 (2021). Pág. VI.

271 *Ibidem.*

penal de las personas jurídicas vulnera el principio de personalidad de las penas. Para responder a dicha cuestión, debe partirse de una premisa que plantea DEL MORAL GARCÍA y que nosotros también asumimos. Este autor advierte que pretender que el principio de personalidad de las penas no ha cambiado con la introducción de la responsabilidad penal de las personas jurídicas es engañarnos[272]. Por tanto, "cuando imponemos penas a personas jurídicas por necesidad estamos dando un nuevo sentido más amplio, al principio de personalidad de las penas. Formalmente, no; pero materialmente, sí. Porque la persona jurídica no es una persona en sentido real"[273].

En efecto, no puede pretenderse la aplicación estricta de un principio jurídico como el de la personalidad de las penas en unos sujetos jurídicos distintos —las personas jurídicas— a aquellos respecto de los que se creó —las personas físicas—, ya que no es posible vincular la responsabilidad penal de las personas jurídicas a categorías dogmáticas elaboradas a partir y para las personas físicas[274].

En nuestra opinión, nos encontramos ante una evolución de dicho principio. Por consiguiente, entendemos que el hecho de que el principio de personalidad de las penas tradicionalmente conocido no se ajuste estrictamente a la nueva realidad penal que suponen las personas jurídicas, y que las personas físicas que la conforman acaben siendo perjudicadas a su vez por la pena que se le impone, no quebranta o menoscaba el art. 5 CP, y que, por lo tanto, las personas jurídicas son susceptibles de ser penadas.

No obstante, a pesar de que asumamos que el principio de personalidad de las penas no se vulnera con las penas impuestas a las personas jurídicas, existen algunos supuestos controvertidos. A modo de ejemplo se exponen a continuación dos escenarios en los que podría cuestionarse una posible colisión con el principio de personalidad de las penas:

1. ¿Qué ocurriría con los accionistas que no tuvieran la mayoría necesaria en la Junta para implementar en su mercantil un modelo de organización y gestión? En caso de castigar a la persona

272 DEL MORAL GARCÍA, Antonio. "La responsabilidad penal... *Op Cit.*
273 DEL MORAL GARCÍA, Antonio. "La responsabilidad penal... *Op Cit.*
274 BACIGALUPO SAGGESE, Silvina. "Los criterios de imputación... *Op. cit.*

jurídica, dicho perjuicio afectaría a su vez al de la totalidad de los accionistas, incluidos aquellos que trataron de actuar conforme a Derecho e implementar un programa de cumplimiento con la legalidad. ¿Respetaría esto el principio de personalidad de las penas?

2. ¿Qué ocurriría si el único propietario de una sociedad fuera un niño de 5 años y quienes dirigieran la mercantil en su nombre no implementasen las medidas de control de delitos? ¿Tendría sentido en virtud del principio de responsabilidad por el hecho propio que por la actuación de un tercero el niño se viera privado de dicha sociedad al castigarse a la misma?

Ahora bien, aunque podría considerarse injusto que las personas físicas que trataron por todos los medios de implantar un modelo de organización y gestión capaz de prevenir delitos en la mercantil o el niño que no gestiona la sociedad acaben siendo perjudicados colaterales de la pena impuesta a la persona jurídica, no debe obviarse que el destinatario principal de la citada pena es la entidad colectiva, no ellos.

A este respecto, si la persona jurídica decidió no organizarse de acuerdo con la legalidad y facilitó la comisión de delitos en su seno, aunque dicha decisión responda a la decisión adoptada por una mayoría de los sujetos que la conforman o por el representante de una persona que no es capaz, la pena se le impone a ella directamente. Por consiguiente, entendemos que los perjuicios sufridos por aquellos accionistas que fueron ignorados o por el titular de la mercantil menor de edad estarían justificados, ya que la pena se habría impuesto a la persona jurídica. Eso sí, estos sujetos, atendiendo al concreto modo en el que se hayan desarrollado los hechos, estarán en su derecho de ejercer las acciones legales que entendiesen oportunas frente a los terceros que hayan generado esa situación.

Ahondar con mayor profundidad en esta cuestión es algo que desborda el objeto del presente trabajo, motivo por el que nos limitaremos a concluir en este apartado que nuestro legislador ha decidido que las personas jurídicas puedan ser destinatarias de penas, motivo que, unido a la vigencia del art. 5 CP, hace que la titularidad del principio de personalidad de las penas sea totalmente exigible por estos entes colectivos, sin perjuicio de que nuestra jurisprudencia vaya desarrollando un nuevo sentido para el mismo que encaje pacíficamente con la naturaleza de las personas jurídicas.

4. TOMA DE POSTURA: PROPUESTA DE UN MODELO DE ATRIBUCIÓN DE RESPONSABILIDAD PENAL A LAS PERSONAS JURÍDICAS

Si bien los dos modelos teóricos de atribución de responsabilidad penal a las personas jurídicas anteriormente analizados presentan a la par fortalezas y debilidades, entendemos totalmente necesario dotar de contenido a un sistema teórico propio en el que trataremos de aunar las importantes virtudes de ambos modelos y huir de los no menos relevantes defectos o carencias que los mismos presentan, todo ello con la finalidad de dar una respuesta coherente a las diversas cuestiones de índole procesal que serán analizadas en posteriores capítulos de esta obra[275]. Para ello, de cara a configurar el modelo así defendido, entendemos imprescindible dividir el presente epígrafe en varios apartados dedicados a tratar diversas cuestiones jurídicas sobre las que se asentará la propuesta que a continuación realizaremos.

Como introducción y de cara a entender el planteamiento que se desarrollará a lo largo del presente Capítulo, adelantaremos que a nuestro modo de ver las personas jurídicas participan en el delito como cooperadoras necesarias por omisión.

4.1. *La cooperación necesaria*

Por todos es conocido que en nuestro ordenamiento jurídico existen tres modos de participación en el hecho delictivo cometido por el autor de los hechos: la inducción, la complicidad y la cooperación necesaria, que vienen reguladas en los arts. 28 y 29 CP[276]. Mientras

---

275 Habida cuenta de que tal y como se ha expuesto a lo largo de este trabajo, muchos de las aportaciones procesales que se realizaran en los capítulos posteriores pivotaran sobre el concreto modelo teórico de atribución de responsabilidad penal a las personas jurídicas que entendamos vigente en la actualidad en nuestro ordenamiento jurídico.

276 CP. Art. 28: “También serán considerados autores: (...) b) los que cooperan a su ejecución con un acto sin el cual no se habría efectuado”.

que se han desarrollado corrientes doctrinales tendentes a considerar el injusto del partícipe como un injusto autónomo y desligado al del autor principal, la mayoría de la doctrina aboga por considerar que la solución correcta es la contraria, al entender que "los tipos penales van dirigidos directamente a los autores y solamente por extensión alcanzan a los partícipes"[277]. Prosigue esta postura estableciendo que los partícipes nunca podrán lesionar directamente el bien jurídico, dado que ni realizan el hecho prohibido en sentido estricto ni tienen el dominio del hecho. En este sentido, llegan a la conclusión de que su responsabilidad penal responde exclusivamente a que "su conducta contribuye a poner en peligro el bien jurídico lesionado por el autor"[278].

Por último, interesa al objeto del presente Capítulo recordar las dos características principales de la figura del partícipe en hechos delictivos, que son la accesoriedad, es decir, la dependencia respecto del delito cometido por el autor del hecho y la unidad del título de imputación o unidad de calificación jurídica, es decir, que los partícipes "responden por el mismo título de imputación por el que responde el autor"[279].

El hecho de que autor y partícipe respondan por el mismo título de imputación viene a reforzar nuestro planteamiento previamente expuesto de que solo se comete un ilícito penal, aunque haya dos sujetos diferentes penados por el mismo, la persona física como autor y la jurídica como partícipe. En cambio, la accesoriedad de la figura del partícipe respecto a la del autor no encaja de forma adecuada con el marco legal configurado por nuestro legislador para la responsabilidad penal de las personas jurídicas, habida cuenta de que el mismo posibilita exigir responsabilidad penal a las personas jurídicas "aun cuando la concreta persona física responsable no haya sido individualizada o no haya sido posible dirigir el procedimiento contra ella"[280].

---

277 FERRÉ OLIVÉ, Juan Carlos. "Autoría y participación". En *Curso de Derecho Penal Parte General*, coordinado por Eduardo DEMETRIO CRESPO y Cristina RODRÍGUEZ YAGÜE, 363-379. 3ª edición. Barcelona: Ediciones Experiencia, 2016. Pág. 370.

278 *Ibidem.*

279 FERRÉ OLIVÉ, Juan Carlos. "Autoría y... *Op Cit.* Pág. 371.

280 CP. Art. 31 ter 1.

Entonces, ¿cómo vamos a construir la responsabilidad penal de la persona jurídica si no identificamos a la concreta persona física que ha cometido directamente el ilícito penal por el que se va a sancionar a la empresa? ¿Es suficiente con tener identificado el hecho delictivo para construir la responsabilidad de la persona jurídica? Se trata de una cuestión que no ha encontrado un consenso en estos años. Nosotros, tal y como ya hemos expuesto con anterioridad en el anterior Capítulo, extraemos dos conclusiones del art. 31 ter CP.

En primer lugar, no consideramos necesario identificar a la concreta persona física responsable del hecho delictivo para determinar si ha sido cometido como consecuencia de un defecto en su organización y/o en la instauración de medidas de control y vigilancia. Entendemos que se puede medir la capacidad que ostentaba la persona jurídica de evitar dicho delito sin necesidad de identificar a dicha persona concreta, siempre y cuando el hecho, la lesión del bien jurídico protegido por el tipo penal que se trate, quede debidamente constatado. No obstante, en caso de que se llegue a la conclusión de que el delito fue cometido o facilitado como consecuencia de dicho error o defecto corporativo, se nos antoja más complicado responsabilizar posteriormente a la misma en virtud de la legislación vigente, dado que, para considerar penalmente responsables a los entes colectivos, el art. 31 bis 1 CP varía las condiciones que deben concurrir en función de quién comete el hecho de referencia, esto es, el concreto hecho delictivo.

Así, nuestro CP exige requisitos distintos para responsabilizar a las personas jurídicas en función de la categoría que ostenten en el organigrama de la mercantil las personas físicas responsables del hecho delictivo. Por consiguiente, aunque lleguemos a la conclusión de que el hecho ocurrió o fue facilitado por un defecto en el programa de organización y gestión de riesgos de la persona jurídica, en caso de no identificar a las personas físicas que han cometido el delito, ¿en base a qué concretos criterios del art. 31 bis 1 CP debemos atribuir responsabilidad penal a la entidad colectiva?

Independientemente de la respuesta que nos vayan a dar nuestros tribunales[281], entendemos que la presente cuestión ostenta la suficien-

---

281 Aunque existen pronunciamientos judiciales en los que se ha condenado penalmente a una persona jurídica a pesar de que el administrador persona físi-

te relevancia como para que sea el legislador quien, más pronto que tarde, introduzca una modificación legal, puesto que entendemos que supone una incongruencia en el modelo de atribución de responsabilidad penal a las personas jurídicas no exigir la identificación de la concreta persona física responsable del hecho y al mismo tiempo dividir en dos los sistemas de atribución de responsabilidad a las personas jurídicas dependiendo únicamente en la posición que ostenta en las mismas las personas físicas responsables del hecho de referencia por el que, en base a su propia conducta, responden posteriormente las entidades[282].

Por último, debemos destacar que, entre los diferentes modos de participación en el hecho delictivo, la persona jurídica lo haría como cooperadora necesaria, ya que su omisión supone un acto relevante, o lo que es lo mismo, una aportación esencial al hecho realizado por el autor. Así, si la persona jurídica hubiera actuado tal y como la legislación, y por extensión, la sociedad, le exige, el delito no se hubiera cometido. Para definir qué es un acto relevante, resulta adecuado remitirnos a la teoría de los bienes escasos, o como el propio GIMBERNAT la ha rebautizado, la teoría de los actos no-neutrales o de los actos no-cotidianos[283]. En palabras de dicho autor, será un bien escaso:

> "lo que *ex ante* suponía una aportación importante para la realización del delito, independientemente de si hubiera existido o no la posibilidad,

---

ca autor del hecho delictivo hubiera fallecido (la previamente señalada STS nº 742/2018, de 7 febrero 2019), lo cierto es que no existen aún pronunciamientos en relación con cómo habrá que actuar cuando dicha persona física no haya sido identificada.

282 Si bien es cierto, como se ha analizado con anterioridad, que los requisitos o las condiciones exigidas por las letras a) y b) del art. 31 bis 1 CP no son idénticos, resulta a su vez pacífico que la necesaria acreditación de unos o de otros depende exclusivamente de la posición jerárquica que ostente la persona física autora del hecho delictivo en la entidad: nos encontraremos en la letra a) si la persona física es un representante legal de la sociedad, una persona autorizada para tomar decisiones o una persona con facultades de organización y control; y, en cambio, nos encontraremos en la letra b) si la persona física es un sujeto que está sometido a la autoridad de las personas reseñadas en la letra a).

283 GIMBERNAT ORDEIG, Enrique. "A vueltas con la imputación objetiva, la participación delictiva, la omisión impropia y el derecho penal de la culpabilidad. *Nuevo foro penal*, nº 82 (2014). Pág. 116.

> por otros medios, de obtener idéntica aportación. (...) si el partícipe coopera al delito con un objeto difícil de obtener, con uno del que el autor material no disponer, es coautor, prescindiendo de si por un azar o realizando un serio esfuerzo hubiera podido o no obtener después el bien que el cooperador necesario le proporciona. En cambio, si lo que entrega es algo que abunda, algo que cualquiera puede conseguir, entonces la conducta es de complicidad"[284].

En este sentido, la ausencia de implantación por la persona jurídica de un programa de organización y gestión es sin duda un acto relevante —en este caso una omisión—, dado que, si no se hubiera cometido la misma, es decir, si la persona jurídica hubiera implantado *ex ante* unos controles adecuados que hubieran impedido la comisión del delito por la persona física, este no hubiera podido cometerse por el autor directo de los hechos. En definitiva, la participación de la persona jurídica a través de su omisión en el hecho delictivo es de la relevancia suficiente como para considerarla partícipe del delito en virtud de la figura jurídica del cooperador necesario.

4.2. La omisión

En términos generales, la omisión puede ser penalmente relevante de dos formas: tanto la omisión pura como la comisión por omisión que viene regulada en el art. 11 CP[285]. Mientras que la primera de ellas consiste simplemente en no hacer algo determinado, la segunda requiere además la no evitación de un resultado[286]. Históricamente, desde la introducción de la figura de la omisión como conducta susceptible de generar responsabilidad penal a los sujetos, se ha cuestionado si es justo que se sancione de igual modo a los que se limitaron

---

[284] GIMBERNAT ORDEIG, Enrique. "A vueltas con la imputación objetiva... *Op. Cit.* Pág. 117.

[285] CP. Art. 11: "Los delitos que consistan en la producción de un resultado sólo se entenderán cometidos por omisión cuando la no evitación del mismo, al infringir un especial deber jurídico del autor, equivalga, según el sentido del texto de la Ley, a su causación. A tal efecto se equiparará la omisión a la acción: a) cuando exista una específica obligación legal o contractual de actuar. b) cuando el omitente haya creado una ocasión de riesgo para el bien jurídicamente protegido mediante una acción u omisión precedente".

[286] MIR PUIG, Santiago. *Derecho Penal... Op. Cit.* Pág. 321.

a no evitar la lesión de un bien jurídico que a los que causaron dicha lesión activamente.

Pues bien, partiendo de la premisa de que nuestra legislación equipara la acción y la omisión en determinados supuestos, lo relevante para el objeto de nuestra investigación es recordar que los delitos de comisión por omisión pivotan sobre los conceptos de la atribución de posiciones o los llamados deberes de garantía, los cuales suponen el requisito nuclear de la imputación de un resultado delictivo a una conducta omisiva. Ahora bien, ¿qué son esos deberes de garantía y, más importante aún, a quiénes vinculan los mismos?

LASCURAÍN SÁNCHEZ entiende que al hablar del fundamento de las posiciones de garantía se está haciendo referencia con otras palabras al criterio de política criminal que debe regir dicha adscripción[287], cuestión que, en palabras del propio autor, supone "asignarles a ciertos sujetos unas obligaciones penalmente reforzadas"[288]. Esto significa que determinados sujetos, además de no causar lesión alguna a ningún bien jurídico, por su situación o sus características propias, deben de impedir que dichas lesiones se produzcan. En este sentido, pasan a ser responsables directos de que determinados bienes jurídicos potencialmente dañables por las acciones de terceros no se vean menoscabados. El propio LASCURAÍN SÁNCHEZ lo desarrolla cuando establece que "el conocido y asentado principio de responsabilidad por los hechos propios y de falta de responsabilidad por los ajenos tiene su estadio previo en el estadio previo a la responsabilidad, que es el de la asignación de deberes"[289].

Ahora bien, la cuestión que debemos resolver es si dicha argumentación resulta suficiente para huir de la responsabilidad penal por transferencia o responsabilidad por el hecho ajeno. Sobre este extremo, LASCURAÍN señala acertadamente que la ausencia del deber de controlar a otro no es una realidad que se oponga a la existencia de otros deberes de garantía, como aquellos derivados de los riesgos des-

287 LASCURAÍN SÁNCHEZ, Juan Antonio. *Los delitos de omisión: fundamento de los deberes de garantía*. Madrid: Civitas, 2002. Pág. 57.

288 LASCURAÍN SÁNCHEZ, Juan Antonio. *Los delitos de omisión... Op. Cit.* Pág. 53.

289 LASCURAÍN SÁNCHEZ, Juan Antonio. *Los delitos de omisión... Op. Cit.* Pág. 105.

atados cuando otros operan de forma no autónoma en nuestro ámbito de organización, ya que nadie puede poner en duda que uno responde de los peligros que desaten otras personas que actúe en su ámbito y según sus instrucciones[290]. Este es el fundamento de la omisión como hecho delictivo de la persona jurídica. Esta, una vez constituida, asume el compromiso de que no se cometan actividades delictivas en su seno, habida cuenta de que una organización empresarial resulta un escenario idóneo o, cuanto menos, más ventajoso para cometer ilícitos penales, y que dicha responsabilidad se vea difuminada en su estructura organizativa y personal.

La posición de garante puede nacer porque el sujeto origina una fuente de peligro o porque goza de dicha posición en virtud de un compromiso adquirido de controlar una fuente de peligro. En este sentido se expresa MIR PUIG cuando establece que "dicha creación de peligro puede proceder tanto de una actuación anterior como de una determinada posición familiar o social que genere ciertas expectativas sociales de dependencia o control"[291]. De igual manera, SILVA SÁNCHEZ nos recuerda que "las conductas de riesgo prohibidas no son sólo las de creación por medio de un movimiento corporal de ese riesgo sino también las de asunción del compromiso material de actuar a modo de barrera de contención de determinados riesgos que amenazan una esfera jurídica ajena, unida a la vulneración del compromiso adquirido"[292]. Es decir, para este autor lo relevante para otorgar relevancia penal a la omisión es la posición de dominio o control que debe tener el sujeto sobre el riesgo típico, independientemente de si él mismo ha generado el riesgo o si simplemente ha adquirido la obligación de controlarlo en virtud de cualquier mandato legal o social o la simple asunción de un compromiso de evitación del resultado.

Ahora bien, debe existir una posibilidad real de actuar. El sujeto que responde por la omisión ha debido tener la capacidad y la posibilidad real de actuar y de esta manera evitar la lesión del bien

---

290 LASCURAÍN SÁNCHEZ, Juan Antonio. *Los delitos de omisión... Op. Cit.* Pág.106.

291 MIR PUIG, Santiago. *Derecho Penal... Op. Cit.* Pág. 329.

292 SILVA SÁNCHEZ, Jesús María. *El delito de omisión. Concepto y sistema.* Barcelona: Bosch, 1986. Págs. 163 y ss.

jurídico. GRACIA MARTÍN subraya este extremo cuando señala que es necesario que el sujeto tuviera "la posibilidad de realizar la acción omitida"[293]. Es decir, no basta con la genérica posibilidad de salvación para atribuir la responsabilidad penal de un delito al omitente.

En definitiva, aunque no exista un pronunciamiento legislativo expreso que obligue a las personas jurídicas a implantar un programa de organización y control —*compliance program*—, la no adopción de medidas de prevención y control en caso de que se cometa un delito en su seno puede derivar en su responsabilidad penal. Por consiguiente, existe en la sociedad la razonable expectativa de que estas se organicen conforme a Derecho y controlen los riesgos de comisión de delitos que se derivan de su propia existencia, ya que tal y como se ha detallado con anterioridad, se trata de sujetos jurídicos a través de los que la comisión de determinados delitos se vuelve más sencilla. Dicha expectativa, amparada en el espíritu de la norma, supone en nuestra opinión una específica obligación que sitúa sin duda alguna a las personas jurídicas como garantes de los riesgos que existan en su seno.

4.3. *Teoría de la imputación objetiva de resultado*

Aunque la presente materia no sea el objeto principal de nuestra obra, al encontrarnos definiendo el enmarque teórico de la responsabilidad penal de las personas jurídicas para poder dotar de coherencia los pronunciamientos en materia procesal que se harán a lo largo de la presente investigación, entendemos necesario recordar unas nociones básicas sobre la figura de la imputación objetiva y su funcionamiento respecto de las entidades colectivas.

Así, si vamos a adentrarnos —aunque de forma somera— en la figura de la imputación objetiva de resultado, no podemos comenzar de otra manera que recordando que esta figura tiene su origen en el concepto de la relación de causalidad.

---

293 GRACIA MARTÍN, Luis. "Los delitos de comisión por omisión (una exposición crítica a la doctrina dominante)". En *Modernas tendencias en la ciencia del derecho penal y en la criminología*, 411-482. Madrid: Universidad Nacional de Educación a Distancia, 2001. Pág. 437.

Como bien es conocido, mientras que hay delitos que se cometen por la mera realización de una acción —los llamados delitos de actividad—, hay otros que exigen la existencia de un resultado para ser consumados, ya sea dicho resultado una lesión o una puesta en peligro de un bien jurídico concreto. En estos delitos, el resultado se debe a la realización por parte de un sujeto activo de una acción previa, una acción que no está yuxtapuesta al resultado que supone el ilícito penal, sino que está relacionada causalmente con el mismo. Así, el nexo entre la acción y el resultado se definió como una relación de causalidad, una relación en términos naturalísticos en la que cualquier acción que hubiera contribuido o hubiera derivado en la producción de un delito sería responsable del mismo y, por consiguiente, permitiría atribuir responsabilidad penal a un sujeto concreto[294].

Ahora bien, esta teoría se ha visto completada y desarrollada con posteriores teorías, como la de la imputación objetiva. La relación de causalidad, en base a la teoría de la condición o de la equivalencia, consigue identificar las acciones causantes de la producción del resultado a través de la fórmula de que es casual toda condición del resultado que, suprimida mentalmente, haría desaparecer el mismo, pero no establece cuáles de ellas son relevantes para el Derecho Penal. Es decir, no se establecen límites a dicha figura y por lo tanto se permite un regreso al infinito —es causa del asesinato engendrar al sujeto que lo comete— que evidentemente debe de ser limitado, dado que muchas de esas causas deben de ser ajenas a la jurisdicción penal.

Por ello, la doctrina ha desarrollado nuevas teorías que, a pesar de seguir pivotando sobre la relación de causalidad, introducen un plus. Así, para imputarle el resultado del delito a un sujeto, además de que su acción esté causalmente relacionada con el resultado acaecido, esta debe de ser relevante jurídico-penalmente. Así lo expresa la doctrina al entender que, en el marco de la tipicidad normativa, la afirmación de que una acción ha causado el resultado no es más que un

---

294 La STS de 5 abril de 1983 lo definía en los siguientes términos literales: "La concurrencia o no de causalidad es algo empíricamente constatable, a determinar según los métodos de las ciencias naturales y ésta es la base de la teoría de la equivalencia de las condiciones".

presupuesto a partir del cual seguir investigando si es o no relevante jurídico-penalmente[295].

Antes de desarrollarse la aún llamada moderna teoría de la imputación objetiva, la doctrina elaboró dos teorías que supusieron una evolución de la teoría de la relación de causalidad: la teoría de la adecuación y la teoría de la causalidad relevante. Mientras que la primera de ellas se basaba en la previsibilidad objetiva *ex ante* (previa realización de la acción) de producción de resultado, la segunda desarrollaba la misma añadiendo que además de la probabilidad, debía de atenderse a las exigencias del sentido del tipo penal correspondiente.

A pesar de los avances realizados por las teorías previamente señaladas, resultaban insuficientes para imputar objetivamente el resultado de un delito a una acción concreta. Por ese motivo, y gracias al desarrollo de ROXIN del principio de riesgo, se elaboró la teoría de la imputación objetiva, cuyo principio general, como establece LARRAURI PIJOAN, es que "la acción humana haya creado un riesgo jurídicamente desvalorado y este se haya realizado en el resultado"[296]. En palabras de esta autora, la teoría de la imputación objetiva exige una triple comprobación consistente en que "a. la acción ha creado un riesgo (en el sentido de la teoría de la equivalencia de las condiciones); b. este riesgo es jurídicamente desvalorado; c. se ha plasmado en la realización del resultado típico"[297].

En idénticos términos, FEIJÓO SÁNCHEZ reconoce que a estas alturas resulta una cuestión incontrovertida que "sólo se puede imputar un resultado a una persona cuando es la que ha creado un riesgo no permitido o jurídicamente desaprobado que se ha realizado en el resultado"[298]. Asimismo, en lo que respecta a los delitos cometidos en

---

295 MATELLANES RODRÍGUEZ, Nuria. "La imputación objetiva de resultado". En *Curso de Derecho Penal Parte General*, coordinado por Eduardo DEMETRIO CRESPO y Cristina RODRÍGUEZ YAGÜE, 219-235. 3ª edición. Barcelona: Ediciones Experiencia, 2016. Pág. 228.

296 LARRAURI PIJOAN, Elena. "Introducción a la imputación objetiva". *Estudios penales y criminológicos*, nº 12 (1987-1988). Pág. 230.

297 *Ibidem*.

298 FEIJÓO SÁNCHEZ, Bernardo. "Imputación objetiva en el Derecho penal económico: el alcance del riesgo permitido. Reflexiones sobre la conducta típica en el Derecho penal del mercado de valores e instrumentos financieros y de la corrupción entre particulares". En *La teoría del delito en la práctica penal eco-*

comisión por omisión, este autor entiende que la imputación objetiva de los mismos radicará en la "no evitación de un riesgo no permitido por un garante"[299].

Por consiguiente, la cuestión jurídica fundamental no consiste en la comprobación del nexo causal en sí, sino en establecer los criterios conforme a los cuales queremos imputar determinados resultados a una persona. En concreto, podrá imputarse objetivamente un resulta a una acción cuando esta haya creado un peligro jurídicamente desaprobado que se acabe materializándose en el resultado típico. Es decir, la base del juicio de la imputación objetiva es la existencia de un riesgo no permitido implícito en la acción[300].

En definitiva, para imputar objetivamente un resultado a un sujeto concreto no es suficiente con que se acredite que la acción realizada por él causa el resultado delictivo, sino que, además, ha de haber generado un riesgo relevante de dañar el bien jurídico en cuestión, riesgo que debe de materializarse en el concreto resultado producido. Ahora bien, dejando de lado el concepto de acción, ¿una omisión —que no olvidemos es la forma de participación de la persona jurídica en el delito en cuestión— es susceptible de causar un delito de resultado?

Sobre esta cuestión LUZÓN PEÑA considera que es el propio garante quien con su compromiso específico de actuar ha colocado una barrera de contención del peligro que posteriormente retira cuando comete la omisión, lo cual causa el delito de resultado. El citado autor desarrolla dicha teoría con las siguientes palabras:

> "(...) sólo se puede admitir equivalencia entre omisión y comisión activa cuando la omisión misma desde la perspectiva normativa, es la que crea un peligro antes conjurado, pero ahora descontrolado por la omisión, o bien la que aumenta un peligro que antes estaba parcialmente controlado; y que ello a su vez sólo sucede si normativamente, desde normas sociales o jurídicas, se parte de la base o se da por seguro que el peligro o riesgo está controlado por el sujeto que a continuación omite"[301].

---

nómica, dirigido por Jesús María SILVA SÁNCHEZ y Fernando MIRÓ LLINARES, 141-182. Madrid: La Ley. 2013. Pág. 142.

299 *Ibidem*.

300 MATELLANES RODRÍGUEZ, Nuria. "La imputación objetiva... *Op. Cit.* Págs. 228 y ss.

301 LUZÓN PEÑA, Diego Manuel. "Comisión por omisión e imputación objetiva sin causalidad: creación o aumento del peligro o riesgo por la omisión misma

Ahora bien, pese a que es consciente de que no existe una causalidad real —entendida como la intervención de una energía natural o humana que modifique el estado de las cosas— entre la no realización de una acción debida y el resultado lesivo desde un punto de vista natural y fáctico[302], el autor considera que si la hay desde una perspectiva normativa, ya que entiende que bajo ciertas circunstancias hay supuestos en los que es la propia omisión del sujeto la que fundamenta un peligro hasta ese momento anulado o la que descontrola totalmente aquél que estaba sometido a cierto grado de control[303]. En otras palabras, mientras que en la causación activa de un delito de resultado lo que se está penando es la creación directa de un riesgo para el bien jurídico protegido, LUZÓN PEÑA señala que, en contraposición, "en el delito omisivo hay un riesgo preexistente que se va a realizar en el resultado y que no es disminuido por una acción del sujeto"[304].

Por todo lo expuesto, aplicando estos criterios a la concreta materia que nos ocupa, la cuestión que debemos resolver es si la presente teoría es aplicable a las personas jurídicas, es decir, si podemos entender que la omisión cometida por la misma ha desencadenado o potenciado un riesgo hasta ese momento controlado y que, por ende, al materializarse el mismo en un resultado delictivo, este puede ser atribuido a la persona jurídica. En definitiva, trataremos de dar respuesta a si la persona jurídica puede ostentar la condición de garante respecto de las presuntas actividades delictivas realizadas en su seno.

A este respecto, opinamos, tal y como se ha analizado a lo largo del presente Capítulo, que cuando el legislador introdujo la responsabilidad penal de las personas jurídicas, les otorgó la capacidad y la obligación legal de estructurarse conforme a Derecho, con la finalidad de evitar la producción de delitos en o a través de estas. Por consiguiente,

---

como criterio normativo de equivalencia a la causación activa". En *Estudios de Derecho Penal: homenaje al profesor Santiago Mir Puig*, coordinado por Jesús María SILVA SÁNCHEZ, Joan J. QUERALT JIMÉNEZ, Mirentxu CORCOY BIDASOLO y María Teresa CASTIÑEIRA PALOU, 685-702. Uruguay: B de F, 2017. Págs. 685 y ss.

302 *Ibidem.*

303 *Ibidem.*

304 *Ibidem.*

habiendo quedado acreditado en el presente Capítulo que el fundamento de su responsabilidad penal se encuentra en el incumplimiento de la obligación de adoptar medidas o sistemas orientados a controlar y evitar la comisión de determinados delitos que pudieran cometerse en su ámbito de organización, se puede llegar a la conclusión de que la persona jurídica ostenta la posición de garante respecto a las actividades que se realizan en su seno. En otras palabras, se espera de ella que impida la comisión de delitos que intenten realizarse valiéndose de su estructura. Existe en la sociedad una expectativa respecto a ellas de que evitarán cualquier tipo de actividad delictiva que se lleve a cabo en su seno. En palabras de RODRÍGUEZ GARCÍA y RODRÍGUEZ LÓPEZ "la persona jurídica responde, en términos conceptuales, por la generación de un riesgo prohibido —riesgo estimable e inherente a la actividad, más omisión del debido control preventivo—, realizado en el delito cometido por sus integrantes"[305].

En definitiva, entendemos posible imputar objetivamente a las personas jurídicas la responsabilidad penal del hecho delictivo acaecido por la omisión consistente en no haber establecido *ex ante* mecanismos de defensa para evitar los mismos, siendo dicha omisión el peligro y el riesgo jurídicamente desaprobado que se materializa *ex post* en el resultado típico, esto es, el delito cometido por la persona física.

4.4. *Propuesta de un modelo teórico de atribución de responsabilidad penal a las personas jurídicas*

Una vez analizados los principales elementos sobre los que pivotará el sistema teórico de atribución de responsabilidad penal a las personas jurídicas defendido en este trabajo, a lo largo del presente apartado resumiremos y concretaremos los elementos esenciales del mismo.

Para empezar, como ya se ha expuesto, somos de la opinión de que una persona jurídica, cuando no aplica u omite instaurar un programa de organización y gestión destinado a reducir o directamente

---

305 RODRÍGUEZ GARCÍA, Nicolás y RODRÍGUEZ LÓPEZ, Fernando. *Compliance y responsabilidad de las personas jurídicas*. Valencia: Tirant lo Blanch, 2021. Pág. 300.

evitar el riesgo de la posible comisión de un delito en su seno, está, en virtud de los arts. 11 y 28 CP, colaborando necesariamente en la causación de este. Así, suscribimos las palabras de ZÚÑIGA RODRÍGUEZ, quien considera que "el injusto penal de la persona jurídica está centrado en el incremento del riesgo, no en la causación directa del hecho típico"[306]. Es decir, entendemos que la citada omisión genera o descontrola un riesgo que acaba en la producción de un delito, siendo esa ausencia de control del riesgo el concreto desvalor por el que se pena y responden las personas jurídicas.

Ahora bien, la omisión señalada debe de ir acompañada de la comisión de un delito por parte de un integrante de la persona jurídica, dado que no se puede colaborar necesariamente en un delito que no se ha cometido, siendo precisamente el delito cometido por las personas físicas el resultado típico de la omisión de las personas jurídicas. Por lo tanto, la acción, o en este caso, la omisión de la persona jurídica únicamente ostentará relevancia penal en caso de que efectivamente se cometa un delito, siendo suficiente con que se haya dado comienzo a la ejecución de este, aunque no se alcance su consumación, no teniendo relevancia penal alguna por sí mismo el mero hecho de que la empresa no haya adoptado dichas medidas de organización y control. En este sentido se pronunció el TS a través de su sentencia nº 221/2016, de 16 de marzo:

> "El hecho sobre el que ha de hacerse descansar la imputación no podrá prescindir, claro es, del delito de referencia atribuido a la persona física. (...)
>
> La responsabilidad de la persona jurídica ha de hacerse descansar en un delito corporativo construido a partir de la comisión de un previo delito por la persona física, pero que exige algo más, la proclamación de un hecho propio con arreglo a criterios de imputación diferenciados y adaptados a la especificidad de la persona colectiva".

Esto obedece a la condición de partícipe que ostenta la persona jurídica. Al igual que esta no responde penalmente en caso de que no se cometa un delito por una o varias personas físicas, el partícipe en un delito, ya lo sea en su condición de cooperador necesario, inductor o

306 ZUÑIGA RODRÍGUEZ, Laura. *Bases para un modelo... Op. Cit.* Pág. 309.

cómplice, jamás será penado a no ser que el autor directo lleve a cabo un hecho delictivo que criminalice su conducta.

Por otro lado, en caso de que se hubiera hecho todo lo posible por la entidad colectiva para evitar que el delito fuera cometido, eliminándose por esta el mayor número de riesgos posibles, quedaría excluida de responsabilidad, puesto que no habría tenido relación alguna con el ilícito penal. A este respecto, si el delito lo hubiera cometido una de las personas encuadradas en la letra a) del art. 31 bis 1 CP, la irrelevancia penal de la conducta de la persona jurídica descansaría en el hecho de que las personas físicas que habrían cometido el delito lo habrían hecho eludiendo fraudulentamente los controles impuestos por esta (art. 31 bis 2 3ª CP). Por otro lado, si el delito hubiera sido cometido por las personas físicas señaladas en la letra b) del art. 31 bis CP 1, la no atribución de responsabilidad penal a la persona jurídica se fundamentaría en la eficaz adopción y ejecución por parte de esta de un modelo de organización y gestión (art. 31 bis 4 CP).

Ahora bien, aquí se nos plantea una de las cuestiones de más difícil solución, el hecho de discernir en qué concretos casos se podrá afirmar que la persona jurídica ha reducido los riesgos de tal forma que no puede ser responsabilizada penalmente por el delito acaecido. Como ya se ha adelantado, resulta materialmente imposible prevenir en su totalidad el riesgo de que concurran delitos, siendo inevitable cierto grado de inseguridad. Por consiguiente, el objetivo que deben marcarse los operadores jurídicos es llegar a un consenso respecto de los riesgos que serán tolerables y que, por ende, no llevarán aparejada la atribución de responsabilidad penal, aunque estemos ante un comportamiento que ha realizado el tipo objetivo y ha producido un resultado.

A este respecto, la doctrina viene decantándose por considerar que se habrá prevenido de forma suficiente la actividad delictiva cuando la persona jurídica elimine todos los riesgos que fueran objetivamente neutralizables para evitar el resultado delictivo acaecido. En este sentido, FEIJÓO SÁNCHEZ nos recuerda que "el orden normativo primario u otras normas extrapenales toleran, permiten e incluso fomentan o favorecen ciertas actividades que encierran un peligro abstracto o que estadísticamente son idóneas para lesionar bienes protegidos por el derecho penal"[307], motivo por el que entiende que el Derecho Penal no puede considerar intolerable la realización de estas actividades[308].

En la misma línea, BACIGALUPO SAGGESE entiende que ante la diversidad de actividades empresariales que puede llevar a cabo una persona jurídica "no es posible establecer normas generales de diligencia más allá de las que describe el Código Penal para evitar o disminuir la posibilidad de la concreción de un riesgo en un ilícito penal"[309], las cuales a su entender deberán estar concretadas en sus protocolos y procedimientos internos[310]. Es decir, tal y como expone MONTANER FERNÁNDEZ, los juicios sobre la evitabilidad del riesgo "no se harán respecto a una situación en general de riesgo penal, sino respecto al riesgo del concreto delito cometido"[311]. Esta autora entiende, así, que la adopción y ejecución eficaz de un programa de cumplimiento o modelo de gestión es algo que debe valorarse sobre la base del concreto delito cometido[312].

No obstante, esta no deja de ser una fórmula genérica, y relativamente subjetiva, de difícil aplicación práctica, motivo por el que deberemos esperar a que sean nuestros tribunales quienes poco a poco vayan creando una casuística capaz de dar una respuesta eficaz al presente problema. Ahora bien, como ya ha sido adelantado, no debe caerse en la exageración, esto es, entendemos que no podrá exigírsele a la persona jurídica que paralice por completo su actividad para estar constantemente reduciendo riesgos, dado que esa hipérbole le

---

307 FEIJÓO SÁNCHEZ, Bernardo. *Resultado lesivo e imprudencia: estudio sobre los límites de la responsabilidad penal por imprudencia y el criterio del fin de protección de la norma de cuidado*. Barcelona: José Maria Bosch, 2001. Pág. 268.

308 *Ibidem*.

309 BACIGALUPO SAGGESE, Silvina. "Posición de garante del órgano de control y supervisión de riesgos penales en el ámbito societario". *Diario La Ley*, nº 9632 (2020).

310 *Ibidem*.

311 MONTANER FERNÁNDEZ, Raquel. "El criminal *compliance* preventivo y la delimitación del riesgo penal ambiental empresarial". *Diario La Ley*, nº 142 (2020).

312 *Ibidem*.

impediría llevar a cabo cualquier actividad profesional de forma medianamente productiva.

Cuestión distinta es cuándo la omisión del cuidado exigible es tan relevante que la misma ha facilitado que la persona física cometa el delito, motivo por el cual, a través de los mecanismos del art. 31 bis CP, y aunque la misma no haya tenido una relación directa con el concreto hecho delictivo, tal y como hemos mencionado en el caso de la inducción, se responsabiliza a la persona jurídica.

En nuestra opinión, este es el elemento delictivo propio de la persona jurídica, el delito corporativo señalado por la jurisprudencia del TS, que, tal y como hemos expuesto con anterioridad, no se trata de un delito independiente y diferente de aquel por el que responde la persona física, sino que es una participación por parte de la persona jurídica en el mismo, consistente en una omisión relevante en su obligación de reducir lo máximo posible el riesgo de la comisión de delitos en su seno, omisión que facilita la realización del delito por la persona física.

A modo de ejemplo, a continuación, vamos a analizar las responsabilidades penales que nacerían de conformidad con el modelo expuesto en caso de que se cometiera en el seno de una persona jurídica un delito contra la Hacienda Pública tipificado en el art. 305.1 CP. En primer lugar, tal y como hemos expuesto con anterioridad, se habría cometido un delito, no dos. El delito contra la Hacienda Pública. Ahora bien, en el mismo habrían participado dos sujetos diferentes.

A) Por un lado, la persona física habría cometido el delito fiscal.

1. El sujeto activo sería el administrador de la persona jurídica en virtud de lo dispuesto en el art. 31 CP[313].

313 CP. Art. 31: "El que actúe como administrador de hecho o de derecho de una persona jurídica, o en nombre o representación legal o voluntaria de otro, responderá personalmente, aunque no concurran en él las condiciones, cualidades o relaciones que la correspondiente figura de delito requiera para poder ser sujeto activo del mismo, si tales circunstancias se dan en la entidad o persona en cuyo nombre o representación obre". En este caso, el administrador persona física no es el obligado tributario —que lo sería la persona jurídica—, pero si quién en virtud del puesto que ocupa ostenta la obligación legal de presentar el impuesto de esta.

2. La conducta protagonizada por el mismo sería defraudar conforme a alguna de las modalidades que prevé el tipo penal, por ejemplo, eludir fraudulentamente el pago del o de los impuestos exigibles por la ley a la sociedad por él administrada. Es decir, la persona física realizaría la conducta positiva penalmente tipificada en el Código.
3. El dolo consistiría en el ánimo de defraudar. Ser consciente de la obligación de presentar el impuesto o el tributo en cuestión y, aun así, decidir no hacerlo.
4. La participación de la persona física en el delito sería en concepto de autor directo, puesto que es ella quién ejecuta de forma positiva el hecho delictivo.

B) Por el otro lado, la persona jurídica habría participado en el delito fiscal cometido por la persona física.

1. La persona jurídica respondería penalmente en virtud del artículo 31 bis CP.
2. La conducta protagonizada por la misma sería una omisión consistente en no cumplir con la obligación legal de implementar unos programas de organización y gestión que reduzcan los riesgos existentes de que se comentan delitos en el seno de la empresa. Es decir, el defecto organizativo.
3. La participación de la persona jurídica en el delito sería en concepto de colaborador necesario, en virtud de lo dispuesto en el art. 28 apartado 2 b) CP.

Como puede observarse, no se ha hecho referencia al elemento subjetivo del injusto de la persona jurídica en el esquema anterior. Aunque un estudio en profundidad de esta cuestión, sobre la que no existe consenso —ni judicial ni doctrinal— excedería con creces el objeto de esta obra, nos parece relevante, no obstante, hacer referencia, brevemente, a los posicionamientos doctrinales más asentados en la actualidad en relación con el elemento subjetivo del injusto de la persona jurídica.

Por un lado, existe una corriente doctrinal que defiende que el elemento subjetivo de las personas físicas con poder de dirección dentro de la entidad colectiva son los que determinan el carácter doloso o imprudente de la responsabilidad penal de esta[314]. Por otro lado, existen varios autores que sostienen la idea del carácter imprudente del injusto de la persona jurídica. En este sentido, GALÁN MUÑOZ considera que el referente del injusto subjetivo de la persona jurídica parte del deber objetivo de cuidado que estas deben de tener sobre las personas físicas que la conforman[315].

En lo que a los defensores del modelo a autorresponsabilidad de las personas jurídicas respecta, este sector doctrinal aboga por la adaptación del contenido de estas categorías —dolo e imprudencia— a la nueva realidad que suponen las personas jurídicas a través del uso de equivalentes funcionales. Así, GÓMEZ-JARA DÍEZ, para formar un auténtico dolo empresarial, aboga por la normativización del dolo y la relativización del elemento volitivo a favor del elemento cognitivo unido al concepto del riesgo, esto es, desde un "conocimiento organizativo con independencia del conocimiento de los individuos particulares"[316]. En definitiva, el autor define el dolo de la persona jurídica como el "conocimiento organizativo del concreto riesgo empresarial en los delitos de peligro que se realiza en el resultado típico —en los delitos de resultado—"[317].

Por su parte, ZÚÑIGA RODRÍGUEZ se ha decantado por una tesis que pivota igualmente sobre la normativización del dolo. En su opinión, la imputación a título de dolo debe provenir del grado de peligrosidad objetiva del hecho[318]. En este sentido, la autora entiende que "si se trata de una peligrosidad objetiva importante de la conducta organizacional, estaremos ante una imputación dolosa; si la peli-

---

314 DOPICO GÓMEZ-ALLER, Jacobo. "Responsabilidad penal de las personas jurídicas". En *Derecho penal económico y de la empresa*, de Norberto DE LA MATA BARRANCO, Jacobo DOPICO GÓMEZ-ALLER, Juan Antonio LASCURAÍN SÁNCHEZ y Adán NIETO MARTÍN, 129-168. Madrid: Dykinson, 2018. Pág. 145.

315 GALÁN MUÑOZ, Alfonso. "La responsabilidad penal de la persona jurídica tras la reforma de la LO 5/2010: Entre la hetero- y la autorresponsabilidad". *Revista General de Derecho Penal*, nº 16 (2011). Pág. 34.

316 GÓMEZ-JARA DÍEZ, Carlos. *Fundamentos modernos*… *Op. Cit.* Págs. 61 y ss.

317 GÓMEZ-JARA DÍEZ, Carlos. *Fundamentos modernos*… *Op. Cit.* Pág. 62.

318 ZÚÑIGA RODRÍGUEZ, Laura. *Bases para un modelo*… *Op. Cit.* Pág. 328.

grosidad objetiva es de menor entidad, estamos ante una imputación culposa"[319].

Por último, pero no menos interesante, existe una corriente doctrinal que defiende el elemento subjetivo de la persona física como parámetro del grado de defecto de organización de la persona jurídica. Uno de los defensores de esta teoría es NIETO MARTÍN, quien, como se ha dicho ya con anterioridad, establece que el elemento subjetivo de la persona jurídica residirá en la intensidad de la relación existente entre el defecto organizativo de la persona jurídica y la conducta delictiva del individuo[320]. Es decir, para el autor, lo que los defensores del tipo subjetivo empresarial llaman dolo o negligencia, en realidad es "un defecto de organización más o menos grave"[321].

En definitiva, el elemento subjetivo del injusto de la persona jurídica es una cuestión que, aún hoy, más de una década después de la introducción de la responsabilidad penal de las personas jurídicas en nuestro ordenamiento jurídico, cuenta con muchas sombras y muy pocas luces, hasta el punto de que en este momento, tal y como expone BENDEZÚ BARNUEVO, quizás lo más realista y recomendable "sea abstraer la discusión de la parte subjetiva del tipo a un plano más funcional: la valoración de la gravedad del hecho"[322].

No obstante, somos partidarios de la tesis defendida por NIETO MARTÍN. Como razona este autor, por mucho que se quiera normativizar el dolo, en ningún caso supondrá la desaparición del sustrato psíquico del mismo. Así las cosas, aunque autores como GÓMEZ-JARA DÍEZ desarrollen tesis constructivistas sobre el conocimiento organizativo, en nuestra opinión las personas jurídicas no serán titulares de un dolo propio según una concepción clásica (consciencia y voluntad). Ahora bien, la incapacidad de la persona jurídica para cometer un hecho de forma dolosa o imprudente en los términos clásicos no supone que la responsabilidad penal de las personas jurídicas infrinja el art. 5 CP, solo que dichas figuras jurídicas deberán adecuarse a la nueva realidad que suponen las entidades colectivas como sujetos ca-

---

319 *Ibidem.*

320 NIETO MARTÍN, Adán. *La responsabilidad penal de las personas jurídicas... Op. Cit.* Pág. 160.

321 *Ibidem.*

322 BENDEZÚ BARNUEVO, Rocci. "¿Pueden delinquir *Op. Cit.*

paces de responder penalmente. Por consiguiente, y en ausencia por el momento de doctrina jurisprudencial al respecto, atendiendo a las características propias de las personas jurídicas, entendemos que el dolo o la imprudencia de estás debería reconducirse a un defecto organizativo más o menos grave en los términos expuestos por NIETO MARTÍN.

En atención a todo lo desarrollado en este epígrafe, si vamos a defender que la persona jurídica responde penalmente por omisión, resulta imprescindible hacernos la siguiente pregunta: ¿verdaderamente está infringiendo la persona jurídica un especial deber jurídico, alguna obligación legal o contractual de actuar al no haber adoptado y ejecutado modelos de organización y gestión que incluyan medidas de vigilancia y control idóneas para prevenir delitos?

En este sentido, aunque el CP no obliga expresamente a las personas jurídicas a implantar un programa de cumplimiento, lo que sí establece expresamente desde la LO 1/2015, de 30 de marzo, es la posibilidad de dejarlas exentas de responsabilidad penal cuando lo han implantado de forma eficaz. Por ello, tal y como se ha expuesto con anterioridad, consideramos que la ausencia de implantación de modelos de organización y gestión o *compliance program* es el hecho por el que nace la responsabilidad penal de las personas jurídicas. Si las personas jurídicas no responden penalmente cuando se han implantado los modelos de organización y gestión, *sensu contrario*, lo harán cuando carezcan de los mismos y, además, se cometa un delito por parte de una persona física que pertenezca a la misma y se cumplan los requisitos establecidos en el art. 31 bis CP.

Por lo tanto, insistimos en que, en nuestra opinión, no aplicar eficazmente dichos modelos u omitir hacerlo es el hecho autónomo e independiente por el que responden las personas jurídicas, dado que, como consecuencia de ese defecto organizativo —ese defecto en su estructura—, la entidad habría generado un riesgo no permitido que, al materializarse en delito, sería susceptible de acarrearle responsabilidad penal en virtud de lo preceptuado en la actualidad en nuestro ordenamiento jurídico. Así lo ponía de manifiesto el legislador en el Preámbulo de la LO 1/2015, de 30 de marzo, al exponer que con la citada modificación del CP se estaba tratando de delimitar "adecuadamente el contenido del debido control, cuyo quebrantamiento permite fundamentar su responsabilidad penal"[323].

Aunque lo expuesto no significa que el modelo propuesto sea el único viable para sancionar penalmente a las personas jurídicas, lo que sí defendemos es que el sistema defendido permite adecuar la responsabilidad penal de las personas jurídicas a la teoría clásica del delito, una de las cuestiones que más conflictos está generando hasta la fecha a nivel doctrinal.

5. RECAPITULACIÓN

Como ha podido verse a lo largo del presente Capítulo, desde que en el año 2010 entró en vigor la responsabilidad penal de las personas jurídicas se han defendido a nivel doctrinal y jurisprudencial distintas interpretaciones del modelo legalmente introducido, en conexión con los diversos sistemas teóricos existentes en torno a esta cuestión. Los modelos más asentados en nuestro país son los sistemas de heterorresponsabilidad y de autorresponsabilidad, existiendo igualmente posiciones mixtas con elementos de los dos anteriores.

Por un lado, el modelo de heterorresponsabilidad, defendido entre otros por la FGE y el voto particular de la STS 152/2016, es un sistema en el que el fundamento de la responsabilidad de la persona jurídica descansa en un hecho ajeno, siendo suficiente la concurrencia de una serie de requisitos que vienen preceptuados en el art. 31 bis CP para responsabilizar penalmente a la persona jurídica. No resulta necesario acreditar ningún elemento adicional ni una participación directa de la persona jurídica en el delito acaecido. Los defensores de este modelo entienden que el art. 31 bis CP introduce un vínculo normativo a resultas del cuál las personas jurídicas serán responsables de la conducta delictiva llevada a cabo por la persona física.

En este sentido, las condiciones que deben cumplirse para transferir responsabilidad penal a la persona jurídica vienen estipuladas en los apartados a) y b) del art. 31 bis 1 CP y la necesaria concurrencia de unas u otras depende de la posición jerárquica que ocupa

323 LO 1/2015, de 30 de marzo por la que se modifica la LO 10/1995, de 23 de noviembre, del Código Penal. Apartado III Preámbulo.

en la entidad colectiva la persona física que ha cometido el concreto hecho delictivo. En concreto, en lo que respecta al requisito del delito "de subordinados" de la letra b) sobre el incumplimiento grave de los sujetos de la letra a) de los deberes de supervisión, vigilancia y control de su actividad atendiendo a las concretas circunstancias del caso, no es posible establecer una definición concreta respecto de cuáles son los deberes de supervisión, vigilancia y control que deben de desempeñar estos últimos respecto de sus subordinados, dado que nos encontramos ante un concepto jurídico indeterminado. No obstante, se ha defendido la utilidad de los códigos y manuales de buenas prácticas, y de los sistemas de análisis de riesgos y control de puntos críticos para determinar la existencia de un deber control cuidadoso, una estrategia con esencia reglamentaria que inevitablemente nos recuerda a las leyes penales en blanco o a las normas de cuidado de los delitos imprudentes, y que suponen el punto de partida desde el que se puedan ir definiendo doctrinal y jurisprudencialmente los estándares esenciales para una supervisión y control adecuados.

En todo caso, una interpretación del art. 31 bis CP conforme a un modelo de heterorreponsabilidad no supera a nuestro juicio las críticas de que, en realidad, supone una responsabilidad objetiva y automática de la entidad colectiva, que se traslada a esta cumplidos los elementos que exige el art. 31 bis 1 —el actuar en beneficio de la mercantil o en su nombre o por su cuenta—, vulnerando otros principios esenciales del Derecho penal, como el de responsabilidad por el hecho propio, el de culpabilidad, o el de personalidad de las penas.

Por otro lado, el modelo de autorresponsabilidad de las personas jurídicas se fundamenta en la comisión por su parte de un hecho propio, que, aunque está relacionado con el hecho cometido por la persona física, es diferente e independiente del mismo. Este hecho propio de la persona jurídica sería la existencia de un defecto estructural, esto es, la ausencia de adopción y ejecución eficaz de un modelo de organización y control que incluya medidas de vigilancia y de control idóneas para prevenir delitos. El delito cometido por la persona física y tipificado en la parte especial del CP será un requisito precedente necesario sin cuya concurrencia la conducta de la persona jurídica no será punible. Por lo tanto, el delito de referencia, así como la identificación de la concreta persona física que ha cometido el delito —al menos su posición jerárquica en la entidad—, debe quedar totalmente acreditado para poder responsabilizar penalmente a esta última.

Esta postura no implica que para sancionar a la persona jurídica deba condenarse en todo caso a la persona física. Lo que en nuestra opinión resulta ineludible es identificar con las debidas garantías al concreto sujeto que ha cometido el delito en el que la entidad ha participado, con independencia de que finalmente sea condenado. Sin esa identificación no sabremos qué concretos elementos —letra a) o b) del art. 31 bis CP— deberán acreditarse por las acusaciones para responsabilizar penalmente a la persona jurídica. No obstante, partiendo de que pueden darse situaciones en las que, además de la comisión del delito por el subordinado, el superior (integrado en alguno de los sujetos que recoge la letra a) del art. 31 bis 1 CP) también podría ser responsable en comisión por omisión, nos hemos posicionado por entender, al igual que la FGE, que en estos casos deben mantenerse ambos títulos de imputación. En este sentido, imputar a la persona jurídica en virtud de los requisitos de las dos letras del art. 31 bis 1 CP puede ser la solución para evitar la absolución de la persona jurídica en este tipo de situaciones.

En definitiva, hemos llegado a la conclusión de que el modelo de autorresponsabilidad es más respetuoso que el modelo de heterorresponsabilidad con los principios orientadores del Derecho Penal. Además, si atendemos al tenor literal de la Exposición de Motivos de la LO 1/2015, de 30 de marzo, insistimos en que el legislador parece haberse decantado por este modelo. No obstante, son tres las principales objeciones que se han planteado doctrinalmente a la validez de este sistema de atribución de responsabilidad penal a la persona jurídica.

En primer lugar, se ha objetado tradicionalmente que las personas jurídicas no ostentan capacidad de acción y omisión a efectos penales. Frente a ello, nos hemos alineado con una corriente doctrinal que se ha posicionado a favor de modificar las concepciones clásicas de acción y culpabilidad para dar cabida en el Derecho Penal a la nueva realidad social que suponen las personas jurídicas, que no son simples uniones organizadas de personas, sino sujetos con una identidad metafísico-lógica propia e independiente de las personas físicas que la conforman. En este sentido, en este trabajo se asume la propuesta de un sector doctrinal, encabezado por GÓMEZ-JARA DÍEZ, de que la capacidad de acción de la persona jurídica ha de sustituirse por la capacidad de organización, siempre y cuando nos encontremos ante una empresa que goce de cierta complejidad, dado que solamente a partir de cierto tamaño puede entenderse que esta comienza a auto organizarse. En la línea de lo previamente expuesto, nos hemos mostrado de acuerdo con el citado autor cuando concluye que, si las personas jurídicas gozan de libertad para organizarse, podrán hacerlo correcta o incorrectamente, surgiendo en estos segundos supuestos el defecto de organización que en su opinión es el injusto penal por el que responde la persona jurídica.

En segundo lugar, los críticos con el sistema de autorresponsabilidad entienden que este modelo vulnera el principio de legalidad en su vertiente de taxatividad, ya que, en su opinión, el CP no recoge ningún hecho delictivo propio de la persona jurídica, sino que se limita a enumerar una serie de requisitos (art. 31 bis 1 CP) que, en caso de concurrir, permiten atribuir responsabilidad penal a estas. Frente a esta crítica, partíamos de que aunque el CP no recoge el delito de no poseer modelos de organización y control o de existir un defecto estructural, de ello no se deriva que nos encontremos ante un sistema de atribución de la responsabilidad por transferencia o un sistema vicarial, más aún cuando existen en nuestro Derecho Penal diferentes formas de autoría y de participación en el delito que no responden a una autoría ejecutiva directa, como la inducción, la autoría mediata o la cooperación necesaria. Así, aunque las personas jurídicas no realicen directamente los delitos por los que responden penalmente, estas sí que participan en su comisión, siendo su conducta penalmente relevante en virtud de lo dispuesto en el art. 31 bis CP. La persona jurídica no comete directamente delito alguno, sino que participa en el cometido por una persona física relacionada con ella. En consonancia con la STS nº 221/2016, de 16 de marzo, que estableció que el fundamento de la responsabilidad de la entidad, el delito corporativo que realizan, reside en el defecto estructural existente en los modelos de gestión, vigilancia y supervisión, la participación de la persona jurídica en el delito de la persona física descansaría en una omisión; una omisión consistente en no haber adoptado y ejecutado con eficacia un modelo de organización y gestión que incluyera medidas de vigilancia y control idóneas para prevenir delitos.

Por otro lado, la doctrina crítica con un modelo de autorresponsabilidad también rechaza la capacidad de las personas jurídicas de ser culpables a efectos penales, ya que se asume la incapacidad de estas de cuestionar la norma y de comprender la ilicitud de su conducta. Frente a esto, otros autores defienden una culpabilidad empresarial constructivista, entre cuyos defensores se sitúa la postura mayoritaria de los magistrados del TS. Habiendo concluido anteriormente que el defecto organizativo se corresponde con la tipicidad de la persona jurídica, nos situamos entre quienes defienden que la culpabilidad empresarial consiste en la existencia de una cultura de incumplimiento con la legalidad en la entidad. El origen de esta teoría se encuentra en el derecho constitucional que ostenta la persona jurídica para organizarse libremente. Cuando una empresa se crea, está en su mano —y por extensión, en la de las personas físicas que la crean (sus accionistas o socios)— organizarse de forma correcta y respetuosa con la legalidad, siéndole, por consiguiente, penalmente reprochable no hacerlo en estos términos. Ahora bien, únicamente aquellas con la suficiente complejidad interna serían susceptibles de este juicio ya que, en ausencia de esta complejidad interna, no podría hablarse de imputabilidad penal, tal y como se expresa la STS nº 894/2022, de 11 de noviembre. A su vez, la SAN nº 5/2021, de 3 de marzo, ha establecido que ese umbral mínimo de complejidad no se supera en empresas unipersonales o en organizaciones pequeñas donde se puede identificar las actividades de sus integrantes —personas físicas— de forma clara.

En la misma línea, hemos llegado a la conclusión de que las sociedades meramente instrumentales o pantalla no son susceptibles de ser responsabilizadas penalmente. La AN, a través de la resolución previamente señalada, llega a la misma conclusión vinculando el criterio de imputabilidad al sustrato organizativo subyacente de cada persona jurídica en virtud de lo dispuesto en el art. 66 bis CP.

Ahora bien, solo cuando se comete el delito de referencia en el seno de la empresa y se acredita la existencia de un defecto estructural que ha derivado en la comisión de dicho ilícito penal debe analizarse y valorarse si en la entidad existía una cultura de cumplimiento con la legalidad y si, por consiguiente, esta ha hecho todo lo que estaba en su mano para reducir los riesgos de la comisión de delitos en su seno. A este respecto, hemos rechazado que la acreditación de un defecto estructural derive siempre en la culpabilidad de la persona jurídica, ya que entendemos que, a pesar de la existencia una omisión puntual concreta, puede alcanzarse la conclusión de que la persona jurídica se ha organizado correctamente conforme a Derecho. El defecto estructural podría ser un riesgo que excede del control que le es exigible a una persona jurídica, dado que resulta imposible eliminar el riesgo en su totalidad, sin ser por ello exigible la adopción de medidas de protección excesivas que impidan el normal desarrollo de la actividad empresarial. Así las cosas, la valoración de la adecuación de los citados modelos de organización y gestión deberá realizarse *ex ante*. Cuando una persona jurídica tenga un *compliance program* debidamente implementado y aplicado, se le presupone, al menos de partida, que ha adoptado e implementado un modelo de organización, gestión y control idóneo para la prevención de delitos, lo que acreditaría, *a priori*, su compromiso con la prevención de delitos y la legalidad. En definitiva, una vez acaecido el delito, la persona jurídica podrá defender su ausencia de responsabilidad acreditando que las medidas de supervisión, vigilancia y control vigentes en la misma eran suficientes y que estas han sido fraudulentamente eludidas por el autor del hecho delictivo, o justificando que el concreto delito cometido es consecuencia de la materialización de un riesgo que resultaba impredecible e incontrolable *ex ante*.

En relación con la culpabilidad de la persona jurídica, se ha criticado la subjetividad del concepto construccionista de la culpabilidad empresarial como cultura de cumplimiento con la legalidad. No obstante, defendemos que esta subjetividad no es mayor que la relativa al concepto tradicional de culpabilidad de las personas físicas. Así, la culpabilidad penal no atiende a criterios objetivos, sino subjetivos, tanto para las personas físicas como para las personas jurídicas.

Por último, los críticos con un modelo de autorresponsabilidad entienden que este sistema vulnera el principio de personalidad de las penas. Aunque formalmente sea la persona jurídica quién abona una multa y quién sufre una disminución en su patrimonio como consecuencia de ello, serán a su vez los accionistas/socios de esta quienes estarán viendo reducido su patrimonio. Por ello, esta corriente doctrinal concluye que quienes verdaderamente sufren las penas impuestas a las personas jurídicas, en sentido material, son las personas físicas que la conforman. Frente a esto, hemos concluido que el hecho de que el principio de personalidad de las penas en su concepción tradicional no se ajuste estrictamente a la nueva realidad penal que suponen las personas jurídicas y que las personas físicas que la conforman acaben siendo perjudicadas a su vez por la pena que se le impone, ello no vulnera el art. 5 CP, al encontrarnos ante una evolución de dicho principio acorde con esta nueva realidad jurídica. Otra cuestión es la situación de los socios que, a pesar de haber procurado la implantación de un sistema de prevención de delitos, acaben sufriendo los perjuicios derivados de la pena impuesta a la persona jurídica. En este sentido, entendemos que estarán en su derecho de ejercer las acciones legales oportunas para resarcirse de la pena impuesta a la persona jurídica.

En virtud de lo analizado a lo largo de este Capítulo, nos hemos decantado por un modelo de autorresponsabilidad que atribuye responsabilidad penal a las personas jurídicas por su participación en calidad de cooperadoras necesarias por omisión en el hecho delictivo cometido por una persona física, delito que actúa como requisito ineludible previo. Los elementos principales del modelo que aquí se defiende son los siguientes:

a) La persona jurídica participa en el delito como cooperadora necesaria, ya que su omisión supone un acto relevante, una aportación esencial al hecho realizado por el autor principal del delito, que sería la persona física. Así, partimos de la premisa de que, si la persona jurídica hubiera actuado tal y como se le exige legalmente, el delito de la persona física no habría tenido lugar. Es decir, si la persona jurídica hubiera implementado *ex ante* unos controles adecuados de prevención, el delito se hubiera impedido.

b) Aunque no existe un pronunciamiento legislativo expreso que obligue, en general, a las personas jurídicas a implantar un *compliance program*, lo cierto es que existe en la sociedad la razonable expectativa de que estas se organicen conforme a Derecho y controlen los riesgos de comisión de delitos que se derivan de su propia existencia. Dicha expectativa, amparada en el espíritu del art. 31 bis CP, supone en nuestra opinión una específica obligación que sitúa a las personas jurídicas como garantes de los riesgos de comisión de delitos que existen en su seno. Por consiguiente, la no implantación de un programa de cumplimiento sería una omisión típicamente relevante, ya que no se habría evitado el riesgo no permitido. Este es el elemento delictivo propio de la persona jurídica, el delito corporativo señalado por la jurisprudencia del TS, que no se trata de un delito independiente y diferente de aquel por el que responde la persona física, sino que es una participación por parte de la persona jurídica en el mismo, consistente en una omisión relevante en su obligación de reducir lo máximo posible el riesgo de la comisión de delitos en su seno, omisión que facilita la realización del delito por la persona física. Ahora bien, la omisión de la persona jurídica únicamente tendrá relevancia penal en caso de que efectivamente se cometa un delito por parte de una persona física en los términos que requiere el art. 31 bis 1 CP, siendo suficiente con que se haya dado comienzo a la ejecución de este, aunque no se alcance su consumación. En definitiva, el defecto organizativo no tiene relevancia penal en si mismo.

En conexión con lo anterior, en el caso de la participación omisiva de las personas jurídicas, el juicio de imputación objetiva consiste en no haber establecido *ex ante* mecanismos de defensa para evitar el delito, siendo dicha omisión el peligro jurídicamente desaprobado que se materializa *ex post* en el resultado típico, esto es, en el delito cometido por la persona física. Así, en caso de que se hubiera hecho todo lo posible por la entidad para evitar que el delito se cometa, eliminado o minimizando suficientemente los riesgos existentes, quedaría excluida de responsabilidad penal, puesto que no habría tenido relación con el ilícito penal. En este sentido, la doctrina viene decantándose por considerar que se habrá prevenido de forma suficiente la actividad delictiva cuando la persona jurídica haya eliminado todos los riesgos que fueran objetivamente neutralizables para evitar el resultado delictivo acaecido, sin serle exigible a la persona jurídica que paralice por completo su actividad para estar constantemente reduciendo riesgos, dado que esa hipérbole le impediría llevar a cabo cualquier actividad profesional de forma medianamente productiva.

Por último, en lo que respecta al elemento subjetivo de la persona jurídica, aunque se han desarrollado diversas teorías, desde consideraciones constructivistas sobre el conocimiento organizativo hasta interpretaciones funcionales relativas a la valoración de la gravedad del daño, abogamos, conforme defiende un sector de la doctrina, por una caracterización del tipo subjetivo que diferencie el dolo y la imprudencia en atención de la gravedad del defecto organizativo existente en la entidad colectiva.

Capítulo III
TRIBUNALES COMPETENTES PARA LA INSTRUCCIÓN Y EL ENJUICIAMIENTO DE LAS PERSONAS JURÍDICAS

Una vez definidas las que bajo nuestro criterio son las bases teóricas de la responsabilidad penal de las personas jurídicas, a partir del presente Capítulo centraremos el objeto de esta obra en analizar diversos conflictos de carácter procesal cuando se somete a investigación y enjuiciamiento a estas entidades. Dado que el tratamiento procesal que debe otorgarse a la persona jurídica en el proceso penal depende de cuál es la concreta posición que ocupa en el mismo, a lo largo de los siguientes capítulos se harán continuas referencias a los presupuestos teóricos desarrollados al comienzo de nuestra obra. En definitiva, se abordarán los distintos problemas que surgen en nuestros tribunales durante la investigación y enjuiciamiento penal de las personas jurídicas con la finalidad de dar respuesta a estas cuestiones problemáticas.

De cara a comenzar a dar respuesta a estos interrogantes, parece evidente que la primera cuestión que nos debemos plantear es "por quién" y "dónde" debe enjuiciarse a la persona jurídica, dejando otras cuestiones referidas al "cómo" para capítulos posteriores. Por ello, a lo largo del presente Capítulo desarrollaremos varias cuestiones relativas al lugar y a la forma en la que se debe responsabilizar penalmente a las personas jurídicas. Para ello, analizaremos cuándo los tribunales españoles tendrán en general la jurisdicción para enjuiciar a las personas jurídicas, sobre todo en delitos cometidos por empresas que operen internacionalmente. Asimismo, estudiaremos qué concretos tribunales son competentes, tanto objetiva como territorialmente, para depurar la citada responsabilidad penal. Por último, brevemente, analizaremos la cuestión de qué clase de procedimiento es el más adecuado para tramitar la responsabilidad penal de las personas jurídicas.

1. LA JURISDICCIÓN

La jurisdicción es la potestad otorgada al Estado para que, a través de sus tribunales, aplique el Derecho. Para ALONSO MANZANO la jurisdicción se define como la potestad de los juzgados y los tribunales de juzgar y hacer ejecutar lo juzgado, independientemente de que la misma se desempeñe por varios órganos jurisdiccionales ordenados jerárquicamente[324]. Por lo tanto, en lo que al objeto de la presente investigación se refiere, la cuestión principal que debemos plantearnos es cuándo tendrán jurisdicción para perseguir los delitos cometidos por las personas jurídicas los tribunales españoles.

En primer lugar, en lo que a los delitos cometidos íntegramente en el territorio nacional se refiere, el art. 23 LOPJ, en su apartado primero, establece que corresponderá a la jurisdicción española el conocimiento de las causas por delitos y faltas[325] cometidos en territorio español. Por consiguiente, no hay dudas sobre la jurisdicción y competencia de los tribunales españoles para enjuiciar a las personas jurídicas en estos supuestos.

Ahora bien, el verdadero conflicto en la presente materia aparece cuando nos encontramos ante personas jurídicas que operan internacionalmente y que han podido participar en delitos cometidos en distintos Estados, o que, teniendo su domicilio social en un país, participen en el delito cometido en otro. Como bien es conocido, el mercado actual está más internacionalizado que nunca debido a la apertura de fronteras y la globalización. Por ello, no es extraño —al contrario, es habitual— que las personas jurídicas operen simultáneamente en diferentes países, con los problemas de jurisdicción que ello supone en caso de comisión de delitos.

---

324 ALONSO MANZANO, M.ª Jesús. "La jurisdicción y la competencia. El enjuiciamiento penal de las personas jurídicas". En *Compliance y actuación procesal de las personas jurídicas*, coordinado por Javier PUYOL MONTERO, 39-48. Madrid: Sepin, 2019. Pág. 39.

325 Llama la atención que la LOPJ no haya modificado la referencia a las faltas a pesar de que fueran derogadas mediante la LO 1/2015, de 30 de marzo, que en su lugar creó los delitos leves vigentes en la actualidad. Con la simple supresión de la referencia a las faltas sería suficiente, ya que algunas de las conductas delictivas que hasta el año 2015 se catalogaban como tales ahora son delitos, con independencia de la referencia a su levedad.

Así, podríamos encontrarnos ante supuestos en los que, pese a que el domicilio social de la persona jurídica —lugar en el que concurre el defecto estructural por el que la entidad participa en el delito— se encuentre en territorio español, el hecho delictivo se cometa por un empleado de esta en el extranjero. En supuestos como el descrito: ¿tendrán jurisdicción los tribunales españoles para enjuiciar a la persona jurídica y a la física, o por el contrario, serán los tribunales del país en el que se haya cometido el delito quienes podrán reclamar su jurisdicción para enjuiciar no solo a la persona física que se halla en su territorio, sino a la persona jurídica española —por ostentar su domicilio social en territorio español como posteriormente se verá—, al ser esta un partícipe en el hecho delictivo cometido en el citado territorio extranjero?

El primer dato que debemos manejar cuando nos planteamos estas cuestiones y, en definitiva, nos aproximamos a la presente materia, es la ausencia de medidas suficientes a nivel supranacional. De hecho, puede afirmarse que en el campo de la responsabilidad penal de las personas físicas no existen verdaderas garantías respecto de los conflictos de jurisdicción y competencia que se plantean.

No obstante, no debe pasar inadvertida la Decisión Marco 2009/948/JAI, 30 de noviembre de 2009, norma europea que en su artículo primero establece que su objeto es promover una cooperación más estrecha entre las autoridades competentes de dos o más Estados Miembros que estén tramitando procesos penales, todo ello con la finalidad de lograr una administración de la justicia más eficaz y adecuada. En concreto, la DM requiere a los EM a que compartan información para impedir innecesarios procesos penales paralelos en distintos estados que pudieran dar lugar a un *bis in idem* si se enjuiciaran los mismos hechos, tratando de evitar así una pérdida de tiempo y de recursos a las autoridades competentes. No obstante, no establece un procedimiento o criterios enfocados a decidir qué estados y por qué motivos tendrían prioridad en la tramitación de los procedimientos penales sobre los otros. Además, en la DM no se menciona a las personas jurídicas.

Ante la ausencia de recursos supranacionales suficientes para dilucidar la jurisdicción y/o competencia internacional de los tribunales españoles en relación con la responsabilidad penal de las personas jurídicas, la doctrina nacional, amparándose en el contenido del art. 23 LOPJ, ha definido una serie de criterios a través de los cuales un tribunal español gozaría de jurisdicción para conocer estas causas.

1.1. Criterios para el conocimiento de delitos cometidos en el extranjero

Además del criterio ya expuesto de la territorialidad, que es preferente al resto, el art. 23 LOPJ establece varias alternativas a través de las cuales nuestros tribunales podrán conocer los delitos en los que las personas jurídicas hayan participado en el extranjero.

1.1.1. Principio de personalidad

El primero de ellos es el criterio de la personalidad, principio mediante el que se les reconoce a los tribunales españoles la jurisdicción para enjuiciar delitos que se han cometido fuera del territorio nacional siempre que los criminalmente responsables fueran españoles o extranjeros que hubieran adquirido la nacionalidad española con posterioridad a la comisión del hecho y concurrieran determinados requisitos[326] establecidos por el art. 23.2 LOPJ. A la hora de analizar su aplicación en lo que a la responsabilidad penal de las personas jurídicas se refiere, surgen diferentes cuestiones.

Hablar de la nacionalidad al referirse a una persona jurídica puede parecer un concepto extraño, dado que históricamente este ha estado relacionado a efectos penales exclusivamente con las personas físicas,

---

[326] "a) Que el hecho sea punible en el lugar de ejecución, salvo que, en virtud de un Tratado internacional o de un acto normativo de una Organización internacional de la que España sea parte, no resulte necesario dicho requisito, sin perjuicio de lo dispuesto en los apartados siguientes.
b) Que el agraviado o el Ministerio Fiscal interpongan querella ante los tribunales españoles. Este requisito se considerará cumplido en relación con los delitos competencia de la Fiscalía Europea cuando esta ejercite efectivamente su competencia.
c) Que el delincuente no haya sido absuelto, indultado o penado en el extranjero, o, en este último caso, no haya cumplido la condena. Si sólo la hubiere cumplido en parte, se le tendrá en cuenta para rebajarle proporcionalmente la que le corresponda".

a quienes se les atribuye su nacionalidad en función del lugar de nacimiento. Sobre la presente cuestión se pronuncia ESTEBAN DE LA ROSA, quien opina que "en la mayoría de los sistemas jurídicos, en la actualidad, se ha prescindido de la conexión nacionalidad de las personas jurídicas, utilizándose, en lugar de dicho elemento, otras conexiones tales como la sede social, la administración central o el centro principal de actividad"[327]. En este mismo sentido, el autor expone que "cuando se habla de la nacionalidad de una persona jurídica se está haciendo alusión, principalmente, al sistema jurídico con arreglo a cuyo Derecho dicha persona ha sido constituida y por cuyo Derecho se rige"[328]. Coincidimos con esta postura, puesto que la esencia del concepto de la nacionalidad no casa fácilmente con las personas jurídicas, siendo otros elementos, como los expuestos, más adecuados para referirse a las leyes que pueden ser aplicadas a las mismas.

No obstante, lo cierto es que en nuestro ordenamiento jurídico sí que se hace referencia a la nacionalidad de las personas jurídicas, por ejemplo, en los arts. 9.11 y 28 CC o en el art. 8 LSC. Por consiguiente, aunque no haya ninguna referencia respecto a la nacionalidad de las personas jurídicas en la jurisdicción penal, debemos respetar lo establecido por el resto de las jurisdicciones en relación con la presente materia. Así, nuestro CC prevé que "las corporaciones, fundaciones y asociaciones, reconocidas por la ley y domiciliadas en España, gozarán de la nacionalidad española, siempre que tengan el concepto de personas jurídicas con arreglo a las disposiciones del presente Código"[329]. Por su parte, la LSC preceptúa que serán españolas y se regirán por dicha ley "todas las sociedades de capital que tengan su domicilio en territorio español, cualquiera que sea el lugar en que se hubieran constituido"[330].

---

327 ESTEBAN DE LA ROSA, Fernando. "Competencia internacional de los tribunales españoles para conocer de los delitos cometidos por personas jurídicas". En *Aspectos Prácticos de la Responsabilidad Criminal de las Personas Jurídicas*, coordinado por José Miguel ZUGALDIA ESPINAR y Elena Blanca MARÍN DE ESPINOSA CEBALLOS, 377-402. Cizur Menor (Navarra): Thomson Reuters Aranzadi, 2013. Págs. 389 y ss.

328 ESTEBAN DE LA ROSA, Fernando. "Competencia internacional de los tribunales... *Op. Cit.* Pág. 390.

329 CC. Art. 28.

330 LSC. Art. 8.

Pues bien, como ya se ha dicho, resulta una cuestión bastante pacífica que las personas jurídicas constituidas en España y con su domicilio social en este país están sometidas a la jurisdicción de nuestros tribunales. Además, atendiendo a las normas mencionadas anteriormente, podemos llegar a la conclusión de que aquellas personas jurídicas extranjeras con domicilio social en este país también estarán sometidas a la jurisdicción de nuestros tribunales. Algunos autores, amparados en el contenido literal del art. 23.2 LOPJ, defienden que no es necesario que la persona jurídica esté domiciliada en este país a la hora de cometer el delito siempre y cuando sí lo esté a la hora de dilucidar su posible responsabilidad penal. En este sentido, ESTEBAN DE LA ROSA afirma que

> "no debe existir tampoco excesiva dificultad para someter a la jurisdicción penal española a personas jurídicas extranjeras que hayan adquirido la nacionalidad española con posterioridad a la comisión del delito. En el sistema de Derecho internacional privado es conocida la operación societaria que consiste en el traslado del domicilio de la sede social desde un Estado a otro. Dicho traslado comporta un cambio de régimen jurídico de la persona jurídica y, también, un cambio de nacionalidad"[331].

Antes de entrar a valorar la validez de la referida tesis, sí que nos parece oportuno advertir del riesgo que supone asumir la misma. Aceptar que la nacionalidad de una persona jurídica cambie en función del sistema jurídico que adopte, pudiendo limitar de esta manera el conocimiento de los procedimientos judiciales en los que se la misma se halle inmersa por determinados tribunales a su libre elección abre la puerta a posibles engaños mediante los que la empresa pueda adoptar la nacionalidad de un Estado de cara a no poder ser juzgada por otros.

Este fenómeno se denomina *forum shopping*, y a pesar de que un estudio detallado de dicho concepto excede del objeto de esta obra, sí que nos parece relevante abordar brevemente el mismo.

El *forum shopping* ha sido definido como "una figura que permite fijar la jurisdicción de un conflicto en donde podrían eventualmente

---

331 ESTEBAN DE LA ROSA, Fernando. "Competencia internacional de los tribunales... *Op. Cit.* Pág. 390.

aplicarse varias jurisdicciones de diferentes países"[332]. Así, aunque la traducción del término sería "comprar el foro", en palabras de AGUILAR DOMÍNGUEZ, la doctrina anglosajona considera que el concepto "se entiende literalmente como salir de compras de un tribunal o de una ley"[333], es decir, elegir el foro más conveniente, en este caso, para los intereses de la entidad.

Imaginemos que una sociedad que tiene su domicilio social en un Estado participa en el delito cometido por una persona física en otro Estado en el que la responsabilidad penal de las personas jurídicas no ostenta relevancia penal sino administrativa. En este supuesto, atendiendo a la legislación vigente, en caso de que en el Estado en el que la compañía se encuentre domiciliada sí se otorgue carácter penal a determinados hechos cometidos por la misma, podría convenirle cambiar su domicilio a otro país en el que esto no sea así, consiguiendo de esta manera eludir el estigma que supone estar imputado en un procedimiento penal. Independientemente de que en nuestra opinión se deba estar a la nacionalidad de la persona jurídica al momento de cometer el delito, sin que los posteriores cambios de nacionalidad de la misma afecten a su capacidad de ser juzgada por unos tribunales u otros, todo ello de cara a evitar el fenómeno previamente expuesto, debemos dar la razón a ESTEBAN DE LA ROSA y asumir que, actualmente, la ley resulta incuestionable en este aspecto: las personas jurídicas que asuman la nacionalidad española tras su participación en el hecho delictivo, en virtud del principio de personalidad, podrán ser juzgadas por nuestros tribunales.

Podría argumentarse que este principio de personalidad no afecta a las personas jurídicas, habida cuenta de que la literalidad del art. 23.2 LOPJ no menciona expresamente a estas. Sin embargo, esta ausencia de mención expresa a las entidades colectivas, como señala GIL NOBAJAS, si bien resulta lógica dado que cuando se promulgó la LOPJ no existía la responsabilidad penal de las personas jurídicas, "no parece determinante para rechazar *ab initio* la posibilidad de

---

332 AGUILAR DOMÍNGUEZ, Alexis. "La delgada línea entre el fórum shopping y el fraude a la ley". *BJV, Instituto de Investigaciones Jurídicas-UNAM*, nº 13 (2018). Pág. 76.

333 *Ibidem.*

aplicarles el principio de personalidad activa"[334], y menos aun cuando sí se hace una referencia expresa a estos sujetos en el principio de justicia universal regulado en el art. 23.4 LOPJ, ya que no parece razonable que se las excluya de un principio y no de otro.

En esta misma línea, OLLÉ SESÉ manifiesta que la reiterada evolución de la sociedad global aconseja que este tradicional nexo de conexión —nacionalidad del autor— sea superado y que el principio de personalidad activa se aplique también cuando concurran otros vínculos que sean próximos a la citada nacionalidad, como, por ejemplo, la responsabilidad penal de la persona jurídica[335]. A este respecto, el autor es de la opinión de que las personas jurídicas, ya sea de forma deliberada o por deficiencias en su modelo de organización, pueden ser sujetos activos de graves crímenes internacionales, razón por la que resultaría aconsejable que el principio de personalidad activa se extendiese a las mismas[336].

Por último, debemos analizar el posible interés que puede tener para los tribunales españoles reclamar su jurisdicción para enjuiciar a determinadas personas jurídicas que estén domiciliadas en España por los delitos cometidos en el extranjero en los que las mismas hubieran participado.

Como ya se ha señalado en los capítulos anteriores, nos mostramos partidarios de un sistema de atribución de responsabilidad penal a las personas jurídicas basado en que el delito es cometido por la persona física y la persona jurídica lo que hace es participar en el mismo, concretamente, como colaborador necesario por omisión. Por ello, siendo un único delito el acaecido, y habiendo sido cometido por una persona física, entendemos que los tribunales con la jurisdicción y la competencia para investigar a esta última serán los indicados

---

334 GIL NOBAJAS, María Soledad. "Multinacionales, cadenas de suministro y responsabilidad penal corporativa". En *El sistema penal y los objetivos de desarrollo sostenible de la Agenda 2030*, dirigido por Javier GÓMEZ LANZ y María Soledad GIL NOBAJAS, 273-320. Valencia: Tirant lo Blanch, 2023. Pág. 303.

335 OLLÉ SESÉ, Manuel. *Crimen internacional y jurisdicción penal nacional: de la justicia universal a la jurisdicción penal interestatal*. Cizur Menor (Navarra): Thomson Reuters Aranzadi, 2019. Pág. 43.

336 OLLÉ SESÉ, Manuel. *Crimen internacional y jurisdicción penal… Op. Cit.* Pág. 148.

para conocer sobre la posible responsabilidad del resto de partícipes, incluida la persona jurídica.

En otras palabras, si el delito se comete en el extranjero y la persona física que lo comete no ostenta la nacionalidad española, el hecho de que la persona jurídica si la ostente no parece motivo suficiente para que los tribunales españoles reclamen su jurisdicción ya que, tal y como se ha expuesto, el delito propiamente dicho ha sido cometido por una persona física sobre la que los mismos no tienen *a priori* jurisdicción, a menos que la competencia venga atribuida por otro criterio de aplicación extraterritorial de la ley penal española en virtud del art. 23 LOPJ.

Una cuestión diferente sería que el concreto Estado en el que se investigue y/o condene a la persona física autora de los hechos delictivos no tenga previsto en su ordenamiento jurídico la atribución de responsabilidad, ya sea penal o administrativa, a la persona jurídica. En este supuesto, los tribunales españoles sí estarían capacitados para iniciar un procedimiento penal frente a la persona jurídica en caso de que esta fuera española y no se le hubiera impuesto ninguna clase de sanción en el Estado en el que se investigó y/o condenó a las personas físicas por estos mismos hechos. Así lo permite el art. 23.2 LOPJ, pero también el art. 31 ter CP, precepto que permite incoar un procedimiento penal frente a personas jurídicas aun cuando la concreta persona física responsable no haya sido individualizada o no haya sido posible dirigir el procedimiento contra ella.

Ahora bien, para poder investigar a la persona jurídica por su posible participación en un hecho delictivo cometido en el extranjero, resulta necesario que dicho hecho conste debidamente acreditado, dado que, tal y como se ha establecido con anterioridad, el defecto estructural de las personas jurídicas únicamente adquiere relevancia penal si ha acaecido un hecho constitutivo de delito. Por consiguiente, deberá estarse a la espera de que concluya definitivamente el procedimiento seguido frente a la persona física en el extranjero previa incoación de unas DP en nuestro país contra la entidad colectiva, ya que solo en ese momento se tendrá la certeza de que el hecho delictivo ha quedado acreditado.

Asimismo, debe recalcarse que, para poder imputar a una persona jurídica en nuestro país por los hechos cometidos por sus representantes o empleados en el extranjero, resulta imprescindible que la entidad colectiva no haya sido sancionada por esos mismos hechos en el país extranjero en cuestión en ningún término, ya que de lo contrario se estaría vulnerando el principio *non bis in idem*.

A este respecto, interesa traer a colación el contenido de la STS nº 710/2021, de 20 de septiembre, que se pronunció sobre el denominado como "Caso Volkswagen". En dicho procedimiento se pretendía imputar ante nuestros tribunales a las empresas filiales españolas de Volkswagen por hechos cometidos en Alemania por personas físicas extranjeras, bajo el pretexto, entre otros, de que el régimen de responsabilidad de las personas jurídicas en España es de carácter penal, mientras que en Alemania es administrativo, y que, por consiguiente, el grupo Volkswagen no había sido penalmente enjuiciado en dicho país.

No obstante, nuestro Alto Tribunal concluyó en los siguientes términos que en caso de permitirse la imputación y sanción en España de las empresas filiales del grupo Volkswagen se estaría vulnerando el principio *non bis in idem*:

> "El texto de la sanción que transcribe en su escrito de impugnación la representación de Volkswagen avala esa conclusión, al establecer un vínculo entre el incumplimiento del deber se supervisión por parte del Jefe principal del servicio EAS de aquella, y las sucesivas actuaciones delictivas a través de la instalación y consiguiente ocultación del software malicioso. Una responsabilidad que surge de un régimen parangonable con el que prevé el artículo 31 bis y ss del CP (RCL 1995, 3170y RCL 1996, 777), y que ha abocado a la imposición de una multa que, por su severidad, denota un indiscutible carácter sancionador. Proyectado todo ello sobre los parámetros de ponderación que la jurisprudencia europea sugiere, nos permite concluir que la multa administrativa alemana responde a idéntico fundamento y despliega la misma eficacia que la que sería imponible en España en aplicación del artículo 31 Bis y ss del C.P. (RCL 1995, 3170y RCL 1996, 777), de cara a tener por cumplida también la tercera de las identidades sobre las que se construye el ne bis in ídem. Además del carácter penal de la investigación seguida por la Fiscalía de Braunschweig en relación a las personas físicas".

En definitiva, únicamente podrá reclamarse la jurisdicción española para investigar y condenar a una persona jurídica por hechos acaecidos en el extranjero en los que haya participado cuando a la entidad colectiva no se le haya impuesto ninguna sanción por su conducta, ya sea esta penal o administrativa.

Con todo, para imputar en nuestro país a la entidad colectiva que hubiera participado en el delito acaecido en el extranjero, resulta imprescindible que el delito por el que se quiera investigar a la persona jurídica esté incluido entre los delitos por los que las entidades colectivas pueden responder en nuestro país. Y ello se debe a que la atribución de responsabilidad penal se haría exclusivamente en virtud de nuestro ordenamiento jurídico, el cual no reconoce la participación delictiva de la persona jurídica en delitos que no estén incluidos en el sistema *numerus clausus* al que se ciñe el art. 31 bis CP. Y, además, deberán cumplirse las condiciones que indica el art. 23.2 LOPJ, que son las siguientes:

> "2. También conocerá la jurisdicción española de los delitos que hayan sido cometidos fuera del territorio nacional, siempre que los criminalmente responsables fueren españoles o extranjeros que hubieran adquirido la nacionalidad española con posterioridad a la comisión del hecho y concurrieren los siguientes requisitos:
>
> a) Que el hecho sea punible en el lugar de ejecución, salvo que, en virtud de un Tratado internacional o de un acto normativo de una Organización internacional de la que España sea parte, no resulte necesario dicho requisito, sin perjuicio de lo dispuesto en los apartados siguientes.
>
> b) Que el agraviado o el Ministerio Fiscal interpongan querella ante los tribunales españoles. Este requisito se considerará cumplido en relación con los delitos competencia de la Fiscalía Europea cuando esta ejercite efectivamente su competencia.
>
> c) Que el delincuente no haya sido absuelto, indultado o penado en el extranjero, o, en este último caso, no haya cumplido la condena. Si sólo la hubiere cumplido en parte, se le tendrá en cuenta para rebajarle proporcionalmente la que le corresponda".

Ahora bien, fuera de dicho escenario, entendemos que depurar la responsabilidad penal de dos partícipes en un mismo delito en distintos estados es algo contrario a la economía procesal. Somos de la opinión de que enjuiciar a la persona física en virtud de un ordenamiento jurídico y a la jurídica en virtud de otro sería abiertamente contraproducente para el correcto devenir del procedimiento y, en definitiva, para el debido esclarecimiento de los hechos. Por ello, entendemos que a pesar de que los tribunales españoles, en virtud de lo dispuesto en los arts. 23.2 LOPJ y 31 ter CP, ostentan jurisdicción para enjuiciar a las personas jurídicas españolas que participen en un delito cometido por un extranjero fuera de nuestro territorio, ello sería desaconsejable, ya que, salvo en contadas excepciones como la que se ha indicado *supra*, complicaría en exceso la depuración de la responsabilidad penal por los hechos ocurridos. Además de que la posibilidad de que el enjuiciamiento individual de la persona jurídica puede generar una doble incriminación en su caso, ya que podría verse inmersa en un procedimiento judicial tanto en el país en el que se hubiera cometido el delito como en el que tuviese el domicilio social, lo cual resulta contrario al principio *non bis in idem*.

Además, siempre que el Estado en el que se ha cometido el delito tenga previsto en su ordenamiento jurídico la atribución de responsabilidad penal a las personas jurídicas, la reclamación de dicha jurisdicción por nuestros tribunales se plantea incluso más innecesaria, si tenemos en cuenta que en el Derecho español se dispone de otras herramientas para sancionar a las personas jurídicas domiciliadas en España que hayan participado en un delito cometido por un extranjero fuera de nuestro territorio. Así, la Ley 23/2014, de 20 de noviembre, de reconocimiento mutuo de resoluciones penales de la Unión Europea, permite a un EM ejecutar la pena impuesta en otro EM. En este sentido, en caso de que el EM que haya juzgado los hechos en los que ha participado la persona jurídica domiciliada en nuestro país no pueda ejecutar la pena impuesta a la misma, esta ley permite que sea nuestro Estado quien lo haga[337]. Esta circunstancia, a nuestro modo de ver, hace innecesario reclamar la jurisdicción para el enjuiciamiento de una responsabilidad criminal de un delito que se ha cometido en

[337] Ley 23/2014, de 20 de noviembre, de reconocimiento mutuo de resoluciones penales de la Unión Europea. Art. 1: "En aplicación del principio de reconocimiento mutuo de resoluciones penales en el espacio de libertad, seguridad y justicia de la Unión Europea, las autoridades judiciales españolas que dicten una orden o resolución incluida dentro de la regulación de esta Ley podrán transmitirla a otro Estado miembro para su reconocimiento y ejecución. En aplicación del principio de reconocimiento mutuo de resoluciones penales, las autoridades judiciales españolas competentes reconocerán y ejecutarán en España dentro del plazo previsto, las órdenes europeas y resoluciones penales previstas en esta Ley cuando hayan sido transmitidas correctamente por la autoridad competente de otro Estado miembro y no concurra ningún motivo tasado de denegación del reconocimiento o la ejecución".

otro EM de la UE, ya que el aseguramiento de la hipotética pena está garantizado a través de una herramienta como la descrita.

Ahora bien, aunque el reconocimiento mutuo de resoluciones penales permite asegurar, al menos teóricamente, el cumplimiento de las penas impuestas entre estados, con las limitaciones que se derivan por restringirse al ámbito de la UE, también plantea algunas objeciones de cara a coyunturas como las que de seguido se expondrán.

En primer lugar, entendemos que no es necesario que la pena de la persona jurídica a ejecutar a través de este mecanismo derive de su participación en uno de los delitos para los que nuestro ordenamiento jurídico penal reconoce la responsabilidad penal de las personas jurídicas[338]. La Ley 23/2014, de 20 de noviembre es una herramienta para facilitar la ejecución de la pena que le ha sido impuesta a una persona jurídica nacional por los tribunales de un EM en otro EM, no es un procedimiento para atribuirle responsabilidad penal de acuerdo con la legislación penal española, motivo por el que concluimos que la pena o sanción de la persona jurídica cuya ejecución se solicite en virtud del reconocimiento de una resolución penal extranjera no tiene por qué derivarse de un delito por el que nuestra legislación estatal tenga reconocido que la entidad colectiva puede responder penalmente.

No obstante, la cuestión que debemos plantearnos es si a fin de ejecutar las sanciones, estas han debido de ser impuestas como consecuencia de un procedimiento penal o si, por el contrario, las sanciones administrativas impuestas por otro EM también se encuentran bajo el amparo de la Ley 23/2014, de 20 de noviembre. La relevancia de la presente cuestión estriba en que hay EEMM de la UE que no sancionan a las personas jurídicas en virtud de la jurisdicción penal, sino la administrativa.

Es decir, ¿es ejecutable cualquier sanción impuesta a las personas jurídicas en otros EEMM de la UE o tan solo las penas que derivan de un procedimiento penal? A su vez, ¿es necesario que los concretos

---

338 Recordemos que las personas jurídicas responden penalmente en nuestro país únicamente por una serie de concretos delitos en virtud de un sistema *numerus clausus*.

hechos por los que se ha impuesto la pena en el extranjero estén tipificados como sancionables penalmente en nuestro país también?

En primer lugar, si bien el Preámbulo de la Ley establece que las sanciones impuestas pueden derivar de la comisión de una infracción de carácter penal o administrativa, lo cierto es que, si acudimos al tenor literal del art. 173, establece que la sanción pecuniaria susceptible de ser ejecutada por otro Estado se entenderá por:

> "la cantidad de dinero exigida por una resolución firme en concepto de multa impuesta como consecuencia de la comisión por una persona física o jurídica de una infracción penal o administrativa, siempre que, en relación con estas últimas, las sanciones administrativas fueran recurribles ante un órgano jurisdiccional penal"[339].

Por consiguiente, para que un EM pueda solicitar la ejecución de la multa, como sanción administrativa, a otro Estado, esta debe ser recurrible ante un tribunal penal. En lo que a nuestro país respecta, al no ser recurribles ante la jurisdicción penal sino ante la contencioso-administrativa las sanciones administrativas impuestas en nuestro Estado, no podrá solicitarse a España que ejecute estas en virtud de esta Ley.

Por otro lado, el art. 180.2 del mismo cuerpo legal específicamente permite que se ejecute la sanción pecuniaria que se haya impuesto en un EM, aunque la infracción penal de la que ha surgido la misma no sea susceptible de acarrear reproche penal de acuerdo con el Derecho español.

En definitiva, a pesar de que la normativa otorga a los tribunales españoles jurisdicción para conocer e investigar la participación que han tenido las personas jurídicas domiciliadas en nuestro país en delitos acaecidos en el extranjero, entendemos que las dificultades existentes para investigar unos hechos cometidos en el extranjero (idioma distinto, dilación en la facilitación de información por parte de agentes extranjeros, etc.) harían complicado llevar a cabo una correcta depuración de responsabilidades. Si a ello le sumamos la existencia de instrumentos como la Ley 23/2014, de 20 de noviembre, la cual intro-

---

339 Ley 23/2014, de 20 de noviembre de reconocimiento mutuo de resoluciones penales de la Unión Europea. Art. 173.

duce mecanismos para ejecutar en nuestro país las sanciones impuestas a las citadas entidades colectivas en otros EM pertenecientes a la UE —lo cual facilitaría la sanción de personas jurídicas internacionalmente, aunque sea dentro de los límites de la UE—, la reclamación de la jurisdicción por parte de nuestros tribunales no parece que resulte útil o atractiva en la mayoría de los supuestos.

1.1.2. Principio real, de protección o de defensa y principio de justicia universal

El art. 23 LOPJ, en sus apartados 3 y 4, introduce dos criterios que permiten a los tribunales españoles conocer los hechos acaecidos fuera de su territorio tanto por nacionales como extranjeros siempre y cuando sean constitutivos de los delitos recogidos en ellos. Estos principios son catalogados como principios de protección del interés nacional y de justicia universal[340], y son los que permitirían que las personas jurídicas de cualquier nacionalidad, incluida la española, que hayan participado en la comisión de alguno de los delitos recogidos en estos apartados del art. 23 LOPJ puedan ser enjuiciadas en nuestro país, siempre y cuando no se hubiera iniciado otro procedimiento por los mismos hechos en otro EM —lo cual vulneraría el principio *non bis in ídem*—, y en el caso del principio de justicia universal, se cumplan los criterios de conexión legalmente establecidos.

Por un lado, el apartado tercero del art. 23 LOPJ regula el denominado principio real o de protección, cuya razón de ser, tal y como expone OLLÉ SESÉ, reside en la tutela jurídica de los bienes jurídicos comunes que pertenecen al Estado español y de los bienes jurídicos individuales que no gozan de la suficiente protección normativa en el país en el que se han cometido[341]. Este precepto enumera los siguientes ilícitos: los delitos de traición y contra la paz o la independencia del Estado, los delitos contra el titular de la Corona, su Consorte, su

---

340 GIMENO BEVIÁ, Jordi, "Jurisdicción y competencia en el enjuiciamiento penal de las personas jurídicas". En *Responsabilidad penal y procesal de las personas jurídicas*, dirigido por Ángel JUANES PECES, 261-275. Madrid: Francis Lefebvre, 2015. Pág. 264.

341 OLLÉ SESÉ, Manuel. *Crimen internacional y jurisdicción penal... Op. Cit.* Pág. 52.

Sucesor o el Regente, los delitos de rebelión y sedición[342], los delitos de falsificación de la firma o estampillas reales, de sello del Estado o de la firma de los Ministros y de los sellos públicos u oficiales, los delitos de falsificación de moneda española y su expedición, los delitos sobre cualquier otra falsificación que perjudique directamente al crédito o intereses del Estado, e introducción o expedición de lo falsificado, los delitos de atentado contra autoridades o funcionarios públicos, los delitos perpetrados en el ejercicio de sus funciones por funcionarios públicos residentes en el extranjero, los delitos contra la Administración Pública española y, por último, los delitos relativos al control de cambios.

Al igual que ocurre con el principio de personalidad, las personas jurídicas que se involucren en la comisión de un crimen en el extranjero susceptible de ser perseguido bajo el principio de protección también podrán ser penalmente responsables[343]. A este respecto, de todos los delitos expuestos con anterioridad, lo cierto es que las personas jurídicas únicamente pueden ser penalmente responsables —en virtud del sistema de *numerus clausus* que condiciona la aplicación del art. 31 bis CP— de los delitos de falsificación de moneda, cohecho, tráfico de influencias y malversación, delitos tipificados en los arts. 386, 419 y ss., 428 y ss., y 432 y ss. CP, respectivamente.

Por lo tanto, en virtud del principio de protección regulado en el art. 23.3 LOPJ, los tribunales españoles podrán conocer los delitos de falsificación de moneda, cohecho y tráfico de influencias cometidos por las personas jurídicas españolas y extranjeras, siempre y cuando dichos delitos atenten contra la moneda o la Administración Pública de este país, tal y como exigen las letras e) y h) de esta norma.

Por otro lado, el art. 23.4 LOPJ introduce el principio de justicia universal, criterio que permite a los tribunales españoles reclamar la jurisdicción cuando se cometan los delitos en él previstos. No obstante, este criterio, a diferencia del principio de protección o defen-

---

342 Derogado por la Ley Orgánica 14/2022, de 22 de diciembre, de transposición de directivas europeas y otras disposiciones para la adaptación de la legislación penal al ordenamiento de la Unión Europea, y reforma de los delitos contra la integridad moral, desórdenes públicos y contrabando de armas de doble uso.

343 OLLÉ SESÉ, Manuel. *Crimen internacional y jurisdicción penal... Op. Cit.* Pág. 53.

sa, exige una serie de condiciones específicas para que los tribunales españoles puedan conocer los delitos enumerados en dicha lista. En este sentido, previo análisis de dichas condiciones, al igual que hemos hecho con el apartado tercero del art. 23 LOPJ, a continuación, vamos a examinar qué concretos delitos de todos los enumerados en dicho precepto tienen la capacidad de atribuir responsabilidad a las personas jurídicas.

Así, los delitos comprendidos en el art. 23.4 LOPJ son los delitos de genocidio, lesa humanidad y los cometidos contra las personas y bienes protegidos en caso de conflicto armado, los delitos de tortura y contra la integridad moral, los delitos de desaparición forzada, los delitos de piratería, terrorismo, tráfico ilegal de drogas tóxicas, trata de seres humanos, delitos contra los derechos de los ciudadanos extranjeros y delitos contra la seguridad de la navegación marítima, delitos para la represión de apoderamientos ilícitos de aeronaves, delitos para la represión de actos ilícitos contra la seguridad de la aviación civil, delitos sobre la protección física de materiales nucleares, delitos de constitución, financiación o integración en grupo u organización criminal, delitos contra la libertad e indemnidad sexual cometidos sobre víctimas menores de edad, delitos sobre prevención y lucha contra la violencia contra las mujeres, delitos de corrupción entre particulares o en las transacciones económicas internacionales, delitos sobre la falsificación de productos médicos o delitos que supongan una amenaza para la salud pública y, por último, todos aquellos delitos cuya persecución se imponga con carácter obligatorio por un Tratado vigente en España.

De todo el listado de delitos previamente expuesto, las personas jurídicas podrán responder penalmente por los delitos de trata de seres humanos (art. 177 bis CP), de corrupción entre particulares (art. 286 bis y ss. CP), de los delitos contra los derechos de los ciudadanos extranjeros (art. 318 bis CP), de los delitos de tráfico de drogas tóxicas (arts. 368 y ss. CP) y de los delitos de terrorismo (arts. 573 y ss. CP) o de constitución, financiación o integración de un grupo u organización criminal (arts. 570 bis y ss. CP). Ahora bien, como ya se ha adelantado, la participación de una persona jurídica, nacional o extranjera, en alguno de dichos delitos cuando se haya cometido en el extranjero no derivará automáticamente en que los tribunales españoles puedan conocer los mismos, ya que ello está sujeto a una serie de requisitos que a continuación expondremos.

1) Los delitos de terrorismo en los que participen personas jurídicas podrán ser conocidos por los tribunales españoles siempre y cuando se dirijan contra un ciudadano español o contra un extranjero que resida habitualmente en España o que, sin hacerlo, colabore con un español o con un extranjero que sí resida en España. A su vez, podrán conocer el delito si la persona jurídica que participa en el mismo está domiciliada en España. Por último, los tribunales españoles también conocerán de los delitos de terrorismo en los que la víctima tuviera nacionalidad española, en aquellos en los que el delito se haya cometido para influir o condicionar de un modo ilícito la actuación de cualquier autoridad española, cuando se cometa contra una institución u organismo de la Unión Europea con sede en este país, cuando se atente contra un buque o aeronave con pabellón español o en aquellos supuestos en los que el delito se cometa contra instalaciones oficiales españolas[344].
2) Los delitos de tráfico ilegal de drogas tóxicas, estupefacientes o sustancias psicotrópicas serán perseguibles por los tribunales españoles siempre y cuando el procedimiento se dirija contra una persona de nacionalidad española —en el concreto caso de las personas jurídicas, en nuestra opinión tendrán la condición de españolas aquellas que ostenten su domicilio social en nuestro país, tal y como se ha expuesto con anterioridad— o cuando los actos de ejecución de estos delitos se estén realizando con miras a su comisión en territorio español.
3) En este mismo sentido se pronuncia el apartado j) del art. 23.4 LOPJ para los delitos de constitución, financiación o integración en grupo u organización criminal. En caso de que dichos delitos se estén realizando con miras a la comisión en España de delitos castigados con pena igual o superior a tres años, los

344 La propia LOPJ establece que deberá entenderse por instalación oficial española cualquier instalación permanente o temporal en la que desarrollen sus funciones públicas autoridades o funcionarios públicos españoles, como por ejemplo una embajada o un consulado.

tribunales españoles tendrán jurisdicción para conocer los mismos.

4) En lo que respecta a los delitos de trata de seres humanos, los tribunales españoles podrán conocer los mismos cuando el procedimiento se dirija contra una persona jurídica que tenga su sede o domicilio social en España y en aquellos supuestos en los que la víctima del delito tuviera al momento de la comisión de los hechos la nacionalidad española o la residencia habitual en nuestro país, siempre y cuando, eso sí, la persona física a la que se impute la comisión principal del hecho delictivo se encuentre en España.
5) En el mismo sentido, nuestros tribunales podrán reclamar su jurisdicción para perseguir los delitos de corrupción entre particulares cometidos por los directivos, administradores, empleados o colaboradores de una empresa que tenga su sede o domicilio social en España, así como cuando la penalmente responsable sea la propia persona jurídica con sede o domicilio social en nuestro país.
6) Por último, en su apartado d), el art. 23.4 LOPJ hace una remisión a que los tribunales españoles podrán conocer los delitos de terrorismo, tráfico ilegal de drogas tóxicas, estupefacientes o sustancias psicotrópicas, trata de seres humanos y delitos contra los derechos de los ciudadanos extranjeros en los supuestos previstos en los tratados ratificados por España o en actos normativos de una organización internacional de la que España sea parte. En este sentido, habrá que estar a lo dispuesto en cada uno de esos tratados para conocer si nuestros tribunales gozan de jurisdicción o no.

En definitiva, siempre que los delitos previstos en los diferentes apartados del art. 23.4 LOPJ sean cometidos y concurra alguna de las condiciones de las previamente expuestas, los tribunales españoles tendrán la potestad de reivindicar su jurisdicción para conocer dichas causas en caso de que se interponga denuncia o querella por el agraviado o el MF, y siempre y cuando, claro está, se respete lo dispuesto en el apartado 5 de la misma norma, a fin de no vulnerar el principio *non bis in idem*[345].

Ahora bien, los conflictos de competencia entre la jurisdicción española y la de otros estados es una materia que excede del objeto de la presente obra, ya que, tal y como se ha adelantado, no contamos con criterios normativos específicos que dispongan qué Estado tendrá preferencia sobre otro para enjuiciar a las personas jurídicas que operen internacionalmente.

---

345 Ley Orgánica 6/1985, de 1 de julio, del Poder Judicial. Art. 23.5: "5. Los delitos a los que se refiere el apartado anterior no serán perseguibles en España en los siguientes supuestos: a) Cuando se haya iniciado un procedimiento para su investigación y enjuiciamiento en un Tribunal Internacional constituido conforme a los Tratados y Convenios en que España fuera parte. b) Cuando se haya iniciado un procedimiento para su investigación y enjuiciamiento en el Estado del lugar en que se hubieran cometido los hechos o en el Estado de nacionalidad de la persona a que se impute su comisión, siempre que: 1.º la persona a la que se impute la comisión del hecho no se encontrara en territorio español; o, 2.º se hubiera iniciado un procedimiento para su extradición al país del lugar en que se hubieran cometido los hechos o de cuya nacionalidad fueran las víctimas, o para ponerlo a disposición de un Tribunal Internacional para que fuera juzgado por los mismos, salvo que la extradición no fuera autorizada. Lo dispuesto en este apartado b) no será de aplicación cuando el Estado que ejerza su jurisdicción no esté dispuesto a llevar a cabo la investigación o no pueda realmente hacerlo, y así se valore por la Sala 2.ª del Tribunal Supremo, a la que elevará exposición razonada el Juez o Tribunal. A fin de determinar si hay o no disposición a actuar en un asunto determinado, se examinará, teniendo en cuenta los principios de un proceso con las debidas garantías reconocidos por el Derecho Internacional, si se da una o varias de las siguientes circunstancias, según el caso: a) Que el juicio ya haya estado o esté en marcha o que la decisión nacional haya sido adoptada con el propósito de sustraer a la persona de que se trate de su responsabilidad penal. b) Que haya habido una demora injustificada en el juicio que, dadas las circunstancias, sea incompatible con la intención de hacer comparecer a la persona de que se trate ante la justicia. c) Que el proceso no haya sido o no esté siendo sustanciado de manera independiente o imparcial y haya sido o esté siendo sustanciado de forma en que, dadas las circunstancias, sea incompatible con la intención de hacer comparecer a la persona de que se trate ante la justicia. A fin de determinar la incapacidad para investigar o enjuiciar en un asunto determinado, se examinará si el Estado, debido al colapso total o sustancial de su administración nacional de justicia o al hecho de que carece de ella, no puede hacer comparecer al acusado, no dispone de las pruebas y los testimonios necesarios o no está por otras razones en condiciones de llevar a cabo el juicio".

No obstante, el presente epígrafe sirve para recalcar el preceptivo respeto que hay que tener por el principio *bis in idem* en materia de jurisdicción, y para conocer los concretos supuestos en los que, a través de los diferentes apartados del art. 23 LOPJ, los tribunales españoles tendrán la posibilidad de reclamar su jurisdicción para enjuiciar a las personas jurídicas, ello con independencia de que otros EM también la tengan.

2. COMPETENCIA

ALONSO MANZANO establece que la competencia está constituida por el conjunto de procesos en los que un tribunal puede ejercer su jurisdicción con exclusión de cualquier otro[346]. Es decir, este concepto nos señala "el órgano jurisdiccional que debe instruir y el que debe fallar una causa penal con preferencia y exclusividad sobre todos los demás"[347]. Asimismo, tal y como se ha adelantado previamente, la competencia de los tribunales se divide en dos materias diferentes: la competencia objetiva y la competencia territorial, las cuales pasamos a analizar independientemente a continuación.

2.1. Competencia objetiva

En primer lugar, la competencia objetiva es la potestad que ostenta determinado tribunal para conocer una causa o un asunto en cuestión. En el orden jurisdiccional penal, la competencia la establece la LECrim en sus arts. 14 y 14 bis, preceptos que hacen pivotar la competencia objetiva de los tribunales penales sobre dos conceptos diferentes, siendo uno prioritario al otro: un criterio cualitativo y un criterio cuantitativo.

En primer lugar, la competencia objetiva de un tribunal se decide en base a la materia, esto es, en base a un criterio cualitativo. Aunque, generalmente, las instrucciones y los enjuiciamientos de procedimientos penales se dirimen en los tribunales ordinarios, en los supuestos en

---

346 ALONSO MANZANO, M.ª Jesús. "La jurisdicción y la competencia... *Op. Cit.* Pág. 39.

347 *Ibidem.*

los que concurren determinadas circunstancias específicas, la competencia puede recaer en tribunales especiales, como son el TJ o la AN.

Por otro lado, cuando el criterio cualitativo no derive la competencia de un procedimiento seguido ante personas jurídicas a un tribunal específico, su competencia se tramitará ante los tribunales ordinarios en virtud de lo dispuesto por el art. 14 bis LECrim[348], introducido por la Ley 37/2011, de 10 de octubre, de medidas de agilización procesal, esto es, ante los JI la fase de investigación, y ante los JP o la AP la de enjuiciamiento, en función de la pena que lleve aparejada para la persona física el delito en cuestión que se vaya a enjuiciar[349]. Como bien puntualiza DEL ROSAL BLASCO, según lo preceptuado en nuestra ley procesal, para establecer qué tribunales son competentes para investigar y enjuiciar a las personas jurídicas, se deberá estar a la pena aparejada para la persona física, aunque la pena imponible a la persona jurídica pudiera determinar una competencia objetiva y funcional ante un órgano judicial diferente[350].

Ante las dudas que podría suscitar el hecho consistente en que se deba estar a la pena imponible a las personas físicas para determinar el tribunal competente para enjuiciar a las jurídicas, no podemos más que coincidir con el planteamiento de GASCÓN INCHAUSTI relativo a que el contenido del art. 14 bis LECrim "se trata de un criterio razonable, puesto que, aunque se juzgue sólo a la persona jurídica será preciso enjuiciar los hechos atribuidos a la persona física"[351]. Y ello

---

348 LECrim. Art. 14 bis: "Cuando de acuerdo con lo dispuesto en el artículo anterior el conocimiento y fallo de una causa por delito dependa de la gravedad de la pena señalada a éste por la ley se atenderá en todo caso a la penal legalmente prevista para la persona física, aun cuando el procedimiento se dirija exclusivamente contra una persona jurídica".

349 LECrim. Art. 14.3 y 4: "3. Para el conocimiento y fallo de las causas por delitos a los que la Ley señale pena privativa de libertad de duración no superior a cinco años o pena de multa cualquiera que sea su cuantía, o cualesquiera otra de distinta naturaleza, bien sean únicas, conjuntas o alternativas, siempre que la duración de éstas no exceda de diez años. (...) 4. Para el conocimiento y fallo de las causas en los demás casos la Audiencia Provincial de la circunscripción donde el delito se haya cometido, (...)".

350 DEL ROSAL BLASCO, Bernardo. *Manual de responsabilidad penal... Op. Cit.* Pág. 377.

351 GASCÓN INCHAUSTI, Fernando. *Proceso penal y persona jurídica*. Madrid: Marcial Pons, 2012. Pág. 54.

habida cuenta de que, si no se llega a la conclusión de que el delito ha existido —y que, por ende, una persona física ha participado en él—, no se podrá exigir responsabilidades a las entidades colectivas, ya que a estas únicamente se les podrá atribuir responsabilidad penal por su participación en hechos delictivos[352].

Como ya se ha expuesto con anterioridad, en nuestra opinión no es suficiente con acreditar la existencia del hecho delictivo en el que ha participado la persona jurídica, sino que también resulta imprescindible, mientras el tenor literal del art. 31 bis 1 CP siga siendo el actual, identificar quién es la concreta persona física que ha cometido este, ya que nuestro legislador ha establecido requisitos diferentes para atribuir responsabilidad penal a la persona jurídica en función de la posición jerárquica que ostente en ella la concreta o concretas persona físicas autoras del hecho delictivo. Por consiguiente, para dotar de coherencia al sistema de atribución de responsabilidad penal a las personas jurídicas, entendemos que resulta necesario identificar expresamente al responsable o responsables, o al menos su posición jerárquica en la empresa, que ha cometido el hecho delictivo por el que se está investigando a la jurídica.

En definitiva, si bien los criterios cuantitativos destacan por su aparente sencillez, no puede decirse lo mismo sobre los cualitativos, los cuales presentan una serie de incógnitas en relación con la depuración de la responsabilidad penal de las personas jurídicas que entendemos pertinente analizar.

---

352 De hecho, si bien la constatación de que el hecho delictivo ha existido para poder sancionar a una persona jurídica resulta una cuestión poco tratada en la doctrina, nosotros entendemos, tal y como se ha desarrollado con anterioridad, que para poder sancionar penalmente a una persona jurídica con las debidas garantías también es necesario identificar la concreta persona que ha cometido el hecho delictivo en cuestión y la posición jerárquica que ocupa en la entidad colectiva, en aras de conocer los concretos requisitos del art. 31 bis CP que deben acreditarse para atribuir responsabilidad penal a la persona jurídica. Véase epígrafe 2.3. del Capítulo I.

2.1.1. Tribunal del Jurado

En cuanto al TJ, la LO 5/1995, de 22 de mayo, del Tribunal del Jurado, establece en su art. 1.2 que será competente para el conocimiento y fallo de las causas seguidas únicamente por determinados delitos[353]. Pues bien, entre dichos delitos se encuentran el cohecho, el tráfico de influencias y la malversación de caudales públicos, delitos por los que pueden ser penalmente responsables las personas jurídicas, quienes, no lo olvidemos, únicamente responden, bajo un criterio de *numerus clausus*, por determinados delitos debidamente tasados en nuestro CP. Así, en virtud del art. 1.2 LO 5/1995, el TJ será competente para conocer y enjuiciar a las personas jurídicas cuando cooperen necesariamente en la comisión de uno de los delitos previamente señalados.

Por consiguiente, ante la ausencia de matices en la misma, la única conclusión posible en la actualidad es que, en caso de encontrarnos ante uno de los delitos expuestos, el conocimiento y enjuiciamiento de este en lo que a la persona jurídica respecta, deberá seguirse a través de los cauces del TJ. Ahora bien, la presente investigación exige ir un paso más allá y preguntarse si nos encontramos ante una decisión verdaderamente adecuada.

Tal y como establece el art. 1.1 LO 5/1995, el TJ se promulgó con la finalidad de hacer partícipe a la ciudadanía en la Administración de Justicia. Independientemente de la discusión doctrinal existente desde la fecha de publicación de esta Ley sobre el satisfactorio o errático funcionamiento del presente tribunal, institución que ni mucho menos está exenta de críticas (ámbito de aplicación de la ley, objeto del veredicto y su estructura, formación de la mayoría, motivación del

---

353 Delito de homicidio (arts. 138 a 140 CP), delito de amenazas (art. 169.1 CP), delito de omisión del deber de socorro (arts. 195 y 196 CP), delito de allanamiento de morada (arts. 202 y 204 CP), delito de infidelidad en la custodia de documentos (arts. 413 a 415 CP), delito de cohecho (arts. 419 a 426), delito de tráfico de influencias (arts. 428 a 430) delito de malversación de caudales públicos (arts. 432 a 434 CP), delito de fraudes y exacciones ilegales (arts. 436 a 438 CP), delito de negociaciones prohibidas a funcionarios (arts. 439 y 440 CP) y delitos de infidelidad en la custodia de presos (art. 471 CP).

fallo, etc[354].), nos posicionamos junto con el sector doctrinal que no considera beneficioso que la responsabilidad penal de la persona jurídica se dirima ante un TJ. Así, GIMENO BEVIÁ opina que:

> "El tribunal del Jurado, en el momento en el que fue ideado, sólo entendía posible el enjuiciamiento penal de personas físicas y, de hecho, aquellos procedimientos con trascendencia económica y figuras delictivas complejas para el ciudadano lego en derecho han arrojado resultados insatisfactorios. Por consiguiente, un proceso penal frente a la persona jurídica, que generalmente estará lleno no sólo de connotaciones jurídicas sino también económicas, de organización interna, etc. puede resultar harto complicado para un tribunal que carezca de unos mínimos conocimientos al respecto"[355].

En este sentido, basta con analizar los pocos pronunciamientos judiciales existentes hasta la fecha en relación con la presente materia —que, por cierto, no han sido dictados en ningún caso en procedimientos cuya competencia corresponda al TJ— para observar que se trata de una cuestión jurídica de elevada dificultad. Así, no parece razonable exigir a los ciudadanos de a pie que, sin conocimiento jurídico, resuelvan determinadas conductas relacionadas con las personas jurídicas, dado que se trata de cuestiones tan técnicas y jurídicamente complicadas que dificultan la posibilidad de alcanzar un resultado satisfactorio para nuestra sociedad.

En consecuencia de lo previamente expuesto, en un primer momento podría plantearse la posibilidad de que el legislador introdujera una modificación en la Ley del Jurado mediante la que se excluyera el conocimiento por el TJ de la depuración de la responsabilidad penal de las personas jurídicas en los delitos de cohecho, tráfico de influencias y malversación de caudales públicos. No obstante, dicha medida tendría algunas objeciones que pueden resultar incluso mayores que el sometimiento de cuestiones tan jurídicamente técnicas a la ciudadanía.

---

354 PERANDONES ALARCÓN, María. "Una visión crítica de la actual institución del jurado". *La Ley Penal*, nº 119 (2016).

355 GIMENO BEVIÁ, Jordi. *Compliance y proceso penal: el proceso penal de las personas jurídicas: adaptada a las reformas del CP y LECrim de 2015, circular FGE 1-2016 y jurisprudencia del TS*. Cizur Menor (Navarra): Civitas Thomson Reuters, 2016. Pág. 66

Por un lado, la opción planteada iría, a nuestro juicio, en contra de la economía procesal, puesto que no hay motivos para impedir que los delitos de cohecho, malversación y tráfico de influencias cometidos por las personas físicas se enjuicien a través del TJ. Es más, la imposibilidad de que este tribunal se pronunciase sobre la participación de la persona jurídica en el mismo procedimiento derivaría en la necesaria incoación de otro frente a los tribunales ordinarios para dilucidar dicha participación, con los costes que ello conlleva. Al mismo tiempo, debemos traer a colación que nuestra ley procesal establece en su art. 9 que los jueces y tribunales que tengan competencia para conocer de una causa determinada, la tendrán también para todas sus incidencias. Es decir, el tenor literal de la LOTJ no permitiría excluir el conocimiento de la participación de la persona jurídica en un delito enjuiciable por este tribunal, ya que la regla es que también conoce el resto de los hechos circundantes a la causa de la que es competente, como en este caso sería la participación de la persona jurídica en el delito que está siendo investigado.

Así, no parece adecuado dividir en dos procedimientos diferentes la depuración de responsabilidades penales conexas dado que lo mismo, además del coste que conllevaría, podría dificultar el correcto enjuiciamiento del delito cometido.

Como es evidente, la tramitación por dos juzgados diferentes de sendos procedimientos que investiguen el mismo delito podría complicar la depuración de responsabilidades penales ya que, al ser objeto de investigación un mismo delito, los tribunales se verían en la obligación de remitirse información, o lo que es más peligroso, hacen depender sus pronunciamientos sobre lo acordado por un juzgado diferente. En nuestra opinión, serían procedimientos que se interrumpirían constantemente y que incluso podrían llegar al absurdo de llegar a pronunciamientos abiertamente contradictorios, lo cual debería corregirse en instancias posteriores, generando un coste, de recursos y de tiempo, que podría haber sido evitable en caso de haberse enjuiciado conjuntamente ambas responsabilidades desde un primer momento. En este sentido se pronuncia RODRÍGUEZ TIRADO cuando expone que "no se puede llegar al absurdo de atribuir la competencia a órganos jurisdiccionales diferentes si puede implicar la ruptura de la continencia de la causa o a fallos contradictorios"[356].

Imaginemos por un momento la situación a la que se llegaría en el supuesto de que un tribunal ordinario llegase a la conclusión de que la persona jurídica es culpable de haber cooperado necesariamente en el delito y que, posteriormente, el TJ absuelva a la persona física por entender que los hechos, o bien no han ocurrido, o bien no son constitutivos de delito. El hecho de que nuestro CP permita, a través de su art. 31 ter 1, que la responsabilidad penal de la persona jurídica sea exigible aun cuando la concreta persona física responsable no haya sido individualizada o no haya sido posible dirigir el procedimiento contra ella no supone que la persona jurídica pueda ser condenada cuando se ha llegado a la conclusión por un tribunal penal de que el hecho delictivo no ha existido.

Es decir, el hecho de que la persona jurídica pueda ser condenada cuando no se ha identificado a la concreta persona física que ha cometido el delito, parte de la siguiente premisa: la comisión de un delito ha debido quedar constatada. Así, entendemos que en la medida de lo posible es necesario evitar que tribunales distintos se encarguen de depurar la responsabilidad penal de las personas físicas y las jurídicas cuando de un mismo hecho delictivo se trate, todo ello en aras de no vulnerar la seguridad jurídica que debe prevalecer en nuestro sistema jurídico.

En virtud de todo lo expuesto, entendemos que en la actualidad la única opción legalmente adecuada es la depuración de la participación de la persona jurídica en el delito enjuiciado ante el propio TJ. Sin embargo, en caso de que el legislador, en una futura reforma, decida trasladar a la legislación la preocupación existente en la doctrina sobre la ineficacia del TJ para el enjuiciamiento de personas jurídicas, nuestra propuesta pivotaría sobre la necesaria tramitación del procedimiento sometido al TJ en primer lugar y la tramitación del segun-

---

356 RODRÍGUEZ TIRADO, Ana María. "La determinación de la persona jurídica investigada ¿y de los entes sin personalidad jurídica? Determinación del procedimiento penal aplicable". En *Proceso Penal y responsabilidad penal de personas* jurídicas, dirigido por Agustín Jesús PÉREZ-CRUZ MARTÍN y coordinado por Ana María NEIRA PENA, 129-156. Cizur Menor (Navarra): Thomson Reuters Aranzadi, 2017. Pág. 149.

do, relativo a la persona jurídica, única y exclusivamente cuando el primero haya finalizado y del mismo se desprenda que una persona física relacionada a la persona jurídica en virtud de lo expuesto en las letras a) y b) del art. 31 bis CP ha sido condenada como responsable de un delito en el que la persona jurídica ha podido cooperar necesariamente.

Ahora bien, como ya se ha dicho, lo anterior no impide que en caso de que no pueda individualizarse a la concreta persona física que haya cometido el delito, pero sí haya quedado constatado la realización del hecho delictivo por una persona relacionada con la persona jurídica en los términos expuestos por el art. 31 bis CP, en virtud del art. 31 ter ya analizado, se pueda depurar la responsabilidad penal de la entidad.

En definitiva, no creemos que el TJ, como consecuencia de las características personales de los miembros del jurado —que son personas que no tienen por qué tener conocimientos jurídicos—, sea un órgano capaz de conocer satisfactoriamente procedimientos relativos a la responsabilidad penal de la persona jurídica. No obstante, mientras no se produzca una modificación legal en este sentido, el TJ será una institución capaz de conocer y enjuiciar la responsabilidad penal de las personas jurídicas.

2.1.2. Audiencia Nacional

La AN es un órgano jurisdiccional que viene regulado en los arts. 62 y ss. LOPJ y que ostenta jurisdicción en todo el país, conociendo su Sala de lo Penal exclusivamente de determinados delitos debidamente tasados en la LOPJ. Así, mientras que el TJ goza de competencia para enjuiciar a personas jurídicas por delitos de cohecho, tráfico de influencias y malversación de caudales públicos, en virtud del art. 65 LOPJ[357], la AN conocerá los procedimientos seguidos contra personas jurídicas cuando los delitos enjuiciados sean la falsificación de moneda, la fabricación de tarjetas de crédito y débito falsas y cheques de viajeros falsos o cualquier otro instrumento de pago distinto del efectivo, siempre que sean cometidos por organizaciones o grupos cri-

---

357 Ley Orgánica /1985, de 1 de julio, del Poder Judicial. Art. 65.1.

minales, el tráfico de drogas o estupefacientes, fraudes alimentarios y de sustancias farmacéuticas o medicinas cuando se cometan por bandas o grupos organizados y produzcan efectos en lugares pertenecientes a varias Audiencias del territorio español y el contrabando de material de defensa, de otros materiales y de productos y tecnología de doble uso[358].

Asimismo, la AN también será competente para tramitar los procedimientos penales seguidos frente a personas jurídicas cuyo conocimiento esté atribuido a la FE. A este respecto, el art. 4 de la LO 9/2021, de 1 de julio, de aplicación del Reglamento (UE) 2017/1939 del Consejo, de 12 de octubre de 2017, por el que se establece una cooperación reforzada para la creación de la Fiscalía Europea, concreta los delitos por los que la FE puede reclamar su competencia, encontrándose entre ellos los delitos contra la Hacienda de la Unión no referidos a impuestos directos nacionales, el blanqueo de capitales y el contrabando, delitos por los que la persona jurídica puede ser penalmente responsable.

Además, la LOPJ permite a la AN conocer de delitos que se haya cometido en diferentes territorios del Estado, con las ventajas que ello conlleva, eso sí, siempre y cuando se trate de uno de los comprendidos en el art. 65 LOPJ.

En este sentido, entendemos beneficioso que el enjuiciamiento de la persona jurídica por los delitos previamente señalados se realice por la Sala de lo Penal de la AN, puesto que el objetivo principal es el de aunar en un único procedimiento todas las conductas delictivas cometidas por la misma organización criminal en diferentes puntos del Estado. De esta manera, en lugar de tener varias causas abiertas en diferentes puntos del país con la dificultad de colaboración judicial

---

358 Las personas jurídicas pueden responder penalmente por el delito de contrabando a partir de la entrada en vigor de Ley Orgánica 6/2011, de 30 de junio, por la que se modifica la Ley Orgánica 12/1995, de 12 de diciembre, de represión del contrabando. Concretamente, la citada LO estableció lo siguiente en su art. 2.6: "6. Las personas jurídicas serán penalmente responsables en relación con los delitos tipificados en los apartados anteriores cuando en la acción u omisión en ellos descritas concurran las circunstancias previstas en el artículo 31 bis de la Ley Orgánica 10/1995, de 23 de diciembre, del Código Penal y en las condiciones en él establecidas".

que ello conllevaría, el hecho de reunir todas las conductas en un único procedimiento tramitado en la capital del país no podemos considerarlo más que un acierto, ya que ello facilitaría la coordinación interna entre los profesionales jurídicos encargados de la tramitación del asunto.

Ahora bien, también es cierto que, aunque la acumulación de las causas suponga un claro beneficio relativo a la economía procesal, se puede correr el riesgo de acabar creando mega causas muy difíciles de tramitar con la garantía y la precisión deseable, que, además, acaban dilatándose en el tiempo de forma excesiva.

Por último, interesa al objeto del presente apartado hacer una breve remisión al apartado 2° del art. 65 LOPJ ya que dicho artículo establece que la Sala de lo Penal de la AN tendrá potestad para enjuiciar procedimientos penales iniciados en el extranjero y ejecutar las sentencias dictadas por tribunales extranjeros, tal y como adelantábamos en el apartado relativo a la jurisdicción[359].

Una vez analizada la cuestión relativa a la competencia objetiva, a continuación abordaremos una cuestión que no resulta tan pacífica: la competencia territorial.

2.2. *Competencia territorial*

Ya hemos visto qué tribunales o juzgados tienen la competencia objetiva para poder conocer causas en las que tenga que depurarse la responsabilidad penal de una persona jurídica. Ahora bien, ¿los tribunales de qué lugar del territorio nacional deberán conocer qué delito? La primera indicación al respecto nos la muestra el propio art. 14 LECrim, el cual establece que para la instrucción de las causas será competente el juez de instrucción del partido en que el delito se hubiere cometido.

Lo que a simple lectura aparenta ser una norma sencilla, se complica desde el momento en el que en los procedimientos seguidos ante

---

[359] Véase epígrafe 1.1.1. del presente Capítulo en relación con la Ley 23/2014, de 20 de noviembre, de reconocimiento mutuo de resoluciones penales de la Unión Europea.

personas jurídicas generalmente también se investiga a la par a la persona física que comete el delito. Es decir, el delito, que solo es uno como ya hemos manifestado en reiteradas ocasiones, lo comete la persona física. No obstante, es posible que la persona jurídica, como partícipe y cooperadora en la comisión de este, realice su conducta delictiva en un lugar diferente a aquel en el que este se hubiera cometido. Por consiguiente, nos podemos encontrar con situaciones en las que la comisión del delito se hubiera cometido en un lugar y la participación o cooperación en el mismo en otro distinto.

Por ejemplo, imaginémonos que una persona física empleada de una persona jurídica con sede social en Madrid vierte unos residuos tóxicos en un lago de Vitoria. El hecho delictivo, el vertido de residuos, ha sido cometido en Vitoria. No obstante, el hecho relevante cometido por la persona jurídica, el defecto estructural en su programa de organización y gestión que no ha impedido la comisión de dicho delito, se entiende cometido en el lugar en el que la misma ostenta su sede social, esto es, en Madrid.

Cuando se nos presenta un supuesto como este, la legislación vigente nos permite tomar dos caminos diferentes, siendo el objeto del presente apartado dilucidar cuál es el más adecuado de los dos.

Por un lado, en los procedimientos penales seguidos simultáneamente ante personas físicas y jurídicas, lo más lógico aparentemente resultaría investigar y enjuiciar los hechos en los tribunales del partido judicial donde se hubiera cometido el delito, esto es, la conducta delictiva de la persona física.

No obstante, en los casos en los que el procedimiento únicamente se siga frente a la persona jurídica, se ha planteado en la doctrina la posibilidad de que el tribunal competente sea aquel en el que se produce el defecto u omisión que supone la participación de esta en el delito cometido. Pues bien, lo cierto es que atendiendo al contenido del art. 23.1 LOPJ esta posición sería perfectamente válida, ya que la omisión de la persona jurídica es el fundamento para su imputación penal. Sobre la presente cuestión, GASCÓN INCHAUSTI expone que:

> "(...) ahora bien, si se tiene en cuenta que los hechos o conductas que con mayor rigor determinan la imputación de la responsabilidad a la persona jurídica son los hechos internos denotadores de su defecto de or-

ganización y su falta de control, entonces también cabe entender cometido el delito en el domicilio social o, en su caso, en el lugar donde se encuentre la sucursal o la filial o el establecimiento donde desarrolle sus funciones el directivo o el empleado no controlado que cometió el delito. Este de hecho sería un fuero más cómodo si el proceso penal se dirigiese únicamente contra la persona jurídica, sobre todo para la instrucción, pues facilitará la práctica de registros e inspecciones de todo tipo sin necesidad de acudir al auxilio judicial"[360].

En nuestra opinión, en aquellos supuestos de enjuiciamiento conjunto a la persona física y a la persona jurídica, consideramos que la persecución de dichos hechos debe realizarse en el partido judicial donde el delito se haya cometido, dado que no deja de ser el territorio donde se ha cometido la conducta principal perseguida.

Ahora bien, tal y como acaba de verse, se ha planteado en la doctrina la posibilidad de que los procedimientos penales seguidos únicamente contra las personas jurídicas se diriman en el partido judicial donde el defecto estructural que ha facilitado la comisión del delito ha tenido lugar, ya que, en virtud de los argumentos previamente expuestos, se entiende que una investigación y un enjuiciamiento realizado en el territorio donde la persona jurídica tiene su sede puede facilitar la labor de investigación, dotando de celeridad a la misma.

Sin embargo, no podemos compartir dicha conclusión, dado que la responsabilidad penal de la persona jurídica pasa por la constatación de un hecho principal de referencia, por la certeza de que se ha cometido un delito por una persona física, motivo por el que entendemos que el tribunal competente debe de ser el del partido judicial en el que se haya cometido dicho delito, aunque la omisión relevante o el defecto de estructura de la persona jurídica haya ocurrido en otro partido judicial. Para defender esta postura nos amparamos en el tenor literal del art. 14 LECrim, el cual establece que la instrucción se realizará en el partido judicial en el que el delito se hubiera cometido.

Así, debemos recordar que la ausencia de implantación por parte de la persona jurídica de un modelo de organización y gestión que

---

360 GASCÓN INCHAUSTI, Fernando. *Proceso penal y persona jurídica... Op. Cit.* Pág. 58.

incluya medidas de vigilancia y control idóneas para prevenir delitos no es ningún delito en sí mismo, sino la omisión a través de la que la entidad colectiva participa y colabora en el delito. Al ser el único delito el cometido por la persona física, entendemos que el procedimiento deberá seguirse en el partido judicial donde aquel se haya cometido, independientemente de que se individualice a la concreta persona física o no.

El art. 23 LOPJ también empuja a alcanzar la conclusión expuesta, dado que en todo momento se hace referencia a la comisión del delito, y no a otros hechos que pueden dar lugar a posibles participaciones en la comisión de este. A partir de este razonamiento, GASCÓN INCHAUSTI entiende que:

> "la imputación de la persona jurídica se funda también en los hechos de referencia cometidos por la persona física, de modo que el lugar de su comisión por la persona física es también lugar de comisión de hechos en relación con los cuales se juzga a la persona jurídica. Y si los tribunales españoles son competentes para juzgar esos hechos contras las personas físicas, entonces no tiene por qué haber obstáculo para que puedan juzgarlos también contra la persona jurídica"[361].

En definitiva, entendemos que incluso en aquellos supuestos en los que tan solo se esté investigando o enjuiciando a la persona jurídica por no haber sido posible localizar a la física —escenario que, como ya se ha expuesto en el Capítulo anterior, entendemos necesario evitar equiparando legalmente la constatación del hecho delictivo con la identificación de la persona física autora del mismo—, el tribunal territorialmente competente será aquel en el que hubiera acaecido el delito en concreto, puesto que entendemos que el defecto o la omisión de la persona jurídica no deja de ser un modo de participación en el delito principal, que es el que fijará el tribunal competente de conformidad con lo dispuesto en el art. 14 LECrim.

---

361 GASCÓN INCHAUSTI, Fernando. *Proceso penal y persona jurídica... Op. Cit.* Pág. 50.

3. PROCEDIMIENTOS PENALES ADECUADOS PARA EL ENJUICIAMIENTO DE PERSONAS JURÍDICAS

Una vez establecido qué tribunales podrán conocer las causas seguidas ante personas jurídicas, la última cuestión que abordaremos en el presente Capítulo es el tipo de procedimiento penal que debe incoarse para enjuiciar a las mismas. Como bien es conocido, en nuestra jurisdicción penal existen varios procedimientos para depurar la responsabilidad penal, dependiendo la incoación de uno u otro en cuestiones de materia o de gravedad de la pena en abstracto a imponer por el delito cometido.

3.1. Procedimiento penal en función de la materia

Históricamente existen dos procedimientos penales en nuestro ordenamiento jurídico cuya incoación depende de un criterio material, esto es, del tipo de delito cometido: el procedimiento seguido ante el TJ y el procedimiento penal para el enjuiciamiento rápido de determinados delitos.

En primer lugar, como bien establece el art. 309 bis LECrim, siempre que, de los términos de la denuncia, de la relación circunstancial del hecho descrito en la querella o de cualquier actuación procesal resulte contra una o varias personas determinadas la imputación de un delito cuyo enjuiciamiento venga atribuido al TJ, procederá el juez a la incoación del procedimiento previsto en su ley reguladora.

Así, tal y como hemos analizado con anterioridad, las personas jurídicas pueden ser responsables penales por los delitos de cohecho, tráfico de influencias y malversación de caudales públicos, delitos sometidos a la LOTJ que, en principio, deberán ser investigados a través del procedimiento establecido en dicha ley.

Por otro lado, la LECrim regula en sus arts. 795 y ss. el procedimiento para el enjuiciamiento rápido de determinados delitos. Este procedimiento fue creado para la tramitación de causas por determinados delitos debidamente tasados (art. 795.1. 2ª[362]) —que son

---

362 Delitos de lesiones, coacciones, amenazas o violencia física o psíquica habitual, cometidos contra las personas a que se refiere el art. 173.2 CP. Delitos de hurto.

delitos cuya investigación aparentemente no resulta complicada— y otros delitos cuya instrucción fuera presumiblemente sencilla, así como aquellos que fueran cometidos flagrantemente. A este respecto, en lo que a la lista de delitos específicamente tasada en el CP se refiere, las personas jurídicas pueden cometer los delitos flagrantes relativos a la propiedad intelectual de los arts. 270 y 273 a 275 CP y los delitos contra la salud pública previstos en el art. 368 inciso segundo de nuestro código punitivo.

Así, si partimos de lo que establece la norma, no parece existir impedimento, a nuestro juicio, para que la responsabilidad penal de las personas jurídicas se depure a través del procedimiento que ahora nos ocupa. Ahora bien, lo cierto es que en la práctica consideramos verdaderamente complicado su enjuiciamiento a través de este procedimiento, dado que su esencia pivota sobre la finalidad de agilizar la Administración de Justicia, tramitándose de esta manera delitos cuyo instrucción y enjuiciamiento resulta sencilla, caso que evidentemente no es aplicable a las personas jurídicas.

Como ya se ha expuesto en los anteriores capítulos de este trabajo, la depuración de la responsabilidad penal de la persona jurídica no es una cuestión que pueda calificarse de sencilla. Para empezar, se trata de procedimientos en los que generalmente se tendrá que investigar la responsabilidad penal de dos sujetos diferentes: la persona física y la jurídica. Mientras que en relación a la persona física deberá constatarse la realización de un hecho delictivo, en lo que a la jurídica respecta deberán de probarse diversos elementos: el beneficio de la entidad, el hecho de que la persona física que haya cometido el delito esté ligada a la persona jurídica en virtud de lo establecido en el art. 31 bis 1 CP, un defecto estructural consistente en la inexistencia o ineficacia de los modelos de organización y gestión que incluyan medidas de vigilancia y control idóneas para prevenir delitos. En definitiva, no se trata de una investigación que pueda realizarse de forma rápida y sencilla.

Delitos de robo. Delitos de hurto y robo de uso de vehículos. Delitos contra la seguridad del tráfico. Delitos de daños referidos en el art. 263 CP. Delitos contra la salud pública previstos en el art. 368, inciso segundo, CP. Delitos flagrantes relativos a la propiedad intelectual e industrial previstos en los arts. 270, 273, 274 y 275 CP.

Además, no puede obviarse que la letra h) del art. 795.1. 2ª LECrim exige que los delitos contra la propiedad intelectual e industrial, para ser enjuiciados mediante el procedimiento rápido de delitos, se han debido cometer de forma flagrante. Así, resulta difícil plantearse que estos delitos, cuando se trata de personas jurídicas, sean susceptibles de ser descubiertos en el preciso instante en el que se cometen.

Sobre esta cuestión se ha manifestado GASCÓN INCHAUSTI, quien, al plantearse la posible depuración de la responsabilidad penal de la persona jurídica a través del procedimiento para el enjuiciamiento rápido de delitos, llega a la conclusión de que "las exigencias adicionales establecidas en el art. 796 LECrim. impedirán en la práctica que las autoridades policiales se planteen siquiera utilizarlo frente a personas jurídicas"[363]. En virtud de todo lo expuesto, y en la línea de lo manifestado por este autor, entendemos que, aunque nos encontremos ante delitos de tráfico de drogas en los que hayan participado personas jurídicas, independientemente de que la legislación lo permita, la depuración de su responsabilidad penal no se realizará nunca a través del procedimiento establecido en los arts. 795 y ss. LECrim, que además no deja de ser un camino potestativo.

Como último apunte, también mencionaremos la previamente mencionada LO 9/2021, de 1 de julio, que creo en nuestro país la institución de la FE. Dicha LO atribuía a la FE la investigación y enjuiciamiento de unos delitos muy específicos, siempre y cuando se cumplieran unas condiciones objetivas de perseguibilidad mínimas establecidas por la propia ley. Así, el art. 4, apartados 1º y 2º establece que:

> "1. Los Fiscales europeos delegados son competentes en el conjunto del territorio nacional para investigar y ejercer la acción penal ante el órgano de enjuiciamiento competente en primera instancia y vía de recurso contra los autores y demás partícipes de los delitos que perjudiquen los intereses financieros de la Unión Europea de conformidad con los artículos 4, 22, 23 y 25 del Reglamento (UE) 2017/1939 del Consejo, de 12 de octubre de 2017, con independencia de la concreta calificación jurídica que se otorgue a los mismos.

---

363 GASCÓN INCHAUSTI, Fernando. *Proceso penal y persona jurídica... Op. Cit.* Pág. 61.

2. En particular, tendrán competencia para investigar y ejercer la acusación en relación con las causas por los delitos tipificados en los siguientes preceptos de la Ley Orgánica 10/1995, de 23 de noviembre, del Código Penal:

a) De los delitos contra la Hacienda de la Unión no referidos a impuestos directos nacionales, tipificados en los artículos 305, 305 bis y 306. En el supuesto de ingresos procedentes de los recursos propios del impuesto sobre el valor añadido, los Fiscales europeos delegados solo serán competentes cuando los hechos estén relacionados con el territorio de dos o más Estados miembros y supongan, como mínimo, un perjuicio total de 10 millones de euros.

b) De la defraudación de subvenciones y ayudas europeas previstas en el artículo 308.

c) Del delito de blanqueo de capitales que afecten a bienes procedentes de los delitos que perjudiquen los intereses financieros de la Unión; de los delitos de cohecho cuando perjudiquen o puedan perjudicar a los intereses financieros de la Unión y del delito de malversación cuando perjudique de cualquier manera los intereses financieros de la Unión.

Asimismo, de los delitos tipificados en la Ley Orgánica 12/1995, de 12 de diciembre, de Represión del Contrabando, cuando afecten a los intereses financieros de la Unión.

d) Del delito relativo a la participación en una organización criminal tipificado en el artículo 570 bis, cuya actividad principal sea la comisión de alguno de los delitos previstos en los apartados anteriores".

Así, encontrándonos ante delitos por los que las personas jurídicas pueden responder penalmente según el CP, en caso de que existieran indicios de que estas hubieran participado en la comisión de alguno de ellos, la FE podrá actuar, tramitándose el correspondiente procedimiento, como ya hemos señalado con anterioridad, ante la AN.

3.2. Procedimiento penal en función de la pena en abstracto del delito

En caso de que no se deba acudir a una vía procedimental especial como consecuencia del tipo de delito cometido, la responsabilidad penal de las personas jurídicas se tramitará por los cauces de los procedimientos comunes, es decir, el procedimiento ordinario o el procedimiento abreviado.

Antes de entrar a valorar qué procedimiento común deberá incoarse para dirimir la responsabilidad penal de los entes colectivos, interesa al objeto de la presente investigación hacer una breve referencia al procedimiento para el enjuiciamiento de delitos leves y al proceso por aceptación de decreto. Los delitos catalogados como leves, por su naturaleza, no son tipos penales susceptibles de acarrear reproche penal para las personas jurídicas, las cuales responden por su participación en delitos más gravosos[364]. Ahora bien, conviene tener presente el contenido del art. 13.4 CP[365], para el caso de que el legislador opte por ampliar el catálogo de delitos susceptibles de acarrear reproche penal a las personas jurídicas, ya que establece que los delitos que lleven aparejada una pena en abstracto que pueda ser considerada igualmente como leve o como menos grave deberán de enjuiciarse como si fueran delitos leves, esto es, a través del procedimiento para el enjuiciamiento de delitos leves regulado en los arts. 962 y ss. LECrim.

Con todo, aunque actualmente los delitos con una pena en abstracto que puede resultar tanto leve como menos grave —los cuales no alcanzan la veintena— no son ilícitos penales por los que las personas jurídicas puedan responder (algunos por su propia particularidad nunca podrán serlo)[366], conviene tenerlo en cuenta de cara a eventua-

---

364 Existe una excepción a la máxima previamente señalada: el delito de estafa es susceptible de ser cometido por personas jurídicas (art. 251 bis CP) y el art. 248 párrafo 3° CP establece que si la cuantía de lo defraudado no excediere de 400€, la pena a imponer será la de multa de 1 a 3 meses. Ahora bien, por la escasa relevancia penal de estos hechos —estafas inferiores a los 400€—, entendemos que la imputación de personas jurídicas en ellos no será habitual. Ahora bien, en caso de que el denunciante entienda que la persona jurídica ha tenido algún tipo de participación penalmente relevante en los hechos denunciados, deberá dirigir la denuncia contra ella, quién deberá comparecer —representada por una persona física— el día señalado para la celebración del acto del juicio oral con toda la prueba que pretenda valerse. En los procedimientos por delito leve la asistencia letrada no es preceptiva, motivo por el que entendemos que la capacidad de defenderse en su nombre que la LECrim otorga a las personas físicas, en el caso de las personas jurídicas se transfiere a su representante especialmente designado a tal efecto.

365 "4. Cuando la pena, por su extensión, pueda incluirse a la vez entre las mencionadas en los dos primeros números de este artículo, el delito se considerará, en todo caso, como grave. Cuando la pena, por su extensión, pueda considerarse como leve y como menos grave, el delito se considerará, en todo caso, como leve".

366 Entre los citados delitos se encuentran 1) la detención de una persona para presentarla ante las autoridades (art. 163.4 CP), 2) la omisión del deber de socorro

les futuras ampliaciones del sistema *numerus clausus* del art. 31 bis CP por el legislador.

Asimismo, el proceso por aceptación de decreto es un tipo de procedimiento introducido en nuestro ordenamiento jurídico para solucionar causas mucho menos gravosas y complejas que aquellas en las que se está investigando la posible responsabilidad penal de una persona jurídica. No obstante, atendiendo al contenido del art. 803 bis a. LECrim, si nos encontramos ante un tipo penal que únicamente tiene contemplada una pena de multa para la persona jurídica por su participación en los hechos objeto de investigación, en teoría podría acogerse al proceso que aquí nos ocupa, siempre y cuando el MF así lo entendiera y el perjudicado por el delito no se hubiera personado en las actuaciones. Ahora bien, independientemente de lo que dispone la LECrim, coincidimos con la doctrina mayoritaria que entiende que este proceso por aceptación de decreto tiene un encaje muy forzado en la responsabilidad penal de las personas jurídicas y que, por consiguiente, no va a ser utilizado[367].

Ahora bien, en lo que a los procedimientos ordinario y abreviado se refiere, no hay precepto en nuestra LECrim que disponga concretamente cuál de los dos es el adecuado para tramitar la responsabilidad

---

(art. 195 CP), 3) las injurias graves hechas con publicidad (art. 209 CP), 4) la sustracción de cosa propia (art. 236.1 y 2. CP), 5) la ocupación sin autorización de un inmueble ajeno que no constituya morada (art. 245.2 CP), 6) la alteración de términos y lindes (art. 246 CP), 7) la distracción de aguas (art. 247 CP), 8) la apropiación indebida de cosa mueble ajena a los casos del art. 253 CP (art. 254.2 CP), 9) la defraudación de energía, fluidos y telecomunicaciones (art. 255.2 CP), 10) el uso no consentido de un terminal de telecomunicaciones ajeno (art. 256 CP), 11) los daños causados por imprudencia grave en cuantía superior a los 80.000€ (art. 267 CP), 12) el delito contra el patrimonio histórico (art. 324 CP), 13) la falsedad documental consistente en el facultativo que libre certificado falso (art. 400 CP), 14) la aceptación por particular de propuesta, nombramiento o toma de posesión de un cargo público (art. 406 CP), 15) la acusación y denuncia falsa de un delito leve (art. 456.1.3 CP), 16) la destrucción, ocultación o inutilización de documentos o actuaciones procesales (art. 465.2 CP) y 17) la facilitación de la evasión de un preso o detenido por parte de un familiar (art. 470.3 CP).

367 TURIENZO FERNÁNDEZ, Alejandro. "¿Oportunidad procesal en las causas penales seguidas contra personas jurídicas? Una reflexión a la luz de la práctica de los NPAs y DPAs en Estados Unidos". *InDret: Revista para el Análisis del Derecho*, nº 2 (2020). Pág. 546 y s.

penal de la persona jurídica. Este silencio legislativo ha derivado en que la totalidad de la doctrina se haya decantado por el procedimiento abreviado como el procedimiento adecuado para el conocimiento de esta cuestión, todo ello en base a una interpretación extensiva del art. 14 bis LECrim consistente en tomar como parámetro la pena establecida en abstracto para el delito de base cometido por la persona física[368].

En el mismo sentido, GASCÓN INCHAUSTI, advierte que el legislador tuvo la oportunidad a través de la Ley 37/2011, de 10 de octubre de medidas de agilización procesal de especificar el concreto procedimiento a incoar para enjuiciar a las personas jurídicas, para concluir que se debe atender a la pena en abstracto fijada para las personas físicas. A este respecto, razona que de esta manera se evitaría someter la determinación del procedimiento a un dato tan contingente como si resulta posible actuar frente a alguna persona física o no[369].

Compartimos plenamente el criterio adoptado por este autor. Tal y como se ha expuesto anteriormente, las personas jurídicas participan en el delito cometido por una concreta persona física vinculada a la misma, motivo por el que consideramos acertado que se esté a la pena en abstracto del delito cometido por esta última para determinar qué procedimiento será el más adecuado para enjuiciar a una persona jurídica. Así, atendiendo al listado de delitos susceptibles de atribuir responsabilidad penal a las personas jurídicas y, más concretamente, a sus penas en abstracto, se debe llegar a la conclusión de que la responsabilidad de los entes colectivos se tramitará, generalmente, a través del procedimiento abreviado, puesto que únicamente unos pocos delitos superan en abstracto el umbral penológico de 9 años de prisión que nos situaría en el procedimiento sumario[370].

Concretamente, superarían la pena de 9 años de prisión en abstracto los subtipos agravados de los siguientes delitos: el tráfico ilegal de órganos del art. 156 bis 1, la trata de seres humanos del art. 177

368 RODRÍGUEZ TIRADO, Ana María. "La determinación de la persona jurídica... *Op Cit.* Pág. 153.

369 GASCÓN INCHAUSTI, Fernando. *Proceso penal y persona jurídica... Op. Cit.* Pág. 60.

370 LECrim. Art. 757.

bis, apartados 4 y 5, la promoción de prostitución de menores de 16 años mediante el uso de violencia o intimidación del art. 188.2, el riesgo catastrófico del art. 343, el tráfico de drogas con pertenencia a organización criminal del art. 369 bis y, por último, la financiación del terrorismo del art. 576. Como puede observarse, con la excepción del delito de tráfico de drogas, se trata de delitos que no se ven con asiduidad en la práctica diaria de nuestros tribunales. Por consiguiente, únicamente nos encontraremos ante procedimientos sumarios seguidos frente personas jurídicas de forma excepcional.

Por dicho motivo, las manifestaciones que se realizarán a lo largo de esta obra partirán de la premisa de que la depuración de la responsabilidad penal de las personas jurídicas se esté realizando mediante un procedimiento abreviado regulado a través de los arts. 774 y ss. LECrim.

3.3. Delitos conexos

Para finalizar este Capítulo, entendemos necesario hacer una breve remisión a los delitos conexos. La cuestión que se plantea es qué procedimiento será el adecuado para tramitar la responsabilidad penal de la persona jurídica cuando sean varios los delitos cometidos. En este sentido, son dos los criterios que deben de seguirse en caso de que nos encontremos ante delitos conexos que deban de ser enjuiciados en un mismo procedimiento.

Por un lado, en lo que a los procedimientos penales se refiere, también impera el concepto de la materia de cara a seleccionar qué procedimiento es el más adecuado para conocer de un asunto. Así, en caso de que un delito deba de conocerse a través de un procedimiento especial en virtud del tipo de delito que se trate, los conexos al mismo también se conocerán a través de dicho procedimiento especial.

Por otro lado, el delito que tenga asignada una pena de mayor gravedad marcará el procedimiento que deba seguirse, debiendo conocerse a través de este el resto de los delitos conexos al mismo, aunque individualmente considerados no cumplieran con los requisitos legales para sustanciarse mediante el citado procedimiento. Es decir, en caso de que el delito por el que responde una persona jurídica sea conexo a uno con una pena en abstracto superior a los 9 años de prisión, la responsabilidad penal de la persona jurídica se tramitará a través de los cauces del procedimiento ordinario —sumario—.

4. RECAPITULACIÓN

El Capítulo III ha centrado su atención, en primer lugar, en abordar la cuestión relativa a la jurisdicción de los tribunales españoles conforme a lo dispuesto en el art. 23 LOPJ. De conformidad con las reglas que dispone este artículo (principio de territorialidad, principio de personalidad, principio real o de protección y principio de justicia universal), hemos analizado los conflictos de jurisdicción que surgen cuando estamos ante personas jurídicas que operan internacionalmente y que han podido participar en delitos cometidos en distintos Estados, o que, teniendo su domicilio social en un país, participan en el delito cometido en otro. Asimismo, también advertíamos como problemáticos aquellos supuestos en los que, pese a que el domicilio social de la persona jurídica —lugar en el que concurre el defecto estructural por el que la entidad participa en el delito— se encuentre en territorio español, el hecho delictivo se comete por una persona física relacionada con esta en el extranjero.

En relación con el principio de personalidad del art. 23.2 LOPJ, se ha visto que, aunque la nacionalidad de las personas jurídicas pudiera, en principio, presentarse como una cuestión conflictiva, en nuestro ordenamiento jurídico se hace referencia a la nacionalidad de estas, como sucede en los arts. 9.11 y 28 CC o en el art. 8 LSC. Por consiguiente, consideramos que, a pesar de que no se haga referencia expresa a las personas jurídicas en el apartado 2 del art. 23 LOPJ, esto no es obstáculo para considerarlas incluidas en el principio de personalidad activa. Por ello, las personas jurídicas que asuman la nacionalidad española tras su participación en el hecho delictivo, en virtud del principio de personalidad, podrán ser juzgadas por nuestros tribunales. El principal inconveniente que le vemos a esta circunstancia es que podría conllevar a que una persona jurídica pueda condicionar la jurisdicción del tribunal a través de la modificación de su domicilio social, ya que esto permitiría que la entidad adopte la nacionalidad de un Estado de cara a no poder ser juzgada por otros (*forum shopping*).

Ahora bien, si el delito se comete en el extranjero y la persona física que lo comete no es española, el hecho de que la persona jurídica si lo sea no parece motivo suficiente para que los tribunales españoles reclamen su jurisdicción ya que, tal y como se ha expuesto, el delito propiamente dicho ha sido cometido por una persona física sobre la que no tienen, *a priori*, jurisdicción, a menos que venga atribuida por otro criterio de aplicación extraterritorial de la ley penal española en virtud del art. 23 LOPJ. Además, entendemos que depurar la responsabilidad penal de dos partícipes en un mismo delito en distintos Estados es algo contrario a la economía procesal. En estos supuestos debe tenerse presente, al menos en el ámbito de la UE, las posibilidades que ofrece la Ley 23/2014 sobre reconocimiento mutuo de resoluciones penales para la ejecución de la pena impuesta en un EM en otro, según en análisis que se ha realizado a tal efecto.

No obstante, si el Estado en el que se investiga y/o condena a la persona física autora del hecho delictivo no tiene previsto en su ordenamiento jurídico la responsabilidad, penal o administrativa, de la persona jurídica, entendemos que los tribunales españoles sí estarían capacitados para iniciar un procedimiento penal frente a ella en caso de que fuera española y no se le hubiera impuesto ninguna clase de sanción en el Estado en el que se investigó y/o condenó a la/s persona/s física/s autoras del delito. Para ello, el delito por el que se quiera investigar a la persona jurídica debe estar incluido entre los delitos por los que estas pueden responder según nuestra legislación penal (sistema *numerus clausus*), y ello debido a que la atribución de responsabilidad penal se haría exclusivamente en virtud de nuestro ordenamiento jurídico. Por el contrario, no podrá recabarse la jurisdicción por hechos cuya eventual responsabilidad ya ha sido dilucidad en otro Estado, ya que ello derivaría en la concurrencia de un *bis in idem*.

En lo que respecta al principio de protección del art. 23.3 LOPJ, los tribunales españoles podrán conocer los delitos de falsificación de moneda, cohecho y tráfico de influencias cometidos por las personas jurídicas españolas y extranjeras, siempre y cuando dichos delitos atenten contra la moneda o la Administración Pública de este país, tal y como exigen las letras e) y h) de esta norma. En atención al principio de justicia universal (art. 23.4 LOPJ), los tribunales españoles, siempre y cuando concurran las condiciones específicas establecidas en dicho precepto, podrán conocer los delitos de trata de seres humano, de corrupción entre particulares, de los delitos contra los derechos de los ciudadanos extranjeros, de los delitos de tráfico de drogas tóxicas y de los delitos de terrorismo o de constitución, financiación o integración de un grupo u organización criminal cometidos por entidades colectivas tanto nacionales como extranjeras.

El presente Capítulo también ha abordado la cuestión de la competencia según los arts. 14 y 14 bis LECrim, preceptos que hacen pivotar la competencia objetiva de los tribunales penales sobre dos conceptos diferentes, siendo uno prioritario al otro: un criterio cualitativo y un criterio cuantitativo. De manera que, conforme al primero, la competencia de un procedimiento seguido ante una persona jurídica podría ser ante el TJ o la AN, mientras que, en virtud del segundo, corresponderá a los tribunales ordinarios (art. 14 bis), concretamente a los JI la fase de investigación, y a los JP o la AP la de enjuiciamiento, en función de la pena que lleve aparejada el delito para la persona física. Como se expuso en el Capítulo II, la atribución de responsabilidad a la persona jurídica exige que se haya acreditado el hecho delictivo por parte de una persona física. Por consiguiente, al ser indisociables estas dos conductas, es a nuestro juicio un acierto hacer depender el criterio cuantitativo de la pena imponible a la persona física.

En otro orden de cosas, aunque algunos delitos en los que se prevé la aplicación del art. 31 bis tienen atribuida la competencia ante el TJ (cohecho, tráfico de influencias y malversación de caudales públicos), hemos llegado a la conclusión de que no es en absoluto beneficioso para el interés general que la responsabilidad penal de la persona jurídica se dirima ante este tribunal, al tener que ventilarse cuestiones de elevada complejidad técnica y jurídica. Proponemos, por ello, una reforma que excluya la competencia del TJ para conocer los delitos de cohecho, tráfico de influencias y malversación de caudales públicos en los que hubieran participado las personas jurídicas. Ahora bien, lo anterior no estaría exento de objeciones, según han sido objeto de exposición y análisis (elevado coste de la Administración de Justicia, dificultad de enjuiciar correctamente los hechos...). Sin embargo, consideramos que, en caso de que sustrajera del conocimiento del TJ el análisis de la atribución de responsabilidad penal a las PJ, la forma correcta de proceder sería la siguiente: en primer lugar, el TJ investigaría y enjuiciaría a la persona física, y posteriormente, única y exclusivamente cuando este primer procedimiento hubiera finalizado y del mismo se desprendiera el cumplimiento de las condiciones, según el caso, de las letras a) y b) del art. 31 bis 1 CP, podría comenzar a investigarse la responsabilidad penal de la persona jurídica ante los tribunales ordinarios por su participación como cooperadora necesaria.

Por otro lado, también se ha analizado la competencia objetiva atribuida a la AN para los delitos a los que se refiere el art. 65 LOPJ (en conexión con el sistema *numerus clausus* de aplicación del art. 31 bis CP) y, en particular, por los delitos cuyo conocimiento se atribuye a la FE (delitos contra la Hacienda de la UE no referidos a impuestos directos nacionales, blanqueo de capitales y contrabando) y por los delitos recogidos en el art. 65 LOPJ que se han cometido en diferentes territorios del Estado.

En cuanto a la competencia territorial, nos hemos preguntado, a la luz del art. 14 LECrim, qué ocurrirá en aquellos supuestos en los que la comisión del delito (persona física) se hubiera cometido en un lugar y la participación o cooperación en el mismo (persona jurídica) en otro distinto. En los casos en los que el procedimiento penal únicamente se siga frente a la persona jurídica, el tribunal competente deberá ser, a nuestro juicio, aquel en el que se hubiera cometido el delito por parte de la persona física, por exigirlo así el art. 14 LECrim. Como se ha desarrollado en los capítulos anteriores, la responsabilidad penal de la persona jurídica pasa por la constatación previa de un hecho principal de referencia, por la certeza de que se ha cometido un delito por una persona física, motivo por el que entendemos que el tribunal competente debe de ser el del partido judicial en el que se haya cometido dicho delito, aunque la omisión relevante o el defecto de estructura de la persona jurídica, que es una participación en el delito, haya ocurrido en otro partido judicial. Ello sin perjuicio de las normas de preferencia que establece el art. 15 LECrim cuando no se conozca el lugar en el que se ha cometido el delito principal, lo que es relevante, en su caso, para que el tribunal competente sea el del territorio en el que la persona jurídica tiene su domicilio social o en el que se ha producido el defecto estructural.

A su vez, en este Capítulo se ha analizado cuáles podrán ser los procedimientos penales adecuados para el enjuiciamiento de una persona jurídica, en atención tanto a la materia (fundamentalmente el procedimiento ante el TJ y, para algunos supuestos, el enjuiciamiento rápido de delitos), así como a la pena en abstracto del delito (procedimiento ordinario o procedimiento abreviado). A este respecto, aunque algunos delitos en los que se prevé la aplicación del art. 31 bis podrían enjuiciarse teóricamente a través de un procedimiento para el enjuiciamiento rápido de delitos (delitos relativos a la propiedad intelectual o delitos contra la salud pública), en la práctica consideramos verdaderamente complicado que esto suceda, dado que la esencia de este procedimiento pivota sobre la finalidad de agilizar la Administración de Justicia a través del enjuiciamiento de delitos cuya investigación resulta sencilla, caso que, por regla, no parece aplicable en el caso de las personas jurídicas a la luz de las condiciones exigidas por el art. 31 bis CP, así como por la necesidad de constatar su defecto estructural, un elemento jurídico complejo.

Por último, cuando la competencia venga a atribuida por la pena en abstracto del delito, generalmente nos encontraremos ante un procedimiento abreviado, ya que, con base al art. 14 bis LECrim que toma como referencia la pena en abstracto para el delito cometido por la persona física, son pocos los delitos vinculados al art. 31 bis que superan en abstracto el umbral penológico de los 9 años.

Capítulo IV
LA IMPUTACIÓN DE LA PERSONA JURÍDICA EN EL PROCEDIMIENTO PENAL

Una vez expuesto ante qué órgano judicial y en virtud de qué procedimiento debe tramitarse la responsabilidad penal de las personas jurídicas, así como la forma en la que entendemos que debe realizarse la imputación formal de la misma, en los siguientes Capítulos nos centraremos en dar respuesta a una cuestión más espinosa, a nuestro juicio, que es cómo debe tramitarse el procedimiento seguido frente a la misma. La presente interrogante presenta gran complejidad, dado que darle respuesta supone analizar la totalidad del tratamiento que deben recibir las personas jurídicas en un procedimiento penal. No obstante, contamos con varias herramientas que nos ayudarán con el presente cometido.

Nuestro legislador, consciente del silencio procesal que había acompañado a la aprobación de la LO 5/2010, de 22 de junio, en el año 2011, a través de la Ley 37/2011 de 10 de octubre, de medidas de agilización procesal, dotó a nuestro sistema penal de unas herramientas procesales cuya finalidad era, tal y como se expone en el apartado III de su Preámbulo:

> "introducir ciertas modificaciones inexcusables relativas a las implicaciones procesales del régimen de responsabilidad penal de las personas jurídicas. En particular, cuestiones relativas al régimen de la competencia de los tribunales, derecho de defensa de las personas jurídicas, intervención en el juicio oral y conformidad, así como su rebeldía".

Así, a través de la Ley 37/2011 se introdujeron una serie de preceptos en nuestra LECrim tendentes a clarificar cómo debía tramitarse procesalmente la responsabilidad penal de las personas jurídicas. Con carácter previo a la exposición de estas normas, a las que volveremos constantemente a lo largo de los siguientes Capítulos, por ser las únicas disposiciones legislativas con las que contamos en nuestro ordenamiento jurídico sobre la materia que ahora nos ocupa, entendemos oportuno denunciar que resultan a todas luces insuficientes para tramitar todo un procedimiento penal contra personas jurídicas. Su enjuiciamiento ha traído consigo numerosas cuestiones que los apenas 9 artículos introducidos por el legislador, hace ya más de 10 años, se han mostrado incapaces de responder, motivo por el cuál entendemos más que necesaria una ampliación de las disposiciones procesales relativas a los entes colectivos en las que se profundice más sobre cuestiones como las que analizaremos en los siguientes Capítulos.

Dicho lo cual, en la actualidad, el estatuto procesal de las personas jurídicas se compone en la actualidad de los siguientes preceptos:

- Art. 14 bis. Sobre la competencia de los tribunales.
- Art. 119. Sobre su imputación penal.
- Arts. 120 y 787 bis. Sobre la persona física que actúa en representación de la jurídica.
- Art. 409 bis. Sobre la declaración de la persona jurídica.
- Art. 544 quater. Sobre las medidas cautelares imponibles a la persona jurídica.
- Art. 554.4. Sobre el domicilio de la persona jurídica.
- Art. 655.8. Sobre su conformidad.
- Art. 839 bis. Sobre su llamada al procedimiento mediante requisitoria.

Como ya hemos expuesto anteriormente, la responsabilidad penal de la persona jurídica pivota sobre su participación en el hecho delictivo cometido por una persona física. En este sentido, la persona jurídica será colaboradora necesaria del delito, motivo por el cual, en virtud de lo dispuesto en el art. 28 CP, tendrá la condición de autora de los hechos a efectos de la pena imponible a la misma. Teniendo esta premisa en mente y atendiendo a los artículos previamente mencionados, a continuación, analizaremos cómo debe tramitarse la depuración de la responsabilidad penal de una persona jurídica en un procedimiento penal, entendiendo que, para ello, resulta imprescindible definir en primer lugar su entrada en el mismo a partir del conocido como acto de imputación.

Al ser presuntamente responsable de unos hechos aparentemente delictivos, la persona jurídica ostentará en el procedimiento penal la condición de investigada —término que sustituyó al clásico de "imputado" a través de la LO 13/2015, de 5 de octubre, de modificación de la LECrim[371]—, condición que se le deberá comunicar en debida forma para hacerla parte del procedimiento, salvo en los supuestos en los que se acuerde el secreto de las actuaciones, ocasiones en las que la comunicación se efectuará una vez levantado el mismo. Es decir, una vez un tribunal se considere competente para la investigación de unos hechos delictivos en los que presumiblemente haya participado una persona jurídica, esta deberá ser citada para que acuda al juzgado, donde se le comunicará su nueva situación procesal. O lo que es lo mismo, donde se le imputará su presunta participación en unos hechos que están siendo objeto de investigación por su posible relevancia penal. El presente trámite, lejos de ser un mero formalismo, se erige como el primer momento procesal de relevancia en la presente materia, ya que su no realización o el cumplimiento de este sin haberse realizado con las debidas garantías puede derivar posteriormente en nulidades que impidan, en su caso, penar a la persona jurídica. En aras de evitar una coyuntura como la descrita, habrá que estar a lo dispuesto en el art. 119 LECrim para conocer cómo debe procederse a la imputación de la persona jurídica en el procedimiento penal.

A lo largo del presente Capítulo trataremos de contestar a una de las cuestiones más conflictivas que surgen en los procedimientos penales seguidos frente a personas jurídicas, que es averiguar cuál es el momento procesal oportuno para imputar a la entidad colectiva en el procedimiento penal.

---

371 Ley Orgánica 13/2015, de 5 de octubre, de modificación de la Ley de Enjuiciamiento Criminal para el fortalecimiento de las garantías procesales y la regulación de las medidas de investigación tecnológica. Preámbulo. Apartado V: "La reforma también tiene por objeto adaptar el lenguaje de la Ley de Enjuiciamiento Criminal los tiempos actuales y, en particular, eliminar determinadas expresiones usadas de modo indiscriminado en la ley, sin ningún tipo de rigor conceptual, tales como imputado, con la que se alude a la persona sobre la que tan sólo recaen meras sospechas y por ello resulta investigado, pero respecto de la cual no existen suficientes indicios para que se le atribuya judicial y formalmente la comisión de un hecho punible".

1. MOMENTO PROCESAL OPORTUNO PARA REALIZAR LA IMPUTACIÓN A LA PERSONA JURÍDICA

Para empezar, el art. 119 LECrim establece que se procederá a la imputación de las personas jurídicas de acuerdo con lo dispuesto en el art. 118 de la misma ley procesal. En él se manifiesta que toda persona a quien se atribuya un hecho punible podrá ejercitar su derecho de defensa interviniendo en las actuaciones desde que se le comunique la existencia del procedimiento, haya sido objeto de detención o de cualquier otra medida cautelar, o se haya acordado su procesamiento. No obstante, a pesar de que se reconozca a las personas jurídicas la posibilidad de ejercer su derecho de defensa desde que se les imputa en un procedimiento penal su participación en un hecho presuntamente delictivo, nuestra legislación no establece el concreto momento en el que esta debe de llevarse a cabo.

En este sentido, se pueden distinguir dos momentos diferentes de imputación. Por un lado, para GASCÓN INCHAUSTI, la persona jurídica tiene la condición de imputada desde que el procedimiento penal se dirige directamente contra ella, concretando dicho momento, una vez descartada la detención, en "la admisión de la denuncia o de la querella, la adaptación de alguna medida cautelar en su contra o cualquier actuación procesal de la que resulte la imputación de un delito contra ella"[372]. Así, resulta evidente que en caso de que se interponga una querella o una denuncia contra una determinada persona jurídica, o en caso de que se adopte una medida cautelar respecto de estas, como podría ser una diligencia de entrada y registro en el domicilio social, los tribunales procederán de inmediato a la citación de la persona jurídica —acto de comunicación que se analizará más adelante[373]— para su correspondiente imputación como persona jurídica investigada en un procedimiento penal. Estos supuestos no ofrecen excesivas complicaciones dado que la imputación se realiza desde un primer momento, tan pronto como la participación de la persona

---

[372] GASCÓN INCHAUSTI, Fernando. *Proceso penal y persona jurídica... Op. Cit.* Pág. 92.

[373] Véase epígrafe 3. del presente Capítulo.

jurídica en unos hechos presuntamente delictivos se pone en conocimiento de los tribunales.

No obstante, por otro lado, resulta razonable cuestionarse qué ocurre cuando el conocimiento por parte del juzgado de la posible participación de la persona jurídica en el delito se da en un estadio posterior del procedimiento. Como es sabido, no todos los procedimientos penales se dirigen contra la totalidad de los investigados desde un primer momento. Existen casos en los que el procedimiento se dirige en primer lugar frente a determinados sujetos, y únicamente cuando a lo largo de la investigación se van descubriendo nuevos hechos que permiten inferir la participación en los mismos de otros partícipes, estos son llamados al procedimiento. Esta forma diferente de ser llamada al procedimiento ha sido expuesta por BANACLOCHE PALAO, quien ha afirmado que:

> "dependiendo de las circunstancias del caso concreto, habrá causas penales en las que, ya desde la primera actuación, debe dirigirse el procedimiento contra la persona jurídica —como sucederá cuando se admita una querella en que directamente se vaya contra tal entidad—, u otras en las que habrá que esperar al desarrollo de las diligencias previas o del sumario para poder imputarla"[374].

En la misma línea se muestra NEIRA PENA, quien nos recuerda que "resulta posible que se inicie una investigación en relación con un determinado individuo y que, sólo posteriormente, se descubra que sus actividades presuntamente delictivas fueron instrumentalizadas a través de empresas u otras organizaciones con personalidad jurídica"[375].

Por consiguiente, mientras que la imputación inicial de la persona jurídica por dirigirse la denuncia o querella directamente frente a ella es un supuesto que no parece plantear especiales problemas, no se puede alcanzar la misma conclusión en lo que al segundo supuesto

---

374 BANACLOCHE PALAO, Julio. "La imputación de la persona jurídica en la fase de instrucción". En *Responsabilidad penal de las personas jurídicas. Aspectos sustantivos y procesales*, editado por Julio BANACLOCHE PALAO, Jesús ZARZALEJOS NIETO y Carlos GÓMEZ-JARA DÍEZ, 155-193. Madrid: La Ley, 2011. Págs. 189 y s.

375 NEIRA PENA, Ana María. *La instrucción de los procesos penales frente a las personas jurídicas*. Valencia: Tirant lo Blanch, 2017. Pág. 114.

se refiere, ya que existen opiniones dispares sobre cuál es el momento procesal oportuno para imputar a una persona jurídica en un procedimiento penal que ya se está siguiendo frente a otros sujetos.

Así, a la hora de valorar el momento concreto en el que debe formularse dicha imputación frente a las entidades colectivas, BANACLOCHE PALAO se muestra partidario de no establecer diferencias respecto a la forma de actuar que existe con las personas físicas, en el sentido de que deberán ser imputadas tan pronto como existan elementos incriminatorios suficientes para atribuirles, de forma indiciaria, una participación punible en el delito[376]. Ahora bien, ¿se debe proceder rápidamente a la imputación de la persona jurídica una vez se obtengan los primeros indicios de criminalidad o, por el contrario, resulta más conveniente esperar a que avance la investigación para no dañar y perjudicar en vano la imagen de la empresa? A este respecto, las concretas comprobaciones que debe realizar el juez o tribunal previa imputación de la persona jurídica es una cuestión que también se plantea NEIRA PENA, tratando de buscar un equilibrio entre la función garantista de la imputación y los negativos daños colaterales que se pueden derivar de la misma[377]. Esta y no otra será la cuestión que se dilucidará en el presente Capítulo.

De entrada, entendemos que ha de partirse de la premisa, ya adelantada, de que la imputación de unos hechos aparentemente delictivos a una persona jurídica tiene como consecuencia inminente la mala reputación e imagen de la entidad, lo cual resulta, evidentemente, dañino para la viabilidad y rentabilidad del negocio en cuestión, dado que el estigma de persona jurídica relacionada con actividades delictivas podría incluso hacer desaparecer a una empresa. En otras palabras, tal y como se ha reconocido en la doctrina, aunque la imputación de una persona jurídica en unas diligencias previas no es una circunstancia que automáticamente derive en su desaparición, sí que podría producir un efecto de inseguridad, estigmatización y pérdida de su imagen que podría terminar acabando con ella[378]. Por ese mo-

---

376 BANACLOCHE PALAO, Julio. "La imputación de la persona jurídica... *Op. Cit.* Pág. 189.

377 NEIRA PENA, Ana María. *La instrucción de los procesos... Op. Cit.* Pág. 111.

378 BANACLOCHE PALAO, Julio. "La imputación de la persona jurídica... *Op. Cit.* Pág. 191.

tivo, coincidimos con aquellos que defienden que hay que ser muy cuidadosos con la imputación a las personas jurídicas.

Ahora bien, tampoco debe caerse en excesos desmedidos, ya que, tal y como se ha adelantado con anterioridad, no debe olvidarse que la imputación también tiene una vertiente garantista protectora de los derechos constitucionalmente reconocidos a los investigados; garantías que perderían su efecto y razón de ser en caso de que se realizara una tardía imputación en la que los derechos reconocidos a las personas jurídicas ya se hubieran vulnerado. Así, si bien es cierto que no deben de realizarse imputaciones sin el sustento indiciario necesario, comúnmente denominadas como "*a la ligera*", lo cierto es que la imputación de la persona jurídica le permite ejercer plenamente sus derechos como parte pasiva en el procedimiento penal, lo cual es, cuanto menos, igual de importante que evitar estigmatizaciones sociales, por muy severas que le pudieran resultar.

A esta misma conclusión llega NEIRA PENA, quien, de cara a evitar indefensiones, se muestra partidaria de llevar a cabo la imputación de las personas jurídicas lo más pronto posible, ya que:

> "aunque no cabe desconocer los efectos perjudiciales que la imputación o, en su caso, la formalización de la investigación penal frente a un determinado sujeto, puede suponer en términos de mala reputación o de estigmatización social, hay que partir de la base de que la adquisición de la condición de investigado, lejos de ser un atentado al derecho de presunción de inocencia del sujeto pasivo del proceso, constituye una garantía de su derecho de defensa"[379].

En definitiva, somos partidarios de que la imputación a la persona jurídica se realice tan pronto como concurran indicios en la causa que indiquen que ha podido tener algún tipo de participación en los hechos delictivos objeto de investigación, dado que entendemos que resulta mucho más prioritaria la salvaguarda de los derechos constitucionalmente reconocidos a las personas jurídicas, que el posible efecto negativo que el sometimiento a un procedimiento penal va a tener en su imagen. Tal y como señala NEIRA PENA, "nada habrá de problemático en ello si, efectivamente, tal devenir responde a la realidad

---

379 NEIRA PENA, Ana María. *La instrucción de los procesos... Op. Cit.* Pág. 127.

de los avances de la investigación"[380]. En definitiva, entendemos que desde el mismo momento en el que se advierta el más mínimo indicio frente a una persona jurídica, deberá procederse a su imputación.

En la misma línea se muestra ECHARRI CASI, quien, además de imputar rápidamente a la persona jurídica, para que pueda ejercer de forma efectiva su derecho de defensa, aboga por poner los hechos "en conocimiento de los órganos directivos de aquélla, para lo que a veces, será preciso acudir a los registros públicos, a fin de averiguar el domicilio social, e identificar a las personas que ostentan cargos directivos, así como de representación de la entidad"[381]. No obstante, el autor realiza una manifestación con la que no podemos mostrarnos de acuerdo y en la que consideramos oportuno detenernos cuando afirma que:

> "en estos casos, deberá procederse por parte del órgano judicial y del Ministerio Fiscal, en su caso, a una primera verificación acerca de si concurren los presupuestos de imputación prevenidos en el artículo 31 bis CP, y si se trata de una persona jurídica que por sus características, puede ser objeto de dicha responsabilidad, o que por el contrario, se encuentra excluida de aquélla, o que bien por carecer de personalidad jurídica puede ser objeto de alguna de las consecuencias accesorias prevenidas en el artículo 129 CP"[382].

Si bien estamos de acuerdo en que al momento de imputar a una persona jurídica su presunta participación en unos hechos delictivos debe de hacerse una valoración previa sobre su capacidad para ser sujeto penal, es decir, sobre si presenta las características necesarias para ser susceptible de responder penalmente, opinamos que no se puede extender dicho análisis anticipado a la valoración de los presupuestos contenidos en el art. 31 bis CP. La valoración de la capacidad de la persona jurídica para ser sujeto pasivo en el procedimiento penal es una cuestión que afecta a su imputabilidad, motivo por el que entendemos que, no solo se puede, sino que se debe de analizar con carácter previo a su imputación, ya que se trata de una cuestión fácil-

---

380 NEIRA PENA, Ana María. *La instrucción de los procesos... Op. Cit.* Pág. 114.

381 ECHARRI CASI, Fermín Javier. "Las personas jurídicas y su imputación en el proceso penal: una nueva perspectiva de las garantías constitucionales". *Diario La Ley*, nº 7632 (2011).

382 *Ibidem.*

mente comprobable —serán personas jurídicas inimputables las que carezcan de personalidad jurídica, las establecidas en el art. 31 quinquies del Código Penal y aquellas denominadas como instrumentales o pantalla[383]— y a través de la cual se evitaría introducir en el procedimiento a entidades que por sus características quedan extramuros de la responsabilidad penal.

---

383 La FGE a través de su Circular 1/2011, de 1 de junio fue de los primeros en plantear la inimputabilidad de dichas sociedades. En su Circular vigente, la 1/2016 de 22 de enero, establece lo siguiente: "Junto a las sociedades que operan con normalidad en el tráfico jurídico mercantil y en cuyo seno se pueden producir comportamientos delictivos, existen otras estructuras societarias cuya finalidad exclusiva o principal es precisamente la comisión de delitos. El régimen de responsabilidad de las personas jurídicas no está realmente diseñado para ellas (supervisión de los subordinados, programas de cumplimiento normativo, régimen de atenuantes...) de tal modo que la exclusiva sanción de los individuos que las dirigen frecuentemente colmará todo el reproche punitivo de la conducta, que podrá en su caso completarse con otros instrumentos como el decomiso o las medidas cautelares reales. Se entiende así que las sociedades instrumentales, aunque formalmente sean personas jurídicas, materialmente carecen del suficiente desarrollo organizativo para que les sea de aplicación el art. 31 bis, especialmente tras la completa regulación de los programas de cumplimiento normativo. Con anterioridad a la introducción de estos programas, ya advertía la Circular 1/2011 que no se precisaba imputar necesariamente a la persona jurídica en aquellos casos en los que se detectara la existencia de sociedades pantalla o de fachada, caracterizadas por la ausencia de verdadera actividad, organización, infraestructura propia, patrimonio etc., utilizadas como herramientas del delito o para dificultar su investigación. Nada impide —se dice en esta Circular— el recurso a la figura de la simulación contractual o a la doctrina del levantamiento del velo. El rechazo a la imputación de la persona jurídica en los referidos supuestos tiene una indiscutible trascendencia procesal pues esta resulta privada de los derechos y garantías que, a semejanza de la imputada persona física, fueron introducidos en la LECrim por la Ley 37/2011, de 10 de octubre, de medidas de agilización procesal. Ello ha generado alguna controversia procesal, de la que es buena muestra el auto de 19 de mayo de 2014, dictado por la Sala de lo Penal de la Audiencia Nacional, que confirma la denegación de la personación como parte imputada de una mercantil cuyo administrador único era el imputado y a la que se habían embargado unos bienes, acordada por el Juzgado Central de Instrucción en un procedimiento por blanqueo de capitales. Con ocasión de este pronunciamiento, el tribunal profundiza en el fundamento material de la responsabilidad penal de la persona jurídica introduciendo el concepto de imputabilidad empresarial, con la consiguiente distinción entre personas jurídicas imputables e inimputables, de tal manera que solo serán penalmente responsables aquellas personas jurídicas que tienen un sustrato material suficiente".

Por el contrario, entendemos que la valoración de la concurrencia de las circunstancias establecidas en el art. 31 bis CP es una cuestión mucho más compleja, que únicamente debe valorarse una vez la persona jurídica ha sido debidamente imputada, ya que se trata de elementos cuya constatación excede de la esfera de una simple verificación. Se exige un análisis o valoración que, generalmente, será mucho más complejo que el requerido para conocer la imputabilidad de la persona jurídica.

Por ello, entendemos aconsejable que la persona jurídica esté debidamente imputada y en el pleno ejercicio de sus derechos constitucionales al momento de que se investiguen las condiciones del art. 31 bis CP, evitándose de esta manera vulneraciones en su derecho de defensa que, *a posteriori*, pudieran derivar en nulidades procesales que impidieran la atribución de responsabilidad criminal. NEIRA PENA llega a la misma conclusión al entender que únicamente podrán realizarse actividades indagatorias respecto de la persona jurídica una vez la misma haya sido debidamente imputada[384].

En este sentido, entendemos que los presupuestos de la responsabilidad penal de las personas jurídicas, esto es, la comisión del delito en nombre o por cuenta de la persona jurídica, el beneficio directo o indirecto de la sociedad, la realización de la conducta en el ejercicio de las actividades sociales y por cuenta de la misma, y el incumplimiento de los deberes de supervisión sobre los empleados (presupuestos cuya específica comprobación dependerá del concreto supuesto ante el que nos encontremos, ya sea el de la letra a) o b) del art. 31 bis CP), son elementos cuya comprobación siempre va a exigir una mínima actividad instructora, la cual, para llevarse a cabo con las debidas garantías, debe de realizarse posteriormente a la imputación de la persona jurídica, quien, una vez imputada, gozará de un estatuto procesal que le permitirá ejercer su derecho de defensa en las valoraciones que se vayan a realizar de los citados elementos por el tribunal competente.

---

384 NEIRA PENA. Ana María. "La imputación de la persona jurídica". En *Los retos del Poder Judicial ante la sociedad globalizada. Actas del IV Congreso Gallego de Derecho Procesal (I Internacional)*, dirigido por Agustín Jesús PÉREZ CRUZ MARÍN y Xulio FERREIRO BAAMONDE, 595-613. A Coruña: Servicio de Publicaciones de la Universidad de A Coruña, 2011. Pág. 607.

Asimismo, mucho más evidente es la necesaria imputación de la persona jurídica previa comprobación de la concurrencia del defecto de organización —recordemos que para este autor es una omisión que supone la participación penalmente relevante de la entidad colectiva en el delito acaecido— ya que, tal y como nos recuerda NEIRA PENA, las indagaciones sobre la concurrencia de dicho defecto de organización exigen una intromisión en la esfera interna de la persona jurídica que requiere su previa imputación, al tratarse de "un elemento normativo complejo que requiere una ponderación o valoración judicial más profunda y de naturaleza distinta que la de la simple imputación"[385]. Concretamente, la citada autora llega a la siguiente conclusión:

> "a pesar de que la existencia de tales sistemas organizativos pueda eximir a la persona jurídica de responsabilidad, la constatación del cumplimiento de los requisitos que la ley exige a tal fin, haría necesaria una actividad de indagación en la estructura organizativa y decisional de la entidad que, difícilmente, podría compaginarse con la naturaleza preliminar de las diligencias de investigación previas a la imputación o, en la nueva terminología legal, a la adquisición, por parte del potencial sujeto pasivo del proceso, de la condición de investigado, dado que investigado es simplemente aquel sobre el que recaen meras sospechas"[386].

¿Y en qué consistirá esa actividad de indagación? NEIRA PENA entiende que, para valorar judicialmente la eficacia de un programa de cumplimiento, su idoneidad para prevenir el delito, su adecuación al tamaño de la entidad o su efectiva implementación y comunicación entre los integrantes de esta, resultaría necesario analizar una gran cantidad de documentos relativos a dicho programa, interrogar a las personas encargadas de su aplicación e incluso realizar un informe pericial tendente a esclarecer la eficacia *ex ante* del *compliance*[387]. Esto, evidentemente, no puede realizarse sin la previa imputación de la persona jurídica, una vez le hayan sido trasladados los concretos hechos por los que se la investiga, se le hayan leído sus derechos constitucionales, y ostente un representante jurídico y una dirección letrada defendiendo los mismos.

---

385 NEIRA PENA. Ana María. "La imputación de la… *Op. Cit.* Pág. 606.

386 NEIRA PENA, Ana María. *La instrucción de los procesos… Op. Cit.* Pág. 123.

387 *Ibidem.*

Por tanto, una vez alcanzada la conclusión de que se deberá imputar a la persona jurídica tan pronto como nazcan indicios de su posible participación en la comisión del hecho delictivo, la conclusión a la que llegamos es descartar la posibilidad de la imputación sucesiva, aquella que considera que la imputación de la persona debería realizarse únicamente una vez se acreditase la responsabilidad penal de la persona física, y considerar como única alternativa razonable la imputación simultánea.

No obstante, aunque no vaya a ser lo más habitual en la práctica judicial, dado que la descripción de los hechos objeto de investigación ya va a permitir conocer a los presuntos autores de los hechos delictivos, existe la posibilidad de que la imputación de la persona jurídica sea posterior y sucesiva a la de la física. GASCÓN INCHAUSTI entiende que no será extraño que las investigaciones del proceso penal no se encaminen a determinar una posible responsabilidad de la persona jurídica hasta que se haya investigado suficientemente el delito base[388]. Ahora bien, la legalidad de la imputación sucesiva no significa que lo correcto sea operar de esa forma directamente, puesto que esta modalidad de imputación a la persona jurídica únicamente podrá realizarse cuando no existan indicios de la participación de esta en el delito objeto de investigación en el momento en el que se tenga conocimiento de su existencia. En caso de que exista algún indicio o posibilidad de que una persona jurídica acabe imputada por los hechos en cuestión, deberá procederse prontamente a su imputación como ya ha sido expuesto, al ser la investigación simultánea sobre ambos sujetos penales una modalidad de imputación mucho más garantista y respetuosa con los derechos procesales de las partes. En definitiva, tal y como señala GASTÓN INCHAUSTI, podrá imputarse a la persona jurídica posteriormente a la física únicamente si ello "responde a los avances de la investigación"[389].

Por el contrario, son muchos los argumentos que aconsejan la imputación simultánea de personas físicas y personas jurídicas en los procedimientos penales en los que existan indicios racionales sufi-

---

388 GASCÓN INCHAUSTI, Fernando. *Proceso penal y persona jurídica... Op. Cit.* Pág. 93.

389 *Ibidem.*

cientes sobre la participación de ambas en unos hechos delictivos. En primer lugar, como ya se ha expuesto con anterioridad, esta pronta imputación de la persona jurídica, realizada prácticamente a la par que la de la física, evita la posibilidad de que se vulneren los derechos que le son reconocidos constitucionalmente, ya que existe el riesgo de que la investigación dirigida a depurar la responsabilidad penal de la persona física afecte directamente a la jurídica, sin que esta pueda ejercer su derecho de defensa. En este sentido, la imputación va a permitir a la persona jurídica designar a un representante especialmente designado que la represente ante el tribunal, y a un letrado que la defienda ante el mismo. En otras palabras, la persona jurídica, una vez imputada, tendrá libertad para definir y acordar su propia línea de defensa y su estrategia procesal, pudiendo defender, así, sus propios intereses, ajenos a los de las personas físicas que integran a la misma.

Por otro lado, al estar la persona jurídica debidamente imputada desde el primer momento, se podrán practicar determinadas diligencias de investigación que de lo contrario no podrían realizarse, y que pueden ser muy útiles para el esclarecimiento de los hechos investigados, en relación tanto con la participación de las personas físicas, como de la jurídica. Por ejemplo, en un procedimiento penal seguido ante una persona física, en caso de que se impute a la jurídica, se podrán acordar diligencias de investigación en relación con las mismas, como puede ser la diligencia de entrada y registro en el domicilio social de estas. En esta diligencia se pueden descubrir documentos que, además de acreditar la participación de la persona jurídica en el hecho delictivo, pueden extender la responsabilidad penal a otros sujetos personas físicas cuya participación se desconocía con anterioridad a la práctica de la diligencia de investigación que nos ocupa. Pero, además, la imputación simultánea evitaría, a su vez, que los sujetos penales se inculparan entre sí, sin que el otro pudiera defenderse. Por ello, tal y como plantea NEIRA PENA, la imputación simultánea evitaría que, en caso de existir un conflicto de intereses entre las partes, puedan aprovechar la falta de imputación de una de ellas para descargar su responsabilidad sobre la misma sin que esta pudiera rebatir dicha inculpación[390]. Así, en caso de imputar a la persona física desde un

390 NEIRA PENA, Ana María. *La instrucción de los procesos... Op. Cit.* Pág. 125.

primer momento y no a la jurídica, la autora llega a la conclusión de que "se le estaría otorgando al primero la oportunidad de defenderse y descargar su responsabilidad sobre la entidad, mientras se estaría privando de tal posibilidad a esta última, lo cual podría crear una situación de desigualdad entre ambos sujetos, a pesar de corresponderles idéntica posición procesal"[391].

Ahora bien, no resulta improcedente cuestionarse cómo es posible que sujetos tan diferentes como las personas físicas y las jurídicas, que no lo olvidemos, a pesar de responder por el mismo delito lo hacen por motivos diferentes, puedan descargar su responsabilidad penal el uno sobre el otro. Sobre esta cuestión, aunque la persona física responda por la comisión del concreto hecho delictivo y la jurídica por haber participado en la comisión de este, al no haber impedido o dificultado su existencia a través de la aplicación de medidas de organización y control, el sujeto físico siempre podrá justificar su actuar con expresiones tales como "la persona jurídica no aplicó ningún control" o "a mí no me llegaba ninguna información". Expresiones que, al fin y al cabo, únicamente buscan justificar la conducta delictiva propia sobre la supuesta falta de diligencia debida de la persona jurídica. Así lo entiende la doctrina, que considera que el hecho de que "el administrador de la sociedad intentase atenuar su responsabilidad, civil y/o penal, coimputado a la persona jurídica, pone de manifiesto la necesidad de imputar a ésta última para permitirle desplegar su propia estrategia defensiva que, en ocasiones, puede ser contraria a la de la persona física"[392].

En definitiva, en virtud de todo lo expuesto, llegamos a la conclusión de que se debe de imputar a la persona jurídica en el procedimiento penal tan pronto como se tengan sospechas indiciariamente fundadas sobre su posible participación en un hecho delictivo, sea una entidad capaz de responder penalmente, esto es, imputable y, por último, nos encontremos ante uno de los delitos por los que nuestro legislador permite castigar a las personas jurídicas. Queda para un estadio posterior, una vez la persona jurídica ya esté imputada y en el pleno uso de sus derechos constitucionales, la comprobación de

---

391 *Ibidem.*

392 NEIRA PENA. Ana María. "La imputación de la... *Op. Cit.* Pág. 607.

la concurrencia de los presupuestos establecidos en el art. 31 bis CP. Ahora bien, contra opiniones como la alcanzada se levantan no pocas voces que han comenzado a demandar la necesaria introducción del principio de oportunidad en nuestro sistema penal, sobre todo en lo que al enjuiciamiento de personas jurídicas se refiere; cuestión que abordamos a continuación.

2. PRINCIPIO DE OPORTUNIDAD Y RESPONSABILIDAD PENAL DE PERSONAS JURÍDICAS

Pese a haber alcanzado la conclusión de que la imputación temprana de la persona jurídica debe primar sobre los posibles efectos negativos que la misma pueda suponer para esta, a nivel económico, de imagen y reputación, entendemos enriquecedor para el debate que está siendo analizado en el presente Capítulo traer a colación el concepto del principio de oportunidad, principio cuya aplicación sobre el de legalidad está siendo demandada por un sector de la doctrina cada vez más amplio.

Muchos de esos autores, entre los que se encuentra BANACLOCHE PALAO, se amparan en otros ordenamientos jurídicos para rechazar la idea de una imputación rápida de la persona jurídica, al entender que hay otros caminos que podrían evitar la persecución penal de la misma, como los acuerdos con el MF. En opinión de este autor:

> "esta solución no debería descartarse sin más, al menos como propuesta de futuro, porque permite compatibilizar las dos finalidades buscadas por el legislador: por un lado, el castigo por el hecho realizado y la evitación de eventuales conductas similares, y por otro, el mantenimiento de la persona jurídica sin que se vea afectada su imagen y lo que ello conlleva (para socios, accionistas, empleados, etc.)"[393].

Por consiguiente, el presente apartado tratará de dar respuesta a la interrogante relativa a si nuestro ordenamiento jurídico permite

---

393 BANACLOCHE PALAO, Julio. "La imputación de la persona jurídica... *Op. Cit.* Pág. 192.

supeditar el inicio de los procedimientos penales a la discrecionalidad del MF.

2.1. El principio de oportunidad como oposición al principio de legalidad en nuestro ordenamiento jurídico

Puestos en comparación los dos principios que dan título al presente epígrafe, el primer estímulo que nace de ello es reconocer la vigencia actual del segundo sobre el primero, habida cuenta de que nuestro ordenamiento jurídico y, más concretamente, nuestro Derecho Procesal penal, pivota en la actualidad sobre el principio de legalidad, tal y como reconoce GIMENO BEVÍA, al manifestar que "el proceso penal español está dirigido por el principio de legalidad (art. 100 LECrim), lo que implica la obligatoriedad de incoar un proceso ante la comisión de un hecho delictivo"[394]. Asimismo, el art. 105 LECrim "obliga" a los funcionarios del MF a ejercitar las acciones penales procedentes cuando tengan conocimiento de la existencia de un hecho delictivo. Por ello, antes de diferenciar estos principios, y de cara a realizar un primer acercamiento a los mismos, consideramos necesario expresar una definición de ambos.

Por un lado, tal y como acaba de exponerse, el principio de legalidad exige que se incoe un procedimiento penal siempre que se haya producido un hecho delictivo o haya indicios de que el mismo haya podido cometerse, estando sometida la voluntad de los operadores jurídicos —la Fiscalía, principalmente— al referido mandato. Por el otro lado, la doctrina ha entendido que un ordenamiento procesal estará informado por el principio de oportunidad "cuando los titulares de la acción penal están autorizados, si se cumplen los presupuestos previstos por la norma, a hacer uso de su ejercicio, incoando el procedimiento o provocando su sobreseimiento"[395].

---

394 GIMENO BEVÍA, Jordi. "La apuesta por el principio de oportunidad y los programas de Compliance en el proceso penal de las personas jurídicas". *Diario La Ley*, nº 8437 (2014).

395 GIMENO SENDRA, Vicente, MORENO CATENA, Víctor y CORTÉS DOMÍNGUEZ, Valentín. *Derecho procesal. Proceso Penal.* Valencia: Tirant lo Blanch, 1993. Pág. 55.

En definitiva, la diferencia entre ambos principios se basa, como bien señala GIMENO BEVIÁ, en que mientras que el principio de legalidad exige que tan pronto como se produzca un hecho delictivo se incoe un procedimiento, el de oportunidad somete la apertura del proceso a la discrecionalidad del MF, ya sea esa reglada o no[396]. A este respecto, cada vez existen más voces en la doctrina que vienen demandando la necesaria implantación de un principio de oportunidad reglado[397]. En este sentido, algunos defensores de la justicia negociada han concluido que "así como es dinámica la sociedad, de igual manera deberá serlo también el sistema jurídico, para que pueda proveer los mecanismos necesarios para proporcionar la adecuada tutela de los ciudadanos"[398].

Conforme a lo anterior, y salvo por las excepciones que posteriormente se analizarán, en nuestro sistema penal actual impera el principio de legalidad y, por consiguiente, todos los hechos delictivos que se cometan, independientemente de su gravedad, son perseguidos por las autoridades judiciales[399]. Ahora bien, a través de los años ha surgido una corriente doctrinal que critica este sistema y se apoya en diversas razones, como la economía procesal[400], la más rápida reparación de la víctima o la disminución de la intensidad punitiva para el investigado o acusado como consecuencia del reconocimiento de los hechos para dotar de fuerza la aplicación del principio de oportunidad[401].

Esto no resulta novedoso, dado que, aunque se trate de un principio que generalmente impere en países de tradición anglosajona, cada vez hay más países de tradición continental —como es nuestro país—

---

396 GIMENO BEVIÁ, Jordi. *Compliance y proceso... Op. Cit.* Pág. 172.

397 MATEOS RODRÍGUEZ-ARIAS, Antonio. "Principio de oportunidad, justicia negociada y posición de las partes en el proceso penal". *Revista Aranzadi de Derecho y Proceso Penal*, nº 56 (2019).

398 MACHADO DE SOUZA, Renato y RODRÍGUEZ GARCÍA, Nicolás. *Justicia negociada y personas jurídicas: la `modernización´ de los sistemas penales en clave norteamericana*. Valencia: Tirant lo Blanch, 2022. Pág. 32.

399 Con la salvedad de los delitos privados, esto es, los delitos de injurias y de calumnias, los cuales únicamente pueden ser perseguidos por los perjudicados/ofendidos previa interposición de querella.

400 Se parte de la premisa de que, si se evita el proceso, se reduce la labor del fiscal, de la defensa y del juez, y con ello la carga de trabajo de los tribunales, cada vez más desbordados ante la creciente conflictividad penal.

401 MATEOS RODRÍGUEZ-ARIAS, Antonio. "Principio de oportunidad... *Op. Cit.*

que han abrazado el concepto del principio de oportunidad, como son Bélgica o Francia. De hecho, si se analiza la totalidad de la legislación penal española, se pueden advertir una serie de preceptos que, poco a poco, ya han comenzado a introducir el principio de oportunidad en nuestro sistema penal. Ejemplos de ello son la exclusiva perseguibilidad de determinados delitos por parte de los perjudicados —los privados—, la figura de la conformidad con beneficio penológico o el procedimiento por aceptación de decreto, al que GIMENO BEVÍA ha definido como una conformidad adelantada, al considerar que "se erige en un instrumento en el que el Fiscal emite una propuesta punitiva y el encausado acepta la proposición de pena premiada"[402].

Es más, no debe pasar inadvertido que el cambio de un sistema basado en el principio de legalidad por el de oportunidad es una cuestión que ha estado muy presente incluso a nivel legislativo, tanto en la gestación y tramitación de las últimas reformas que ha sufrido nuestra legislación procesal, como en las propuestas de anteproyecto o borradores que finalmente no han visto la luz.

Por un lado, el Anteproyecto de la LECrim del año 2011[403] trató de introducir el principio de oportunidad en su art. 150, no sin antes advertir que este no debía ser entendido como una discrecionalidad técnica en la interpretación de la norma, sino como una plasmación práctica de criterios de Política Criminal que abogaban por la no necesidad de penar determinadas conductas. Concretamente, el art. 150 permitía al MF acordar la suspensión de los procedimientos seguidos por delitos castigados con penas de prisión de hasta 5 años, siempre que se reconocieran los hechos por el investigado, este se comprometiera a acatar las obligaciones que le fueran impuestas, y el ofendido o el perjudicado estuviera de acuerdo con la misma.

Por otro lado, en la línea marcada por el Anteproyecto, el Borrador del Código Procesal Penal del año 2013[404] contenía en sus arts. 90

402 GIMENO BEVIÁ, Jordi. *Compliance y proceso… Op. Cit.* Pág. 173.

403 Anteproyecto de la Ley de Enjuiciamiento Criminal del año 2011. Disponible en: https://www.mjusticia.gob.es/es/AreaTematica/ActividadLegislativa/Documents/210126%20ANTEPROYECTO%20LECRIM%202020%20INFORMACION%20PUBLICA%20(1).pdf.

404 Borrador CPP 2013. Disponible en: https://confilegal.com/wp-content/uploads/2018/05/2013-BORRADOR-DE-C%C3%93DIGO-PROCESAL-PE-

y ss. la introducción en nuestro sistema penal del principio de oportunidad[405]. Concretamente:

> "El Ministerio Fiscal estará obligado a ejercer la acción penal cuando entienda suficientemente fundada la atribución del hecho punible al encausado, salvo que concurra motivo bastante para la suspensión o sobreseimiento de la causa por razón de oportunidad conforme a lo previsto en los artículos siguientes".

Por consiguiente, el CPP del año 2013 proponía la posibilidad de no iniciar o no continuar un procedimiento penal contra una persona, física o jurídica, que hubiera cometido presuntamente un hecho delictivo en determinados supuestos. Entre las opciones que barajaba el texto para no iniciar o sobreseer las actuaciones penales incoadas contra una persona, se encontraban diversos motivos, como que el delito fuera de escasa gravedad y no existiera un interés público relevante para su persecución, que el procedimiento se hubiera suspendido con la finalidad de exigir al investigado que cumpliera una serie de condiciones aceptadas por el mismo, que la sanción que se le pudiera imponer al investigado resultara irrelevante atendiendo a la pena que hubiera recibido o pudiera recibir en otros procedimientos, etc. De hecho, el texto llegaba a matizar que, si el delito se imputaba a una persona jurídica, podría ordenarse su archivo cuando esta careciera de toda actividad y patrimonio, y

---

NAL-PP.pdf. Concretamente, la Exposición de Motivos del Código Procesal Penal establecía: "Mediante la nueva regulación de la acción penal se instaura con carácter general en nuestro ordenamiento el principio de oportunidad, el cual sólo regía con anterioridad en reducidísimos casos. Se ha considerado que la atribución de discrecionalidad a la Fiscalía para la persecución penal en virtud de criterios legalmente previstos, aplicables según las circunstancias de los supuestos concretos, ofrece más ventajas para el interés público que el mantenimiento de un ciego automatismo en el ejercicio del ius puniendi estatal derivado de una comprensión simplemente retributiva del principio de legalidad. No obstante, la posible impugnación de la decisión de archivo de las diligencias de investigación por parte de la acusación popular o particular asegura el control judicial de la aplicación del principio de oportunidad en interés de la justicia."

405 Cuestión que ha sido mantenida igualmente en el más reciente Anteproyecto de la Ley de Enjuiciamiento Criminal del año 2020 en el que posteriormente nos detendremos. Disponible en: https://www.mjusticia.gob.es/es/AreaTematica/ActividadLegislativa/Documents/210126%20ANTEPROYECTO%20LECRIM%202020%20INFORMACION%20PUBLICA%20%281%29.pdf.

estuviera incursa en causa legal de disolución, aunque no se hubiera disuelto formalmente, en consonancia con la necesidad previamente analizada de constatar la imputabilidad de la persona jurídica para proceder a su imputación.

Por último, el Anteproyecto de la LECrim del año 2020 también introducía el principio de oportunidad en sus arts. 58 y 148 y ss., exponiendo que el MF podría tanto abstenerse de ejercitar la acción penal por razones de oportunidad cuando así lo autorizara expresamente dicha ley, como concluir el procedimiento penal por las mismas razones cuanto la imposición de la pena resultara innecesaria o contraproducente a los fines de prevención que constituyen su fundamento.

No obstante, a pesar de los intentos legislativos previamente señalados, lo cierto es que el principio de legalidad sigue vigente en nuestro ordenamiento jurídico y, por consiguiente, hoy en día nuestra legislación exige que la totalidad de los delitos sean perseguidos por el MF, salvo las excepciones previamente reseñadas que constan establecidas en nuestra ley procesal —perseguibilidad de los delitos privados y semipúblicos—. Ahora bien, a pesar de que nuestro ordenamiento jurídico no permita en la actualidad someter el inicio de los procedimientos penales a la discrecionalidad de la Fiscalía, se van a analizar las ventajas que la aplicación del principio de oportunidad presentaría frente al principio de legalidad, de cara a alcanzar la conclusión de si la vigencia del principio de oportunidad verdaderamente introduciría matices positivos en lo que al enjuiciamiento de personas jurídicas se refiere[406], tratando a su vez de aclarar cuál es la verdadera finalidad detrás del interés en la aplicación de este principio.

---

406 Aunque el objeto del presente estudio verse sobre las personas jurídicas en exclusiva, en caso de llegar a la conclusión de que el principio de oportunidad pudiese aplicarse, no lo haría únicamente respecto de las personas jurídicas, sino que sería de aplicación también para el enjuiciamiento de las personas físicas. Ambas personas son sujetos penales a todos los efectos y, por lo tanto, se les debe de aplicar los mismos criterios cuando se trata de su enjuiciamiento —lo contrario supondría asumir que existen sujetos penales de diferentes categorías, extremo incompatible con los principios más elementales de nuestro Derecho Penal—.

2.2. *Elementos a favor de la introducción del principio de oportunidad*

Como se comprobará a lo largo del presente apartado, una extensa corriente doctrinal, aprovechando las dificultades materiales y procesales para responsabilizar penalmente a las personas jurídicas —al ser nuevos sujetos penales, y al estar la legislación sustantiva y procesal relativa a las mismas en una fase aún de desarrollo, como consecuencia de la amplia discusión doctrinal y jurisprudencial existente en la materia—, se ha mostrado favorable a la sustitución del principio de legalidad por el de oportunidad.

Para dotar de fuerza a su pretensión, se enumeran una serie de ventajas que el principio de oportunidad presenta en los procedimientos seguidos frente a personas jurídicas en comparación con el principio de legalidad. De entrada, GIMENO BEVÍA resume dichas ventajas en dos: "de un lado, el llamado *stigma of prosecution* o perjuicio del procesamiento y, de otro, la ausencia de interés público en la mayoría de los asuntos"[407]. Pese a que estos dos motivos sean los principales por los que los países que tradicionalmente han aplicado el *Common Law* se han decantado por la utilización del principio de oportunidad, se han sumado también otras ventajas como la evitación de daños reputacionales, los incentivos de autorregulación, la cooperación con la Justicia, la satisfacción de los fines de la pena y el interés público en una fase pre-procesal, la agilización de la Justicia y el ahorro de costes[408]. En lo que sigue se analizará si nos encontramos o no ante verdaderas ventajas.

2.2.1. La evitación de daños a la imagen y la reputación de la persona jurídica

En primer lugar, para autores como NEIRA PENA o GIMENO BEVIÁ, la introducción del principio de oportunidad en las causas seguidas frente a personas jurídicas le evitaría daños colaterales y reputacionales, dado que de esa forma se evitaría su imputación, la cual

---

407 GIMENO BEVIÁ, Jordi. *Compliance y proceso... Op. Cit.* Pág. 176.

408 NEIRA PENA, Ana María. *La instrucción de los procesos... Op. Cit.* Págs. 53 y ss.

"encierra una sanción en si misma desde el momento en que puede suponer graves perjuicios tanto económicos como sociales a la persona jurídica imputada"[409]. GIMENO BEVÍA profundiza en esta idea del daño social que podría sufrir la persona jurídica en caso de ser imputada en un procedimiento penal, dado que entiende que como consecuencia de ello la imagen de la empresa se vería gravemente dañada y, por ende, perdería la reputación lograda a lo largo de los años[410]. De hecho, independientemente de la introducción del principio de oportunidad, de cara a evitar la generación de estos daños de forma prematura, en la actualidad se viene exigiendo por un sector doctrinal una mayor solidez de indicios para imputar a las mismas, considerando insuficientes las meras sospechas[411].

La introducción del principio de oportunidad permitiría que en los casos en los que las personas jurídicas ostentasen un programa de organización y control efectivo se evitase su imputación junto con la totalidad de los efectos negativos que se derivan de ello. Así lo entiende NEIRA PENA, quien partiendo de la premisa de que las entidades que cuenten con un *compliance program* eficaz no serán penalmente responsables, considera "adecuado que, tras las pertinentes comprobaciones sobre la existencia y vigencia de tales programas, la persona jurídica pueda evitar su imputación penal"[412]. Aunque en nuestra opinión esto sería muy beneficioso para la persona jurídica, debemos reiterar que entendemos que dicha comprobación exige una valoración jurídica compleja, un análisis que únicamente podrá realizarse con las debidas garantías tras una exhaustiva investigación, para la cual entendemos que la persona jurídica debe estar debidamente imputada y en el pleno ejercicio de su derecho constitucional de defensa; misma conclusión que, de hecho, alcanza la autora previamente mencionada cuando concluye que "sin principio de oportunidad, ante la sospecha de haberse cometido un delito en el seno de una entidad imputable, la formalización de la acusación parece resultar inevitable"[413]. En relación con esta última cuestión, coincidimos con el planteamiento de

---

409 GIMENO BEVIÁ, Jordi. *Compliance y proceso... Op. Cit.* Pág. 177.

410 *Ibidem.*

411 NEIRA PENA, Ana María. *La instrucción de los procesos... Op. Cit.* Pág. 56.

412 NEIRA PENA, Ana María. *La instrucción de los procesos... Op. Cit.* Pág. 58.

413 NEIRA PENA, Ana María. *La instrucción de los procesos... Op. Cit.* Pág. 59.

NEIRA PENA consistente en la necesidad de alcanzar un equilibrio entre la tardía imputación de la persona jurídica y el no compromiso de su imagen pública, de manera que:

> "tomando en debida consideración ambos riesgos, el de provocar una situación de indefensión y el de dañar la imagen de la entidad, resulta necesario buscar el adecuado equilibrio entre una imputación excesivamente temprana, y, en consecuencia, falta de fundamento, y otra excesivamente tardía que retrasase indebidamente el nacimiento del derecho de defensa de la persona jurídica"[414].

No obstante, opinamos que no resulta proporcional correr el riesgo de vulnerar un derecho fundamental de la persona jurídica para salvaguardar la imagen de esta. Se trata de un ejercicio de prudencia: más vale prevenir que curar. Asimismo, en caso de que la entidad colectiva se encuentre libre de responsabilidad, existen herramientas para paliar los efectos negativos que su imputación haya podido conllevar, tales como la difusión de la resolución en los medios de comunicación. Por último, entendemos que no debe caerse en una excesiva preocupación por los efectos reputacionales que la imputación de la persona jurídica podría tener para la misma, ya que eso podría generar un agravio comparativo respecto a las personas físicas, sujetos sobre los que no existe tanta cavilación cuando se procede a su imputación.

2.2.2. La incentivación para la elaboración de programas de cumplimiento

La corriente doctrinal que defiende la necesidad de implantar para el enjuiciamiento de personas jurídicas un modelo procesal en el que impere el principio de oportunidad entiende que la motivación principal por el que se ha convertido a las personas jurídicas en sujetos penalmente responsables es conseguir que las mismas se autorregulen. Partiendo de dicha premisa, su enjuiciamiento sería innecesario si se llega a un acuerdo en las que se comprometan a organizarse conforme a Derecho, mediante la implantación o mejora de un programa de organización y control, y a reparar el daño causado. De esta forma, la

---

414 NEIRA PENA, Ana María. *La instrucción de los procesos… Op. Cit.* Pág. 112.

finalidad por la que se introdujo la responsabilidad penal de las personas jurídicas se vería cumplida, junto con la satisfacción de los fines de la pena y el interés público, en una fase pre procesal.

Ahora bien, la posibilidad de evitar el enjuiciamiento penal mediante la elaboración de un *compliance program* no es la única motivación capaz de convencer a la empresa de autorregularse conforme a Derecho[415]. En nuestra opinión, acierta NEIRA PENA cuando establece que "la amenaza de una condena penal y la obligación formal de que las entidades adopten tales medidas de prevención de delitos, debería ser suficiente como incentivo de autorregulación"[416]. Por consiguiente, entendemos que la posibilidad de evitar el enjuiciamiento penal a través de la aplicación de los criterios de oportunidad no va a suponer un efecto diferencial de motivación para que la persona jurídica pase a autorregularse, dado que, en principio, debiera estar suficientemente motivada por la amenaza de la sanción penal.

De todas formas, esta corriente doctrinal descansa sobre la idea de que la finalidad retributiva de la pena no es tan relevante para la persona jurídica como la preventiva[417]. A este respecto, aunque estamos de acuerdo con que una de las finalidades perseguidas con la introducción de la responsabilidad penal de las personas jurídicas en nuestro ordenamiento jurídico es que estas se autorregulen y de esta forma eviten la futura comisión de delitos, también hay que señalar que esta no es la única, ya que además de la función preventiva, entendemos que dicha responsabilidad también ostenta una finalidad retributiva, por la que se impone un castigo a aquellas entidades colectivas mediante las que —o en cuyo seno— se comete un delito, y que con anterioridad a la comisión del hecho delictivo no hubieran adoptado un programa de organización y control que demostrara su firme compromiso con la eliminación de la delincuencia empresarial.

---

415 Menos aún si tenemos en cuenta que en la actualidad, la implantación, posterior al hecho delictivo y anterior al comienzo del acto de la vista oral, de medidas eficaces para prevenir y descubrir delitos es una atenuante regulada en el artículo 31 quater d) del CP que permite a la persona jurídica atenuar la pena que le va a ser impuesta.

416 NEIRA PENA, Ana María. *La instrucción de los procesos… Op. Cit.* Pág. 75.

417 NEIRA PENA, Ana María. *La instrucción de los procesos… Op. Cit.* Pág. 64.

El mejor ejemplo de esta finalidad retributiva lo encontramos en la pena de multa, que tal y como expone ZARZALEJOS NIETO:

> "es una pena claramente retributiva, naturaleza a la que responden los criterios de determinación de su importe previstos por el art. 52.4 CP, referidos bien a las consecuencias económicas del delito (beneficio obtenido o facilitado, perjuicio causado, valor del objeto, cantidad defraudada o indebidamente obtenida), bien a la gravedad de la pena prevista para la persona física responsable de los hechos delictivos"[418].

Ha sido la voluntad de nuestro legislador querer dotar de responsabilidad penal a estos sujetos con personalidad jurídica propia y poder sancionarlos penalmente. En este sentido, coincidimos con NEIRA PENA cuando exige la estricta aplicación del Derecho Penal cuando se cometan crímenes graves, por considerarlo el mejor instrumento para controlar el inmenso poder de las grandes corporaciones[419], pero en nuestra opinión la aplicación del Derecho Penal resulta necesaria respecto de la totalidad de los hechos delictivos en los que participe una persona jurídica, dado que esta solo podrá participar —en base al sistema *numerus clausus* del art. 31 bis— en delitos semi públicos y públicos que deben de ser perseguidos por el MF en virtud del principio de legalidad y el propio EOMF[420], motivo por el que entendemos que existe un interés público en que la totalidad de dichos delitos sean perseguidos.

Ahora bien, como ya se ha expuesto en el Capítulo II[421], no puede ignorarse que la sanción penal que se impone a las personas jurídicas no afecta únicamente a las mismas, sino que también alcanza a las

---

418 ZARZALEJOS NIETO, Jesús. "Apuntes sobre la ejecución de penas impuestas a las personas jurídicas". En *Responsabilidad penal de las personas jurídicas. Aspectos sustantivos y procesales*, editado por Julio BANACLOCHE PALAO, Jesús ZARZALEJOS NIETO y Carlos GÓMEZ-JARA DÍEZ, 289-298. Madrid: La Ley, 2011. Pág. 290.

419 NEIRA PENA, Ana María. *La instrucción de los procesos... Op. Cit.* Pág. 64.

420 Ley 50/1981, de 30 de diciembre, por la que se regula el Estatuto Orgánico del Ministerio Fiscal. Art. 1: "El Ministerio Fiscal tiene por misión promover la acción de la justicia en defensa de la legalidad, de los derechos de los ciudadanos y del interés público tutelado por la ley, de oficio o a petición de los interesados, así como velar por la independencia de los Tribunales, y procurar ante estos la satisfacción del interés social".

421 Véase epígrafe 3.3.2. del Capítulo II.

personas físicas que la conforman. En este sentido, con independencia de que las personas jurídicas sean las directas destinatarias de las penas impuestas a las mismas, los daños colaterales que sufren las personas físicas detrás de ellas se justifican en que, al fin y al cabo, y con las salvedades que hemos expuesto al momento de analizar esta cuestión, son estos sujetos quienes toman la decisión, a la hora de crear u organizar la persona jurídica, de no hacerlo conforme a la legalidad y son ellos, por consiguiente, quienes junto con la persona jurídica acaban sufriendo los perjuicios derivados de la disolución de la entidad colectiva, de la suspensión de sus actividades, de la clausura de sus locales, etc.

Por todo lo expuesto, en nuestra opinión, la función retributiva de la pena es tan relevante como la preventiva, dado que entendemos que una minusvaloración de esta podría afectar negativamente incluso a la propia fuerza preventiva del Derecho Penal.

2.2.3. La colaboración con la Justicia

Por otro lado, se opina que las personas jurídicas van a cooperar con la Justicia de forma más decidida si consiguen evitar su imputación. De hecho, ha creado poso en una amplia vertiente de la doctrina la idea de que, si no se presentan cargos contra ellas, “las personas jurídicas serían más proclives a desarrollar investigaciones internas para descubrir los delitos que se cometen en su seno, a denunciar tales delitos o aportar pruebas para proceder frente a los responsables individuales”[422]. No obstante, nosotros no compartimos dicho planteamiento. No creemos que las personas jurídicas vayan a cooperar más con la Administración de Justicia porque se les ofrezca un acuerdo mediante el que eviten su imputación.

En primer lugar, es evidente que las personas jurídicas trabajarían más intensamente en la investigación interna de los hechos delictivos en caso de que se garantizara su total inasistencia al procedimiento penal. Ahora bien, entendemos que también actuarían igualmente con posterioridad a la imputación, ya que, aunque estén imputadas, dicha condición procesal no es lo mismo que una efectiva condena penal.

---

422 NEIRA PENA, Ana María. *La instrucción de los procesos… Op. Cit.* Pág. 61.

La idea de que la persona jurídica, como ya ha sido imputada, no va a tratar de demostrar su ausencia de responsabilidad penal con la misma intensidad que en caso de que no lo hubiera sido, entendemos que es incierta, dado que, aunque asumamos que la mera imputación tenga efectos negativos, en ningún caso podemos asemejar esta situación provisional a una condena penal efectiva, que sin duda tratará de evitarse por la persona jurídica, realizando para ello las investigaciones internas necesarias y aportando al juez cuantos elementos probatorios tenga en su poder que permitan acreditar su ausencia de participación en los hechos delictivos objeto de investigación. En definitiva, no compartimos la virtualidad del concepto *"death by indictment"*.

Además, la colaboración con la Justicia tras la comisión del hecho delictivo es un criterio que recoge el art. 31 quater b) CP con efectos atenuantes para las personas jurídicas, motivo adicional por el que entendemos que las entidades colectivas desarrollarán las investigaciones que estén a su alcance con independencia de su imputación formal en el procedimiento penal.

Como ya se ha dicho, no pueden negarse los efectos negativos que supondría para la persona jurídica su imputación en un procedimiento penal. No obstante, al contrario de la creencia de un sector doctrinal de que el mero enjuiciamiento de la persona jurídica puede acabar resultando tan gravoso como la propia condena[423], insistimos que los efectos negativos derivados de la imputación no pueden compararse a los que derivarían de una efectiva y definitiva condena penal. En esta línea se pronuncia NEIRA PENA, quien llega a la conclusión de que en ocasiones los daños y perjuicios derivados de la imputación penal de las personas jurídicas se exageran:

> "Así pues, cabe afirmar que la realidad del fenómeno conocido como 'muerte por acusación' o 'death by indictment' resulta, cuando menos, discutible. No hay datos empíricos que demuestren que los daños colaterales derivados de un juicio penal son, como regla general, de tal envergadura como para suponer la expulsión del mercado de una entidad solvente y económicamente viable"[424].

---

423 GIMENO BEVIÁ, Jordi. *Compliance y proceso... Op. Cit.* Pág. 176.

424 NEIRA PENA, Ana María. *La instrucción de los procesos... Op. Cit.* Pág. 69.

Ejemplos de lo anterior los tenemos en entidades como CAIXABANK, por el procedimiento penal relativo a las mafias chinas, o el BBVA e IBERDROLA, en el conocido como "Caso Villarejo", que pese a estar o haber estado investigadas en procedimientos penales muy mediáticos, que les ha supuesto un elevado coste reputacional, siguen siendo empresas líderes en el sector bancario y de la energía. Han podido sufrir pérdidas económicas o costes reputacionales, pero lejos de haberse enfrentado a una hipotética disolución o salida del mercado, a pesar de todo lo ocurrido, siguen siendo entidades colectivas más que solventes.

Por consiguiente, llegamos a la conclusión de que se ha tratado de tildar como de definitiva la imputación de la persona jurídica únicamente con el objetivo de dotar de fuerza la idea de lo beneficioso que resultaría la introducción del principio de oportunidad. De hecho, uno de los autores que considera que el enjuiciamiento de la persona jurídica puede ser tan gravoso como la condena, llega a reconocer con posterioridad que resulta "ciertamente complicado prever de antemano el daño que puede causar la imputación de la persona jurídica y si esa previsión se ajusta a la posible futura sanción en caso de que sea finalmente condenada"[425].

En definitiva, no podemos asumir que la introducción del principio de la oportunidad y, por extensión, la posible no imputación de las personas jurídicas, vaya a mejorar su cooperación con la Administración de Justicia, ya que estas, por mucho que estén imputadas, aún no están condenadas. Diferencia que, como consecuencia de todo lo expuesto, resulta preciso remarcar. Por ello, nos reiteramos en la idea de que las personas jurídicas seguirán destinando recursos a acreditar su ausencia de participación en los hechos delictivos, realizando para ello investigaciones internas y aportando al juzgado todos los elementos probatorios que tuvieran en su poder acreditativos de su ausencia de participación, aunque estén imputadas. En el mismo sentido, las entidades colectivas también podrán llevar a cabo dichas investigaciones internas tras su imputación de cara a cooperar con la Justicia en aras a lograr el reconocimiento de la condición atenuante prevista en el apartado b) del art. 31 quater CP.

---

[425] GIMENO BEVIÁ, Jordi. *Compliance y proceso… Op. Cit.* Pág. 176.

Asimismo, entendemos relevante mencionar brevemente que la supuesta cooperación de la persona jurídica en un estadio pre procesal puede no ser del todo beneficiosa para sus intereses, dado que en muchas ocasiones esta cooperación esconde un sometimiento a fuertes coerciones económicas. Un ejemplo de esta problemática lo tenemos en Estados Unidos, tal y como nos recuerda NEIRA PENA cuando rechaza tomar como ejemplo el sistema procesal americano, al entender que "se basa en la presión que la Fiscalía ejerce sobre el sospechoso de haber cometido un delito, orientada a que acepte un acuerdo en el que reconozca los hechos que se le atribuyen y, en su caso, su culpabilidad en los mismos"[426]. Es decir, en ocasiones la cooperación con la Justicia no sería una colaboración libre, sino que vendría influenciada por las graves amenazas en forma de petición de pena a las que se les habría sometido por parte de la Fiscalía. De hecho, no es infrecuente que esta práctica también ocurra en nuestra Administración de Justicia, lo cual, a nuestro entender, supone una transgresión del principio de presunción de inocencia (art. 24 CE) que asiste a todo sujeto sometido a un procedimiento penal en nuestro ordenamiento jurídico.

Ahora bien, en relación con la idea de cooperación de la persona jurídica con la Justicia, hay una cuestión muy debatida en la doctrina que nos parece de difícil solución y que entendemos oportuno analizar con mayor detenimiento; la posibilidad de que la persona jurídica no denuncie los hechos delictivos de los que ha tenido conocimiento y que han sido cometidos en su seno o valiéndose de su estructura.

Si la persona jurídica denuncia unos hechos delictivos acaecidos en su seno, o realizados por una o varias personas físicas vinculadas a la misma aprovechándose de su estructura societaria, va a verse envuelta en una investigación judicial que, inevitablemente, va a exigir su imputación. Es decir, aunque el hecho de poner en conocimiento de las autoridades judiciales la comisión del delito sea un evidente síntoma de que el programa de organización y gestión de la persona jurídica funciona —dado que la entidad ha detectado un delito y rápidamente lo ha puesto en conocimiento de las autoridades— y que, por lo tanto, se ha organizado conforme a Derecho, resultaría necesario imputar a la persona jurídica para realizar una correcta valoración jurídica

---

426 NEIRA PENA, Ana María. *La instrucción de los procesos... Op. Cit.* Pág. 95.

sobre su ausencia de participación en el hecho delictivo denunciado[427]. Por consiguiente, solo una vez se haya valorado judicialmente la corrección del *compliance program* de la persona jurídica podrá exonerársele de responsabilidad penal a través de un auto de sobreseimiento libre o provisional.

Lo anterior trae como consecuencia que las personas jurídicas, sabiendo que en caso de denunciar el hecho delictivo van a ser imputadas formalmente en un procedimiento penal, podrían decidir no hacerlo, evitándose así una exposición pública que puede ser negativa para sus intereses económicos[428], a pesar de que pueda acreditar la eficacia del *compliance program* y una consiguiente exoneración de responsabilidad, o que el art. 31 quater a) CP establezca como circunstancia atenuante la confesión ante las autoridades. A su vez, resulta igualmente evidente que, si se garantizase a las personas jurídicas a través de algún tipo de principio de oportunidad reglado —como, por ejemplo, uno que permitiese no imputar a las personas jurídicas que denunciasen un hecho delictivo siempre y cuando estas tuviesen un programa de cumplimiento efectivamente implantado y hubiesen pasado más de 3 años desde que hubieran puesto por última vez en conocimiento de las autoridades judiciales otro hecho delictivo cometido a través de ella o acecido en su seno—, su no imputación en el procedimiento penal incoado para el supuesto de que denunciasen los hechos, estarían mucho más dispuestas a colaborar con la Justicia.

---

427 También de esta opinión: NEIRA PENA, Ana María. *La instrucción de los procesos… Op. Cit.* Pág. 63.

428 TORRAS COLL, José María, GIMENO BEVIÁ, Jordi y FORTUNY CENDRA, Miquel. "Instrumentos alternativos al proceso penal de la persona jurídica: desde las diligencias de investigación del Ministerio Fiscal y la mediación penal hacia los DPA norteamericanos". *Diario La Ley*, nº 9443 (2019): "En contra puede considerarse el hecho de que el reconocimiento de los hechos pueda traer consecuencias negativas en caso de no alcanzarse un acuerdo. En este punto no debe olvidarse que la persona jurídica puede reconocer los elementos sustanciales del hecho, como son la comisión de un hecho de conexión y el beneficio para la persona jurídica, dejando al margen la concurrencia o no de una causa de exención de la responsabilidad penal. Ello sin olvidar que la persona jurídica, aun cuando no tuviera responsabilidad penal en relación al hecho cometido, podrá tener la civil derivada del delito, con lo que podría tener doble interés en la mediación (penal y civil) en su condición de tercero responsable civilmente".

Ahora bien, hasta ahora hemos hablado de la colaboración de la persona jurídica con la Justicia por iniciativa propia, pero debemos preguntarnos qué ocurrirá en aquellos supuestos en los que la entidad colectiva pueda verse obligada a comunicar hechos de carácter supuestamente delictivo a la Administración de Justicia.

En el año 2023 se promulgó la Ley 2/2023, de 20 de febrero, reguladora de la protección de las personas que informen sobre infracciones normativas y de lucha contra la corrupción, o como también es conocida, la Ley del Informante. La finalidad de dicha Ley, según lo dispuesto en su art. 1, es doble; por un lado, otorgar una protección adecuada frente a las represalias que puedan sufrir las personas físicas que informen sobre alguna de las acciones u omisiones previstas en la propia Ley, y, por el otro, fortalecer la cultura de la información, de las infraestructuras de integridad de las organizaciones y el fomento de la cultura de la información o comunicación como mecanismo para prevenir y detectar amenazas al interés público.

A pesar de que, aparentemente, la finalidad principal de la Ley es proteger a los informantes frente a las posibles represalias que pudieran derivarse de los actos de información realizados por estos, lo cierto es que su art. 5.1. exige a los sujetos —personas jurídicas— obligados por dicha Ley[429] a la implantación de un sistema interno de información, sistema que deberá cumplir con una serie de requisitos

---

[429] Los sujetos obligados por la Ley 2/2023, de 20 de febrero vienen establecidos en el art. 10.1 de la Ley, y son los siguientes: "1. Estarán obligadas a disponer un Sistema interno de información en los términos previstos en esta ley: a) Las personas físicas o jurídicas del sector privado que tengan contratados cincuenta o más trabajadores. b) Las personas jurídicas del sector privado que entren en el ámbito de aplicación de los actos de la Unión Europea en materia de servicios, productos y mercados financieros, prevención del blanqueo de capitales o de la financiación del terrorismo, seguridad del transporte y protección del medio ambiente a que se refieren las partes I.B y II del anexo de la Directiva (UE) 2019/1937, del Parlamento Europeo y del Consejo, de 23 de octubre de 2019, deberán disponer de un Sistema interno de información que se regulará por su normativa específica con independencia del número de trabajadores con que cuenten. En estos casos, esta ley será de aplicación en lo no regulado por su normativa específica. Se considerarán incluidas en el párrafo anterior las personas jurídicas que, pese a no tener su domicilio en territorio nacional, desarrollen en España actividades a través de sucursales o agentes o mediante prestación de servicios sin establecimiento permanente. c) Los partidos políticos, los sindica-

que se recogen en el art. 9.2. de la Ley 2/2023, de 20 de febrero. A los efectos de lo que aquí nos ocupa, merece especial atención el requisito establecido en la letra j) de esta norma:

> "Remisión de la información al Ministerio Fiscal con carácter inmediato cuando los hechos pudieran ser indiciariamente constitutivos de delito. En el caso de que los hechos afecten a los intereses financieros de la Unión Europea, se remitirá a la Fiscalía Europea".

Es decir, las personas jurídicas que posean las características establecidas en la Ley para ser consideradas como sujetos obligados por sus disposiciones estarían compelidas a informar inmediatamente al MF de cualquier hecho que hubiera sido denunciado a través del sistema interno de información y pudiera ser indiciariamente constitutivo de delito[430].

Ahora bien, desde la perspectiva de los principios rectores del Derecho Penal, cuya observancia y respeto exige la propia Ley del Informante en su art. 2.2[431], ¿estarían obligadas las entidades colectivas sujetas a la Ley 2/2023, de 20 de febrero, a informar de estos hechos cuando ello pueda derivar en una eventual responsabilidad penal para ellas?

Para responder a esta cuestión, debe partirse de la premisa de que las personas jurídicas, como sujetos capaces de responder penalmente, son titulares del derecho constitucional a la presunción de inocencia, y, por extensión, de los derechos a no declarar contra sí mismas y a

---

tos, las organizaciones empresariales y las fundaciones creadas por unos y otros, siempre que reciban o gestionen fondos públicos".

430 No todos los hechos denunciados han de ser necesariamente constitutivos de delito. Tal y como dispone el art. 2 de la Ley 2/2023, de 20 de febrero, los hechos que los informantes podrán comunicar para gozar de la protección establecida en la Ley son cualquier acción u omisión que puedan constituir infracciones del Derecho de la Unión Europea siempre que cumplan determinados requisitos establecidos en el art. 2.1.a) y aquellas acciones u omisiones que puedan ser constitutivas de infracción penal o administrativa grave o muy grave. En todo caso, se entenderán comprendidas todas aquellas infracciones penales o administrativas graves o muy graves que impliquen quebranto económico para la Hacienda Pública y para la Seguridad Social.

431 Ley 2/2023, de 20 de febrero. Art. 2.2: "Esta protección no excluirá la aplicación de las normas relativas al proceso penal, incluyendo las diligencias de investigación".

no confesarse culpables[432]. Por ello, entendemos que las entidades colectivas no estarán obligadas a poner en conocimiento del MF o de la Administración de Justicia hechos que pudieran acarrearle reproche penal. Y ello porque, como bien advierte CARRASCO MONTORO, obligar a las personas jurídicas a facilitar esa información en caso de que esta pudiera conducir a una eventual responsabilidad penal de la organización, "podría cercenar, colisionar y conculcar los derechos de defensa, o a no declararse culpable o auto incriminarse de la persona jurídica"[433], algo que está proscrito por nuestro TS, para el que la titularidad por parte de las entidades colectivas del derecho a la presunción de inocencia está fuera de dudas[434]. En la misma línea se pronuncia JERICÓ OJER, advirtiendo que "es importante tener presente que la obligación recogida en el art. 9.2 j) podría colisionar con el derecho reconocido constitucionalmente a todos los sujetos a no auto incriminarse, bien sean personas físicas o jurídicas"[435].

En definitiva, con independencia de que la Ley 2/2023 exija a las personas jurídicas poner en conocimiento de las autoridades competentes hechos indiciariamente delictivos que pudieran derivar en su propia responsabilidad penal, a nuestro entender, las entidades colectivas, titulares del derecho a la presunción de inocencia y a la no auto incriminación, estarán legitimadas para no hacerlo[436]. De todos modos, profundizaremos más sobre esta cuestión en el Capítulo VI, cuando analicemos los contornos del derecho a la no auto incriminación del que la persona jurídica es titular.

---

432 Esta cuestión será analizada con detenimiento en el Capítulo V.

433 CARRASCO MONTORO, Javier. "La materialización positiva del whistleblowing en España: la Ley 2/2023, de 20 de febrero, reguladora de la protección de las personas que informen sobre infracciones normativas y de lucha contra la corrupción". *Diario La Ley*, nº 10296 (2023).

434 STS 221/2016, de 16 de marzo.

435 JERICÓ OJER, Leticia. "Primeras aproximaciones a la Ley reguladora de la protección de la persona informante y de lucha contra la corrupción: sus principales implicaciones desde la perspectiva penal". *Revista Electrónica de Ciencia Penal y Criminología*, nº 25-08 (2023). Pág. 20.

436 Cuestión distinta es que la persona jurídica, por motivos puramente estratégicos, decide comunicar voluntariamente a la Administración de Justicia estos hechos. Lo relevante en cuanto a lo que aquí nos ocupa es que no podrá obligarse a la misma a hacerlo.

Por otro lado, volviendo a la colaboración facultativa con la Administración de Justicia por parte de las personas jurídicas, a pesar de lo improbable que pueda resultar que las entidades colectivas se sometan voluntariamente a un procedimiento penal para denunciar la comisión de un hecho delictivo, únicamente el transcurso del tiempo podrá establecer si la posible exención de responsabilidad o, en menor medida, la atenuante de confesión, tienen un efecto positivo en las personas jurídicas.

Ahora bien, para los supuestos en los que las organizaciones decidan poner en conocimiento de las autoridades judiciales la existencia de unos hechos aparentemente delictivos, existen argumentos sólidos, a nuestro juicio, para defender que su imputación en el procedimiento penal puede no ser muy prologada en el tiempo. Por un lado, la simple puesta en conocimiento de las autoridades del hecho delictivo es un indicio muy potente de que el programa de organización y control funciona correctamente, lo cual es un elemento de descargo a favor de la ausencia de responsabilidad penal de la entidad. Por otro lado, el hecho de denunciar la existencia de un delito cometido en su seno, o cometido a través de esta, es un hecho que podría reforzar su imagen social, dado que estaría dando a entender al conjunto de la sociedad que se trata de una entidad que no tolera las conductas contrarias a la ley. Así, lejos de ver su reputación social dañada por la imputación, el hecho de haber sido ella misma la que se ha puesto en dicha situación procesal por poner en conocimiento de las autoridades la existencia del hecho delictivo es una circunstancia que, en lugar de perjudicarla, puede reforzar su imagen corporativa, trasmitiendo al conjunto de la sociedad que se trata de una persona jurídica que no tolera la delincuencia, eliminado así el estigma que nace regularmente con la imputación de una persona, ya sea física o jurídica, en un procedimiento penal.

2.2.4. La agilización de la Justicia y el ahorro de costes para el Estado

Por último, otro de los argumentos a favor de la introducción del principio de oportunidad en nuestro ordenamiento jurídico es la posibilidad de que pueda agilizar la Justicia y suponer un ahorro de costes para el Estado. NEIRA PENA nos advierte que estas cuestiones cobran especial importancia en los procedimientos penales frente a las personas jurídicas, ya que las investigaciones "suelen ser especialmente dilatadas en el tiempo y dispendiosas, dada la necesidad de recoger numerosos elementos de pruebas, a veces dispersos en diversos Estados, de recurrir, casi siempre, a pruebas periciales, de interrogar a muchos testigos, de adentrarse en la organización interna de la entidad, etc."[437].

A este respecto, resulta innegable que un ahorro masivo de costes para el Estado y el hecho de descongestionar la Justicia suponen ventajas a tener muy en cuenta a la hora de valorar un cambio del sistema de persecución penal. Ahora bien, la no persecución por parte del Estado desde un estadio pre procesal de la participación de las personas jurídicas en un delito, ¿verdaderamente ahorraría dinero al Estado y agilizaría la Justicia?

Un hipotético acuerdo extrajudicial para no imputar a una persona jurídica que presuntamente ha participado en la comisión de un delito, de cara a cumplir con las finalidades retributiva y preventiva de la pena, debería estar basado en la correcta aplicación de un programa de cumplimiento con anterioridad al delito. Lo contrario carecería de sentido, dado que permitir a una persona jurídica salir impune de su participación en un delito, incluso cuando no hubiera implementado un programa de cumplimiento eficaz con antelación, derivaría inevitablemente en que ninguna empresa estuviese lo suficientemente motivada para realizar el esfuerzo y afrontar el gasto que supone la implementación de un programa de cumplimiento tendente a descubrir y eliminar los posibles delitos que puedan producirse a través de la misma.

En este sentido, la acreditación de la eficacia del programa de cumplimiento implantado por la entidad con carácter previo al delito es una cuestión que, a nuestro juicio, debe acreditarse siempre para no perseguirla, ya sea en un estadio pre procesal o en sede judicial una vez sea abierto el correspondiente procedimiento. Así, desde el momento en el que la acreditación de la tenencia de un programa de cumplimiento eficaz es una obligación, tanto para no dirigir el procedimiento contra la persona jurídica, como para archivar el ya in-

---

437 NEIRA PENA, Ana María. *La instrucción de los procesos... Op. Cit.* Pág. 65.

coado, no se aprecia qué ahorro de coste generaría su no imputación. Es decir, ya sea en un estadio pre procesal o procesal, la diligencia de comprobación de la eficacia del programa de cumplimiento debe realizarse, motivo por el que, al contrario de lo que se viene asumiendo doctrinalmente, no compartimos la idea de que la no imputación de la persona jurídica conlleve un ahorro de costes significativo[438].

En cuanto a la agilización de la Justicia, debe tenerse presente que lo que se plantea por la doctrina es no dirigir el procedimiento contra la persona jurídica, no contra la física. En otras palabras, incluso para los defensores de la aplicación del principio de oportunidad en relación con las personas jurídicas, la existencia de un delito derivaría en la incoación de un procedimiento penal, solo que en él no se dilucidaría la responsabilidad penal de estas. Pero, si va a incoarse inevitablemente un procedimiento penal por el acaecimiento de un delito en el que ha participado la persona jurídica, no parece patente la supuesta agilización de la Justicia por el hecho de que únicamente se depuren las responsabilidad penales de las personas físicas y no el de las personas jurídicas, más cuando la participación de estas últimas podría quedar descartada mediante la diligencia de investigación consistente en valorar la eficacia del programa de cumplimiento implementado. Por consiguiente, no compartimos que la introducción del principio de oportunidad fuera a generar un ahorro significativo de costes y a agilizar la Administración de Justicia. Además, tal y como ya se ha mencionado con anterioridad, la introducción del principio de oportunidad únicamente en relación con las personas jurídicas les otorgaría un injustificado trato diferente respecto de las personas físicas, sin que encontremos argumentos que sustenten este agravio comparativo entre ellas.

No obstante, con independencia de que el principio de oportunidad pueda o no ahorrar costes para el Estado y al mismo tiempo agilizar el funcionamiento de la Justicia, en nuestra opinión la cuestión principal que debe plantearse es si dichas circunstancias deben primar sobre la defensa del interés público consistente en la efectiva persecución de los delitos. En este sentido, dedicaremos el próximo epígrafe

---

438 GIMENO BEVIÁ, Jordi. "La apuesta por el principio... *Op. Cit.*

a analizar si el principio de oportunidad es compatible con la defensa de este interés.

2.3. *Efectos de la introducción del principio de oportunidad en la defensa del interés público como elementos negativos para su aplicación*

Antes de analizar la presente cuestión, entendemos necesario definir qué significa el interés público. Para LÓPEZ CALERA podría definirse como un interés "cuya protección o realización benefician en aspectos muy fundamentales a la colectividad como tal y consecuentemente también a los individuos que la integran"[439]. Por su parte, GIMENO BEVIÁ entiende que "hace referencia a la satisfacción del interés social a la hora de impartir Justicia"[440].

Si partimos de la premisa de que en nuestro sistema penal opera el principio de legalidad, la única forma posible de satisfacer el interés público sería a través de la apertura de un procedimiento penal tan pronto como existiesen indicios racionales de la comisión de un hecho punible. En este sentido, la vigencia del principio de legalidad acreditaría la prevalencia del interés público, ya que "aunque no lo quiera la víctima o, aunque la solución del caso no signifique una resolución para la pérdida sufrida, el Estado actuaría con la finalidad de proveer al delincuente la punición"[441].

No obstante, el objeto de la presente investigación nos exige plantearnos si, en un escenario donde se reconociera el principio de oportunidad, el interés público podría verse satisfecho previamente a la imputación de la persona jurídica, es decir, en un estadio pre procesal. Para ello, nos parece interesante partir de la separación que realiza GIMENO BEVIÁ cuando divide el interés público en dos vertientes diferentes[442]. En primer lugar, en lo que respecta a la vertiente procesal del interés público, se recordará que, a nuestro juicio, la in-

---

439 LÓPEZ CALERA, Nicolás María. "El interés público: entre la ideología y el derecho". *Anales de la Cátedra Francisco Suárez*, nº 44 (2010). Pág. 128.

440 GIMENO BEVIÁ, Jordi. *Compliance y proceso... Op. Cit.* Pág. 177.

441 MACHADO DE SOUZA, Renato y RODRÍGUEZ GARCÍA, Nicolás. *Justicia negociada y personas jurídicas... Op. Cit.* Pág. 25.

442 GIMENO BEVIÁ, Jordi. *Compliance y proceso... Op. Cit.* Pág. 178.

troducción del principio de oportunidad no derivaría en un ahorro masivo de costes para el Estado ni en una agilización relevante en unos procedimientos penales que se seguirían incoando para depurar las responsabilidades penales de las personas físicas. No obstante, la verdadera cuestión a valorar en este momento reside en analizar si la vertiente social del interés público se vería verdaderamente satisfecha con la resolución de las causas seguidas frente a las personas jurídicas en un estadio pre procesal. Es decir, si el interés público quedaría realmente satisfecho en caso de que se alcanzase un acuerdo con esta que evitase su imputación.

Para abordar esta cuestión, compartimos la premisa de la que parte GIMENO BEVIÁ, relativa a que el interés público se mide en función de la gravedad del delito, ya que, "cuanto más grave sea, mayor será el interés en perseguirlo, así como en enjuiciar y condenar a sus autores"[443].

En primer lugar, aunque los delitos por los que puede responder una persona jurídica son de distinta gravedad, en función de lo dispuesto en los arts. 13 y 33 CP, entendemos necesario traer a colación que con la excepción de unos pocos delitos —acoso sexual (art. 184 CP), descubrimiento y revelación de secretos (arts. 197 y ss. CP), delitos contra la propiedad intelectual e industrial (arts. 270 y ss. CP), contra el mercado y los consumidores (arts. 278 y ss. CP)—, que tienen la condición de semipúblicos, el resto de los ilícitos penales por los que pueden responder las personas jurídicas son de carácter público, prueba de la relevancia que tiene para el interés público del Estado su efectiva persecución y enjuiciamiento. Asimismo, independientemente de la condición de públicos o semipúblicos de los delitos susceptibles de ser cometidos por entidades colectivas (a los que el CP otorga siempre la condición de graves en su escala de penas del art. 33), debemos cuestionarnos si la participación, y por ende, responsabilidad penal de la persona jurídica será igual de grave si el hecho delictivo lo ha cometido un representante legal de esta (apartado a) art. 31 bis 1 CP) o si, por el contrario, el autor del mismo es un empleado o subordinado (apartado b) art. 31 bis 1 CP).

---

443 *Ibidem.*

Como ya se ha analizado, el art. 31 bis 1 CP exige un elemento delictivo adicional —la realización del delito como consecuencia del grave incumplimiento de los deberes de supervisión, vigilancia y control que les corresponde a las personas comprendidas en el apartado a) del art. 31 bis 1 CP— de cara a atribuir responsabilidad penal a una persona jurídica cuando el hecho delictivo ha sido cometido por una de las personas comprendidas en el apartado b) (empleados o subordinados). No obstante, en nuestra opinión, la exigencia de ese requisito adicional no significa una mayor gravedad de los hechos cometidos por los empleados, sino la mayor dificultad de que la persona jurídica sea responsabilizada criminalmente por la existencia del delito en cuestión.

Así, aunque la defensa del interés público del Estado obligue a perseguir la participación de las personas jurídicas en un delito, con independencia de la concreta persona física que resulte autora del hecho delictivo, entendemos que resultaría más grave la participación de la persona jurídica cuando el delito lo hubiera llevado a cabo su representante legal, ya que se trata del grupo de sujetos que "actúa" y toma las decisiones en nombre de la propia entidad colectiva. Por otro lado, entendemos que la no persecución penal de las personas jurídicas por su participación en los hechos delictivos cometidos por sus administradores, empleados o representantes legales, de no estar debidamente reglada a través de unos explícitos criterios de oportunidad, puede tener un efecto contraproducente para el interés público del Estado y la fuerza preventiva del Derecho Penal.

Ahora bien, nuestros argumentos contrarios a la no persecución de las personas jurídicas desaparecerían en caso de que se introdujese un hipotético principio de oportunidad reglada en el que se sentasen legalmente las bases y los criterios necesarios para permitir la no imputación de una persona jurídica. No obstante, en caso de que no nos encontrásemos ante un principio de oportunidad reglada, entendemos que permitir su impunidad a través de acuerdos extrajudiciales en un estadio pre procesal podría enviar un mensaje peligroso a la sociedad consistente en que no resulta importante organizarse conforme a Derecho, dado que siempre habrá tiempo en caso de que acaezca un delito de llegar a alguna clase de acuerdo con el MF y los hipotéticos perjudicados.

En la línea de lo previamente expuesto, consideramos de sumo interés traer a colación las reflexiones que realiza sobre la presente materia NEIRA PENA. En su opinión, evitar la investigación y enjuiciamiento de las personas jurídicas podía afectar negativamente a la fuerza preventiva del Derecho Penal, dado que "el mensaje '*crime does not pay*' se erosiona y con él la finalidad de prevención, general y especial, que se persigue con la tipificación de ciertas conductas y con la imposición de sanciones penales"[444]. Por ello, esta autora considera que la mejor alternativa para defender la fuerza preventiva del Derecho Penal sería "mantener una alta tasa de descubrimiento de delitos y de persecución de los mismos"[445].

Sin embargo, en caso de que se estableciesen unos criterios de oportunidad reglada que permitiesen conocer con las suficientes garantías cuáles serían los requisitos que las personas jurídicas deberían cumplir para evitar su imputación en un procedimiento penal, siendo evidente que el criterio imprescindible sería la efectiva y adecuada implantación de un programa de cumplimiento con medidas de vigilancia y control, lo cierto es que este no podría ser el único. Ello ocasionaría, a nuestro juicio, otro efecto negativo como es la proliferación de programas de organización y control que han sido denominados por la doctrina como "*cosméticos*"[446] o de cara a la galería, esto es, *compliance programs* elaborados por las personas jurídicas cuya única finalidad sería la de evitar potenciales responsabilidades penales en lugar de servir de barrera de contención de delitos. Una problemática que no le resulta ajena a NEIRA PENA, quien advierte que:

> "permitir que la implementación de un determinado modelo organizativo, con unos requerimientos legales mínimos, exima a la entidad de ser condenada, o incluso, de ser juzgada, fomenta que las corporaciones centren sus esfuerzos en satisfacer formalmente tales requisitos mínimos, para contar con una barrera frente a eventuales responsabilidades pena-

444 NEIRA PENA, Ana María. *La instrucción de los procesos… Op. Cit.* Pág. 82.

445 NEIRA PENA, Ana María. *La instrucción de los procesos… Op. Cit.* Pág. 83.

446 PÉREZ FERRER, Fátima. "Cuestiones fundamentales de la responsabilidad penal de las personas jurídicas y los programas de cumplimiento normativo (Compliance)". *Revista de Derecho, Empresa y Sociedad (REDS)*, nº 13 (2018). Pág. 138.

> les, sin preocuparse de la efectiva prevención de los delitos que pudieran cometerse en su seno"[447].

En definitiva, ¿hasta qué punto es beneficioso para el interés público someter la incoación o no de un procedimiento penal a consideraciones extrajurídicas como los perjuicios que sufriría la persona jurídica o los costes que supondría para el Estado la persecución de los delitos en los que ha participado esta? Como ya se ha mencionado, un sector de la doctrina defiende que la finalidad pretendida por el procedimiento penal puede alcanzarse en un estadio procesal previo a la imputación de la persona jurídica y, por consiguiente, evitando la causación de perjuicios, tanto económicos como sociales, a la misma; no obligando, además, a la Administración de Justicia a invertir costosos recursos en depurar su responsabilidad penal. Ahora bien, cuando existen indicios fundados de la participación de una persona jurídica en unos hechos aparentemente delictivos, ¿son suficientes estas circunstancias para evitar su efectiva persecución penal? En nuestra opinión, la decisión de imputar o no a una persona jurídica para investigar su posible participación en unos hechos delictivos no es una decisión que deba tomarse teniendo en consideración elementos extrajudiciales como los que acaban de ser expuestos. Ahora bien, en aquellos supuestos en los que se pueda acreditar la ausencia de responsabilidad penal de la persona jurídica sin ser necesaria su imputación judicial, todas estas circunstancias serán efectos positivos derivados de esa decisión. No obstante, entendemos que estos efectos positivos no deberían ser decisorios sobre si se imputa a una persona jurídica o no, decisión para la que habrá que valorar exclusivamente la verosimilitud de los indicios de delito existentes frente a la misma.

Asimismo, reiteramos que no se alcanza a comprender por qué este es un debate que se ha centrado de manera casi exclusiva en las personas jurídicas cuando la imputación de personas físicas también genera daños colaterales. Si bien resulta evidente que la condena de las personas jurídicas tiene un impacto en un mayor número de personas más allá de la propia entidad, como podrían ser sus trabajadores, o sus inversores en caso de estar hablando de una sociedad que cotiza en bolsa, esto no es un argumento con suficiente solidez como

---

447 NEIRA PENA, Ana María. *La instrucción de los procesos... Op. Cit.* Pág. 76.

para buscar alternativas que impidan la imputación de una persona jurídica en un procedimiento penal, máxime cuando la gravedad de los perjuicios derivados de su imputación pueden resultar exagerados, tal y como ya se ha expresado con anterioridad[448]. Por ello, llegamos a la conclusión de que al igual que los posibles daños colaterales que puedan sufrir terceros resultan irrelevantes de cara a imputar o acusar a una persona física, los sufridos por las personas físicas vinculadas con la jurídica también deberán serlo.

En definitiva, el padecimiento de perjuicios económicos y sociales que se evitarían tanto al Estado como a las propias personas jurídicas no gozan en nuestra opinión de la misma relevancia que la correcta defensa del interés público, interés que entendemos que solo será eficazmente defendido cuando se persigan y enjuicien los delitos cometidos. En nuestra opinión, la inclinación por el presente criterio mantendría la existencia de un Estado en el que se impartiría Justicia, se protegería a la sociedad y en el que el Derecho Penal seguiría gozando de su fuerza preventiva para evitar la comisión de futuros delitos.

2.4. *Discriminación en favor de las multinacionales y empresas de gran tamaño*

Cómo último argumento relevante que valorar sobre una hipotética y futura aplicación del principio de oportunidad en nuestro sistema penal es necesario hacer una remisión a la discriminación que la introducción de este principio generaría entre las diferentes empresas que operan en el mercado. En este sentido, entendemos que permitir una negociación extrajudicial entre la Administración de Justicia y las personas jurídicas —de cara a evitar la imputación de estas y, al mismo tiempo, satisfacer todos los intereses propios de la persecución penal de los delitos—, puede derivar en una discriminación entre personas jurídicas de gran tamaño y el resto de las entidades colectivas que operan en el mercado.

Así, únicamente hay que observar la experiencia en países en el que el principio de oportunidad lleva instaurado muchos años, como es el caso de Estados Unidos, para entender cómo las grandes empresas,

---

448 Véase del epígrafe 2.2.3. del presente Capítulo.

por su propia naturaleza[449], ostentan un mayor poder de negociación a la hora de fijar los términos de un acuerdo con el MF. Por ello, dichas empresas, gracias a ese mayor poder, ostentan más posibilidades de evitar un enjuiciamiento real[450]. Además, NEIRA PENA entiende que, desde otros poderes, como el legislativo o el ejecutivo, se evita, en la medida de lo posible, tomar medidas excesivamente duras frente a ellas "en tanto que se considera económicamente ineficiente y arriesgado obstaculizar el desarrollo de su actividad que, supuestamente, redunda en beneficio de toda la sociedad"[451].

Esta coyuntura sería diametralmente opuesta en los casos de medianas y pequeñas empresas, que, al no ostentar la misma posición de relevancia en el mercado que las grandes, verían muy debilitado su poder de negociación, circunstancia que en casi la totalidad de los supuestos les obligaría a ceder ante las condiciones que el MF les impusiese.

En virtud de lo previamente expuesto, la cuestión que debemos plantear es si esta diferenciación es justa y acorde a un Estado de Derecho. En nuestra opinión, en caso de permitir criterios de oportunidad en los procedimientos penales seguidos frente a personas jurídicas, la discriminación parece inevitable, dado que la postura de la Fiscalía sería evidentemente diferente en caso de encontrarnos ante unas entidades como el BBVA, IBERDROLA o REPSOL y otras entidades de mucho menor tamaño. En este sentido, consideramos que la aplicación de criterios de oportunidad generaría un Derecho Penal que se aplicaría de forma diferente en función de las cualidades del sujeto que se estuviera enjuiciando, algo proscrito en nuestro ordenamiento jurídico.

En relación con lo anterior, nos mostramos de acuerdo con NEIRA PENA cuando señala que la introducción en nuestro ordenamiento de criterios de oportunidad crearía el riesgo de que las grandes corpo-

---

449 Estas empresas son coloquialmente definidas como empresas "*too big to fail*" por su imposible desaparición.

450 VILLEGAS GARCÍA, María Ángeles y ENCINAR DEL POCO, Miguel Ángel. "El yates memo: o todo o nada (a propósito del papel del Ministerio Fiscal en la exigencia de responsabilidad penal a las grandes corporaciones)". *Diario La Ley*, nº 8945 (2017).

451 NEIRA PENA, Ana María. *La instrucción de los procesos... Op. Cit.* Pág. 73.

raciones sean inmunes, dado que "no se podría actuar con el instrumento más poderoso con que cuenta el Estado de Derecho, cual es, el Derecho Penal, reservando el recurso a la persecución penal para las pequeñas y medianas empresas"[452]. De hecho, es precisamente el principio de legalidad el que evita esa peligrosa discrecionalidad, al exigir la incoación de un procedimiento penal, independientemente de las características que presente la persona jurídica en cuestión, tan pronto como se tenga conocimiento de la participación de esta en unos hechos aparentemente delictivos.

3. ACTO DE IMPUTACIÓN DE LA PERSONA JURÍDICA

Una vez alcanzada la conclusión de que la imputación de la persona jurídica debe de llevarse a cabo tan pronto como surja el mínimo indicio con fundamento sobre su posible participación en un hecho delictivo, a continuación, entendemos necesario analizar la forma en la que debe realizarse, esto es, el cómo. Así, a pesar de que el trámite de imputación venga regulado en el art. 119 LECrim, consideramos que existen determinadas cuestiones que no han sido debidamente tenidas en cuenta por nuestro legislador o que, al menos, no encuentran solución en el texto legal, como son a qué lugares puede enviarse la citación, quién puede recibirla para entender que la persona jurídica está debidamente notificada, o cuáles son los verdaderos efectos de la no comparecencia de la persona jurídica en el juzgado.

Para empezar, este primer acto procesal resulta de vital trascendencia para los intereses de la persona jurídica, ya que lo que suceda en él va a marcar el tono del procedimiento, tal y como nos recuerda CUENCA SÁNCHEZ cuando manifiesta que la primera comparecencia de la persona jurídica en el procedimiento "es un acto procesal de destacable relevancia, a la vista de los efectos que la ley anuda a una eventual falta de designación tanto de representante como de letrado y procurador por la persona jurídica"[453]. Concretamente, el

---

452 NEIRA PENA, Ana María. *La instrucción de los procesos... Op. Cit.* Página 74.

453 CUENCA SÁNCHEZ, Juan Carlos. "Responsabilidad penal de las personas jurídicas. Cuestiones procesales. Breve examen de la Ley 37/2011, de 10 de oc-

apartado a) del art. 119 LECrim dispone, por un lado, que en caso de que la persona jurídica no designe abogado ni procurador se le designarán de oficio, mientras que, por el otro, establece que la falta de designación del representante no impedirá la sustanciación del procedimiento con el abogado y el procurador designado, que podrán ser de oficio, como se ha expuesto. Ásimismo, el art. 839 bis LECrim establece que en caso de que el domicilio social de la persona jurídica sea desconocido, será llamada mediante requisitoria al procedimiento y que, en caso de no comparecer en el plazo fijado ante el tribunal, será declarada rebelde y, conviene resaltar este último aspecto, los trámites procesales continuarán hasta su conclusión. Es decir, en caso de que no se descubra cuál es el domicilio social de la persona jurídica, nuestra legislación procesal permite que se la designe un letrado y un procurador de oficio y que el procedimiento siga hasta el final sin la efectiva presencia de aquella. Por consiguiente, nuestra ley procesal permite que el procedimiento penal frente a las personas jurídicas se tramite en su totalidad sin su presencia o la de un representante designado por la misma, lo cual inevitablemente hace que nos preguntemos si ello no supone una vulneración de sus derechos de defensa y a la tutela judicial efectiva.

De hecho, el legislador es plenamente consciente de que permitir que se atribuya responsabilidad penal a la persona jurídica sin que esta haya comparecido de forma efectiva en el procedimiento puede vulnerar sus derechos constitucionales. Por ello, en el Anteproyecto de la LECrim del año 2020 se propusieron una serie de modificaciones en el estatuto procesal de la persona jurídica que trataban de hacer preceptiva la presencia del representante especialmente designado en el procedimiento. Así, en el Anteproyecto se sustituyeron términos como "*podrá*" por otros como "*estará*" o "*comparecerá*". De hecho, para aquellos supuestos en los que la persona jurídica no designara a ninguna persona física como su representante especial, el Anteproyecto permitía que fuera el propio Juez de Garantías quien designara de oficio al representante especial de la entidad colectiva.

---

tubre". En *Aspectos Prácticos de la Responsabilidad Criminal de las Personas Jurídicas*, coordinado por José Miguel ZUGALDIA ESPINAR y Elena Blanca MARÍN DE ESPINOSA CEBALLOS, 217-227. Cizur Menor (Navarra): Thomson Reuters Aranzadi, 2013. Pág. 221.

Las razones justificativas de la citada modificación se encontraban en la propia Exposición de Motivos del Anteproyecto. En ella se dedicaba un apartado al estatuto de la persona jurídica encausada y, tras recordarse que el referido sistema se basó, tras un amplio debate, en un principio de humanización materializado en la designación de un representante, se llegaba a establecer que "esa opción legislativa, ya consolidada, es respetada en la presente ley, que la adapta y configura en un capítulo autónomo dedicado al estatuto de la persona jurídica encausada"[454].

Así, siendo la intención del legislador la de afianzar el principio de humanización de la persona jurídica en el procedimiento penal, resulta lógico que el Anteproyecto del año 2020 optara por exigir que la participación del representante resultara preceptiva, asegurando la efectiva presencia de la entidad. No obstante, la reforma seguía permitiendo la celebración de los actos de investigación o de aseguramiento de prueba con el abogado de la persona jurídica en los supuestos de incomparecencia del representante especialmente designado. De hecho, el art. 86 del Anteproyecto seguía permitiendo la condena de la persona jurídica que se encontrara en rebeldía.

En este sentido, de la lectura conjunta de la reforma propuesta se desprendía que, a pesar de seguir permitiéndose la incomparecencia del representante especial a las diligencias de investigación, la práctica de las pruebas anticipadas o incluso al acto de la vista oral, lo que sí que se exigía de forma preceptiva era la obligatoria presencia del representante en el acto de la primera comparecencia. Entendemos que la razón de esta diferenciación reside en que el legislador se quiso asegurar de que la persona jurídica, a través de la figura de su representante especial, conociera al menos los concretos hechos que se le imputaban, con independencia de la posición activa o pasiva que a partir de la comunicación de estos quisiera adoptar aquella en el proceso penal, planteamiento que, ya adelantamos, nos parece un acierto.

En definitiva, consideramos que la reforma propuesta por el Anteproyecto caía en una constante contradicción en relación con la preceptiva presencia del representante especial en el procedimiento. Por

454 Anteproyecto de la Ley de Enjuiciamiento Criminal del año 2020. Exposición de Motivos.

un lado, mientras que el art. 81.4 establecía que la intervención del representante de la entidad era preceptiva en todas las actuaciones en las que esta ley preveía la comparecencia o intervención personal de la persona jurídica encausada, el art. 83.2 recogía que la incomparecencia de la persona especialmente designada no impediría la celebración del acto de investigación o de aseguramiento de prueba, que se sustanciaría con el abogado defensor. Por otro lado, el art. 84.1 disponía que la persona jurídica acusada estaría representada en el juicio oral por la persona especialmente designada hasta el punto de que el párrafo primero del apartado 2° del mismo precepto establecía que, en caso de incomparecencia injustificada, se podría acordar la detención del representante. No obstante, el párrafo segundo del mismo apartado señalaba que, si no fuera hallado y no fuera posible sustituir al representante, la vista se celebraría exclusivamente con el abogado de la entidad encausada.

Es decir, el Anteproyecto consideraba imprescindible la presencia del representante especial de la persona jurídica en el acto de la vista oral hasta el punto de permitir la detención de este en caso de incomparecencia injustificada, pero, en cambio, si no lo encontraba y no podía sustituirlo, permitía que la vista se celebrara. Es más, el contenido del art. 86 del Anteproyecto seguía permitiendo la condena de una persona jurídica en rebeldía.

En todo caso, el régimen de la primera comparecencia de la persona jurídica en el procedimiento penal se regulaba en el art. 82 del Anteproyecto del año 2020, y esta consistía en que la Fiscalía informara tanto oralmente como por escrito a la entidad de los hechos que se le atribuyen. En esta comparecencia el representante especialmente designado por la entidad estaría asistido en todo momento por el letrado, ya haya sido el mismo designado por el propio representante o de oficio.

Ahora bien, esta propuesta de Anteproyecto no llegó a convertirse en ley y, por consiguiente, actualmente sigue siendo posible que el procedimiento penal continúe sin la efectiva presencia de la persona jurídica investigada o acusada, cuestión que resulta algo novedosa en nuestro sistema penal y que, además, pone de manifiesto la evidente diferencia de trato existente entre las personas físicas y las jurídicas, dado que, tal y como indica GASCÓN INCAHUSTI, “las personas jurídicas pueden ser juzgadas penalmente en rebeldía, extremo éste que no sucede nunca con las personas físicas (que, a lo sumo, pueden ser juzgadas en ausencia)"[455]. De hecho, aunque los intereses de las personas jurídicas vayan a ser defendidos por los profesionales designados de oficio en todo momento, ello no respeta con las suficientes garantías el derecho de defensa de la persona jurídica, motivo por el que esta circunstancia ha sido duramente criticada por la doctrina, hasta el punto de utilizar el art. 839 bis LECrim como ejemplo para justificar que el legislador considera a las personas jurídicas sujetos penales de menor importancia que las personas físicas, algo no permitido por nuestro ordenamiento jurídico penal. En este sentido, nos resulta muy ilustrativa la reflexión que realiza el señalado autor sobre la presente cuestión:

> "mantener la ficción de que la persona jurídica rebelde no se encuentra indefensa, pero es fácil advertir que se trataría de un formalismo que no garantiza una mínima calidad de defensa. Y es que el verdadero problema, por supuesto, es la admisión del proceso penal en rebeldía en cuanto tal; la opción del artículo 839 bis LECrim pone de manifiesto cómo para el legislador las personas jurídicas son sujetos pasivos de segunda categoría en el proceso penal, con los que se permiten formas de proceder que serían inaceptables respecto de personas físicas imputadas"[456].

Consecuentemente, difícilmente podrán los profesionales designados de oficio defender a la persona jurídica con las debidas garantías cuando no se la ha localizado, ya que no podrán comunicarse con ella de cara a plantear una estrategia defensiva, ni tendrán acceso a datos tan relevantes como son los relativos al programa de organización y gestión, los cuales podrían fundamentar la ausencia de responsabilidad penal de la entidad.

DEL MORAL GARCÍA asume la difícil situación que se produce cuando la persona jurídica no comparece ante el llamamiento judicial, poniendo como ejemplos situaciones como la no localización de ningún representante persona física que reciba la citación o la inexis-

---

455 GASCÓN INCHAUSTI, Fernando. *Proceso penal y persona jurídica... Op. Cit.* Pág. 101.

456 *Ibidem.*

tencia del más mínimo rastro del ente en el domicilio social[457], y llega a la conclusión de que las únicas alternativas posibles son habilitar la posibilidad de celebrar un juicio en rebeldía o dotar al ordenamiento jurídico de medidas coercitivas que garanticen la presencia del ente en el procedimiento[458]. Pues bien, por prácticas y lógicas que las dos opciones propuestas resulten en un primer momento, lo cierto es que ambas son susceptibles de generar cierta desconfianza, tal y como se verá a continuación.

3.1. Medidas coercitivas para asegurar la presencia de la persona jurídica en el procedimiento penal

En relación con la posible aplicación de medidas coercitivas mediante las que se obligue al representante de la entidad a comparecer ante el tribunal, la doctrina se ha mostrado dividida. Por un lado, existen autores, como GIMENO BEVIÁ, que defienden su aplicación por entender que la misma obligación de comparecencia que pesa sobre las personas físicas investigadas debe existir respecto de los administradores u otros responsables legales de la persona jurídica, todo ello bajo el pretexto de que el art. 118 CE establece que todos estarán obligados a prestar su colaboración con los jueces y tribunales en el curso de proceso[459]. Asimismo, para dotar de más fuerza a su tesis, se apoya en el contenido del art. 51.3 CPP del año 2013 que finalmente no vio la luz, precepto que permitía la detención del representante de la entidad en los supuestos de incomparecencia no justificada[460], todo ello, según la propia Exposición de Motivos del CPP, para asegurar que las personas jurídicas se tomen en serio la investigación y la prueba de los hechos por los que resulten encausadas[461]. Como se ha señalado con anterioridad, el Anteproyecto de la LECrim del año 2020 también permitía en su art. 84.2 acordar la detención del representante especialmente designado por la persona jurídica.

---

457 DEL MORAL GARCÍA, Antonio. "Aspectos procesales de la... *Op. Cit.* Pág. 281.

458 *Ibidem.*

459 GIMENO BEVIÁ, Jordi. *Compliance y proceso... Op. Cit.* Pág. 107.

460 GIMENO BEVIÁ, Jordi. *Compliance y proceso... Op. Cit.* Pág. 108.

461 Borrador Código Procesal Penal 2013. Exposición de Motivos.

Ahora bien, nosotros no podemos compartir la postura de este sector doctrinal, ya que consideramos que las medidas coercitivas existentes para asegurar la presencia del imputado, persona física, en el procedimiento penal no pueden extenderse al representante especialmente designado de la persona jurídica. Así, aunque el representante especial ocupe en el procedimiento una posición que puede asimilarse con la de la persona física investigada, lo cierto es que el procedimiento penal no se dirige contra aquel, sino contra la persona jurídica que se encuentra representando, motivo por el que entendemos que no existe cauce legal alguno para imponerle las medidas limitativas de derechos que están siendo discutidas. En la misma línea se muestra GASCÓN INCHAUSTI, quien tras manifestar que la persona física que representa a la jurídica no es parte del proceso penal, rechaza que aquella pueda

> "ser objeto de detención ni de prisión preventiva, ni de cualquier otras medidas cautelares, sean de índole personal o patrimonial, y, en caso de inasistencia a algún acto del proceso, no podrá ser ni llevado por la fuerza, ni conminado de otro modo a asistir, pues su ausencia no es óbice para el desarrollo de aquél"[462].

Asimismo, en lo que al contenido del art. 487 LECrim[463] respecta, precepto que permite que la orden de comparecencia se convierta en orden de detención cuando la persona a la que se dirige no comparezca ante el llamamiento y no justifique una causa legítima que le impidiese hacerlo, nos mantenemos en la línea previamente defendida, al entender que no puede aplicarse a los representantes de las personas jurídicas, dado que esta norma se creó pensando única y exclusivamente en personas físicas. A este argumento debemos añadirle que el legislador no ha realizado, en las numerosas modificaciones del texto procesal penal sucedidas en esta última década, remisión alguna a este artículo. Por consiguiente, el hecho de que el art. 487 LECrim no mencione expresamente a las personas jurídicas, cuando otros artículos de la LECrim sí lo hacen, nos obliga a decantarnos por la imposi-

---

462 GASCÓN INCHAUSTI, Fernando. *Proceso penal y persona jurídica... Op. Cit.* Pág. 90.

463 Artículo 487: "Si el citado, con arreglo a lo prevenido en el artículo anterior, no compareciere ni justificare causa legítima que se lo impida, la orden de comparecencia podrá convertirse en orden de detención".

bilidad de acudir a él para justificar la detención de un representante especial designado por una persona jurídica.

En virtud de todo lo expuesto, llegamos a la conclusión de que no resulta posible proceder a la detención del representante especialmente designado de la persona jurídica, ya que además de no ser trasladable a su persona las medidas coercitivas existentes para garantizar la presencia de las personas físicas en el procedimiento penal, su comparecencia no es preceptiva —al contrario de lo que ocurre con la persona física—, circunstancia que, en nuestra opinión, imposibilita que se le pueda compeler a acudir al juzgado. Así lo entiende también DEL MORAL GARCÍA, quien se muestra contrario a la posible detención del representante especialmente designado porque "el proceso penal contra una persona jurídica jamás va a poder desembocar en una pena que afecte a la libertad personal de los representantes legales como tales"[464]. En definitiva, la imposición de medidas coercitivas que aseguren la presencia del representante especial de la persona jurídica en el procedimiento penal no encuentra amparo legal en nuestra legislación y, por lo tanto, es una opción que debe de ser rechazada.

3.2. Tramitación del procedimiento penal con la persona jurídica investigada en rebeldía

Sin perjuicio de lo anteriormente analizado, ante la posibilidad de que en el procedimiento penal contra una persona jurídica esta no comparezca ni, tal y como se ha expuesto, pueda obligársele a comparecer a través de ninguna medida coercitiva, debemos detenernos a valorar si resulta posible y debe permitirse la tramitación de la causa y el enjuiciamiento de la entidad sin su efectiva presencia en el proceso.

En primer lugar, no parece cuestionable que, si se descarta la posibilidad de tramitar el procedimiento penal cuando la persona jurídica se halle en paradero desconocido, el proceso se vería irremediablemente paralizado hasta que los hechos quedasen prescritos o, más improbablemente, hasta que la entidad investigada decidiese comparecer frente a la autoridad judicial. En este sentido, tal y como advier-

---

464 DEL MORAL GARCÍA, Antonio. "Aspectos procesales de la... *Op. Cit.* Pág. 281.

te DEL MORAL GARCÍA, cualquier persona podría hacer uso de esa estrategia, ya que "el proceso no puede seguir adelante y el órgano judicial carece de medidas para vencer esa actitud contumaz"[465]. Pues bien, resulta evidente que no resulta satisfactorio dejar al arbitrio de las propias personas jurídicas investigadas la posibilidad de enjuiciarlas, cuestión que entendemos debe tratarse de evitar.

El rechazo general a la posibilidad de juzgar a las personas jurídicas en rebeldía tiene su origen en la imposibilidad de realizarlo frente a las personas físicas[466]. Sin embargo, hay una diferencia muy notable entre el enjuiciamiento de las personas físicas y las jurídicas, y es que, en el caso de estas últimas, su declaración a través del representante especial no es preceptiva. Es decir, nuestra ley procesal, como ya se ha mencionado anteriormente, permite expresamente la tramitación de la causa sin que la persona jurídica esté presente. De hecho, como hemos visto, incluso el Anteproyecto de la LECrim del año 2020 permitía la condena de una persona jurídica que se encontrara en rebeldía. Por consiguiente, la idea de que pueda enjuiciarse a la misma, a pesar de su no comparecencia en el procedimiento, no resulta tan descabellada como podría considerarse en un primer momento.

DEL MORAL GARCÍA aboga por esta posibilidad, razonando que privar de libertad a una persona física no investigada en aras de asegurar el derecho de defensa de la persona jurídica resulta mucho más perjudicial que tramitar un procedimiento sin la presencia de la entidad colectiva, más si cabe cuando esta ha exteriorizado a través de su no comparecencia la dejación en sus derechos y su voluntad de no defenderse. Por consiguiente, si bien el autor se muestra partidario de asegurar que la persona jurídica tenga todas las garantías de defensa, no lo es de que se fuercen medidas restrictivas de derechos de personas físicas sin una finalidad real concreta, solo por mimetismo en cuanto a los acusados personas físicas[467].

---

465 *Ibidem*.

466 *Ibidem*.

467 DEL MORAL GARCÍA, Antonio. "Aspectos procesales de la... *Op. Cit*. Pág. 282.

Ahora bien, si va a permitirse el enjuiciamiento de la persona jurídica sin su efectiva presencia en el procedimiento, debemos asegurarnos de que el acto procesal regulado por el art. 119 LECrim se ha realizado con suma cautela, esto es, teniendo la garantía y la seguridad de que la incomparecencia de la persona jurídica es una decisión libremente tomada por la misma. Lo mismo debe ocurrir con la citación al acto del juicio oral. De lo contrario, en caso de que el procedimiento se tramite sin haberle comunicado debidamente su existencia a la persona jurídica, su derecho de defensa se habría vulnerado y, por consiguiente, la causa debería de retrotraerse al momento en el que debería haberse imputado formalmente a la misma.

En definitiva, aunque pueda parecer excesivo tomar la decisión de celebrar el procedimiento sin la presencia de la persona jurídica, por el mero hecho de que nadie haya recibido la notificación en su domicilio social y no haya podido localizarse a sus representantes, entendemos que se trata de una solución más respetuosa con las bases de nuestro sistema penal que limitar los derechos de las personas físicas que no están siendo investigadas a título individual en el procedimiento, y que tan solo ostentan la condición de representantes especialmente designados por la persona jurídica. No obstante, de cara a celebrar el procedimiento con la persona jurídica en rebeldía, insistimos en la idea del alto nivel de certeza que debe alcanzarse por el juzgado sobre que la persona jurídica o su órgano de administración son conscientes de la existencia del procedimiento y deciden no hacer nada, en aras de que el derecho de defensa no sea vulnerado. Así lo entiende también GASCÓN INCHAUSTI, quien considera que resulta de una importancia capital que la citación mediante la que se exige a la persona jurídica que comparezca se notifique correctamente, esto es, que la no comparecencia de la persona jurídica y la falta de designación del representante especial sea un acto voluntario de la entidad colectiva ante la existencia del proceso penal[468].

---

468 GASCÓN INCHAUSTI, Fernando. *Proceso penal y persona jurídica... Op. Cit.* Pág. 86.

3.3. *Lugar de citación de la persona jurídica y persona responsable de recibir la misma*

En aras de evitar el posible enjuiciamiento de las personas jurídicas sin su efectiva presencia en el procedimiento, consideramos oportuno ampliar los posibles modos de citación a las mismas más allá de los recogidos en la ley, estableciendo de esta forma otros cauces que permitan traer a las entidades investigadas a la causa. Así, para el supuesto de que la mera citación en el domicilio social resulte insuficiente, a continuación, analizaremos otros modos o vías de citación que serían, en nuestra opinión, acordes a nuestra legislación.

En primer lugar, como no podría ser de otra manera, debemos situar nuestro punto de partida en el contenido del art. 119 LECrim, precepto que señala el domicilio social de la persona jurídica como el lugar en el que se llevará a cabo la citación. Ahora bien, ¿qué debe entenderse por domicilio social? El art. 554 LECrim arroja cierta luz sobre esta cuestión, cuando establece que el domicilio de las personas jurídicas será

> "el espacio físico que constituya el centro de dirección de las mismas, ya se trate de su domicilio social o de un establecimiento dependiente, o aquellos otros lugares en que se custodien documentos u otros soportes de su vida diaria que quedan reservados al conocimiento de terceros"[469].

Por su parte, la LO 9/2021, de 1 de julio, de aplicación del Reglamento (UE) 2017/1939 del Consejo, de 12 de octubre de 2017, por el que se establece una cooperación reforzada para la creación de la Fiscalía Europea también contiene una definición respecto de qué debemos entender por domicilio de la persona jurídica. En este sentido, el art. 47.1 párrafo 2° establece que "a tal efecto, se entiende por domicilio de la persona jurídica el lugar cerrado en el que se desarrollan las actividades de dirección o donde se custodian, en cualquier soporte, los datos y las informaciones relativas a su actividad, organización y funcionamiento excluidas del conocimiento de terceros".

Ahora bien, independientemente del contenido de estas normas, la doctrina también ha desarrollado el concepto de domicilio social.

---

[469] Real Decreto de 14 de septiembre de 1882 por el que se aprueba la Ley de Enjuiciamiento Criminal. Art. 554 4°.

Para CUENCA SÁNCHEZ el domicilio será "el que establezcan los estatutos o aquel en el que se desarrolle de forma efectiva la actividad social"[470]. Por consiguiente, cuando se quiera citar a una persona jurídica para imputarla penalmente, deberá de averiguarse previamente cuál es su domicilio social, lo cual aparentemente no supone una excesiva complicación, dado que será suficiente con acudir al Registro Mercantil y solicitar una copia de sus estatutos sociales. En este sentido, interesa traer a colación el contenido de los arts. 9 y 10 LSC[471]. Mientras que el primero de ellos establece que las sociedades de capital fijarán su domicilio dentro del territorio español en el lugar en que se halle el centro de su efectiva administración y dirección, o en el que radique su principal establecimiento o explotación, el segundo dispone que en caso de discordancia entre el domicilio registral y el que correspondería según el artículo anterior, los terceros podrán considerar como domicilio cualquiera de ellos.

Por consiguiente, el tenor literal de la LSC permite remitir las notificaciones a distintos espacios pertenecientes a la persona jurídica. Ahora bien, para los casos en los que no se lograse identificar cuál es el domicilio de la persona jurídica, entendemos que, dado el tenor literal del art. 554 LECrim, la citación podrá enviarse a cualquiera de los establecimientos que la misma ostente abiertos de cara al público, ya que a pesar de no constituir todos ellos el centro de dirección de la entidad, sí que pueden resultar lugares en los que se custodian documentos u otros soportes de la vida diaria de la empresa que son de reservado conocimiento para terceros, tal y como dispone este precepto.

Nuestra legislación no va más allá. De hecho, aunque la citación deba practicarse en el domicilio social de la persona jurídica, la ley procesal no establece a nombre de quién deberá ir dirigida la misma. Si bien es cierto que la doctrina se ha decantado por entender que "lo lógico es que la destinataria de la citación sea directamente la persona jurídica, pues es a ella a quien se está citando y quien ostentará, en

470 CUENCA SÁNCHEZ, Juan Carlos. "Responsabilidad penal de las... *Op. Cit.* Pág. 221.

471 Real Decreto Legislativo 1/2010, de 2 de julio, por el que se aprueba el texto refundido de la Ley de Sociedades de Capital. Arts. 9 y s.

su caso, la condición de imputada"[472], nos parece necesario explorar otras posibles vías que podrían facilitar la correcta citación de la persona jurídica y que evitarían que el desconocimiento de su domicilio social derivase automáticamente en su incomparecencia en el proceso, dado que ello podría tener efectos nefastos para ella. Por ello, nos parece de sumo interés traer a colación la legislación de un país cercano al nuestro, como es el neerlandés. Dicha legislación procesal, tal y como señala GASCÓN INCHAUSTI, no se conforma con la citación en el domicilio social de la persona jurídica, ya que:

> "en primer término, se puede dirigir la notificación directamente a la persona jurídica y se tratará de practicar en su sede social, en el lugar donde tenga sus oficinas o en el domicilio de alguno de sus administradores (art. 529.1 WSV); pero también se entenderá producida si se entrega a alguno de los administradores o a alguna persona autorizada para la recepción de notificaciones, en cuyo caso podrá efectuarse en lugares distintos a los antes enunciados (art. 529.2 WSV)"[473].

Así, la legislación neerlandesa no se da por satisfecha con la posible citación en el domicilio social, sino que permite que se practique en el domicilio de alguno de los administradores de la sociedad o, incluso, que se practique con alguna otra persona, siempre y cuando se garantice que esta última ostenta una posición que asegure con las debidas garantías que trasladará la citación a la persona jurídica. Por consiguiente, debemos cuestionarnos si existe algún obstáculo en nuestra legislación procesal que nos impida extender las vías de citación a fórmulas como las utilizadas por la legislación neerlandesa.

En este sentido, tal y como se ha señalado con anterioridad, nuestra ley procesal no exige expresamente que la citación se dirija directamente a la persona jurídica, sino que ello es algo que se ha asumido por la doctrina como consecuencia de que la ley exija que la citación se practique en su domicilio social. Ahora bien, de cara a evitar que pueda sustanciarse todo un procedimiento penal sin que la persona jurídica tenga conocimiento de su existencia, entendemos que dicha

---

472 GASCÓN INCHAUSTI, Fernando. *Proceso penal y persona jurídica... Op. Cit.* Pág. 94.

473 GASCÓN INCHAUSTI, Fernando. *Proceso penal y persona jurídica... Op. Cit.* Pág. 94. Nota a pie 11.

asunción realizada por la doctrina no solo puede, sino que debe ser superada. Así, además de la mayor garantía que supondría la extensión del modo de citación a otras fórmulas como las expuestas, en lo que al derecho a la tutela judicial efectiva de las personas jurídicas se refiere, dicha pretensión encuentra sustento legal en varios preceptos de nuestra legislación procesal penal, así como en otros de la LEC. Concretamente, el art. 166 LECrim nos remite directamente al Capítulo V del Título V del Libro I LEC para las cuestiones relativas a las notificaciones, citaciones y emplazamientos. Analizando este Capítulo, relativo a los actos de comunicación judicial, merece especial atención el apartado 3 del art. 161 LEC, el cual, al referirse a las comunicaciones por medio de copia de la resolución o de la cédula, establece que:

> "Si el domicilio donde se pretende practicar la comunicación fuere el lugar en el que el destinatario tenga su domicilio según el padrón municipal, o a efectos fiscales, o según registro oficial o publicación de colegios profesionales, o fuere la vivienda o local arrendado al demandado, y no se encontrare allí dicho destinatario, podrá efectuarse la entrega, en sobre cerrado a cualquier empleado, familiar o persona con la que conviva, mayor de catorce años, que se encuentre en ese lugar, o al conserje de la finca, si lo tuviera, advirtiendo al receptor que está obligado a entregar la copia de la resolución o la cédula al destinario de ésta, o a darle aviso, si sabe su paradero, advirtiendo en todo caso al receptor de su responsabilidad en relación a la protección de los datos del destinatario"[474].

Asimismo, el art. 235 LSC[475] también permite que las comunicaciones o notificaciones a la sociedad puedan dirigirse a cualquiera de los administradores.

En consecuencia, atendiendo al hecho de que nuestra legislación procesal penal no exige de forma expresa que la citación a la persona jurídica se le entregue directamente, los preceptos que se acaban de indicar[476] nos permiten llegar a la conclusión de que es posible dirigir

---

474 Ley 1/2000, de 7 de enero, de Enjuiciamiento Civil. Art. 161.3.

475 Real Decreto Legislativo 1/2010, de 2 de julio, por el que se aprueba el Texto Refundido de la Ley de Sociedades de Capital.

476 Ahora bien, aunque el art. 161.3 LEC se trate de un precepto ajeno a la jurisdicción penal no debemos ignorar el contenido del art. 4 de la Ley 1/2000, de 7 de enero, de Enjuiciamiento Civil, precepto que literalmente establece que "En defecto de disposiciones en las leyes que regulan los procesos penales, conten-

la citación a otros lugares diferentes al domicilio social de la persona jurídica, todo ello en aras a evitar que se pueda sustanciar el procedimiento penal sin la presencia de la persona jurídica por el simple hecho de que no se haya descubierto cuál es su domicilio social. Ahora bien, de ello surge automáticamente otra cuestión: ¿quién puede recibir la citación dirigida a la persona jurídica en su nombre?

En nuestra opinión, no toda persona que se encuentre en el domicilio social, o en el establecimiento abierto al público en el que se estuviera desarrollando la actividad social de la entidad, podrá recibir la citación. De asumir lo contrario, los tribunales no podrían saber con las debidas garantías que la persona jurídica, como sujeto penal independiente de las personas físicas que la conforman, estuviera debidamente informada —y, por consiguiente, debidamente citada—, ya que, aunque se pueda constatar que "alguien" dentro de la persona jurídica ha recibido la citación, de ello no se podría inferir que se hubiera comunicado a personas que ostentan poderes de representación de la persona jurídica. Es decir, una cosa es que la citación para comparecer de la persona jurídica pueda ser notificada a determinadas personas debidamente individualizadas y con poder de representación de esta, y otra bien distinta que pueda ser entregada a cualquier empleado y que ello implique que desde ese mismo momento la persona jurídica pase a estar debidamente notificada.

CUENCA SÁNCHEZ, a pesar de llegar a la misma conclusión que nosotros, entiende que en caso de no ser posible practicar la citación con aquellas personas con suficiente poder de representación, como sus administradores, "bastará con practicar la citación con alguna de las personas del art. 172 LECrim"[477].

Como hemos visto, un sector doctrinal se inclina por aceptar que la citación de la persona jurídica se pueda dirigir a determinas personas vinculadas con ella que ostenten cierto grado de representación de esta, como pueden ser sus administradores. Ahora bien, entende-

---

cioso-administrativos, laborales y militares, serán de aplicación, a todos ellos, los preceptos de la presente Ley". Por consiguiente, en última instancia, podría discutirse la procedencia de aplicar las reglas del art. 161.3 LEC a la citación de personas jurídicas.

477 CUENCA SÁNCHEZ, Juan Carlos. "Responsabilidad penal de las... *Op. Cit.* Pág. 221.

mos que no debería limitarse ese poder de representación únicamente a ellos, ya que, en muchas ocasiones, los administradores van a ser imputados a título personal como personas físicas presuntamente autoras del hecho delictivo investigado. Por ello, consideramos que estos representantes a los que se podrá dirigir la citación también podrán ser otras personas ajenas a la administración de la persona jurídica, como pueden ser los apoderados o incluso los propios accionistas o socios, que son los máximos interesados en que la persona jurídica tenga una buena estrategia defensiva y sea capaz de demostrar su ausencia de participación en los hechos delictivos, dado que de esa forma evitaría penas que supondrían un grave perjuicio, tanto económico como de imagen corporativa; sanciones que también afectan indirectamente a esos socios o accionistas, al ser ellos quienes han invertido en la creación de la misma y quienes reciben la mayoría de los beneficios derivados de su actividad. Evidentemente, en aquellas personas jurídicas en las que el capital social esté fragmentado en un número elevado de accionistas, a nuestro entender no cualquiera de ellos estará capacitado para recibir la citación de la entidad colectiva —imaginémonos un accionista con una participación ínfima o irrisoria en el capital social de la sociedad mercantil—, motivo por el que habrá que acudir a fórmulas como la de los accionistas mayoritarios o, al menos, con un grado de participación en el capital social del porcentaje que en su momento se entienda oportuno (10%, 20%, 25%, etc.).

No obstante, a pesar de coincidir con la posibilidad de que se dirija la citación a otras personas con poder de representación de la sociedad, que en ocasiones son más fáciles de localizar que el propio domicilio social, debemos mostrar nuestro desacuerdo con dos de las conclusiones alcanzadas por esta corriente doctrinal.

Por un lado, no compartimos el planteamiento de que, si no es posible citar a un representante de la persona jurídica, a un administrador de hecho o de derecho de esta, bastará con practicar la citación con alguna de las personas del art. 172 LECrim. Este artículo se refiere a parientes, familiares o *criados*, o, en última instancia y de forma subsidiaria a los mismos, a vecinos. Pero la persona jurídica no tiene familiares, ni *criados*, siendo más discutible la cuestión de los vecinos. Ahora bien, en nuestra opinión no puede extenderse esta norma, redactada en otros tiempos y exclusivamente pensada para personas físicas, a la naturaleza de la persona jurídica, motivo por el que nos mostramos partidarios de no forzar el sentido literal de la ley hasta extremos como el que aquí nos ocupa. En relación con la entrega de la citación al vecino, única posibilidad en los supuestos de personas jurídicas investigadas, no nos parece una opción convincente, ya que no garantiza que la persona jurídica vaya a ser conocedora de la citación. En definitiva, a nuestro juicio la remisión al art. 172 LECrim no debe hacerse en lo que a la responsabilidad penal de las personas jurídicas respecta.

Por otro lado, no podemos compartir la diferenciación que realiza CUENCA SÁNCHEZ cuando, por un lado, establece que los administradores podrán recibir la citación en nombre de la persona jurídica, ya que los mismos son los únicos que a su juicio podrían incurrir en multa y ser apercibidos de obstrucción a la Justicia en caso de no colaborar, y, por el otro, rechaza la posibilidad de que se detenga al representante de la persona jurídica, aunque solo sea a los efectos de su citación a la comparecencia prevista en el art. 119 LECrim. En nuestra opinión, la esencia de ambas responde a la misma verdad, que no puede actuarse frente al representante de la persona jurídica como si él mismo fuera el sujeto pasivo del procedimiento penal. Si dicho sujeto es la persona jurídica, su representante legal tan solo es una herramienta a través de la cual se pretende facilitar que aquella se presente y defienda en el procedimiento, pero desde luego no supone un cambio de roles en el que el representante pase a ocupar la posición de la persona jurídica como investigada. Los representantes no son la persona jurídica, ni ocupan su posición en el procedimiento, por mucho que pueda entregárseles a ellos la citación y tengan la potestad de comparecer en su nombre. Por consiguiente, no podrá decretarse contra ellos los gravámenes que nuestra legislación posee para obligar a comparecer a las partes del procedimiento. En definitiva, si bien la citación a estas personas es un instrumento legal del que nos valemos para citar y traer a la causa a la persona jurídica investigada, en ningún caso puede derivarse de ello que se asuma por el representante la posición de la entidad en el proceso, motivo por el cuál ni se le puede detener, ni se le puede sancionar por no facilitar la citación de la persona jurídica.

Dicho lo cual, no podemos obviar que la corriente doctrinal dominante en la presente materia ha sido bastante critica con la posibilidad de dirigir la citación de la persona jurídica a otros sujetos, llegando a rechazar la posibilidad de que se dirija a un representante orgánico de la persona jurídica, dado que ello evitaría "al instructor la carga de identificar quién es la concreta persona física que desarrolla las funciones ordinarias de administración de la sociedad y se excluye también el riesgo que se daría si esa persona estuviera también imputada"[478].

En nuestra opinión, la averiguación de la identidad de las concretas personas físicas capaces de representar a la jurídica no supone un desgaste excesivo para el órgano instructor si partimos de la base de que en virtud del art. 119 LECrim está en la obligación de averiguar el domicilio social de la persona jurídica para citarla. Por lo tanto, una vez se exige al instructor el descubrimiento del domicilio social, la averiguación de la identidad de las personas físicas con capacidad de representación puede materializarse en solicitar dicha información en el Registro Mercantil al que se ha acudido para averiguar el domicilio social de la empresa. De esta forma, no podría considerarse el conocimiento de dicha información como ningún tipo de carga para el instructor y los efectos positivos serían manifiestos, como es alcanzar una mayor garantía de que la persona jurídica ha recibido la citación y va a acudir al acto de imputación.

Por el contrario, sí que coincidimos con la doctrina mayoritaria en cuanto a que permitir que la citación de la persona jurídica se practique con los sujetos que tengan la capacidad de representarla puede conllevar grandes riesgos, como es que la persona física a la que se remita la citación también esté imputada a título personal y, en una clara maniobra defensiva, no comunique a la persona jurídica su situación, impidiendo de esta forma que se persone en la causa para ejercer con las debidas garantías su derecho de defensa. Para GASCÓN INCHAUSTI la existencia de este riesgo es lo que ha motivado al legislador a actuar con precaución, por lo que "la forma elegida de hacerlo ha sido dirigir la citación directamente a la persona jurídica en cuanto tal, y no a su representante legal, sin perjuicio de que, una

---

[478] GASCÓN INCHAUSTI, Fernando. *Proceso penal y persona jurídica… Op. Cit.* Pág. 94.

vez recibida la citación, ésta se deba hacer llegar a la persona a quien corresponda tomar las decisiones subsiguientes"[479].

No obstante, entendemos que dicha coyuntura es un riesgo que merece la pena asumir en aras a ostentar mayores garantías de que la persona jurídica vaya a conocer su condición de imputada en el procedimiento. En este sentido, el órgano instructor deberá extremar su cautela y evitar remitir la citación de la persona jurídica al domicilio o a nombre de la persona física con capacidad de representarla que también se halle imputada a título personal en la misma causa. En todo caso, el tribunal tendrá la obligación de comprobar durante la tramitación de la causa la posible existencia de conflictos de interés entre la persona jurídica y las personas físicas que la están representando, acordando lo que resulte oportuno para que la primera no vea limitado por el interés de la segunda el ejercicio efectivo de su derecho de defensa en el procedimiento penal.

Aunque no se trate de una cuestión, aparentemente, de difícil comprobación, lo que sí puede suponer es una mayor complicación en encontrar otra persona física capaz de recibir la citación de la persona jurídica.

En este sentido, nos parece oportuno señalar cómo el legislador, creemos que empujado por las dificultades de citación de la persona jurídica que han sido expuestas a lo largo del presente apartado, ha tomado la decisión de establecer que, a partir de la designación del procurador en el acto de la primera comparecencia de la persona jurídica, el resto de las comunicaciones se deberán entender con este profesional, tal y como establece el apartado d) del art. 119 LECrim[480]. Nótese que esta decisión resulta diagonalmente opuesta a las normas de representación existentes con anterioridad a la entrada en vigor de la responsabilidad penal de las personas jurídicas, dado que en lo que a las personas físicas investigadas respecta, su representación en

---

479 GASCÓN INCHAUSTI, Fernando. *Proceso penal y persona jurídica... Op. Cit.* Pág. 95.

480 "d) La designación del Procurador sustituirá a la indicación del domicilio a efectos de notificaciones, practicándose con el Procurador designado todos los actos de comunicación posteriores, incluidos aquellos a los que esta Ley asigna carácter personal. Si el Procurador ha sido nombrado de oficio se comunicará su identidad a la persona jurídica imputada".

el procedimiento penal abreviado puede ser ejercida por el letrado, no siendo preceptiva la designación de un procurador para llevarla a cabo hasta el auto de apertura de juicio oral.

En definitiva, esta variación de las reglas del procedimiento se debe, a nuestro juicio, a las dificultades que existen para comunicarse directamente con una persona jurídica dada su propia naturaleza, obstáculo que el legislador ha resuelto a través de la introducción del apartado d) del art. 119 LECrim, mediante el que se exige que se designe un procurador en la primera comparecencia de la persona jurídica para que el resto de las comunicaciones relativas a esta se practiquen con aquel.

Aunque nos mostramos de acuerdo con esta previsión, puesto que facilita en muchas ocasiones la presencia de la persona jurídica en las actuaciones y libra al tribunal de tareas burocráticas, no compartimos la posibilidad de que, en caso de no comparecencia de la entidad, el art. 119 d) LECrim permita designar a un procurador de oficio con el que se sustancie toda la causa. Y es que, ¿qué garantía hay de que, una vez el juzgado no ha podido localizar a la persona jurídica, las notificaciones que el procurador le esté remitiendo mientras el procedimiento avance, que entendemos que estarán siendo dirigidas al mismo lugar en el que el juzgado no consiguió localizar a la misma, verdaderamente le estén llegando? Por ello, al igual que hemos concluido con anterioridad, nos parece muy peligrosa la posibilidad de que la persona jurídica sea enjuiciada e, incluso, condenada sin que se garantice su efectiva presencia y defensa en el procedimiento, una posibilidad que el actual estatuto procesal de la misma permite, tal y como se ha visto, y que además de contraria a los derechos de defensa y a la tutela judicial efectiva de la persona jurídica, puede resultar incluso inútil.

Imaginemos, por ejemplo, que la sociedad a la que no se ha podido localizar y a la que se le ha designado un letrado y un procurador de oficio para que ejerciten su defensa en el procedimiento penal que se sigue sustanciando sin su presencia, en realidad ha sufrido un concurso de acreedores y, ante la insuficiencia de la masa pasiva, ha sido liquidada y, por consiguiente, se ha extinguido su personalidad jurídica. De esta forma, se estarían invirtiendo recursos en la investigación de la posible participación en un delito de una persona jurídica que ha dejado de existir, lo cual resultaría más que contraproducente. Este es un supuesto no desconocido en la práctica judicial, donde se abren juicios orales contra personas jurídicas que están extinguidas, circunstancia que los órganos judiciales ya han comenzado a tratar de revertir[481].

Esta es la dirección correcta a tomar por nuestros tribunales siempre y cuando no nos encontremos ante una disolución aparente de la persona jurídica y ésta verdaderamente haya dejado de existir en el mundo jurídico. A este respecto, nuestro legislador ya se preocupó de que las disoluciones aparentes de personas jurídicas no quedaran impunes, motivo por el que introdujo en nuestro ordenamiento jurídico el párrafo 2° del art. 130.2 CP, cuyo contenido es el siguiente:

> "No extingue la responsabilidad penal la disolución encubierta o meramente aparente de la persona jurídica. Se considerará en todo caso que existe disolución encubierta o meramente aparente de la persona jurídica cuando se continúe su actividad económica y se mantenga la identidad sustancial de clientes, proveedores y empleados, o de la parte más relevante de todos ellos".

Por todo lo expuesto, entendemos que no debemos contentarnos con la mera comunicación a la persona jurídica de la designación efectuada de oficio sobre los profesionales que van a representarla y defenderla en el procedimiento penal, sino que debe alcanzarse una mayor garantía de que es plenamente conocedora de que se sigue un procedimiento contra ella.

Por todo lo expuesto, de cara a evitar el enjuiciamiento de personas jurídicas sin su efectiva presencia en la causa en la medida de lo posible, entendemos más que beneficiosa la posibilidad de ampliar los métodos de citación a las mismas de las formas que se han analizado a lo largo del presente apartado.

---

481 Audiencia Nacional. Sala de lo Penal, Sección 4ª. Auto nº 422/2021 de 15 julio: "ha calificado el concurso de dicha entidad como fortuito, procedía acordar la extinción de la responsabilidad penal de dicha mercantil y, por tanto, su desimputación. Ello acaece por no afectarle ninguna de las excepciones dispuestas en la normativa penal aplicable, ya que no estamos ante una transformación, fusión, absorción o escisión de la persona jurídica inicialmente investigada, ni nos encontramos ante una disolución ficticia, aparente o encubierta".

4. LA PERSONA JURÍDICA COMO IMPUTADA Y COMO PARTE ACUSADORA EN UN MISMO PROCEDIMIENTO PENAL

Por último, a continuación analizaremos si la persona jurídica que ha sido imputada en un procedimiento penal puede personarse, a su vez, como acusación particular. Este actuar se ha planteado en la doctrina como una estrategia defensiva de la persona jurídica, quien pese a ser imputada por las sospechas existentes sobre su participación en un hecho delictivo, se persona en la causa como ofendida, por entender que la comisión del delito, lejos de haberle reputado un beneficio directo o indirecto, le ha perjudicado directamente.

Esta personación puede obedecer a dos motivaciones diferentes, como bien manifiesta BANACLOCHE PALAO al señalar que una es menos confesable que la otra:

> "primero, porque realmente entienda que con la conducta investigada se le ha podido producir un perjuicio moral o económico, o le ha mermado su prestigio, por lo que le interesa entrar en la causa para poder conocer lo ocurrido y reclamar, en su caso, la condena penal del responsable y una indemnización civil; pero también cabe que el deseo de estar presente en el proceso responda al no tan loable motivo de conocer de primera mano cómo éste se va desarrollando, de forma que pueda obtener así información inmediata de los avances de la investigación"[482].

En torno a esta cuestión, aunque una de las finalidades de la personación de la persona jurídica como acusación particular sea menos honrada que la otra, a efectos prácticos importa comprobar si dicha personación es posible de acuerdo con la legislación vigente.

Por un lado, la acusación particular es la posición procesal que ostentan en el procedimiento penal las víctimas y/o los perjudicados por el delito. Por otro lado, para que una persona jurídica responda penalmente, el art. 31 bis CP exige, tal y como se ha visto con anterioridad, que se haya beneficiado directa o indirectamente del delito. Por consiguiente, la persona jurídica no podrá ostentar ambas condiciones en un mismo procedimiento, dado que haber resultado

---

482 BANACLOCHE PALAO, Julio. "La imputación de la persona jurídica… *Op. Cit.* Pág. 186.

perjudicada como consecuencia del delito cometido por la persona física resulta incompatible con el hecho de ser acusada por haberse beneficiado del mismo. Así, la persona jurídica ostentará una posición u otra en función de si ha facilitado la comisión del delito y ha obtenido un beneficio por ello o si, por el contrario, lejos de tener algún tipo de relación con el hecho delictivo cometido por la persona física, este le ha perjudicado.

Ahora bien, no faltan autores en nuestra doctrina que consideran posible la personación de la persona jurídica como acusación particular en el procedimiento penal en el que está imputada. En este sentido, GIMENO BEVIÁ, aunque considera que deberán ser los tribunales quienes determinen las específicas circunstancias que deben concurrir para que la persona jurídica ostente legitimación activa para actuar en esa doble condición, entiende que deberán "ser bastante restrictivos y muy cautos a la hora de admitir tal extraña situación procesal"[483], para lo que habrá que "acotar con rigidez el contenido de sus alegaciones y proposiciones probatorias para evitar fraudes o ventajas injustificadas"[484].

En relación con el concreto asunto que nos ocupa, interesa traer a colación la doctrina de nuestro TS —por todas, la STS nº 398/2008, de 23 de junio—, sobre la posibilidad de que un mismo sujeto asuma la doble función de acusador y acusado en un proceso penal:

> "Lo que no cabe duda, y en ello no puede haber cuestión, es que un solo suceso natural que da lugar a un único delito o infracción criminal no permite que pueda un acusado asumir simultáneamente la condición de parte acusadora. Cuestión distinta se presenta cuando se trata de acciones distintas en un mismo suceso, en la que si puede aparecer una persona en la doble condición de víctima e imputado, acusado y acusador".

Si bien esta doctrina jurisprudencial se refiere exclusivamente a personas físicas y los pronunciamientos en los que se desarrolla son anteriores a la introducción de la responsabilidad penal de las personas jurídicas en nuestro ordenamiento jurídico, no encontramos impedimento alguno a que sea plenamente extensible a los procedimientos penales en los que se dirima la responsabilidad penal de las

483 GIMENO BEVIÁ, Jordi. *Compliance y proceso... Op. Cit.* Pág. 135.
484 GIMENO BEVIÁ, Jordi. *Compliance y proceso... Op. Cit.* Pág. 134.

entidades colectivas. Cuestión distinta es que, por la propia naturaleza de la responsabilidad penal de las personas jurídicas, estas nunca podrán acogerse a la excepción planteada jurisprudencialmente.

Como bien se ha expuesto con anterioridad en los dos primeros capítulos de esta obra, las personas jurídicas no cometen directamente ningún delito, sino que su responsabilidad penal pivota sobre su participación en el hecho delictivo cometido por la persona física vinculada a ella. Así, en los procedimientos penales en los que se esté dirimiendo la responsabilidad penal de la persona jurídica, el único delito será el cometido por la persona física, surgiendo la responsabilidad penal de la entidad de su participación en el mismo. Es decir, un único delito en el que participan diferentes sujetos, las personas físicas y las jurídicas. Por ello, al tratarse de un único suceso delictivo (aunque contribuyan en su realización varias personas con acciones u omisiones independientes entre sí), no dos, entendemos que las personas jurídicas no podrán acogerse a la excepción planteada para solicitar su personación como acusación particular.

En la misma línea se posiciona BANACLOCHE PALAO, quien también rechaza la posibilidad de que en un mismo procedimiento una persona jurídica pueda ostentar la doble condición de acusador y acusado, ya que coincide en que para que esa posibilidad estuviese justificada sería "necesario que se hubieran cometido al menos dos delitos que tengan como víctimas, recíprocamente, a la persona jurídica y a la persona física autora de la conducta, cada una del delito cometido por la otra"[485].

Al hilo de lo expuesto hasta el momento, en principio la persona jurídica no podrá ostentar ambas condiciones en el mismo procedimiento penal. Así, de cara a conocer cuál será su concreta posición en el proceso, deberá analizarse si se ha beneficiado por el delito o, por el contrario, si ha resultado perjudicada por el mismo. Esto es, si será imputada junto con la persona física o si, por el contrario, se podrá personar como acusación particular para hacer valer sus derechos como perjudicada por el hecho delictivo. A este respecto, debe traerse a colación que el control judicial sobre si la persona jurídica se ha

---

485 BANACLOCHE PALAO, Julio. "La imputación de la persona jurídica... *Op. Cit.* Pág. 188.

beneficiado del delito es una valoración jurídica que generalmente no se hará en un primer estadio del procedimiento, sino que se trata de un examen más acorde a la finalización de la fase de instrucción o al propio acto de la vista oral. Por consiguiente, salvo que nos encontremos ante supuestos flagrantes, las personas jurídicas en cuyo seno se haya cometido o facilitado la comisión de un delito serán imputadas en el procedimiento penal y, por ende, tendrán vedada la posibilidad de personarse en el mismo como acusación particular. Sin embargo, en aquellos supuestos en los que se sobresea parcialmente las actuaciones respecto de estas al no existir indicios relevantes de su participación en los hechos delictivos investigados, serán libres de solicitar su personación como acusación, para lo que tendrán que acreditar el perjuicio sufrido como consecuencia del delito supuestamente acaecido.

Ahora bien, también debemos plantearnos qué ocurriría en aquellos supuestos en los que se enjuicien en un mismo procedimiento penal varios delitos diferentes relacionados con una misma persona jurídica.

Imaginemos que, en el seno de una misma persona jurídica, varias personas físicas vinculadas a la misma realizan diferentes hechos delictivos. Por ejemplo, unos empleados vierten sin el conocimiento de la mercantil y por iniciativa propia unos residuos tóxicos en un lago, mientras que los administradores de la sociedad deciden falsear la presentación de unos impuestos. En este supuesto, nos encontraríamos ante dos delitos diferentes, uno contra el medioambiente tipificado en los arts. 325 y ss. CP y otro contra la Administración Tributaria tipificado en los arts. 305 y ss. CP. Pues bien, el enjuiciamiento conjunto de estos delitos podría generar una situación en la que la persona jurídica pudiera personarse como acusación particular, perjudicada por el delito medioambiental cometido por sus empleados[486], mientras que sería imputada, y, consecuentemente, investigada, por la comisión del delito fiscal realizado por sus administradores, delito que le ha supuesto un beneficio traducido en el pago de menos impuestos. No obstante, para que dicha posibilidad se viese materializada, dichos

---

486 La persona jurídica no siempre sería perjudicada en un escenario como el descrito, pero existe la posibilidad de que si lo fuese.

delitos deberían poder enjuiciarse simultáneamente, circunstancia que en el supuesto planteado no resulta posible.

La LECrim se muestra categórica en su art. 17[487] al establecer que cada delito dará lugar a la formación de una única causa. Si bien es cierto que esta norma establece una excepción —los delitos conexos—, lo cierto es que, *a priori*, no parece plausible que los diferentes delitos en los que haya participado una persona jurídica vayan a poder enjuiciarse de forma simultánea.

Concretamente, el apartado 2 del art. 17 LECrim[488] recoge hasta 6 escenarios en los que nos encontraríamos ante delitos conexos. Sin embargo, reiteramos que, unos hechos delictivos cometidos a favor de la persona jurídica y en su perjuicio, difícilmente podrán tener la condición de conexos, ya que no habrán sido cometidos por personas reunidas, no se habrán cometido gracias al concierto de varias personas o no se habrán cometido para perpetrar o facilitar la ejecución de otros delitos, por ejemplo. En este sentido, entendemos que la investigación conjunta de delitos como los que han sido expuestos con anterioridad sería contraria a la norma, dado que lo único que se conseguiría es entorpecer y dilatar la misma. Por consiguiente, en

---

487 Ley 41/2015, de 5 de octubre, de modificación de la Ley de Enjuiciamiento Criminal para la agilización de la justicia penal y el fortalecimiento de las garantías procesales. Título II. De la competencia de los Jueces y Tribunales en lo criminal. Capítulo I. De las reglas por donde se determina la competencia. Artículo 17.1: "Cada delito dará lugar a la formación de una única causa. No obstante, los delitos conexos serán investigados y enjuiciados en la misma causa cuando la investigación y la prueba en conjunto de los hechos resulten convenientes para su esclarecimiento y para la determinación de las responsabilidades procedentes salvo que suponga excesiva complejidad o dilación para el proceso".

488 Ley 41/2015, de 5 de octubre, de modificación de la Ley de Enjuiciamiento Criminal para la agilización de la justicia penal y el fortalecimiento de las garantías procesales. Título II. De la competencia de los Jueces y Tribunales en lo criminal. Capítulo I. De las reglas por donde se determina la competencia. Art. 17.2: "A los efectos de la atribución de jurisdicción y de la distribución de la competencia se consideran delitos conexos: 1.º Los cometidos por dos o más personas reunidas. 2.º Los cometidos por dos o más personas en distintos lugares o tiempos si hubiera precedido concierto para ello. 3.º Los cometidos como medio para perpetrar otros o facilitar su ejecución. 4.º Los cometidos para procurar la impunidad de otros delitos. 5.º Los delitos de favorecimiento real y personal y el blanqueo de capitales respecto al delito antecedente. 6.º Los cometidos por diversas personas cuando se ocasionen lesiones o daños recíprocos".

supuestos como el expuesto, lo correcto procesalmente será formar causas independientes, siendo la persona jurídica imputada en alguna de ellas y pudiendo personarse como acusación particular por ser perjudicada en otras.

Por el contrario, si los hechos son de la suficiente similitud como para ser enjuiciados conjuntamente en un mismo procedimiento penal, por ejemplo, varios delitos fiscales cometidos por los administradores, parece evidente que la posición de la persona jurídica será la misma en relación con cada uno de los concretos hechos delictivos que formen la causa. Siempre habrá sido beneficiada por los mismos, o siempre habrá sido perjudicada por los hechos realizados sin su conocimiento y burlándose el control establecido en sus programas de organización y gestión, pero nunca ambas cosas a la vez.

Existen algunos autores, como BANACLOCHE PALAO, que se muestran bastante optimistas sobre las posibilidades de las personas jurídicas de personarse como acusaciones particulares en el procedimiento penal, ya que "cabe perfectamente imaginar que, como consecuencia de los hechos que se le imputan a la persona jurídica, ella misma decida personarse en el proceso como acusación particular contra sus antiguos gestores o directivos, por el perjuicio que la conducta de éstos le ha podido causar"[489]. No obstante, como ya hemos expuesto con anterioridad, entendemos que habrá que estar a la concurrencia o no de un beneficio para la entidad colectiva de cara a definir su posición procesal. Si la persona jurídica se ha beneficiado como consecuencia de la comisión del delito, deberá ser imputada para depurar su eventual responsabilidad penal. Si, en cambio, la misma no se ha beneficiado, ni directa ni indirectamente, no podrá ser imputada en virtud del art. 31 bis CP y, por consiguiente, solo podrá valorar su personación en la causa en función de si acredita el perjuicio que el hecho delictivo le ha causado, esto es, si demuestra ser parte interesada en la causa.

Como último apunte sobre esta cuestión, entendemos necesario analizar cómo debe enfocarse un procedimiento penal para conocer

---

489 BANACLOCHE PALAO, Julio. "La imputación de la persona jurídica... *Op. Cit.* Pág. 189.

si la persona jurídica será imputada o, por el contrario, perjudicada por el concreto delito cometido por la persona física vinculada a ella.

Para empezar, debe actuarse con cautela a la hora de reconocer a la persona jurídica una u otra posición procesal. En la práctica nos podemos encontrar con personas jurídicas que, tan pronto como son conocedoras de la investigación que se está realizando sobre un delito cometido en su seno, traten de personarse como acusación particular, alegando haber sido perjudicadas por el mismo. Aunque en ocasiones dicha manifestación resulte cierta, en aras de respetar los principios esenciales del procedimiento penal y evitar estrategias espurias que sean contrarias a su correcto desarrollo —qué mejor defensa puede haber que un buen ataque—, entendemos necesario que, con carácter previo a la personación de la persona jurídica como acusación particular, se realice un juicio de imputación sobre la misma. En otras palabras, consideramos que la persona jurídica no debería poder personarse como acusación particular a no ser que previamente se haya alcanzado la conclusión firme de que la misma no podrá ser imputada.

Como ya se ha denunciado por muchos autores en la doctrina, el hecho de permitir la personación como acusación particular de la persona jurídica en un estadio inicial del procedimiento, permitiéndola de esta manera conocer el desarrollo de la investigación y ser parte de la misma, podría tener efectos muy desfavorables para la tutela judicial efectiva, en caso de que posteriormente, y como consecuencia del desarrollo de la investigación, se descubrieran indicios que aconsejasen su necesaria imputación como sujeto susceptible de responder penalmente. Por ello, de cara a evitar estas situaciones, en las que la persona jurídica tenga la ventaja de haber conocido el desarrollo de la instrucción a la hora de ser imputada, entendemos necesario realizar previamente un estudio en el que se valore la posibilidad de que la entidad sea imputada, y que solo se permita su personación una vez se concluya que no lo será, garantizándose de esta manera el correcto devenir del procedimiento y la ausencia de ventajas procesales para un sujeto potencialmente imputable.

Ahora bien, conforme a lo anterior, surge la cuestión de cómo se realizará dicho control en procedimientos en los que en un primer momento no existan indicios de la presunta participación de la persona jurídica y únicamente aparezcan a lo largo de la investigación realizada en fase instructora. Por ello, tal y como se ha adelantado con anterioridad, entendemos que la persona jurídica no se librará de la potencial imputación hasta que la fase de investigación esté muy avanzada, es decir, prácticamente hasta la fase intermedia del procedimiento penal.

En nuestra opinión, a pesar de que la persona jurídica sea titular de los derechos fundamentales consagrados en el art. 24 CE, entendemos que el derecho de la persona jurídica a ser parte del procedimiento como parte perjudicada debe ser sacrificado en tanto no se alcance la certeza de que la misma no ha participado en el delito. El presente planteamiento, que entendemos que puede ser ampliamente criticado, nos parece aún más aconsejable si lo ponemos en relación con los efectos perjudiciales que surgirían en caso de que se la imputara tras haber estado personada como presunta perjudicada y, por ende, tras haber sido conocedora del camino que lleva la investigación judicial. Además, entendemos que la limitación señalada no supondría vulneración alguna a su derecho a la tutela judicial efectiva, dado que mientras no pudiera personarse, el MF seguiría velando por garantizar la legalidad del procedimiento, actuando, además, como impulsador de la investigación.

Una vez finalizada la fase instructora, en caso de alcanzarse la conclusión de que la persona jurídica no ha participado en el delito y, por consiguiente, al no transformarse el procedimiento contra ella, podrá personarse, acreditar su condición de perjudicada por el delito y evacuar el trámite de calificación en virtud de lo que entienda acorde a su derecho, esto es, solicitando una pena para la persona física presuntamente responsable del delito y reclamando una responsabilidad civil por los perjuicios derivados de la actuación de la misma.

Si bien la solución defendida no permite a la persona jurídica solicitar diligencias instructoras tendentes a acreditar la relevancia penal de los hechos cometidos por la persona física investigada, entendemos que dicha labor puede ser suplida por el MF, tal y como se ha manifestado con anterioridad. Todo ello con independencia de que las verdaderas pruebas se practican en el acto de vista oral, por lo que la persona jurídica estará en plena disposición de interesar en sus conclusiones provisionales aquellas que entienda útiles, pertinentes y conducentes para acreditar tanto la responsabilidad criminal de la persona física acusada como el perjuicio sufrido por su conducta.

En virtud de todo lo expuesto, entendemos que únicamente a través del camino propuesto se podrían evitar situaciones como las descritas, en las que la persona jurídica utilice espuriamente su capacidad procesal para personarse en la causa. Además, de esta forma no se vulnerarían sus derechos fundamentes, dado que la tramitación de la fase instructora estaría debidamente garantiza con la presencia del MF y podría personarse y mostrarse parte a partir de la fase intermedia del procedimiento penal para hacer valer sus derechos.

5. RECAPITULACIÓN

Aunque el art. 119 LECrim establece que la imputación de las personas jurídicas se realizará de acuerdo con lo dispuesto en el art. 118 de la misma ley procesal, la ley no establece el concreto momento en el que esta debe de llevarse a cabo. En particular, se plantea la cuestión de que el conocimiento por parte del juzgado de la posible participación de la persona jurídica en el delito se da en un estadio posterior del procedimiento, ya que existen opiniones dispares sobre cuál es el momento procesal oportuno para imputarla en un procedimiento que ya se está siguiendo frente a otros sujetos.

En esta obra se ha defendido que la persona jurídica deberá ser imputada tan pronto como existan elementos incriminatorios suficientes para atribuirle, de forma indiciaria, una participación punible en el delito. Así, entendemos prioritaria la salvaguarda de los derechos constitucionales de la persona jurídica que el posible efecto negativo que el sometimiento al proceso va a tener en su reputación e imagen. Ahora bien, con carácter previo a la imputación de la persona jurídica, deberá analizarse, a nuestro juicio, su imputabilidad, siendo únicamente inimputables aquellas entidades que carezcan de personalidad jurídica, las señaladas en el art. 31 quinquies CP y las jurisprudencialmente denominadas como sociedades instrumentales o pantalla. De este modo, se evitaría introducir en el procedimiento a entidades que por sus características quedan directamente extramuros de la responsabilidad penal.

Por el contrario, entendemos que la valoración de la concurrencia de las circunstancias establecidas en el art. 31 bis CP habrá de analizarse una vez la persona jurídica haya sido debidamente imputada y se le hayan trasladado los concretos hechos por los que se la investiga, se le hayan leído sus derechos y ostente un representante jurídico y una dirección letrada que la defienda, ya que, al tener que analizarse la eficacia de un programa de cumplimiento, su idoneidad para prevenir el delito, su adecuación al tamaño de la entidad o su efectiva implementación y comunicación entre los integrantes de esta, estaremos ya ante elementos que exigen examinar una gran cantidad de documentación, interrogar a las personas encargadas de su aplicación e incluso realizar un informe pericial tendente a esclarecer la eficacia *ex ante* del *compliance program*. En definitiva, la persona jurídica debe estar debidamente imputada para el ejercicio de sus derechos constitucionales en el momento en el que se proceda a valorar la concurrencia de las condiciones del art. 31 bis CP, evitándose de esta manera vulneraciones en su derecho de defensa que, *a posteriori*, pudieran derivar en nulidades procesales que derivaran a su vez en su absolución.

Son varios los argumentos que aconsejan la imputación simultánea de personas físicas y personas jurídicas. En primer lugar, la pronta imputación de la persona jurídica es una opción mucho más garantista. Asimismo, el hecho de imputar a la persona jurídica permitiría practicar determinadas diligencias de investigación que de lo contrario no podrían realizarse, y que pueden ser muy útiles para el esclarecimiento de los hechos objeto de investigación. Por último, la imputación simultánea también evitaría que, en caso de existir un conflicto de intereses entre las partes, las personas físicas puedan aprovechar la falta de imputación de la jurídica para descargar su responsabilidad sobre ella.

No obstante, existe una corriente doctrinal que, aplicando criterios de oportunidad, defiende que el sometimiento de la persona jurídica a un procedimiento penal —su imputación— resulta innecesario, señalando que existen otros caminos, como los acuerdos con el MF, que permiten evitar la persecución penal de estas. Frente a esto, somos de la opinión de que en nuestra legislación procesal actualmente impera el principio de legalidad. Sin embargo, en los últimos años cada vez son más voces las que critican un sistema tan estricto como el vigente y abogan por la introducción de un sistema de oportunidad reglada que supuestamente tendría numerosas ventajas. En esta misma línea, nuestra legislación acoge algunos criterios de oportunidad, como la exclusiva perseguibilidad de los delitos privados por parte de los perjudicados, la figura de la conformidad con beneficio penológico o el procedimiento por aceptación de decreto. Además, la totalidad de los últimos anteproyectos y borradores que proponían una modificación de la LECrim introducían el principio de oportunidad en sus textos. Por ello, hemos considerado enriquecedor para nuestra investigación analizar si la introducción del principio de oportunidad en nuestro sistema procesal aportaría realmente ventajas relevantes.

En primer lugar, se ha señalado como una de las ventajas más relevantes de introducir el principio de oportunidad que la no imputación de la persona jurídica permitiría evitar que la entidad sufriese daños colaterales y reputacionales. Ahora bien, hemos señalado que a nuestro juicio no resulta proporcional arriesgarnos a que surja una eventual vulneración de una garantía procesal de la persona jurídica para salvaguardar su imagen, cuando además existen herramientas para paliar los efectos negativos que su imputación haya podido conllevar, tales como la difusión de la resolución beneficiosa para sus intereses en los medios de comunicación. En segundo lugar, dado que la atribución de responsabilidad penal a las personas jurídicas tiene como finalidad la autorregulación empresarial, se ha entendido que esto se alcanzaría igualmente con un acuerdo con el MF en el que estas se comprometan a organizarse conforme a Derecho a través de la implementación o mejora de un programa de *compliance*, y a reparar el daño causado. A este respecto, hemos argumentado que la posibilidad de evitar el enjuiciamiento penal a través de la aplicación de criterios de oportunidad no supondría un efecto diferencial de motivación para que la persona jurídica se autorregule, dado que, en principio, entendemos que la amenaza de la sanción penal ya es una motivación más que suficiente. En tercer lugar, algunas voces defienden que las personas jurídicas estarían dispuestas a cooperar con la Justicia más decididamente si así consiguen evitar su imputación. Frente a esto, aunque reconocemos que la persona jurídica trabajaría intensamente en una investigación interna en caso de que esto garantizase su inasistencia al procedimiento, lo cierto es que actuarían igualmente con posterioridad a su imputación, ya que, aunque estén imputadas, dicha condición procesal no puede asemejarse en ningún caso a una condena penal efectiva, que sin duda tratará de evitarse a toda costa por estas. A su vez, hemos entendido relevante destacar que, en ocasiones, la supuesta cooperación de la persona jurídica con la Administración de Justicia en un estadio pre procesal puede no ser del todo beneficiosa para sus intereses, dado que en muchas ocasiones esta cooperación esconde un sometimiento a fuertes coerciones económicas. Además, aunque la Ley 2/2023, de 20 de febrero, exige a las personas jurídicas comunicar en determinados supuestos la existencia de un delito, lo cierto es que son igualmente titulares del derecho constitucional a la presunción de inocencia, y, por extensión, de los derechos a no declarar contra sí mismas y a no confesarse culpables, motivo por el que entendemos que no estarán obligadas a poner en conocimiento del MF o de la Administración de Justicia hechos que pudieran acarrearle responsabilidad penal. En cuarto y último lugar, se ha dicho que el principio de oportunidad agilizaría la Justicia y ahorraría costes al Estado. No obstante, hemos expuesto que, aunque no se imputase a la persona jurídica, seguiría existiendo, por regla, un procedimiento penal frente a las personas físicas que cometen el delito, lo que permite cuestionar que en este caso realmente se esté ante una ventaja relevante.

En definitiva, y teniendo en cuenta la necesaria protección del interés público, la decisión de imputar o no a una persona jurídica no es una decisión que deba tomarse con base en elementos extrajudiciales como los que acaban de ser expuestos. Además, los delitos por los que puede responder una persona jurídica son semipúblicos o públicos, lo que parece una prueba adicional de la relevancia que tiene su efectiva persecución y enjuiciamiento para la protección del interés público y la eficacia preventiva del Derecho Penal.

En otro orden de cosas, la introducción de criterios de oportunidad para evitar la imputación de la persona jurídica sería, según se ha desarrollado en este Capítulo, un motivo de discriminación entre personas jurídicas de gran tamaño y el resto de las entidades que operan en el mercado, ya que las grandes empresas, por su propia naturaleza, ostentan un mayor poder de negociación a la hora de fijar los términos de un acuerdo con el MF que las pequeñas y medianas empresas. En definitiva, consideramos que la introducción de fórmulas de justicia negociada, pueden conducir a una aplicación del Derecho Penal diferenciada en función del sujeto-persona jurídica, algo proscrito en nuestro sistema penal.

Por todo lo expuesto, entendemos mucho más respetuoso con los principios orientadores del Derecho Penal y la salvaguarda del interés público y social defender la vigencia del principio de legalidad, dado que las hipotéticas ventajas que introduciría la aplicación del principio de oportunidad no son de la suficiente entidad como para asumir los riesgos que igualmente conllevan. Por consiguiente, la imputación de la persona jurídica, de conformidad con el art. 119 LECrim, deberá llevarse a cabo tan pronto como aparezcan indicios con fundamento sobre su posible participación en un hecho delictivo. No obstante, en la práctica surgen cuestiones que no encuentran solución en nuestro texto procesal, como, por ejemplo, a qué lugares puede enviarse la citación de la entidad colectiva, quién puede recibirla para entender que la persona jurídica está debidamente notificada, o cuáles son los verdaderos efectos de la no comparecencia de la persona jurídica en el procedimiento penal.

En primer lugar, el estatuto procesal de la persona jurídica permite, en caso de que no se localice a esta en su domicilio social, designar un letrado y un procurador de oficio y continuar el procedimiento hasta el final sin su efectiva presencia, lo que entendemos implica una vulneración de su derecho de defensa, ya que estos profesionales no están en disposición de defender con las debidas garantías los intereses de la entidad sin haber podido comunicarse con ella y tener acceso a documentación relevante, como, por ejemplo, su programa de *compliance*. Ahora bien, a la luz de la normativa, la doctrina ha planteado dos alternativas posibles para depurar la responsabilidad penal de la persona jurídica: o habilitar la posibilidad de celebrar un juicio en rebeldía o facultar al órgano judicial para acordar medidas coercitivas que garanticen la efectiva presencia del ente colectivo en el proceso. En este sentido, rechazamos la posibilidad de adoptar medidas coercitivas para asegurar la presencia de la persona jurídica en el proceso, ya que entendemos que estas medidas, únicamente previstas para las personas físicas investigadas (art. 487 LECrim), no pueden extenderse al representante especialmente designado de la persona jurídica. El procedimiento no se dirige contra aquel, sino contra la persona jurídica que representa, motivo por el que, a nuestro juicio, no puede ordenarse su detención. Además, al contrario de lo que ocurre con las personas físicas, la comparecencia del representante especial no es preceptiva, circunstancia adicional por la que no resulta posible acordar su detención.

Ahora bien, lo anterior no significa que no pueda seguirse el procedimiento sin la presencia de la persona jurídica. Uno de los argumentos principales que apoyan esta postura es que la declaración de esta a través de su representante especial no es preceptiva. Nuestra legislación procesal permite la tramitación de la causa sin que la persona jurídica esté presente. No obstante, para ello el acto procesal regulado por el art. 119 LECrim debe celebrarse teniendo la seguridad de que la incomparecencia de la persona jurídica es una decisión libremente tomada por esta, ya que de lo contrario su derecho de defensa se vería vulnerado y, por consiguiente, la causa debería de retrotraerse al momento en el que debería haberse imputado formalmente a la misma. Por ello, de cara a evitar un posible enjuiciamiento de las personas jurídicas sin que estas tengan un conocimiento efectivo de la existencia del procedimiento que se sigue contra ellas, proponemos ampliar los posibles modos de citación a las mismas. En este sentido, aunque el art. 119 LECrim dispone que la citación de la persona jurídica se llevará a cabo en su domicilio social, hay que tener presente que la LSC permite remitir las notificaciones a cualquiera de los establecimientos que aquellas tengas abiertos de cara al público, motivo por el que, a nuestro juicio, la citación podrá remitirse a cualquiera de ellos, ya que a pesar de no constituir todos ellos el centro de dirección de la entidad, sí que pueden resultar lugares en los que se custodian documentos u otros soportes de la vida diaria de la empresa que son de reservado conocimiento para terceros.

Ahora bien, para que la citación en estos establecimientos alternativos se entienda correctamente realizada, deberá haber sido recibida por una persona física con capacidad suficiente para ello. A este respecto, nuestra legislación procesal no establece expresamente a quién deberá notificársele la citación de la persona jurídica. Pero no toda persona que se encuentre en el domicilio social, o en el establecimiento, podrá recibir dicha citación, sino únicamente aquellas que cuentan con capacidad o poder de representación de aquella, y siempre y cuando no haya un conflicto de interés con la persona jurídica (por estar también imputada en el mismo procedimiento, por ejemplo). Para determinar las concretas personas físicas que podrán recibir la citación de la entidad en su representación, esta consulta puede realizarse a través del Registro Mercantil. También los accionistas o socios podrán ser uno de estos sujetos, ya que son los máximos interesados en que la persona jurídica tenga una buena estrategia defensiva y sea capaz de demostrar su ausencia de participación en los hechos delictivos.

El presente Capítulo ha abordado también el problema del conflicto de interés que puede surgir entre la persona física y la persona jurídica, por estar ambas imputadas en la misma causa. El legislador da respuesta a esta cuestión en el apartado d) del art. 119 LECrim, según el cual a partir de la designación del procurador en el acto de la primera comparecencia de la persona jurídica, el resto de las comunicaciones a la entidad deberán realizarse con este profesional. Ahora bien, esta solución solo nos parece acertada para aquellos supuestos en los que haya sido la propia persona jurídica la que haya designado a este profesional, ya que de ello se desprende que la entidad ha sido debidamente informada de la existencia del procedimiento. Por el contrario, no parece acertada cuando el procurador haya sido designado de oficio, pues ello no garantizaría el efectivo conocimiento por parte de la persona jurídica de la existencia del procedimiento en el que se la está investigando. Por ello, defendemos, como se ha señalado previamente, la posibilidad de ampliar las formas de citación de la persona jurídica, siempre y cuando recaiga en personas con capacidad para representarla y sin conflictos de interés con ella.

Por último, el Capítulo ha analizado si la persona jurídica imputada puede, a su vez, personarse como acusación particular en el mismo procedimiento. A nuestro entender, la entidad colectiva no podrá ostentar ambas condiciones en él, dado que haber resultado perjudicada como consecuencia del delito resulta incompatible con el hecho de ser acusada por haberse beneficiado del mismo. Así, la persona jurídica ostentará una posición u otra en función de que se beneficie del delito o sea perjudicada por él. A este respecto, la STS nº 398/2008, de 23 de junio, establece que un solo suceso natural que da lugar a un único delito o infracción criminal no permite que pueda un acusado asumir simultáneamente la condición de parte acusadora. De todos modos, esta valoración jurídica no se podrá hacer en un primer estadio del procedimiento, sino que se trata de un examen más acorde a la finalización de la fase de instrucción o al propio acto de la vista oral. Por consiguiente, salvo supuestos de delito flagrante, la persona jurídica imputada tendrá vedada la posibilidad de personarse como acusación particular, sin que ello suponga una vulneración de su derecho a la tutela judicial efectiva. Ahora bien, en caso de acordarse el sobreseimiento respecto de estas a la luz de los hechos que consten acreditados en las actuaciones, la persona jurídica podrá solicitar su personación como acusación particular, debiendo acreditar para ello el supuesto perjuicio sufrido como consecuencia del delito acaecido.

Capítulo V
EL REPRESENTANTE ESPECIALMENTE DESIGNADO DE LA PERSONA JURÍDICA

Una vez localizada la persona jurídica, cuando comparece en el juzgado para celebrar el acto de imputación establecido en el art. 119 LECrim, además de la necesaria designación por su parte de un letrado que la defienda y un procurador que la represente en el procedimiento, nuestra ley procesal también le exige que nombre a un representante especialmente designado, figura en la que nos centraremos en el presente Capítulo.

Este representante especialmente designado, que, incluso en la actualidad, más de 10 años después de la introducción de la responsabilidad penal de las personas jurídicas en nuestro ordenamiento jurídico, sigue siendo un gran desconocido en muchos juzgados, está llamado a ser la persona física que represente corporalmente a la persona jurídica en el procedimiento. No como una representación procesal, posición desempeñada por el procurador, sino como una representación material mediante la que nuestro legislador ha querido otorgar un cuerpo y, sobre todo, una voz a la persona jurídica, con la finalidad de satisfacer, tal y como posteriormente se verá, la vertiente personal del derecho de defensa que le asiste.

A nivel doctrinal, NEIRA PENA ha definido la figura del representante especial en los siguientes términos:

> "un nuevo representante, denominado por algunos, representante defensivo —seguramente para distinguirlo del procurador como representante procesal— que sería el encargado de permitir la intervención o participación de la sociedad en el procedimiento penal, dirigida al cumplimiento de los actos personalísimos y, más concretamente, al ejercicio de la autodefensa. Dicho representante constituye la herramienta o instrumento para la actuación de la persona jurídica imputada, correspondiéndole hacer valer los derechos y garantías que la entidad tiene reconocidos"[490].

---

[490] NEIRA PENA, Ana María. *La instrucción de los procesos… Op. Cit.* Pág. 181.

Por su parte, GASCÓN INCHAUSTI matiza que "se ha querido, pues, que la persona jurídica no solo esté jurídicamente presente en el proceso penal, sino que también esté físicamente presente en sus actuaciones, de forma análoga a como lo estaría una persona física"[491]. Ahora bien, debe dejarse claro, tal y como hace GIMENO BEVIÁ, que "el proceso no se dirige contra él como sujeto individual, sino que su función radica en ser la cara visible de la empresa durante el procedimiento, como consecuencia del poder de representación otorgado por ésta"[492].

Sobre el concepto de la autodefensa nos ilustra este último autor que se acaba de mencionar, quien entiende que la defensa integra una parte dual en la que, junto a la defensa técnica, coexiste también la defensa privada o autodefensa del imputado, siendo en el caso de la persona jurídica ejercida esta última por el representante especialmente designado[493]. Para NEIRA PENA, la asignación de esta figura a la persona jurídica se fundamenta en la idea de facilitarle la participación personal en el proceso[494]. Derecho que está legalmente reconocido, tal y como señala esta autora cuando nos recuerda que "esta faceta del derecho de defensa goza de reconocimiento convencional, en distintos tratados y acuerdos internacionales de los que el Estado español es parte, y constitucional, en tanto que el art. 24 CE se refiere a la defensa y a la asistencia del letrado como dos derechos independientes"[495].

Ahora bien, la primera cuestión que debemos plantearnos es si las personas jurídicas, como realidad jurídica distinta a las personas físicas, verdaderamente pueden ser titulares de la vertiente del derecho de defensa consistente en la autodefensa.

---

491 GASCÓN INCHAUSTI, Fernando. *Proceso penal y persona jurídica... Op. Cit.* Pág. 89.

492 GIMENO BEVIÁ, Jordi. *Compliance y proceso... Op. Cit.* Pág. 111.

493 GIMENO BEVIÁ, Jordi. *Compliance y proceso... Op. Cit.* Pág. 107.

494 NEIRA PENA, Ana María. *La instrucción de los procesos... Op. Cit.* Pág. 177.

495 *Ibidem.*

1. LA FIGURA DEL REPRESENTANTE ESPECIAL COMO DERECHO A LA AUTODEFENSA DE LA PERSONA JURÍDICA

En primer lugar, debemos advertir que la presente cuestión no tiene una sencilla solución. Así, NEIRA PENA asume, por un lado, que a favor de la extensión de la autodefensa a las personas jurídicas "cabe emplear todos los argumentos desarrollados para sostener la titularidad del derecho de defensa por parte de las personas jurídicas, junto con el entendimiento de la autodefensa como una parte esencial de aquél"[496], pero, por el otro, reconoce que "esta disociación entre el titular del derecho y quien lo ejercita podría conducir a desvirtuar la naturaleza personalísima del mismo"[497], ya que el hecho de necesitar a un tercero para ejercer un derecho tan personal puede derivar en la incompatibilidad del mismo con la naturaleza impersonal de la entidad[498]. Concluye NEIRA PENA que el reconocimiento de las facultades autodefensivas a la persona jurídica podría resultar inútil, dado que, a diferencia de la persona física objeto de imputación, "la entidad inculpada no habrá intervenido personalmente en los hechos, en un sentido material, ni contará con un conocimiento de los mismos distintos e independiente del de sus miembros"[499].

De otra forma, la mayor critica a la extensión del derecho a la autodefensa a las personas jurídicas reside en que, como sujetos diferentes a las personas físicas, no son capaces por sí mismas de ejercerlo, y que siempre van a tener que recurrir a un tercero para que lo haga por ellas. Ello, sumado al hecho de que, generalmente, las personas designadas para hacer valer este derecho no tendrán un conocimiento directo sobre los hechos investigados, ha dotado de fuerza a una corriente doctrinal que aboga por no extender el derecho a la autodefensa a las personas jurídicas, entendiendo por lo tanto que la designación del representante resulta inútil e injustificado[500].

---

496 NEIRA PENA, Ana María. *La instrucción de los procesos... Op. Cit.* Pág. 178.

497 *Ibidem.*

498 *Ibidem.*

499 NEIRA PENA, Ana María. *La instrucción de los procesos... Op. Cit.* Pág. 179.

500 VELASCO PERDIGONES, Juan Carlos. "La responsabilidad penal de la empresa: cuestiones actuales". *La Ley Penal*, nº 129 (2017).

Sin embargo, aunque por la propia naturaleza de las personas jurídicas se trate de un derecho que aparentemente les puede resultar poco útil en la práctica, entendemos que se les debe reconocer, a fin de respetar su derecho de defensa en toda su extensión y dotarla de las mismas herramientas de defensa que se otorgan a las personas físicas. NEIRA PENA alcanza la misma conclusión cuando reconoce la existencia de importantes argumentos que abogan por reconocer el derecho de defensa en toda su extensión a las entidades colectivas, entre los que se encuentra

> "señaladamente su vinculación con los principios esenciales del proceso, de igualdad y contradicción, y su carácter indispensable para una recta Administración de Justicia, no permiten amputarle esta parte esencial del derecho de defensa, restringiéndolo a la defensa técnica que constituye, únicamente, una manifestación de aquél"[501].

Pues bien, una vez expuesto que en nuestra opinión las personas jurídicas también son titulares de la vertiente del derecho de defensa consistente en la autodefensa, antes de analizar qué personas físicas pueden ejercer como representante material de las mismas en el procedimiento penal, o quién ostenta la potestad dentro de la entidad para ser designado como tal, entendemos necesario analizar si resulta verdaderamente necesario designar al citado representante para que el procedimiento penal se entienda tramitado con pleno respeto a la totalidad de las garantías constitucionalmente exigibles.

El presente debate, esto es, si el nombramiento del representante especialmente designado para defender los intereses de la persona jurídica en el procedimiento resulta preceptivo o facultativo, es una cuestión que la propia legislación procesal ha dejado en el aire, ya que, tras establecer su designación, posteriormente introduce una serie de apartados de los que se infiere la posibilidad de que el procedimiento se siga sustanciando sin que aquella se realice. Concretamente, los apartados a) y b) del art. 119 LECrim establecen lo siguiente:

> "a) La citación se hará en el domicilio social de la persona jurídica, requiriendo a la entidad que proceda a la designación de un representante, así como Abogado y Procurador para ese procedimiento, con la advertencia de que, en caso de no hacerlo, se procederá a la designación de oficio

[501] NEIRA PENA, Ana María. *La instrucción de los procesos... Op. Cit.* Pág. 179.

de estos dos últimos. La falta de designación del representante no impedirá la sustanciación del procedimiento con el Abogado y el Procurador designado.

b) La comparecencia se practicará con el representante especialmente designado de la persona jurídica imputada acompañada del Abogado de la misma. La inasistencia al acto de dicho representante determinará la práctica del mismo con el Abogado de la entidad".

Asimismo, también resulta de gran interés el contenido del art. 787 bis LECrim (anterior art. 786 bis LECrim y ubicado en el art. 787 bis por la LO 1/2025, de 2 de enero, de medidas en materia de eficiencia del Servicio Público de Justicia), precepto que al referirse a la designación del representante especial utiliza expresiones tales como "podrá estar representada" o "dicha persona podrá declarar en nombre de la persona jurídica si se hubiese propuesto y admitido dicha prueba". En este sentido, el hecho de que la legislación procesal hable en términos de posibilidad sobre la actuación del representante especial es un claro indicativo de que su designación no es preceptiva, ya que algo posible no resulta exigible. Por consiguiente, atendiendo a la legalidad vigente· la persona jurídica tiene la posibilidad de no designar a ningún representante material en el procedimiento penal que se sigue contra ella.

Ahora bien, independientemente de que se permita dicha posibilidad, se ha venido discutiendo doctrinalmente qué resultaría lo más adecuado de cara a garantizar que la persona jurídica fuese enjuiciada con pleno respeto a los derechos constitucionales que tiene reconocidos como parte investigada en el proceso penal. Así, mientras un sector doctrinal ha considerado la figura del representante como prescindible, otro se ha inclinado por considerarla vital para el correcto devenir del procedimiento judicial. Dos claros exponentes de ambas corrientes son DEL MORAL GARCÍA, por un lado, y GASCÓN INCHAUSTI, por el otro. Mientras que el primero entiende que "la presencia material, corpórea del acusado, exigida a veces por la ley procesal penal, no es trasladable a la persona jurídica"[502], el segundo manifiesta que "la persona jurídica tiene que poder actuar en el proce-

502 DEL MORAL GARCÍA, Antonio. "Aspectos procesales de la... *Op. Cit.* Pág. 272.

so penal. Y a tal fin, como en cualquier otra faceta de la vida jurídica, necesita que la represente una persona física"[503].

GIMENO BEVIÁ, a quien le resulta evidente que la persona jurídica, por su propia condición jurídica, debe valerse de una persona física que actúe como su representante, llega incluso a equiparar la posición de este representante con la de la persona física imputada, al entender que su posición es semejante, al realizar el sujeto designado los mismos actos procesales que están reservados al acusado[504]. Motivado por dicha comparación, el autor llega incluso a reconocer que sería conveniente obligar a la persona jurídica a designar un representante. Concretamente, el autor manifiesta que "la necesidad de garantizar tanto el derecho de defensa de la persona jurídica, como el descubrimiento de la verdad, debiera aconsejar al legislador, tal y como acontece en otros ordenamientos, a que establezca una auténtica obligación de comparecencia"[505].

Compartimos esta conclusión a la que llega GIMENO BEVIÁ, dado que, tal y como establece el Anteproyecto de la LECrim del año 2020, nuestro legislador pretende hacer obligatoria la presencia del representante especialmente designado en los procedimientos penales tramitados frente a personas jurídicas. Ahora bien, tal y como advierte DOPICO GÓMEZ-ALLER, a la persona jurídica le asisten los mismos derechos fundamentales de comparecer en el procedimiento, a prestar declaración y a ser escuchada que, a las personas físicas[506]. No obstante, entendemos que no debe obviarse que se trata precisamente de derechos, que pueden ser ejercidos o no por la persona jurídica, pero que en ningún caso se trata de obligaciones, como sí lo son para las personas físicas, quienes están obligadas a comparecer en el procedimiento penal en virtud de los arts. 775 y 779.1.4º LECrim.

En otras palabras, a la persona jurídica, como sujeto penal pasivo del procedimiento penal, se le deben reconocer la totalidad de las garantías y los derechos que se le reconocen a las personas físicas,

---

503 GASCÓN INCHAUSTI, Fernando. *Proceso penal y persona jurídica... Op. Cit.* Pág. 79.

504 GIMENO BEVIÁ, Jordi. *Compliance y proceso... Op. Cit.* Pág. 115.

505 GIMENO BEVIÁ, Jordi. *Compliance y proceso... Op. Cit.* Pág. 112.

506 DOPICO GÓMEZ-ALLER, Jacobo. "Proceso penal contra personas jurídicas: medidas cautelares, representantes y testigos". *Diario La Ley*, nº 7796 (2012).

siempre y cuando su distinta naturaleza les permita ejercerlos. En este sentido, la persona jurídica, si lo estima oportuno y lo considera provechoso para su estrategia defensiva, tendrá derecho a declarar ante el juez, pudiendo designar para ello a una persona física que lo haga en su nombre, la cual, insistimos, no debe de confundirse nunca con la verdadera investigada, que es la entidad. Sin embargo, al tratarse de una realidad jurídica diferente a las personas físicas, las personas jurídicas no estarán obligadas a prestar declaración, siendo una posibilidad para ellas. A mayores, a nuestro juicio la designación del representante especial es una cuestión optativa para la persona jurídica dadas las dificultades existentes, y previamente señaladas, en extender el derecho a la autodefensa a las mismas. Así, entendemos que nuestro legislador, en un primer momento, consciente de estos problemas, no quiso establecer la declaración de la persona jurídica en el procedimiento como obligatoria, atendiendo a la circunstancia previamente discutida de que dicha vertiente de su derecho puede no resultar excesivamente útil para las mismas.

Ahora bien, a pesar de reconocer dichas dificultades y permitir que el procedimiento se sustancie sin la designación del representante especialmente designado, el legislador parece haber llegado a la conclusión de que, cuanto menos, debe otorgarse a la persona jurídica la posibilidad de defenderse a través de todos los medios posibles, incluyendo el presente, dado que de lo contrario se estaría vulnerando uno de los principios más esenciales del procedimiento penal, como es su derecho a la defensa. Así lo considera también GASCÓN INCHAUSTI, quien tras reflexionar que la humanización de la persona jurídica en multitud de ocasiones puede resultar innecesaria, al poder realizarse prácticamente la totalidad de las diligencias de investigación que la competen a través de la figura de su abogado, llega a la conclusión de que el legislador ha optado por esta personificación "para hacer patente —no siempre con éxito— su voluntad de dotar de plenas garantías el estatus procesal penal de la persona jurídica"[507].

No obstante, aunque hayamos llegado a la conclusión de que el procedimiento penal seguido frente a personas jurídicas podrá sus-

---

507 GASCÓN INCHAUSTI, Fernando. *Proceso penal y persona jurídica... Op. Cit.* Pág. 90.

tanciarse, conforme a la legislación vigente, sin la presencia del representante especialmente designado, entendemos necesario analizar hasta qué punto resultaría beneficioso para ellas que una persona física comparezca y declare en su nombre.

1.1. *Utilidad de la declaración del representante especialmente designado para la defensa de los intereses de la persona jurídica*

Como ya se ha expuesto con anterioridad, aunque la persona jurídica tiene la posibilidad de declarar a través de un tercero, persona física, lo cierto es que, en nuestra opinión, dicha declaración no supondrá, en términos generales, un mecanismo defensivo especialmente relevante para la misma.

No negamos que la designación de una persona física con grandes conocimientos sobre el funcionamiento del programa de organización y gestión, o con una estrecha relación con el hecho delictivo acaecido, puede resultar ocasionalmente de interés, ya que a la hora de declarar por la persona jurídica, además de estar asistido por las garantías y los derechos propios de una persona investigada, va a poder aportar determinados datos que pueden favorecer a la entidad, al estar su conocimiento de los hechos estrechamente relacionados con su posible responsabilidad penal. Sin embargo, sin perjuicio de que con posterioridad vayamos a dedicar un apartado a analizar qué concretas personas físicas podrán ser designadas por la persona jurídica para ejercer dicha representación[508], en este momento resulta preciso adelantar que, para la entidad colectiva no será una cuestión sencilla encontrar en su estructura personas físicas que cumplan con las características previamente señaladas. De hecho, en aquellos supuestos en los que las personas jurídicas no tengan un encargado del cumplimiento (*compliance chief officer*), una persona que controle y dirija el programa de cumplimiento, o una persona que haya tenido una relación directa con el hecho delictivo por el cual se pretende responsabilizar a la persona jurídica, la designación de un tercero resultaría, a nuestro juicio, poco relevante para la defensa de los intereses de la entidad.

---

508 Véase el epígrafe 2. del presente Capítulo.

En este sentido, debemos recordar que la declaración del imputado, ya sea este una persona física (art. 385 LECrim) o una persona jurídica (art. 409 bis LECrim) deberá estar dirigida a la averiguación de los hechos delictivos. Por ello, la designación de una persona física sin que reúna las características previamente mencionadas puede derivar en el sinsentido, tal y como nos advierte DEL MORAL GARCÍA, de que "quien comparezca en nombre de la persona jurídica pueda no saber nada de los hechos imputados"[509]. Así, si tenemos en cuenta que las declaraciones judiciales únicamente tienen contenido probatorio cuando versan sobre hechos de conocimiento propio (art. 297 LECrim), las declaraciones prestadas por estos terceros ajenos a los hechos resultarían meras alegaciones sin valor probatorio, circunstancia que nos hace concluir que la declaración del representante especial, salvo en los supuestos previamente mencionados, generalmente no tendrá una excesiva relevancia para la investigación, pudiendo no resultar interesante para ninguna de las partes, ni para el MF y las acusaciones particulares, ni para la propia defensa.

Otro argumento contrario a la necesidad de la declaración de la persona jurídica a través de su represente especial lo encontramos en la diferencia existente entre las personas físicas imputadas y las jurídicas. Aunque hayamos llegado a la conclusión de que al nuevo sujeto penal que es la persona jurídica se le deban reconocer los mismos derechos y garantías que a las personas físicas, ello no debe extenderse necesariamente al campo de las obligaciones, dado que ambos sujetos ostentan una naturaleza jurídica diferente. Esto es, debe huirse de una equiparación automática entre personas físicas y jurídicas, debiendo analizarse de forma independiente e individual la extensión de dichas garantías y obligaciones de una a otra. A este respecto, hacemos nuestras las palabras de DEL MORAL GARCÍA, quien entiende que en lo que a la persona jurídica se refiere "el traslado de la imputación que es lo esencial no tiene por qué ir seguido de una declaración necesariamente"[510]. Es más, el art. 119 LECrim, precepto que regula la primera comparecencia de la persona jurídica en el procedimiento,

509 DEL MORAL GARCÍA, Antonio. "Aspectos procesales de la... *Op. Cit.* Pág. 287

510 DEL MORAL GARCÍA, Antonio. "Aspectos procesales de la... *Op. Cit.* Pág. 288.

establece la forma en la que debe producirse su imputación, así como los profesionales o representantes que debe designar. Sin embargo, en ningún caso exige esta norma que la persona jurídica declare a través de su representante especial una vez imputada, como sí hace el art. 775 LECrim respecto de las personas físicas a las que se les comunica su imputación en el procedimiento penal.

Por consiguiente, nos mostramos plenamente de acuerdo con esta doctrina, que, tratando de huir de un paralelismo entre personas físicas y jurídicas, llega a la conclusión de que:

> "La persona jurídica está presente y es oída a través de los profesionales que asumen su representación procesal y defensa técnica. No es necesario un interrogatorio formal. Ahora bien, si se considera necesario como medio de prueba la declaración de los representantes legales —actuales o quienes lo eran en la fecha de los hechos—, de otro cargo directivo, de empleados, de algún socio, de miembros de la asociación (...), habrá que reclamarlo expresamente proponiendo esa prueba"[511].

En definitiva, salvo en los supuestos en los que el representante material designado por la persona jurídica sea un sujeto con un amplio conocimiento del *compliance program* de la entidad —cuyo defecto recordamos que es el fundamento de su responsabilidad penal—, o una persona que haya tenido un conocimiento directo de los hechos por los que se está investigando a la entidad colectiva, llegamos a la conclusión de que la declaración del mismo puede resultar hasta contraproducente, ya que puede adolecer de cualquier tipo de capacidad defensiva para la entidad colectiva.

De hecho, la persona jurídica podrá defenderse con mayores garantías a través de otros mecanismos defensivos y, sobre todo, a través de los profesionales que, esta vez sí, obligatoriamente tendrá designados para ello. En este sentido, no encontramos impedimento alguno para que, en lugar de practicar una declaración judicial del representante especialmente designado, se presente un escrito por la dirección letrada de la persona jurídica aportando documentación acreditativa de la inexistente participación de la entidad en el delito. En este sentido, la extensa documental, que en muchas ocasiones de-

---

511 DEL MORAL GARCÍA, Antonio. "Aspectos procesales de la... *Op. Cit.* Pág. 285.

berá aportarse para acreditar las alegaciones defensivas de la persona jurídica, es otro argumento más a favor de que la declaración de la persona jurídica no se realice más que en los supuestos en los que la entidad disponga de personas físicas que tengan un conocimiento directo de los hechos, o que conozca el programa de gestión y organización de la misma, de forma que esté en disposición de alegar y justificar los motivos por los que la persona jurídica no debe de responder penalmente. En caso contrario, esta podrá valerse de otros mecanismos como los expuestos para hacer plenamente efectivo su derecho de defensa, sin caer en contraproducentes comparaciones automáticas entre realidades diferentes como son las personas físicas y las jurídicas.

1.2. *Efectos jurídicos de la no designación del representante especialmente designado*

Por último, en relación con la posibilidad que tiene la persona jurídica de declarar o no hacerlo en el procedimiento judicial, nos parece esencial reflexionar sobre si es correcto que, en virtud de lo expuesto en el art. 409 bis LECrim, se entienda que la persona jurídica se acoge a su derecho a no declarar cuando el representante especialmente designado por la misma no comparece ante el tribunal que ha requerido su presencia.

En nuestra opinión, dicha presunción no está justificada. Como ya se ha expuesto, nuestra ley procesal concede a las personas jurídicas la posibilidad de designar o no a un representante, pero en ningún caso se les exige de forma obligatoria que lo hagan. Por consiguiente, atendiendo exclusivamente al contenido de la norma, las personas jurídicas son libres de tomar una decisión u otra. Ahora bien, si ello es así, ¿qué sentido tiene que, en los supuestos en los que la persona jurídica haya decidido como estrategia defensiva que no necesita la figura del representante para defenderse, se vea abocada a sufrir el estigma y las negativas consecuencias inherentes a que se considere que se ha acogido a su derecho a no declarar?

Como es ampliamente conocido, a pesar de que el acogimiento al derecho a no declarar por parte del investigado no pueda ser utilizado como indicio de culpabilidad del mismo[512], en la práctica judicial esta circunstancia suele interpretarse de forma negativa, en el sentido de que la persona oculta algo, o que pueda tener cierta parte de responsabilidad, motivo por el cual somos contrarios a que la no comparecencia de la persona jurídica se entienda automáticamente como un acogimiento a su derecho a no declarar. En este punto consideramos necesario volver a señalar que las personas físicas y las jurídicas son sujetos de diferente naturaleza y que, por consiguiente, existen determinados aspectos —como el presente— que no son trasladables de manera automática de un sujeto al otro.

En virtud de lo expuesto, en una primera aproximación abogaríamos por exigir una reforma del art. 409 LECrim que matice su contenido. Sin embargo, analizando esta norma con mayor detenimiento, lo que establece es que se entenderá que la persona jurídica se acoge a su derecho a no declarar cuando el representante no comparezca —incomparecencia—. En este sentido, debemos señalar que no comparecer no es lo mismo que no designar. Es decir, en nuestra opinión, para que el representante especialmente designado no comparezca ante el juzgado y, por consiguiente, se pueda entender que la persona jurídica se ha acogido a su derecho a no declarar, el mismo ha debido de ser designado previamente por la persona jurídica.

Aunque a nivel doctrinal lo anterior se haya tratado por algunos autores como una cuestión sin aparente relevancia material, como CUENCA SÁNCHEZ, para quien "en los supuestos en que no se haya designado representante por la persona jurídica, habrá de entender-

---

512 STS nº 84/2010, de 18 de febrero, trayendo a colación el contenido de la STS nº 1736/2000, de 15 noviembre, resolución que establecía de forma literal: "Tampoco es valorable como `indicio´ el ejercicio por el acusado en el plenario de su derecho a no declarar. El acusado que mantiene silencio y se niega a dar una explicación alternativa a la que en principio se deduce del cúmulo de indicios concurrentes sobre su intervención en el delito, ejercita un derecho constitucional a no declarar del que no puede resultar por tanto la prueba de su culpabilidad. La participación criminal no puede deducirse de la falta de explicaciones por parte de quien está amparado por la presunción de inocencia, sino del resultado de un proceso lógico cuyo punto de arranque se sitúa en el conjunto de hechos base llamados indicios, con capacidad para conducir por vía deductiva, y de modo lógico, a una conclusión llamada hecho consecuencia. De este mecanismo el silencio del acusado no forma parte porque no es premisa de la conclusión ni un elemento incorporable al proceso lógico como un indicio más entre otros".

se que el acto de la declaración en calidad de imputado se tiene por realizada en la misma forma, es decir, acogiéndose a su derecho a no declarar"[513], nosotros valoramos dicha diferencia como un tecnicismo que, respetando el principio de legalidad, configura un sistema procesal mucho más justo con la persona jurídica. Así, entendemos más respetuoso con los derechos constitucionales de la persona jurídica que la conclusión de que se acoge a su derecho a no declarar solo pueda derivarse del supuesto en el que haya designado a un representante especial y, posteriormente, este no comparezca a declarar, no pudiendo extenderse dicha asunción a los supuestos en los que la entidad no ha designado a un representante como estrategia defensiva, dado que se trata de una posibilidad legal que le otorga nuestro ordenamiento jurídico.

Ahora bien, somos conscientes de que a esta postura se le podría objetar que resulta imprescindible que el sujeto penal investigado declare en el procedimiento abreviado previa apertura del juicio oral, y que el hecho de entender que la persona jurídica se acoge a su derecho a no declarar, cuando no designe un representante o este no comparezca ante el tribunal, permite satisfacer dicha disposición legal. A este respecto, y de cara a dar respuesta a esta cuestión, es preciso estudiar la compatibilidad de lo expuesto hasta este momento con el contenido de los arts. 775 y 779.1. 4º LECrim.

Cuando nos encontremos ante un procedimiento abreviado, proceso a través del cual se tramitarán, por regla, las causas seguidas contra las personas jurídicas, como ya se ha visto, el art. 775 LECrim establece que no podrá abrirse juicio oral contra las personas indiciariamente identificadas como autoras de unos hechos punibles sin que se les haya tomado declaración en los términos previstos en esta disposición. Es decir, nuestra ley procesal establece como requisito inexcusable para que el procedimiento pueda continuar por los trámites oportunos y alcanzar la fase de la vista oral que se tome declaración a la persona concretamente identificada como posible responsable penal. En este sentido, entendemos que la fórmula que señala el art. 409 bis LECrim —precepto exclusivamente perteneciente al estatuto pro-

[513] CUENCA SÁNCHEZ, Juan Carlos. Responsabilidad penal de las... *Op. Cit.* Pág. 223.

cesal de la persona jurídica— respondería al interés de hacer efectivo el contenido del art. 775 LECrim. Cada vez que el representante de la persona jurídica no fuera designado o no compareciera al acto, se entendería que la entidad se ha acogido a su derecho a no declarar y, de esta manera, el art. 779.1.4° LECrim se vería satisfecho, al asumirse que se ha practicado el acto de la declaración —aunque haya quedado vacío de contenido—. Ahora bien, a pesar de que las intenciones del legislador aparentemente estén dirigidas a exigir a las personas jurídicas el cumplimiento de las exigencias derivadas del art. 779.1.4° LECrim, ¿verdaderamente es aplicable esta norma a las mismas?

El art. 779.1.4° LECrim hace referencia directa al art. 775, donde se regula cómo debe de ser la primera comparecencia del investigado, persona física, en el procedimiento abreviado. Por su parte, la primera comparecencia de la persona jurídica en el procedimiento penal se regula en el art. 119 del mismo cuerpo legal. Pues bien, en lo que a las personas jurídicas se refiere, entendemos que la lectura de estos preceptos debe realizarse desde dos perspectivas diferentes, la imputación formal de la entidad colectiva, por un lado, y la declaración del representante especialmente designado por ella, por otro. Atendiendo al contenido del art. 119 LECrim, llegamos a la conclusión de que, si bien la imputación de la persona jurídica se trata de un acto procesal totalmente imprescindible para que el procedimiento penal pueda transformarse en procedimiento abreviado, la declaración del representante especialmente designado no lo es en absoluto. Esto es, el art. 119 LECrim permite que el procedimiento penal seguido frente a la persona jurídica se tramite y llegue a su fin sin que la designación del representante especial, ni su declaración, llegue a realizarse.

En este sentido, si atendemos a la práctica judicial, nos percatamos de que existen resoluciones judiciales que acuerdan nulidades de actuaciones por haberse abierto el juicio oral contra una persona jurídica sin que esta haya sido debidamente imputada[514]. A este respecto, resulta de gran interés el matiz consistente en que lo que provoca la nulidad es la ausencia de la imputación, la no celebración del acto mediante el que se comunica a la persona jurídica su condición de sujeto

---

514 Por ejemplo, la STS n° 744/2016, de 6 de octubre.

investigado y esta adquiere las garantías procesales derivadas de su posición como sujeto pasivo del procedimiento, y no por la ausencia de declaración judicial de la misma, requisito procesal que únicamente rige respecto a las personas físicas en virtud de lo dispuesto en los arts. 779.1.4° y 775 LECrim.

Por ello, llegamos a la conclusión de que el art. 779.1.4° LECrim únicamente es aplicable a las personas jurídicas respecto a la ausencia de su imputación formal, pero no respecto a la ausencia de declaración del representante especialmente designado por la misma, dado que, a pesar de tener el derecho a hacerlo, las entidades colectivas no están obligadas a declarar en el procedimiento penal. Por consiguiente, la no obligatoriedad de la declaración del representante especial de la persona jurídica implica que esta declaración no pueda ser un requisito imprescindible para continuar el procedimiento contra aquella —como si ocurre con las personas físicas—. A su vez, como ya se ha expuesto anteriormente, el contenido del art. 409 LECrim, relativo a la ausencia de declaración de la persona jurídica, no podrá aplicarse a aquellas entidades que hayan optado libremente por no designar a ningún representante.

A este respecto, si bien es cierto que el Anteproyecto de la LECrim del año 2020 propone facultar al Juez de Garantías para designar, a instancias del MF, a un representante especial para la persona jurídica en aquellos supuestos en los que esta haya decidido no hacerlo[515], nos vemos en la obligación de mostrarnos contrarios a dicha propuesta, ya que entendemos que la persona jurídica debe ostentar la potestad de no designar a ninguna persona para que la represente personalmente en el procedimiento penal y defenderse de otro modo.

Por consiguiente, ¿qué efectos tendrá la ausencia de designación del representante especial en las causas seguidas ante las personas jurídicas?

Como se ha expuesto, nuestra legislación establece que la falta de designación del representante no impedirá la sustanciación del procedimiento con el abogado y el procurador designados. Por consiguiente, cuando una persona jurídica investigada opte por no de-

---

515 Anteproyecto de la Ley Orgánica de la Ley de Enjuiciamiento Criminal 2020. Art. 81.2.

signar a ninguna persona física que la represente materialmente en el procedimiento, este se seguirá tramitando frente a la misma, con la única diferencia de que la entidad no podrá prestar declaración a través del tercero que hubiera sido su representante material. En nuestra opinión, dicha manifestación deberá hacerse por una persona con capacidad de representación de la persona jurídica o por su letrado, siempre y cuando esté debidamente designado —ya sea a través de un poder especial o una comparecencia *apud acta*—. Así, coincidimos con GASCÓN INCHAUSTI en que la única consecuencia de la falta de designación del representante es que la persona jurídica no podrá valerse del mismo para cualquiera de las facultades que la ley prevé que sean ejecutadas por él[516].

Ahora bien, al hilo de lo expuesto respecto de cuáles son las facultades que únicamente podrían ser ejecutadas por el representante especialmente designado por la persona jurídica, llegamos a la conclusión de que tan solo son las declaraciones de la persona jurídica en la fase de instrucción y en el acto de la vista oral.

En este sentido, debemos partir de la premisa de que el representante especialmente designado no es un sujeto penal en el procedimiento seguido contra las personas jurídicas, sino que se trata de un actor que se pone a disposición de la persona jurídica para esta pueda declarar. En esta línea se mueve GASCÓN INCHAUSTI, para quien este representante "no es parte del proceso, pues esa condición la ostenta la persona jurídica representada"[517]. Por consiguiente, además de la declaración de la persona jurídica, que no puede realizarla ella misma por razones obvias, no encontramos, a nuestro juicio, ninguna otra facultad o acción que esta no pueda llevar a cabo en el procedimiento a través de sus representantes procesales, quienes serán los encargados de defender y hacer valer la totalidad de los derechos de los que es titular. Por consiguiente, no compartimos la limitación que plantea un sector de la doctrina sobre la designación del perito, para la que la ausencia de designación del representante especialmente de-

---

516 GASCÓN INCHAUSTI, Fernando. *Proceso penal y persona jurídica... Op. Cit.* Págs. 86 y s.

517 GASCÓN INCHAUSTI, Fernando. *Proceso penal y persona jurídica... Op. Cit.* Pág. 90.

signado "sí que le privará de ejercer la facultad de designar un perito en los términos establecidos en los art. 471 y ss. LECrim"[518].

Si acudimos a los arts. 471 y ss. del texto procesal, observaremos que estos otorgan al procesado la capacidad de designar a dichos profesionales. En este sentido, el procesado, en este caso investigado, por encontrarnos en el procedimiento penal abreviado, no será el representante especialmente designado por la persona jurídica, sino esta última. Por consiguiente, es ella, a través de su representación procesal, o dirección técnica letrada, quien podrá designar a los peritos que entienda oportunos para su estrategia defensiva. De hecho, no es que carezca de sentido impedirle dicha designación por el simple hecho de no haber designado a un representante especial, sino que hacerlo supondría vulnerar su derecho a la defensa, dado que, no hay que olvidar, es nuestra propia legislación la que permite la sustanciación de la causa con el abogado y con el procurador en los casos en los que no se designe a un representante material.

En definitiva, la única consecuencia relevante que, a nuestro juicio, se deriva de la no designación por parte de la persona jurídica de un representante especialmente designado es que la entidad no podrá declarar, ni en la fase de instrucción, ni en el acto de la vista oral, no viéndose dificultado por dicha falta de designación ninguna otra facultad de la persona jurídica en el procedimiento penal, que podrán ser ejercidas a través de sus representantes procesales —letrado y procurador—.

Por el contrario, en caso de que la persona jurídica opte —libremente— como estrategia defensiva por designar a un representante persona física para que comparezca y declare en su nombre, hay dos cuestiones a las que debemos dedicar especial atención, al ser las que más dificultades están suscitando en la praxis judicial. Por un lado, trataremos de dilucidar qué concretas personas pueden ser designadas para representar a la persona jurídica en el procedimiento penal, mientras que, por otro lado, analizaremos otras cuestiones, como la sustitución de dicho representante, la posibilidad de que sea citado

518 GASCÓN INCHAUSTI, Fernando. *Proceso penal y persona jurídica... Op. Cit.* Pág. 87.

como testigo, o la cuestión relativa a quién ostenta la potestad para realizar la designación.

2. PERSONAS FÍSICAS CAPACES DE REPRESENTAR A LA PERSONA JURÍDICA EN EL PROCEDIMIENTO PENAL

Desde que en el año 2011 se aprobara la Ley 37/2011, de 10 de octubre, de medidas de agilización procesal, que define el estatuto procesal de la persona jurídica, mucho se ha hablado sobre qué personas pueden ejercer la posición del representante especial en el procedimiento penal seguido ante una persona jurídica. Resulta evidente que, si cualquier persona estuviese capacitada para desempeñar dicha posición, la materia que nos ocupa quedaría vacía de contenido. Sin embargo, al no ser este el caso, entendemos totalmente imprescindible dedicar un apartado a analizar la presente cuestión.

De forma mayoritaria se ha rechazado la posibilidad de que cualquier persona física pueda ser designada por una persona jurídica para representarla corporalmente. A pesar de que nuestra legislación guarda silencio al respecto, con la única limitación legal que establece art. 787 bis LECrim, por la que no se podrá designar como representante a quien tenga que declarar como testigo en el juicio, lo cierto es que el hecho de que cualquier persona pudiera declarar en nombre de la persona jurídica vaciaría de utilidad y contenido material esta diligencia, llegando a ser incluso contraproducente en muchos supuestos.

DOPICO GÓMEZ-ALLER, acertadamente a nuestro entender, tras recordarnos que en virtud del art. 409 bis LECrim la declaración de la persona jurídica debe estar orientada a la averiguación de los hechos acaecidos y a la concreta participación de la persona jurídica en los mismos, alcanza la conclusión de que para que el representante pueda ejercer con mínimas garantías el derecho de defensa que le asiste a la persona jurídica, deberá ser alguien con suficientes conocimientos sobre lo mismo[519]. De lo contrario, la declaración de una persona aleatoriamente escogida para que comparezca en nombre de la perso-

---

[519] DOPICO GÓMEZ-ALLER, Jacobo. "Proceso penal... *Op. Cit.*

na jurídica derivaría en que "la declaración ante el Juez se convertiría en un mero trámite vacío de contenido procesal y garantístico"[520]; postura que compartimos plenamente. La finalidad de permitir la declaración de la persona jurídica en el procedimiento pivota sobre el interés de que pueda defenderse con las mismas garantías que se les reconocen a las personas físicas. Por ello, no alcanzamos a comprender cómo podría hacer efectivo la persona jurídica investigada tal derecho si el sujeto seleccionado para declarar en su nombre es un tercero que no ostenta ningún conocimiento, no solo de los concretos hechos investigados, sino incluso del propio funcionamiento de la persona jurídica, o de su programa de organización y gestión, que, al fin y al cabo, es el elemento bajo el que se fundamenta su responsabilidad penal, como ya se ha establecido en capítulos anteriores.

Por otro lado, GIMENO BEVIÁ, de cara a colegir quién podrá ocupar la posición de representante especialmente designado, parte de la naturaleza híbrida o mixta de esta figura, que ubica entre el imputado y el testigo, ya que "se equipara al primero tanto en relación con los derechos, como con los deberes, pero se asimila al segundo en que no se le puede identificar completamente con la persona jurídica, ya que, al fin y al cabo, se trata de un sujeto diferente"[521]. Independientemente de que discrepemos con este autor en relación a la equiparación que hace entre la figura que nos ocupa y el investigado, lo cierto es que llega a la misma conclusión que DOPICO GÓMEZ-ALLER, al señalar que el representante debe tener cierto peso en la organización, evitando así la designación de "hombres de paja" que no lleguen a aportar nada relevante a la investigación y cuya designación únicamente obedezca a estrategias dilatorias por parte de los administradores[522].

Por consiguiente, aunque, tal y como señala GASCÓN INCHAUSTI, "el representante para el proceso penal será así, en principio, quien la persona jurídica imputada decida que sea, a diferencia de lo que ocurre en el proceso civil, donde habrá de serlo quien legalmente re-

---

520 *Ibidem.*

521 GIMENO BEVIÁ, Jordi. *Compliance y proceso... Op. Cit.* Pág. 106.

522 GIMENO BEVIÁ, Jordi. *Compliance y proceso... Op. Cit.* Pág. 107.

presenta a la persona jurídica (art. 7.4 LEC)"[523], parece sensato que el representante especialmente designado, además de tener algún tipo de relación con la empresa —sin que sea necesario que ostente una posición de dirección o liderazgo como parece que insinúa GIMENO BEVIÁ cuando manifiesta que deberá tener cierto peso en la organización—, deba tener algún conocimiento sobre los concretos hechos delictivos que se estén investigando o, cuanto menos, del funcionamiento interno de la persona jurídica. De lo contrario, su declaración ni podría vincular a la empresa, ni sería de utilidad a la investigación judicial, pudiendo, además, tratarse de una estrategia dilatoria de la persona jurídica, cuya única finalidad fuera la de entorpecer y dificultar la investigación judicial.

No obstante, a pesar de que la doctrina mayoritaria se incline por aceptar que el representante especial deberá ser una persona física vinculada a la empresa, de un modo u otro, al momento de cometerse el hecho delictivo en el que aparentemente ha participado la persona jurídica, surgen voces minoritarias que plantean soluciones alternativas, como es el caso de DEL MORAL GARCÍA. Entiende este autor que no existe razón por la que el representante especial deba tener algún tipo de vinculación especial con la entidad, llegando a opinar que incluso el letrado o el procurador de la persona jurídica pueden ejercer como representante especialmente designado si ésta así lo acuerda[524]. Dicho razonamiento encuentra apoyo en la LEC, que, como ya se ha expuesto en varias ocasiones, resulta de aplicación supletoria al proceso penal. En este sentido, los arts. 7.4 y 25 LEC[525] abren la puer-

---

523 GASCÓN INCHAUSTI, Fernando. *Proceso penal y persona jurídica... Op. Cit.* Pág. 80.

524 DEL MORAL GARCÍA, Antonio. "Aspectos procesales de la... *Op. Cit.* Pág. 275.

525 Art. 7.4: "Por las personas jurídicas comparecerán quienes legalmente las representen".
Art. 25: "1. El poder general para pleitos facultará al procurador para realizar válidamente, en nombre de su poderdante, todos los actos procesales comprendidos, de ordinario, en la tramitación de aquéllos. El poderdante podrá, no obstante, excluir del poder general asuntos y actuaciones para las que la ley no exija apoderamiento especial. La exclusión habrá de ser consignada expresa e inequívocamente.
2. Será necesario poder especial: 1.º Para la renuncia, la transacción, el desistimiento, el allanamiento, el sometimiento a arbitraje y las manifestaciones que

ta a que sujetos como el representante legal de la persona jurídica o el propio procurador puedan acudir en nombre de la persona jurídica cuando sea requerida para que comparezca personalmente. Asimismo, no encontramos ningún impedimento para que, amparándose en el art. 25 LEC, siempre y cuando ostente los poderes necesarios, sea el propio letrado de la persona jurídica quien la represente en dicha comparecencia personal.

Sin embargo, en nuestra opinión, no resulta adecuado que el procurador o el letrado asuman la posición de representante especial en un acto procesal como es la declaración del investigado, ya que se trata de sujetos con un papel ya definido en el procedimiento penal, muy distinto al reservado al representante material de la persona jurídica. En este sentido se pronuncia GASCÓN INCHAUSTI, quien entiende que ni al abogado ni al procurador les corresponde realizar los actos que debe o puede efectuar el representante especialmente designado que no acude al acto procesal[526]. La utilización de dichos sujetos como extensiones de la propia persona jurídica a la hora de tomar su declaración generaría, a nuestro juicio, confusión, dado que, además, se trata de sujetos que no conocen los hechos ocurridos o el funcionamiento de la empresa con carácter previo a su contratación, cuando el hecho delictivo ya ha ocurrido e incluso ha llegado al conocimiento de los tribunales.

Ahora bien, este planteamiento únicamente responde a la relación con los abogados externos que la persona jurídica pueda contratar para defender sus intereses en el seno de un procedimiento penal, pero no parece extensible a los abogados internos, letrados que trabajan por cuenta ajena exclusivamente para la entidad y que, por lo tanto, al contrario que los letrados externos, están vinculados a ella al momento de suceder los hechos delictivos. En este sentido,

---

puedan comportar sobreseimiento del proceso por satisfacción extraprocesal o carencia sobrevenida de objeto. 2.º Para ejercitar las facultades que el poderdante hubiera excluido del poder general, conforme a lo dispuesto en el apartado anterior. 3.º En todos los demás casos en que así lo exijan las leyes.

3. No podrán realizarse mediante procurador los actos que, conforme a la ley, deban efectuarse personalmente por los litigantes".

526 GASCÓN INCHAUSTI, Fernando. *Proceso penal y persona jurídica... Op. Cit.* Pág. 90.

existe una diferencia evidente entre abogados externos —contratados exclusivamente para defender los intereses de la persona jurídica en un procedimiento judicial concreto— y los abogados internos —trabajadores de la entidad que pueden tener a su disposición información de diversa índole que les puede posicionar como sujetos muy útiles a la hora de elegir a un representante especialmente designado que personalice a la empresa en el proceso—. Así, mientras que los primeros no podrán ser designados como representantes especiales por su escaso conocimiento de los hechos acaecidos o del funcionamiento interno de la sociedad, perteneciendo su asistencia jurídica única y exclusivamente a la vertiente técnica del derecho de defensa, no vemos impedimento para que los abogados internos de la sociedad puedan ser designados para llevar a cabo dicha función de autodefensa propia de la persona jurídica, siempre y cuando se cumpliera, en principio, con la limitación legal establecida por el art. 787 bis LECrim, ya que se trata de sujetos que pueden ser llamados a declarar en calidad de testigos atendiendo al gran conocimiento que se les presupone sobre el funcionamiento interno de la entidad colectiva.

Este elevado conocimiento del funcionamiento de la empresa por parte del abogado interno se debe, como bien señala GOENA VIVES, a que esta figura se ha ido engrosando de forma progresiva durante los últimos años, hasta el punto de tener una labor completamente multifuncional hoy en día en el seno de cualquier entidad colectiva. En palabras de la autora, que se apoya en la doctrina y jurisprudencia angloamericana, la labor del abogado interno se divide "en dos grandes grupos, según éste actúe como representante/asesor legal (*legal representative*) o como gestor de la organización y del negocio (*corporate officer and business manager*)"[527]. Así, al contrario de lo que ocurre con los abogados externos, es frecuente que los in-house sean competentes en materias "extra-legales" tales como, recursos humanos o cuestiones de gobierno corporativo[528], motivo por el que tendrán un conocimiento mucho más amplio y fiel del funcionamiento

---

527 GOENA VIVES, Beatriz. "El secreto profesional del abogado in-house en la encrucijada: tendencias y retos en la era del compliance". *Revista Electrónica de Ciencia Penal y Criminología*, nº 21 (2019). Pág. 14.

528 *Ibidem.*

de la empresa que los primeros, circunstancia que los convierte en sujetos muy capaces para representar a la persona jurídica en el procedimiento penal.

Ahora bien, tal y como se ha adelantado previamente, las personas físicas idóneas para representar materialmente a la persona jurídica en el procedimiento penal serán aquellas que conozcan el funcionamiento interno de esta y, más concretamente, el programa de organización y gestión, al ser individuos que ostentan un gran conocimiento en relación con los elementos sobre los que pivota la responsabilidad penal de la persona jurídica.

En línea con lo que se acaba de exponer, GIMENO BEVIÁ, amparándose en el art. 5.1 del proyecto del CPP del año 2013, considera a los sujetos denominados *chief compliance officer*, u oficiales de cumplimiento, los mejores para representar materialmente a la persona jurídica, ya que considera que conocen el trabajo que se lleva a cabo por los empleados, cuentan con el apoyo de la dirección de la empresa y, lo más importante, al ser los encargados de diseñar e implementar el programa de cumplimiento, son quienes mejor defenderán que la entidad ha actuado diligentemente y ha tomado las medidas necesarias para evitar la conducta que ha derivado en la comisión del delito[529]. En definitiva, el autor concluye que "su testimonio será hartamente valioso para el juez, primero, por la cantidad de información que maneja y, segundo, porque su implicación en la empresa le otorgará un nivel de credibilidad mayor que el que pueda ostentar cualquier otro representante"[530].

Así, se ha asentado una corriente doctrinal mayoritaria que defiende la idoneidad de la designación del oficial de cumplimiento como representante especial de la persona jurídica en el procedimiento penal. MOLINS RAICH se muestra de acuerdo con la presente tesis ya que, en su opinión, el oficial de cumplimiento, al ser la persona física que mayor conocimiento puede tener de la concreta omisión por la

---

529 GIMENO BEVIÁ, Jordi. *Compliance y proceso... Op. Cit.* Pág. 115.

530 *Ibidem.*

que se imputa a la organización, es la más capacitada para saber cuál es la mejor estrategia defensiva para la persona jurídica[531].

De hecho, el art. 81 del Anteproyecto de la LECrim de 2020 establece literalmente que "en representación de la persona jurídica que pueda resultar penalmente responsable comparecerá la persona física especialmente designada por su máximo órgano de gobierno o administración para ostentar el cargo de director del sistema de control interno de la entidad (...)"[532]. Asimismo, el Anteproyecto condiciona la designación de dicha persona a dos requisitos, primero, que goce de poder especial para ejercer la representación de la entidad colectiva y, segundo, que esté directa e inmediatamente bajo la autoridad del máximo órgano de gobierno y administración de la entidad. Por consiguiente, hasta para nuestro legislador se habría hecho evidente hoy día que el oficial de cumplimiento es la persona indicada para ejercer la representación de la persona jurídica cuando esta está sometida a un procedimiento penal. No obstante, también es cierto que el Anteproyecto del año 2020 permite a la persona jurídica, cuando no exista en su seno la figura del oficial de cumplimiento, designar a quien entienda oportuno como su representante especial, siempre y cuando dicha designación no esté legalmente limitada.

Ahora bien, debemos plantearnos si tiene sentido la matización que realiza el Anteproyecto del año 2020 de que el representante especialmente designado será el oficial de cumplimiento con independencia de que el mismo tuviera o no dicha posición al momento de cometerse los hechos objeto de investigación. A este respecto, ya hemos dicho que la declaración de la persona jurídica debe estar orientada a la averiguación de los hechos acaecidos y a la concreta participación de la persona jurídica en los mismos, motivo por el que entendemos que la persona designada para actuar como representante especial deberá ser alguien con conocimientos sobre el funcionamiento de la entidad colectiva y, sobre todo, de los hechos acaecidos. En este senti-

---

531 MOLINS RAICH, Marc. "Análisis crítico del sistema de designación del representante procesal de la persona jurídica en el proceso penal". En *Compliance y actuación procesal de las personas jurídicas*, coordinado por Javier PUYOL MONTERO, 63-86. Madrid: Sepin, 2019. Pág. 84.

532 Anteproyecto de la Ley Orgánica de la Ley de Enjuiciamiento Criminal 2020. Art. 81.1.

do, si bien es cierto que al nuevo oficial de cumplimiento de la persona jurídica investigada se le presupondría un conocimiento suficiente del funcionamiento actual de la entidad colectiva y de su programa de organización y control, lo cierto es que este no tendría conocimiento de los concretos hechos objeto de investigación, y puede que tampoco sobre los contornos y la eficiencia del programa de cumplimiento vigente en el momento en el que ocurrieron estos, motivos por el que concluimos que su designación como representante especial no sería útil para la persona jurídica.

En definitiva, serán personas capaces de representar a la persona jurídica en el procedimiento penal todas aquellas que esta designe, salvo las que pueda ser llamadas como testigo a la causa, limitación que analizaremos en el siguiente apartado. No obstante, entendemos que deberá evitarse que la persona jurídica designe a terceros o personas que no estén relacionados con la entidad y/o no tengan un conocimiento directo de los hechos acaecidos o del funcionamiento interno de la misma. En este sentido, entre las opciones existentes, nos mostramos de acuerdo con la doctrina en que el oficial de cumplimiento sería una buena elección para representar a la persona jurídica, siempre y cuando esta optara por designar a un representante especial que compareciera en su nombre ante el tribunal. Asimismo, no debe pasar inadvertida la referencia que el Anteproyecto de la LECrim del año 2020 hace a las personas que ostenten el máximo poder real de decisión en el órgano de gobierno o administración de la persona jurídica como sujetos capaces de ser los representantes especiales de la entidad colectiva.

Ahora bien, como se ha puesto de manifiesto previamente, al ser el oficial de cumplimiento la persona que más información maneja sobre el funcionamiento de la empresa, los juzgados estarán muy interesados en que acuda al procedimiento a declarar como testigo, circunstancia que nos sirve como ejemplo para cuestionarnos qué debe primar cuando se desee llamar a declarar como testigo a la persona física que ha sido designada por la persona jurídica para que la represente materialmente, si la elección del representante especial realizada por la persona jurídica, o la llamada al procedimiento como testigo de la persona física realizada por el juzgado. A resolver la citada cuestión dedicaremos el siguiente apartado.

3. LA PERSONA FÍSICA COMO REPRESENTANTE ESPECIALMENTE DESIGNADO Y COMO TESTIGO. POSIBLE CONFLICTO DE INTERESES

La cuestión que aquí nos ocupa no es de sencilla solución, ya que ambas posiciones tienen importantes elementos que les apoyan. Así, mientras que, por un lado, podría entenderse que permitir a la persona jurídica evadir su responsabilidad penal mediante la rápida designación como representante de un potencial testigo de los hechos, vedando así la posibilidad de que el juzgado lo interrogue y tenga obligación de decir la verdad, sería contrario al interés público; por el otro lado, tampoco parece razonable permitir que se pueda llamar a declarar como testigo a la persona física que la entidad ha designado como su representante especial, ya que eso atentaría contra el derecho de defensa que asiste a la misma.

Asimismo, directamente relacionada con esta cuestión está la circunstancia relativa a que, en la praxis, resulta una práctica bastante extendida y normalizada llamar a los testigos una vez se ha imputado a la persona investigada, esto es, una vez se le han leído sus derechos y ha prestado declaración. Por consiguiente, en lo que al enjuiciamiento de personas jurídicas se refiere, en la mayoría de los supuestos nos encontraremos con que la entidad es la primera persona que comparece en el juzgado. En caso de que decidiese designar a un representante especial para que declare en su nombre como estrategia defensiva, ¿cómo podría saber, no solo la persona jurídica, sino el propio juzgado, en un estadio tan inicial de la investigación judicial, si se está designando a un potencial testigo o no?

Antes de tratar de responder a las cuestiones que se nos plantean, entendemos imprescindible traer a colación lo que dice nuestra legislación sobre la presente cuestión. Como ya se ha adelantado anteriormente, la única limitación legislativa a la designación del representante especial es la contenida en el art. 787 bis LECrim, que establece que "no se podrá designar a estos efectos a quien haya de declarar en el juicio como testigo". Ahora bien, es posible interpretar esta norma en el sentido de que no podrá ser designado como representante especial ninguna persona física que tenga que declarar en calidad de testigo a lo largo de todo el procedimiento penal, no solo aquellos testigos que únicamente vayan a declarar en el acto de la vista[533].

GIMENO BEVIÁ muestra su preocupación de que esta limitación legal pueda vulnerar el derecho de defensa de la persona jurídica, ya que entiende que la designación de un miembro de la sociedad como testigo y su consiguiente exclusión para representar a la persona jurídica supondría una evidente merma en la estrategia defensiva de la entidad colectiva[534]. De hecho, el propio autor, quien considera que el oficial de cumplimiento es el mejor representante posible para defender los intereses de la persona jurídica, concluye que el hecho de que el juzgado decida llamarlo como testigo, al ser la persona que más información maneja sobre los hechos, "hundiría toda estrategia defensiva de la persona jurídica y afectaría, por tanto, a su derecho de defensa"[535].

Coincide en este planteamiento GASCÓN INCHAUSTI, para quien abrir excesivamente el abanico de personas que pueden ser llamadas a declarar como testigos al procedimiento puede llegar a "privar a la persona jurídica de la posibilidad de disponer de un representante en quien tenga la suficiente confianza y que disponga de un cierto conocimiento de la causa penal, factores ambos que deben considerarse necesarios para un correcto ejercicio del derecho de defensa"[536]. En el mismo sentido, DOPICO GÓMEZ-ALLER manifiesta que "llamar como testigo a esa persona supondría automáticamente, en una interpretación literal del precepto, privar a la persona jurídica del medio más razonable y natural de ejercer la autodefensa"[537].

---

533 Como es sabido, los testigos que declaran en la fase instructora del procedimiento penal y en la fase del juicio oral pueden no ser los mismos. Es decir, determinados testigos pueden ser llamados a declarar directamente a la vista oral sin pasar previamente por el órgano instructor, mientras que otros, que sí han sido llamados por el Juzgado de Instrucción, pueden no considerarse relevantes y no ser citados para el acto de la vista oral. Así, entendemos más garantista con el espíritu de la norma exigir que la limitación establecida se extienda a todos los testigos que declaren en la causa, no solo a los que tengan que declarar en el acto de la vista oral como aparentemente indica la literalidad de esta.

534 GIMENO BEVIÁ, Jordi. *Compliance y proceso... Op. Cit.* Pág. 113.

535 GIMENO BEVIÁ, Jordi. *Compliance y proceso... Op. Cit.* Pág. 114.

536 GASCÓN INCHAUSTI, Fernando. *Proceso penal y persona jurídica... Op. Cit.* Pág. 82.

537 DOPICO GÓMEZ-ALLER, Jacobo. "Proceso penal... *Op. Cit.*

Limitar a la persona jurídica las posibles personas físicas que puede designar para representarla materialmente en el procedimiento penal supone una evidente vulneración a su derecho de defensa. De esta forma, se le estaría privando de la posibilidad de seleccionar con libertad a la persona que fuese a comparecer en su nombre en actos procesales como su declaración en la fase de instrucción o en el acto de la vista oral, que si bien, en la línea de lo previamente expuesto, pueden no ser tan capitales para las entidades colectivas como para las personas físicas investigadas, siguen siendo actos procesales relevantes para el supuesto de que la persona jurídica quiera adoptar una posición activa en el procedimiento penal y defenderse.

Ahora bien, siendo clara la vulneración del derecho de defensa de la persona jurídica por causa de esta limitación legal, cabe preguntarse qué motivo ha llevado a nuestro legislador no sólo a introducirla, sino a querer mantenerla en nuevas modificaciones legislativas como el Anteproyecto de la LECrim del año 2020, cuyo art. 81.3 seguía estableciendo que la entidad en ningún caso podría designar para que la represente a quien haya de declarar como testigo, e incluso a quien deba tener cualquier otra intervención en la práctica de la prueba. Para dar respuesta a dicha pregunta, suscribimos las palabras de DOPICO GÓMEZ-ALLER, para quien lo que el legislador ha pretendido con la limitación que recoge el art. 787 bis LECrim es evitar fraudes procesales de las defensas, poniendo como ejemplo el nombramiento como representantes con derecho a guardar silencio de personas con conocimiento directo de los hechos que presumiblemente no tiene sentido que sean designados como tales[538]. Este autor califica dicho nombramiento como "un puro fraude de Ley, es decir, como una designación que obedece únicamente a un plan de bloqueo informativo ante el Juez"[539]. En la misma línea se pronuncia GASCÓN INCHAUSTI, pues, en su opinión, lo que se pretende evitar con dicha limitación legal es el fraude consistente en que la persona jurídica acusada pueda eludir la práctica de una declaración testifical comprometida a través de su designación como representante, quien

---

538 *Ibidem.*
539 *Ibidem.*

de lo contrario estaría bajo la obligación legal de decir verdad[540]. Por último, interesa al objeto de esta obra exponer la opinión de CUENCA SÁNCHEZ, quien a pesar de asumir que el contenido actual de la ley permitiría a la persona jurídica cometer un fraude procesal, no resta importancia al hecho de que la potestad de los tribunales de citar como testigo a cualquier persona relacionada con la entidad colectiva "constituye un riesgo para el derecho de defensa de la entidad, pues proponiendo como testigo a quien pudiera ser representante de aquella se neutraliza la posibilidad de que la persona jurídica designe a quien pudiera considerar más conveniente o adecuado proponer como persona que declare por ella en el juicio oral"[541].

Pues bien, como se ha expuesto anteriormente, nuestra legislación no introduce indicación alguna sobre quién puede ser designado como representante especial por la persona jurídica. Por consiguiente, es evidente que esta, ante esa falta de indicación legislativa, tiene plena libertad para designar a quien quiera como su representante material —con la limitación que ha sido señalada—. Independientemente de esta limitación, existe una corriente doctrinal que aboga por dar prioridad a la designación efectuada por la persona jurídica sobre el llamamiento efectuado por el juzgado para declarar como testigo, bajo el argumento de que se trata de un acto de defensa que, como tal, no se puede vulnerar[542]. Si bien podríamos mostrarnos de acuerdo

---

540 GASCÓN INCHAUSTI, Fernando. *Proceso penal y persona jurídica... Op. Cit.* Pág. 81.

541 CUENCA SÁNCHEZ, Juan Carlos. "Responsabilidad penal de las... *Op. Cit.* Pág. 225.

542 RENEDO ARENAL, María Amparo. "La imputación de la persona jurídica". En *Proceso Penal y responsabilidad penal de personas jurídicas*, dirigido por Agustín Jesús PÉREZ-CRUZ MARTÍN y coordinado por Ana María NEIRA PENA, 93-110. Cizur Menor (Navarra): Thomson Reuters Aranzadi, 2017. Página 104: "Entendemos que la solución no debe pasar por encontrar un justo equilibrio dado que la declaración de la persona jurídica es un acto de defensa que, como tal, no se puede vulnerar, y por ello, nos parece más adecuado que el órgano judicial no pueda llamar como testigo al sujeto designado como representante, dado que, tal y como ya hemos afirmado, tal representante no es un mero mandatado sino una sujeto que se subroga en el ejercicio de los derechos de la persona jurídica, por lo que pretende limitar esta designación sería tanto como defender que un imputado pudiera ser llamado como testigo por ser la única vía de esclarecimiento de los hechos, posición ésta no sólo absurda sino contraria a los derechos procesales y constitucionales que todo investigado tiene".

con esta corriente doctrinal, en el sentido de que nosotros también entendemos que el derecho de defensa de la persona jurídica debe primar sobre el interés público consistente en descubrir la verdad sobre unos hechos concretos, en nuestra opinión debe hacerse un matiz a esta postura.

Tal y como señala la doctrina, existe la posibilidad de que cualquier entidad, consciente de su participación en unos hechos delictivos, decida designar como representante a una persona que, a pesar de no poder defender a la persona jurídica, tenga información perjudicial para la misma. De esta forma se evitaría que el juzgado pueda llamarla como testigo, y que esté obligado a prestar declaración y decir verdad, algo que no sucederá si acude como representante material de la persona jurídica, ya que pasaría a gozar de los derechos procesales que se atribuyen a los investigados. En definitiva, se estaría abriendo la puerta a que las personas jurídicas pudieran cometer un fraude de ley.

Un fraude de ley, concepto definido en el art. 6.4 CC[543], supone la realización de un acto jurídico que, pese a realizarse bajo el amparo de una norma, se hace con la finalidad de lograr unos objetivos que resultan contrarios al propio espíritu de ésta. El TC define el fraude de ley en los siguientes términos:

> "Como ya dijimos en la STC 37/1987, de 26 de marzo «el fraude de ley, en cuanto institución jurídica que asegura la eficacia de las normas frente a los actos que persiguen fines prohibidos por el ordenamiento o contrarios al mismo, es una categoría jurídica que despliega idénticos efectos invalidantes en todos los sectores del ordenamiento jurídico», y no exclusivamente en el ámbito civil. El concepto de fraude de ley es, pues, siempre el mismo, variando únicamente, en función de cuál sea la rama jurídica en la que se produce, las llamadas, respectivamente, «norma de cobertura» y «norma defraudada» o eludida, así como la naturaleza de la actuación por la que se provoca artificialmente la aplicación de la primera de dichas normas no obstante ser aplicable la segunda"[544].

---

543 Real Decreto de 24 de julio de 1889 por el que se publica el Código Civil. Art. 6. 4º: "Los actos realizados al amparo del texto de una norma que persigan un resultado prohibido por el ordenamiento jurídico, o contrario a él, se considerarán ejecutados en fraude de ley y no impedirán la debida aplicación de la norma que se hubiere tratado de eludir".

544 STC nº 120/2005, de 10 mayo.

En lo que a la concreta materia que nos ocupa se refiere, la capacidad que se atribuye a la persona jurídica para que designe a un representante especial se basa en la idea de que pueda ejercer con mayor garantía su derecho de defensa, pudiendo declarar de esta forma ante el juez para probar su falta de participación en los hechos aparentemente delictivos que están siendo investigados y, por ende, acreditar la ausencia de responsabilidad penal. No obstante, en caso de que dicha potestad sea utilizada con los fines espurios previamente expuestos, se estaría realizando un uso perverso de la norma y, por consiguiente, se estaría cometiendo el señalado fraude de ley.

Por consiguiente, llegamos a la conclusión de que en los supuestos en los que la persona jurídica realice un uso fraudulento de la norma, el descubrimiento de la verdad imperará sobre la vertiente del derecho de defensa de la persona jurídica consistente en designar libremente a quien entienda más oportuno para que la represente materialmente en el procedimiento. Para ello, el tribunal tendrá la potestad de rechazar la designación efectuada por parte de la persona jurídica cuando considere que podría tratarse de un supuesto fraude de ley, requiriéndola para que designe a uno diferente —resolución judicial que, por supuesto, podrá ser recurrida—.

Ahora bien, en caso de que no haya sospecha de que se esté cometiendo un fraude procesal por parte de la persona jurídica ¿sigue imperando el descubrimiento de la verdad sobre el respeto al derecho de defensa de esta?

A pesar de que son dos intereses muy relevantes los que están en juego en el presente debate, la respuesta debe ser negativa. Si bien es cierto que, como señala DOPICO GÓMEZ-ALLER, la legislación parece que da prioridad a la decisión de los tribunales sobre el derecho de defensa de la persona jurídica[545], lo cierto es que la doctrina se ha mostrado unánime a la hora de afirmar que "la necesidad de descubrir la verdad, no ampara limitar el derecho de defensa de las personas jurídicas"[546], y que "lo que no puede pretender la norma es poner en manos de la Fiscalía una facultad de veto anticipado que impida que el representante natural de la persona jurídica pueda repre-

545 DOPICO GÓMEZ-ALLER, Jacobo. "Proceso penal... *Op. Cit.*

546 GIMENO BEVIÁ, Jordi. *Compliance y proceso... Op. Cit.* Pág. 114.

sentarle en el procedimiento"[547]. Así, la doctrina se muestra pacífica al concluir que el respeto al derecho de defensa de la persona jurídica prima sobre el descubrimiento de la verdad. Y ello es así debido a que nuestro sistema penal se estructura a partir del principio de presunción de inocencia que asiste a la persona investigada, debiendo alcanzarse la certeza sobre la existencia de una conducta delictiva a través de medios diferentes a la propia colaboración del investigado, quien libremente puede elegir no cooperar con la investigación. En definitiva, el escrupuloso respeto al derecho de defensa de la persona jurídica debe ser un sello inequívoco de su hipotética condena.

A mayores, tal y como el propio DOPICO GÓMEZ-ALLER nos recuerda, la misma esencia de los derechos y garantías procesales de los investigados consiste en obstaculizar y limitar la investigación penal, y que, si bien el juez debe impedir que sean empleados en fraude de ley, también debe velar porque no sean vaciados de contenido cuando no se emplean de modo fraudulento[548]. Esta opinión también la suscribe GIMENO BEVIÁ, quien para mejorar el contenido actual del art. 787 bis LECrim, y evitar el conflicto procesal objeto del presente apartado, propone que se permita a la persona jurídica designar a su representante especial sin que el juez pueda impedírselo y, una vez designado, este último pueda citar como testigo a cualquier otro miembro de la sociedad[549]. Aunque estamos de acuerdo con este último autor, nosotros añadiríamos que la designación efectuada por la persona jurídica tan solo podrá ser rechazada mediante una resolución motivada que argumente y justifique indicios de la posible concurrencia de un fraude de ley, resolución que, por supuesto, podrá ser recurrida ante un órgano judicial superior.

Por consiguiente, en virtud de todo lo que ha sido expuesto, ¿cómo debería operarse, en nuestra opinión, cuando se vaya a practicar el acto de designación del representante especial? Entendemos que en el momento en el que la persona jurídica comparezca en el procedimiento y decida designar a un representante especial, el juez deberá hacer una valoración sobre la validez de dicha designación. Así, cuando la

---

547 DOPICO GÓMEZ-ALLER, Jacobo. "Proceso penal… *Op. Cit.*

548 *Ibidem.*

549 GIMENO BEVIÁ, Jordi. *Compliance y proceso… Op. Cit.* Pág. 114.

persona jurídica designe a un representante material para que actúe en su nombre, el juez instructor deberá examinar las características que presenta dicho sujeto, así como su posición en la empresa y la posible relación que haya tenido con los hechos objeto de investigación. Ello deberá hacerse con el fin de alcanzar una conclusión acerca de si la designación efectuada por la entidad es una designación realizada para defenderse realmente, esto es, si se trata de un sujeto que con su declaración va a poder ayudar a defenderse a la persona jurídica, o si, por el contrario, se trata de una designación realizada con la única finalidad de dificultar la investigación y evitar que una persona física con información relevante sobre los hechos investigados acuda a declarar como testigo al procedimiento penal. Antes de alcanzar una u otra conclusión, el juez deberá dar traslado a las partes personadas en el procedimiento para que manifiesten si están conformes con dicha designación o no, ya que, por ejemplo, alguna puede entender interesante para el esclarecimiento de los hechos la declaración testifical del representante designado[550]. Una vez escuchadas las partes, el juez deberá emitir una resolución mediante la que acepte la designación realizada por la persona jurídica o no, decisión que, insistimos, podrá ser recurrible por las partes.

Este planteamiento coincide con el defendido por DOPICO GÓMEZ-ALLER, quien tras exigir que el art. 787 bis LECrim se interprete a la luz de la prohibición de fraude procesal (arts. 11.2 LOPJ[551], 247.2 LEC[552]), concluye que debe permitirse que el representante designado comparezca en nombre de la persona jurídica a pesar de haber sido llamado como testigo, siempre y cuando no se aprecie fraude[553]. Idéntica conclusión alcanza GIMENO BEVIÁ, quién además añade

550 Especial interés tendrá el informe elaborado por el MF, que como garante de la legalidad se encuentra en una posición más imparcial que el resto de las partes personadas en el procedimiento penal.

551 Ley Orgánica 6/1985, de 1 de julio, del Poder Judicial. Art. 11.2: "Los Juzgados y Tribunales rechazarán fundadamente las peticiones, incidentes y excepciones que se formulen con manifiesto abuso de derecho o entrañen fraude de ley o procesal".

552 Ley 1/2000, de 7 de enero, de Enjuiciamiento Civil. Art. 247.2: "Los Juzgados y Tribunales rechazarán fundadamente las peticiones e incidentes que se formulen con manifiesto abuso de derecho o entrañen fraude de Ley o procesal".

553 DOPICO GÓMEZ-ALLER, Jacobo. "Proceso penal… *Op. Cit.*

que, incluso en los supuestos en los que el representante que la persona jurídica quiere designar ya hubiese sido llamado como testigo, la autoridad judicial deberá permitir su comparecencia en este sentido, anulando la anterior, en aras de preservar el derecho de defensa que asiste a la persona jurídica[554].

Por consiguiente, no compartimos la conclusión alcanzada por GASCÓN INCHAUSTI relativa a que la persona jurídica deberá "esperar a tener en su poder las listas de testigos propuestos por las partes acusadores y admitidos por el Tribunal antes de confirmar como representante a quien ya lo hubiera venido siendo hasta ese momento y/o para designar a alguien diverso"[555]. Aunque dicha doctrina puede resultar más compatible con el contenido del art. 787 bis de nuestra ley procesal, a nuestro entender no es razón suficiente para que el tribunal pueda cercenar el derecho de defensa de la persona jurídica. Es decir, deberá de respetarse la limitación establecida por el art. 787 bis LECrim siempre que no vulnere el derecho de defensa de la persona jurídica, dado que de lo contrario no se le podría condenar penalmente.

Por ello, llegamos a la conclusión de que el respeto al derecho de defensa de la persona jurídica, consistente en permitirle que designe a quien desee como su representante especial para que comparezca en su nombre, tiene como única limitación el fraude de ley. Por lo tanto, cuando se acredite que la designación realizada no se trata de un uso torticero de la legislación, el juez no podrá impedirlo bajo el pretexto de que la declaración de dicha persona física como testigo podría resultar muy importante para el esclarecimiento de los hechos investigados. Salvo en supuestos fraudulentos, el respeto al derecho de defensa primará sobre el efectivo descubrimiento de la verdad.

Entendemos que la solución alcanzada puede ser objeto de críticas, como que el examen sobre la capacidad del representante especial para ejercer dicho puesto es una solución que va a dilatar la tramitación de los procedimientos penales seguidos contra las personas jurídicas. Aunque es cierto que dicha valoración generalmente alargará la tra-

---

554 GIMENO BEVIÁ, Jordi. *Compliance y proceso… Op. Cit.* Pág. 114.

555 GASCÓN INCHAUSTI, Fernando. *Proceso penal y persona jurídica… Op. Cit.* Pág. 88.

mitación de las causas, a nuestro juicio es la solución más garantista con los derechos de las partes y permite encontrar un mayor equilibrio entre el respeto a los derechos procesales de la persona jurídica investigada y el descubrimiento de la verdad material. Así, en lo que a la práctica judicial se refiere, entendemos que el juez deberá hacer unas preguntas al representante de la entidad antes de comenzar con su declaración sobre cuál es su posición en la empresa y la clase de conocimientos que tiene, y solo en caso de que tenga dudas sobre su designación, deberá interrumpir la declaración y comunicar a las partes que entiende que la designación se ha realizado en fraude de ley, dándoles traslado de un auto motivado para que, bien cambien de representante, bien lo recurran.

4. SUSTITUCIÓN DEL REPRESENTANTE ESPECIALMENTE DESIGNADO

Otra pregunta que ha ido inevitablemente ligada a la figura del representante especialmente designado es la existencia de la posibilidad de sustituirlo a lo largo del procedimiento.

En primer lugar, nuestra legislación procesal penal no se pronuncia sobre esta cuestión, hecho que puede entenderse como favorable a su sustitución durante la tramitación del procedimiento penal. Así lo entiende GIMENO BEVIÁ, quien, a través de una comparación entre las figuras del representante especial y el mandatario, llega a la conclusión de que el hecho de que la LECrim no contemple la posibilidad de sustituir al representante no significa que lo prohíba, ya que "tratándose de un contrato de mandato, el mandante es dueño de revocarlo y nombrar otro representante"[556]. En la misma línea se pronuncian GASCÓN INCHAUSTI, por un lado, quien manifiesta que al no excluir la ley el cambio de representante, es posible que la persona física que comparezca durante la instrucción sea distinta a la que acabe ocupando el banquillo de los acusados en el acto de la vista oral[557], y DEL MORAL GARCÍA, por otro, quien considera que, pese

---

556 GIMENO BEVIÁ, Jordi. *Compliance y proceso... Op. Cit.* Pág. 109.

557 GASCÓN INCHAUSTI, Fernando. *Proceso penal y persona jurídica... Op. Cit.* Pág. 87.

no haber obstáculo para dicha sustitución, sí resulta preceptivo realizar una nueva designación especial[558]. De hecho, este último autor va un paso más allá y reconoce que en el supuesto de que el juicio se desarrolle en varias sesiones "será factible que la persona jurídica cambie de representante sin que tenga que justificarlo. Lo único necesario será que se acredite esa representación en cada caso"[559].

Así, aunque el investigado, persona física, ostenta una posición en el procedimiento penal en la que no puede ser sustituido, ya que todo el proceso pivota sobre la depuración individual de su posible responsabilidad penal, no ocurre lo mismo con otros actores que intervienen en la causa, como por ejemplo el letrado o el procurador, quienes pueden ser sustituidos en cualquier momento del procedimiento —respetándose siempre a los requisitos procesales establecidos en nuestra LECrim—. Este último sería el caso, a su vez, del representante especialmente designado, ya que en lo que a la persona jurídica se refiere, independientemente de que a través del procedimiento penal se esté tratando de dilucidar su posible responsabilidad penal, debe insistirse en la idea, ya tratada, de que el representante especial designado por ella —en caso de que haya decidido designarlo—, no la sustituye en su posición de investigada, sino que simplemente la representa de forma personal para dotar de un mayor respeto a su derecho de defensa.

Siendo, por consiguiente, sujetos diferentes la persona jurídica investigada y la persona física designada para que la represente en la causa, entendemos que esta figura, por mucho que se le deriven y goce de los derechos procesales propios de la persona jurídica investigada, se asemeja más a un actor jurídico como pueden ser el letrado y el procurador, que a la propia persona investigada. Por ello, al igual que la doctrina, somos de la opinión de que el representante especial puede ser sustituido cuando así lo considere la entidad, ya que la designación de una u otra persona es una decisión que obedece a la estrategia defensiva que, al fin y al cabo, pertenece exclusivamente a la persona investigada, en este caso, la persona jurídica.

---

558 DEL MORAL GARCÍA, Antonio. "Aspectos procesales de la... *Op. Cit.* Pág. 275.

559 DEL MORAL GARCÍA, Antonio. "Aspectos procesales de la... *Op. Cit.* Pág. 279.

Ahora bien, aunque hayamos concluido que existe la posibilidad de sustituir al representante especialmente designado a lo largo de la tramitación de la causa, debemos plantearnos si en la práctica judicial resulta probable y útil para los intereses de la persona jurídica que se lleve a cabo esta sustitución.

Si atendemos a los concretos actos en los que la participación del representante especial resulta necesaria, observaremos que su presencia únicamente va a resultar relevante en dos momentos procesales: la declaración en la fase instructora y la declaración en el acto del juicio oral. Por consiguiente, entendemos que, en la práctica, las solicitudes de sustitución del representante especial se realizarán, generalmente, de cara a su declaración en el acto de la vista oral —ya que la primera designación, en caso de realizarse, normalmente se habrá realizado para prestar seguidamente declaración en la fase instructora—. Ahora bien, el hecho de que las sustituciones del representante especial sean posibles, no implica que puedan ser ilimitadas y carentes de fundamento. En nuestra opinión, el juez, ya sea el instructor o el encargado del enjuiciamiento, deberá fiscalizar las peticiones de sustitución realizadas por la persona jurídica investigada, y asegurarse de que obedecen a un interés real y lícito en querer variar su estrategia defensiva. Nuevamente, antes de tomar una decisión, el tribunal deberá dar traslado a las partes para que manifiesten su opinión sobre la petición de sustitución de la figura del representante especial. Esta cautela en la sustitución del representante de cara a evitar fraudes procesales ya ha sido tratada en la doctrina. En este sentido, GIMENO BEVIÁ opina que "la posibilidad de mutación del representante debiera siempre ser autorizada por el Juez, a fin de que no se utilice de forma fraudulenta, como una estrategia procesal de la persona jurídica para provocar dilaciones indebidas"[560].

En definitiva, la posibilidad de sustituir al representante especial de la persona jurídica encuentra su límite en el fraude de ley analizado con anterioridad al discutir la licitud de la designación del reiterado representante. Así lo entiende GASCÓN INCHAUSTI cuando concluye que los cambios "sólo podrían ser rechazados en caso de que se

---

560 GIMENO BEVIÁ, Jordi. *Compliance y proceso... Op. Cit.* Pág. 109.

constatara su carácter abusivo o fraudulento (arts. 11.2 LOPJ y 247.2 LEC)"[561].

Al hilo de lo expuesto hasta este momento, imaginémonos que una mercantil, tras haber declarado a través de su representante material, decide en plena fase instructora sustituirlo por otra persona física, impidiendo de esta manera que este nuevo representante especial sea llamado a declarar como testigo. La ausencia de otras diligencias de investigación en la fase instructora del procedimiento en las que la participación del representante sea verdaderamente relevante para los intereses de la persona jurídica, podría resultar un elemento de sospecha para el tribunal, quien podría entender que la sustitución solicitada se pudiera deber a un ánimo espurio cuya finalidad consistiría en hurtarle la posibilidad de llamar a declarar como testigo a una persona física relacionada con la empresa que dispusiera de información sensible, probablemente contraria a los intereses de la misma.

A ello debemos añadir que, una vez sustituido el representante especialmente designado, en caso de que este hubiera declarado por cuenta de la persona jurídica, nos parece razonable que no pueda ser llamado posteriormente como testigo. Si bien es cierto que nuestros tribunales aún no se han pronunciado sobre la presente cuestión, resulta razonable concluir que la declaración testifical de la persona física que hubiera comparecido con anterioridad como representante de la persona jurídica vulneraría el derecho de defensa que asiste a la entidad colectiva, dado que esta persona, por su relación con la persona jurídica, sería conocedora de información privilegiada y reservada de la misma. En otras palabras, en caso de que se pudiese llamar a declarar como testigo al antiguo representante especial de la persona jurídica, el derecho de defensa que asiste a esta quedaría vacío de contenido.

En relación con este extremo, hay que tener en cuenta el contenido del art. 400 LECrim, precepto que permite al procesado declarar cuantas veces quiera a lo largo de la instrucción. En este sentido, existe la posibilidad legal de que una persona jurídica sustituya en

---

561 GASCÓN INCHAUSTI, Fernando. *Proceso penal y persona jurídica... Op. Cit.* Pág. 88.

varias ocasiones al representante especial y solicite que todos y cada uno de ellos declaren para evitar que, una vez sustituidos, puedan ser llamados como testigos. Así, de permitirse, no solo una, sino múltiples sustituciones del representante especial bajo dicho interés espurio de evitar la declaración testifical de sujetos que tuviese información relevante para el esclarecimiento de la causa, el descubrimiento de la verdad podría verse seriamente comprometido.

Por consiguiente, en la línea de lo manifestado previamente, entendemos que el juez encargado de la causa en cada momento procesal, ya sea el instructor o el encargado del enjuiciamiento, deberá realizar un análisis de la validez de la sustitución solicitada por la persona jurídica investigada/acusada y de su procedencia. Todo ello de cara a evitar posibles fraudes de ley como el ejemplificado *supra*, tan solo permitiendo la sustitución cuando la misma responda a una verdadera pretensión defensiva de la persona jurídica. Así, en la práctica judicial, atendiendo a que la participación del representante especial únicamente es verdaderamente relevante en los dos actos procesales previamente señalados, generalmente resultará muy extraño que concurra más de una petición de sustitución.

Ahora bien, ¿a qué puede deberse la necesidad de sustituir al representante especialmente designado? La doctrina ha valorado diferentes escenarios, desde cambios obligatorios, a cambios producidos exclusivamente por el interés de la propia persona jurídica. GASCÓN INCHAUSTI entiende que la sustitución del representante puede resultar tanto forzosa, en caso de que el representante fallezca, como conveniente, si, por ejemplo, el órgano de dirección de la persona jurídica ha perdido la confianza en el mismo por cualquier motivo[562]. En relación con el primero de los motivos GIMENO BEVIÁ añade que, entre los ejemplos en los que resulta obligatoria la sustitución, pueden incluirse además la enfermedad o incluso la desaparición del representante[563].

---

[562] GASCÓN INCHAUSTI, Fernando. *Proceso penal y persona jurídica... Op. Cit.* Pág. 87.

[563] GIMENO BEVIÁ, Jordi. *Compliance y proceso... Op. Cit.* Pág. 109.

Además de estos supuestos, en los que no existe otra alternativa que la sustitución, debemos prestar especial atención a los casos en los que a través de la investigación se llegue a la conclusión por el órgano instructor de que el representante especial de la persona jurídica debe de ser imputado a título individual, por ser aparentemente responsable del hecho delictivo por el que se está investigando también a la persona jurídica. Este supuesto ha sido traído a colación por un sector de la doctrina, que ha puesto de manifiesto la dificultad que plantea que el representante especial también esté imputado, que adquiera esa condición con posterioridad a su designación como representante o que exista el riesgo de que pueda llegar a estarlo, algo que, para esta corriente doctrinal, es fácilmente imaginable si nos encontramos, por ejemplo, ante un directivo de la persona jurídica[564].

En estos casos, ¿puede la persona física designada por la persona jurídica seguir representándola, aunque haya sido imputada a título individual en el mismo procedimiento penal o, por el contrario, la persona jurídica se ve obligada a sustituirla?

En un primer momento, ante el silencio que guardaba nuestra legislación, la doctrina se resignó a asumir que dicha persona física, a pesar de estar imputada a título individual en el mismo procedimiento penal, podía seguir representando a la persona jurídica, y que la única alternativa a ello era que fuera la propia entidad colectiva quien evitase dicha situación de conflicto designando como su representante en juicio a una persona que no estuviera imputada[565]. No obstante, nuestro TS estableció en el año 2016 que en aquellos supuestos en los que concurra un conflicto de intereses entre la persona física y la persona jurídica investigadas, el primero no podrá representar a la segunda. Por consiguiente, entendemos que los tribunales ostentan la potestad de exigir a la persona jurídica que cambie de representante, ya que, de lo contrario, en caso de que se celebrase la vista oral siendo este una persona física individualmente acusada, el derecho de defensa de la persona jurídica estaría siendo vulnerado y su enjuiciamiento estaría abocado a repetirse con pleno cumplimiento de sus garantías procesa-

---

564 GASCÓN INCHAUSTI, Fernando. *Proceso penal y persona jurídica... Op. Cit.* Pág. 83.

565 GASCÓN INCHAUSTI, Fernando. *Proceso penal y persona jurídica... Op. Cit.* Pág. 85.

les. En este sentido, consideramos que esta vulneración del derecho de defensa que asiste a la persona jurídica debe tratar de evitarse por el juez que esté investigando o enjuiciando la responsabilidad penal de la persona jurídica, dado que tiene que velar por garantizar la vigencia de los derechos de todas las partes inmersas en el procedimiento judicial por igual.

Esta corriente jurisprudencial de nuestro TS tiene su origen en la Sentencia nº 154/2016, de 29 de febrero de 2016, resolución que sobre la presente cuestión manifestó lo siguiente:

> "nada impediría, sino todo lo contrario, el que, en un caso en el cual efectivamente se apreciase en concreto la posible conculcación efectiva del derecho de defensa de la persona jurídica al haber sido representada en juicio, y a lo largo de todo el procedimiento, por una persona física objeto ella misma de acusación y con intereses distintos y contrapuestos a los de aquella, se pudiera proceder a la estimación de un motivo en la línea del presente, disponiendo la repetición, cuando menos, del Juicio Oral, en lo que al enjuiciamiento de la persona jurídica se refiere, a fin de que la misma fuera representada, con las amplias funciones ya descritas, por alguien ajeno a cualquier posible conflicto de intereses procesales con los de la entidad, que debería en este caso ser designado, si ello fuera posible, por los órganos de representación, sin intervención en tal decisión de quienes fuera a ser juzgados en las mismas actuaciones".

Esta línea jurisprudencial se mantiene hasta la fecha y ha sido confirmada por otros pronunciamientos posteriores, como son las SSTS nº 583/2017, de 19 de julio, y nº 668/2017, de 11 de octubre. Concretamente, la resolución de 19 de julio establece:

> "dejar en manos de quien se sabe autor del delito originario, la posibilidad de llevar a cabo actuaciones como las de buscar una rápida conformidad de la persona jurídica, proceder a la indemnización con cargo a ésta de los eventuales perjudicados y, obviamente, no colaborar con las autoridades para el completo esclarecimiento de los hechos, supondría una intolerable limitación del ejercicio de su derecho de defensa para su representada, con el único objetivo de ocultar la propia responsabilidad del representante o, cuando menos, de desincentivar el interés en proseguir las complejas diligencias dirigidas a averiguar la identidad del autor físico de la infracción inicial (...)".

En virtud de lo expuesto, acierta en nuestra opinión GIMENO BEVIÁ cuando entiende que dicha limitación jurisprudencial al mantenimiento del representante especial de la persona jurídica, cuando ha sido imputado a título individual, "alerta al Legislador sobre esta cuestión y le conmina a que ofrezca una regulación procesal adecuada que resuelva la situación expuesta"[566], ya que, como establece GASCÓN INCHAUSTI, "aunque en el caso concreto las líneas de actuación y defensa puedan ser las mismas, es claro que, contemplada la situación desde fuera, existe entre la persona jurídica y su representante imputado un conflicto de intereses que es incompatible con un correcto ejercicio de esas funciones"[567]. De hecho, la propia persona jurídica va a ser la primera interesada en no designar como su representante especial a una persona física que pueda ser imputada a título personal en el mismo proceso penal, ya que de esa forma evitaría poner en peligro su propia estrategia defensiva y huiría de un posible conflicto de intereses.

En definitiva, la sustitución del representante especial de la persona jurídica, cuando este se encuentre imputado a título individual, es una decisión que compete a la propia persona jurídica. No obstante, el tribunal estará en disposición de, en caso de apreciar la existencia de un evidente conflicto de interés entre las posiciones procesales de unos y otros —y con la finalidad de no verse abocado a una posible repetición de la vista oral respecto de la mercantil—, exigir a la persona jurídica que designe un nuevo representante. Por este motivo, centraremos nuestro siguiente apartado en analizar quiénes son las concretas personas físicas responsables de la toma de decisiones de la persona jurídica, ya que en muchas ocasiones nos encontraremos ante la problemática de que serán las propias personas físicas individualmente imputadas quienes tendrán la potestad de tomar asimismo las decisiones de la persona jurídica.

---

566 GIMENO BEVIÁ, Jordi. *Compliance y proceso… Op. Cit.* Pág. 111.

567 GASCÓN INCHAUSTI, Fernando. *Proceso penal y persona jurídica… Op. Cit.* Pág. 84.

5. PERSONAS FÍSICAS CON CAPACIDAD DE DECISIÓN RESPECTO DE QUIÉN VA A SER EL REPRESENTANTE DE LA PERSONA JURÍDICA EN EL PROCEDIMIENTO PENAL

En la línea de lo previamente mencionado, a continuación se analizará quiénes son las concretas personas físicas capaces de tomar decisiones en nombre de la persona jurídica. Hasta este momento hemos analizado a la persona jurídica como sujeto penal, habiendo estudiado cómo debe ser citada y el modo en que debe comparecer en el procedimiento, pero hasta el momento no hemos señalado qué sujetos están capacitados para tomar las decisiones que legalmente se atribuyen al ente colectivo, entre ellas la de designar al representante especial que ha de representarla materialmente.

Una persona jurídica, como ya se ha expuesto con anterioridad, es un ente jurídico mediante el que varias personas unen diferentes medios para lograr un objetivo común, una finalidad que individualmente resulta inabarcable. Por consiguiente, en estas sociedades conformadas por personas físicas, mientras que algunos son meros empleados, otros ostentan puestos de dirección y de control, siendo estas últimas quienes ostentan la potestad para tomar las decisiones y quienes acuerdan la dirección que va a tomar la persona jurídica. En consecuencia, en un primer acercamiento, es natural otorgarles exclusivamente a estos sujetos la capacidad para tomar las decisiones relativas a la defensa de la persona jurídica.

En esta línea, la doctrina ha entendido que la representación orgánica de la sociedad es la encargada para llevar a cabo la designación del representante, siendo suficiente "una comunicación al Juzgado firmada por la representación orgánica. Sería absurdo exigir a su vez la comparecencia de la representación orgánica para ratificar la designación"[568]. Mucho más diplomático se muestra GASCÓN INCHAUSTI, quien tras exponer que la designación del representante especial debe realizarse a través de los procedimientos o mecanismos

---

[568] DEL MORAL GARCÍA, Antonio. "Aspectos procesales de la... *Op. Cit.* Pág. 275.

internos de funcionamiento de la sociedad, considera que es muy posible que

> "las reglas para determinar al representante de la persona jurídica en un proceso penal frente a ella se incorporen a las reglas habituales de funcionamiento de sociedades mercantiles o asociaciones —es decir, a sus estatutos—. Requiriendo a la persona jurídica para que designe a su representante para el proceso penal, el legislador ha querido evitar imposiciones que podrían verse como limitativas del derecho de defensa"[569].

Pues bien, aparentemente no parece que plantee problemas que los administradores, como sujetos encargados de la dirección de la empresa, tomen las decisiones relativas a la estrategia defensiva de esta en el procedimiento penal. No obstante, la cuestión se complica cuando son los propios administradores quienes son imputados en la misma causa, ya que pasarían de tomar las decisiones de la persona jurídica con la finalidad de respetar el mayor interés de esta, a ser partes interesadas en la causa, con el evidente conflicto de interés que ello supone. Un conflicto de interés que resulta inevitable, tal y como nos advierte GASCÓN INCHAUSTI cuando manifiesta que, aunque la línea de defensa pueda ir en el mismo sentido, "es claro que, contemplada la situación desde fuera, existe entre la persona jurídica y su representante imputado un conflicto de intereses que es incompatible con un correcto ejercicio de esas funciones"[570]. Por consiguiente, aunque la toma de decisiones sobre la estrategia de defensa de la persona jurídica corresponda generalmente al órgano de administración de la entidad colectiva, RODRÍGUEZ GARCÍA y RODRÍGUEZ LÓPEZ han concluido que "ello puede variar conforme a la gravedad del caso, la existencia de disposiciones internas que exijan una forma especial o la necesidad de excluir a personas determinadas, al existir intereses contrapuestos: esto último es lo que ocurre, por caso, con quienes actuaron en fraude del modelo para cometer el delito subyacente"[571].

---

569 GASCÓN INCHAUSTI, Fernando. *Proceso penal y persona jurídica... Op. Cit.* Pág. 86.

570 GASCÓN INCHAUSTI, Fernando. *Proceso penal y persona jurídica... Op. Cit.* Pág. 84.

571 RODRÍGUEZ GARCÍA, Nicolás y RODRÍGUEZ LÓPEZ, Fernando. *Compliance y responsabilidad... Op. Cit.* Pág. 379.

Así, al ostentar las personas jurídicas personalidad jurídica propia y ser sujetos penales reconocidos, en muchas ocasiones nos encontraremos frente a escenarios en los que tanto la persona jurídica como sus administradores serán personas investigadas en un mismo procedimiento penal. A pesar de que autores como CUENCA SÁNCHEZ no aprecien obstáculos legales que impidan la designación del administrador, ya sea imputado a título individual o no, como representante especial, siempre y cuando nos encontremos al margen de un supuesto de conflicto de intereses[572], no nos parece conveniente dejar al arbitrio de esas personas decisiones tan relevantes como definir la estrategia defensiva de la persona jurídica en los supuestos en los que se hallen imputados individualmente, dado que nos parece improbable que la imputación de ambos sujetos no derive automáticamente en un conflicto de intereses.

En la misma línea se pronuncia GASCÓN INCHAUSTI, quien se apoya en el deber de lealtad del administrador para con la persona jurídica para fundamentar su posición. En su opinión "el representante ha de procurar en todo caso el sobreseimiento del caso respecto de aquélla o, si se llega a juicio, su absolución o la sentencia condenatoria más favorable posible"[573]. Sin embargo, dicho deber de lealtad no parece un argumento con suficiente fuerza como para que vaya a evitar que las personas físicas no traten de priorizar su defensa personal a la de la persona jurídica que están representando, motivo por el cual alcanzamos la misma conclusión que DOPICO GÓMEZ-ALLER, autor que subraya la incompatibilidad del administrador o del representante personalmente imputado para representar a la persona jurídica, "pues es muy posible que tenga tentaciones de negar su conocimiento de los hechos —para negar así su dolo— echando la culpa a la persona jurídica: no había ningún control, a mí no me llegaba ninguna información, etc."[574].

Ahora bien, siendo las propias personas imputadas a título individual las encargadas de tomar decisiones tan relevantes como la que

---

572 CUENCA SÁNCHEZ, Juan Carlos. "Responsabilidad penal de las... *Op. Cit.* Pág. 222.

573 GASCÓN INCHAUSTI, Fernando. *Proceso penal y persona jurídica... Op. Cit.* Pág. 91.

574 DOPICO GÓMEZ-ALLER, Jacobo. Proceso penal... *Op. Cit.*

aquí nos ocupa en nombre de las personas jurídicas, resulta necesario cuestionarse cómo controlar que no se designen a sí mismas como representantes de las personas jurídicas con la única finalidad de perjudicar sus intereses y salvaguardar los suyos. En este sentido, de cara a alcanzar una solución que permita ejercer un control sobre los administradores, la doctrina se ha amparado en la legislación societaria, concretamente en los arts. 229.1 y 224.2 LSC.

Por un lado, el art. 229.1 LSC establece como deber de los administradores el de evitar las situaciones de conflicto de interés a las que se refiere la letra e) del art. 228 LSC[575]. Entre estas situaciones, adquiere especial relevancia la contenida en la letra f), que establece que el administrador se deberá abstener de "desarrollar actividades por cuenta propia o cuenta ajena que entrañen una competencia efectiva, sea actual o potencial, con la sociedad o que, de cualquier otro modo, le sitúen en un conflicto permanente con los intereses de la sociedad"[576]. Por otro lado, el art. 224.2 LSC regula el cese de los administradores en los supuestos en que tengan intereses opuestos a los de la sociedad.

En definitiva, la remisión a la legislación mercantil nos parece el camino adecuado para evitar que las personas jurídicas acaben siendo representadas en el procedimiento penal por los administradores o dirigentes que están al mismo tiempo imputados en dicho procedimiento. En este sentido, los propios administradores deberán abstenerse de designarse a sí mismos como representantes de la organización y seleccionar a terceros que de forma efectiva vayan a defender los intereses de la sociedad de forma exclusiva, por no existir en ellos ningún conflicto de interés. Al mismo tiempo, otra alternativa puede ser la de no designar a ningún representante, entendiendo que no es necesario para defender debidamente a la persona jurídica, tal y como se ha expuesto a lo largo del presente Capítulo. En todo caso, entendemos que en caso de que los administradores desoigan la normativa mercantil, el juez tendrá la potestad de comunicar dicha circunstancia a los so-

---

575 Art. 228: "En particular, el deber de lealtad obliga al administrador a: (...) e) adoptar las medidas necesarias para evitar incurrir en situaciones en las que sus intereses, sean por cuenta propia o ajena, puedan entrar en conflicto con el interés social y con sus deberes para con la sociedad".

576 Art. 229.1 f).

cios o accionistas para que adopten respecto de los administradores las medidas que entiendan oportunas.

Por otro lado, nada obsta para que decisiones como la que nos ocupa puedan ser sometidas al arbitrio de los socios o accionistas de la persona jurídica, que son las personas que, efectivamente, se encuentran tras ella, y quienes, al fin y al cabo, representan a su capital social. Así, si acordásemos someter la presente decisión a los socios y accionistas, los conflictos de intereses señalados podrían evitarse, ya que ellos, los verdaderos interesados en que la persona jurídica evite la responsabilidad penal —ya que como propietarios de las mismas serán quienes sufran los perjuicios inherentes a la pena que acabe imponiéndose a aquella—, no se plantearán designar como representante especial a un sujeto que pueda tener un conflicto de interés con la entidad, como sería el administrador individualmente imputado en la misma causa penal. De hecho, lo expuesto debe extenderse, a su vez, a las designaciones del representante procesal y la defensa técnica realizadas por la persona jurídica, dado que se trata de actores del proceso penal que deberán representar única y exclusivamente los intereses de la persona jurídica investigada. Por lo tanto, resulta, a nuestro juicio, incompatible la utilización del mismo letrado y procurador por la persona jurídica y la física individualmente imputada perteneciente a la empresa. Sobre este particular se expresó la STS nº 123/2019, de 8 de marzo[577], en los siguientes términos:

> "Por otro lado, tampoco puede dejar de valorarse que, en el caso, la persona jurídica y el acusado persona física comparecían representados por el mismo Procurador y defendidos por el mismo Letrado, lo cual parece difícilmente compatible con la contraposición de intereses ya apreciada en la instrucción y que había dado lugar a la designación de un representante especial y distinto del otro acusado, sin que se constate ningún suceso que la hubiera hecho desaparecer.
>
> En consecuencia, ha de apreciarse un déficit relevante en las condiciones en las que la persona jurídica compareció y pudo desarrollar su defensa en el plenario, y no solamente por no haber sido adecuadamente

---

577 Resolución que acordó volver a celebrar el acto de la vista oral para que el representante especial de la persona jurídica fuera correctamente citado y para que la misma pudiera designar nuevos procuradores y letrado, diferentes de los que representan al acusado persona física, aunque los mismos tuvieran que ser designados de oficio.

> citada la persona especialmente designada para su representación en la causa penal, sino también porque fue representada procesalmente por la misma Procuradora y defendida por el mismo Letrado que actuaban en representación y defensa de otro acusado con el que se había apreciado la existencia de intereses contrapuestos, lo que en el caso, dadas las circunstancias, bien pudo haber causado un déficit en la defensa".

Ahora bien, aunque hayamos llegado a la conclusión de que las designaciones de las personas físicas que vayan a actuar en nombre de la persona jurídica en el procedimiento penal, para evitar conflictos de intereses con los administradores individualmente imputados, deben ser realizadas por los accionistas o los socios —a través de los mecanismos societarios correspondientes, como una junta de accionistas—, no debe obviarse que habrá supuestos en los que ni siquiera estas personas podrán tomar dichas decisiones por su directa participación en los hechos. Esta posibilidad se antoja complicada cuando nos encontremos ante empresas cotizadas con un gran número de accionistas, pero no ocurre lo mismo con empresas de pequeño y mediano tamaño (pymes), personas jurídicas en las que el socio actuará generalmente de administrador y, por lo tanto, debería estar igualmente limitado para tomar decisiones en lo que a la persona jurídica respecta. En estos casos, en la línea de lo expuesto por la STS 123/2019, de 8 de marzo, entendemos que nada impide que dichas decisiones sean tomadas por los profesionales de oficio que en su caso fuesen designados para representar y defender a la persona jurídica.

A su vez, en lo que a la designación del representante especial de la persona jurídica respecta, no debe obviarse que en el art. 81.2 del Anteproyecto de la LECrim del año 2020 el legislador atribuía al Juez de Garantías la facultad de designar a este a instancias del MF. Así, el legislador señaló que la persona que debía designarse por el Juez de Garantías para actuar como el representante especial de la persona jurídica sería la persona que ostentara el máximo poder real de decisión en el órgano de gobierno o administración, o el administrador de hecho. Pues bien, con independencia de la elevada dificultad que plantearía en determinados supuestos para la autoridad judicial y el MF conocer quién es esta persona con el mayor poder real de decisión en la persona jurídica, son dos las cuestiones principales que deben plantearse: qué ocurriría cuando dicha persona haya de declarar como testigo y qué pasaría cuando la misma también esté imputada a título personal en el mismo procedimiento penal.

Por un lado, entendemos que el juez debería verse sometido a la misma limitación legal que las partes. Por consiguiente, si la reforma establece que no podrá designarse como representante a quien haya de declarar como testigo o a quien deba tener cualquier intervención en la práctica de la prueba, cuando la persona que para el juez ostentase el mayor poder de decisión tuviese la citada condición testigo, no podría designarla como representante especial. Ahora bien, resulta cuestionable que sea el propio Juez de Garantías quien decida tanto quién es la persona con el mayor poder de decisión como quién debe ser testigo o no en las actuaciones. En este sentido, nos podríamos encontrar ante situaciones en las que ya sabríamos si una persona puede ser un testigo útil o no en función de si ha sido designado de antemano como representante —dando a entrever que para él Juez de Garantías no lo es—, situación que únicamente sería atacable, como es evidente, ante un tribunal superior a través de un recurso de apelación.

No menos importante nos parece la cuestión relativa a qué ocurriría cuando la persona con el mayor poder real de decisión sea citada a declarar como testigo, extremo sobre el que el proyecto de texto procesal guardó silencio. Siendo evidente el interés del Anteproyecto en que el Juez de Garantías pueda designar a un representante, ¿quién podría ser designado en este supuesto? ¿La segunda persona con mayor poder de decisión y así sucesivamente? En un Consejo de Administración formado por tres socios en el que los tres ostentan el mismo porcentaje de participación, ¿quién ostentaría el mayor poder de decisión? ¿Todos? ¿Ninguno? Demasiadas preguntas para la certeza que exige la jurisdicción penal, motivo por el que entendemos que previa introducción en nuestro ordenamiento jurídico penal de ninguna disposición legal en este sentido sería necesario aclarar doctrinalmente estas cuestiones.

A su vez, no parece conveniente designar a las personas con el mayor poder de decisión como representantes de las personas jurídicas, dado que, atendiendo a la forma en la que nuestro TS ha establecido que se construye la responsabilidad penal de estas últimas, en la mayoría de los supuestos, en los que la responsabilidad penal de la persona jurídica se construya a través del mecanismo recogido en el apartado a) del art. 31 bis 1 CP, estas personas también estarán imputadas en el mismo procedimiento por los hechos individualmente cometidos por ellas.

Por último, no podemos finalizar el presente apartado sin hacer una breve remisión a diversos supuestos extraordinarios, como son la designación del representante especial en personas jurídicas unipersonales o entidades colectivas que se hallen inmersas en un procedimiento concursal.

Por un lado, en lo que a las sociedades unipersonales se refiere, la persona jurídica no será investigada, habida cuenta de que no puede realizarse una distinción entre la misma y la única persona física que la conforma. A este respecto, interesa traer a colación las manifestaciones realizadas por la FGE a través de su Circular 1/2011, de 1 de junio[578] respecto a la presente cuestión:

> "Por otra parte, en aquellos otros casos en los que se produzca una identidad absoluta y sustancial entre el gestor y la persona jurídica, de modo tal que sus voluntades aparezcan en la práctica totalmente solapadas, sin que exista verdadera alteridad ni la diversidad de intereses que son propias de los entes corporativos —piénsese en los negocios unipersonales que adoptan formas societarias—, resultando además irrelevante la personalidad jurídica en la concreta figura delictiva, deberá valorarse la posibilidad de imputar tan solo a la persona física, evitando la doble incriminación de la entidad y el gestor que, a pesar de ser formalmente posible, resultaría contraria a la realidad de las cosas y podría vulnerar el principio non bis in idem".

Este pronunciamiento fue confirmado por la FGE en su posterior Circular 1/2016, de 22 de enero. No obstante, con independencia de la posición adoptada por la FGE, esta no fue una cuestión en absoluto pacífica, y ello debido al contenido del art. 31 ter.1 CP, que permite modular la cuantía de la pena de multa impuesta a la persona jurídica y a la física para evitar una pena desproporcionada.

---

578 Conviene destacar que esta Circular de la FGE vio la luz 4 meses antes de que nuestro legislador introdujera en nuestro ordenamiento jurídico el estatuto procesal de la persona jurídica a través de la Ley 37/2011, de 10 de octubre, de medidas de agilización procesal.

Atendiendo al contenido de esta norma, surgía la duda de si esta previsión lo ha sido, precisamente, para los supuestos de entidades unipersonales, ya que podría tener cierto sentido que la modulación de pena prevista en el art. 31 ter.1 CP se hubiera introducido para aquellos supuestos en los que hubiera que evitar una desproporción en las penas a imponer a una persona física y a la persona jurídica por él conformada.

Ahora bien, es necesario traer a colación la STS 747/2022, de 27 de julio, que por su relevancia para la concreta cuestión que ahora nos ocupa, reproducimos:

> "El régimen de responsabilidad penal de personas jurídicas exige una mínima alteridad de la persona jurídica respecto de la persona física penalmente responsable. Cuando el condenado penalmente como persona física es titular exclusivo de la sociedad, no resulta factible imponer dos penalidades sin erosionar, no ya solo el principio del non bis in ídem, sino la misma racionalidad de las cosas. (...)
>
> Esa dualidad no es coherente con la filosofía que inspira el régimen de responsabilidad penal de personas jurídicas en perspectiva asumida por la jurisprudencia dominante. Se dice que la sanción a la persona jurídica se funda en la ausencia de un sistema interno de prevención eficaz. Eso ha permitido hablar a la jurisprudencia de un delito corporativo y establecer un fundamento diferenciado de la sanción, así como hablar de autorresponsabilidad.
>
> Pues bien, resulta absurdo imponer a la persona física titular única de la mercantil dos penas: una por la comisión del delito: y otra ¡por no haber establecido mecanismos de prevención de sus propios delitos! Opera el principio de consunción: al castigar al responsable penal del delito se está contemplando y sancionando también su desidia e indiferencia (¡!) por no prevenir sus propios delitos; su, digamos en la nomenclatura extendida, falta de cultura de respeto a las normas (...)
>
> Podría argüirse que precisamente para neutralizar la afectación que pudiera producirse en el non bis in ídem el legislador ha previsto el mecanismo individualizador que aparece en el citado art. 31 ter.1 inciso final (anterior art. 31 bis 3). Esa previsión sería señal de que el legislador contaba con esos casos. Y la Audiencia hace en la sentencia un adecuado uso y aplicación de esa previsión.
>
> Pero esa compensación solo aparece cuando el delito cometido por la persona física lleva también aparejada pena de multa. Ante otras penalidades (pena única de prisión) no se evitará una indisimulable doble sanción: la prevista para la persona física que, además, se vería materialmente sometida a una pena de multa a través de la persona jurídica de la que es titular. No cabría compensación alguna para aliviar la realidad del castigo

> bimembre que en definitiva recaerá sobre la misma persona, la única que ha intervenido en el delito. La consecuencia a la que se llegaría de asumir otra perspectiva sería concebir la comisión por el responsable penal de determinados delitos mediante una persona jurídica de su exclusiva titularidad como una suerte de subtipo agravado en que la respuesta penal no es una sanción incrementada sino una doble penalidad.
>
> Resulta más coherente y acorde con los principios que inspiran el derecho penal, —un derecho realista, poco amigo de las meras apariencias que trata de guiarse por la realidad material— levantar el velo para evidenciar que no hubo dos responsables (la persona física y la persona jurídica) sino un único autor que se valió de un instrumento que no es nadie diferente a él mismo".

En consecuencia, no puede penarse a una persona jurídica unipersonal dado que ello vulneraría el principio *non bis in idem*, ya que se estaría penando en dos ocasiones a la persona física, la primera por la comisión del delito y una segunda por no haber establecido ella misma los mecanismos necesarios para prevenirlo. En otras palabras, la responsabilidad penal de la persona física ya comprende —por el principio de consunción— la totalidad del desvalor de la conducta delictiva acaecida.

Por otro lado, en los supuestos en los que una mercantil se encuentre inmersa en un procedimiento concursal al momento de incoarse el proceso penal en el que resultase imputada, entendemos que la persona física capacitada para designar al representante especialmente designado es el administrador concursal, quien, además, tendrá la potestad de designarse a sí mismo para desempeñar dicha labor.

6. RECAPITULACIÓN

El presente Capítulo lo hemos dedicado a analizar la figura del representante especialmente designado por la persona jurídica, figura que no constituye una representación procesal de esta última, sino una representación material que otorga a esta cuerpo y, sobre todo, voz, con la finalidad de satisfacer la vertiente personal del derecho de defensa del que es titular la entidad colectiva. Derecho que debe reconocérsele sin limitaciones a pesar de que, por su propia naturaleza, tenga que ejercitarlo por medio de un tercero. Sin embargo, son varias las cuestiones controvertidas que suscita la designación y actuación de este representante especial.

En primer lugar, en cuanto a su nombramiento, y ante la falta de claridad de la legislación procesal sobre su carácter facultativo o preceptivo, consideramos que el hecho de que la norma hable en términos de posibilidad respecto de la actuación del representante especial es un claro indicativo de que su designación no es preceptiva, y que, por consiguiente, la persona jurídica puede decidir no designar a ningún representante especial en el procedimiento seguido contra ella. Ahora bien, también hemos concluido que la entidad debe tener la posibilidad de realizar la designación, ya que como sujeto sometido a un procedimiento penal se le deben de reconocer la totalidad de las garantías y los derechos que se le reconocen a las personas físicas, siempre y cuando su distinta naturaleza le permita ejercerlos.

De hecho, en nuestra opinión, la declaración del representante especial de la persona jurídica no supondrá, en términos generales, un mecanismo defensivo especialmente relevante para esta. Ello se debe a que la diligencia de investigación más relevante a realizar por el representante especial será su toma de declaración, un acto procesal que, tal y como disponen los arts. 385 y 409 bis LECrim, debe estar dirigido a la averiguación de los hechos delictivos, motivo por el que hemos concluimos que, salvo en los supuestos en los que el representante material designado sea un sujeto con un amplio conocimiento del *compliance program* de la entidad —cuya ausencia o insuficiencia es el fundamento de su responsabilidad penal—, o una persona que haya tenido un conocimiento directo de los hechos por los que se investiga a aquella, la designación de cualquier otra persona física puede resultar poco trascendente desde el punto de vista de su interés para la investigación penal. En este sentido, el art. 119 LECrim no exige que la persona jurídica declare a través de su representante especial una vez imputada, a diferencia de lo que dispone el art. 775 LECrim respecto de las personas físicas. Así, somos de la opinión de que, en algunos supuestos, la persona jurídica podrá defenderse con mayores garantías a través de otros mecanismos defensivos (como la aportación documental) y, sobre todo, a través de los profesionales que obligatoriamente tendrá designados para ello, como su letrado.

En relación con lo anterior, el art. 409 bis LECrim señala que la incomparecencia del representante especial determinará que el acto de declaración se tenga por celebrado, entendiéndose que la persona jurídica se acoge a su derecho a no declarar, con las negativas consecuencias que, a nuestro juicio, de ello se derivan para la persona jurídica. Frente a esto, en el marco de esta investigación defendemos que el art. 409 bis dispone que solo cuando el representante especial no comparezca deberá entenderse que la persona jurídica se acoge a su derecho a no declarar, lo que necesariamente implica que ha debido ser designado previamente. Pero esta situación no puede equipararse a la de no haber designado a ningún representante especial en el momento de su imputación como estrategia defensiva. Esta postura resulta, a nuestro juicio, más respetuosa con los derechos procesales que asisten a la persona jurídica.

Esta cuestión nos ha llevado a la relación existente entre los arts. 779.1.4° y 775 LECrim y el art. 119 del mismo cuerpo legal. Del análisis efectuado se desprende que la lectura de estas normas debe realizarse desde dos perspectivas diferentes: la imputación formal de la entidad colectiva, por un lado, y la declaración del representante especialmente designado por ella, por otro. Así, aunque a la luz del art. 119 la imputación de la persona jurídica es un acto procesal imprescindible para que el procedimiento pueda transformarse en procedimiento abreviado, la declaración del representante especialmente designado no lo es en absoluto. Es decir, lo que provocaría la nulidad del procedimiento es la ausencia de imputación a la persona jurídica, la no celebración del acto mediante el que se le comunica su condición de sujeto investigado y pasa a adquirir las garantías procesales derivadas de su posición, y no la ausencia de declaración judicial de esta —a través de su representante especial—, requisito procesal que únicamente rige respecto de las personas físicas en virtud de lo dispuesto en los arts. 779.1.4° y 775 LECrim. La consecuencia que se deriva de la no designación por parte de la persona jurídica de un representante especial es que la entidad no podrá declarar, ni en la fase de instrucción, ni en el acto de la vista oral. Pero ello no afectará a ninguna otra facultad o acción de la persona jurídica en el procedimiento penal, que podrán ser ejercidas a través de sus representantes procesales —letrado y procurador—, o por ella misma.

En segundo lugar, se ha abordado la cuestión de las personas físicas con capacidad para ejercer la figura del representante especial. A este respecto, la legislación guarda silencio, con la única limitación legal que dispone el art. 787 bis LECrim, conforme a la cual no se podrá designar como representante a quien tenga que declarar como testigo en el juicio. A nuestro juicio, si cualquier persona pudiera declarar en nombre de la persona jurídica, ello vaciaría de utilidad y contenido material esta diligencia instructora, llegando a ser incluso contraproducente en muchos supuestos. Como se ha defendido al analizar esta cuestión, para que el representante especial pueda ejercer con unas mínimas garantías el derecho de defensa de la persona jurídica, deberá ser alguien con algún conocimiento sobre los concretos hechos delictivos que se estén investigando o, cuanto menos, del funcionamiento interno de la persona jurídica. De lo contrario, su declaración ni podrá vincular a la empresa, ni será de utilidad para la investigación judicial, pudiendo tratarse, además, de una estrategia dilatoria de la persona jurídica, cuya única finalidad fuera la de entorpecer y dificultar la referida investigación judicial. Por esa misma razón, nos mostramos contrarios a que el procurador o el letrado de la persona jurídica asuman la posición del representante especial en un acto procesal como es la declaración del investigado, ya que se trata de sujetos con un papel ya definido en el procedimiento penal muy distinto al reservado al representante especial.

Por el contrario, no vemos impedimento alguno para que los abogados internos de la sociedad puedan ser designados para llevar a cabo la autodefensa de la persona jurídica. Ahora bien, tal y como se ha expuesto, las personas físicas idóneas para representar materialmente a la persona jurídica en el procedimiento serán aquellas que conozcan el funcionamiento interno de esta y, más concretamente, el programa de organización y gestión, al ser individuos con amplios conocimientos en relación con los elementos sobre los que pivota la responsabilidad penal de la persona jurídica. A este respecto, se ha hecho especial mención al Borrador del CPP del año 2013 y al Anteproyecto de la LECrim del año 2020 en lo que respecta a la figura del *compliance officer* como sujeto que debe ser designado como representante especial, ya que, *a priori*, se trata de la persona física que mayor conocimiento puede tener sobre la concreta omisión por la que se imputa a la entidad. En definitiva, nos adscribimos a la posición doctrinal que identifica al oficial de cumplimiento como la mejor opción para representar a la persona jurídica, siempre y cuando esta optara por designar a un representante especial para que comparezca en su nombre ante el tribunal.

En tercer lugar, se ha analizado la limitación del art. 787 bis LECrim, que impide designar en calidad de representante especial a quien deba declarar como testigo; limitación que hemos defendido que opera a lo largo de todo el procedimiento penal. El problema principal de esta regla se encuentra en si debe prevalecer la designación efectuada por la persona jurídica o la realizada por el tribunal. A nuestro entender, debe partirse de la premisa de que limitar a la persona jurídica las posibles personas físicas que puede designar como representante especial supone una evidente vulneración de su derecho de defensa. Por consiguiente, este derecho, como acto de defensa, debe primar sobre el interés público.

No obstante, lo anterior no impide defender igualmente que la designación efectuada por la entidad no prevalecerá en aquellos supuestos en los que concurra un fraude de ley. La limitación del art. 787 bis LECrim busca evitar el fraude consistente en que la persona jurídica acusada pueda eludir la práctica de una declaración testifical comprometida, con obligación de decir verdad, a través de su designación como representante especial. En definitiva, la facultad de la persona jurídica para designar al representante especial se basa en la idea de que pueda ejercer con la mayor garantía su derecho de defensa, pudiendo declarar de esta forma ante el juez para probar su falta de participación en los hechos investigados presuntamente delictivos y, por ende, acreditar su ausencia de responsabilidad penal. No obstante, en caso de que dicha facultad se utilice con fines espurios, se estaría realizando un uso perverso de la norma y, por consiguiente, se estaría cometiendo un fraude de ley. En este supuesto, el descubrimiento de la verdad imperará sobre la libre designación por parte de la entidad del representante especial en el ejercicio de su derecho de defensa, pudiendo rechazarse dicha designación. El tribunal encargado de investigar o enjuiciar los hechos será quien deba valorar la validez de esta designación, examinando para ello las características que presenta el sujeto, esto es, su posición en la empresa y la posible relación que haya tenido con los hechos. Todo ello a fin de valorar si esta designación ayuda a defender a la persona jurídica o, por el contrario, tiene como única finalidad dificultar la investigación y evitar que una persona física con información relevante sobre los hechos investigados acuda a declarar como testigo. Además, consideramos que esta comprobación podría hacerse en el propio acto de declaración de la persona jurídica. Así, el juez podría hacer una serie de preguntas al representante de la entidad antes de comenzar con su declaración sobre cuál es su posición en la empresa y la clase de conocimientos que tiene, tanto de los hechos objeto de investigación como del funcionamiento interno de la persona jurídica. En aquellos supuestos en los que le surjan dudas sobre la validez de la designación, el juez podrá interrumpir la declaración y comunicar a las partes que entiende que la designación se ha realizado en fraude de ley, debiendo notificarles posteriormente un auto motivado para que tomen la decisión que entiendan oportuna, ya sea la de cambiar de representante o la de recurrir la resolución.

En relación con esta misma cuestión, no existen, a nuestro juicio, motivos que impidan a la personas jurídica sustituir al sujeto previamente designado como representante especial. Ahora bien, la sustitución del representante especial debe corresponderse con un interés legítimo de la persona jurídica investigada y ha de quedar sometida igualmente a control judicial para evitar un posible fraude de ley. Según se ha expuesto, la presencia del representante especial en el procedimiento es relevante, fundamentalmente, en los actos de declaración de la persona jurídica en la fase instructora y en el juicio oral. Por ello, generalmente resultará extraño que concurra más de una petición de sustitución, sin perjuicio del contenido del art. 400 LECrim, que permite al sujeto investigado declarar cuantas veces quiera a lo largo de la fase de instrucción. Así, fuera de los supuestos de fraude de ley, el órgano judicial debe admitir la designación del representante especial, sin que pueda llamarle a declarar como testigo. Tampoco podrá llamar en calidad de testigo a quien o quienes fueron representantes especiales de la persona jurídica con anterioridad, ya que de lo contrario el derecho de defensa de la persona jurídica quedaría vacío de contenido.

En relación todavía con esta cuestión hemos señalado como causas razonables de la sustitución del representante especial su fallecimiento, su despido de la empresa con la consiguiente pérdida de confianza que ello conlleva o, incluso, la presencia de un conflicto de intereses derivado de su imputación a título personal en el mismo procedimiento. Con todo, también el tribunal está en disposición de apreciar la existencia de un posible conflicto de interés entre las posiciones procesales de unos y otros, y, con la finalidad de no verse abocado a una posible repetición de la vista oral respecto de la entidad por haberse vulnerado su derecho de defensa, exigir a la persona jurídica que designe un nuevo representante.

Por último, la decisión sobre la designación del representante especial recaerá generalmente en sus administradores, excepto en el supuesto en el que ellos también estén imputados a título personal, ya que automáticamente pasarían a estar afectados por un evidente conflicto de interés. En este sentido, no nos parece conveniente dejar al arbitrio de estas personas decisiones tan relevantes como decidir la estrategia defensiva de la persona jurídica, ya que podrían optar por buscar su exclusivo beneficio en lugar del de la entidad colectiva que representan. En estos casos, amparándonos en la legislación mercantil, consideramos que estos sujetos deberán abstenerse de designarse a sí mismos como representantes especiales y seleccionar en su lugar a terceros que garanticen la defensa efectiva de los derechos de la persona jurídica. En caso de que los administradores desoigan la normativa mercantil, el órgano judicial tendrá la potestad de comunicar dicha circunstancia a los socios o accionistas para que estos adopten las decisiones oportunas respecto de la defensa de la persona jurídica en el procedimiento penal. Si bien esta fórmula no generará problemas en empresas de gran tamaño o cotizadas, en las que los accionistas normalmente no tendrán una participación directa en los hechos objeto de investigación o enjuiciamiento, en empresas de pequeño y mediano tamaño es muy posible que los socios actúen como administradores y que, por consiguiente, tengan una participación directa en los hechos, lo cual les imposibilitaría, por la existencia de un evidente conflicto de interés, para representar a la persona jurídica. En estos supuestos nuestro TS ha dispuesto que sean los profesionales designados de oficio para defender y representar a la entidad quienes tomen las decisiones necesarias para salvaguardar sus intereses.

En lo que respecta a las personas jurídicas unipersonales, éstas no serán imputadas al no poder realizarse una distinción material entre ellas y la persona física que la conforma. De lo contrario se vulneraría el principio *non bis in idem*, ya que se estaría penando en dos ocasiones a la persona física, la primera por la comisión del delito y una segunda por no haber establecido ella misma los mecanismos necesarios para prevenirlo en la entidad a través de la cual ha actuado. En estos casos, la responsabilidad penal de la persona física ya comprende —por el principio de consunción— la totalidad del desvalor del hecho delictivo. Por último, en relación con las personas jurídicas inmersas en un procedimiento concursal al momento de incoarse el procedimiento penal, la facultad de designar al representante especial recaerá en el administrador concursal, quien podrá además designarse a sí mismo para desempeñar esta labor.

Capítulo VI
DERECHOS DE LOS QUE LA PERSONA JURÍDICA ES TITULAR: ESPECIAL ATENCIÓN A LOS DERECHOS A LA NO AUTO INCRIMINACIÓN, LA INVIOLABILIDAD DOMICILIARIA Y AL SECRETO DE LAS COMUNICACIONES

1. CONSIDERACIONES PREVIAS

Partiendo de la condición de participe de la persona jurídica en el delito, una de las primeras preguntas que debemos hacernos es si a la misma le asisten las mismas garantías legales y constitucionales que a las personas físicas, tal y como plantea NEIRA PENA, quien manifiesta que "si las personas jurídicas pueden ser objeto de imputación en un proceso penal, será preciso determinar, en qué medida, podrían ser titulares de los derechos procesales consagrados en el ordenamiento jurídico español y en los correspondientes textos normativos supranacionales"[579]. Si bien la presente cuestión ya ha sido valorada por nuestros tribunales de otros órdenes jurisdiccionales y por nuestro TC mucho tiempo antes de la introducción del art. 31 bis CP, el hecho de que la persona jurídica pueda responder penalmente nos obliga a plantearnos determinadas cuestiones, siendo necesario para darles respuesta ampararnos tanto en la doctrina como en los escasos pronunciamientos judiciales existentes hasta la fecha en el orden penal.

Para empezar, entendemos que, de cara a alcanzar una conclusión satisfactoria en la presente materia, resulta imprescindible partir de

579 NEIRA PENA, Ana María. *La instrucción de los procesos... Op. Cit.* Pág. 135.

la titularidad de derechos, con carácter general, de las personas jurídicas.

2. CONFLICTO SOBRE LA TITULARIDAD DE DERECHOS POR PARTE DE LAS PERSONAS JURÍDICAS

2.1. *Origen del reconocimiento de las personas jurídicas como titulares autónomas de derechos en general*

Si bien la STC nº 19/1983, de 14 de marzo, aseguró que "la expresión 'todas las personas' hay que interpretarla en relación con el ámbito del derecho de que se trata, es decir, con la 'tutela efectiva de Jueces y Tribunales', que comprende lógicamente en principio, a todas las personas que tienen capacidad de ser parte en un proceso", lo cierto es que fue la STC nº 23/1989, de 2 de febrero, la que estableció de forma general que las personas jurídicas también eran titulares de derechos fundamentales, en la medida, eso sí, de que les resultaran aplicables atendiendo a su concreta naturaleza. En este sentido, esta resolución estableció lo siguiente:

> "A este respecto hemos de reiterar el criterio mantenido por este Tribunal de que en nuestro ordenamiento constitucional, aun cuando no se explicite en los términos con que se proclama en los textos constitucionales de otros Estados, los derechos fundamentales rigen también para las personas jurídicas nacionales en la medida en que, por su naturaleza, resulten aplicables a ellas. Así ocurre con el derecho a la inviolabilidad del domicilio, o el derecho a la tutela judicial efectiva (STC 137/1985, de 17 oct.). Y lo mismo puede decirse del derecho a la igualdad ante la ley proclamado en el art. 14 de la Constitución, derecho que el precepto reconoce a los españoles, sin distinguir entre personas físicas y jurídicas. No obsta a ello que el propio art. 14 prohíba expresamente toda discriminación por razón de circunstancias que, como el nacimiento, la raza, el sexo, la religión o la opinión, son predicables exclusiva o normalmente de las personas físicas. De un lado, la prohibición de tales discriminaciones concretas no agota el contenido del derecho a la igualdad jurídica, en su sentido positivo, y, de otro, el propio precepto constitucional prohíbe también, mediante una cláusula abierta, la discriminación fundada en otras condiciones personales o sociales, que pueden ser igualmente atributos de las personas jurídicas".

A lo largo de los años, el TC fue desarrollando la corriente jurisprudencial previamente expuesta a través de resoluciones, como la nº 139/1995, 26 de septiembre, la cual interesa traer a colación, puesto que matizó que las personas jurídicas no eran simples portadoras de un interés legítimo en representación de sus miembros, sino que ellas mismas eran titulares directas de derechos fundamentales, premisa a partir de la cual han pivotado los siguientes pronunciamientos del TC:

> "si la razón de ser de los derechos fundamentales es la protección del individuo, se le debe proteger también cuando actúa de forma colectiva reconociendo la titularidad propia de la asociación misma. (...) La persona jurídica privada está legitimada activamente, ante la jurisdicción ordinaria, para impetrar, como titular y no como simple portadora de un interés legítimo, el amparo de su derecho al honor".

Por consiguiente, al no mencionarse expresamente en nuestra CE que las personas jurídicas también son titulares de los derechos fundamentales consagrados en la misma, ha tenido que ser el TC quien, a través de sucesivos pronunciamientos, haya ido configurando poco a poco el alcance de dicha titularidad.

Ahora bien, como ya se ha adelantado, no puede obviarse que estos pronunciamientos del TC se dictaron antes de que la responsabilidad penal de las personas jurídicas entrara en vigor a través de la LO 5/2010, de 22 de junio, motivo por el cual consideramos oportuno actualizar esta doctrina jurisprudencial al concreto escenario actual. Un escenario que, además, resulta incluso más favorable que el anterior para las personas jurídicas, dado que han visto reforzada la titularidad de distintos derechos fundamentales como consecuencia de esta nueva posición pasiva que pueden ostentar en el proceso penal. En esta línea se ha pronunciado NEIRA PENA, para quien:

> "el criterio general expresado por el Tribunal Constitucional para decidir sobre la extensión de los derechos fundamentales a las personas jurídicas necesita ser aplicado y concretado a la luz de la novedosa posición del ente como sujeto pasivo del proceso penal, dado que esta original condición jurídica, podría implicar nuevas posibilidades de ejercicio de ciertos derechos fundamentales, así como nuevas necesidades de protec-

ción para la entidad, provocando, previsiblemente, un fortalecimiento de su posición como titular de derechos"[580].

Ahora bien, a pesar de lo expuesto, la doctrina no se ha mostrado pacífica a la hora de reconocer a las personas jurídicas como titulares de determinados derechos fundamentales. En una primera aproximación, podríamos dividir las posiciones en esta materia, tanto doctrinales como jurisprudenciales, en dos corrientes aparentemente irreconciliables: una, defensora de que a la persona jurídica, como nuevo sujeto pasivo del proceso penal, debe de ser titular de las mismas garantías y derechos que la persona física individual y, otra, más conservadora, que señala la imposibilidad de trasladar a las entidades colectivas todos los derechos históricamente reconocidos a los sujetos individuales de forma automática, por no permitirlo la propia naturaleza de las mismas.

2.2. *Conflicto doctrinal sobre la titularidad por parte de las personas jurídicas de determinados derechos*

Por un lado, autores como GIMENO BEVIÁ, acertadamente en nuestra opinión, parten de la premisa de que, si una persona jurídica tiene la capacidad para ser sujeto pasivo en el proceso penal, ha de tener dicha capacidad a todos los efectos, esto es, con todos los derechos y garantías procesales propios de quien ostenta dicha posición[581]. En el mismo sentido se pronuncian ECHARRI CASI, quien considera que "para alcanzar un estatuto de la persona jurídica como parte pasiva en el proceso penal, debería ésta estar representada legalmente con iguales derechos, deberes y garantías que los destinatarios de la imputación individual"[582], y GARAU ALBERTÍ, para quien "la atribución de responsabilidad penal a la persona jurídica significa necesariamente que se le atribuyan del mismo modo todos los derechos y garantías como sujeto pasivo de un proceso penal"[583].

---

580 NEIRA PENA, Ana María. *La instrucción de los procesos… Op. Cit.* Pág. 139.

581 GIMENO BEVIÁ, Jordi. *Compliance y proceso… Op. Cit.* Pág. 234.

582 ECHARRI CASI, Fermín Javier. "Las personas jurídicas… *Op. Cit.*

583 GARAU ALBERTÍ, Cristina. "Derecho a no auto incriminarse de la persona jurídica". *Diario La Ley*, nº 9032 (2017).

A su vez, GASCÓN INCHAUSTI defiende una progresiva extensión en el ámbito de los derechos que se les puede atribuir a las personas jurídicas, ya que:

> "no se trata sólo de los derechos fundamentales reconocidos en el artículo 24 CE —cuya titularidad por parte de personas jurídicas no puede discutirse, aunque resulte controvertido el alcance del derecho a la no auto incriminación—, sino también de otros derechos fundamentales cuya restricción puede ser necesaria para el desarrollo de la investigación penal —como el secreto de las comunicaciones o la inviolabilidad del domicilio—"[584].

Se trata, en definitiva, de una corriente doctrinal que, como ya se ha expuesto, entiende que desde el momento en el que el legislador atribuyó a la persona jurídica la condición de sujeto pasivo en el proceso penal, le reconoció los mismos derechos y garantías que a las personas físicas. Por ello, NEIRA PENA, considera que:

> "el reconocimiento ha de realizarse en la misma extensión y medida que al sujeto individual y sin necesidad de analizar, individualmente, la necesidad de extender al sujeto corporativo cada uno de los derechos que integran el estatuto jurídico de la parte pasiva del proceso, o en su caso, partiendo de que las diferencias con la persona física deberían ser las mínimas e imprescindibles, sólo obligadas por la naturaleza de las cosas"[585].

Este criterio, a nuestro juicio razonable atendiendo al hecho de que nuestro sistema penal únicamente permite la imposición de una pena a través de un proceso en el que el sujeto condenado haya gozado de todas las garantías procesales, tal y como dispone el art. 1 LECrim, ha sido aparentemente asumido por la jurisprudencia, que ha establecido que "cualquier pronunciamiento condenatorio de las personas jurídicas habrá de estar basado en los principios irrenunciables que informan el derecho penal"[586], entre los que se encontraría, claro está, el reconocimiento al sujeto investigado de un estatuto procesal que respetase todos los derechos y las garantías inherentes a su posición procesal.

---

584 GASCÓN INCHAUSTI, Fernando. *Proceso penal y persona jurídica... Op. Cit.* Pág. 109.

585 NEIRA PENA, Ana María. *La instrucción de los procesos... Op. Cit.* Pág. 162.

586 STS nº 154/2016, 29 de febrero.

2.3. *Postura del Tribunal Supremo y método de traslación de derechos a las personas jurídicas*

Sin perjuicio de lo que se acaba de exponer, los pronunciamientos judiciales sobre la presente materia, como a continuación se verá, se limitan exclusivamente a reconocer a las personas jurídicas determinados derechos fundamentales inherentes a su posición procesal, como el de defensa o el de la presunción de inocencia, derechos cuya titularidad por aquellas ya había sido reconocida por nuestro legislador a través de los arts. 409 bis y 787 bis introducidos en la ley procesal mediante la Ley 37/2011, de 10 de octubre. No obstante, resulta de interés analizar los pronunciamientos realizados por el TS sobre la concreta materia que aquí nos ocupa.

El primer pronunciamiento jurisprudencial relevante en el orden penal relativo a la responsabilidad penal de las personas jurídicas fue la STS nº 154/2016, de 29 de febrero, resolución que, además de ser la primera en confirmar una condena penal de una persona jurídica, también las reconoció como titulares del derecho de defensa. Esta sentencia advertía al resto de tribunales de que en el futuro deberían impedir situaciones en las que se pudiera poner en riesgo su derecho de defensa, que consideraba digno de protección, hasta el punto de que planteó la posibilidad de repetir el acto de la vista oral en los supuestos en los que se entendiera que la persona jurídica no había podido ejercer con libertad su derecho de defensa. Concretamente, la resolución estableció lo siguiente:

> "Sin embargo, nada impediría, sino todo lo contrario, el que, en un caso en el cual efectivamente se apreciase en concreto la posible conculcación efectiva del derecho de defensa de la persona jurídica al haber sido representada en juicio, y a lo largo de todo el procedimiento, por una persona física objeto ella misma de acusación y con intereses distintos y contrapuestos a los de aquella, se pudiera proceder a la estimación de un motivo en la línea del presente, disponiendo la repetición, cuando menos, del juicio oral, en lo que al enjuiciamiento de la persona jurídica se refiere, a fin de que la misma fuera representada, con las amplias funciones ya descritas, por alguien ajeno a cualquier posible conflicto de intereses procesales con los de la entidad (...)".

Y prosigue más adelante la misma resolución:

> "(...) se haya de prestar atención a las anteriores consideraciones dirigidas a Jueces y Tribunales para que, en la medida de sus posibilidades,

intente evitar, en el supuesto concreto que se aborde, que los referidos riesgos para el derecho de defensa de la persona jurídica sometida a un procedimiento penal lleguen a producirse, tratando de impedir el que su representante en las actuaciones seguidas contra ella sea, a su vez, una de las personas físicas también acusadas como posibles responsables del delito generador de la responsabilidad penal de la persona jurídica".

Posteriormente, la STS nº 221/2016, de 16 de marzo, estableció que los procedimientos penales seguidos contra las personas jurídicas deberían tramitarse conforme al principio esencial de la presunción de inocencia, principio sobre el que pivota toda depuración de responsabilidad penal en nuestro sistema penal. Concretamente, esta resolución estableció que:

> "basta con reparar en algo tan elemental como que esa responsabilidad se está exigiendo en un proceso penal, las sanciones impuestas son de naturaleza penal y la acreditación del presupuesto del que derivan aquéllas no pueden sustraerse al entendimiento constitucional del derecho a la presunción de inocencia. (...) lo que debería estar fuera de dudas es que el estatuto procesal de la persona jurídica, como venimos insistiendo, no puede dibujarse con distinto trazo en función del anticipado criterio que se suscriba respecto de la naturaleza de su responsabilidad penal o, incluso en relación con las causas que harían excluir esa responsabilidad y a las que se refieren los apartados 2 y 3 del art. 31 bis"[587].

El resto de los pronunciamientos judiciales sobre la presente cuestión han ido afianzando la doctrina jurisprudencial expuesta[588]. Por consiguiente, en virtud de todo lo expuesto, ostentando la persona jurídica la condición de sujeto pasivo en el proceso penal, en principio, resulta lógico que a la misma se le reconozcan todos los derechos inherentes a dicha posición procesal, incluidos el derecho a la tutela judicial efectiva y, sobre todo, el derecho de defensa[589]. Ahora bien,

---

587 STS nº 221/2016, 16 de marzo.

588 STS nº 516/2016, de 13 de junio, nº 744/2016, de 6 de octubre, nº 31/2017, de 26 de enero, nº 121/2017, de 23 de febrero, nº 260/2017, de 6 de abril, nº 455/2017, de 21 de junio, nº 583/2017, de 19 de julio, nº 742/2018, de 7 de febrero, nº 746/2018, de 13 de febrero, nº 108/2019, de 5 de marzo, nº 123/2019, de 8 de marzo.

589 Es más, actualmente la titularidad por parte de las personas jurídicas del derecho de defensa es una realidad jurídica indubitada que incluso puede quedar recogida legalmente en las próximas fechas a través del Proyecto de Ley Or-

¿una persona jurídica puede ostentar los mismos derechos que una persona física? Es decir, ¿podemos trasladar de forma automática la titularidad de la totalidad de los derechos procesales tradicionalmente reconocidos a las personas físicas a las entidades colectivas?

Varios autores, como ECHARRI CASI o NEIRA PENA, se han mostrado cautelosos con la traslación de derechos a las personas jurídicas, dado que entienden que su titularidad no siempre será reivindicable por estas. En este sentido, ECHARRI CASI ha señalado lo siguiente:

> "Si en el ámbito del derecho penal, constituye un grave problema la traslación de los arraigados principios básicos de actuación aplicables a las personas físicas, en el ámbito procesal sucede otro tanto, ya que aquél se encuentra impregnado de garantías pensadas exclusivamente para las personas individuales, cuya transposición a las personas jurídicas queda envuelta en sombras de duda e incertidumbre"[590].

Por su parte, NEIRA PENA se muestra más categórica a la hora de rechazar un reconocimiento automático y en bloque de todas las garantías propias de la persona física investigada a las personas jurídicas. Así, la autora se muestra más propensa a aceptar la realización de un estudio individualizado de cada derecho para analizar la posibilidad y la necesidad de que les sea reconocido a las personas jurídicas, lo que, en su opinión, "viene a revalidar la idea de que, el traslado automático y acrítico, a la persona jurídica, de los derechos que, de ordinario, se reconocen a la persona física imputada en cuanto tal,

---

gánica del Derecho de Defensa que fue propuesto el 2 de febrero de 2024. El objeto de dicha LO sería regular el derecho de defensa, el cual viene definido en el art. 2 del citado Proyecto en los siguientes términos literales: "El derecho de defensa comprende el conjunto de facultades y garantías, reconocidas en el ordenamiento jurídico, que permiten a todas las personas, físicas y jurídicas, proteger y hacer valer, con arreglo a un procedimiento previamente establecido sus derechos, libertades e intereses legítimos, en cualquier tipo de controversia ante los Tribunales y Administraciones Públicas o en los medios adecuados de solución de controversias regulados en la normativa de aplicación". Asimismo, el art. 4.1 del citado Proyecto de LO señala que "las personas físicas y jurídicas tienen derecho a recibir la asistencia jurídica adecuada para el ejercicio de su derecho de defensa".

590 ECHARRI CASI, Fermín Javier. "Las personas jurídicas… *Op. Cit.*

resulta inadecuado"[591]. En esta línea, la autora nos advierte de que no siempre será posible un traslado en bloque de las garantías procesales propias de las personas físicas a las personas jurídicas, dado que "los automatismos no funcionan bien en este ámbito y pretender un trasvase automático del estatuto procesal de la persona física imputada por la persona jurídica implica desconocer la realidad"[592]. Una realidad en la que resulta evidente que determinados derechos o garantías, por su propia esencia o ámbito de protección, no casan con la naturaleza jurídica propia de las entidades colectivas.

Es esta reflexión la que impide la adopción en la presente materia de una solución genérica consistente en la atribución de la totalidad de los derechos inherentes a las personas físicas a las jurídicas. Así, NEIRA PENA concluye que dicha extensión a las personas jurídicas tan solo podrá llevarse a cabo "teniendo en cuenta la naturaleza de la entidad y el fundamento del derecho de que se trate, y valorando si concurren razones que justifiquen tal extensión y cuáles son las ventajas que se deriven de ella"[593]. A modo de ejemplo, entiende que "es posible que ciertos derechos encuentren su fundamento en la dignidad, en la libertad personal o en otros valores reconocidos, exclusivamente, en atención a la condición humana del sujeto pasivo del proceso penal y no, meramente, a su posición procesal"[594].

Por consiguiente, al objeto de averiguar qué concretos derechos son reivindicables por las personas jurídicas, se requiere un análisis y estudio detallado del concreto derecho que se quiera reconocer para, únicamente en los casos en los que tenga sentido atendiendo a su naturaleza, hacerle titular de este. Soportan esta posición doctrinal los diversos pronunciamientos realizados por nuestro TC, que tiene ampliamente reconocido que los "derechos fundamentales rigen también para las personas jurídicas nacionales en la medida en que, por su naturaleza, resulten aplicables a ellas"[595].

---

591 NEIRA PENA, Ana María. *La instrucción de los procesos... Op. Cit.* Pág. 139.

592 NEIRA PENA, Ana María. *La instrucción de los procesos... Op. Cit.* Pág. 163.

593 NEIRA PENA, Ana María. *La instrucción de los procesos... Op. Cit.* Pág. 154.

594 NEIRA PENA, Ana María. *La instrucción de los procesos... Op. Cit.* Pág. 171.

595 STC nº 23/1989, 2 de febrero.

2.4. *La titularidad de derechos por parte de las personas jurídicas en función de las penas imponibles a las mismas*

Otra de las razones por las que se ha rechazado doctrinalmente un traspaso en bloque del estatuto jurídico de las personas físicas a las jurídicas es la diferencia existente entre las penas imponibles a unas y otras. En palabras de DEL MORAL GARCÍA:

> "El Derecho penal ha pulimentado sus mecanismos y es el derecho garantista por excelencia porque con su aplicación se ponen en juego los más preciados bienes de las personas (de las personas físicas: añado). Especialmente la libertad en su sentido más primario: la libertad ambulatoria, derecho fundamental proclamado en el art. 17 de la Constitución. Podemos debatir sobre la atribución a las personas jurídicas de otros derechos (el derecho al honor, al secreto de las comunicaciones, la inviolabilidad domiciliaria). Respecto de algunos no hay duda de que son predicables a ellas (en general los derechos fundamentales procesales del art. 24). Pero lo que es evidente es que por mucho que estiremos la ficción jamás podremos predicar de una persona jurídica el derecho a la libertad en el sentido del art. 17 de la Constitución. (...) Si el derecho penal prescindiese de las penas privativas de libertad, posiblemente podría relajar alguna de sus garantías"[596].

Se muestra parcialmente de acuerdo con este autor NEIRA PENA, quien, sin restar valor a las graves consecuencias que podría sufrir la entidad colectiva en caso de ser condenada, entiende que ninguna pena que se les imponga podría ser equiparada a la libertad deambulatoria de la que podrían verse privadas las personas físicas[597]. Para esta corriente doctrinal, como las penas imponibles a las personas jurídicas serían menos gravosas o limitativas de derechos que las imponibles a las personas físicas, estaría justificado que a las primeras se les reconocieran unas garantías de menor entidad que a los sujetos individuales. Pues bien, en nuestra opinión, dicho planteamiento presenta carencias importantes.

En primer lugar, no compartimos la premisa de que las penas imponibles a las personas jurídicas sean de menor entidad que las que

---

596 DEL MORAL GARCÍA, Antonio. "Aspectos procesales de la... *Op. Cit.* Pág. 257.

597 NEIRA PENA, Ana María. *La instrucción de los procesos... Op. Cit.* Pág. 166.

pueden ser impuestas a las personas físicas. De entrada, porque el propio art. 33.7 CP dispone que todas las penas aplicables a las personas jurídicas tendrán la consideración de graves, y, en cualquier caso, una supuesta menor gravedad de estas frente a las penas imponibles a las personas físicas no se corresponde con la realidad. Así, si bien es cierto que a una persona jurídica no se le podrá limitar su libertad deambulatoria, sí que se le podrán imponer sanciones penales equiparables a la pena capital, como es el caso de la disolución, penas que sí nos parecen de la suficiente entidad punitiva como para que la tesis consistente en el menor reconocimiento a las personas jurídicas de garantías procesales y derechos no pueda ser justificada en el diferente tratamiento penológico que se realiza respecto de ellas.

En la misma línea se ha mostrado MORALES GARCÍA, para quien "la gravedad de las sanciones que se prevén para la persona jurídica, que pueden suponer incluso su muerte civil, son suficiente para predicar la igualdad de derechos entre persona física y jurídica (...)"[598]. Así, aunque la pena de prisión no pueda ser impuesta a una jurídica, las que sí lo son, como la multa o la inhabilitación —entendida como no poder ejercer un cargo o no poder llevar a cabo una actividad—, no nos parecen penas en absoluto desdeñables como para aceptar que las personas jurídicas sean sujetos de menor categoría que las personas físicas en la tramitación de los procedimientos penales y, por ende, titulares de menos garantías. En este sentido, un claro ejemplo de la severidad de la pena de multa imponible a las personas jurídicas lo encontramos en el art. 288 CP, precepto que tras la reforma del CP del año 2015 paso de establecer que la pena de multa sería por el beneficio obtenido o favorecido a señalar que la multa sería por el beneficio obtenido o que se hubiera podido obtener. Es decir, ni siquiera es exigible la constatación de un beneficio para que la pena de multa atribuible a la persona jurídica sea de una elevada cuantía. A este respecto, PUENTE ABA ha señalado que "esta modificación pretende servir de base para la imposición de la multa proporcional en aquellos casos en que el delito cometido (de los señalados en este apartado a)) no ha reportado de forma efectiva ningún beneficio para su autor;

598 MORALES GARCÍA, Óscar. "La persona jurídica ante el Derecho... *Op. Cit.*

por lo tanto, se establece como base para el cálculo el montante de los beneficios que se podrían haber obtenido"[599].

Es más, independientemente de la cualidad de las penas a imponer a unos y otros sujetos, lo cierto es que sobre dicho debate se alza una realidad: desde la entrada en vigor de la LO 5/2010, 22 de junio, las personas jurídicas son sujetos capaces de responder penalmente. Por consiguiente, atendiendo al hecho de que el sistema penal debe funcionar igual para todos los sujetos sometidos al mismo —principio constitucional de igualdad ante la ley[600]—, bajo riesgo de que este principio quede desvirtuado, entendemos que el hecho de ostentar la condición de sujeto pasivo en el procedimiento penal es un argumento del suficiente peso como para que las personas jurídicas pasen a ser titulares de los mismos derechos que las personas físicas, salvo aquellos

---

599 PUENTE ABA, Luz María. "Publicación de la sentencia y sanciones para las personas jurídicas (art. 288 CP)". En *Comentarios a la reforma del Código Penal de 2015*, dirigido por José L. GONZÁLEZ CUSSAC, 941-944. Valencia: Tirant lo Blanch, 2015. Pág. 942.

600 En relación con este principio constitucional, entendemos de interés remitirnos a la definición que ha hecho el propio TC, el cual expuso lo siguiente en su Sentencia del Pleno nº 155/2014, de 25 de septiembre: "En efecto, como reiterada doctrina de este Tribunal (por todas, la STC 120/2010, de 24 de noviembre [RTC 2010, 120], FJ 3) ha venido declarando en relación con el principio de igualdad ante la Ley, 'la vulneración del derecho a la igualdad supone la existencia en la propia Ley de una diferencia de trato entre situaciones jurídicas iguales. Esta disparidad de tratamiento, sin embargo, sólo será vulneradora del derecho a la igualdad si no responde a una justificación objetiva y razonable que, además, resulte adecuada y proporcional´. Además, como también ha venido sosteniendo de modo uniforme este Tribunal, `el principio de igualdad exige que a iguales supuestos de hecho se apliquen iguales consecuencias jurídicas, debiendo considerarse iguales dos supuestos de hecho cuando la utilización o introducción de elementos diferenciadores sea arbitraria o carezca de fundamento racional´; igualmente, `el principio de igualdad no prohíbe al legislador cualquier desigualdad de trato, sino sólo aquellas desigualdades que resulten artificiosas o injustificadas por no venir fundadas en criterios objetivos suficientemente razonables de acuerdo con criterios o juicios de valor generalmente aceptados´; y, por último, que `para que la diferenciación resulte constitucionalmente lícita no basta con que lo sea el fin que con ella se persigue, sino que es indispensable además que las consecuencias jurídicas que resultan de tal distinción sean adecuadas y proporcionadas a dicho fin, de manera que la relación entre la medida adoptada, el resultado que se produce y el fin pretendido por el legislador superen un juicio de proporcionalidad en sede constitucional, evitando resultados especialmente gravosos o desmedidos´".

derechos, claro está, que no resulten reivindicables debido a su propia naturaleza, debiendo tramitarse las causas seguidas contra ellas con un escrupuloso respeto a sus garantías constitucionales, las cuáles han quedado expuestas a lo largo del presente apartado.

2.5. Consecuencias derivadas de la no equiparación de derechos entre las personas físicas y las jurídicas

En la línea de lo previamente expuesto, la mayor crítica contra la corriente doctrinal consistente en negar la titularidad de determinados derechos por parte de las personas jurídicas expone que asumir que estas ostentan una protección menor que las personas físicas podría derivar en efectos muy perjudiciales para su derecho de defensa, pues se les estarían tratando como sujetos de menor categoría, algo que, a pesar de los intentos de un sector doctrinal, está proscrito en nuestro Derecho Penal hasta el momento. Así lo advierte la propia NEIRA PENA cuando establece que la no equiparación de derechos y garantías entre las personas físicas y jurídicas en el procedimiento penal podría derivar en "la existencia de dos clases de inculpados, de primera y de segunda categoría, con un estatuto jurídico menos garantista para las personas morales"[601], con el riesgo que ello generaría para su efectivo derecho de defensa.

A este respecto, debemos traer a colación que, al tratarse de responsabilidades penales independientes, será frecuente que la persona jurídica y la física tengan líneas de defensa diferentes e, incluso, incompatibles, lo que habitualmente generará entre ellas conflictos de interés. En este sentido, entendemos que permitir que dos sujetos que se enfrentan al mismo proceso penal tengan diferentes armas para defenderse supone una desigualdad inaceptable en nuestro ordenamiento jurídico, más si cabe cuando, tal y como señala la doctrina, uno puede tener interés en actuar en perjuicio de otro[602]. En resumen, entendemos que debe evitarse una situación como la ejemplificada por NEIRA PENA:

---

601 NEIRA PENA, Ana María. *La instrucción de los procesos… Op. Cit.* Pág. 144.
602 *Ibidem.*

> "la persona física y la persona jurídica pueden resultar coimputadas por los mismos hechos en el mismo procedimiento, y puede darse entre ellas un conflicto de intereses, con lo que otorgarles una protección desigual podría provocar ventajas de un sujeto frente al otro en relación con sus expectativas respecto de la sentencia, esto es, en relación con la situación jurídica dinámica que constituye el proceso"[603].

A pesar de que voces como la de GASCÓN INCHAUSTI se hayan mostrado categóricas a la hora de establecer que no puede haber imputados de peor condición o con menos derechos que otros[604], también hay otras, como la de NEIRA PENA, que, como consecuencia lógica de la sustancial desigualdad entre ambos sujetos, valoran la posibilidad de que no quede más remedio que resignarse a ello, siempre que esa situación no genere indefensión para la entidad[605].

Pues bien, alcanzado este punto, no podemos compartir esta postura, ya que no nos parece prudente "resignarse" a que existan dos sujetos que puedan ser imputados en un mismo procedimiento penal y gocen de estatutos procesales diferentes. Con esto no queremos decir que se deba reconocer a la persona jurídica derechos de los que, por su propia naturaleza, no pueda ser titular. Al contrario, entendemos que toda garantía que sea compatible con la realidad jurídica que suponen se les deberá hacer extensible, dado que, en nuestra opinión, lo contrario generaría un sistema penal de dos velocidades que desvirtuaría la propia esencia del Derecho Penal[606].

De todas formas, en nuestra opinión, asumir que la persona jurídica no podrá ser titular de determinados derechos fundamentales, no significa automáticamente que pase a ser un sujeto de segunda categoría en el proceso penal, ya que será titular de todos los derechos recogidos en el art. 24 CE —como ya se ha expuesto a través de las

---

603 NEIRA PENA, Ana María. *La instrucción de los procesos… Op. Cit.* Pág. 161.

604 GASCÓN INCHAUSTI, Fernando. *Proceso penal y persona jurídica… Op. Cit.* Pág. 67.

605 NEIRA PENA, Ana María. *La instrucción de los procesos… Op. Cit.* Pág. 162.

606 Entendemos que no es este el lugar para rebatir la propuesta realizada por SILVA SÁNCHEZ (SILVA SÁNCHEZ, Jesús María. *La expansión del derecho penal: aspectos de la política criminal en las sociedades posindustriales.* 3ª edición. Madrid-Uruguay: Edisofer-B de F, 2011. Pág. 178 y ss.) sobre los beneficios que traería la introducción en nuestro ordenamiento jurídico de un sistema de diferentes velocidades para depurar la responsabilidad penal.

sentencias del TS previamente mencionadas— y, por lo tanto, tendrá reconocidas las mismas garantías y derechos procesales que las personas físicas. Así lo expone GASCÓN INCHAUSTI cuando recuerda que ninguna de las garantías del art. 24 CE está concebida a raíz de la condición de persona física del imputado[607]. En la misma línea, ECHARRI CASI nos recuerda que "el art. 24 CE no sólo alberga un Derecho fundamental fragmentado en múltiples aspectos formales, sino que también contiene objetivas garantías del procedimiento judicial del Estado de Derecho"[608].

Es decir, por mucho que a la persona jurídica no se le pueda reconocer la titularidad de determinados derechos fundamentales que, por su propia naturaleza, no puede reivindicar, dicha limitación no alcanza a los derechos procesales que como parte pasiva del proceso pasa a ostentar desde el mismo momento de su imputación, lo cual le permitirá ejercer su defensa en idénticas condiciones que los sujetos individuales. El hecho de que a las entidades colectivas no se le pueda reconocer la titularidad de determinados derechos —generalmente los relativos a los derechos de personalidad pertenecientes al art. 18 CE— como el de la intimidad o el de la dignidad humana debido a su naturaleza no humana, esto en ningún caso implica que vaya a estar menos protegida respecto de la Administración de Justicia que las personas físicas, ya que la carencia de estos derechos viene suplida por la existencia de otros de idéntica protección práctica.

Así, a modo de ejemplo, aunque las personas jurídicas no puedan ampararse en el derecho de la intimidad para evitar que la Administración de Justicia adquiera cierta documentación muy sensible potencialmente incriminatoria que se encuentre en uno de sus establecimientos abiertos al público, ello no obsta para que la entidad pueda negarse a facilitar dicha información reivindicando su titularidad del derecho a no auto incriminarse, a la inviolabilidad domiciliaria o al secreto de las comunicaciones.

En virtud de lo expuesto, debe reconocerse que las personas jurídicas no podrán ser titulares de determinados derechos fundamentales.

---

607 GASCÓN INCHAUSTI, Fernando. *Proceso penal y persona jurídica... Op. Cit.* Pág. 67.

608 ECHARRI CASI, Fermín Javier. "Las personas jurídicas... *Op. Cit.*

Ahora bien, dicha limitación no alcanzará a los derechos procesales que en nuestro ordenamiento jurídico se vienen reconociendo a los sujetos pasivos del proceso penal, dado que, a pesar de su naturaleza, la persona jurídica puede ser imputada y, por consiguiente, se le deben de reconocer todas las garantías y derechos procesales inherentes a dicha posición —y comprendidos en el art. 118 LECrim, a pesar de la existencia del art. 119 LECrim—, dado que de lo contrario se estaría permitiendo la convivencia en un mismo procedimiento penal de dos sujetos de diferente categoría, algo rechazable en nuestra opinión como ya hemos analizado.

Incluso NEIRA PENA, defensora de la corriente doctrinal que aboga por realizar un estudio individualizado de cada derecho fundamental previo reconocimiento de su titularidad por parte de las personas jurídicas, acepta dicha distinción entre derechos procesales de defensa y otros derechos fundamentales:

> "no será posible negarles a las personas jurídicas aquellos derechos que se reconocen en tanto que sujetos potencialmente infractores y sujetos pasivos del proceso penal, ya que la posición que pasan a ocupar como imputadas en el proceso las hace acreedoras de las protecciones vinculadas a tal condición, que garantizan la consecución de un proceso justo y con todas las garantías. Sin embargo, aquellos otros derechos que se fundamentan en la dignidad humana o en características o valores exclusivos de las personas físicas, deberían ser privativos de estas últimas, a riesgo de desnaturalizarlos, al mutar su fundamento"[609].

En definitiva, independientemente de que las personas físicas y jurídicas sean realidades diferentes y, por lo tanto, su estatuto jurídico procesal también lo sea, las dos deberán ser capaces de defenderse en las mismas condiciones en un proceso equitativo fundado en los principios de contradicción e igualdad de armas, esto es, con todas las garantías[610].

Por su parte, ECHARRI CASI, defensor de la corriente doctrinal que opta por trasladar en bloque el conjunto de garantías constitucionales y formales reconocidas a las personas físicas a las jurídicas,

---

609 NEIRA PENA, Ana María. *La instrucción de los procesos… Op. Cit.* Pág. 150.

610 NEIRA PENA, Ana María. *La instrucción de los procesos… Op. Cit.* Págs. 170 y s.

acaba reconociendo que dicho traslado deberá de realizarse con las correspondientes matizaciones. Así, a pesar de manifestar que "a igualdad de gravámenes y de cargas entre los inculpados, igualdad de derechos y garantías, sin distinción de su naturaleza, pues todos ellos pueden ser objeto del quebranto que la imputación en el seno del proceso penal conlleva"[611], el autor no esconde que la transposición de estas garantías a las personas jurídicas, pensadas en origen exclusivamente para personas individuales, queda envuelta en sombra de duda e incertidumbre[612]. Con otras palabras, el citado autor también asume la limitación de determinados derechos como consecuencia de la propia naturaleza de la persona jurídica.

Por ello, la esencia de ambas corrientes doctrinales es la misma: la posibilidad de extender a la persona jurídica todos los derechos y garantías constitucionales que sean compatibles con su naturaleza y la realidad social que representa. En este sentido, nos parece más garantista con el derecho de defensa de la persona jurídica, indubitadamente reconocido a las mismas, partir de la base de que es titular de toda protección, salvo algún derecho que por la propia naturaleza de la entidad resulte evidente que no le es reivindicable —por ejemplo, el derecho a la intimidad—. De esta forma, la persona jurídica estará protegida en todo momento y evitaríamos situaciones de indefensión que podrían sucederse en el ínterin en el que se esté discutiendo la posible titularidad por parte de la entidad colectiva de algún derecho o garantía.

En definitiva, el debate que ha sido expuesto no ha encontrado una respuesta pacífica en la doctrina y, difícilmente, va a encontrarla, salvo que el TS, adecuando sus pronunciamientos al escenario actual en el que las personas jurídicas pueden ser penalmente responsables, se pronuncie en algún sentido. Ahora bien, en nuestra opinión, de cara a evitar el riesgo de que el Derecho Penal se desnaturalice y pierda su esencia, desde el momento en el que se ha reconocido a las personas jurídicas como sujetos penales susceptibles de responder penalmente, se les debe de reconocer dicha condición en toda su esencia, con las únicas limitaciones que su propia naturaleza le imponga, pero sin que

611 ECHARRI CASI, Fermín Javier. "Las personas jurídicas... *Op. Cit.*
612 *Ibidem.*

de antemano se le impongan de forma artificial otras condiciones que restrinjan sus derechos.

Al hilo de lo expuesto hasta ahora en el presente Capítulo, resulta obligado analizar el contenido de una serie de derechos fundamentales y su reivindicabilidad por parte de las personas jurídicas. En este sentido, comenzaremos estudiando los contornos del derecho a la no auto incriminación de estas, para posteriormente centrarnos en los derechos a la inviolabilidad domiciliaria y el secreto de las comunicaciones de los que también son titulares.

3. DERECHO A LA NO AUTO INCRIMINACIÓN

Como es sabido, el derecho a no auto incriminarse es una vertiente del derecho de defensa y de la presunción de inocencia que viene regulado en el art. 24.2 CE, tal y como nos recuerda la STC nº 54/2015, de 16 de marzo.

El presente derecho, que también ha sido denominado derecho a la "no colaboración activa"[613], se nutre concretamente de los derechos "a no declarar contra sí mismo y a no confesarse culpable"[614]. Aunque se trate de derechos aparentemente idénticos, BANACLOCHE PALAO identifica acertadamente la siguiente diferencia:

> "Por un lado, el derecho a no declarar contra uno mismo permite al acusado —a diferencia del testigo— negarse a declarar en absoluto, sin que de ello se deban seguir consecuencias negativas para él. Por el contrario, en virtud del derecho a no confesarse culpable, se permite al acusado que declare sobre los hechos presuntamente delictivos, aunque se le acepta que guarde silencio sobre aquellas cuestiones que podrían suponer su incriminación"[615].

---

613 GONZÁLEZ LÓPEZ, Juan José. "Imputación de personas jurídicas y derecho a la no colaboración activa". *Revista Jurídica de Castilla y León*, nº 40 (2016). Pág. 38.

614 Constitución Española 1978. Art. 24.2.

615 BANACLOCHE PALAO, Julio. "El derecho a ser informado de la acusación, a no declarar contra uno mismo y a no confesarse culpable". *Cuadernos de Derecho Público*, nº 10 (2000). Pág. 193.

Por su parte, GÓNZALEZ LÓPEZ entiende que el derecho a la no colaboración activa nace como consecuencia del rechazo a que un sujeto sometido al *ius puniendi* del Estado pueda verse forzado a colaborar activamente en su incriminación[616]. Es decir, atribuye la existencia del presente derecho a que la presunción de inocencia quedaría vacía de contenido si se permitiese exigir o requerir al investigado la aportación de elementos de prueba que acreditaran su participación en los hechos objeto de investigación, o incluso su confesión.

A este respecto, en una primera aproximación a la presente materia, la extensión del presente derecho a las entidades colectivas tuvo tanto detractores como partidarios. Por un lado, NIEVA FENOLL entendía que la persona jurídica no era titular por sí misma de los derechos a guardar silencio y a no auto incriminarse, sino que simplemente ostentaba los mismos de forma colateral[617]. Por el contrario, ECHARRI CASI consideraba que la persona jurídica imputada podía acogerse, sin necesidad de colaborar con la Administración de Justicia, al derecho a no declarar contra sí misma proclamado en el art. 24.2 CE[618].

No obstante, desde la promulgación de la Ley 37/2011 y la consiguiente introducción en nuestra legislación procesal de los arts. 409 bis y 787 bis LECrim, la titularidad de la vertiente del derecho de defensa y de la presunción de inocencia, consistente en el derecho a la no auto incriminación por parte de las personas jurídicas, se ha convertido en una cuestión no controvertida. Ahora bien, aunque entendemos que no deben pasar inadvertidas las voces que, como GOENA VIVES, señalan que sería deseable un pronunciamiento expreso por parte de nuestros tribunales en relación con cómo debe reconocerse el derecho a la no auto incriminación a las personas jurídicas[619], lo cierto es que nos encontramos ante un derecho que resulta pacíficamente recono-

---

616 GONZÁLEZ LÓPEZ, Juan José. "Imputación de personas jurídicas y derecho... *Op. Cit.* Pág. 54.

617 NIEVA FENOLL, Jordi. *Fundamentos de derecho procesal penal*. Buenos Aires: Edisofer, 2011. Pág. 85.

618 ECHARRI CASI, Fermín Javier. "Las personas jurídicas... *Op. Cit.*

619 GOENA VIVES, Beatriz. "Investigaciones internas y expectativas de confidencialidad. Perspectivas a partir del derecho comparado angloamericano y continental". *La Ley Compliance Penal*, nº 6 (2021).

cido a las personas jurídicas en nuestro ordenamiento jurídico. Así lo entiende GALBE TRAVER, quien tras señalar, a nuestro juicio acertadamente, que su reconocimiento se encuentra en los arts. 409 bis y 787 bis LECrim, añade que no podría ser de otro modo, ya que "si el derecho a no declarar contra uno mismo y a no confesarse culpable se fundamenta en el derecho de defensa y en el derecho a la presunción de inocencia, no cabe negárselo a las personas jurídicas, siendo como son titulares de esos derechos"[620].

Ahora bien, pese a que coincidamos con este planteamiento, no debe pasar inadvertido que su extensión a las personas jurídicas en determinados aspectos ha suscitado importantes dudas de aplicación en la práctica judicial. En este sentido, son varios los conflictos que surgen en lo concerniente al alcance y aplicación del derecho a la no auto incriminación a estas entidades, como, por ejemplo, a qué concretas personas físicas podrá extenderse, o la cuestión de si los documentos y el resto de los elementos probatorios diferentes a la declaración oral están protegidas por el mismo.

3.1. Personas físicas pertenecientes a la persona jurídica titulares del derecho a la no auto incriminación

Como posteriormente se analizará, el derecho a la no auto incriminación puede ser ejercido de diferentes maneras por la persona jurídica investigada. No obstante, si la persona jurídica decide prestar declaración en el procedimiento, deberá prestarla a través de una persona física designada por ella, una persona que no será titular del presente derecho, sino que simplemente hará uso de este en beneficio de los intereses de la entidad colectiva. Así nos lo advierte GARAU ALBERTÍ, cuando manifiesta que, a pesar de ser partidaria de atribuir los derechos y garantías del art. 24 CE a la persona jurídica, como consecuencia de su especial naturaleza "resulta claro que para ello tiene que llevarse a cabo una humanización de la persona jurídica"[621]. Es decir, como consecuencia de su naturaleza, la persona jurídica no

---

620 GALBE TRAVER, Guillermo. "El secreto profesional del abogado in-house y el derecho a no auto incriminarse de la persona jurídica". *La Ley Penal*, nº 138 (2019).

621 GARAU ALBERTÍ, Cristina. "Derecho a no auto incriminarse... *Op. Cit.*

dispondrá del sustrato material necesario para declarar por sí misma, motivo por el que necesitará de la colaboración de alguna persona física. Ahora bien, como advierte GASCÓN INCHAUSTI, será "preciso evitar que la peculiar forma de participar de la persona jurídica en el proceso —a través de un representante— se convierta en una vía para que las autoridades de persecución penal burlen los derechos fundamentales de esta y, en especial, el derecho a no declarar contra sí misma y a no auto incriminarse"[622].

En este sentido, de acuerdo con lo que ha sido tratado con anterioridad[623] y sin perjuicio de que en apartados posteriores del presente trabajo vayamos a analizar los concretos sujetos que, a nuestro entender, deberían ser designados por la persona jurídica para que la representen en el proceso penal[624], lo que en un primer acercamiento a la presente cuestión resulta evidente es que, sean quienes sean dichas personas físicas, según la literalidad de los arts. 409 bis y 787 bis LECrim, estas estarán facultadas para reivindicar el derecho a la no auto incriminación titularidad de las personas jurídicas.

Ahora bien, el derecho a la no auto incriminación de las entidades colectivas no se extenderá únicamente a aquellas personas que hayan sido designadas como representante especial de la persona jurídica, sino que el ejercicio de dicho derecho podrá reivindicarse por otros sujetos que, por su estrecha relación con la persona jurídica, estarían amparados por el mismo. Y como bien señala MAZA MARTÍN, uno de los problemas más importantes que surge respecto al derecho a la no auto incriminación de la persona jurídica es precisamente "la extensión subjetiva del mismo, es decir, a qué personas físicas alcanza este derecho a no auto incriminarse de la persona jurídica"[625].

En este sentido, de cara a conocer qué concretos sujetos podrán reivindicar el derecho a la no auto incriminación de la persona jurídica, se han desarrollado a nivel doctrinal diversas teorías. A pesar de que las predominantes son teorías intermedias, también existen pronunciamientos defensores de ambos extremos: los que consideran

622 GASCÓN INCHAUSTI, Fernando. *Proceso penal y persona jurídica… Op. Cit.* Pág. 110.

623 Véase el Capítulo V.

624 Véase el epígrafe 3.1.3. del presente Capítulo.

625 GARAU ALBERTÍ, Cristina. "Derecho a no auto incriminarse… *Op. Cit.*

que el derecho a la no auto incriminación de la persona jurídica únicamente es trasladable al representante especialmente designado por ella y a nadie más, por un lado, y quienes opinan que debe extenderse a todos los trabajadores de la entidad, por otro. A continuación, analizaremos cuál es el contenido de cada una de estas teorías y cuál es, en nuestra opinión, la más respetuosa con los principios orientadores del Derecho Penal.

3.1.1. Teorías extremistas sobre la extensión del derecho a la no auto incriminación

Uno de los defensores de esta postura es el antiguo Fiscal General del Estado, MAZA MARTÍN, quien opinaba que, si la persona jurídica podía declarar en el proceso penal, paralelamente se le debía de reconocer el derecho a no declarar englobado en el derecho genérico a la no auto incriminación. Ahora bien, en opinión de este autor, la única persona física que gozaría de dicho privilegio sería el representante de la persona jurídica. En lo que se refiere al resto de personas físicas vinculadas con la mercantil, MAZA MARTÍN entiende que tan solo habría que advertirles que no estarían obligadas a responder a preguntas que pudieran suponer su propia incriminación, de acuerdo con el conocido principio *nemo tenetur se ipsum accusare*[626]. No obstante, aunque dicha tesis cuente a su favor, aparentemente, con la literalidad de la ley, pues, en efecto, solo a dicho representante se le reconoce expresamente esta garantía en nuestra legislación procesal —arts. 409 bis y 787 bis LECrim—, esta interpretación supondría vaciar de contenido el derecho fundamental que aquí nos ocupa. En palabras de GALBE TRAVER, si el presente derecho únicamente alcanza al representante especialmente designado de la persona jurídica, "el derecho queda privado de toda virtualidad, puesto que dichos sujetos, representantes orgánicos de la persona jurídica, pueden ser compelidos a incriminarla"[627], lo que según este autor derivaría en que la garantía constitucional quedase como un mero adorno en la ley, un

---

[626] MAZA MARTÍN, José Manuel. "Aspectos sustantivos y procesales de la responsabilidad penal de las personas jurídicas". *Diario La Ley, Sección Dictamen*, nº 7752 (2011).

[627] GALBE TRAVER, Guillermo. "El secreto profesional del abogado… *Op. Cit.*

derecho formalmente atribuido a la persona jurídica pero desprovisto de cualquier tipo de eficacia material[628].

En contra de lo expuesto por MAZA MARTÍN, surgen voces, como la de VEGAS TORRES, que a la hora de determinar las personas físicas a las que debería alcanzar el derecho a la no auto incriminación perteneciente a la persona jurídica, son de la opinión de que dicho grupo de personas debe ser amplio, debiendo regularse este tema, en su opinión, "ponderando, de un lado, el contenido del derecho a la no auto incriminación, y por otro, las facultades investigadoras de las acusaciones"[629]. Ahora bien, a pesar de compartir la opinión de que la extensión del derecho perteneciente a la persona jurídica debe extenderse a más personas físicas integrantes de la entidad además de al representante especialmente designado, entendemos que dicha extensión no debe abarcar a demasiados trabajadores, ya que existen numerosos argumentos que desaconsejan una ampliación excesivamente extrema del derecho a la no auto incriminación.

Por un lado, el tenor literal del art. 787 bis LECrim impide la designación como representante especial de quien haya de declarar como testigo en el juicio, lo cual, como acertadamente señala GALBE TRAVER, supone de forma directa que "la interpretación con arreglo a la cual el *nemo tenetur* alcanza a todo trabajador debe quedar descartada"[630], ya que al limitar la capacidad de selección del representante especial a la persona jurídica, es evidente que el legislador desea que estos empleados directamente vinculados con el hecho delictivo comparezcan en la causa con la obligación de decir verdad.

Asimismo, la extensión del derecho a la no auto incriminación a la totalidad o a un gran número de trabajadores impediría la efectiva persecución de los delitos, ya que se estaría impidiendo a la Administración de Justicia interrogar como testigo a cualquier empleado de la entidad colectiva que hubiera estado directa o indirectamente relacionado con el hecho delictivo. En este sentido, coincidimos con la doctrina que defiende que asumir una excesiva extensión del ámbito de protección del presente derecho provocaría grandes lagunas

---

628 *Ibidem.*

629 MAZA MARTÍN, José Manuel. "Aspectos sustantivos y procesales... *Op. Cit.*

630 GALBE TRAVER, Guillermo. "El secreto profesional del abogado... *Op. Cit.*

de punibilidad, que no parecen acordes con el planteamiento político-criminal que inspira el régimen de responsabilidad penal de la persona jurídica introducido en el año 2010[631].

Por otro lado, no puede aceptarse que la persona jurídica y la totalidad de sus trabajadores ostenten la misma identidad. Así lo entiende GALBE TRAVER, quien opina que "el trabajador no se integra en la empresa como un órgano de la persona jurídica, y su voluntad no se asocia a la de ella. El empleado es un 'otro' para la persona jurídica, y la relación laboral no extingue por sí sola esta alteridad, que impide la identificación del trabajador con la persona jurídica"[632]. También DOPICO GÓMEZ-ALLER defiende esta postura, puesto que para él:

> "no tendría sentido considerar que todo trabajador de la empresa puede guardar silencio en beneficio de aquélla (...) porque la relación laboral o de servicios no integra al trabajador como parte de la persona jurídica: los trabajadores tienen ante un 'empleador-persona jurídica' la misma consideración que respecto de un 'empleador-persona física'. Por ello, los empleados, por el mero hecho de serlo, no se ven abarcados por el derecho a guardar silencio del empresario"[633].

En definitiva, en nuestra opinión deben rechazarse estas teorías extremistas y optarse por una teoría más equilibrada en la que se respete conjuntamente el derecho de defensa de la persona jurídica y el correcto funcionamiento de la Administración de Justicia, ya que, de lo contrario, como bien expone GASCÓN INCHAUSTI, estaríamos "entre la burla al derecho al silencio —que se daría si se atribuyera sólo al representante la facultad de callar— y la burla a la persecución penal —que se produciría en caso de una extensión excesiva de esa facultad—"[634].

---

631 *Ibidem.*

632 *Ibidem.*

633 DOPICO GÓMEZ-ALLER, Jacobo. "Proceso penal... *Op. Cit.*

634 GASCÓN INCHAUSTI, Fernando. *Proceso penal y persona jurídica... Op. Cit.* Pág. 139.

3.1.2. Teoría intermedia sobre la extensión del derecho a la no auto incriminación

Frente a las previamente analizadas teorías de carácter extremo, en nuestra opinión la tesis correcta será una intermedia entre ellas, ya que entendemos que, mientras que una extensión del derecho a la no auto incriminación únicamente al representante especial vaciaría de contenido la esencia del mismo —que podría verse burlado por la declaración de otra persona física relacionada con la empresa con la misma información que el representante especial—, su extensión a todos los trabajadores de la persona jurídica imposibilitaría la efectiva persecución del hecho delictivo —ya que la investigación del delito se toparía con el silencio y la no colaboración de todas aquellas personas mínimamente relacionadas con aquel—.

Son varios los autores que abogan por buscar un equilibrio entre las dos teorías previamente expuestas. Entre ellos se encuentra GASCÓN INCHAUSTI, quien propone a nuestro legislador que termine decantándose por un sistema como el suizo, el cual extiende el derecho a la no auto incriminación de las personas jurídicas a todas las personas físicas que en el tráfico jurídico pueden actuar como sus representantes, ya que "como regla no sería sensato extenderlo más allá del círculo de los administradores-representantes, salvo circunstancias excepcionales, pues podría sufrir de forma desproporcionada la eficacia en la persecución penal"[635].

En la misma línea, GARAU ALBERTI también se muestra a favor de buscar un equilibrio, un equilibrio que la autora encuentra en "un sistema intermedio, extendiendo el derecho a no auto incriminarse a los administradores-representantes de la persona jurídica, así como a los integrantes de los órganos de la misma, con una especial prudencia en cuanto a la extensión del mismo en lo referente a la Junta General de Accionistas"[636]. Como la propia autora reconoce, dicha tesis se inspira en la posición doctrinal defendida por DEL MORAL GARCÍA, para quien este derecho puede ser ejercido por "cualquiera

---

635 GASCÓN INCHAUSTI, Fernando. *Proceso penal y persona jurídica... Op. Cit.* Pág. 142.

636 GARAU ALBERTÍ, Cristina. "Derecho a no auto incriminarse... *Op. Cit.*

de los representantes legales o miembros de los órganos directivos de la persona jurídica"[637].

GONZÁLEZ LÓPEZ, tras argumentar que no se puede limitar el derecho a la no auto incriminación al representante especialmente designado por la persona jurídica, dado que la selección del mismo no excluye que la voluntad de la persona jurídica la integren otras personas naturales que actúen como órganos de la misma[638], alcanza la conclusión de que "el derecho a la no colaboración activa debe predicarse de las personas naturales que ostentan la condición de órganos de la persona jurídica, si bien en la medida en que la colaboración pretendida se proyecte sobre la persona jurídica y conlleve una actuación propia de dichos órganos"[639]. El autor utiliza un ejemplo que, por resultar tremendamente ilustrativo, entendemos de interés extractar a continuación. Así, partiendo de un ejemplo consistente en una sociedad de capital anónima, GONZÁLEZ LÓPEZ entiende que el derecho a la no colaboración activa debería:

> "exonerar de declarar sobre decisiones y actuaciones del Consejo de Administración (de ser este el órgano de administración) a las personas naturales que lo integren, pues el Consejo es órgano de la sociedad, al igual que ha de eximir a un consejero delegado de declarar sobre actuaciones llevadas a cabo como órgano de representación de la sociedad (y por representación nos referimos a la propia e ínsita a la persona jurídica, no a la voluntaria distinta de la asociada al órgano de administración que pueda establecerse), pues, desde el momento en que la eventual declaración afecte a actuaciones de la persona jurídica como tal supondría obligar a esta a declarar en su perjuicio. (...) En definitiva, la posición de la persona natural llamada a declarar que actuó, no solo como tal persona natural, sino también como integrante de la voluntad de la persona jurídica, se asemeja a la del coimputado, aunque la persona natural no sea investigada"[640].

---

637 DEL MORAL GARCÍA, Antonio. "El estatuto jurídico procesal". En *Jornada de Derecho Penal: Los retos de la organización empresarial ante la nueva reforma del Código Penal*. Madrid: Fundación Ramón Areces, 1 de junio de 2011. Disponible en: https://sgfm.elcorteingles.es/SGFM/FRA/recursos/doc/2011/Ponencias/1674156562_79201112405.pdf.

638 GONZÁLEZ LÓPEZ, Juan José. "Imputación de personas jurídicas y derecho... *Op. Cit.* Pág. 64.

639 *Ibidem.*

640 *Ibidem.*

El propio autor concluye su argumentación manifestando que, en el supuesto de la persona jurídica, "la persona natural puede ser propuesta como testigo, pero en la medida en que integrará la voluntad de la persona jurídica, es también investigado, bien que no como persona natural, sino como elemento de la persona jurídica"[641].

Es decir, existe una corriente doctrinal que defiende que la capacidad de reivindicar el derecho a la no auto incriminación de la persona jurídica investigada lo ostentan, además del representante especial designado por la misma, aquellos integrantes de la entidad que hayan participado en la formación de voluntad o en la toma de decisión de la misma, ya que al momento de realizar dicha contribución estaban actuando como parte de la persona jurídica, como elemento ligado y vinculado a la misma, no como sujetos individuales ajenos a ella.

En una línea similar se muestra GALBE TRAVER, para quien los únicos sujetos que pueden reivindicar el derecho a la no auto incriminación perteneciente a la persona jurídica son aquellos que con sus actos estuvieran formando su voluntad, amparándose en el contenido del art. 31 bis CP para determinar los concretos sujetos a los que se podrá extender este derecho. Concretamente, el autor manifiesta que:

> "cuando el artículo 31 bis 1. a), después de la reforma de 2015, atribuye a la persona jurídica responsabilidad penal por los delitos cometidos 'por sus representantes legales o por aquellos que actuando individualmente o como integrantes de un órgano de la persona jurídica, están autorizados para tomar decisiones en nombre de la persona jurídica u ostenten facultades de organización y control dentro de la misma' el propio precepto está identificando al círculo de personas físicas que, a efectos penales, son la persona jurídica"[642].

En contra de lo que pudiera parecer en un primer momento, GALBE TRAVER, asumiendo plenamente la premisa de un modelo de autorresponsabilidad de la persona jurídica, ajena e independiente de la responsabilidad de la persona física que comete el delito, presupuesto necesario para sancionar a la primera, llega a la conclusión de que esa persona física ha de ser:

---

641 GONZÁLEZ LÓPEZ, Juan José. "Imputación de personas jurídicas y derecho... *Op. Cit.* Pág. 65.

642 GALBE TRAVER, Guillermo. "El secreto profesional del abogado... *Op. Cit.*

> "una de las mencionadas en el citado artículo 31 bis 1 a), por lo que, aun cuando esas personas físicas no son, *stricto sensu*, un *alter ego* de la persona jurídica, la responsabilidad penal de la persona jurídica requiere necesariamente de su intervención, por lo que creo, en este concreto sentido, que se identifican con la persona jurídica, y que dicha identificación justifica que se les extienda a ellas el derecho a no auto incriminarse de la persona jurídica. Por tanto, aun cuando desde el punto de vista sustantivo no se identifiquen plenamente con la persona jurídica, es necesario, a fin de salvaguardar el derecho de defensa de esta, que sí se identifiquen en el plano procesal"[643].

En nuestra opinión, nos parece acertado delimitar la extensión del derecho a la no auto incriminación de la persona jurídica investigada a las personas físicas mencionadas por el art. 31 bis 1 a) CP que ostenten o tengan atribuida la capacidad de tomar decisiones en nombre de la entidad, ya que se trata del grupo de personas que, tal y como se ha expuesto con anterioridad, forman la voluntad de la persona jurídica. En este sentido, la línea divisoria entre los sujetos individuales a los que se podrá ampliar el derecho a la no auto incriminación y a los que no obedece a razones de índole puramente material, concretamente a la capacidad de tomar decisiones que vinculen a la persona jurídica. Por consiguiente, resulta esencial determinar la capacidad de decisión real que ostenta el sujeto en la entidad colectiva para decidir si el derecho a la no auto incriminación de la persona jurídica se extiende a él o no. A nuestro entender, una extensión del derecho a la no auto incriminación más allá de estas concretas personas con capacidad de decisión lo único que conseguiría es dificultar la investigación judicial, ya que el acceso a la información relevante por parte de la Administración de Justicia resultaría imposible.

Por consiguiente, siempre y cuando no hayan sido designadas como representante especial de la persona jurídica, las personas que ostentan facultades de organización y control en el seno de la entidad colectiva, a pesar de que pertenezcan al grupo de sujetos de la letra a) del art. 31 bis. 1 CP, no podrán reivindicar el derecho a la no auto incriminación de la persona jurídica. Ahora bien, respecto a este grupo de sujetos, merece especial atención la figura del *Compliance Officer*, a la que nos referiremos en el epígrafe 3.1.3.2. del presente Capítulo.

---

643 GALBE TRAVER, Guillermo. "El secreto profesional del abogado… *Op. Cit.*

Este criterio diferencial, si bien resulta adecuado a nuestro entender, sigue siendo un concepto jurídicamente indeterminado, habida cuenta de que no resuelve la problemática actualmente existente en nuestros tribunales relativa al desconocimiento de qué concretos sujetos podrán reivindicar el derecho a la no auto incriminación perteneciente a la persona jurídica.

En un primer acercamiento a la presente cuestión, podríamos concluir que pertenecen a ese grupo de personas aquellas que por su puesto orgánico en la entidad colectiva tengan atribuida la capacidad de tomar decisiones en nombre de la sociedad (por ejemplo, los administradores de esta). No obstante, no puede ignorarse que en la práctica empresarial es común el otorgamiento de poderes de decisión a terceros. Pues bien, en nuestra opinión, en lo que a los apoderamientos se refiere, entendemos que las personas apoderadas para tomar decisiones que vinculen a la persona jurídica también podrán reivindicar el derecho a la no auto incriminación de esta, siempre y cuando no se trate de un apoderamiento fraudulento cuya única finalidad sea la de eludir que la persona apoderada pueda ser llamado al procedimiento como testigo. A este respecto, deberá analizarse con cautela en cada caso en concreto si el apoderamiento realizado verdaderamente otorga facultades de decisión a la persona apoderada o si simplemente nos encontramos ante un otorgamiento de facultades aparente sin contenido material efectivo y, por lo tanto, fraudulento[644].

Ahora bien, lo que actualmente no parece discutible es que nos encontramos ante una materia que, como consecuencia de la disparidad de opiniones existente, genera una inseguridad jurídica nada desdeñable que, tal y como advierte GALBE TRAVER, tan solo podrá remediarse mediante una adecuada reforma de nuestra ley procesal en la que se especifique las concretas personas a las que se extiende

---

644 A este respecto, el MF o cualquier de las partes personadas en el procedimiento podrán manifestar en cualquier momento sus sospechas respecto de la falsedad de cualquier apoderamiento, aportar pruebas que traten de acreditar dicha creencia e interesar que el derecho a la no auto incriminación de la persona jurídica no se extienda a la persona física con dicho apoderamiento ficticio. Dicha petición podrá ser rebatida por la persona jurídica investigada y será en última instancia el tribunal quien decida, tras realizar el análisis correspondiente, si dicho apoderamiento es real o fraudulento.

el derecho objeto de análisis[645]. Es evidente que no resulta posible establecer *ex ante* un listado cerrado de sujetos que podrán reivindicar este derecho, ya que la realidad mercantil y empresarial está en constante evolución. De hecho, un encorsetamiento legislativo demasiado excesivo no sería tampoco positivo. Sin embargo, a nuestro entender sí sería positivo que se establecieran unas pautas o criterios generales de los que nuestros tribunales pudiesen partir para definir quiénes serían estos sujetos.

En este sentido, mientras llega dicha reforma legislativa, entendemos que sería beneficioso para la presente materia que nuestros tribunales, y el TS en última instancia, vayan identificando las concretas personas a las que va a poder extenderse el derecho a la no auto incriminación de la persona jurídica, debiendo ir los pronunciamientos, en nuestra opinión, en la línea doctrinal defendida por los autores GALBE TRAVER y GONZÁLEZ LÓPEZ que ha sido previamente expuesta.

En este sentido, vamos a dedicar el siguiente epígrafe a analizar si las siguientes dos figuras, normalmente existentes en entidades de un tamaño relevante, podrían ejercer el derecho a la no auto incriminación de la persona jurídica en su nombre.

3.1.3. El abogado interno de la persona jurídica y el *compliance officer*, y su capacidad para reivindicar el derecho a la no auto incriminación de la entidad colectiva

En los procesos penales seguidos contra personas jurídicas, existen determinadas personas físicas cuya intervención en los hechos objeto de investigación resulta siempre interesante para la Administración de Justicia. Entre estas, nos merecen especial atención las figuras del abogado interno o *in-house* de la entidad y del *compliance officer*. A continuación, trataremos de responder a la cuestión de si estos sujetos pueden ser designados para representar especialmente a la persona jurídica y si, aunque no lo sean, pueden reivindicar el derecho a la no auto incriminación del que ésta es titular.

---

[645] GALBE TRAVER, Guillermo. "El secreto profesional del abogado… *Op. Cit.*

3.1.3.1. *Abogado interno de la persona jurídica*

El abogado interno es un letrado existente en algunas personas jurídicas, normalmente sujeto a un contrato laboral, cuya labor es el asesoramiento continuo a la entidad. Aunque en un primer momento la reivindicabilidad del derecho a no auto incriminarse de la persona jurídica por parte de este sujeto podría parecer una cuestión poco conflictiva, dado que los abogados ostentan la reconocida obligación deontológica de guardar secreto profesional, tal y como analizaremos a continuación, no es una cuestión en absoluto pacífica. El conflicto nace debido a que el abogado interno, además de ser un abogado en el sentido formal de la palabra, también es un empleado de la persona jurídica unido a la misma por una relación laboral, circunstancia que ha dado pie a no pocos problemas en lo concerniente a la titularidad por su parte del deber de confidencialidad y/o secreto profesional, el cual les ha sido generalmente negado, como bien afirma GASCÓN INCHAUSTI, por su falta de independencia[646].

En el ámbito europeo, la presente problemática tiene su origen en la STJCE en el asunto nº 155/1979, resolución que sostuvo que el privilegio de confidencialidad del abogado únicamente protegería las comunicaciones "mantenidas en el marco y en interés de los derechos de defensa del cliente (...) se trate de abogados independientes, es decir, no vinculados a su cliente mediante una relación laboral"[647]. Esta tesis ha sido mantenida por los tribunales europeos hasta la actualidad, siendo un claro ejemplo de ello la STEDH de 6 de diciembre de 2012, relativa al Caso *Michaud c. Francia*, resolución que establece que "la obligación de notificar sospechas no incide en la auténtica esencia de la función defensora del abogado la cual, como ya ha quedado establecido anteriormente, constituye la base del secreto profesional"[648]. Por consiguiente, esta doctrina se ampara en criterios formales —la independencia del abogado, su ausencia de relación laboral con la empresa— para reconocerle o negarle el derecho al secreto profesional.

---

646 GASCÓN INCHAUSTI, Fernando. *Proceso penal y persona jurídica... Op. Cit.* Pág. 109.

647 STJCE AM&S *Europe Limited c. Comisión*, de 18 de mayo de 1982 en el asunto nº 155/79.

648 STEDH de 6 de diciembre de 2012, caso *Michaud c. Francia*.

Aunque se trate de pronunciamientos realizados en el marco de procedimientos europeos de Derecho de la Competencia o Derechos Humanos, la ausencia de pronunciamientos sobre la presente materia en la jurisdicción penal española convierte dicho criterio en el favorito para un relevante sector doctrinal, el cual defiende que el abogado interno estaría obligado a declarar, ya que sus "comunicaciones y conocimientos están excluidos de la confidencialidad propia de las relaciones entre abogado/cliente por sus relaciones de dependencia con la empresa para la que trabaja"[649]. No obstante, a pesar del silencio de nuestros tribunales sobre la presente cuestión, estamos de acuerdo con la cautela que muestra GASCÓN INCHAUSTI cuando señala que las conclusiones alcanzadas por la doctrina europea "no pueden trasladarse automáticamente al ámbito de los procesos penales, debido a la sustancial diferencia existente entre ambos sectores del derecho sancionador"[650].

Así, en contra de la doctrina que aboga por no reconocer el derecho de confidencialidad y/o secreto profesional a los abogados internos de las personas jurídicas, existen pronunciamientos alternativos que se han inclinado por considerar que excluir al abogado *in-house* del secreto profesional, además de suponer una discriminación respecto del abogado externo, "constituye un menoscabo no justificado de los derechos de las personas jurídicas, a las que el ordenamiento español reconoce la titularidad de derechos fundamentales, especialmente de los artículos 24 de la Constitución"[651].

Entre ambas corrientes doctrinales se puede situar a GOENA VIVES. Esta autora, si bien se muestra de acuerdo sobre que el derecho al secreto profesional no puede ser reivindicado por todos los abogados por el simple hecho de serlo —y menos aun cuando se limitan a actividades de gestión completamente desvinculadas del derecho de

---

649 BANACLOCHE PALAO, Julio. "Las diligencias de investigación relativas a la persona jurídica imputada". En *Responsabilidad penal de las personas jurídicas. Aspectos sustantivos y procesales*, editado por Julio BANACLOCHE PALAO, Jesús ZARZALEJOS NIETO y Carlos GÓMEZ-JARA DÍEZ, 197-223. Madrid: La Ley, 2011. Págs. 204 y s.

650 GASCÓN INCHAUSTI, Fernando. *Proceso penal y persona jurídica... Op. Cit.* Pág. 109.

651 GALBE TRAVER, Guillermo. "El secreto profesional del abogado... *Op. Cit.*

defensa de la entidad con la que están unidos por una relación laboral—[652], también manifiesta, con muy buen criterio, que eliminar estas expectativas de confidencialidad para la totalidad de los abogados internos o *in-house* reduciría las posibilidades de que estos, conscientes de que no están amparados por el secreto profesional, llevaran a cabo investigaciones internas eficaces[653].

En aras a arrojar cierta luz sobre la presente materia y establecer qué abogados internos podrán ser titulares del citado deber/derecho de confidencialidad, GOENA VIVES propone "partir de una comprensión de la posición jurídica del abogado (externo o interno) eminentemente material, en función de la actividad que desempeña"[654]. Así, la autora distingue tres niveles de actividad. Por un lado, estarían los niveles de institucionalización máxima y desinstitucionalización, en los que respectivamente prevalecería y no prevalecería el deber/ derecho de confidencialidad del abogado al ser niveles en los que se encuadrarían abogados que, en primer lugar, estarían vinculados exclusivamente a la defensa procesal de la mercantil en procesos judiciales, y, en segundo lugar, realizarían labores de gestión desvinculadas del derecho de defensa[655].

No obstante, la problemática surge en relación con el último nivel de los propuestos por GOENA VIVES, denominado como institucionalización mínima y al que pertenecerían aquellos abogados que actúan como asesores jurídicos de la persona jurídica. Para la autora "en estos casos —que escapan al núcleo duro del derecho de defensa—, el abogado se mueve en una zona gris en la que no existe un criterio claro que permita fundamentar qué comunicaciones deberían quedar protegidas y por qué"[656], proponiendo que sean los progra-

---

652 GOENA VIVES, Beatriz. "El secreto profesional del abogado*Op. Cit.* Pág. 12. La autora ejemplifica entre este tipo de actividades de gestión las siguientes: "gestión de negocios, manejo de fondos, realización de operaciones mercantiles por cuenta del cliente, apertura y gestión de cuentas, gestión de fideicomisos (trusts) o sociedades, constitución de sociedades u otras personas jurídicas, ejercicio de funciones de dirección o secretaria de una sociedad, etc.".

653 *Ibidem.*

654 *Ibidem.*

655 *Ibidem.*

656 *Ibidem.*

mas de *compliance* los que *ex ante* determinen las concretas pautas de actuación del abogado *in-house* en este punto[657].

Pues bien, la ausencia de un consenso doctrinal sobre la cuestión que nos ocupa ha empujado a un sector de la doctrina a buscar otras alternativas diferentes a la del secreto profesional para evitar la obligación de este colectivo de colaborar con la Justicia en perjuicio de la persona jurídica para la que trabajan y, al mismo tiempo, salvaguardar la confidencialidad de sus comunicaciones. Es en esa búsqueda de otros resortes donde nace la idea de la extensión del derecho a la no auto incriminación de la persona jurídica al abogado interno de la sociedad, cuestión que pasamos a tratar a continuación.

GALBE TRAVER se inclina a favor de dicha posibilidad cuando manifiesta que, aunque el abogado *in-house* no estuviese amparado por el secreto profesional, este debería poder razonablemente invocar el derecho fundamental a no auto incriminarse de la persona jurídica para negarse a aportar, por ejemplo, la documentación de la empresa que se le ha requerido[658]. En sus palabras, los abogados *in-house* que ocupen puestos directivos en la asesoría jurídica de la empresa podrán alegar el derecho a la no auto incriminación de la entidad para "no verse obligados a testificar ni a aportar evidencias incriminatorias en procedimientos penales o administrativos sancionadores, pues ello vulneraría el derecho fundamental de la persona jurídica a no declarar contra sí misma y a no confesarse culpable"[659].

Si analizamos detenidamente la tesis expuesta, vemos como GALBE TRAVER se inclina por extender el derecho a la no auto incriminación de la persona jurídica al abogado interno de la sociedad, siempre que ocupe un puesto directivo en la asesoría jurídica de la entidad colectiva. Esta exigencia supone una consecuencia lógica de la teoría general defendida por el mismo autor de que el derecho de no auto incriminación de la persona jurídica únicamente podrá alcanzar a los sujetos comprendidos en el apartado a) del art. 31 bis 1 CP. Ahora bien, en la línea de lo previamente expuesto, para que el director de la asesoría jurídica de una entidad colectiva pertenezca al grupo de

---

657 *Ibidem.*

658 GALBE TRAVER, Guillermo. "El secreto profesional del abogado… *Op. Cit.*

659 *Ibidem.*

sujetos comprendidos en el apartado a) art. 31 bis 1 CP es necesario que sea titular de un poder que le faculte para tomar decisiones en nombre de la persona jurídica

Por consiguiente, ¿significa lo expuesto que los abogados internos únicamente podrán reivindicar el derecho a no auto incriminarse propio de la persona jurídica cuando sean titulares de un poder que les permitan tomar decisiones que vinculen a la persona jurídica? En nuestra opinión, esta conclusión generaría determinados conflictos.

A modo de ejemplo, imaginemos que la compañía dispone de una asesoría jurídica interna compuesta por 5 letrados. ¿Se reconocería el derecho constitucional a no auto incriminarse únicamente al director o responsable de dicho equipo? ¿Qué ocurriría en caso de que la autoridad judicial citase como testigo a un integrante del equipo sin esa posición jerárquica? ¿Estaría obligado a declarar? En caso de optar por dicha tesis, lo cierto es que el derecho a la no auto incriminación de la persona jurídica quedaría vacío de contenido ya que la información de la que van a disponer unos y otros profesionales, independientemente de su posición en la jerarquía de la persona jurídica, es prácticamente idéntica.

En definitiva, el abogado *in-house* no es un simple trabajador de la entidad colectiva, sino que se trata de un sujeto que conoce y dispone de información privada y sensible de la misma. Por consiguiente, la persona jurídica podría ver vulnerado su derecho a la no auto incriminación en caso de que este no se extendiese a sus abogados internos, tal y como advierte GASCÓN INCHAUSTI cuando manifiesta que "un eventual deber de declaración por su parte sería gravemente perjudicial para la entidad, igual que la ausencia de cobertura por el privilegio de las comunicaciones y documentos de que disponga"[660].

No obstante, en la línea de lo previamente expuesto, entendemos que el derecho a la no auto incriminación de las personas jurídicas únicamente será extensible a los abogados *in-house* en caso de que, a través de un apoderamiento, estén facultados para tomar decisiones en nombre de la persona jurídica —y, por ende, pertenezcan al grupo de sujetos del apartado a) del art. 31 bis 1 CP—. Ahora bien, tal y

---

660 GASCÓN INCHAUSTI, Fernando. *Proceso penal y persona jurídica... Op. Cit.* Pág. 109.

como se ha advertido con anterioridad a la hora de referirnos a los sujetos con capacidades delegadas de decisión en la persona jurídica, no podrán otorgarse apoderamientos fraudulentos cuya única finalidad sea la de evitar que determinados abogados internos puedan ser llamados a declarar en calidad de testigo en el procedimiento penal con obligación de decir verdad.

3.1.3.2. Compliance Officer

Cuando hablamos de *compliance officer* nos estamos refiriendo a la figura que viene regulada en el art. 31 bis 2. 2ª CP, esto es, a un órgano de la persona jurídica, ya sea unipersonal o colegiado, que tiene encomendada legalmente la función de supervisar la eficacia de los modelos de organización y gestión de la entidad colectiva, y que debe contar con poderes autónomos de iniciativa y control.

Es decir, nos encontramos ante una o varias personas que supervisan el correcto funcionamiento y cumplimiento por parte de la entidad colectiva del programa de cumplimiento implantado en ella, el cual ha sido definido por el TS como el "conjunto de normas de carácter interno, establecidas en la empresa a iniciativa del órgano de administración con la finalidad de implementar en ella un modelo de organización y gestión eficaz e idóneo que le permita mitigar el riesgo de la comisión de delitos y exonerar a la empresa y, en su caso, al órgano de administración, de la responsabilidad penal de los delitos cometidos por sus directivos y empleados"[661].

Ahora bien, a pesar de que la supervisión de la eficacia del programa de cumplimiento sea la función principal asignada al *compliance officer*, esta figura también es titular de otras responsabilidades. A modo de ejemplo, GÓMEZ MARTÍN considera que el *compliance officer* también tiene atribuidas las siguientes funciones:

> "la identificación y valoración de los riesgos penales que pueden afectar a la empresa y/o recabar ayuda de terceros expertos para este cometido; la identificación de las obligaciones de cumplimiento e información a los efectos de tomar las decisiones necesarias para poder transformarlas en políticas, procedimientos y procesos de cumplimiento; la integración

---

[661] STS nº 316/2018, de 28 de junio.

> de las obligaciones de compliance en las políticas, procedimientos y procesos existentes en la empresa evitando que constituyan requisitos o formalidades paralelas o adicionales; la impartición u organización de formación regular para el órgano de administración y empleados en materia de cumplimiento; la promoción de la inclusión de responsabilidades de cumplimiento en las descripciones de los puestos de trabajo; la accesibilidad de los documentos de compliance a todos los trabajadores; el establecimiento de un sistema de reporte en materia de cumplimiento, así como de mantenimiento de la información de cumplimiento; la ocupación de la gestión diaria del canal de denuncias y, en su caso, de informar al respecto a los restantes miembros del órgano de cumplimiento —si los hubiere— así como al órgano de administración; el establecimiento de los indicadores de rendimiento para medir y seguir las conductas de cumplimiento; la valoración de la necesidad de acciones correctivas y, en su caso, la transmisión de las propuestas al órgano de administración para que se tomen las decisiones necesarias; la revisión del modelo de prevención de delitos a intervalos planificados; la monitorización de que los procedimientos y controles de cumplimiento se desarrollen e implanten de conformidad con el que sea su diseño; el asesoramiento necesario a todos los miembros de la empresa sobre los aspectos con el cumplimiento ético y normativo; y, finalmente, la coordinación e integración de las actividades de la organización con la función de compliance, así como el aprovechamiento de los recursos ya existentes"[662].

¿Y quiénes están capacitados para desempeñar este cargo? Han asumido este puesto profesionales de diferentes campos de actividad, como juristas, economistas, ingenieros, auditores, persona de recursos humanos, etc. De hecho, un claro indicador de esta diversidad, como bien señala GÓMEZ MARTÍN, "es la proliferación de denominaciones en castellano de la asentada denominación en inglés, *compliance officer*: oficial de cumplimiento, responsable de prevención, coordinador de prevención, oficial de ética"[663].

Para llevar a cabo todas estas funciones, el CP exige en su art. 31 bis 2. 2° que el *compliance officer* cuente con poderes autónomos de iniciativa y control, o que tenga encomendada legalmente la función de supervisar la eficacia de los controles internos de la persona jurídica. Ahora bien, ¿verdaderamente puede hablarse de una verdadera autonomía e independencia del *compliance officer*?

---

662 GÓMEZ MARTÍN, Víctor. "El compliance officer... *Op. Cit.*

663 *Ibidem.*

Aunque el CP y diversos operadores jurídicos, como la FGE[664], han querido dotar de poderes autónomos e independientes de supervisión y control a la figura del *compliance officer*, lo cierto es que, en nuestro ordenamiento jurídico, la capacidad de actuación efectiva del órgano de supervisión del programa de cumplimiento de la persona jurídica siempre va a estar sometido a la autoridad del órgano de administración[665]. Como señala LIÑÁN LAFUENTE, este órgano de cumplimiento no casa adecuadamente con la estructura de responsabilidades y poderes establecido por la legislación mercantil, en la que no se recoge la existencia del órgano de prevención que aquí nos ocupa[666]. En este sentido, el autor entiende que el CP no puede generar *ex novo* una figura ajena al órgano de administración que tenga poderes para controlar, derogar o suspender los acuerdos del órgano de administración[667]. En definitiva, concluye que la autonomía e independencia del *compliance officer* se circunscribe "al ámbito de la función de supervisión, investigación y propuesta de actuación, sin que quepa entenderse que de dicha redacción se deriva directamente que el *compliance officer* cuenta con poderes ejecutivos para paralizar una operación empresarial o suspender un acuerdo del consejo de administración"[668].

En la misma línea se muestra GÓMEZ MARTÍN, quien llega a la conclusión de que el órgano de cumplimiento depende de la dirección de empresa, ya que es el órgano de administración el que institucionaliza en la corporación el modelo de prevención de delitos y se encarga de la designación del órgano de cumplimiento[669].

---

664 Con el objeto de garantizar la autonomía del *compliance officer* respecto del órgano de administración, la FGE, a través de su Circular 1/2016, ha establecido ciertas recomendaciones de gobierno corporativo relativas a la composición de dicho órgano de cumplimiento, como por ejemplo que no todos los miembros de un Consejo de Administración podrían formar parte del órgano de cumplimiento, ya que ello pondría en entredicho su independencia.

665 DE LA MATA BARRANCO, Norberto. "El órgano de control permanente de la persona jurídica (oficial de cumplimiento) en el marco de la responsabilidad penal corporativa". *Revista Penal México*, nº 21 (2022). Págs. 6 y s.

666 LIÑÁN LAFUENTE, Alfredo. *La responsabilidad penal del compliance officer*. Cizur Menor (Navarra): Thomson Reuters Aranzadi, 2019. Pág. 34.

667 *Ibidem*.

668 LIÑÁN LAFUENTE, Alfredo. *La responsabilidad penal... Op. Cit.* Pág. 40.

669 GÓMEZ MARTÍN, Víctor. "El compliance officer... *Op. Cit.*

Para tratar de evitar esta dependencia del *compliance officer* respecto del órgano de administración de la persona jurídica, doctrinalmente se ha planteado la posibilidad de externalizar de la entidad colectiva alguna de las funciones de dicha figura[670]. La propia FGE ha impulsado esta externalización de funciones en su Circular 1/2016 en los siguientes términos:

> "Tampoco existe inconveniente alguno en que una gran compañía pueda recurrir a la contratación externa de las distintas actividades que la función de cumplimiento normativo implica. Carecería de sentido y restaría eficacia al modelo imponer a una multinacional la realización y control interno de todas las tareas que integran la función de cumplimiento normativo. Lo verdaderamente relevante a los efectos que nos ocupan es que la persona jurídica tenga un órgano responsable de la función de cumplimiento normativo, no que todas y cada una de las tareas que integran dicha función sean desempeñadas por ese órgano. Muchas de ellas incluso resultarán tanto más eficaces cuanto mayor sea su nivel de externalización, como ocurre por ejemplo con la formación de directivos y empleados o con los canales de denuncias, más utilizados y efectivos cuando son gestionados por una empresa externa, que puede garantizar mayores niveles de independencia y confidencialidad"[671].

Por su parte, GÓMEZ MARTÍN opina que alguna de las funciones que resultan externalizables son "la elaboración misma del modelo de prevención de delitos, la gestión de canales confidenciales de denuncia, el desarrollo de investigaciones internas o la formación de directivos y empleados"[672].

No obstante, con independencia de que se externalicen todas estas funciones del *compliance officer* a terceros, lo cierto es que ello no va a impedir que las últimas decisiones dependan del órgano de cumplimiento perteneciente a la persona jurídica, que a su vez está sometido a la autoridad del órgano de administración, limitándose sus funciones, como ya se ha visto, a la supervisión, el control y, por último, a la comunicación con propuesta de actuación al órgano de gobierno de la entidad colectiva.

---

670 Se habla de algunas funciones y no de la totalidad, ya que el art. 31 bis 2. 2º CP exige que el órgano de cumplimiento sea un órgano de la persona jurídica.

671 Circular 1/2016, de 22 de enero, de la FGE. Pág. 25.

672 GÓMEZ MARTÍN, Víctor. "El compliance officer... *Op. Cit.*

Una vez sentadas en rasgos generales las bases y los contornos de la figura del *compliance officer* en nuestra legislación penal, a los efectos de lo que nos ocupa en el presente epígrafe, a continuación analizaremos si esta figura puede ser designada como representante especialmente designado de la persona jurídica en el procedimiento penal y si el derecho a la no auto incriminación titularidad de la entidad colectiva le es extensible.

En nuestra opinión, el *compliance officer* es la figura más indicada en el seno de una persona jurídica para ser designada como su representante especial en un procedimiento penal, ya que, como hemos visto, se trata de la persona encargada de la supervisión y el control de la eficacia del programa de cumplimiento implantado en la empresa, y, por consiguiente, esta figura va a ser el sujeto con más información en relación con los hechos objeto de investigación en las actuaciones judiciales. En este sentido, es la figura mejor preparada para aportar datos y elementos que justifiquen la eficacia del programa de cumplimiento y, por ende, la ausencia de responsabilidad penal de la entidad colectiva. De hecho, prueba de que el *compliance officer* es la figura adecuada para ser designada como representante especial de la persona jurídica es que el Anteproyecto de la LECrim del año 2020, en su art. 81.1 establecía que en representación de la persona jurídica "comparecerá la persona física especialmente designada por su máximo órgano de gobierno o administración para ostentar el cargo de director del sistema de control interno de la entidad..."[673].

Asimismo, en línea con las conclusiones alcanzadas con anterioridad, siempre que el *compliance officer* de la persona jurídica haya sido designado como representante especial de esta y la estrategia defensiva de la entidad colectiva así lo requiera, este podrá acogerse al derecho a la no auto incriminación titularidad de la persona jurídica y guardar silencio cuando sea citado a declarar en tal condición.

Ahora bien, el órgano de administración y/o gobierno de la persona jurídica deberá analizar con cautela los concretos hechos sometidos a investigación en el procedimiento penal, ya que no debe perderse de vista que el *compliance officer* es una figura que puede estar

---

673 Anteproyecto Ley Enjuiciamiento Criminal 2020. Art. 81.1.

sometida a responsabilidad penal[674], por lo que es posible que surja un conflicto de interés entre dicha figura y la propia entidad.

En este sentido, como ya ha sido expuesto, son los órganos de administración de las personas jurídicas quienes deciden quién va a ocupar el puesto de representante especial de la persona jurídica en el procedimiento penal en el que se está depurando la posible responsabilidad penal de la entidad colectiva. Esta designación para intervenir en nombre de la persona jurídica en las actuaciones judiciales faculta con carácter especial a la persona designada para hacer suyos los derechos titularidad de la entidad colectiva —incluido el derecho a la no auto incriminación—. Por ello, no sería conveniente por parte del órgano de administración de la persona jurídica, en caso de que exista un manifiesto conflicto de interés entre ella y el *compliance officer*, designar a este último como su representante especial en el procedimiento penal, ya que lejos de ayudarla, la persona encargada del órgano de cumplimiento puede facilitar una información y aportar una documentación en el juzgado que, además de beneficiarle exclusivamente a él a título personal e individual, perjudique manifiestamente a la entidad[675]. Por todo lo expuesto, a pesar de que el *compliance officer* sea generalmente la mejor opción para ejercer la representación especial de la persona jurídica en el procedimiento penal, la entidad colectiva —ya sea su órgano de administración o de decisión— debe preocuparse de que no exista ningún conflicto de interés con dicha figura.

Por otro lado, debemos preguntarnos, al igual que hemos hecho con el abogado *in-house* de la persona jurídica, qué ocurrirá en aquellos supuestos en los que el *compliance officer* no haya sido designado como representante especialmente designado de la persona jurídica

674 Si bien la posible responsabilidad penal personal de la persona designada como *compliance officer* por la persona jurídica es una cuestión que ha dado pie a un interesantísimo debate doctrinal, dicho estudio abarcaría una investigación en exclusividad, motivo por el que entendemos que su tratamiento aquí excede del objeto de esta obra.

675 Claro está que las motivaciones del *compliance officer* para colaborar con la Justicia se pueden deber a circunstancias ajenas a un posible conflicto de interés, como por ejemplo que nos encontremos ante una persona con un carácter recto que entienda que la Justicia debe prevalecer sobre el interés particular de la entidad colectiva.

en el procedimiento penal y, por la posición que ocupa en la persona jurídica, sea llamado a declarar.

A nuestro juicio, en aquellos supuestos en los que el *compliance officer* no haya sido designado como representante especial de la persona jurídica en el procedimiento penal y sea llamado a declarar en calidad de testigo, entendemos que este no tendrá la potestad de reivindicar el derecho a la no auto incriminación titularidad de la entidad colectiva. Así, aunque el oficial de cumplimiento sea uno de los sujetos pertenecientes a la letra a) del art. 31 bis 1 CP, sus facultades son exclusivamente de supervisión y de control, tal como señala el apartado 2. 2° del mismo artículo, estando sometidas, en última instancia, a la autoridad del órgano de administración, y por consiguiente, carece de capacidad para tomar decisiones en nombre de la entidad, que es el criterio diferencial por el que en nuestra opinión debe delimitarse la extensión del derecho a la no auto incriminación de la persona jurídica[676].

Ahora bien, el hecho de que el *compliance officer* sea llamado a declarar en calidad de testigo y esté en la obligación de prestar declaración en tal condición no supone que este vaya a poder aportar información o documentación que obre en su poder por su puesto en el organigrama de la mercantil pero que pertenezca a la persona jurídica, ya que eso atentaría frontalmente contra el derecho a la no auto incriminación de la que esta es titular.

3.2. La negativa a aportar documentos como vertiente del derecho a la no auto incriminación

Una vez analizada la vertiente subjetiva del derecho a la no auto incriminación respecto de las personas jurídicas, y una vez delimitado en el apartado anterior el grupo de sujetos personas físicas a las que puede extenderse dicho derecho, a continuación nos centraremos en su vertiente objetiva, tratando de dilucidar si el mismo puede exten-

---

676 En caso de que el *compliance officer* esté facultado a través de alguna clase de apoderamiento para tomar decisiones, habrá que estar a lo manifestado en el epígrafe 3.1.2. del presente Capítulo sobre los apoderamientos fraudulentos.

derse a otras actuaciones diferentes a las declaraciones orales, tal y como parece que expone la ley.

En primer lugar, aunque nuestra LECrim reconozca en sus arts. 409 bis y 787 bis la titularidad del derecho a la no auto incriminación a las personas jurídicas, tal y como advierte NEIRA PENA, no hace "ninguna referencia a otras actuaciones distintas de tales declaraciones orales, como los requerimientos coactivos de información o documentación interna de la entidad"[677]. Pero a pesar del silencio del legislador, ya adelantamos que, en nuestra opinión, el referido derecho no puede limitarse a las declaraciones prestadas oralmente por los investigados, debiendo extenderse a otras manifestaciones probatorias, como la aportación documental, motivo por el que coincidimos tanto con esta autora, cuando manifiesta que "declarar es manifestar algo con relevancia jurídica, sin que tal manifestación tenga que ser necesariamente oral", como con GONZÁLEZ LÓPEZ, para quien "la emisión de declaraciones o las manifestaciones de voluntad propias del derecho a la no auto incriminación no tienen por qué ser necesariamente orales"[678].

En la misma línea, solo que, de manera mucho más categórica, se muestran MAGRO SERVET y GASCÓN INCHAUSTI. Mientras que el primero concluye que "la prohibición de auto incriminación no opera solo respecto a la prueba del interrogatorio del investigado o acusado, sino sobre cualquier medio de prueba"[679], el segundo considera que "encajarían en esa noción no sólo la formulación de declaraciones en sentido estricto, sino también la aportación forzada o coactiva de documentos y elementos similares"[680]. De hecho, parece que esta es la tesis defendida por nuestros tribunales, ya que la STC

---

677 NEIRA PENA, Ana María. *La instrucción de los procesos... Op. Cit.* Pág. 285.

678 GONZÁLEZ LÓPEZ, Juan José. "Imputación de personas jurídicas y derecho... *Op. Cit.*

679 MAGRO SERVET, Vicente. "¿Es válido que el juez inste el requerimiento de documentos al investigado en el proceso penal a instancias de la acusación?". *Diario La Ley*, nº 9602 (2020).

680 GASCÓN INCHAUSTI, Fernando. *Proceso penal y persona jurídica... Op. Cit.* Pág. 134.

nº 54/2015, de 16 de marzo, reconocía tal virtualidad a unas actas de conformidad[681].

---

681 Esta sentencia, en su fundamento jurídico 8º, expone lo siguiente: "La aplicación de la doctrina anteriormente expuesta nos lleva a examinar si se ha producido la vulneración de la garantía de no autoincriminación reconocida en el art. 24.2 CE (RCL 1978, 2836). En efecto, tal como se ha expuesto en los antecedentes, la Sentencia del Tribunal Superior de Justicia de Navarra, tras apreciar la lesión del derecho fundamental a la inviolabilidad del domicilio, convalidó los actos administrativos por la eficacia de las manifestaciones realizadas por el representante de la empresa en las actas de conformidad de fecha 2 de octubre de 2009 en las que reconocía los hechos en relación a los impuestos y ejercicios cuya cuantía podía determinar la incoación de un proceso penal (v.gr. IVA 2003 y el impuesto de sociedades 2003 y 2005), que sería finalmente sobreseído. Por tanto, tales actas de conformidad no se referían a las liquidaciones y sanciones impugnadas en el recurso contencioso-administrativo, las cuales habían sido firmadas en disconformidad anteriormente y habían sido impugnadas en vía económico-administrativa en fecha 5 de junio de 2008. De ello se deriva que la conclusión alcanzada por el órgano judicial sobre la ruptura del nexo causal entre la prueba ilícita y el reconocimiento de los hechos se asienta en una extensión de la conformidad prestada en otro expediente con la finalidad de evitar la tramitación de un proceso penal. Entendemos que ello vulnera la garantía del expedientado a no declarar contra sí mismo, puesto que se otorga valor de confesión a un reconocimiento de hechos que fue realizado en otro expediente, con la finalidad de regularizar la situación en relación a unas liquidaciones y sanciones concretas, sin consideración a que las actas a que se refiere el recurso contencioso-administrativo fueron firmadas en disconformidad precisamente por su conexión con los datos obtenidos de las diligencias practicadas con vulneración del art. 18.2 CE. Esta conformidad prestada para evitar un proceso penal, no se puede extender al consentimiento prestado en un procedimiento distinto de carácter administrativo sancionador, lo que suponía rebasar los límites de la declaración de voluntad en los concretos términos y a los fines que fue formulada. En este sentido, hemos venido afirmando que la posibilidad de valoración en juicio de pruebas que pudieran estar conectadas con otras obtenidas con vulneración de derechos fundamentales sustantivos requiere un análisis a dos niveles: en primer lugar, ha de analizarse si existe o no conexión causal entre ambas pruebas, conexión que constituye el presupuesto para poder hablar de prueba derivada, y sólo si existiera dicha conexión procede el análisis de la conexión de antijuridicidad, cuya inexistencia legitimaría la posibilidad de valoración de la prueba derivada (por todas, STC 28/2002, de 11 de febrero [RTC 2002, 28], FJ 4). La valoración acerca de si se ha roto o no el nexo entre una prueba y otra no es, en sí misma, un hecho, sino un juicio de experiencia acerca del grado de conexión que determina la pertinencia o impertinencia de la prueba cuestionada lo que corresponde examinar a los Jueces y Tribunales ordinarios, limitándose nuestro control a la comprobación de la razonabilidad del mismo. En este caso, la conclusión obtenida en la Sentencia

No obstante, el silencio legislativo sobre la presente cuestión hace que nos preguntemos qué ocurre con los requerimientos documentales que se hagan a las personas jurídicas investigadas, y si podrán negarse a ellos en virtud del derecho que aquí nos ocupa. Esta cuestión se la ha planteado SIMÓN CASTELLANO en relación con el caso Tándem —uno de los numerosos procedimientos seguidos contra el excomisario Villarejo en la AN—, en relación con el requerimiento efectuado por el JCI nº 6 de la AN al BBVA para que aportara su *Forensic* —programa de cumplimiento o *compliance program*—, un requerimiento que para el citado autor "plantea dudas más que razonables de legalidad"[682].

A este respecto, también analizaremos qué ocurre en aquellos supuestos en los que el requerimiento documental por parte de la Administración de Justicia se produzca con anterioridad a la imputación de la persona jurídica en el procedimiento penal —momento en el que pasa formalmente a ser titular de los derechos y garantías procesales reconocidos a todas las personas (físicas y jurídicas) investigadas—.

Así, aunque estos requerimientos documentales, tal y como expone GALBE TRAVER, plantean "el problema de su posible colisión con el derecho fundamental a no declarar contra sí mismo y a no confesarse culpable (*nemo tenetur se ispum accusare*), que reconoce el artículo 24.2 CE, y que rige tanto en el procedimiento penal como en el administrativo sancionador"[683], de cara a concluir con suficientes garantías si los mismos están efectivamente protegidos por el derecho a

---

impugnada no cumple estos requisitos por cuanto que la prueba declarada ilícita se convalida con base a un reconocimiento de hechos que se realiza en otro expediente, en lo que aparece como una prueba derivada indirecta y que por ello no puede alcanzar el valor de confesión cuando, como en este caso, la recurrente había expresado su disconformidad en relación con los actos aquí impugnados precisamente con fundamento en la ilicitud de la actuación inspectora. En definitiva, se ha vulnerado la garantía de no autoincriminación del art. 24.2 CE (RCL 1978, 2836) al extenderse la conformidad prestada en un procedimiento administrativo a otros procedimientos administrativos sancionadores distintos, que constituyen el objeto de este recurso de amparo".

682 SIMÓN CASTELLANO, Pere. "Requerimientos de información y derecho de defensa de la persona jurídica (Reflexiones en torno al caso BBVA-Villarejo)". *Diario La Ley*, nº 9691 (2020).

683 GALBE TRAVER, Guillermo. "Cuatro tesis sobre el derecho a no auto incriminarse y los requerimientos documentales". *La Ley Penal*, nº 143 (2020).

la no auto incriminación, debemos de analizar previamente tanto los pronunciamientos judiciales existentes hasta la fecha —en el ámbito europeo e interno— como las posiciones doctrinales más importantes.

3.2.1. Origen de la cuestión y planteamientos jurisprudenciales y doctrinales

El origen de la presente cuestión debe fijarse en la STEDH de 17 de diciembre de 1996 (caso Saunders c. Reino Unido). En ella, el tribunal estableció que el derecho a la no auto incriminación impedía a los tribunales requerir a los sujetos sometidos al procedimiento documentos, salvo aquellos que existieran con independencia de la voluntad del sospechoso —*"has an existance independent of the will of the suspect"*[684]—. Así nos lo recuerda GARCÍA BERRO, cuando expone que el TEDH tiene declarado que el derecho a no auto incriminarse:

> "impide probar la conducta punible de un sujeto utilizando a tal fin la información aportada por éste bajo coacción, incluso si lo ha sido en un procedimiento previo de carácter no penal. De acuerdo también con la doctrina del Tribunal, se considera legítima en cambio la coacción de las autoridades tendente a que un sujeto permita o facilite la obtención de pruebas auto incriminatorias cuya existencia es independiente de la voluntad del sospechoso"[685].

Este criterio ha tenido diferentes lecturas en la doctrina, cuyas fortalezas y debilidades analizaremos de cara a concluir cuál es, en nuestra opinión, la que debe seguirse en lo que a los requerimientos documentales a la persona jurídica investigada se refiere.

En un primer momento, la jurisprudencia de nuestro país rechazó el reconocimiento como declaración auto inculpatoria de los requerimientos documentales, desechando la doctrina del TEDH bajo el pretexto de que "lo que ocurrió en aquel caso es que se utilizaron

---

684 STEDH de 17 de diciembre de 1996 (caso Saunders c. Reino Unido).

685 GARCÍA BERRO, Florián. "La reciente jurisprudencia de ámbito europeo acerca del derecho a no auto incriminarse y sus implicaciones en el procedimiento tributario interno". En *Derecho de la Unión Europea y reformas del ordenamiento jurídico español*, dirigido por Antonio José SÁNCHEZ PINO y Alfonso SANZ CLAVIJO, 117-141. Huelva: Universidad de Huelva Publicaciones, 2011. Pág. 129.

declaraciones del acusado con finalidad incriminatoria, hipótesis muy diversa de la aportación de documentos"[686]. Esto resulta una clara contradicción, puesto que el propio TEDH, como ya se ha expuesto, expresamente reconoció que determinados requerimientos documentales vulnerarían el derecho a la no auto incriminación, salvo aquellos cuya existencia fuera independiente a la voluntad del sujeto.

En una línea similar, otro de los argumentos utilizados por nuestros tribunales para reforzar su rechazo a que los requerimientos documentales estuvieran protegidos por el derecho a la no auto incriminación lo encontramos en el concepto del "contenido directamente incriminatorio". El origen de la presente tesis se sitúa en la STC nº 161/1997, de 2 de octubre, que estableció que "las garantías frente a la auto incriminación se refieren en este contexto solamente a las contribuciones del imputado o de quien pueda razonablemente terminar siéndolo y solamente a las contribuciones que tienen un contenido directamente incriminatorio"[687]. Doctrina que de nuevo se muestra contraria al criterio expresamente mantenido por el TEDH, el cuál estableció que el derecho a no auto incriminarse no puede limitarse a declaraciones de admisión de infracciones o expresiones que sean directamente incriminatorias —"*the right not to incriminate oneself cannot reasonably be confined to statements of admission of wrongdoing or to remarks which are directly incriminating*"[688]—.

En definitiva, nuestros tribunales se han resistido tradicionalmente a reconocer que los requerimientos documentales efectuados al investigado deban estar protegidos por su derecho a la no auto incriminación. Ahora bien, la ausencia general de pronunciamientos judiciales sobre la presente materia en la jurisdicción penal desde la introducción de la responsabilidad penal de la persona jurídica en nuestro ordenamiento jurídico hace necesario que, mientras se perfile la jurisprudencia que delimite el verdadero alcance objetivo del derecho a la no auto incriminación de aquella, se alcance un consenso sobre el significado del concepto "documento existente con independencia de la voluntad del sospechoso" —o lo que es lo mismo, sobre qué docu-

686 STS nº 277/2018, de 8 de junio.

687 STC nº 161/1997, de 2 de octubre.

688 STEDH de 17 de diciembre de 1996 (caso Saunders c. Reino Unido).

mentos podrán ser requeridos por el órgano instructor a las personas jurídicas investigadas—. Para ello, analizaremos las diferentes tesis que se han desarrollado doctrinalmente a lo largo de los años.

3.2.1.1. Tesis de la preexistencia, la predeterminación normativa y la certeza

Superada la tesis de la preexistencia, aquella que abogaba por definir los documentos independientes a la voluntad del sujeto como aquellos anteriores a la comisión del hecho delictivo y, por consiguiente, al momento de su requerimiento por la autoridad judicial[689], surgió la tesis de la predeterminación normativa, teoría que defendía la vigencia del derecho a la no auto incriminación frente a los requerimientos de documentos cuya existencia fuera facultativa, es decir, que jurídicamente no hubiera sido previamente impuesta. En otras palabras, para dicha tesis, el derecho en cuestión no protegía el requerimiento de documentos cuya elaboración fuera legal o normativamente obligatoria, ya que, tal y como expone GALBE TRAVER, "la coacción se ejercería antes de que se produjera el acto ilícito, puesto que, en el momento de cometerlo, su autor ya podía saber que tendría obligación de aportar el documento. Sería el propio infractor, por tanto, quien se habría puesto voluntariamente en situación de tener que aportar la documentación"[690]. La presente tesis, aunque defienda una concepción de los documentos independientes a la voluntad más adecuada que la teoría de la preexistencia, no escapa a críticas, como que "cada vez son más los documentos exigidos *ex lege*, de modo que, de aceptarse esta tesis, se hace inevitable resignarse a una constante e irreversible reducción del ámbito de protección del *nemo tenetur*"[691], o que "el legislador puede crear *ad hoc* obligaciones de confección o aportación de documentos con la sola finalidad de sustraerlos de la protección del derecho a no auto incriminarse"[692].

---

[689] GARCÍA BERRO, Florián. "Derecho a no autoincriminarse de los contribuyentes y procedimiento sancionador separado: precisiones a la luz de la evolución jurisprudencial". *Revista Quincena Fiscal*, nº 19 (2010). Págs. 24 y ss.

[690] GALBE TRAVER, Guillermo. "Cuatro tesis sobre el derecho... *Op. Cit.*

[691] *Ibidem.*

[692] *Ibidem.*

De hecho, la doctrina opina que en caso de que la finalidad de las imposiciones normativas sea la de averiguar posibles infracciones penales, "la propia norma estaría vulnerando el *nemo tenetur* y que, por tanto, el vicio de inconstitucionalidad afectaría no solo al acto individual del requerimiento, sino también a la norma en la que ese acto encuentra cobertura"[693]. Por ese motivo, GALBE TRAVER concluye que "solo deberían ser admisibles los requerimientos documentales hechos al amparo de normas que no tengan por finalidad que el destinatario de la norma se incrimine a sí mismo"[694]. En la misma línea, GÓNZALEZ LÓPEZ ha manifestado que el uso que podrá darse a la información obtenida como consecuencia de las obligaciones previas al inicio del procedimiento penal deberá analizarse "desde la óptica del principio de finalidad (derecho a la protección de los datos de carácter personal) o especialidad, pero no del derecho a la no colaboración activa, que solo se despliega a partir del inicio del procedimiento sancionador"[695].

No obstante, esta tesis doctrinal no ha sido rechazada por las críticas que suscita, sino por una razón más sencilla: sigue obligando a la persona jurídica, sujeto investigado en un procedimiento penal, a colaborar en su propia auto incriminación, lo que vulnera de plano su derecho de defensa, tal y como se ha expuesto a lo largo del presente Capítulo. Así, partiendo de la base de que en un Estado de Derecho se exige que la carga de la prueba recaiga en las partes acusadoras sin que puedan recabar coactivamente la colaboración del sujeto sometido al procedimiento a tal fin[696], a la doctrina no le ha quedado más remedio que llegar a la conclusión de que "la tesis de la predeterminación normativa debe rechazarse porque no evita que se imponga al acusado la carga de colaborar a su propia incriminación"[697]. Así, toda tesis que exija a la persona investigada aportar la documentación requerida en contra de su voluntad debe ser rechazada de plano.

---

693 *Ibidem.*

694 *Ibidem.*

695 GONZÁLEZ LÓPEZ, Juan José. "Imputación de personas jurídicas y derecho... *Op. Cit.* Pág. 58.

696 GALBE TRAVER, Guillermo. "Cuatro tesis sobre el derecho... *Op. Cit.*

697 *Ibidem.*

Además de las dos teorías doctrinales analizadas, la conclusión previamente alcanzada deriva en que otras teorías como la de la certeza[698], tesis que defendía que, al tener la autoridad judicial el conocimiento absoluto de la existencia y el contenido del documento, nada se confesaba por el sujeto pasivo cuando se le requería que lo aportase al procedimiento[699], también deban ser rechazadas. Como ya se ha expuesto, el derecho a la no auto incriminación protege el derecho del investigado a no colaborar con su propia incriminación. Por consiguiente, al exigirse por la teoría de la certeza dicha colaboración, por muy inocua que se la quiera tildar por el hecho de que la autoridad conozca la existencia del documento, sigue siendo una vulneración del derecho a la no colaboración activa del sujeto sometido al procedimiento y, por ende, debe ser rechazada.

3.2.1.2. Tesis de la accesibilidad

Es esa imposibilidad de aplicar una estrategia coercitiva frente a los sujetos titulares del derecho a la no auto incriminación lo que ha permitido el nacimiento de la tesis de la accesibilidad, teoría que incluye un pequeño matiz respecto de las tesis de la certeza y de la predeterminación normativa, pero que resulta determinante: la posibilidad de que la autoridad judicial obtenga la información o los documentos por sí misma.

Tal y como razona GARCÍA BERRO[700], que la autoridad pública esté en condiciones de conseguir por sí misma los documentos en cuestión es el único criterio plenamente respetuoso con el fundamento del derecho a no auto incriminarse. Apoyándose en lo anterior, GALBE TRAVER manifiesta que:

> "(...) si la autoridad pública está en condiciones de obtener las evidencias incriminatorias por sus propios medios el principio de proporcionalidad aconseja que se dispense al investigado la oportunidad de aportarlo voluntariamente, de modo que se evite recurrir a esos otros medios, más

---

698 *Ibidem.*

699 Comúnmente se decía que, en estos casos, el investigado no estaría aportando prueba, sino soportándola.

700 GARCÍA BERRO, Florián. "Derecho a no auto incriminarse... *Op. Cit.* Págs. 26 y s.

> invasivos para los derechos del investigado. El requerimiento pierde así su carácter coactivo, ya que no se hace bajo amenaza de sanción, sino solamente bajo la amenaza de que, en caso de no atenderse, se procederá a la obtención de las evidencias por esos medios más invasivos"[701].

Es decir, el requerimiento de información o documentación a la persona jurídica investigada podrá realizarse, pero nunca bajo el apercibimiento de una sanción, sino que se realizará con la advertencia de que en caso de no cumplimentar el requerimiento, esta podrá obtenerse mediante otros cauces, ya sea acudiendo a registros públicos donde dicha información o documentación obre, o a través de diligencias de investigación limitativas de derechos, como por ejemplo la diligencia de entrada y registro en la sede de la entidad.

La presente tesis ha sido la que tímidamente ha comenzado a adoptarse por nuestros tribunales, ya que el TS, aunque señalase en su Sentencia nº 277/2018, de 8 de junio, que las aportaciones documentales son una hipótesis muy diferente a las declaraciones incriminatorias del acusado, lo cierto es que posteriormente, dentro de la misma argumentación, ha establecido que "ni lo utilizado en el proceso penal fueron declaraciones vertidas por el acusado, sino datos que existían previamente fijados en documentos y obtenibles en su caso al margen de la voluntad del acusado"[702]. Así, esta resolución concluyó que la obtención de datos fue legal, puesto que estaban contenidos en un documento preexistente al comienzo de la investigación y era obtenible con independencia de la voluntad del acusado. En otras palabras, la referida resolución abre la puerta a defender que, de contrario, aquellos documentos que no sean preexistentes y que no puedan ser obtenidos por la autoridad judicial sin la colaboración del acusado, no podrán serle requeridos, al estar protegidos por el derecho a la no auto incriminación.

Por consiguiente, como bien señala NEIRA PENA, podemos llegar a la conclusión de que la doctrina y la jurisprudencia "excluyen de tal protección aquellas piezas de convicción que existen independientemente de la voluntad del sospechoso, esto es, que no han sido producidas ad hoc para el proceso o por requerimiento de la autori-

---

701 GALBE TRAVER, Guillermo. "Cuatro tesis sobre el derecho… *Op. Cit.*

702 STS nº 277/2018, de 8 de junio.

dad, como ocurriría, por ejemplo, con ciertos documentos contables, facturas, recibos, registros de transacciones comerciales o financieras, etc."[703].

Ahora bien, deberá ser el TS quien a partir de sus siguientes pronunciamientos vaya perfilando y asentando esta postura, ya que, a pesar de todo lo expuesto en el presente epígrafe, sigue habiendo voces, como BANACLOCHE PALAO[704], que se han mostrado contrarias a la ampliación del derecho que nos ocupa a los requerimientos documentales.

3.2.1.3. Conclusiones sobre las teorías doctrinales analizadas

En definitiva, en nuestra opinión, el derecho a la no auto incriminación resulta extensible a las personas jurídicas. En este sentido, entendemos que este derecho impide que se requiera por la autoridad judicial de forma coactiva a una entidad investigada a que aporte documentos al procedimiento, ya que ello atentaría contra de este derecho.

La no auto incriminación, que no deja de ser una vertiente del derecho de defensa, es un derecho que, tal y como nos recuerdan NIETO MARTÍN y BLUMENBERG, es absoluto, es decir, "no ponderable, frente a la actividad administrativa y la obligación de aportar información. Efectuar excepciones supone simplemente admitir la posibilidad de que el Estado pueda coaccionar a los ciudadanos a que efectúen declaraciones auto inculpatorias"[705]. A la misma conclusión llega DEL MORAL GARCÍA cuando manifiesta que la persona jurídica acusada puede reclamar su derecho a no colaborar con su propia incriminación. En opinión de este autor, eso significa que la persona jurídica "puede desatender los requerimientos que se le efectúen para

---

703 NEIRA PENA, Ana María. *La instrucción de los procesos*... *Op. Cit.* Pág. 286.

704 BANACLOCHE PALAO, Julio. "Las diligencias de investigación... *Op. Cit.* Pág. 203.

705 NIETO MARTÍN, Adán y BLUMENBERG, Axel-Dirk. "`Nemo tenetur se ipsum accusare´ en el derecho penal económico europeo". En Los d*erechos fundamentales en el Derecho penal europeo*, coordinado por Luis María DÍEZ-PICAZO y Adán NIETO MARTÍN, 397-419. Cizur Menor (Navarra): Civitas, 2010. Pág. 414.

entregar documentación; o que la información falsa que pueda proporcionar no podrá generar responsabilidad penal. No es que pueda falsear la documentación. Pero no le será exigible que la proporcione (sin perjuicio de que esa negativa provoque la necesidad de un registro o de pesquisas más invasivas)"[706].

En la misma línea que estos dos autores se muestra MAGRO SERVET, para quien "si la persona jurídica está, o pueda estar en el procedimiento como investigada puede negarse a la entrega de documentos, ya que el escenario es distinto si la persona física está investigada, y no la persona jurídica, que, si por la vía del art. 31 bis CP pueden estarlo los dos, en cuyo caso valdría la negativa a la entrega de documentos basado en la prohibición de auto incriminación"[707]. Por último, ECHARRI CASI también se suma a la presente corriente doctrinal cuando expone que "este derecho, no excluye la posibilidad de realizar pruebas sobre el sospechoso, pero ello no implica la imposición a aquél de la carga de colaborar con su propia inculpación, mediante actuaciones como el requerimiento para aportar elementos probatorios directos de contenido incriminatorio, como, por ejemplo, determinada documentación"[708].

De hecho, otro argumento contrario a la posibilidad de que las personas jurídicas sean requeridas por la autoridad judicial para que aporten determinados documentos lo encontramos en el art. 31 quater CP, precepto que regula las atenuantes específicas para las personas jurídicas. Si atendemos al contenido de este artículo, la colaboración con la investigación por su parte es una de las atenuantes específicamente configuradas para las personas jurídicas. En este sentido, la atenuante quedaría vacía de contenido en caso de que se pudiera conminar a las personas jurídicas a que aporten, por ejemplo, su programa de cumplimiento, ya que se le estaría privando de poder colaborar libremente con la investigación y beneficiarse de una hipotética

706 DEL MORAL GARCÍA, Antonio. "Peculiaridades del juicio oral con personas jurídicas acusadas". En *El juicio oral en el proceso penal. Especial referencia al procedimiento abreviado*, coordinado por Ignacio SERRANO BUTRAGUEÑO y Antonio DEL MORAL GARCÍA, 721-762. 2ª edición. Granada: Comares, 2010. Págs. 742 y s.

707 MAGRO SERVET, Vicente. "¿Es válido que el juez… *Op. Cit.*

708 ECHARRI CASI, Fermín Javier. "Las personas jurídicas… *Op. Cit.*

circunstancia modificativa de la responsabilidad penal. Esta reflexión ya la hizo SIMÓN CASTELLANO cuando expuso en relación con la ausencia de obligación de aportar documentos que "el propio legislador, presagiando una mayor dificultad en la instrucción de las causas frente a las personas jurídicas, ya habría tenido en cuenta, otorgando a la colaboración con las autoridades un valor minorativo de la responsabilidad penal"[709].

En definitiva, nada impide a la Administración de Justicia que trate de acceder a esos documentos en registros públicos, como el Registro Mercantil o el Registro de la Propiedad, pero debemos insistir en que en ningún caso podrá compeler a los investigados a que les haga entrega de estos. En esta misma línea se pronuncia GALBE TRAVER, para quien "no existe impedimento para que las autoridades puedan solicitar a instituciones y registros públicos documentos que un sujeto haya aportado previamente en virtud de una obligación legal y no sea un requerimiento individualizado"[710]. Igualmente nos recuerda la importancia que ostenta la finalidad detrás de la norma que exija la aportación de esos documentos, ya que únicamente será válida su obtención "cuando la finalidad por la que se ha establecido la obligación legal de aportar la información no sea el descubrimiento de infracciones"[711], matiz de gran relevancia que no debe olvidarse o pasar inadvertido.

Es precisamente dicho matiz el que nos empuja a no compartir tesis como la planteada por NEIRA PENA, quien entiende que "se puede advertir que una forma eficaz de control de las personas jurídicas, verificando si sus actividades se encuentran en los niveles de riesgo permitidos, sería establecer, en las correspondientes leyes, mercantiles o administrativas, ciertas obligaciones formales que faciliten el seguimiento y control de sus actividades"[712].

La propia autora, conocedora de los efectos que desencadenaría la aplicación de su teoría, matiza que "si tales obligaciones limitativas del derecho a no declarar de las personas jurídicas, respetasen,

---

709 SIMÓN CASTELLANO, Pere. "Requerimientos de información… *Op. Cit.*

710 GALBE TRAVER, Guillermo. "Cuatro tesis sobre el derecho… *Op. Cit.*

711 *Ibidem.*

712 NEIRA PENA, Ana María. *La instrucción de los procesos…* Op. Cit. Pág. 295.

el principio de proporcionalidad, siendo idóneas y necesarias para el logro de los fines de prevención y detección de delitos, además de estrictamente proporcionadas, permitiendo un suficiente margen para el ejercicio del derecho de defensa por el ente investigado, no vulnerarían su derecho a no declarar"[713]. Pero lo cierto es que la imposición legal de dichos controles y seguimientos tendrían como única finalidad el descubrimiento de hechos delictivos, algo que, como ya hemos concluido, resulta contrario al derecho a la no auto incriminación, motivo por el que nos posicionamos junto a los que rechazan esta tesis. Es más, incluso la autora reconoce que "no cabría exigir a las personas naturales obligaciones formales análogas, que les impusiesen una suerte de deberes de certificación de que su conducta es acorde con la legalidad"[714], lo cual no hace más que reforzar la idea de que una política de requerimiento documental como la expuesta sería plenamente irrespetuosa con el derecho a la no auto incriminación de la persona jurídica investigada.

Llegados a este punto, y habiendo concluido que la autoridad judicial no podrá requerir a la persona jurídica investigada la aportación de documentos cuya elaboración no venga legalmente exigida y cuya obtención no pueda lograr sin la colaboración de la propia entidad colectiva, por vulnerar ello el derecho a la no auto incriminación de la persona jurídica, debemos plantearnos otra cuestión íntimamente relacionada con esta: la tardía imputación de la persona jurídica en el procedimiento penal.

3.2.2. La tardía imputación de la persona jurídica como posible vulneración de su derecho a la no auto incriminación y la obligación o posibilidad de presentar el programa de cumplimiento al procedimiento penal

Si atendemos a la praxis judicial, nos daremos cuenta de que, en una gran cantidad de procedimientos penales, la persona jurídica no es imputada en un primer momento, al inicio de la investigación, siéndolo normalmente con posterioridad a que el procedimiento haya

---

713 *Ibidem.*

714 NEIRA PENA, Ana María. *La instrucción de los procesos... Op. Cit.* Pág. 296.

avanzado y se hayan concretado unos indicios relevantes contra la misma. Ahora bien, en estos supuestos en los que se retrasa la imputación de la persona jurídica, se corre el riesgo de que, al estar vinculada al sujeto investigado, esta sea requerida para que aporte determinada información al juzgado, la cual posteriormente puede ser perjudicial para ella en caso de ser imputada.

Si bien es cierto, tal y como expone GONZÁLEZ LÓPEZ, que "la persona jurídica no puede exonerarse de colaborar cuando la información se solicita en relación con la investigación que se sigue contra una persona física"[715], ya que estaría sometida al deber de colaboración con la Administración de Justicia exigible a todos los ciudadanos, no parece razonable permitir que la condena de la persona jurídica se sustente en una documentación o información aportada por ella cuando aún no había sido imputada y actuaba, por consiguiente, en base al referido deber de colaboración, ya que ello podría suponer una vulneración del art. 24 CE. De hecho, el voto particular de la STEDH de 8 de abril de 2004 (caso Weh c. Austria) estableció que dicha información no podría utilizarse para fundamentar una condena penal[716].

---

715 GONZÁLEZ LÓPEZ, Juan José. "Imputación de personas jurídicas y derecho... *Op. Cit.* Pág. 62.

716 "En asuntos relativos al uso del poder de la coacción para obtener información, el Tribunal ha examinado si el grado de obligación impuesta al acusado destruye la verdadera esencia del privilegio de no inculparse y el derecho a guardar silencio (ver Heaney y McGuinness [JUR 2001, 12888], anteriormente citada, ap. 48 y 55 con referencias a Funke [TEDH 1993, 7], previamente citada, pág. 22, ap. 44 y a John Murray [TEDH 1996, 7], anteriormente citada, pág. 50, ap. 49). Lo decisivo para la determinación de la violación es que el acusado no tuvo otra elección que o romper su silencio y facilitar una información posiblemente inculpatoria o que se le impusiera una multa o una pena de arresto por no hacerlo. Es cierto que el demandante no fue castigado por guardar silencio, sino por facilitar el nombre y la dirección incompleta de una tercera persona. Sin embargo, pudo hacerlo para protegerse a sí mismo de ser enjuiciado por exceso de velocidad y no existe ninguna otra prueba que excluya que el conductor pudiera ser el propio demandante. No nos convence, por tanto, el argumento del Gobierno de que, a la vista de los hechos, el demandante no era el conductor del coche y, en consecuencia, no podía inculparse. Al determinar el posible riesgo de auto inculparse, no vemos motivos para hacer distinciones entre las situaciones en las que el propietario del vehículo se niega a facilitar ninguna información y en las que la que proporciona es errónea o insuficiente. Sin embargo, la situación es distinta

Amparándose en este voto particular, GIMENO BEVIÁ concluye que "no cabe utilizar dicha información como prueba en el proceso penal para condenar a la persona jurídica. Esta prohibición también impide solicitar coactivamente la información cuando existan posibilidades de que posteriormente se vaya a abrir un proceso penal relacionado con la información obtenida"[717]. En la misma línea, pero más contundente, se ha pronunciado NEIRA PENA, en el sentido de que no existe un deber genérico de colaborar con la Justicia aportando pruebas directamente incriminatorias contra uno mismo. Así, concluye que "dejando a salvo las obligaciones formales preestablecidas en la legislación, como serían, la llevanza de la contabilidad o las obligaciones tributarias de carácter formal, no podría requerirse a una persona, física o jurídica, frente a la que se ha iniciado un procedimiento sancionador, la aportación de documentos que sostengan o puedan sostener directamente su imputación penal"[718].

De todos modos, de cara a evitar este tipo de escenarios, lo más acertado en nuestra opinión es, en consonancia con lo defendido anteriormente respecto del momento procesal adecuado para realizar la imputación de la persona jurídica[719], imputarla cuanto antes en aquellos supuestos en los que se haya cometido un delito en el seno o a través de ella, circunstancia que, aunque en un primer momento pueda parecer contraproducente, tal y como señala GONZÁLEZ LÓPEZ[720], acaba siendo más que recomendable para que los derechos constitucionales de la persona jurídica no se vean vulnerados.

En resumen, en caso de que el requerimiento documental se realice antes de que la persona jurídica esté imputada formalmente en la causa, ¿puede la entidad negarse a entregarla?

---

cuando basándose en las pruebas está claro que el propietario del coche no podía ser el conductor y, por tanto, no corría el riesgo de inculparse de la infracción de exceso de velocidad obligándosele a identificar al conductor".

717 GIMENO BEVIÁ, Jordi. *Compliance y proceso... Op. Cit.* Págs. 235 y s.

718 NEIRA PENA, Ana María. *La instrucción de los procesos... Op. Cit.* Pág. 291.

719 Véase el epígrafe 1. del Capítulo IV.

720 GONZÁLEZ LÓPEZ, Juan José. "Imputación de personas jurídicas y derecho... *Op. Cit.* Pág. 63: "un planteamiento que puede resultar extraño, pues la imputación apresurada es algo que se intenta evitar, entre otras razones por la pena de banquillo que entraña, pero que se plasma en la práctica como medio de asegurar la plenitud de garantías procesales".

A este respecto, compartimos la postura de GASCÓN INCHAUSTI de que "la negativa será igualmente legítima, si considera precisamente que la aportación de los documentos podría servir para incriminarla. La garantía frente a la auto incriminación también debe cubrir estos supuestos, pues de lo contrario sería meramente ilusoria"[721]. En opinión del autor, quien se ampara en la doctrina jurisprudencial del TEDH[722], "está prohibida todo tipo de solicitud coactiva de información no sólo en el marco de una investigación abierta contra un sujeto, sino también cuando existe el peligro de que se abra un proceso penal como consecuencia del contenido de la información que se solicita"[723].

En otro orden de cosas, a los efectos de la cuestión que aquí nos ocupa, entendemos imprescindible dirimir si el *compliance program*, el programa de organización y gestión capaz de exonerar a las personas jurídicas de responsabilidad penal, es un documento que pueda ser requerido a estas por la autoridad judicial, ya que aunque el debate sobre quién ostenta la carga de la prueba en los procedimientos seguidos contra personas jurídicas vaya a abordarse con más profundidad en el último Capítulo de esta obra[724], ello no es óbice para que analicemos ahora, desde la perspectiva del derecho a la no auto incriminación plenamente reconocido a la persona jurídica, si el programa de organización y gestión entraría dentro de los documentos que la entidad colectiva puede negarse a entregar a los tribunales.

SIMÓN CASTELLANO no tiene dudas y entiende que el derecho de la persona jurídica a no auto incriminarse actúa "como un óbice insalvable frente a la tentación por parte de la instrucción de forzar la colaboración de la persona jurídica requiriendo la entrega de documentación, como los informes *forensic* o los demás elementos probatorios directos"[725]. Por consiguiente, tal y como señala NEIRA

721 GASCÓN INCHAUSTI, Fernando. *Proceso penal y persona jurídica*... *Op. Cit.* Pág. 123.

722 Sentencias de 17 diciembre 1996 (caso Saunders c. Reino Unido) y de 20 octubre 1997 (caso Serves c. Francia).

723 GASCÓN INCHAUSTI, Fernando. *Proceso penal y persona jurídica*... *Op. Cit.* Pág. 123.

724 Véase el epígrafe 2. del Capítulo VII.

725 SIMÓN CASTELLANO, Pere. "Requerimientos de información... *Op. Cit.*

PENA, es necesario determinar "si los documentos requeridos tienen un carácter obligatorio *ex lege*, o si, por el contrario, responden a la voluntad de la entidad de establecer determinados controles internos de sus actividades o son confeccionados en atención a un requerimiento *ad hoc* de los órganos de investigación penal"[726], ya que los efectos en uno y otro caso son totalmente diferentes. En opinión de esta autora:

> "En el primer caso, no se trataría de declaraciones auto inculpatorias, en tanto que su existencia sería independiente de la voluntad de colaborar o no del inculpados y, por lo tanto, no se podría considerar que el requerimiento coactivo implicó forzar o doblegar su voluntad. Por el contrario, sí constituiría, a estos efectos, una declaración auto inculpatoria la entrega de aquellos materiales que contengan una declaración y cuya existencia dependa del investigado, como, por ejemplo, las respuestas auto incriminatorias, realizadas por escrito, que puede dar el obligador tributario a determinadas preguntas formuladas por la Inspección Tributaria, agendas personales en las que el sujeto ha podido dejar constancia de determinada información auto incriminatoria, cuadernos personales de notas, correspondencia o materiales elaborados, a solicitud de la Inspección, por el obligado tributario"[727].

Así, como ya se ha mencionado con anterioridad, a pesar de que esperamos que la corriente doctrinal mayoritaria sea asumida por nuestro TS, en nuestra opinión la autoridad judicial únicamente podrá requerir a las personas investigadas la aportación de documentos cuya existencia estuviera normativa y prestablecidamente exigida, y siempre que, además, el tribunal pudiera acceder a los mismos de forma independiente sin las colaboración del investigado o acusado, como, por ejemplo, a través de los registros públicos. Ahora bien, ¿cumple el *compliance program* con las características necesarias para que su aportación le pueda ser requerida a las personas jurídicas? La respuesta, a nuestro entender, debe de ser negativa.

En primer lugar, el programa de cumplimiento normativo, según nuestro CP, no es obligatorio, salvo para los partidos políticos y los clubes de fútbol que participen en las ligas profesionales de nuestro

---

726 NEIRA PENA, Ana María. *La instrucción de los procesos... Op. Cit.* Pág. 292.
727 *Ibidem.*

país[728]. Salvo estas excepciones, no existe disposición normativa o reglamentaria que exija obligatoriamente la creación y la implementación en una persona jurídica del *compliance program*. Es cierto que el hecho de que su correcta implementación y su buen funcionamiento puedan eximir de responsabilidad penal a la persona jurídica ha derivado en que una gran cantidad de entidades hayan procedido a implantarlos —fomentando una cultura de cumplimiento con la legalidad—, pero ello no implica que su existencia sea obligatoria y que se pueda sancionar a las entidades que no lo hayan implantado por el simple hecho de no tenerlo. Por consiguiente, el documento en cuestión no siempre —salvo con los partidos políticos y los clubes de fútbol— cumple con el requisito de la predeterminación normativa, quedando al total arbitrio de las personas jurídicas su elaboración e implementación.

En segundo lugar, al no estar legal o normativamente requerido contar con un *compliance program*, este no debe ostentarse, presentarse o depositarse en ningún tipo de registro público. Por lo tanto, la autoridad judicial no tendrá capacidad de acceso al documento por otros medios y sin la colaboración de la entidad colectiva o alguna de las personas físicas que presten sus servicios para la misma, las cuales, como ya se ha analizado, pueden estar vinculadas a su derecho a la no auto incriminación en función de su posición jerárquica en ella.

En definitiva, con independencia de que los efectos que la negativa a aportar el programa de cumplimiento en el procedimiento penal va a tener para la persona jurídica es una cuestión que se analizará en el epígrafe relativo a la carga de la prueba del Capítulo VII, según se ha señalado anteriormente, en este momento de la investigación pode-

---

728 El apartado 8 del art. 2 de la LO 3/2015, de 30 de marzo, de control de la actividad económico-financiera de los Partidos Políticos introdujo un apartado que dispone que: "Los partidos políticos deberán adoptar en sus normas internas un sistema de prevención de conductas contrarias al ordenamiento jurídico y de supervisión, a los efectos previstos en el artículo 31 bis del Código Penal". Asimismo, los Estatutos Sociales de la Liga Nacional de Fútbol Profesional exige a los clubes de fútbol que participen en la misma "adoptar y ejecutar con eficacia modelos de organización y gestión que incluyan las medidas de vigilancia y control idóneas para prevenir la comisión de delitos o reducir significativamente el riesgo de su comisión, en los términos previstos en el artículo 31 bis del Código Penal".

mos concluir que las entidades colectivas podrán negarse a aportar a la causa penal sus programas de cumplimiento normativo en aquellos casos, claro está, de que dispongan del mismo. A esta misma conclusión llega NEIRA PENA, quien opina que "al no existir una obligación legal expresa de documentar y archivar esa información, no se trataría de documentos requeridos *ex lege*, mientras que su carácter incriminatorio resulta evidente, por lo que, de ser requeridos bajo amenaza de sanción, constituirían prueba ilícita"[729].

No obstante, el hecho de que la elaboración e implementación de un programa de cumplimiento no sea actualmente obligatorio, no implica que no pueda serlo en el futuro cercano. A este respecto, debe traerse a colación la Ley del Informante —Ley 2/2023, de 20 de febrero, reguladora de la protección de las personas que informen sobre infracciones normativas y de lucha contra la corrupción— a la que se ha hecho referencia en el Capítulo IV de esta obra, la cual en sus arts. 10 y 13 establece que determinadas entidades del sector privado y público estarán obligadas a disponer de un sistema interno de información. Por consiguiente, viendo cuál es la inercia legislativa en este tipo de cuestiones, habrá que estar atentos a posibles modificaciones legislativas en relación con la obligatoriedad *ex lege* del *compliance program* que puedan afectar a las conclusiones que han sido alcanzadas en el presente epígrafe.

3.2.3. Personas físicas indicadas para atender el requerimiento documental efectuado por la autoridad judicial

Por último, entendemos necesario para la presente investigación tratar de dirimir quién es, dentro de la persona jurídica, la persona física indicada, o con capacidad de representación suficiente, para rechazar el requerimiento documental realizado por la autoridad judicial.

Para NEIRA PENA "la decisión última sobre atender o rehusar un requerimiento para aportar ciertos documentos protegidos por el derecho a no declarar de la entidad debe recaer en sujetos que estén facultados para tomar decisiones o para actuar en su nombre, al me-

---

729 NEIRA PENA, Ana María. *La instrucción de los procesos... Op. Cit.* Pág. 293.

nos, en el ámbito en el que la documentación requerida se produce y se custodia"[730], por lo que dicha entrega, en caso de realizarse, debe hacerse "en nombre de la persona jurídica, de tal forma que el acto de entrega sea un acto corporativo o propio de la organización de que se trate"[731]. Por su parte, GASCÓN INCHAUSTI se muestra mucho más práctico y entiende que para los casos en los que "el proceso penal ya estuviera abierto frente a la persona jurídica y se hubiese designado ya un representante ad hoc, sería también razonable que el requerimiento o la solicitud se instrumentaran a través de ella"[732].

Efectivamente, si la persona jurídica ha sido imputada con anterioridad al requerimiento documental y ha designado a un representante especial, resulta una solución práctica y eficaz realizar a través de él todos los requerimientos relativos a la entidad, por mucho que no ostente una posición de relevancia como la previamente señalada por NEIRA PENA.

En este sentido, siendo los sujetos que están facultados para tomar decisiones o para actuar en nombre de la persona jurídica quienes conocerán y ostentarán la documentación potencialmente incriminatoria perteneciente a la misma, ¿cabe la posibilidad de que la autoridad judicial, en lugar de requerir la entrega de determinados documentos a la persona jurídica imputada o a su representante especialmente designado, dirija dicho requerimiento directamente a las personas que ostenten posiciones de organización y control, como por ejemplo el *compliance officer*?

Como bien se ha expuesto con anterioridad, el requerimiento de documentación por parte de la autoridad judicial vulnera el derecho a la no auto incriminación de cualquier sujeto susceptible de ser responsabilizado penalmente, motivo por el que puede ser desatendido por la persona requerida. No obstante, dadas las características propias de la persona jurídica, se plantea la cuestión de que la autoridad judicial realice el requerimiento directamente a alguna de las personas

---

730 NEIRA PENA, Ana María. *La instrucción de los procesos... Op. Cit.* Pág. 297.

731 *Ibidem.*

732 GASCÓN INCHAUSTI, Fernando. *Proceso penal y persona jurídica... Op. Cit.* Pág. 122.

físicas integrantes de la persona jurídica en lugar de a la persona jurídica como sujeto colectivo.

Pues bien, tal y como razona GASCÓN INCHAUSTI, "el derecho de la empresa a negarse a la entrega de documentos no puede burlarse por la vía de solicitárselos a título personal a quienes trabajan en ella"[733], ya que los directivos y empleados, como servidores de la posesión ajena, detentan los mismos en nombre y por cuenta de la persona jurídica, por lo que no se trata de documentos que estén realmente bajo su poder o que les pertenezcan a ellos[734].

Ahora bien, una cuestión bien distinta sería que estos directivos o sujetos con posiciones de dirección en la persona jurídica aportasen voluntaria y espontáneamente los citados documentos, ya que, según señala la doctrina, "no habiendo requerimiento previo no puede imputarse al Estado una vulneración del derecho a la no auto incriminación, de modo que la validez o no de los documentos como pruebas dependerá de que se hayan obtenido con vulneración de otro derecho fundamental"[735]. En la misma línea se pronuncia NEIRA PENA cuando manifiesta que "si un trabajador tiene acceso legítimo a la documentación de la entidad y decide, voluntariamente, aportarla al proceso, o a las autoridades de persecución penal, esa información se habría obtenido de forma válida para el juicio"[736], conclusión a la que llega amparándose en la siguiente reflexión:

> "la posición contraria obligaría a los miembros de la entidad, poseedores o custodios de sus ficheros, archivos o registros, a ocultar los delitos corporativos o, cuando menos, desincentivaría al trabajador que, conocedor de ciertos hechos delictivos, está dispuesto a colaborar con la justicia, lo cual no es coherente con la finalidad de la reforma de incentivar a las empresas para que adopten una cultura de cumplimiento del derecho y para que implementen medidas de control interno (...)"[737].

---

733 GASCÓN INCHAUSTI, Fernando. *Proceso penal y persona jurídica... Op. Cit.* Págs. 123 y s.

734 *Ibidem.*

735 GASCÓN INCHAUSTI, Fernando. *Proceso penal y persona jurídica... Op. Cit.* Págs. 125 y s.

736 NEIRA PENA, Ana María. *La instrucción de los procesos... Op. Cit.* Pág. 299.

737 NEIRA PENA, Ana María. *La instrucción de los procesos... Op. Cit.* Pág. 300.

Por consiguiente, la diferencia radica en la existencia del requerimiento documental, ya que aunque estos sujetos estén dispuestos a aportar voluntariamente los documentos al juzgado, en caso de que exista un requerimiento previo, inevitablemente habrá de reconocerse, tal y como concluye GASCÓN INCHAUSTI, que "la información se habrá ganado de forma ilícita para el proceso penal"[738], ya que "las autoridades de persecución penal han privado a la persona jurídica de su derecho a decidir sobre la aportación de documentos propios y, con ello, de ejercer su derecho a la no auto incriminación"[739]. Conclusión a la que se suma NEIRA PENA cuando reflexiona que el derecho a la no auto incriminación "busca neutralizar el riesgo de abusos del poder público, intentando que se abstenga de forzar la colaboración del acusado, a través de medidas coercitivas ilegítimas, riesgo que tan sólo existe cuando la colaboración se produce tras un requerimiento previo del Estado, esto es, de forma no enteramente voluntaria o espontánea"[740].

En definitiva, siempre que haya un requerimiento documental previo por parte de la autoridad judicial, tanto a la persona jurídica como a los integrantes —personas físicas— de la misma, el derecho a la no auto incriminación debe entenderse vulnerado. No obstante, esta vulneración no concurrirá cuando esos documentos lleguen mediante una colaboración activa, tanto de la persona jurídica como de esos sujetos individuales.

No podemos finalizar el presente apartado sin reflexionar sobre la incertidumbre y preocupación que genera la práctica cada vez más habitual de requerir a las personas físicas pertenecientes a la persona jurídica investigada la aportación del programa de cumplimiento, en lugar de requerir directamente a esta última.

Esta práctica también puede derivar en que las personas físicas pertenecientes a la persona jurídica que tengan legalmente acceso al programa de cumplimiento decidan aportarlo con independencia de lo que aquella haya decidido como entidad autónoma. Es decir, el

---

738 GASCÓN INCHAUSTI, Fernando. *Proceso penal y persona jurídica... Op. Cit.* Pág. 124.

739 *Ibidem.*

740 *Ibidem.*

derecho de defensa de la persona jurídica no se vulneraría en caso de que, a pesar de que el órgano directivo hubiera decidido no aportar el programa de cumplimiento al procedimiento penal, una persona, perteneciente incluso al consejo de administración, siempre que haya tenido legalmente acceso al mismo, lo aportase voluntariamente a la autoridad judicial, cuestión que entendemos injusta para los intereses de la entidad. Ahora bien, desde el punto de vista de la validez probatoria, por mucho que pudiera existir un conflicto de interés entre la persona jurídica y la persona física, nada podría objetarse a la aportación documental realizada por esta última que hubiera tenido acceso legítimo al documento y decidiera aportarlo, ya que esta persona con capacidad de tomar decisiones en nombre de la persona jurídica expresa, al fin y al cabo, la voluntad de esta última, por lo que está perfectamente habilitado para aportar el documento en cuestión.

En este sentido, el derecho de defensa de las personas jurídicas tan solo se verá vulnerado si para acceder al programa de cumplimiento las personas físicas en cuestión han vulnerado otros derechos de aquella, como pueden ser el derecho al secreto de las comunicaciones, o el derecho a la inviolabilidad domiciliaria, derechos que precisamente analizaremos más adelante.

3.3. Breve reflexión sobre las consecuencias de la utilización del presente derecho

Aunque la persona jurídica tenga derecho a guardar silencio, a no confesarse culpable y pueda, asimismo, negarse a aportar determinados documentos de gran importancia al proceso penal, como el *compliance program*, ello no siempre va a tener un efecto positivo en la defensa de sus intereses, ya que, aunque tradicionalmente el silencio del investigado o del acusado no podía ser utilizado en su contra como un indicio de culpabilidad[741], a través de varios pronunciamientos

---

741 Por todas, la STS nº 45/2011, de 11 de febrero: "En este sentido, el Estatuto de Roma de la Corte Penal Internacional, aprobado el 17.7.98, por la Conferencia Diplomática de Plenipotenciarios de Naciones Unidas ratificado por España, en el artículo 67.1 g) y respecto del acusado entre sus derechos expresamente le reconoce 'a no ser obligado a declarar contra sí mismo ni a declararse culpable y a guardar silencio, sin que ello pueda tenerse en cuenta a los efectos de determinar

judiciales tanto europeos como nacionales, esta doctrina se ha visto sujeta a matizaciones que entendemos necesario traer al presente debate.

Así, la primera resolución judicial que aceptó el potencial incriminatorio del silencio del investigado/acusado fue la STEDH de 8 de febrero de 1996 (caso Murray c. el Reino Unido)[742], sentencia que estableció que no era posible asegurar que el silencio del investigado no fuera a tener implicaciones cuando el tribunal valorase la totalidad de la prueba. En este sentido, aunque el TEDH entendía que no podía llegarse sin más a la conclusión de que el acusado era culpable por el hecho de que hubiera guardado silencio, también llegó a la conclusión de que en los supuestos en los que la prueba obtenida gozaba de la suficiente fuerza como para obtener una respuesta del acusado, y no llegaba, ello se debía a que no existía explicación posible y el acusado era culpable. Pues bien, el presente criterio ha sido asumido tanto por el TS como por el TC. Concretamente, el Alto Tribunal estableció que:

su culpabilidad o inocencia.'. En el sentido indicado la STS 15.11.2000 reconoce expresamente que: 'Tampoco es valorable como indicio el ejercicio por el acusado en el plenario de su derecho a no declarar. El acusado que mantiene silencio y se niega a dar una explicación alternativa a la que en principio se deduce del cúmulo de indicios concurrentes sobre su intervención en el delito, ejercita un derecho constitucional a no declarar del que no puede resultar por tanto la prueba de su culpabilidad. La participación criminal no puede deducirse de la falta de explicaciones por parte de quien está amparado por la presunción de inocencia, sino del resultado de un proceso lógico cuyo punto de arranque se sitúa en el conjunto de hechos base llamados indicios, con capacidad para conducir por vía deductiva, y de modo lógico, a una conclusión llamada hecho consecuencia. De este mecanismo el silencio del acusado no forma parte porque no es premisa de la conclusión ni un elemento incorporable al proceso lógico como un indicio más entre otros'".

742 "*It cannot be said therefore that an accused's decision to remain silent throughout criminal proceedings should necessarily have no implications when the trial court seeks to evaluate the evidence against him. (...) The question in each particular case is whether the evidence adduced by the prosecution is sufficiently strong to require an answer. The national court cannot conclude that the accused is guilty merely because he chooses to remain silent. It is only if the evidence against the accused "calls" for an explanation which the accused ought to be in a position to give that a failure to give any explanation "may as a matter of common sense allow the drawing of an inference that there is no explanation and that the accused is guilty*"".

"(c)omo recuerda acertadamente la propia sentencia impugnada la posibilidad de tomar en consideración, el silencio, o las falsas declaraciones de los acusados, es admitida en la Sentencia del TEDH de 8 de febrero de 1996 (caso Murray contra el Reino Unido) que establece que si bien el silencio no puede ser considerado en sí mismo como un indicio de culpabilidad, cuando los cargos de la acusación —corroborados por una sólida base probatoria— estén suficientemente acreditados, el Tribunal puede valorar la actitud silenciosa del acusado, señalando que 'El Tribunal nacional no puede concluir la culpabilidad del acusado simplemente porque éste opte por guardar silencio. Es solamente cuando las pruebas de cargo requieren una explicación, el acusado debería ser capaz de dar, cuando la ausencia de explicación puede permitir concluir, por un simple razonamiento de sentido común, que no existe ninguna explicación posible y que el acusado es culpable'"[743].

Por su parte, el TC ya había expuesto con anterioridad que "puede justificarse que se extraigan consecuencias negativas del silencio, cuando, existiendo pruebas incriminatorias objetivas al respecto, cabe esperar del imputado una explicación"[744].

En definitiva, la máxima de que el silencio del acusado no puede jugar en su contra a la hora de valorar su culpabilidad en una causa penal es un principio ampliamente superado, a raíz de haberse asumido jurisprudencialmente la doctrina Murray del TEDH. En este sentido, como expone MAGRO SERVET, esta doctrina implica que "si existen pruebas relevantes y contundentes en el caso podría entenderse que sobre ellas el acusado podría dar una explicación, o, mejor dicho, debería darlas. Con ello, el silencio podría operar en su contra"[745].

Lo expuesto implica que guardar silencio puede resultar contraproducente en determinados casos. Así, en aras de evitar situaciones en las que el silencio o la actitud pasiva en el procedimiento penal pueda volverse en contra de las personas jurídicas, por mucho que el derecho a la no auto incriminación sea plenamente reivindicable por las mismas, entendemos recomendable que, si el caso así lo requiere, estas aporten los documentos acreditativos de su inocencia a la vez

743 STS nº 679/2013, de 25 de julio de 2013.
744 STC nº 202/2000, de 24 de julio de 2000.
745 MAGRO SERVET, Vicente. "¿Es válido que el juez... *Op. Cit.*

que prestan declaración, de cara a evitar una hipotética situación en la que una posición pasiva en el proceso penal pueda terminar suponiéndoles una condena.

En otras palabras, las personas jurídicas, así como el resto de las personas investigadas en un procedimiento penal, no están obligadas a aportar a la causa documentos acreditativos de su inocencia ni a prestar declaración. Ahora bien, como consecuencia de la doctrina Murray, en determinados casos en los que haya indicios fundados de la culpabilidad de la persona investigada/acusada, el silencio de la misma puede ser interpretado en su contra, motivo por el cual, para los casos en los que la inocencia de la entidad fuese demostrable —por ejemplo a través de la aportación de un programa de cumplimiento eficaz—, entendemos que sería recomendable que colaborasen con la investigación, a pesar de no estar obligadas a ello, para evitar situaciones negativas como la expuesta. Asimismo, no debemos olvidar que dicha colaboración también ostenta aspectos positivos para las personas jurídicas, como la reducción de los costes y los gastos que la persecución criminal —o administrativa— tiene en sus actividades y en su productividad, evitar la pérdida de contratos privados y socios comerciales, y el deterioro de la imagen[746].

Es más, a pesar de que la autoridad judicial entienda que la conducta de la persona jurídica es merecedora de reproche penal, a través de una colaboración con la Justicia, la entidad colectiva podría ser acreedora de una atenuación de su eventual responsabilidad penal en virtud de lo dispuesto en el art. 31 quater CP. En definitiva, estará en la mano de cada persona jurídica investigada decidir qué estrategia defensiva resulta la más beneficiosa para sus intereses.

4. DERECHO A LA INVIOLABILIDAD DOMICILIARIA Y AL SECRETO DE LAS COMUNICACIONES

Una vez alcanzada la conclusión de que el derecho a la no auto incriminación es reivindicable por las personas jurídicas, a continuación examinaremos varias cuestiones controvertidas sobre la titularidad

---

[746] MACHADO DE SOUZA, Renato y RODRÍGUEZ GARCÍA, Nicolás. *Justicia negociada y personas jurídicas... Op. Cit.* Pág. 49.

por parte de estas de los derechos a la inviolabilidad domiciliaria y al secreto de las comunicaciones. Como bien plantea NEIRA PENA, "el secreto de las comunicaciones o del derecho a la inviolabilidad domiciliaria, han sido reconocidos a las personas jurídicas, si bien no ha habido pronunciamientos expresos en cuando a las intervenciones de tales derechos en el seno de una instrucción penal en la que resulta investigada la propia organización"[747]. Por este motivo, entendemos necesario realizar una aproximación a la posibilidad de que tales derechos sean reivindicables por las personas jurídicas, ya que a medida que los procedimientos penales contra ellas pasen a ser más habituales, la vulneración de estos derechos pasará a ser alegada eventualmente por sus representaciones jurídicas.

4.1. Inviolabilidad domiciliaria

La titularidad del derecho fundamental a la inviolabilidad domiciliaria, ampliamente reconocida a las personas jurídicas por el TEDH[748], se ha visto matizada por nuestro TC mediante sentencias como la nº 228/1997, de 16 de diciembre[749] y la nº 69/1999, de 26 de abril[750].

---

747 NEIRA PENA, Ana María. *La instrucción de los procesos... Op. Cit.* Pág. 140.

748 STEDH de 16 de abril de 2002 (caso Société Colas Est and Others c. Francia), de 28 de abril de 2005 (caso Buck c. Alemania) o de 28 de junio de 2007 (asunto Association for European Integration and Human Rights and Ekimdzhiev c. Bulgaria).

749 "Cierto es, como subraya el demandante de amparo, que este TC ha declarado que el art. 18.2 CE al establecer el derecho a la inviolabilidad del domicilio no lo circunscribe a las personas físicas. Ahora bien, no es menos cierto que no todo recinto cerrado merece la consideración de domicilio a efectos constitucionales. Por esta razón, tal concepto y su correlativa garantía constitucional no es extensible a aquellos lugares cerrados que, por su afectación —como ocurre con los almacenes, las fábricas, las oficinas y los locales comerciales (ATC 171/1989 FJ 2.º)—, tengan un destino o sirvan a cometidos incompatibles con la idea de privacidad".

750 "Por tanto, cabe entender que el núcleo esencial del domicilio constitucionalmente protegido es el domicilio en cuanto morada de las personas físicas y reducto último de su intimidad personal y familiar. Si bien existen otros ámbitos que gozan de una intensidad menor de protección, como ocurre en el caso de las personas jurídicas, precisamente por faltar esa estrecha vinculación con un ámbito de intimidad en su sentido originario; esto es, el referido a la vida personal

Esta última sentencia, tras recordar que el TC ya había extendido el reconocimiento del derecho a la inviolabilidad domiciliaria a las personas jurídicas mediante sentencias como la nº 144/1987, de 23 de septiembre o la nº 64/1988, de 12 de abril, estableció que:

> "Tal afirmación no implica, pues, que el mencionado derecho fundamental tenga un contenido enteramente idéntico con el que se predica de las personas físicas. Basta reparar, en efecto, que, respecto a éstas, el domicilio constitucionalmente protegido, en cuanto morada o habitación de la persona, entraña una estrecha vinculación con su ámbito de intimidad, como hemos declarado desde la STC 22/1984, fundamento jurídico 5º (asimismo, SSTC 160/1991 y 50/1995, entre otras); pues lo que se protege no es sólo un espacio físico sino también lo que en él hay de emanación de una persona física y de su esfera privada (STC 22/1984 y ATC 171/1989), lo que indudablemente no concurre en el caso de las personas jurídicas. Aunque no es menos cierto, sin embargo, que éstas también son titulares de ciertos espacios que, por la actividad que en ellos se lleva a cabo, requieren una protección frente a la intromisión ajena.
>
> Por tanto, cabe entender que el núcleo esencial del domicilio constitucionalmente protegido es el domicilio en cuanto morada de las personas físicas y reducto último de su intimidad personal y familiar. Si bien existen otros ámbitos que gozan de una intensidad menor de protección, como ocurre en el caso de las personas jurídicas, precisamente por faltar esa estrecha vinculación con un ámbito de intimidad en su sentido originario; esto es, el referido a la vida personal y familiar, solo predicable de las personas físicas. De suerte que, en atención a la naturaleza y la especificidad de los fines de los entes aquí considerados, ha de entenderse que en este ámbito la protección constitucional del domicilio de las personas jurídicas y, en lo que aquí importa, de las sociedades mercantiles, solo se extiende a los espacios físicos que son indispensables para que puedan desarrollar su actividad sin intromisiones ajenas, por constituir el centro de dirección de la sociedad o de un establecimiento dependiente de la misma o servir a la custodia de los documentos u otros soportes de la vida diaria de la

---

y familiar, solo predicable de las personas físicas. De suerte que, en atención a la naturaleza y la especificidad de los fines de los entes aquí considerados, ha de entenderse que en este ámbito la protección constitucional del domicilio de las personas jurídicas y, en lo que aquí importa, de las sociedades mercantiles, solo se extiende a los espacios físicos que son indispensables para que puedan desarrollar su actividad sin intromisiones ajenas, por constituir el centro de dirección de la sociedad o de un establecimiento dependiente de la misma o servir a la custodia de los documentos u otros soportes de la vida diaria de la sociedad o de su establecimiento que quedan reservados al conocimiento de terceros".

> sociedad o de su establecimiento que quedan reservados al conocimiento de terceros".

Por consiguiente, tal como señala SERRANO ZARAGOZA, el TC ha establecido que "el reconocimiento de la titularidad de dicho derecho a las personas jurídicas no implicaba necesariamente que su contenido, extensión y límites fuese enteramente idéntico con el que se predica de las personas físicas"[751]. ECHARRI CASI, partiendo de la citada sentencia del TC, concluye que el reconocimiento de la titularidad del derecho a la inviolabilidad domiciliaria a las personas jurídicas goza "de una protección de menor intensidad, limitada al espacio físico necesario e indispensable para que desarrolle sus actividades"[752]. En definitiva, a pesar de reconocer que las personas jurídicas tienen derecho a la inviolabilidad domiciliaria, nuestros tribunales consideran que su titularidad no es un derecho absoluto.

Partiendo de la premisa sentada por nuestro TC, el TS ha profundizado en la identificación de los límites del presente derecho para las personas jurídicas. Así, resulta de gran relevancia para dilucidar la cuestión que aquí nos ocupa traer a colación los siguientes pronunciamientos, uno en el ámbito penal y otro en el contencioso-administrativo, las dos jurisdicciones que pertenecen al ámbito de la potestad sancionadora del Estado.

Por un lado, la STS nº 312/2009, de 25 de marzo estableció que:

> "Esta ausencia de las más nimias y elementales barreras protectoras del espacio abierto en el que se localizó la droga excluye la consideración de tal lugar como 'domicilio de persona jurídica', pues ni el lugar constituía el domicilio social de una sociedad mercantil, sino, simplemente, la tienda donde el acusado realizaba su actividad laboral, ni, desde luego, se trata del espacio físico cerrado indispensable para que las sociedades mercantiles puedan realizar su actividad de dirección sin intromisiones ajenas, y ello, por propia voluntad del interesado".

Por otro lado, el Pleno de la Sala de lo Contencioso-Administrativo del TS, en su sentencia de 23 de abril de 2010 manifestó que:

---

751 SERRANO ZARAGOZA, Óscar. "Contenido y límites del derecho a la no auto incriminación de las personas jurídicas en tanto sujetos pasivos del proceso penal". *Diario La Ley*. nº 8415 (2014).

752 ECHARRI CASI, Fermín Javier. "Las personas jurídicas... *Op. Cit.*

> "si con frecuencia se plantea el problema derivado de la amplia zona de incertidumbre que ofrece la delimitación espacial del derecho fundamental a la inviolabilidad del domicilio (por ejemplo, trasteros, garajes), el mismo se ve agravado en el caso de las personas jurídicas, dada su peculiar naturaleza y finalidad, si bien siempre debe estar presente la idea de protección constitucional de los espacios que requieren de reserva y no intromisión de terceros en razón a la actividad que en los mismos se lleva a cabo. En todo caso, a la luz de la doctrina que acaba de exponerse en el Fundamento de Derecho anterior la protección constitucional del artículo 18.2 de la Constitución se extiende, respecto de las personas jurídicas, a los espacios físicos que resultan indispensables para que por las mismas se puedan desarrollar su actividad sin intromisiones ajenas, por constituir el centro de dirección de la sociedad o de un establecimiento dependiente de la misma o servir a la custodia de los documentos u otros soportes de la vida diaria de la sociedad o de su establecimiento que quedan reservados al conocimiento de terceros. En cambio, no son objeto de protección los establecimientos abiertos al público o en que se lleve a cabo una actividad laboral o comercial por cuenta de la sociedad mercantil que no está vinculada con la dirección de la sociedad ni sirve a la custodia de su documentación. Tampoco, las oficinas donde únicamente se exhiben productos comerciales o los almacenes, tiendas, depósitos o similares".

En nuestra opinión, nuestro legislador, plenamente consciente del tratamiento jurisprudencial que se estaba dando a la extensión de este derecho a las personas jurídicas, se ha amparado en los pronunciamientos expuestos para definir el contenido del art. 554. 4º LECrim, precepto que establece cuándo nos encontraremos ante un domicilio de la persona jurídica. Por este motivo, autores como GASCÓN INCHAUSTI consideran que "sin perjuicio de lo que pueda aclarar la jurisprudencia futura, el enlace del nuevo art. 554. 4º LECrim con la jurisprudencia recaída hasta la fecha permite servirse de sus criterios a la hora de definir qué lugares están cubiertos o no por esa garantía"[753]. Así, a pesar de que la doctrina jurisprudencial sea anterior a la introducción de la responsabilidad penal de las personas jurídicas, al ser el contenido del art. 554. 4º LECrim un fiel reflejo de lo tratado jurisprudencialmente, ello permite concluir que estos criterios son plenamente asumibles en la actualidad.

---

753 GASCÓN INCHAUSTI, Fernando. *Proceso penal y persona jurídica… Op. Cit.* Pág. 115.

Así pues, el art. 554. 4º LECrim define como domicilio de la persona jurídica el espacio físico que constituya su centro de dirección, ya se trate de su domicilio social o de un establecimiento dependiente, o aquellos otros lugares en que se custodien documentos u otros soportes de su vida diaria que quedan reservados al conocimiento de terceros. Esto es, una definición que sigue literalmente los criterios jurisprudenciales, como nos recuerda GASCÓN INCHAUSTI, quien tras manifestar que esta definición de domicilio se inspira en la STC nº 69/1999, alega que “ofrece una concepción relativamente extensa de los lugares que se consideran domicilio para una persona jurídica, pues los elementos clave son la custodia de documentos o soportes de la vida diaria, así como la voluntad de excluirlos del conocimiento de terceros, y, en la práctica, son muchos los lugares que pueden merecer esa consideración”[754].

Para GIMENO BEVIÁ la diferencia entre el domicilio de la persona jurídica y un establecimiento más que no merece la protección constitucional del primero, radica en que, mientras que, por un lado, “el concepto de domicilio del art. 18.2 CE, referido a las personas jurídicas, ha de proteger bien el secreto profesional, las patentes de invención, incluso la intimidad personal”[755], por otro, cuando “el domicilio social o las dependencias de la persona jurídica encierran una mera actividad comercial, fabril o industrial, en la que no se encuentra comprometida el derecho a la intimidad o el secreto profesional, no será necesaria dicha autorización judicial, estando autorizada, por ejemplo, la inspección del trabajo o de Hacienda, a efectuar las correspondientes entradas”[756].

En definitiva, hasta la fecha, la anterior doctrina constituye la base para definir qué concretos establecimientos pertenecientes a la persona jurídica pueden ostentar la condición de domicilio a los efectos de ser exigida su inviolabilidad por su parte. Ahora bien, una vez concluida, no sin matices, la titularidad por parte de las personas jurídicas del presente derecho, no deben obviarse otras cuestiones igual-

754 *Ibidem.*

755 GIMENO BEVIÁ, Jordi. *Compliance y proceso... Op. Cit.* Pág. 238.

756 GIMENO BEVIÁ, Jordi. *Compliance y proceso... Op. Cit.* Pág. 239.

mente controvertidas y relevantes en lo que a su aplicación práctica se refiere.

En este sentido, aunque resulte pacífico que el derecho a la inviolabilidad domiciliaria puede verse limitado por una autorización judicial debidamente ponderada y motivada, para los casos en los que no resulte necesaria o no se conceda, interesa al objeto de la presente investigación analizar qué personas físicas pueden permitir libremente el acceso de terceros a los establecimientos pertenecientes a la persona jurídica. En este sentido se manifiesta GASCÓN INCHAUSTI cuando señala que "dado que los registros también son posibles sin autorización judicial en los casos de consentimiento, cabe preguntarse a quién correspondería autorizar válidamente el registro de un espacio de este tipo, especialmente en los casos en que existe un conflicto de intereses"[757].

En primer lugar, en caso de que la persona jurídica se encuentre imputada, parece evidente que el requerimiento para acceder a su domicilio deberá tramitarse a través de la figura del representante especialmente designado por la misma, ya que tal y como se ha expuesto con anterioridad, dicho representante es el intermediario que la entidad objeto de investigación ha designado para manifestar y trasladar su voluntad al órgano judicial. Asimismo, en caso de encontrarnos ante actuaciones judiciales que se encuentran secretas, la orden de entrada y registro siempre será autorizada judicialmente. Ahora bien, la cuestión se complica cuando nos encontramos con situaciones en las que la empresa aún no ha sido imputada y, por consiguiente, no ha podido designar al representante especial al que dirigir la petición de acceso.

En este caso, la doctrina se ha mostrado dividida. Por un lado, GIMENO BEVIÁ ha entendido que cualquier acceso a las dependencias de la persona jurídica debe ser consentido por el representante legal de la misma o por la propia sociedad, en este caso, su consejo de administración[758]. Así, en su opinión "(n)ingún empleado o directivo —a no ser que esté expresamente habilitado para ello— puede

---

757 GASCÓN INCHAUSTI, Fernando. *Proceso penal y persona jurídica... Op. Cit.* Pág. 116.

758 GIMENO BEVIÁ, Jordi. *Compliance y proceso... Op. Cit.* Pág. 239.

motu proprio facilitar el acceso a la autoridad a dependencia alguna de la sociedad, pues no cabe confundir su centro de trabajo con su domicilio"[759]. Por otro lado, GASCÓN INCHAUSTI considera que, como regla, no puede pensarse en que deba reservarse esta decisión al consejo de administración u órgano de dirección equivalente convocado a estos efectos, ya que "el consentimiento del titular del domicilio se suele recabar en situaciones cercanas a la flagrancia en las que se aprecia la conveniencia de actuar con cierta rapidez. Por eso mismo, debe entender atribuida esta facultad a la concreta persona que, en virtud de las circunstancias, ostente la representación de la persona jurídica y en cuyo ámbito de potestades pueda razonablemente incluirse ésta"[760].

En definitiva, mientras que un sector de la doctrina se ha mostrado partidario de la idea de que únicamente las personas pertenecientes al órgano de administración de la persona jurídica podrán autorizar el acceso de la autoridad judicial a los establecimientos de la entidad, otro ha tratado de ampliar el círculo de sujetos capaces de permitir dicho acceso, ya que considera que, en muchas ocasiones, el requerimiento de la autoridad judicial para acceder al establecimiento se efectuará en una situación de urgencia que hace bastante improbable que el consejo de administración pueda reunirse para decidir sobre ello. GASCÓN INCHAUSTI, no sin antes reconocer que en su opinión los sujetos capaces de permitir el acceso a la autoridad judicial deberán de tener cierta representación de la persona jurídica, no huye de la expuesta problemática y llega a reconocer que "en muchos casos, puede que no exista persona alguna facultada para autorizar la entrada, de modo que el consentimiento eventualmente prestado por alguno de los empleados presentes pueda considerarse insuficiente para legitimar la diligencia de investigación"[761].

En nuestra opinión, debemos diferenciar dos posibles supuestos cuando nos encontramos ante una diligencia de entrada y registro en las dependencias de una persona jurídica.

---

759 *Ibidem.*

760 GASCÓN INCHAUSTI, Fernando. *Proceso penal y persona jurídica... Op. Cit.* Pág. 118.

761 *Ibidem.*

En primer lugar, si nos encontramos en el seno de unas actuaciones penales en las que la persona jurídica está siendo investigada, según lo dispuesto en los arts. 118 y 119 LECrim, la persona jurídica tendrá derecho a intervenir en las mismas a través de un representante especialmente designado. Por lo tanto, la única persona que podrá otorgar un consentimiento válido desde el punto de vista de la validez probatoria es la concreta persona física que la persona jurídica haya designado a tal efecto. Asimismo, como ya se ha adelantado anteriormente, en caso de encontrarse secretas las actuaciones seguidas contra la persona jurídica, la diligencia de entrada y registro irá precedida siempre de una autorización judicial que elimina el conflicto del consentimiento que aquí nos ocupa.

Ahora bien, una cuestión diferente será si lo que se está discutiendo es quién tiene capacidad para permitir el acceso de las autoridades judiciales a los establecimientos de una persona jurídica cuando esta no está siendo investigada en un procedimiento penal. A este respecto, la LO 9/2021, de 1 de julio, de aplicación del Reglamento (UE) 2017/1939 del Consejo, de 12 de octubre de 2017, por el que se establece una cooperación reforzada para la creación de la Fiscalía Europea, establece en su art. 47.2 que el consentimiento para la entrada y registro en el domicilio de una persona jurídica podrá ser otorgado por su representante legal, apoderado o administrador de hecho o de derecho. Ahora bien, también regula unas excepciones en las que, independientemente del consentimiento expresado por una de las personas previamente mencionadas, siempre será necesaria una autorización judicial. Según el tenor literal de esta norma, el acceso a las dependencias de las personas y entidades jurídico-públicas, la sede de partidos políticos, sindicatos, medios de comunicación y oficinas donde se desarrollen actividades respecto de las cuales se reconozca el secreto profesional y la apertura y registro de cajas de seguridad que se hallen en entidades bancarias u otras instalaciones específicamente dedicadas a su custodia exigirá la existencia de una autorización judicial, salvo en supuestos flagrantes[762].

762 LO 9/2021, de 1 de julio, de aplicación del Reglamento (UE) 2017/1939 del Consejo, de 12 de octubre de 2017, por el que se establece una cooperación reforzada para la creación de la Fiscalía Europea. Art. 47.2.

En este sentido, entendemos que no es necesario que la autorización para acceder al establecimiento de la persona jurídica sea concedida por un miembro del consejo de administración de la entidad para que esta se entienda válida, ya que, en la línea de lo manifestado por GASCÓN INCHAUSTI, entendemos que bastaría con que la persona en cuestión tenga la suficiente representación de la persona jurídica como para que no surgieran dudas de que el consentimiento mostrado por esta actúa como si fuera el propio de la entidad.

Independientemente de que serán la doctrina y la jurisprudencia las que irán perfilando y especificando las concretas características que deberán ostentar los sujetos capaces de autorizar la entrada de las autoridades en los establecimientos de la persona jurídica, debemos insistir en que dicho debate únicamente alcanzará a los supuestos en los que la persona jurídica no esté siendo investigada, dado que si lo está, la única persona física capaz de otorgar el consentimiento será el representante especialmente designado por la entidad. El resto de las autorizaciones, aunque hubieran sido realizadas por los socios, los accionistas o los administradores, las entendemos nulas y capaces de constituir prueba ilícita —art. 11 LOPJ—.

Por último, debemos abordar los posibles conflictos de intereses que podrían surgir entre la persona jurídica y las personas físicas pertenecientes a la misma en los supuestos en los que la entidad colectiva no haya sido imputada penalmente.

Aunque los sujetos con la suficiente representación de la persona jurídica, ya sean socios, administradores o apoderados, tienen la potestad de autorizar la entrada en las dependencias de esta, dicha capacidad de autorizar cesará de inmediato en caso de que haya indicios de un posible conflicto de intereses entre la entidad y la persona física[763]. Piénsese por ejemplo en un administrador de la compañía

---

763 Al contrario de lo que ocurre con las aportaciones documentales, entendemos que la existencia de un conflicto de intereses entre la entidad y la persona física invalida el consentimiento manifestado por esta última para permitir el acceso al domicilio social de la persona jurídica. No es lo mismo la aportación de un documento al que se ha tenido acceso en el pasado de forma legítima que la autorización para acceder al domicilio social de la persona jurídica en un momento en el que el conflicto de interés ya ha surgido y, por consiguiente, la persona física no está velando por los intereses de la sociedad.

que, consciente de su propio actuar delictivo, permita el acceso de las autoridades al domicilio de la persona jurídica con la esperanza de que encuentren algo que permita imputar y, posteriormente, condenar a la misma —y, por ende, perjudicar a los socios o al resto de administradores—, evitando así ser el único sujeto penalmente responsable.

Es evidente que dicha autorización no sería válida en caso de que con posterioridad se impute a la persona jurídica, dado que tal y como se ha expuesto con anterioridad en el presente Capítulo, la diligencia habría sido practicada sin respetar su derecho a la no auto incriminación. Pero hemos de reconocer que será muy complicado para las autoridades policiales o judiciales advertir ese conflicto de interés en un primer momento, dado que, tal y como se verá, resulta razonable que presupongan que el acceso a las dependencias de la entidad colectiva está siendo lícita cuando es el propio administrador de la persona jurídica quién les está autorizando a ello.

Íntimamente ligado a lo anterior nos encontramos con el problema de que la autoridad judicial quiera acceder, no solo al interior del establecimiento globalmente considerado como domicilio de la persona jurídica, sino a despachos privados pertenecientes a trabajadores que se encuentran en su interior. GASCÓN INCHAUSTI advierte que los despachos privados asignados de forma estable a un directivo o un empleado también son lugares en los que "pueden custodiarse documentos y soportes equivalentes que permitan calificarlo de domicilio para la persona jurídica"[764], motivo por el que llega a la conclusión, en nuestra opinión acertada, de que "en estos casos es posible considerar afectados, de manera simultánea, el derecho de la persona jurídica a la inviolabilidad del domicilio y el derecho a la intimidad —o incluso también a la inviolabilidad del domicilio— del directivo o empleado"[765].

Siendo esto así, debemos plantearnos los permisos de qué personas son necesarios para que la autoridad judicial pueda acceder al interior de estos espacios.

---

764 GASCÓN INCHAUSTI, Fernando. *Proceso penal y persona jurídica... Op. Cit.* Pág. 116.

765 *Ibidem.*

La doctrina defiende una posición igual de pragmática que, a nuestro juicio, acertada, ya que considera que esta situación es un problema que suele acaecer en los domicilios familiares, y que por eso ha de resolverse conforme a las mismas reglas. Por ello, "cualquiera de quienes puedan considerar ese espacio físico como su domicilio —la empresa y el directivo/empleado— podría, en situación normal consentir su registro sin necesidad de recabar el consentimiento del otro y, en todo caso, los elementos de prueba hallados serían válidamente utilizables después en juicio contra cualquiera de ellos"[766]. Ahora bien, esta fórmula no será válida para aquellos supuestos en los que existe un conflicto de interés entre los dos titulares del derecho a la inviolabilidad domiciliaria como el previamente ejemplificado[767]. En este caso, si la persona física que ha autorizado la entrada en su despacho individual localizado en el domicilio social de la persona jurídica ostenta un evidente conflicto de interés con la misma, al ser co-investigados con líneas de defensa diferentes, la negativa del representante especialmente designado por la persona jurídica a la entrada en sus dependencias debe extenderse hasta el concreto despacho individual de la persona física, independientemente de que sea de su único uso, ya que de lo contrario se estaría vaciando de contenido material el derecho reconocido a la entidad colectiva.

4.2. *Secreto de las comunicaciones*

El derecho al secreto de las comunicaciones reconocido en el art. 18.3 CE es un derecho fundamental independiente al derecho a la intimidad, cuya protección autónoma e independiente debe ser garantizada por nuestros tribunales. Ahora bien, ¿son las personas jurídicas titulares del este derecho?

Si bien nuestros tribunales han guardado tradicionalmente silencio sobre la presente cuestión, el TEDH ha reconocido la titularidad por parte de las personas jurídicas del derecho que aquí nos ocupa en

---

766 GASCÓN INCHAUSTI, Fernando. *Proceso penal y persona jurídica... Op. Cit.* Págs. 116 y s.

767 *Ibidem.*

numerosas resoluciones[768]. Ahora bien, en el seno de una persona jurídica, debemos cuestionarnos cuándo es titular del derecho al secreto de las comunicaciones la entidad colectiva y cuándo lo es la concreta persona física cuya conversación o comunicación se está interviniendo.

A este respecto, la doctrina, a pesar de algunos desacuerdos, se ha mostrado bastante pacífica a la hora de entender que, cuando lo que se pretende intervenir es una comunicación concreta de una persona física trabajadora de una persona jurídica, será la persona física la titular final del derecho en cuestión, mientras que cuando lo que se pretenda intervenir sean una generalidad de comunicaciones en el seno de una misma persona jurídica, esta última será la titular del derecho. Este planteamiento es defendido, entre otros, por GASCÓN INCHAUSTI, quien, en primer lugar, en lo que respecta a los casos en los que determinadas líneas de la empresa estén asignadas al uso de directivos o empleados concretos, opina que "serán estos últimos los titulares del derecho fundamental al secreto de las comunicaciones afectado, en la medida en que sean sus conversaciones las que pretenda el instructor que se graben, aunque sea con el objetivo de investigar hechos internos de la persona jurídica"[769]. Discrepa de este planteamiento GIMENO BEVIÁ, quien entiende que "si los medios intervenidos son propiedad de la sociedad (los denominados TICS), aunque obviamente los datos que reciban pertenezcan a personas físicas, la titular del derecho será la persona jurídica y será, caso de efectuarse una intervención ilegal, en su nombre —sin perjuicio de que también lo denuncien las personas físicas comunicantes— en el que se podrá denunciar la vulneración de este derecho fundamental"[770].

Ahora bien, a pesar de la falta de consenso sobre quién es el titular el derecho al secreto de las comunicaciones en estos supuestos, la

---

768 STEDH de 25 de junio de 1997 (caso Halford c. Reino Unido), STEDH de 25 de noviembre de 2004 (caso Aalmoes y otros c. Países Bajos) o STEDH de 28 de junio de 2007 (caso Association for European Integration and Human Rights and Ekimdzhiec c. Bulgaria).

769 GASCÓN INCHAUSTI, Fernando. *Proceso penal y persona jurídica... Op. Cit.* Pág. 111.

770 GIMENO BEVIÁ, Jordi. *Compliance y proceso... Op. Cit.* Pág. 237.

doctrina se ha mostrado pacífica en concluir que lo verdaderamente relevante, más que quién podrá reivindicar posteriormente la vulneración de este derecho, es que la autorización judicial que permita la intervención de dichas comunicaciones esté debidamente motivada y razonada, debiendo estar además específicamente señaladas las concretas comunicaciones que se vayan a intervenir, así como las personas a las que pertenecen las mismas. Así, para GASCÓN INCHAUSTI "lo realmente importante es que el juez identifique en su resolución a los imputados —persona jurídica incluida— y justifique motivadamente las razones por las cuales es necesario intervenir unos números de teléfono concretos o la correspondencia emitida o recibida por uno o varios directivos o empleados, o dirigida directamente a la persona jurídica"[771]. En la misma línea, GIMENO BEVIÁ concluye que:

> "dicha autorización, como consecuencia de la vigencia del principio de proporcionalidad, habrá de estar suficientemente motivada, debiéndose delimitar en ella, con precisión, la persona jurídica destinataria de la medida, el objeto de la intervención y los medios telemáticos y telefónicos que habrán de ser intervenidos; es decir, no se puede sistemáticamente intervenir todas las comunicaciones de la sociedad, sino únicamente la de aquellos sujetos que puedan ser sospechosos de haber intervenido o no haber evitado —ausencia del deber de control— la conducta delictiva"[772].

Por otro lado, para los supuestos en los que se pretenda una intervención general de todas o gran parte de las comunicaciones de una mercantil, GASCÓN INCHAUSTI considera que, en tal caso:

> "se verán afectados de forma concurrente el derecho al secreto de las comunicaciones de la persona jurídica y el de las concretas personas físicas cuyas líneas o cuentas de correo electrónico fueran intervenidas, y es algo que el instructor debería reflejar y motivar en su resolución, haciendo explícito el juicio de proporcionalidad que convierte en necesaria esa intervención generalizada de comunicaciones telefónicas y/o electrónicas"[773].

---

771 GASCÓN INCHAUSTI, Fernando. *Proceso penal y persona jurídica... Op. Cit.* Pág. 112.

772 GIMENO BEVIÁ, Jordi. *Compliance y proceso... Op. Cit.* Pág. 237.

773 GASCÓN INCHAUSTI, Fernando. *Proceso penal y persona jurídica... Op. Cit.* Pág. 111.

No obstante, aunque se viese afectado el derecho tanto de las personas jurídicas como de las concretas personas físicas, la idea clave reside, además de en identificar las concretas comunicaciones que se pretenden intervenir, en fundamentar de forma suficiente la proporcionalidad y razonabilidad de dicha medida.

Por último, huelga manifestar que, en caso de intervenir correspondencia escrita o electrónica, el titular del derecho será la persona a cuyo nombre esté dirigida la concreta comunicación intervenida.

5. RECAPITULACIÓN

Este Capítulo ha centrado su análisis en los derechos que la persona jurídica ostenta como sujeto pasivo del proceso penal. Tal y como se ha concluido, la persona jurídica, como sujeto capaz de responder penalmente, es titular de determinados derechos y garantías procesales. Pero, aunque en ocasiones la titularidad de estos derechos por parte de las personas jurídicas resulte pacífica, como ocurre con los derechos a la inviolabilidad domiciliaria y el secreto de las comunicaciones, en otros supuestos su reivindicabilidad plantea determinadas cuestiones problemáticas.

Esto sucede, fundamentalmente, en relación con el derecho a la no auto incriminación, cuya titularidad por parte de las personas jurídicas, aunque no parece en principio cuestionable en términos generales, sí que presenta diversos aspectos problemáticos a los que hemos tratado de dar respuesta a lo largo del presente Capítulo. Así, tras analizar las teorías existentes sobre la posibilidad de extender el derecho a la no auto incriminación a las personas físicas integrantes de la persona jurídica, posicionándonos a favor de una teoría intermedia, hemos llegado a la conclusión de que podrán ejercer el derecho a la no auto incriminación de la persona jurídica, además de los sujetos que sean designados por esta como su representante especial en el procedimiento penal[774] en virtud de lo dispuesto en el art. 409 bis LECrim,

---

[774] Ahora bien, tal y como se ha expuesto en el epígrafe 3. del Capítulo V, la designación del representante especial no podrá ser fraudulenta. Es decir, aquella elección del representante que responda exclusivamente al interés de la persona jurídica de que dicha persona física pueda acogerse a su derecho a no declarar

las personas físicas pertenecientes al grupo de sujetos del apartado a) del art. 31 bis 1 CP con capacidad de tomar decisiones que vinculen a la entidad colectiva. Es decir, aquellas personas que por su posición orgánica en la sociedad o por los poderes que tenga atribuidos expresen la voluntad de la entidad.

Ahora bien, a pesar de lo anterior, y en lo que a los apoderamientos otorgados por la persona jurídica se refiere, hay que prestar especial atención a los posibles fraudes de ley que pudiera cometer aquella entidad colectiva que, con la intención de evitar que determinadas personas físicas declaren en el proceso en calidad de testigos —como consecuencia del conocimiento que tuviesen de los hechos investigados—, otorgasen poderes excesivos que no se correspondiesen con la realidad de la entidad.

Por su parte, el *compliance officer* no podrá reivindicar el derecho a la no auto incriminación que asiste a las personas jurídicas, ya que el oficial de cumplimiento, aunque se trate de un sujeto perteneciente al apartado a) del art. 31 bis 1 CP por sus capacidades de supervisión y control, no goza realmente de capacidades autónomas de decisión en lo que respecta a la actividad de la persona jurídica. En este sentido, el *compliance officer*, salvo que sea designado como representante especial de la persona jurídica, no podrá evitar prestar declaración testifical en caso de que el juez o tribunal considere relevante su declaración judicial. Lo mismo ocurrirá con el abogado *in-house* de la persona jurídica, que, salvo que tenga atribuidos poderes que le faculten para tomar decisiones que vinculen a la persona jurídica, no podrá acogerse al derecho a la no auto incriminación que asiste a esta última, al no ser sujetos comprendidos en la letra a) del art. 31 bis 1 CP.

En otro orden de cosas, no cabe duda de que el derecho a la no auto incriminación no se limita a la posibilidad de no prestar declaración judicial, sino que faculta a su vez a las personas jurídicas a negarse a obedecer los requerimientos judiciales de aportación documental, siempre y cuando la creación u obtención de los citados documentos

---

puede ser inadmitida por el órgano judicial encargado de investigar los hechos en los que ha participado la entidad. Así, concluíamos que el respeto al derecho de defensa de la persona jurídica, consistente en permitirle que designe a quien considere oportuno como su representante especial para que comparezca en su nombre, tiene como única limitación el fraude de ley.

por parte de la entidad no sea legalmente obligatoria. Asimismo, aunque la tenencia de esos documentos no sea legalmente obligatoria y, por ende, la persona jurídica pudiera negarse a aportarlos al juzgado, esta podría verse inmersa en dos escenarios que podrían vaciar de contenido el presente derecho. El primero de ellos es que una persona física que haya tenido acceso de forma legal a dichos documentos, por cuestiones de interés propio, los aporte al juzgado, ya que en ese caso nos encontraremos ante una prueba válidamente obtenida. El segundo escenario comprometedor para la persona jurídica sería aquel en el que se la imputase tardíamente en el procedimiento penal, ya que los requerimientos documentales que se le realicen antes de estar formalmente investigada no podrán ser desoídos por esta en virtud del derecho a la no auto incriminación. Aunque evidentemente existe la posibilidad de no cumplir con los requerimientos judiciales, sin perjuicio de las consecuencias a las que ello pueda dar lugar.

Por último, como ya se ha adelantado a lo largo del presente Capítulo, existen otros derechos como la inviolabilidad domiciliaria o el secreto de las comunicaciones que son pacíficamente reivindicables por las personas.

En lo que respecta al derecho a la inviolabilidad domiciliaria, resulta una cuestión no controvertida que las personas jurídicas son titulares de este derecho. Ahora bien, se extiende al domicilio social de la persona jurídica, así como a aquellos lugares en los que se forme su voluntad o se custodien elementos y documentos que quieren preservarse lejos del alcance de terceros. Es decir, la titularidad por parte de la persona jurídica del derecho de inviolabilidad domiciliaria no es absoluta, ya que no podrá reivindicarse respecto de cualquier espacio físico en el que se desarrolle, aunque sea mínimamente, la actividad de la entidad colectiva.

Por otro lado, las personas físicas con capacidad para autorizar la entrada y registro en las dependencias de las personas jurídicas protegidas por el derecho a la inviolabilidad domiciliaria serán diferentes en función de si la persona jurídica está siendo objeto de investigación en un procedimiento penal o no. En este sentido, en los supuestos en los que la entidad se halle imputada, la única persona física con capacidad para autorizar la entrada y registro en ella —siempre y cuando no exista autorización judicial a este efecto— será el representante especialmente designado por ella, ya que entendemos que todas las comunicaciones con la entidad deben canalizarse a través de esta figura. Más conflictivo resulta conocer qué personas físicas tendrán capacidad para autorizar la entrada y registro en aquellos supuestos en los que la persona jurídica no esté imputada formalmente en un procedimiento penal.

A este respecto, del análisis que se ha realizado entendemos que no es necesario que dicha autorización se conceda por un miembro del consejo de administración, ya que bastaría, a nuestro juicio, con que la persona física en cuestión tenga la suficiente representación de la persona jurídica como para que no surgieran dudas a la autoridad actuante de que el consentimiento mostrado por esta actúa como si fuera el propio de la entidad.

Ahora bien, deberá tenerse mucha cautela con los posibles conflictos de intereses que pueden surgir entre la persona jurídica y las personas físicas pertenecientes a la misma en estos supuestos en los que la entidad no haya sido imputada penalmente. Si bien es cierto que aquellas personas con la suficiente representación de la persona jurídica, ya sean estos socios, administradores o apoderados, tienen la facultad de autorizar la entrada en sus dependencias, también lo es que dicha facultad cesará en caso de que se aprecie un posible conflicto de interés entre alguno de estos sujetos y la entidad colectiva.

Mucho menos controvertida resulta la titularidad por parte de las entidades colectivas del derecho al secreto de las comunicaciones, ya que el TEDH ha reconocido expresamente la titularidad por parte de las personas jurídicas de este derecho. Respecto de quién puede reivindicar este derecho, a nuestro juicio, cuando lo que se pretende intervenir es una comunicación concreta de una persona física trabajadora de una persona jurídica, será la persona física la titular final del derecho en cuestión, mientras que cuando lo que se pretenda intervenir sea una generalidad de comunicaciones en el seno de una misma persona jurídica, esta última será la titular del derecho. No obstante, aunque se viese afectado el derecho tanto de la persona jurídica como de las concretas personas físicas, la idea clave reside, además de en identificar las concretas comunicaciones que se pretenden intervenir, en motivar y justificar de forma suficiente la proporcionalidad y razonabilidad de dicha medida.

Capítulo VII
LA CARGA DE LA PRUEBA EN EL PROCEDIMIENTO PENAL SEGUIDO FRENTE A PERSONAS JURÍDICAS, MEDIDAS CAUTELARES ADOPTABLES FRENTE A ELLAS Y LA INSTITUCIÓN DE LA CONFORMIDAD

1. CONSIDERACIONES INICIALES

Una vez analizado el acto de imputación de la persona jurídica y los derechos que le asisten en el proceso penal, de cara a realizar un análisis completo del proceso al que se puede enfrentar la entidad colectiva sometida a investigación, dedicaremos el presente Capítulo a estudiar las diversas coyunturas que pueden acaecer a lo largo de este. Así, una vez la persona jurídica ha sido llamada al procedimiento, podrá adoptar tanto una posición activa como pasiva. Es decir, dependiendo del estado de las actuaciones y los concretos hechos sometidos a investigación, a la persona jurídica le puede interesar plantear una serie de diligencias instructoras tendentes a acreditar la irrelevancia penal de los hechos que presuntamente se le atribuyen, como por ejemplo aportar el programa de cumplimiento que acredite que ejerció un debido control sobre su propia actividad. Asimismo, su condición de sujeto investigado también le permite, si lo prefiere, adoptar una posición pasiva en el procedimiento, ya que, tal y como posteriormente se verá, la carga de la prueba reside en las partes acusadoras, y la entidad, como parte pasiva es titular de determinados derechos, entre los que se encuentra el derecho a la presunción de inocencia.

Por otro lado, existe la posibilidad de que, atendiendo a la gravedad de los hechos sometidos a investigación, alguna de las partes interese la adopción de alguna medida cautelar frente a la persona jurídica. También dedicaremos un apartado del presente Capítulo a analizar esta posibilidad, con especial atención a la medida de intervención judicial, la cual, en nuestra opinión, exige a voces la promulgación de un Reglamento que el legislador anunció en el art. 33.7 CP hace más de una década[775].

Por último, y para aquellos supuestos en los que la persona jurídica considere que su enjuiciamiento en el acto de la vista oral, además de ser demasiado arriesgado, no le va a reputar ningún beneficio, existe la posibilidad de que esta se conforme con los hechos objeto de investigación o acusación, con la particularidad de que nuestra legislación permite la conformidad individual de la persona jurídica con independencia de lo que hagan el resto de los acusados, lo que resulta una alternativa atractiva para ella, ya que le permitiría salir del procedimiento en un estado inicial del mismo, lo que en ocasiones le podría evitar los perjudiciales efectos reputacionales que lleva consigo la imputación en un proceso penal.

2. LA CARGA PROBATORIA EN LOS PROCEDIMIENTOS PENALES SEGUIDOS CONTRA PERSONAS JURÍDICAS

La prueba, o si nos encontramos en la fase de instrucción del procedimiento penal, las diligencias de investigación tendentes a recabar indicios de criminalidad suficientes para poder abrir la fase de la vista oral, no variarán en exceso de un proceso sin presencia de personas jurídicas investigadas a uno seguido frente a las mismas. En este sentido, seguirán practicándose declaraciones testificales, realizándose entradas y registros y aportándose informes periciales. No obstante, es cierto que la presencia de personas jurídicas en un procedimiento penal deriva inevitablemente en la práctica de diligencias de investigación que, de no ser por su presencia, no se realizarían, como son las declaraciones de los representantes especialmente designados por las mismas, o la aportación de periciales relativas al programa de cumplimiento (*compliance program*), tendentes a acreditar —o desacredi-

---

775 "Reglamentariamente se determinarán los aspectos relacionados con el ejercicio de la función de interventor, como la retribución o la cualificación necesaria".

tar— la existencia de una cultura de cumplimiento con la legalidad en el seno de la empresa.

Ahora bien, más que el tipo de pruebas que se practicarán durante el desarrollo de un procedimiento en el que se persiga la responsabilidad criminal de una persona jurídica, ya sean practicadas ante el órgano instructor o ante el órgano de enjuiciamiento —en caso de encontrarnos en el acto de la vista oral—, lo verdaderamente relevante en la presente materia es conocer qué parte debe de probar qué. Es decir, ¿debe recaer en la acusación la carga de probar la existencia de un concreto defecto estructural en el seno de la persona jurídica que habría facilitado la comisión de un delito por la persona física o, por el contrario, es la propia persona jurídica quien deberá acreditar que su programa de cumplimiento no presenta defectos y que, por lo tanto, la comisión del delito por parte de la persona física se ha debido única y exclusivamente a que esta ha eludido fraudulentamente el mismo?

El debate que aquí nos ocupa es una de las cuestiones procesales más conflictivas en la actualidad en los procedimientos penales seguidos ante personas jurídicas. Ahora bien, la respuesta a esta cuestión, como ya hemos expuesto, dependerá del modelo de atribución de responsabilidad penal al que se adscriba el art. 31 bis CP. Así, con caracter previo a abordar esta cuestión es necesario decidir si el defecto estructural —o la ausencia de medidas de control idóneas— que presuntamente permite —o no evita— la comisión del ilícito penal por el que la persona jurídica puede responder penalmente resulta una cuestión de tipicidad o de culpabilidad para la misma, cuestión que no resulta en absoluto baladí, toda vez que nuestro Alto Tribunal no se ha mostrado unánime, al menos en un primer momento, frente a ella. La STS nº 154/2016, de 29 de febrero, establece que el núcleo de la responsabilidad de la persona jurídica reside en la ausencia de medidas de control idóneas y eficaces, las cuales, dicho sea de paso, deberán ser probadas por parte de la acusación. No obstante, el voto particular suscrito por varios de los magistrados que conformaron dicha Sala considera que la ausencia de control no es el hecho por el que responde la persona jurídica, sino que esta es culpable por el hecho de haber permitido que sus representantes cometan un acto delictivo, lo cual se fundamenta en los principios generales de culpa "*in eligendo*" o "*in vigilando*"[776].

En consecuencia, los defensores de la autorresponsabilidad penal entienden que el defecto estructural es un elemento del tipo por el que responden las personas jurídicas, motivo por el que consideran que su acreditación debe correr a cargo de las acusaciones personadas en la causa. Por otro lado, los partidarios del sistema de heterorresponsabilidad entienden que la ausencia de defectos estructurales en el programa de cumplimiento implantado en la sociedad opera como una circunstancia eximente y que, por consiguiente, el peso de su acreditación recae sobre las personas jurídicas.

A continuación, analizaremos cuáles son las posiciones que han asumido, tanto el TS, como la FGE, así como las corrientes doctrinales mayoritarias, destacando las ventajas y desventajas de cada una de ellas. Finalmente, partiendo de la postura personal que hemos asumido en esta obra, a continuación expondremos cuál es la tesis que entendemos más respetuosa con ella.

---

776 "La persona jurídica es responsable penalmente de los delitos cometidos por sus representantes o dependientes en el contexto empresarial, societario o asociativo (art 31 bis 1° CP), porque es culpable (en la escasa medida en que este concepto puede ser aplicado a una persona jurídica, que no deja de constituir una ficción). Pero esta culpabilidad la infiere el Legislador, en el apartado a) del art. 31 bis CP que es el aquí aplicado, del hecho de permitir que sus representantes cometan un acto delictivo, en nombre y por cuenta de la sociedad y en su beneficio. Y se fundamenta en los principios generales de la "*culpa in eligendo*" y la "*culpa in vigilando*", o incluso, si se quiere profundizar más, de la culpa "*in constituendo*" y la culpa "*in instruendo*". Sin constituir un elemento adicional del tipo objetivo que exija a la acusación acreditar en cada supuesto enjuiciado un presupuesto de tipicidad tan evanescente y negativo como es demostrar que el delito ha sido facilitado por la ausencia de una cultura de respeto al Derecho en el seno de la persona jurídica afectada, "como fuente de inspiración de la actuación de su estructura organizativa e independiente de la de cada una de las personas físicas que la integran", que es lo que, con cierta confusión, constituye el elemento típico que exige acreditar en cada caso la sentencia mayoritaria (fundamento jurídico octavo)".

2.1. *Breve contextualización del conflicto*

En estrecha relación con la materia ahora objeto de estudio, se encuentra la titularidad del derecho a la no auto incriminación por parte de las personas jurídicas, cuestión que ya hemos analizado con anterioridad y cuyas conclusiones entendemos necesarias traer de nuevo a colación en este momento de la investigación, al ser materias que están íntimamente ligadas.

Así, el derecho a la no auto incriminación, extensible a las personas jurídicas, les permite desoír cualquier requerimiento coactivo que se les realice por parte del juzgado para que aporten determinados documentos al procedimiento, ya que ello vulneraría frontalmente este derecho. Así, como ya ha quedado expuesto[777], no se podrá requerir a la persona jurídica investigada en un procedimiento penal para que aporte el programa de cumplimiento normativo, ya que su elaboración, ni viene legalmente exigida —salvo para los partidos políticos y los clubes de fútbol que participen en las ligas profesionales—, ni puede obtenerse sin la colaboración de la propia entidad, dado que no consta en ningún archivo o registro de carácter público.

En definitiva, no podrá requerirse a las personas jurídicas investigadas la facilitación del programa de cumplimiento que tengan, ya que tienen la potestad de rechazar, obviar e ignorar dicha petición judicial. Siendo esto así, podría deducirse que todas las personas jurídicas rechazarán sistemáticamente la posibilidad de aportar a la causa su programa de cumplimiento. Sin embargo, la actitud de las personas jurídicas variará en función de quién ostente el peso de la carga de la prueba en los procedimientos penales en los que se esté depurando su responsabilidad criminal, ya que si llegamos a la conclusión de que la ausencia de defectos estructurales en el programa de cumplimiento es un elemento eximente de la responsabilidad penal de la persona jurídica, y que, por ende, su acreditación corresponde únicamente a esta última, no será necesario que la autoridad judicial les requiera la aportación del *compliance program*, ya que ella misma lo hará de forma inmediata.

---

777 Véase el epígrafe 3.2. del Capítulo VI.

Ahora bien, el hecho de que las personas jurídicas puedan negarse a aportar determinada documentación en el proceso no cierra automáticamente la puerta a la posibilidad de que, *motu proprio*, decidan aportar a la causa cuantos elementos de prueba relativos a la ausencia de defecto estructural deseen. De hecho, en la práctica judicial, independientemente de quién ostente la carga de la prueba, esto será lo más habitual, todo ello como consecuencia de la cada vez más extendida consciencia que se instaura en las empresas respecto de la cultura de cumplimiento con la legalidad, sobre todo en las de mediano y gran tamaño[778].

En suma, en aras a poder definir cuál será la estrategia defensiva más beneficiosa para las personas jurídicas que se encuentren inmersas en un procedimiento penal, resulta vital definir, en primer lugar, quién ostentará la carga de probar qué en los mismos.

2.2. *Posición del Tribunal Supremo, de la Fiscalía General del Estado y de la corriente doctrinal mayoritaria*

Como ya se ha adelantado, la cuestión de quién ostenta la carga de probar qué en los procedimientos penales seguidos contra las personas jurídicas no es pacífica. Por ello, entendemos necesario, previa toma de postura, analizar cuáles son las diferentes posiciones existentes.

En primer lugar, entre los defensores del modelo de autorresponsabilidad de las personas jurídicas, quienes lógicamente se muestran partidarios de atribuir a las acusaciones el peso de probar la no existencia de herramientas de control idóneas y eficaces para prevenir delitos en el seno de las entidades colectivas, se encuentra desde un primer momento, como ya se anunció en la introducción a esta cuestión, el TS. Así, la Sentencia nº 154/2016, de 29 de febrero estableció lo siguiente:

---

778 Son varios los motivos por los que resulta más habitual la implantación de programas de cumplimiento en las empresas de mediano y gran tamaño: desde las graves repercusiones que podrían derivarse no solo de su condena, sino de su simple imputación, hasta el hecho de que las mercantiles de pequeñas dimensiones, a veces, no tienen recursos para asumir la implantación de un verdadero y efectivo programa de cumplimiento y prevención de delitos.

"... no debe confundirse con el núcleo básico de la responsabilidad de la persona jurídica, cuya acreditación por ello habrá de corresponder a la acusación, en caso de no tomar la iniciativa la propia persona jurídica de la búsqueda inmediata de la exención corriendo con la carga de su acreditación como tal eximente. (...)

Y si bien es cierto que, en la práctica, será la propia persona jurídica la que apoye su defensa en la acreditación de la real existencia de modelos de prevención adecuados, reveladores de la referida "cultura de cumplimiento" que la norma penal persigue, lo que no puede sostenerse es que esa actuación pese, como obligación ineludible, sobre la sometida al procedimiento penal, ya que ello equivaldría a que, en el caso de la persona jurídica no rijan los principios básicos de nuestros sistema de enjuiciamiento penal, tales como el de la exclusión de una responsabilidad objetiva o automática o el de la no responsabilidad por el hecho ajeno, que pondrían en claro peligro planteamientos propios de una hetero responsabilidad o responsabilidad por transferencia de tipo vicarial, a los que expresamente se refiere el mismo Legislador, en el Preámbulo de la Ley 1/2015 para rechazarlos, fijando como uno de sus principales objetivos de la reforma la aclaración de este extremo.

(...) el análisis de la responsabilidad propia de la persona jurídica, manifestada en la existencia de instrumentos adecuados y eficaces de prevención del delito, es esencial para concluir en su condena y, por ende, si la acusación se ha de ver lógicamente obligada, para sentar los requisitos fácticos necesarios en orden a calificar a la persona jurídica como responsable, a afirmar la inexistencia de tales controles, no tendría sentido dispensarla de la acreditación de semejante extremo esencial para la prosperidad de su pretensión".

Como puede observarse, la mayoría de la Sala se muestra a favor de atribuir a las acusaciones la carga de probar el defecto estructural existente en el seno de la persona jurídica que ha facilitado la comisión del delito por parte de la persona física. De hecho, este razonamiento se vio rápidamente secundado por lo contenido en la STS nº 221/2016, de 16 de marzo, la cual estableció que:

"En efecto, desde la perspectiva del derecho a la presunción de inocencia a la que se refiere el motivo, el juicio de autoría de la persona jurídica exigirá a la acusación probar la comisión de un hecho delictivo por alguna de las personas físicas a las que se refiere el apartado primero del art. 31 bis del CP, pero el desafío probatorio del Fiscal no puede detenerse ahí. Lo impide nuestro sistema constitucional. Habrá de acreditar además que ese delito cometido por la persona física y fundamento de su responsabilidad individual ha sido realidad por la concurrencia de un delito corporativo, por un defecto estructural en los mecanismos de prevención exigibles a toda persona jurídica, de forma mucha más precisa a partir de la reforma del año 2015".

El TS o, cuanto menos, la mayoría de sus magistrados, es claro: el defecto estructural existente en la persona jurídica actúa como fundamento de su responsabilidad, esto es, con los mismos efectos que un elemento del tipo de los delitos existentes en la parte especial de nuestro CP y, por consiguiente, la carga de probar su concurrencia recae en las partes acusadoras. El planteamiento asumido se apoya en una corriente doctrinal que nace con GÓMEZ-JARA DÍEZ, y que desde un primer momento demandó la necesidad de dotar a la responsabilidad penal de las personas jurídicas de un elemento delictivo propio y autónomo de las concretas personas físicas que cometían el delito —al entender que las disposiciones contenidas en el art. 31 bis CP solo pueden considerarse como presupuestos de la responsabilidad de las personas jurídicas, pero no como su fundamento—[779].

Existen muchos autores, como por ejemplo GIMENO BEVIÁ, que partiendo de la tesis propuesta por GÓMEZ-JARA DÍEZ, asumen con naturalidad que, en aras a salvaguardar y garantizar el derecho fundamental a la presunción de inocencia del que las personas jurídicas son titulares, la carga de la prueba debe recaer en la acusación[780]. No obstante, es el propio GÓMEZ-JARA DÍEZ quien, a pesar de establecer que "en el ámbito de la tipicidad corresponde a la acusación probar la existencia objetiva de un defecto de organización —la falta de idoneidad *ex ante* de unas medidas para conjurar los riesgos derivados de la actividad empresarial corresponde entonces a la acusación—"[781], posteriormente realiza una serie de matizaciones que, dada su elevada relevancia práctica para la materia que aquí nos ocupa, trataremos en un apartado independiente más adelante.

Ahora bien, a pesar del pronunciamiento mayoritario de la Sala 2ª del TS, en una materia tan joven como la que nos ocupa, en la que todavía no se han desarrollado completamente los pilares jurídicos de

---

779 GÓMEZ-JARA DÍEZ, Carlos. "Fundamentos de la responsabilidad penal... *Op. Cit.* Págs. 111 y ss.

780 GIMENO BEVIÁ, Jordi. *Compliance y proceso... Op. Cit.* Pág. 297.

781 GÓMEZ-JARA DÍEZ, Carlos. "La culpabilidad de la persona... *Op. Cit.* Pág. 217.

su propia existencia, no podemos pasar por alto los pronunciamientos contrarios a la tesis previamente defendida.

En este sentido, desde un primer momento —la propia STS 154/2016, de 29 de febrero—, varios magistrados de la Sala 2ª del TS elaboraron un voto particular que rechazaba considerar la ausencia de una cultura de control como elemento del tipo objetivo y que, por consiguiente, entendía que la acreditación de su existencia, como circunstancia eximente de la responsabilidad penal, debía ser probada por las propias personas jurídicas. Concretamente:

> "Ahora bien no apreciamos razón alguna que justifique alterar las reglas probatorias aplicables con carácter general para la estimación de circunstancias eximentes, imponiendo que en todo caso corresponda a la acusación la acreditación del hecho negativo de su no concurrencia.
>
> (...) consideramos que no procede constituir a las personas jurídicas en un modelo privilegiado de excepción en materia probatoria, imponiendo a la acusación la acreditación de hechos negativos (la ausencia de instrumentos adecuados y eficaces de prevención del delito), sino que corresponde a la persona jurídica alegar su concurrencia, u aportar una base racional para que pueda ser constatada la disposición de estos instrumentos. Y, en todo caso, sobre la base de lo alegado y aportado por la empresa, deberá practicarse la prueba necesaria para constatar la concurrencia, o no, de los elementos integradores de las circunstancias de exención de responsabilidad prevenidas en los párrafos segundo o cuarto del art. 31 bis, en el bien entendido de que si no se acredita la existencia de estos sistemas de control la consecuencia será la subsistencia de la responsabilidad penal. (...)
>
> Por ello nos causa preocupación, en la medida en que puede determinar un vaciamiento de la responsabilidad penal de las personas jurídicas, e incluso su impunidad, la propuesta de inversión del sistema ordinario de prueba en esta materia, que puede constatarse, por ejemplo, en diversos párrafos del fundamento jurídico octavo de la sentencia mayoritaria, que establecen la doctrina de que no se puede dispensar a la acusación de su obligación de acreditar la "inexistencia de instrumentos adecuados y eficaces de prevención del delito" en el seno de la persona jurídica, en lugar de considerar que el objeto de la prueba no es la inexistencia, sino la disposición de estos instrumentos".

Con carácter previo a la STS 154/2016, de 29 de febrero, la FGE, a través de su Circular 1/2016, de 22 de enero, había establecido que, para ella, al igual que para los magistrados que suscribieron el voto particular de esa resolución, la responsabilidad penal de la persona jurídica descansa en un hecho ajeno. En este mismo sentido, la FGE entiende que la persona jurídica quedará exenta de pena si consigue acreditar o probar que goza de un adecuado sistema de organización y gestión. Es decir, para la FGE los modelos de organización y gestión que cumplan con los presupuestos legales operarán a modo de excusa absolutoria, como una causa de exclusión personal de la punibilidad, motivo por el que, en su opinión, atañe a la entidad colectiva la acreditación de que dichos modelos cumplen las condiciones y requisitos legales.

Esto es, los magistrados que suscribieron el voto particular de la STS 154/2016 coinciden con la FGE en cuanto a que corresponde a la persona jurídica la carga de probar que los modelos de organización y gestión cumplen con los requisitos legales y, en definitiva, son eficaces para prevenir delitos. No obstante, la diferencia radica en la naturaleza jurídica que otorgan a la adecuación y eficacia del sistema de organización y gestión. Mientras que los magistrados del TS optaban por otorgar a la corrección de dicho modelo la condición de una circunstancia de exención de la responsabilidad —y que, por lo tanto, afecta a la culpabilidad de la persona jurídica—, para la FGE la adecuación del citado modelo operaría como una excusa absolutoria que afectaría exclusivamente a la punibilidad de la entidad colectiva.

Asimismo, como es lógico, la tesis consistente en que la carga de la prueba recae en la propia defensa también ha sido defendida a nivel doctrinal por una corriente que comparte un presupuesto teórico común: el defecto estructural de las personas jurídicas es una cuestión que afecta exclusivamente a su culpabilidad. Es más, incluso existen autores que, pese a considerar que la carga de la prueba corresponde a la acusación, al tratarse de un elemento típico del que depende la condena de la persona jurídica, matizan que "corresponderá a la persona jurídica probar la existencia de controles adecuados —bajo la forma de un programa estructurado de cumplimiento penal o bajo una estructura distinta—, dado que se trataría de un elemento que podría exonerarla de responsabilidad penal"[782]. En esta misma línea, GARCÍA-PANASCO MORALES entiende que "los programas de

[782] GASCÓN INCHAUSTI, Fernando. *Proceso penal y persona jurídica... Op. Cit.* Pág. 146.

compliance no aparecen descritos como elementos del tipo, sino como una eximente (art. 31 bis, apartados 2 y 5 CP) o una atenuante (art. 31 quater d) CP), cuya existencia debe ser alegada por la defensa, por su propia naturaleza, ya que sólo ella puede ofrecer una imagen fiel de su cultura de cumplimiento normativo, plasmada concretamente en el programa de *compliance*"[783].

Por último, en un punto intermedio se encontraría GÓMEZ-JARA DÍEZ, cuya tesis principal, por la relevancia que tiene para la concreta materia objeto de estudio en el presente Capítulo, entendemos imprescindible extractar a continuación:

> "en el ámbito de la tipicidad corresponde a la acusación probar la existencia objetiva de un defecto de organización —la falta de idoneidad ex ante de unas medidas para conjurar los riesgos derivados de la actividad empresarial corresponde entonces a la acusación—, la defensa de una persona jurídica frente a los indicios que proporciona la concurrencia del injusto típico corresponde a ésta. En este sentido, debe recordarse que, llegado este nivel de análisis, por tanto, la acusación ya ha probado que la persona jurídica no disponía de unas medidas organizativas adecuadas para mantener el riesgo de comisión de delito que se le imputa dentro del riesgo permitido. La persona jurídica en este estadio tiene la carga de demostrar que, pese a la comisión objetiva de un delito por parte de una persona física —aún sin haber sido identificada— y la falta de idoneidad ex ante de su programa de cumplimiento, no obstante, tenía un firme compromiso de cumplimiento de la legalidad, que había institucionalizado efectivamente una cultura empresarial de prevenir y detectar la comisión de delitos"[784].

GÓMEZ-JARA DÍEZ ya se había manifestado en este sentido con anterioridad, realizando una clara separación entre los elementos que, en su opinión, deben ser probados por las acusaciones y aquellos que corresponde acreditar a la defensa de las personas jurídicas:

> "La solución integradora pasaría por asignar la carga probatoria a la acusación respecto de la falta de idoneidad de las medidas de control

---

783 GARCÍA-PANASCO MORALES, Guillermo. "El sistema vicarial y la carga de la prueba sobre los programas de compliance en la responsabilidad penal de las personas jurídicas: hacia la superación de un desencuentro." *Diario La Ley*, nº 9227 (2018).

784 GÓMEZ-JARA DÍEZ, Carlos. "La culpabilidad de la persona... *Op. Cit.* Pág. 217.

> respecto del delito concreto que se imputa a la persona jurídica sobre la base de los hechos concretos objeto de acusación. Así, puede resultar que, si bien la persona jurídica goza de medidas de control de vigilancia y control que, en general, resultan idóneas para «reducir de forma significativa el riesgo de comisión» de delitos de la misma naturaleza que el imputado a la persona jurídica. Pero que, a la vista de las circunstancias concretas del supuesto enjuiciado, no resultan idóneas para conjurar el riesgo y considerarlo como riesgo permitido.

De igual manera, el hecho de que las medidas concretas de vigilancia y control para el delito concreto imputado a la persona jurídica no sean idóneas para considerar que se opera en el ámbito del riesgo permitido, no significa que la persona jurídica merezca un reproche culpabilístico, toda vez que puede mostrar que, en el momento de los hechos, gozaba de una adecuada cultura de cumplimiento de la legalidad y que es merecedora de una exención de responsabilidad penal. Ahora bien, la prueba respecto de esta cuestión corresponde a la defensa, no a la acusación"[785].

En definitiva, responder a la cuestión de en quién recae la obligación de probar la ausencia de controles adecuados en el seno de la entidad no es una pregunta sencilla de responder, ya que, tal y como se ha visto, conviven tres posiciones enfrentadas, teniendo cada una de ellas argumentos de peso e importantes valedores que la defienden. Así, como se ha adelantado, la presente cuestión dependerá, generalmente, del modelo teórico de responsabilidad penal de las personas jurídicas que se entienda que recoge el CP.

2.3. Toma de postura

El objeto de la presente obra nos obliga a tratar de ir un paso más allá y no conformarnos con la discrepancia doctrinal y jurisprudencial existente en torno a esta cuestión. En este sentido, en nuestra opinión, existen actualmente una serie de argumentos que dotan de mayor fuerza a la corriente defensora de que la acreditación del defecto estructural corresponde única y exclusivamente a las acusaciones.

---

[785] GÓMEZ-JARA DÍEZ, Carlos. "El pleno jurisdiccional del Tribunal Supremo sobre responsabilidad penal de las personas jurídicas: fundamentos, voces discrepantes y propuesta reconciliadora." *Diario La Ley*, nº 8724 (2016).

En primer lugar, nos interesa detenernos en el razonamiento mediante el que los firmantes del voto particular obrante en la STS nº 154/2016, de 29 de febrero rechazaron la tesis de que la carga de probar el elemento del tipo propio y autónomo por el que responde la persona jurídica recaía en las acusaciones. Los magistrados firmantes del voto particular, reacios a aceptar que las acusaciones debiesen probar nada más allá de lo dispuesto en el apartado 1 del art. 31 bis CP —que el delito se hubiera cometido en su nombre o por su cuenta y en su beneficio directo o indirecto—, hicieron pivotar su razonamiento en la siguiente idea: no puede imponerse a la acusación la acreditación de hechos negativos, como sería la ausencia de instrumentos adecuados y eficaces de prevención del delito. Argumento al que consideramos conveniente realizar dos puntualizaciones.

Por un lado, este pronunciamiento se realizó antes de que la doctrina jurisprudencial básica de la presente materia terminara de desarrollarse por el propio TS, fundamentalmente mediante la STS nº 221/2016, de 16 de marzo, resolución que, como ya se ha expuesto, introdujo el concepto del delito corporativo, es decir, el fundamento de la responsabilidad penal de la persona jurídica, el cual consistía en un defecto estructural en los mecanismos de prevención exigibles a la entidad. Por otro lado, nuestra tesis no exige que las acusaciones tengan que probar la ausencia de instrumentos adecuados y eficaces de prevención de delitos, sino un defecto estructural concreto que haya permitido la comisión del delito o cuya existencia hubiera elevado de forma significativa el riesgo de su comisión. Eximir a las acusaciones de acreditar el defecto estructural supondría exigirle a la defensa la acreditación de un hecho negativo, como la no concurrencia del concreto defecto estructural en los modelos de organización y gestión por ella implantados o, lo que es lo mismo, la inexistencia del fundamento de su responsabilidad penal. Circunstancia, que como bien fundamentaba el voto particular de la STS 154/2016, de 29 de febrero, sería algo contrario a las reglas generales probatorias de la jurisdicción penal, además de atentar directamente contra el principio de presunción de inocencia que rige la depuración de toda responsabilidad penal.

En segundo lugar, la FGE, a pesar de ser, tal y como hemos podido comprobar previamente, una clara defensora del modelo vicarial de atribución de responsabilidad penal a la persona jurídica, asume que la naturaleza del apartado 2 del art. 31 bis CP es muy discutida doctrinalmente y que, en definitiva, depende de la solución que se adopte ante la no menos controvertida cuestión de la naturaleza del modelo de atribución de responsabilidad penal a la persona jurídica.

Esta reflexión encierra más contenido del que en un primer momento podría creerse, y más si la ligamos al hecho de que los fiscales han asumido en la praxix la carga de probar el defecto estructural existente en las personas jurídicas. Es decir, a pesar del contenido de la Circular 1/2016, de 22 de enero, cada vez son más los fiscales que se desmarcan de la misma y asumen la doctrina jurisprudencial mayoritaria del TS, evidentemente influenciados, además de por el hecho de que se trata de la jurisprudencia del propio TS, por la circunstancia adicional de que esta es posterior en el tiempo a la Circular.

Con ello se observa que se está alcanzando cierto consenso entre los operadores jurídicos de que lo más respetuoso con la legalidad y los principios orientadores del Derecho Penal es el modelo de la autorresponsabilidad y, por ende, la exigencia procesal de que sean las acusaciones quienes acrediten el fundamento de la responsabilidad penal de la persona jurídica, es decir, el delito corporativo consistente en un defecto estructural en los modelos de organización, gestión y prevención de delitos.

Por consiguiente, como partidarios de un sistema que pivota sobre la autorresponsabilidad de las personas jurídicas, en el que estas responden por su participación omisiva en el hecho delictivo cometido por la persona física a ella vinculada mediante alguna de las relaciones de los apartados a) y b) del apartado 1 del art. 31 bis CP, entendemos que el defecto estructural, la omisión de medidas de vigilancia y control por parte del ente, funciona como un elemento del tipo del delito que comete y que, por lo tanto, su prueba corresponde a las partes acusadoras. En definitiva, entendemos que son las acusaciones las que tiene que acreditar el defecto estructural acaecido en la persona jurídica. Esta conclusión se fundamenta principalmente en los siguientes tres argumentos:

1. El hecho de que el peso de probar el fundamento de la responsabilidad penal de las personas sometidas a un procedimiento penal, ya sean físicas o jurídicas, recaiga en las acusaciones es una posición más garantista con los principios orientadores del Derecho Penal, princi-

palmente con el derecho a la presunción de inocencia. En este sentido se pronuncia la STS nº 221/2016, de 16 de marzo:

> "La Sala no puede identificarse (...) con la tesis de que, una vez acreditado el hecho de conexión, esto es, el particular delito cometido por la persona física, existiría una presunción iuris tantum de que ha existido un defecto organizativo. (...) Y para alcanzar esa conclusión no es necesario abrazar el criterio de que el fundamento de la responsabilidad corporativa no puede explicarse desde la acción individual de otro. Basta con reparar en algo tan elemental como que esa responsabilidad se está exigiendo en un proceso penal, las sanciones impuestas son de naturaleza penal y la acreditación del presupuesto del que derivan aquellas no puede sustraerse al entendimiento constitucional del derecho a la presunción de inocencia. Sería contrario a nuestra concepción sobre ese principio estructural del proceso penal admitir la existencia de dos categorías de sujetos de la imputación. Una referida a las personas físicas, en la que el reto probatorio del Fiscal alcanzaría la máxima exigencia, y otra ligada a las personas colectivas, cuya singular naturaleza actuaría como excusa para rebajar el estándar constitucional que protege a toda persona, física o jurídica, frente a la que se hace valer el ius puniendi del Estado. (...)
>
> La imposición de penas a las personas jurídicas (...) exige del Fiscal, como representante del ius puniendi del Estado, el mismo esfuerzo probatorio que le es requerido para justificar la procedencia de cualquier otra pena cuando ésta tenga como destinataria a una persona física".

Por tanto, toda depuración de responsabilidad penal en un Estado de Derecho exige un escrupuloso respeto al sistema de derechos fundamentales que resultan inherentes a todas las personas por su propia naturaleza, derechos entre los que destaca el principio a la presunción de inocencia. Este principio ha sido definido como el derecho subjetivo público, autónomo e irreversible del que está investida toda persona física acusada de un delito, y consistente en desplazar sobre la parte acusadora la carga cumplida de los hechos de la acusación, viniendo obligado el juez o tribunal a declarar la inocencia si tal prueba no tiene lugar[786].

---

786 BELLOCH JULBE, Juan Alberto, TORRES Y LÓPEZ DE LACALLE, Enrique y GUERRA SAN MARTÍN, José. "El derecho a la presunción de inocencia". *La Ley: Revista jurídica española de doctrina, jurisprudencia y bibliografía*, nº 4 (1982).

En este sentido, un sistema en el que, una vez acreditada la premisa consistente en la existencia de un delito cometido por una persona física, se asuma la culpabilidad de una persona jurídica y se le traslade la obligación de probar su propia inocencia en caso de que quiera evitar la responsabilidad penal, es un modelo que no respeta las garantías mínimas que deben regir en todo procedimiento penal y que, por lo tanto, debe ser rechazado. Como bien concluye GIMENO BEVIÁ "no caben matizaciones ni rebajas en las garantías del acusado, ya sea persona física o jurídica"[787].

Cómo último apunte, nos reiteramos en lo ya expuesto anteriormente sobre la titularidad que ostenta la persona jurídica sobre determinados derechos, como es el caso de la presunción de inocencia.

2. El sistema de autorresponsabilidad de la persona jurídica, y más concretamente la consideración del defecto estructural como fundamento de su responsabilidad penal, actuando como un elemento del tipo que debe ser acreditado por las acusaciones, es una teoría respetuosa con el principio de legalidad.

Procede en este apartado volver a la idea, ya desarrollada en capítulos anteriores, de que la responsabilidad penal de las personas jurídicas no es un delito autónomo e independiente, sino una modalidad de participación en el mismo por parte de un nuevo sujeto penal, que es la persona jurídica. En este sentido, no hay un tipo penal común en la parte especial de nuestro código punitivo para sancionar a las personas jurídicas, no nos encontramos ante un concreto delito por el que todas ellas respondan penalmente, sino que se trata de una modalidad de participación[788] en el delito acaecido por el que la persona jurídica responderá si concurren una serie de requisitos legalmente establecidos. Ahora bien, de cara a conocer cuáles son estos requisitos, considero que la regulación sobre la responsabilidad penal de las personas jurídicas permite cierta maniobrabilidad en este sentido.

Por un lado, los defensores del modelo de responsabilidad penal de las personas jurídicas por el hecho ajeno se postulan a favor de la tesis de que los elementos cuya concurrencia es necesaria para que pueda

---

787 GIMENO BEVIÁ, Jordi. *Compliance y proceso... Op. Cit.* Pág. 295.

788 La concreta forma de participación de la persona jurídica en el delito acaecido ya ha sido estudiada en el epígrafe 4. del Capítulo II.

responder una entidad colectiva se encuentran única y exclusivamente en el numeral 1° del art. 31 bis CP. Sólo en el primero. Es decir, que, si se actúa en nombre de la persona jurídica y en su beneficio, ésta será penalmente responsable. No obstante, como ya se ha expuesto con anterioridad, a nuestro parecer dicha cuestión deriva en la más pura responsabilidad objetiva, ya que ninguna de esas condiciones es en propiedad una acción u omisión de la persona jurídica.

Por ello, nos mostramos partidarios de realizar una lectura global del art. 31 bis. Así, llegamos a la conclusión de que, atendiendo a la premisa de que la responsabilidad penal de las personas jurídicas actúa como un sistema de participación en el delito cometido por una persona física, identificar el defecto estructural de la mercantil como el fundamento de su responsabilidad penal es acorde a la legalidad vigente y una tesis mucho más respetuosa con los principios orientadores de nuestro Derecho Penal, tal y como exige la doctrina de nuestro TS.

Asimismo, no debe pasar inadvertido el hecho de que la crítica principal que motivó a varios de los magistrados del TS a suscribir un voto particular contra la Sentencia n° 154/2016, de 29 de febrero, se fundamentaba en las dificultades que planteaba el concepto de la ausencia de una cultura de respeto al Derecho, sobre el que se decía que no ostentaba las características necesarias para convertirse en el fundamento de la responsabilidad penal de la persona jurídica[789]. Sin embargo, debemos recordar que dicho concepto ya fue superado en la sentencia inmediatamente posterior —STS n° 221/2016, de 16 de marzo—, así como en las siguientes, en la que se identificó como el delito corporativo propio de la persona jurídica al defecto estructural en los modelos de organización y gestión. En este sentido, partiendo de la concepción manejada por el TS, en nuestra opinión resulta defendible que el fundamento de la responsabilidad penal de la persona jurídica reside en un concepto material, lo que nos permitiría consi-

789 STS n° 154/2016, 29 de febrero: "(...) incorporar al núcleo del tipo un elemento tan evanescente como la "ausencia de una cultura de respeto al derecho" no cumple con el principio de certeza, ínsito en el de tipicidad, que exige que los supuestos a los que la ley atribuya una responsabilidad penal aparezcan descritos en el texto legal con la mayor precisión posible, en todos los elementos que los definen".

derar, por consiguiente, al defecto de organización como el elemento delictivo propio de la persona jurídica por el que, en caso de concurrir en el supuesto en concreto objeto de investigación, puede responder penalmente.

3. Por último, aunque hayamos manifestado que, generalmente, para conocer en quién recaerá el peso de acreditar el fundamento de la responsabilidad penal de la persona jurídica, deberá atenderse al sistema teórico de atribución de responsabilidad por el que nos hayamos decantado, lo cierto es que la STS 221/2016, de 16 de marzo, llegó a la conclusión de que no caben rebajas en las garantías de los sujetos sometidos a un procedimiento penal y que, por consiguiente, las acusaciones no podrán desvincularse de la obligación de acreditar el fundamento de la responsabilidad penal de cualquier sujeto que se encuentre sometido a aquél. Una resolución que, dicho sea de paso, no cuenta con ningún voto particular.

En definitiva, con independencia del modelo teórico por el que nos decantemos, nuestro Alto Tribunal ya ha manifestado que "la controversia sobre la etiqueta dogmática no puede condicionar el estatuto procesal de las personas colectivas como sujeto singular y diferenciado de la imputación penal"[790], lo cual es una oportunidad que nos brinda nuestra jurisprudencia para abandonar automatismos entre las personas físicas y jurídicas, y poder asegurar que las segundas son sujetos penales autónomos e independientes cuya responsabilidad no estará en todo momento inevitablemente ligada a la de las primeras.

2.4. Estrategia defensiva de la persona jurídica

Lo expuesto hasta este momento, ¿significa que la persona jurídica puede despreocuparse de acreditar la ausencia de un defecto estructural? En absoluto.

Tal y como adelanta el TS[791], la persona jurídica tiene total libertad para aportar en cualquier momento los elementos que entienda oportunos a la causa. Es más, como ya se ha adelantado, en la mayo-

---

790 STS nº 154/2016, 29 de febrero.

791 STS nº 154/2016, 29 de febrero: "Sin perjuicio de que la persona jurídica que esté siendo investigada se valga de los medios probatorios que estime oportunos

ría de los supuestos serán las propias entidades quienes tendrán interés en aportar su programa de organización y control al proceso tan pronto como sean imputadas. La razón es que, si consigue acreditar en un primer momento la ausencia de responsabilidad penal y, por consiguiente, salir del procedimiento desde prácticamente su inicio, la entidad esquivará los costes reputacionales que la mera imputación inherentemente lleva consigo[792]. Ahora bien, poder acreditar no debe confundirse con obligación de acreditar, motivo por el que, salvo algunas excepciones, la pasividad de la persona jurídica no le podrá ser reprochada ni podrá actuar como un indicio de criminalidad en su contra.

No obstante, que la persona jurídica no esté obligada a acreditar la corrección de su programa de cumplimiento no significa que vaya a resultar siempre impune por no haberse podido acreditar por las acusaciones la efectiva concurrencia de un defecto estructural. En ocasiones, la comisión de un delito por una persona física perteneciente a la persona jurídica, unido a la acreditación parcial de algunos hechos circunstanciales relativos al funcionamiento interno de la misma, podría ser suficiente para, en base a la prueba indiciaria, condenar a la entidad colectiva.

Sobre esta cuestión se pronunció la FGE en su Circular 1/2016, quien para defender la atribución de la carga de la prueba a la persona jurídica se justifica en que:

> "(...) la propia comisión del delito opera como indicio de la ineficacia del modelo y que, sobre esta base, cabría exigir a la persona jurídica una explicación exculpatoria que eliminara el efecto incriminatorio del indicio, a semejanza de la doctrina jurisprudencial sobre la prueba indiciaria, conforme a la cual no supone inversión de la carga de la prueba ni daña la presunción de inocencia exigir al acusado que facilite para lograr su

---

—pericial, documental, testifical— para demostrar su correcto funcionamiento desde la perspectiva del cumplimiento de la legalidad".

792 Si bien es cierto que en el epígrafe 1.1.2.3. del Capítulo IV hemos llegado a la conclusión de que la imputación de la persona jurídica en un procedimiento penal en ningún caso será tan perjudicial para ella como una efectiva condena penal, ello no es óbice para reconocer que la simple imputación sí que acarrea un determinado coste reputacional que puede generar algún que otro perjuicio a la entidad colectiva, por mucho que no sea tan grave como una pena.

> exculpación aquellos datos que está en condiciones de proporcionar de manera única e insustituible"[793].

Es decir, la aportación del *compliance program* a la causa no se le podrá solicitar a las personas jurídicas bajo pretextos como considerar que para ellas es más sencillo aportarlo. No obstante, sí se le podrá advertir de que se dispone de numerosos indicios que acreditarían su responsabilidad penal para que, en el supuesto de que ella quisiera, aportara a la causa el programa de cumplimiento, en aras de evitar una presunta responsabilidad penal. Permitir lo contrario pervertiría las reglas esenciales del procedimiento penal y podría derivar en efectos de impredecible alcance contrarios al normal y garantista desarrollo de nuestro sistema jurídico.

Así, atendiendo al riesgo de condena para las personas jurídicas en virtud de la prueba indiciaria, estas deberán valorar detenidamente sus opciones y aprovechar la oportunidad que les brinda el proceso para quedar exentas de responsabilidad penal, a través de la aportación a la causa de un programa de cumplimiento eficaz que acredite la ausencia de un defecto estructural. Ahora bien, de cara a tomar esa decisión, la persona jurídica habrá de valorar la carga criminal de los indicios existentes en la causa. Ante esa situación, la pregunta a hacerse es: ¿verdaderamente la constatación de un ilícito penal es un indicio suficiente por sí solo como para entender que existe un defecto estructural en el seno de la empresa?

Para dar respuesta a dicha cuestión, conviene recordar la tesis expuesta por GÓMEZ-JARA DÍEZ, quien, adoptando una posición garantista con los derechos de la persona jurídica, llega a la conclusión de que sí podrá exigírsele a la persona jurídica que justifique la ausencia de su responsabilidad criminal en relación con el delito acaecido, pero siempre y cuando se haya acreditado por las acusaciones algo más que la mera concurrencia del delito, la por él denominada "ausencia de medidas organizativas adecuadas para mantener el riesgo de comisión del delito que se le imputa dentro del riesgo permitido"[794]. Por consiguiente, para este autor la concurrencia de un delito por sí

---

793 Circular 1/2016, de 22 de enero, de la FGE. Pág. 29.

794 GÓMEZ-JARA DÍEZ, Carlos. "La culpabilidad de la persona… *Op. Cit.* Pág. 217.

mismo no es suficiente para sancionar penalmente a la persona jurídica ya que, además de la existencia del ilícito penal, entiende necesario que haya quedado acreditado en la causa la ausencia *ex ante* de medidas adecuadas de prevención de delitos, conclusión con la que no podemos mostrarnos más de acuerdo.

Sobre este extremo conviene traer también a colación las siguientes palabras de la FGE, quien nos recuerda que "esta construcción no resulta automáticamente aplicable pues, ya se ha indicado, la comisión de un delito queda como un riesgo residual de cualquier programa de prevención, por eficaz que este sea"[795]. Es decir, la razón por la que la existencia del delito no puede ser por sí misma un indicio de criminalidad suficiente como para condenar, en base a la prueba indiciaria, a la persona jurídica es que no es posible eliminar al cien por cien y con carácter previo el riesgo de la comisión de un ilícito penal. En otras palabras, pese a la concurrencia de un delito, un programa de organización y control debidamente implementado puede haber resultado eficaz a efectos penales.

3. LAS MEDIDAS CAUTELARES: ESPECIAL ANÁLISIS A LA MEDIDA DE INTERVENCIÓN JUDICIAL

3.1. Contextualización: procedimiento y momento procesal oportuno para la adopción de medidas cautelares frente a personas jurídicas

Conforme a nuestra legislación penal, es posible acordar medidas cautelares frente a las personas jurídicas que ostenten la condición de investigadas en un procedimiento penal. Así lo dispone el art. 544 quater LECrim, cuyo apartado 1 tiene el siguiente contenido: "Cuando se haya procedido a la imputación de una persona jurídica, las medidas cautelares que podrán imponérsele son las expresamente previstas en la Ley Orgánica 10/1995, de 23 de noviembre, del Código Penal". En consecuencia, no podrán imponerse a las personas jurídicas otras medidas cautelares a las expresamente contenidas en el CP. Así, para conocer cuáles son dichas medidas debemos acudir al último párrafo

795 Circular 1/2016, de 22 de enero, de la FGE. Pág. 29.

del art. 33.7 CP, que dispone lo siguiente: "La clausura temporal de los locales o establecimientos, la suspensión de las actividades sociales y la intervención judicial podrán ser acordadas también por el Juez Instructor como medida cautelar durante la instrucción de la causa".

En definitiva, podrán acordarse contra las personas jurídicas las medidas cautelares consistentes en la clausura temporal de locales o establecimientos, la suspensión de actividades o la intervención judicial. Sin embargo, resulta difícilmente entendible que otras penas imponibles a las entidades colectivas como la prohibición temporal de realizar las actividades en cuyo ejercicio se haya cometido, favorecido o encubierto el delito (art. 33.7 b) CP) no puedan ser acordadas cautelarmente. Ello puede deberse a que dicha medida puede encuadrarse en la consistente en la suspensión de actividades. No obstante, aunque aún no se haya dado respuesta a esta cuestión por nuestros tribunales, lo cierto es que las concretas medidas cautelares adoptables frente a las mismas permiten al juez moldear con margen suficiente una medida adecuada para salvaguardar los intereses perseguidos por las mismas.

Ahora bien, el hecho de que la ley no reconozca la posibilidad de acordar más medidas cautelares que las previamente mencionadas no excluye, a nuestro entender, la posibilidad de que puedan acordarse otras de carácter patrimonial. La disposición del último párrafo del art. 33.7 CP se refiere únicamente a las medidas cautelares personales que pueden adoptarse frente a las personas jurídicas, no existiendo en nuestra opinión impedimento alguno para que medidas cautelares de naturaleza patrimonial o pecuniaria puedan ser acordadas frente a ellas. En este mismo sentido se pronuncia GASCÓN INCHAUSTI, para quien "sería incorrecto, en cambio, deducir del precepto la prohibición de acordar respecto de las personas jurídicas imputadas medidas cautelares de tipo real o patrimonial, pues la LECrim las regula en sede distinta con sujeción a criterios diferentes"[796].

---

796 GASCÓN INCHAUSTI, Fernando. "Las medidas cautelares en los procesos penales frente a personas jurídicas". En *Responsabilidad Penal y Procesal de las personas jurídicas*, dirigido por Ángel JUANES PECES, 323-328. Madrid: Francis Lefebvre, 2015. Pág. 324.

Por consiguiente, existen dos grupos de medidas cautelares que pueden ser adoptadas frente a las personas jurídicas: medidas cautelares personales y medidas cautelares reales. En palabras de DE LA ROSA CORTINA, el primer grupo de medidas son "aptas para neutralizar el riesgo de reiteración delictiva y el de destrucción de pruebas y en el segundo grupo la fianza y el embargo, como medidas aptas para asegurar las responsabilidades civiles"[797].

Pues bien, una vez expuestas cuáles son las concretas medidas cautelares que pueden acordarse frente a las personas jurídicas, a continuación nos centraremos en dar respuesta al momento oportuno para acordarlas y a los trámites procesales que resultan necesarios para ello.

En primer lugar, entendemos imprescindible traer a colación el apartado 2° del art. 544 quater LECrim, precepto que establece lo siguiente: "La medida se acordará previa petición de parte y celebración de vista, a la que se citará a todas las partes personadas. El auto que decida sobre la medida cautelar será recurrible en apelación, cuya tramitación tendrá carácter preferente". Así, para que un tribunal pueda imponer una medida cautelar a una persona jurídica es necesario que su adopción sea interesada por alguna de las partes del procedimiento, ya sea el MF, las acusaciones particulares o populares, así como los actores civiles. El juez no podrá acordar de oficio la imposición de una medida cautelar. A su vez, con carácter previo a la adopción o denegación de la medida, resulta preceptivo celebrar una comparecencia a tal efecto.

El art. 544 quater LECrim no especifica si dicha vista debe realizarse únicamente cuando se solicite por las acusaciones la adopción de medidas cautelares personales o si también debe realizarse respecto de las patrimoniales. La norma no introduce diferenciación alguna. No obstante, si tenemos en cuenta que el propio art. 544 quater LECrim hace referencia expresa a las medidas cautelares del CP —en el que solo se hace referencia a las medidas cautelares personales— y al argumento previamente esgrimido por GASCÓN INCHAUSTI de

---

797 DE LA ROSA CORTINA, José Miguel. "Medidas cautelares frente a personas jurídicas imputadas". *Revista Aranzadi de Derecho y Proceso Penal*, n° 51 (2018).

que las medidas cautelares se regulan en sede distinta de la LECrim con sujeción a criterios diferentes, nos inclinamos por concluir que no es necesaria la celebración de una vista para la adopción de medidas cautelares de naturaleza real o patrimonial frente a personas jurídicas.

No se establece en nuestra legislación ninguna pauta en relación con cómo debe tramitarse la solicitud de imposición de medidas cautelares a las personas jurídica. Así, no se establece si la entidad investigada debe presentar un escrito oponiéndose a la petición realizada por una de las acusaciones o el plazo en el que deberá celebrarse la comparecencia en cuestión. En este mismo sentido se pronuncia PORTAL MANRUBIA, quien manifiesta que "el legislador no ha previsto el tiempo en que debe convocarse la comparecencia para adoptar la medida cautelar, ni tampoco la sustanciación del procedimiento una vez ha sido solicitada por la acusación"[798].

A pesar del silencio legislativo sobre esta cuestión, a nuestro entender dicha laguna no es relevante, habida cuenta de que este mutismo otorga, a nuestro juicio, un mayor margen de maniobrabilidad a las partes. Así, cada representación procesal tendrá libertad para decidir si quiere presentar un escrito manifestando las circunstancias que abogan por no imponer ningún tipo de medida cautelar a su representada y sustentarlo con todo tipo de documentos o no. A su vez, entendemos que el órgano judicial encargado de un procedimiento penal en el que se esté depurando la posible responsabilidad penal de una persona jurídica, una vez le sea solicitada la adopción de una medida cautelar personal, celebrará la vista legalmente exigida tan pronto como le resulte posible en función de su agenda. A esta decisión también podrán referirse las partes en sus escritos, argumentando la mayor o menor urgencia que podría tener la adopción de las medidas cautelares solicitadas.

En cuanto al momento procesal oportuno para adoptar las medidas cautelares, en primer lugar, debemos detenernos en la referencia que el último párrafo del art. 33.7 CP hace respecto de que las medidas cautelares podrán acordarse durante la instrucción de la causa.

---

798 PORTAL MANRUBIA, José. "Medidas cautelares contra la persona jurídica según la nueva reforma del Código Penal". *Revista Aranzadi Doctrinal*, nº 5 (2011).

En nuestra opinión, dicha referencia a la fase instructora del proceso resulta poco acertada si tenemos en cuenta que, como es lógico, no existe impedimento legal o material para que las medidas cautelares puedan ser adoptadas en fases ulteriores, como por ejemplo cuando la persona jurídica está pendiente de la celebración de la vista oral o incluso del fallo. En esta misma línea se pronuncia GASCÓN INCHAUSTI, para quien "los fines que se persiguen con estas medidas también las convierten en necesarias mientras se desarrolla el juicio oral y —muy especialmente— mientras se recurre una sentencia condenatoria"[799], ya que "no cabe ejecución provisional de las penas impuestas: sería lógico, por tanto, que pudieran también adoptarse en estas fases más avanzadas del proceso por el tribunal enjuiciador (competencia funcional)"[800]. Por consiguiente, entendemos que la solicitud para que se adopten medidas cautelares puede ser interesada en cualquier momento del procedimiento, siempre y cuando se den los requisitos legalmente exigidos, a los que haremos referencia más adelante.

En cuanto a la duración que pueden tener las medidas cautelares, se trata de una cuestión ante la que nuestra legislación vuelve a guardar silencio. No obstante, parece razonable pensar que las medidas cautelares no podrán adoptarse por un tiempo superior a la duración de la pena imponible a las personas jurídicas. En este sentido se manifiesta GASCÓN INCHAUSTI, para quien dicho posicionamiento obedece a un criterio de proporcionalidad[801].

A este respecto, resulta necesario traer a colación el contenido del art. 66 bis CP, que regula la aplicación de las penas aplicables a las personas jurídicas. En virtud de lo establecido en él, únicamente podrán adoptarse penas —y por extensión, medidas cautelares— frente a personas jurídicas por un tiempo superior a los dos años cuando la pena aplicable a la entidad sea alguna de las previstas en las letras c) a g) del art. 33.7 CP y se cumplan alguna de las siguientes

799 GASCÓN INCHAUSTI, Fernando. *Proceso penal y persona jurídica... Op. Cit.* Pág. 160.

800 GASCÓN INCHAUSTI, Fernando. "Las medidas cautelares en los procesos penales... *Op. Cit.* Pág. 327.

801 GASCÓN INCHAUSTI, Fernando. *Proceso penal y persona jurídica... Op. Cit.* Pág. 161.

dos circunstancias: que esta sea reincidente o que haya sido utilizada fraudulentamente para la comisión de ilícitos penales, esto es, cuando la actividad legal de la persona jurídica sea menos relevante que su actividad legal[802].

Estas penas serían las siguientes: suspensión de sus actividades —letra c)—, clausura de sus locales y establecimientos —letra d)—, prohibición de realizar en el futuro las actividades en cuyo ejercicio se haya cometido, favorecido o encubierto el delito —letra e)—, inhabilitación para obtener subvenciones y ayudas públicas, para contratar con el sector público y para gozar de beneficios e incentivos fiscales o de la Seguridad Social —letra f)— e intervención judicial para salvaguardar los derechos de los trabajadores o de los acreedores —letra g)—. Pues bien, de este listado de penas, tal y como se ha expuesto, las contenidas en las letras c), d) y g) pueden ser adoptadas cautelarmente.

Por último, el art. 66 bis permite, a su vez, la imposición de penas con carácter permanente (penas recogidas en las letras b) y e) del art. 33.7 CP, disolución de la persona jurídica y prohibición de actividades, respectivamente) o por un plazo superior a los cinco años (penas de las letras e) y f) del art. 33.7 CP, prohibición de actividades e inhabilitaciones especiales, respectivamente), siempre y cuando se dé alguna de las siguientes circunstancias: que concurra la circunstancia agravante de reincidencia con la cualificación de que el culpable, al delinquir, hubiera sido condenado ejecutoriamente, al menos, por tres delitos comprendidos en el mismo título del CP, o que la persona jurídica se utilice instrumentalmente para la comisión de ilícitos penales.

Como es evidente, la duración de la medida cautelar será aplicada al cumplimiento de la pena para el caso en el que la persona jurídica finalmente acabe siendo condenada, tal y como permite el art. 58 CP. En relación con las medidas cautelares, que es lo que aquí nos ocupa, el apartado 4 de este artículo establece que "las reglas anteriores se aplicaran también respecto de las privaciones de derechos acordadas cautelarmente".

---

802 Art. 66 bis 2ª CP.

Por último, y al igual que ocurre respecto de las personas físicas, es necesario que concurran dos presupuestos para poder adoptar cualquier tipo de medida cautelar frente a una persona jurídica: el *fumus boni iuris* y el *periculum in mora*. El primero de ellos, *fumus boni iuris*, o también llamado como apariencia de título de buen derecho, viene siendo definido como "un juicio de imputación o fundada sospecha de participación del imputado en un determinado hecho punible"[803]. Por otro lado, el *periculum in mora* exige que la medida cautelar adoptada sirva para un fin constitucionalmente legítimo, y esté destinada a evitar un riesgo de daño para la efectividad de la tutela pretendida derivado de la irremediable duración del proceso[804]. Estos fines fueron introducidos en el art. 503 LECrim mediante la LO 13/2003, de 24 de octubre, y se dividen en los siguientes: asegurar la presencia del investigado o encausado en el proceso cuando pueda inferirse racionalmente un riesgo de fuga, evitar la ocultación, alteración o destrucción de las fuentes de prueba relevantes para el enjuiciamiento y evitar que el investigado o encausado pueda actuar contra bienes jurídicos de la víctima. Si bien estos fines son regulados en el art. 503 LECrim en relación con los requisitos que deben concurrir para poder adoptar la medida cautelar personal consistente en la prisión provisional, sirven como cimiento para desarrollar cuáles son los concretos motivos o fines que persiguen las medidas cautelares adoptables frente a personas jurídicas.

Ahora bien, el objeto de la presente investigación nos obliga a cuestionarnos si la adopción de medidas cautelares frente a personas jurídicas tiene algún tipo de particularidad respecto de lo que acaba de ser expuesto.

En cuanto al requisito consistente en la concurrencia del *fumus boni iuris*, al igual que con las personas físicas, es necesario tener indicios fundados de que la persona jurídica ha podido participar en un hecho delictivo para poder adoptar una medida cautelar frente a ella. A este respecto, PORTAL MANRUBIA manifiesta que "nada obsta que se utilice la expresión motivos bastantes, propia de la prisión pro-

---

803 GIMENO SENDRA, Vicente. "La necesaria reforma de la prisión provisional". *Diario La Ley, Sección Doctrina*, nº 1377 (2001).

804 DÍAZ MARTÍNEZ, Manuel. "El nuevo régimen jurídico de las medidas cautelares civiles en el proceso penal". *Diario la Ley*, nº 6059 (2004).

visional, para observar el razonamiento lógico que ha realizado el órgano jurisdiccional con el fin de decretar la medida cautelar"[805]. En definitiva, en palabras del autor, se cumplirá con el presente presupuesto cuando se pueda convencer al órgano judicial de que "disponemos de todos los elementos para probar la responsabilidad penal en la sentencia definitiva"[806], o lo que entendemos que es lo mismo, cuando pueda acreditarse indiciariamente que la entidad colectiva ha participado en el delito.

Por otro lado, en cuanto al *periculum in mora*, según el propio PORTAL MANRUBIA, concurre siempre que "el ente jurídico ejecute maniobras tangibles propensas a evitar el cumplimiento de los términos de la condena previstos en la futura sentencia firme, tanto desde el punto de vista punitivo como desde el punto de vista de la responsabilidad civil *ex delicto*"[807]. Así, existen infinidad de maniobras mediante las que una persona jurídica puede eludir la responsabilidad penal o civil que puede imponérsele en un procedimiento judicial. Imaginemos, por ejemplo, que una sociedad sometida a un procedimiento penal transfiere su actividad a otra mercantil que no está siendo investigada. Si bien esto puede entenderse como una sucesión de empresa que permitiría, si se cumplen determinadas circunstancias, trasladar a esa nueva mercantil la responsabilidad penal y civil propia de la primera, tal y como dispone el art. 130.2 CP[808], lo cierto es que no deben subestimarse los mecanismos legales que ofrece nuestro ordenamiento jurídico, en el sentido de que si se deja maniobrar libremente a una

---

805 PORTAL MANRUBIA, José. "Medidas cautelares contra la persona jurídica... *Op. Cit.*

806 *Ibidem.*

807 *Ibidem.*

808 "2. La transformación, fusión, absorción o escisión de una persona jurídica no extingue su responsabilidad penal, que se trasladará a la entidad o entidades en que se transforme, quede fusionada o absorbida y se extenderá a la entidad o entidades que resulten de la escisión. El Juez o Tribunal podrá moderar el traslado de la pena a la persona jurídica en función de la proporción que la persona jurídica originariamente responsable del delito guarde con ella.
No extingue la responsabilidad penal la disolución encubierta o meramente aparente de la persona jurídica. Se considerará en todo caso que existe disolución encubierta o meramente aparente de la persona jurídica cuando se continúe su actividad económica y se mantenga la identidad sustancial de clientes, proveedores y empleados, o de la parte más relevante de todos ellos".

persona jurídica sometida a una situación como la aquí descrita, existe un riesgo relevante de que se lleven a cabo determinadas acciones que acaben difuminando su responsabilidad penal.

Por último, al igual que ocurre con las personas físicas, nos parece relevante resaltar que únicamente deberán adoptarse medidas cautelares frente a personas jurídicas en aquellos supuestos en las que no haya alternativas menos gravosas para la consecución de las finalidades pretendidas por las mismas.

3.2. Clausura de locales o establecimientos y suspensión de actividades

Una vez establecido cuándo pueden adoptarse medidas cautelares frente a las entidades colectivas que estén sometidas a un procedimiento penal, así como el procedimiento mediante el que debe hacerse o los requisitos que deben cumplirse para ello, dedicaremos las siguientes líneas a analizar cuál es el contenido de las concretas medidas. A este respecto, como ya ha sido adelantado con anterioridad, las medidas cautelares personales que pueden ser adoptadas respecto de las personas jurídicas según nuestra legislación penal son la clausura temporal de locales o establecimientos, la suspensión de actividades o la intervención judicial —art. 33.7 último párrafo CP—.

De las tres medidas que acaban de ser reseñadas, la intervención judicial es la medida cautelar cuya aplicación ha generado más dudas en nuestros tribunales. Por ello, mientras que en el presente epígrafe nos centraremos en las medidas, aparentemente menos conflictivas, de la clausura de locales o establecimientos y la suspensión de actividades, el análisis relativo a la intervención judicial de personas jurídicas lo dejaremos para un epígrafe posterior.

Como punto de partida debemos manifestar que las medidas cautelares de clausura y suspensión de actividades son medidas que generalmente serán aplicadas conjuntamente, ya que presentan una estructura bastante similar, como posteriormente se analizará. En este sentido, dependiendo del tipo de empresa ante la que nos encontremos, parece complicado que una persona jurídica pueda continuar con su actividad empresarial si se le han clausurado los establecimientos físicos desde los que opera. No obstante, para un mejor entendimiento de las concretas características de cada una de las medidas que aquí nos ocupan, a continuación procederemos a analizarlas de forma individualizada.

En primer lugar, la medida cautelar de clausura de locales consiste en el cierre temporal de locales o establecimientos de los que la persona jurídica es titular. Respecto de esta medida, son dos las cuestiones que deben responderse: qué concreta finalidad persigue o puede alcanzarse con ella y si debe extenderse automáticamente a la totalidad de los espacios físicos de la entidad investigada, o, por el contrario, resulta posible limitarla a unos concretos locales.

Por un lado, la finalidad perseguida por la presente medida parece clara, y es evitar que la entidad siga participando en la comisión de hechos delictivos. En este sentido, si se cierra el local o el establecimiento donde la persona jurídica adopta sus decisiones, es más que probable que se ponga freno a una hipotética reiteración delictiva. Al mismo tiempo, la doctrina ha entendido que mediante la clausura de estos espacios también se persigue evitar la destrucción u ocultación de pruebas. En este sentido, DE LA ROSA CORTINA entiende que "su finalidad debe ser la de neutralizar el riesgo de oscurecimiento (destrucción de pruebas) o evitar la reiteración delictiva que pueda desprenderse de los defectos de organización o de la falta de control sobre los empleados"[809]. En la misma línea, GIL NOBAJAS entiende que las penas —y por extensión, las medidas cautelares— interdictivas del art. 33.7 CP cumplen fundamentalmente con un fin preventivo-especial, llegando a la conclusión de que estas sanciones tienen un claro carácter inocuizador[810].

Por otro lado, no encontramos impedimento alguno a que la medida cautelar ahora analizada se adopte únicamente respecto de unos concretos establecimientos de la persona jurídica investigada. En otras palabras, si la autoridad judicial decide clausurar un local de la persona jurídica, ello no tiene por qué extenderse al resto de

---

809 DE LA ROSA CORTINA, José Miguel. "Medidas cautelares frente a personas jurídicas... *Op. Cit.*

810 GIL NOBAJAS, María Soledad. "Consideraciones en torno a la imposición y determinación de penas interdictivas a personas jurídicas". En *Prisión y alternativas en el nuevo Código Penal tras la reforma 2015*, dirigido por Jon-Mirena LANDA GOROSTIZA, 285-308. Madrid: Dykinson, 2016. Pág. 291.

establecimientos. Así lo entiende también DE LA ROSA CORTINA, para quién "dependiendo de las concretas circunstancias concurrentes podrá modularse el contenido concreto de la medida en su dimensión cautelar, que puede extenderse a todos o a parte de los locales y establecimientos de la persona jurídica"[811]. En el mismo sentido, VELASCO NÚÑEZ también defiende la posibilidad de que la medida cautelar pueda recaer sobre todos o solo algunos de los locales, ello "en función de la necesidad/oportunidad del aseguramiento que trate de alcanzar la medida cautelar"[812].

Ahora bien, en relación con esta última cuestión, entendemos que no debe obviarse una realidad del mundo empresarial actual, y es que hoy en día muchas empresas funcionan exclusivamente a través de Internet sin necesidad de tener un local o establecimiento físico para desarrollar su actividad. Por consiguiente, la cuestión que aquí se nos plantea es: ¿podrá aplicarse la medida cautelar consistente en la clausura de locales o establecimientos respecto de personas jurídicas que no sean titulares de ningún espacio físico?

Si bien ni la ley ni la jurisprudencia se han pronunciado sobre esta cuestión, no encontramos, en principio, obstáculos para que la presente medida cautelar no pueda extenderse a las páginas web mediante las que la persona jurídica en cuestión desarrolle su actividad. Así lo entiende también VELASCO NÚÑEZ, quien considera que la presente medida cautelar "recae sobre elementos patrimoniales de la persona jurídica mediante el cierre de local o establecimiento que esta posea, en el mundo físico, y si actúa a través de Internet, de los sitios Web en que residencie su actividad"[813]. En definitiva, para este autor la finalidad de la presente metida cautelar es prevenir futuras acciones delictivas, mediante la clausura y cierre del lugar físico o virtual a través del cual desarrolla su actividad[814].

En cuanto a la medida cautelar consistente en la suspensión de actividades, la finalidad perseguida con ella es idéntica a la de clausura

---

811 *Ibidem.*

812 VELASCO NUÑEZ, Eloy. Medidas cautelares sobre la persona jurídica delincuente". *Diario la Ley*, nº 8169 (2013).

813 *Ibidem.*

814 *Ibidem.*

de locales: prevenir la continuación de la actividad delictiva y de sus efectos, e impedir la destrucción de pruebas.

Asimismo, al igual que hemos hecho respecto a la extensión de la medida cautelar de clausura de locales y establecimientos, debemos llegar a la conclusión de que la medida de suspensión de actividades se podrá adoptar respecto de unas concretas actividades de la entidad sometida al proceso penal, sin necesidad de que su adopción exija necesariamente la suspensión de toda su actividad. A este respecto, para determinar qué concretas actividades van a suspenderse, entendemos que junto con las finalidades previamente mencionadas también deberá ponderarse el daño (económico, reputacional, etc.) que su adopción puede tener en la persona jurídica y sus empleados. Es decir, habrá que analizar los daños económicos que supondría la paralización de una rama de actividad de la empresa y ponderar si los fines perseguidos por la medida cautelar son proporcionales a la reducción de ingresos, despido de trabajadores, etc., que tendría que afrontar la entidad como consecuencia de esa concreta suspensión en alguna de sus ramas de actividad. Así, pueden darse supuestos en los que la suspensión de alguna determinada actividad derivaría en una situación tan gravosa y perjudicial para la persona jurídica que la estaría abocando de facto a la extinción, circunstancia que debería evitarse en la medida de lo posible, ya que sería incongruente con la finalidad principal de dirimir si hay que responsabilizarla penalmente o no. No tendría sentido forzar la extinción de una persona jurídica cuya responsabilidad penal se está investigando a través de una medida cautelar abusivamente adoptada frente a la misma, ya que nos quedaríamos sin sujeto pasivo en el procedimiento. En este sentido se pronuncia también VELASCO NÚÑEZ, quien, previa adopción de la presente medida cautelar, entiende que deben ser valoradas "las posibles consecuencias económicas y sociales del cese de la actividad y los efectos para los trabajadores, sobre todo en empresas en que la actividad lícita supera la ilícita"[815].

Un ejemplo de esto lo encontramos en el art. 363.1.a) LSC, precepto que establece que las sociedades de capital deberán disolverse por el cese en el ejercicio de la actividad o actividades que constitu-

---

[815] *Ibidem.*

yen el objeto social, plazo que la propia ley establece en un periodo de inactividad superior a un año. Por ello, NEIRA PENA entiende que esta medida únicamente debería acordarse "cuando las demás se muestren como insuficientes o inidóneas para alcanzar el fin perseguido"[816].

En definitiva, la adopción de las medidas cautelares consistentes en la clausura de locales o la suspensión de actividades podrá, y, de hecho, deberá ponderarse adecuadamente, buscando un equilibrio entre la consecución de las finalidades pretendidas (evitar la reiteración delictiva y la destrucción de elementos de prueba) y la continuación de la vida empresarial de la sociedad, ya que solo así serán realmente eficaces, entendida la eficacia de una medida cautelar como un escenario en la que se logran los objetivos para los que fue adoptada sin perjudicar gravemente a la actividad y desarrollo de la entidad.

3.3. *La intervención judicial de la persona jurídica investigada*

La intervención judicial es la última de las medidas cautelares personales que el CP permite adoptar frente a personas jurídicas que estén siendo investigadas en un proceso penal. A nuestro juicio, se trata de la medida cautelar más compleja que puede adoptarse frente a una entidad, ya que, a diferencia de lo que ocurre con las medidas de clausura de locales o establecimientos y suspensión de actividades, en el caso de la intervención, la persona jurídica prosigue con toda su actividad, solo que esta queda fiscalizada por el tribunal que la esté investigando.

Por ello, resulta vital fijar los contornos legales en los que puede practicarse la intervención judicial[817]. En este sentido, el art. 33.7 CP define el contenido de esta figura:

---

816 NEIRA PENA, Ana María. *La instrucción de los procesos... Op. Cit.* Pág. 423.

817 Fijar los contornos legales y los límites de la intervención judicial —así como el resto de las penas interdictivas que pueden adoptarse de forma cautelar— resulta una cuestión vital no solo para cuando dicha medida sea adoptada cautelarmente, sino para el caso de que finalmente acabe imponiéndose como pena definitiva.

> "La intervención podrá afectar a la totalidad de la organización o limitarse a alguna de sus instalaciones, secciones o unidades de negocio. El Juez o Tribunal, en la sentencia o, posteriormente mediante auto, determinará exactamente el contenido de la intervención y determinará quién se hará cargo de la intervención y en qué plazos deberá realizar informes de seguimiento para el órgano judicial. La intervención se podrá modificar o suspender en todo momento previo informe del interventor y del Ministerio Fiscal. El interventor tendrá derecho a acceder a todas las instalaciones y locales de la empresa o persona jurídica y a recibir cuanta información estime necesaria para el ejercicio de sus funciones. Reglamentariamente se determinarán los aspectos relacionados con el ejercicio de la función de interventor, como la retribución o la cualificación necesaria".

Más de una década después de la entrada en vigor de la responsabilidad penal de las personas jurídicas, aún no ha visto la luz un reglamento destinado a regular los aspectos relacionados con el ejercicio de la función del interventor. Por consiguiente, hasta la fecha ha sido nuestra doctrina y, en menor medida, nuestros tribunales, quienes han soportado el peso de ir perfilando el contenido de la presente figura, la cual será objeto de estudio a lo largo del presente epígrafe.

En primer lugar, lo que en nuestra opinión es evidente es que la intervención judicial debería ser la medida cautelar más frecuentemente adoptada frente a personas jurídicas, dado que les permite continuar con toda su actividad, aunque sea bajo supervisión, al contrario que las medidas de clausura de locales/establecimientos o suspensión de actividades, medidas que directamente paralizan su actividad. Por consiguiente, como bien señala NEIRA PENA, esta es la medida cautelar que menos daños colaterales provoca a la organización[818].

En cuanto a su contenido, la doctrina mayoritaria ha entendido que la intervención judicial también abarca la administración judicial de la persona jurídica, ya que el contenido del art. 727 LEC asemeja ambas figuras. En este sentido, DEL ROSAL BLASCO manifiesta que la medida de intervención abarcará la de administración "ya se pretenda que el administrador judicial vaya a sustituir la administración preexistente, que al fin y al cabo no ha dado el rendimiento que se esperaba de ella, ya se mantenga la administración anterior, bien fisca-

---

818 NEIRA PENA, Ana María. *La instrucción de los procesos... Op. Cit.* Pág. 426.

lizada con carácter general, o que se limite su esfera de actuación"[819]. Por su parte, VELASCO NÚÑEZ alcanza la siguiente conclusión:

> "Aunque en puridad la «intervención» sólo cubre la asistencia y vigilancia sobre la propia gestión de la administración societaria ajena, hecha por un tercero —interventor— que el Juez designa para darle cuenta y supervisar así la actividad de la empresa, sin gestionarla directamente, la remisión a la normativa concreta procesal civil para su desarrollo hace pensar que el CP también posibilita la llamada «administración» judicial en la que el Juez designa a quien más que supervisar gestiona directamente, removiendo y sustituyendo al administrador que en su día puso la empresa, para proseguir bajo su autoridad la actividad societaria, por lo que el término «intervención» debe entenderse como intervención/administración y el Juez acordará una u otra modalidad en función de la confianza que le merezca que el día a día de la empresa investigada sea gestionado o no por personas del círculo de la misma o por expertos externos a ella"[820].

Si bien, como posteriormente analizaremos, no encontramos impedimento legal que limite la capacidad del interventor judicialmente designado para ejercer labores de administración si el tribunal competente así lo acuerda en la resolución mediante la que adopta la presente medida contra la persona jurídica investigada, resulta de interés traer a colación las cautelas mostradas por NEIRA PENA en relación con la extensión de la medida de intervención legalmente especificada a la de administración, ya que las interpretaciones extensivas están vedadas cuando nos encontramos ante medidas restrictivas de derechos, todo ello como consecuencia de la fuerza expansiva de estos[821]. Así, también existen autores que se muestran contrarios a que a través de la presente medida pueda acordarse una modificación en la administración de la sociedad. A este respecto, GASCÓN INCHAUSTI entiende que "el interventor no pasa a asumir la dirección y la administración de la persona jurídica, sino que se limita a fiscalizar el modo en que desarrollan otros sujetos esas tareas (y la empresa puede

---

819 DEL ROSAL BLASCO, Bernardo. *Manual de responsabilidad penal... Op. Cit.* Pág. 386.

820 VELASCO NÚÑEZ, Eloy. "Medidas cautelares sobre la persona jurídica... *Op. Cit.*

821 NEIRA PENA, Ana María. *La instrucción de los procesos... Op. Cit.* Pág. 425.

válidamente decidir poner fin a una unidad de negocio si existen razones objetivas que lo avalen)"[822].

Ahora bien, aunque a nivel teórico coincidimos con NEIRA PENA en que no deben confundirse las medidas de administración e intervención judicial, entendida la primera como la sustitución de la persona que venía desarrollando las facultades de gestión, y la segunda como una mera labor de vigilancia[823], entendemos que en última instancia habrá de estarse al contenido de la concreta resolución que acuerda la adopción de la medida cautelar para conocer los límites de esta.

En este sentido, la autoridad judicial podrá establecer en su resolución las facultades que asisten al interventor, entre las que, a nuestro juicio, estarían las facultades para supervisar y modificar, en caso de que lo estime oportuno, las decisiones adoptadas por los administradores de la sociedad. Por consiguiente, ya ejerza el interventor la labor de administrador o no en la persona jurídica intervenida, lo cierto es que en la resolución que se adopte la medida cautelar objeto de análisis se podrá otorgar al interventor una administración de hecho, a través de, por ejemplo, la capacidad de veto respecto de las decisiones que adopten los verdaderos administradores de la sociedad.

Por consiguiente, ya sea a través de una designación judicial expresa como nuevo administrador o mediante el otorgamiento de facultades de control y decisión autónomas como interventor, a nuestro juicio la autoridad judicial tiene la potestad a través de la presente medida cautelar de otorgar al interventor judicial poderes reales y efectivos de administración. Es decir, será la autoridad judicial en última instancia quien decida hasta dónde llega la capacidad de gestión del interventor. En esta línea se ha pronunciado ETXEBERRIA GURIDI y ETXEBERRIA BEREZIARTUA, para quienes el órgano instructor tendrá la potestad de definir la profundidad de la medida que aquí nos ocupa, "desde una intervención que suponga la gestión directa de la actividad económica hasta simplemente auditar su acti-

---

822 GASCÓN INCHAUSTI, Fernando. "Las medidas cautelares en los procesos penales... *Op. Cit.* Pág. 325.

823 NEIRA PENA, Ana María. *La instrucción de los procesos... Op. Cit.* Pág. 426.

vidad, pasando por cualquier tipo de graduación en la intervención de la gestión"[824].

Por último, si bien como ya se ha analizado deberá ser el tribunal competente quien defina en cada caso concreto la precisa extensión de la presente medida, en términos generales no vemos obstáculos para que pueda ser aplicada, atendiendo a las concretas circunstancias del caso, a la totalidad de las ramas de actividad de la entidad o, por el contrario, tan solo a una o a unas pocas. Ello quedará al arbitrio de la autoridad judicial.

En cuanto a la finalidad perseguida por la presente medida cautelar, interesa traer a colación el contenido del Auto dictado por el JCI nº 6 el 21 de julio de 2014, que establece lo siguiente:

> "La administración judicial —bienes y derechos del imputado sometidos a asistencia, vigilancia, gestión y control judicial— es una medida cautelar de naturaleza mixta, penal y civil, que trata de restaurar tanto el orden jurídico lesionado por la infracción (asegurando tanto la hipotética pena, no en vano el comiso lo es, como neutralizando la actividad delictiva, limitando la libertad de obrar del presunto infractor, si es el mismo, evitando destrucción de pruebas, efectos delictivos —en el blanqueo de capitales el dinero mismo y todas las modalidades de activos, principalmente, en este caso, inversiones inmobiliarias derivadas de los ilícitos beneficios que procura el tráfico de hachís— así como evitando el incremento del mal), como las consecuencias negativas de la acción presuntamente delictiva en los intereses particulares de los afectados —trabajadores, proveedores, compradores, etc.— y que, en consecuencia, tiene fines además de aseguratívos (Art. 299 LECrim), también conservativos".

En el mismo sentido se han pronunciado ETXEBERRIA GURIDI y ETXEBERRIA BEREZIARTUA, quienes definen como híbridas las finalidades que persigue la presente medida cautelar, ya que permite controlar a la entidad para asegurar su patrimonio y evitar que siga participando en delitos y, al mismo tiempo, proteger los derechos de los trabajadores y acreedores[825].

---

824 ETXEBERRIA BEREZIARTUA, Eneko y ETXEBERRIA GURIDI, José Francisco. "Medidas cautelares y responsabilidad penal de las personas jurídicas". En *Tratado sobre compliance penal: responsabilidad penal de las personas jurídicas y modelos de organización y gestión*, dirigido por Juan Luis GÓMEZ COLOMER, 705-740. Valencia: Tirant lo Blanch, 2019. Págs. 713 y ss.

825 *Ibidem.*

No obstante, respecto de esta última cuestión, al regular la figura de la intervención judicial, el CP le otorga una única finalidad, que es salvaguardar los derechos de los trabajadores o de los acreedores[826]. Ahora bien, el hecho de que nuestra legislación penal mencione una finalidad determinada como fundamento para adoptar esta medida cautelar, no es óbice para que existan otras perfectamente válidas para su adopción. En esta misma línea se muestra NEIRA PENA, quien defiende que no ve inconveniente a que la intervención judicial se adopte cautelarmente frente a una persona jurídica para "evitar la continuidad o la reiteración de la actividad delictiva o prevenir la manipulación o la destrucción de las fuentes de prueba, incluso removiendo a los administradores de la entidad y poniendo a cargo de la gestión a un interventor judicial"[827]. Es decir, son diversas las finalidades que pueden justificar la adopción de la presente medida, no siendo necesario que su adopción tenga como única finalidad la especificada en el CP —salvaguardar los derechos de los trabajadores o de los acreedores—. De hecho, entendemos que cualquier finalidad será válida y podrá justificar su adopción siempre que se respeten los derechos constitucionales y las garantías procesales de las personas jurídicas y sirva, a su vez, para asegurar un fin legítimo. Por el contrario, toda medida con una finalidad espuria deberá ser automáticamente rechazada por la autoridad judicial. A este respecto, debemos llamar la atención sobre una cuestión que ha sido debatida doctrinalmente durante los últimos años y que entendemos necesario analizar en este momento.

La intervención judicial, tal y como establece el art. 33.7. g) CP, es una medida cautelar que permite al interventor, un tercero independiente pero sometido a la autoridad judicial, acceder a todas las instalaciones o locales de la persona jurídica y recibir cuanta información estime necesaria para el ejercicio de sus funciones. Ahora bien, a nuestro entender, el interventor no siempre tendrá acceso a la totalidad de las instalaciones o a toda la información que le interese, sino únicamente a aquellas que se especifiquen en la resolución mediante la que se adopte la presente medida cautelar.

---

826 Art. 33.7. g) CP.

827 NEIRA PENA, Ana María. *La instrucción de los procesos... Op. Cit.* Pág. 427.

Por consiguiente, por la posición que pasa a ocupar en la sociedad objeto de investigación, el interventor judicial tendrá acceso a mucha información sensible de la persona jurídica. No obstante, ninguna de esa información podrá ser facilitada por parte del interventor al tribunal, ni podrá ser utilizada por el mismo para fundamentar la responsabilidad penal de la persona jurídica, dado que ello vulneraría flagrantemente el derecho de defensa que asiste a esta.

A este respecto, ETXEBERRIA GURIDI y ETXEBERRIA BEREZIARTUA entienden que la intervención judicial debe respetar escrupulosamente el derecho de defensa de la persona jurídica[828]. Por su parte, NEIRA PENA se muestra mucho más categórica, definiendo como fraude legal que conduciría a la ilicitud probatoria de los datos y documentos obtenidos la "actuación judicial consistente en emplear la medida de intervención como forma de acceder a información útil para la investigación"[829]. De hecho, la autora entiende que, además de lo previamente expuesto, la declaración testifical del interventor también haría ilusorio el derecho de defensa de la persona jurídica y que, por lo tanto, tampoco debería permitirse[830]. Por último, mucho más prudente se muestra GASCÓN INCHAUSTI, quien pese a todo comparte la conclusión de los anteriores autores cuando manifiesta que "la obtención de información relativa a la persona jurídica no es una finalidad que legitime la adopción de la intervención judicial como medida cautelar, al menos tal y como se encuentra regulado el precepto"[831].

En definitiva, como se ha adelantado a lo largo del presente epígrafe, las concretas circunstancias en las que se desarrollara la intervención acordada por la autoridad judicial deben quedar precisa e inequívocamente establecidas en la resolución judicial en la que se adopte. El interventor judicial no deberá nunca excederse de las funciones que le han sido atribuidas mediante dicha resolución. No obstante, si así lo entiende oportuno el tribunal, las características de

---

828 ETXEBERRIA BEREZIARTURA, Eneko y ETXEBERRIA GURIDI, José Francisco. "Medidas cautelares y responsabilidad penal... *Op. Cit.* Págs. 713 y ss.

829 NEIRA PENA, Ana María. *La instrucción de los procesos... Op. Cit.* Pág. 428.

830 *Ibidem.*

831 GASCÓN INCHAUSTI, Fernando. "Las medidas cautelares en los procesos penales... *Op. Cit.* Pág. 326.

la intervención acordada podrán modificarse siempre y cuando ello persiga un fin legítimo y los derechos y las garantías de las personas jurídicas sean respetados. Por consiguiente, la resolución que acuerde la intervención judicial es de gran importancia. Entre las diversas cuestiones que deben establecerse en esta resolución, VELASCO NÚÑEZ ejemplifica, entre otras, las siguientes:

> "(…) qué modalidad adoptar (si administración, sustituyendo a los actuales administradores por expertos externos o mera intervención), qué grado de formación —economista, empresarial, auditor, etc.— debe tener el experto, número de administradores/interventores a nombrar, forma de su actuación —mancomunada, solidaria, por parejas, etc.—, (…) analizar la posibilidad de que se doten de auxiliares si fuera necesario para el desempeño de su actuación, indicar qué tipo de actos exigirán permiso judicial, si sólo se extiende a ciertas sucursales o a todo el negocio, (…) temporalidad de los informes de cuentas, además del informe final (…)"[832].

Como puede observarse, son muchas las cuestiones que deben ser tenidas en cuenta a la hora de definir los contornos y los límites de la medida cautelar de intervención judicial. De hecho, el amplio margen de maniobra del que dispone la autoridad judicial ha llegado a generar críticas consistentes en que dicha indeterminación infringe el principio de legalidad y de seguridad jurídica[833]. Pues bien, entre todas las cuestiones o circunstancias específicas que pueden ser acordadas en la resolución judicial que acuerde la intervención judicial, merecen especial atención las que a continuación se desarrollarán.

Por un lado, como se ha visto, la toma de determinadas decisiones en el seno de la persona jurídica puede ser sometida a la existencia de una autorización judicial. Así, el juez o tribunal que adopte la intervención judicial tiene la potestad de reservarse la última palabra sobre las concretas cuestiones que especifique y motive en la resolución a través de la que acuerde la medida cautelar. Ahora bien, aunque esto es una posibilidad que permite la ley, debemos preguntarnos si los integrantes de la Administración de Justicia son los más adecuados para tomar este tipo de decisiones, por lo general ajenas al Derecho.

---

832 VELASCO NÚÑEZ, Eloy. "Medidas cautelares sobre la persona jurídica… *Op. Cit.*

833 GASCÓN INCHAUSTI, Fernando. "Las medidas cautelares en los procesos penales… *Op. Cit.* Pág. 428.

Imaginemos que una empresa de grandes dimensiones está siendo investigada por haber participado presuntamente en la comisión de un delito ecológico y que el tribunal competente para investigar los hechos ha entendido procedente acordar, como medida cautelar frente a la misma, su intervención judicial. En la resolución mediante la que se acuerda su adopción, el tribunal se reserva la decisión final sobre toda venta o adquisición de materiales por un importe superior al millón de euros, todo ello en aras de evitar la reiteración de actividades delictivas y asegurar patrimonialmente el futuro de la sociedad. Pues bien, ante un escenario como el descrito, ¿verdaderamente tiene la autoridad judicial conocimientos o herramientas para saber si la operación de compraventa de materiales específicos de cualquier sector de actividad, la venta de un programa de innovación o la adquisición de una empresa de menor tamaño es beneficiosa para la persona jurídica que está judicialmente intervenida?

Responder a esta cuestión resulta complejo. En nuestra opinión, toda ayuda es poca. Es decir, si bien es cierto que el juez cuenta con la asistencia de un interventor, entendemos que este también debería poder valerse de expertos independientes especializados en cualquiera que sea la actividad que lleve a cabo la entidad colectiva intervenida, de cara a que el tribunal pueda tomar con las debidas garantías cualquier decisión empresarial o comercial que se le presente, las cuales pueden resultar vitales para el devenir de la persona jurídica frente a la que se ha adoptado esta medida cautelar.

Ahora bien, somos conscientes de la dificultad detrás de constituir un censo o lista de profesionales a los que se pueda acudir buscando asesoramiento por parte tanto del interventor judicial como de la autoridad judicial. Un censo público compuesto por profesionales de todos los sectores parece inabarcable, por lo que no parece gestionable. Una alternativa podría ser un listado público compuesto por empresas de reconocido prestigio a las que se encargaría un dictamen rápido en relación con la concreta materia objeto de decisión en este momento. No obstante, esta opción también tiene sus objeciones, dado que dichos profesionales no conocerían las entrañas de la entidad y, por consiguiente, no podrían emitir con la rapidez necesaria una opinión debidamente formada. Asimismo, generalmente el mercado exige respuestas inmediatas, por lo que normalmente no sería posible esperar a la emisión de un informe por un experto independiente.

Otra posibilidad podría ser la de consultar a los accionistas y a los trabajadores de la persona jurídica sobre la que pesa la medida cautelar de intervención judicial, ya que son quienes mejor conocen el funcionamiento de la empresa. En este mismo sentido se ha pronunciado GASCÓN INCHAUSTI, quien entiende que "podría ser razonable dar audiencia a los acreedores o a los trabajadores, teniendo en cuenta que la medida sirve a la tutela de su interés"[834]. Ahora bien, el mismo autor entiende que el modo de articular dicha consulta o audiencia será complicado dado que estas personas no están personadas en las actuaciones[835]. En el mismo sentido, tampoco está articulado en la ley el modo de llevar a cabo una consulta como la descrita. Para ello, no obstante, entendemos que el reglamento que el CP anuncia en su art. 33.7, y que todavía no ha sido promulgado, es una gran oportunidad para dar luz a esta y a las diversas cuestiones que han sido objeto de estudio a lo largo del presente epígrafe.

En definitiva, el interventor judicialmente designado será un profesional con poder de decisión en la persona jurídica intervenida. VELASCO NÚÑEZ lo ha definido como "un asesor, delegado y fiscalizador de confianza del órgano judicial"[836]. Ahora bien, ese poder de decisión del que goza el interventor, el cual en muchas ocasiones no estará sometido a control judicial —como ya se ha dicho, las concretas características de la intervención dependen de la resolución que dicte la autoridad judicial—, puede generar ciertos riesgos. No debe obviarse que el interventor, por mucho que esté investido por la autoridad judicial, no deja de ser un tercero ajeno a la persona jurídica intervenida que desde el mismo momento en el que se adopta la medida cautelar pasa a tomar decisiones de gran importancia en el seno de aquella. Este sujeto responderá de las eventuales negligencias por él cometidas en el ejercicio de dicho cargo, ya que sería incoherente atribuir a dicho sujeto capacidad para tomar decisiones vitales en relación con la actividad de la persona jurídica y no hacerle responsable, hasta cierto punto, de sus errores. Por ello, para evitar

---

[834] GASCÓN INCHAUSTI, Fernando. "Las medidas cautelares en los procesos penales... *Op. Cit.* Pág. 327.

[835] *Ibidem.*

[836] VELASCO NÚÑEZ, Eloy. "Medidas cautelares sobre la persona jurídica... *Op. Cit.*

que no haya nadie interesado en ejercer dicha labor (es evidente que si existe un riesgo de ruina personal como consecuencia de un actuar imprudente será difícil encontrar profesionales independientes para ejercer dicha labor), sería interesante que se adoptase determinadas cautelas, como por ejemplo un seguro de responsabilidad civil destinado a cubrir posibles futuros errores en el ejercicio de la tarea encomendada[837].

4. CONFORMIDAD DE LAS PERSONAS JURÍDICAS CON LOS HECHOS OBJETO DE INVESTIGACIÓN

4.1. Breve contextualización

La introducción de la responsabilidad penal de las personas jurídicas, como ya se ha expuesto a lo largo de esta obra, no vino acompañada de un estatuto procesal específico para las mismas, lo cual motivó una inquietud generalizada. Una de las muchas cuestiones que se planteó doctrinalmente en relación con el modo mediante el que se podía depurar la responsabilidad penal de una persona jurídica fue la relativa a si era capaz de conformarse al igual que las personas físicas.

Como ya se ha adelantado, a esta y otras cuestiones dio respuesta la entrada en vigor de la Ley 37/2011 de medidas de agilización procesal, disposición legal que, entre otros aspectos, modificó el contenido del art. 787 LECrim, por el que se regula la institución de la conformidad en el procedimiento abreviado, añadiendo un octavo apartado con el siguiente contenido: "(c)uando el acusado sea una persona jurídica, la conformidad deberá prestarla su representante especialmente designado, siempre que cuente con poder especial. Dicha conformidad, que se sujetará a los requisitos enunciados en los apartados anteriores, podrá realizarse con independencia de la posición que adopten los demás acusados, y su contenido no vinculará en el juicio que se celebre en relación con estos". Recientemente, la LO 1/2025, de 2 de enero, de medidas en materia de eficiencia del Servicio Público de Justicia, ha introducido numerosas modificaciones en

---

837 *Ibidem.*

la LECrim. En lo que aquí nos ocupa, la LO 1/2025, de 2 de enero no modificó la institución de la conformidad respecto de las personas jurídicas, pero sí que la ubicó en el art. 655.8 LECrim en lugar de en el anterior art. 787.8 LECrim.

Por consiguiente, las personas jurídicas pueden acogerse a la institución de la conformidad si así lo desean y se cumplen una serie de requisitos. Lo que se ha perseguido a través de la conformidad de la persona jurídica, tal y como manifiesta GASCÓN INCHAUSTI, es "que la persona jurídica se libere del proceso penal y del daño reputacional asociado —y, de paso, que su representante se ahorre el trance de ocupar durante el juicio el banquillo de los acusados— mediante la aceptación rápida de pago de multas"[838].

En este sentido, tal y como ha ocurrido con otras figuras analizadas en este estudio, como por ejemplo la declaración judicial en calidad de investigado, la propia naturaleza y esencia de la persona jurídica deriva en que la conformidad prestada por esta presente determinadas particulares en comparación con las personas físicas. Esto es una cuestión perfectamente lógica, ya que, si las condiciones de los sujetos son diferentes, la aplicación de la institución jurídica necesariamente deberá adaptarse a las particularidades que presenta uno y otro.

Un primer ejemplo de las diferencias existentes entre la conformidad prestada por la persona física y la puesta de manifiesto por la jurídica es que la propia esencia de la entidad colectiva la obliga a que tenga que ser un tercero, persona física, quien exprese la conformidad por ella. Esto evidentemente supone un gran cambio respecto de la tradicional interpretación que se venía haciendo de la figura de la conformidad. En el caso de las personas jurídicas, ya no es el propio sujeto que está sometido al proceso quien acepta su propia responsabilidad penal, sino que es un tercero quien emite dicha decisión en nombre de la persona jurídica. Por consiguiente, para no causarle perjuicios y poder salvaguardar los derechos que la asisten, la conformidad prestada por el representante de la entidad tendrá que cumplir con determinados requisitos, que serán analizados a continuación.

---

838 GASCÓN INCHAUSTI, Fernando. *Proceso penal y persona jurídica... Op. Cit.* Pág. 174.

No obstante, con carácter previo al análisis de las concretas condiciones que el representante debe cumplir para que la conformidad prestada por él en nombre de la persona jurídica surta plenos efectos, resulta de interés analizar cuál es el momento procesal adecuado para expresar la conformidad y los límites a los que se somete.

En primer lugar, resulta imprescindible traer a colación el contenido del octavo apartado del art. 655 LECrim en lo concerniente a que la conformidad de la persona jurídica se sujetará a los requisitos enunciados en los apartados anteriores. Es decir, la institución de la conformidad de la persona jurídica no se encuadra con exclusividad en el art. 655.8 LECrim, sino que le son igualmente de aplicación los criterios generales de esta figura, salvo que resulte imposible como consecuencia de su especial naturaleza. Por consiguiente, la persona jurídica podrá expresar su conformidad en los mismos momentos procesales que las personas físicas. A este respecto, dejando de lado los procedimientos relativos al enjuiciamiento rápido de delitos y al Tribunal del Jurado, cuyas particularidades vienen uniformemente reflejadas en su concreta regulación y no dan lugar a específicos debates en su seno, en el presente epígrafe nos centraremos en el procedimiento abreviado —procedimiento a través del que, como ya ha sido expuesto con anterioridad, se depurará por regla general la responsabilidad penal de las personas jurídicas—.

A este respecto, son tres los momentos en los que nuestra ley procesal ofrece al acusado la posibilidad de expresar su conformidad con los hechos objeto de acusación: al momento de formalizar su escrito de defensa (art. 784.3 LECrim, al inicio de la audiencia preliminar (art. 785 LECrim) o al inicio del acto de la vista oral (art. 787 ter LECrim). Ahora bien, resulta una práctica habitual acelerar la llegada de estos trámites, por ejemplo, acudiendo al despacho del MF y suscribiendo un escrito de calificación conjunta en los términos establecidos en el art. 784.3 párrafo segundo LECrim.

Asimismo, también será habitual que dicho acuerdo entre las partes se produzca durante la fase de investigación. En la práctica resulta habitual que la defensa asuma que los riesgos de someter al investigado a un enjuiciamiento son demasiado elevados en comparación con la pena que podría pactarse con las acusaciones en caso de que prestase su conformidad con los hechos. En estos casos, no es infrecuente que, tras una serie de conversaciones entre las partes, alguna de ellas —generalmente el MF, cuya posición como garante de la legalidad le otorga una posición objetiva en la causa— dirija un escrito al órgano instructor interesando que se tome nueva declaración al investigado para que reconozca los hechos y se dicte seguidamente auto de transformación de las diligencias previas en procedimiento abreviado de cara a presentar un escrito de calificación conjuntamente firmado por todas las partes.

Por último, el art. 655.8 LECrim no establece aparentemente ningún límite a las conformidades que puedan prestar las personas jurídicas, lo cual ha llevado a un sector de la doctrina a manifestar que "cabría pensar que las personas jurídicas no se enfrentarían en la práctica a límite alguno para optar por la conformidad"[839]. No obstante, no debe obviarse que el art. 655.8 LECrim establece que la conformidad de estas entidades se sujetará a los requisitos enunciados en los apartados anteriores del mismo artículo.

Ahora bien, a pesar de que a las personas jurídicas no se les pueda imponer penas privativas de libertad, la pena que sí puede acordarse contra ellas es la disolución, lo que conlleva la muerte civil de la sociedad[840]. Si bien es cierto que la disolución definitiva de la persona jurídica es una pena reservada para los supuestos más graves[841] —y, por consiguiente, su imposición no será común—, el hecho de que nuestra legislación contemple esta pena hace que nos preguntemos si las personas jurídicas podrán alcanzar acuerdos de conformidad que deriven en su desaparición del mundo jurídico.

---

839 GASCÓN INCHAUSTI, Fernando. *Proceso penal y persona jurídica... Op. Cit.* Pág. 173.

840 El propio art. 33.7. b) CP establece que la disolución de la persona jurídica producirá "la pérdida definitiva de su personalidad jurídica, así como la de su capacidad de actuar de cualquier modo en el tráfico jurídico, o llevar a cabo cualquier clase de actividad, aunque sea lícita".

841 El art. 66 bis 2ª párrafo 4º establece que para imponer con carácter permanente la pena de disolución es necesario que se dé alguna de las dos circunstancias siguientes: a) Que se esté ante el supuesto de hecho previsto en la regla 5ª del apartado 1 del art. 66 (reincidencia). b) Que la persona jurídica se utilice instrumentalmente para la comisión de ilícitos penales. Se entenderá que se está ante este último supuesto siempre que la actividad legal de la persona jurídica sea menos relevante que su actividad ilegal.

A nuestro entender, a pesar de que resulta poco probable, y que difícilmente se dará en la práctica que los órganos de gobierno de una sociedad tomen la decisión de disolver la entidad a través de un acuerdo de conformidad, el hecho de que no haya ninguna disposición legal que limite esa posibilidad nos empuja a mostrarnos a favor de que pueda llevarse a cabo. Si el legislador hubiera querido limitar de alguna manera la posibilidad de conformarse de la persona jurídica, lo hubiera hecho a través de alguna disposición legal. Por consiguiente, pese a ser conocedores de la existencia de una corriente doctrinal que duda de que los tribunales vaya a aceptar las declaraciones de conformidad consistentes en la disolución[842], a nuestro entender, salvo que legalmente se disponga lo contrario, no existen límites para la conformidad de la persona jurídica.

Ahora bien, una vez expuesto lo anterior, no podemos cerrar el presente argumento sin insistir en que no será habitual ver conformidades en las que las personas jurídicas acuerden su propia disolución ya que, desde la simple perspectiva de la lógica, al no existir pena más grave que esta, la entidad no tendría nada que perder sometiéndose al enjuiciamiento. La única explicación que nos podemos plantear es que el órgano de gobierno de la sociedad quiera disolverla cuanto antes para que se hable lo menos posible de ella o sus nombres personales ni si quiera lleguen a relacionarse con esta.

Una vez expuesto en qué concretos momentos podrá prestarse por parte de la persona jurídica su conformidad en el procedimiento penal y los límites a los que esta se sujeta, a continuación, nos detendremos en analizar las dos principales particularidades que presenta su conformidad.

4.2. El representante especialmente designado

En primer lugar, debemos dirigir la atención sobre la concreta persona física encargada de poner de manifiesto la intención de la persona jurídica de conformarse con los hechos que están siendo objeto de investigación. Como ya se ha adelantado, el art. 655.8 LECrim

---

842 RODRÍGUEZ GARCÍA, Nicolás. "La conformidad de las personas jurídicas en el proceso penal español". *La Ley Penal*, nº 113 (2015).

establece que la conformidad deberá prestarla el representante especialmente designado por la misma, siempre y cuando le haya sido otorgado un poder especial a tal efecto.

El representante especial al que hace referencia esta norma es el mismo sujeto que el art. 119 LECrim permite designar a la persona jurídica en el momento de su imputación y que el art. 409 bis LECrim señala que podrá declarar en nombre de esta. Ahora bien, el hecho de que estas normas se refieran al mismo representante especial no impide que dicho cargo sea ostentado por diferentes personas físicas durante la tramitación del procedimiento. La persona jurídica tiene libertad para designar un representante legal y sustituirle por otro con posterioridad, incluso aunque el primero ya haya declarado en su nombre en virtud de lo previsto en el art. 409 bis LECrim. Asimismo, la entidad podrá defenderse a través de su letrado durante la tramitación del procedimiento sin designar ningún representante especial y, únicamente de cara a prestar su conformidad con los hechos objeto de investigación, nombrar a uno para que exteriorice su voluntad.

A este respecto, son dos los requisitos que debe presentar la conformidad expresada por el representante especial para que esta sea válida y vincule a la persona jurídica[843]. Por un lado, se exige un requisito formal, que es la necesidad de que se le haya otorgado un poder especial que específicamente le capacite para prestar esa conformidad. Es decir, la designación del representante a través de un poder general o mediante una comparecencia *apud acta* no son fórmulas adecuadas para atribuirle la capacidad de expresar ante el tribunal la decisión de la persona jurídica de conformarse con los hechos objeto de investigación. Para ello el representante especial deberá gozar de un título que expresa y específicamente le faculte para prestar la conformidad de la entidad.

Ahora bien, la mera tenencia de dicho título —el poder especial especificado en la norma procesal— por parte del representante especial no es suficiente por sí mismo para concluir que la conformidad que presta vincula a la persona jurídica, ya que pueden ocurrir muchas cosas desde que se otorga el poder hasta que se alcanza el momento procesal en el que se tiene que expresar la conformidad. En este mis-

843 *Ibidem.*

mo sentido, GASCÓN INCHAUSTI entiende que la autoridad judicial podrá dudar si la conformidad prestada por el representante se corresponde realmente con la voluntad de la persona jurídica si, por ejemplo, en la designación inicial del representante especial se incluye ya la autorización para conformarse, incluso en términos muy generales[844]. Por ello, este autor se muestra partidario de que la autoridad judicial vaya un paso más allá para conocer si detrás de la manifestación realizada por el representante especialmente designado se encuentra verdaderamente la voluntad de la persona jurídica, ya que en su opinión "no parece que se salga de los límites establecidos en el art. 787 LECrim el tribunal que pregunte al representante de la persona jurídica y a su abogado acerca de cómo se ha adoptado la decisión de conformarse y si, a su juicio, se ha adoptado de forma válida"[845].

Y esta necesidad de que el tribunal se cuestione la validez de la conformidad prestada por el representante especial, cuestión con la cual estamos plenamente de acuerdo, nace del segundo requisito que debe cumplirse, un requisito material consistente en que quede acreditado, tal y como expone RODRÍGUEZ GARCÍA, "la autorización expresa de los órganos de gobierno de la persona jurídica"[846], ya que, en su opinión, por mucho que se le exija al representante estar apoderado especialmente, "es poco realista entender que sin acuerdo de los órganos estatutarios pueda aceptar penas como las previstas en el art. 33.7 CP"[847].

En caso de que la conformidad prestada por el representante especial en nombre de la persona jurídica cumpla con los requisitos previamente expuestos, se entenderá que dicha manifestación es propia de la persona jurídica investigada y, por consiguiente, se activarán los trámites legales oportunos para llevar a cabo la misma.

No obstante, entendemos necesario plantearnos qué ocurrirá en aquellos supuestos en los que la persona jurídica haya optado por no

---

844 GASCÓN INCHAUSTI, Fernando. *Proceso penal y persona jurídica... Op. Cit.* Pág. 171.

845 GASCÓN INCHAUSTI, Fernando. *Proceso penal y persona jurídica... Op. Cit.* Págs. 172 y ss.

846 RODRÍGUEZ GARCÍA, Nicolás. "La conformidad de las personas jurídicas... *Op. Cit.*

847 *Ibidem.*

designar a un representante especial en el acto de su imputación. Pues bien, no encontramos impedimento legal para que la entidad, con independencia de que haya designado un representante especial o no, pueda prestar su conformidad con los hechos objeto de investigación, por mucho que el tenor literal de la norma que la regula establezca que deberá de expresarse a través de dicho representante. En este mismo sentido se pronuncia RODRÍGUEZ GARCÍA, para quien "no tendría sentido que por hacer una interpretación literal del precepto la persona jurídica perdiera la oportunidad de en función de cómo se vayan desarrollando las actuaciones aprovecharse de una declaración de conformidad beneficiada"[848].

Además, aunque no se haya designado a ningún representante en el acto de la imputación, no existe obstáculo procesal, a nuestro juicio, para que, si la persona jurídica quiere conformarse, proceda en cualquier momento a designar un representante a esos solos efectos, otorgándole el correspondiente poder especial para ello. Por otro lado, como otra alternativa, no vemos inconveniente a que la conformidad la preste cualquiera de los profesionales designados por la persona jurídica para ejercer su defensa y representación procesal en las actuaciones, siempre y cuando estuvieran investidos de la necesaria capacidad especial para ello y cumplan con los requisitos que han sido expuestos con anterioridad. Es más, debemos llamar la atención sobre la figura del letrado, ya que, lejos de ser una figura intrascendente en el acto de la conformidad, ostenta una posición de suma importancia en la misma.

Recordemos que el apartado 8 del art. 655 establece que la conformidad de las personas jurídicas se sujetará a los mismos requisitos que la prestada por las personas físicas. A este respecto, debe llamarse la atención cobre el apartado 4°, párrafo 2° del mismo artículo, que establece que "(t)ambién podrá acordar la continuación del juicio cuando, no obstante la conformidad del acusado, su defensor lo considere necesario y el Juez o Tribunal estime fundada su petición". Es decir, además del propio tribunal, quien, tal y como se ha visto con anterioridad, tiene la obligación de comprobar que la conformidad puesta de manifiesto por el representante especial de la persona jurí-

---

848 *Ibidem.*

dica coincide con la verdadera voluntad de la entidad, el letrado tiene la capacidad de ejercer otro filtro de control adicional, no únicamente respecto de la validez de la conformidad por ser esta la verdadera voluntad de la persona jurídica, sino desde el punto de vista de la utilidad o rentabilidad que tiene para la persona jurídica, ya que con independencia de que la voluntad real del ente sea conformarse, el letrado puede discrepar y solicitar al tribunal que no acuerde la misma.

Por todo lo expuesto, entendemos que el letrado de la persona jurídica es un sujeto plenamente capacitado para trasladar a la autoridad judicial los deseos de la persona jurídica de alcanzar un acuerdo de conformidad. De hecho, que sea el propio letrado quien ponga de manifiesto al tribunal la intención de la entidad de conformarse con los hechos objeto de investigación es un elemento adicional a favor de ello, ya que la autoridad judicial, consciente de que el letrado tiene la potestad de frenar la conformidad si no está de acuerdo con la misma, la verá con mejores ojos si se plantea con el visto bueno de este.

4.3. La falta de unanimidad en la prestación de la conformidad

En segundo lugar, debemos llamar la atención sobre la segunda característica que se desprende del art. 655.8 LECrim, la relativa a que la persona jurídica podrá expresar su conformidad con independencia de la posición que adopten el resto de los acusados, a quienes no les vinculará.

Esta disposición supone toda una revolución en el marco de la institución de la conformidad, ya que, tal y como se desprende del apartado 2º del art. 787 ter LECrim[849], antes de la introducción del estatuto procesal de las personas jurídicas, esta debía ser unánimemente expresada por todos los acusados en un mismo procedimiento penal. Así, en aquellos supuestos en los que algunas personas físicas querían conformarse, pero otras no, resultaba inevitable que todas ellas fueran sometidas al acto de la vista oral, siendo lo relevante para

---

849 Art. 787 ter 2 LECrim: "2. Si a partir de la descripción de los hechos aceptada por todas las partes, (...)".

determinar el sentido de la sentencia la prueba practicada, y no las conformidades prestadas[850]. En otras palabras, el hecho de que un acusado quisiera conformarse no era suficiente por sí solo para evitar que se viese sometido a celebrar el acto de la vista oral, ya que su deseo estaba supeditado a que el resto de los acusados también optasen por la conformidad.

Hasta aquí las posibilidades de acogerse al acuerdo de conformidad desde un punto de vista teórico procesal, ya que, desde un punto de vista práctico, resulta poco frecuente que, si uno de los acusados decide optar por conformarse con los hechos objeto de acusación, el resto decida, por el contrario, someterse a enjuiciamiento. Y esto es así dado que, como es lógico, toda estrategia defensiva del acusado que no quiere optar por la conformidad decaería ante la comparecencia de otro acusado que directamente reconoce los hechos, por mucho que en puridad la doctrina jurisprudencial del TC haya establecido que la declaración de un coimputado no es suficiente por sí misma para adquirir la condición de prueba de cargo capaz de fundamentar una sentencia condenatoria[851]. En este sentido, lo que generalmente ocurrirá cuando nos encontremos ante un acusado que se muestra decidido a reconocer los hechos es que el resto de los acusados, frente a la poco favorable perspectiva que se les plantea con un compañero de viaje así, cedan y también comiencen a negociar su conformidad.

Ahora bien, desde la introducción de la Ley 37/2011 de medidas de agilización procesal, la exigencia de la unanimidad ha desaparecido en relación con las personas jurídicas. El legislador, frente a lo que venía exigiendo para que concurriera un acuerdo de conformidad, permite que la persona jurídica, tras expresar su intención de asumir los hechos, quede fuera del procedimiento, con independencia de la decisión que adopten el resto de los acusados, que en la mayoría de los casos serán personas físicas integrantes de la entidad colectiva.

---

850 SANZ CASTILLO, Sara. "La conformidad parcial no evita el juicio en el proceso penal: ¿se basará la sentencia en la prueba o en el acuerdo?". *Actualidad Jurídica Uría Menéndez*, nº 50 (2018). Pág. 119.

851 STC nº 30/2005, de 14 de febrero.

A este respecto, debemos mostrarnos en contra de la opción elegida por nuestro legislador para adaptar la institución de la conformidad a las personas jurídicas. Así, entendemos que, al igual que ocurre cuando son exclusivamente personas físicas los sujetos imputados, tampoco deberían permitirse conformidades parciales respecto de las personas jurídicas. Esta postulación contraria a la conformidad autónoma de la persona jurídica se sustenta en el mismo motivo por el que tradicionalmente se ha vedado a las personas físicas la posibilidad de llevar a cabo conformidades parciales: y es que este tipo de prácticas pueden dar lugar a resoluciones contradictorias, con los riesgos para una efectiva seguridad jurídica que ello conlleva. Imaginemos que una persona jurídica se conforma con los hechos objeto de investigación y asume una pena y que, posteriormente, el tribunal que enjuicia a las personas físicas que han decidido someterse al acto de la vista oral les absuelve por entender que los hechos no han sido debidamente acreditados o porque no resultan constitutivos de delito. En ese caso, tendríamos conviviendo en la misma realidad dos sentencias completamente contradictorias, lo cual entendemos que debe ser evitado. En la misma línea se pronuncia GASCÓN INCHAUSTI, para quien "el verdadero problema consiste, simplemente, en que no es razonable que un mismo hecho exista o no para dos sentencias distintas dictadas en el seno de un mismo proceso —una por conformidad, la otra tras juicio oral—"[852].

Por ello, para eliminar el riesgo de que ocurran dichas discrepancias y, por ende, la existencia de pronunciamientos judiciales contradictorios, entendemos que resulta necesario introducir una modificación legislativa mediante la que se suprima la referencia que el art. 655.8 LECrim hace a que la conformidad podrá realizarse por la persona jurídica con independencia de la posición que adopten los demás acusados. Ahora bien, no parece que este sea el camino escogido por nuestro legislador, ya que la LO 1/2025, de 2 de enero, de medidas en materia de eficiencia del Servicio Público de Justicia mantiene este criterio en el art. 655.8 LECrim.

---

852 GASCÓN INCHAUSTI, Fernando. *Proceso penal y persona jurídica... Op. Cit.* Pág. 175.

Por consiguiente, mientras no se produzca una reforma en la dirección propuesta por esta parte, las personas jurídicas pueden manifestar su conformidad con los hechos y quedar liberadas de seguir en el procedimiento penal con independencia de lo que hagan el resto de los acusados personas físicas. Esta realidad legislativa ha dado pie a que autores como RODRÍGUEZ GARCÍA hayan manifestado que "estas situaciones de pluralidad de encausados con mixtura de su naturaleza jurídica son de los más complejos de tramitar que se pueden dar en la práctica, y los que requerirán del Juez de la Conformidad un plus de atención, supervisión y control"[853].

En este sentido, debemos preguntarnos qué ocurrirá en aquellos supuestos en los que, tal y como hemos señalado, la autoridad judicial establezca mediante sentencia que los hechos por los que la persona jurídica se ha conformado con anterioridad no han sido probados o simplemente no son constitutivos de delito. Son muchas las cuestiones que pueden surgir: ¿debería condonarse la pena a la persona jurídica? ¿Qué ocurrirá cuando al momento de emitirse la sentencia la pena ya haya sido cumplida en su integridad? ¿Tendrá derecho la persona jurídica a solicitar una indemnización por los perjuicios sufridos como consecuencia de la pena aceptada a través de la conformidad? En caso de que la entidad haya desaparecido del mundo jurídico —por haber sido incapaz de asumir las multas con las que se conformó o por cualquier otra circunstancia—, ¿podrán las personas físicas titulares de la misma solicitar una indemnización por la pena sufrida en su día por la persona jurídica?

Estos problemas no surgirían de no permitirse la conformidad parcial, ya que en ese caso no existirían resoluciones judiciales contradictorias respecto de un mismo procedimiento. No obstante, siendo actualmente posibles este tipo de conformidades, serán nuestros tribunales quienes tengan que resolver las cuestiones puestas de manifiesto en el párrafo anterior, así como todas aquellas que surjan. Con todo, en nuestra opinión, entendemos que una fórmula para resolver

---

853 RODRÍGUEZ GARCÍA, Nicolás. "La conformidad en el Anteproyecto de Ley de Enjuiciamiento Criminal de 2020: reflexiones y materiales para su futura redefinición". *Revista de la Asociación de Profesores de Derecho Procesal de las Universidades Españolas*, nº 5 (2022). Pág. 38.

este tipo de cuestiones sería el recurso de revisión regulado en los arts. 954 y ss. LECrim. Así, la letra d) del apartado 1° del art. 954 LECrim establece que se podrá solicitar la revisión de las sentencias firmes "(c) uando después de la sentencia sobrevenga el conocimiento de hechos o elementos de prueba, que, de haber sido aportados, hubieran determinado la absolución o una condena menos grave".

Asimismo, siempre que la vía del recurso de revisión fuera aceptada para solucionar este tipo de cuestiones, no vemos impedimento para que, en aquellos supuestos en los que la condena conformada por la persona jurídica ya hubiera sido cumplida en su integridad al momento de dictarse la resolución contradictoria, la representación procesal de la persona jurídica pudiera solicitar una indemnización para la misma[854] por los perjuicios derivados de una condena que habría demostrado ser improcedente[855]. Ahora bien, aunque a través de la interposición del recurso de revisión se estaría yendo contra un acto propio como fue la manifestación de la conformidad con los hechos objeto de investigación, entendemos que esta crítica decaería ante una cuestión que resulta notoria en la práctica: la conformidad es una manifestación de voluntad interesada cuya verdadera razón de ser es el beneficio penológico que ofrece desde la perspectiva de una pena negociada y controlada.

En definitiva, entendemos que el recurso de revisión previsto en el art. 954.1.d) LECrim puede ser una salida lícita a una problemática como la que acaba de ser analizada en este epígrafe.

---

854 Entendemos que, en caso de resultar procedente, únicamente tendría legitimación para interesar esta indemnización la propia persona jurídica, como sujeto autónomo e independiente. En este sentido, si la entidad colectiva, como consecuencia de las penas que le fueron impuestas a raíz de la conformidad hubiera desaparecido, entendemos que los titulares de esta no estarían legitimados para interesar indemnización alguna.

855 El amparo legal para solicitar esta indemnización reside en el art. 121 CE ("Los daños causados por error judicial, así como los que sean consecuencia del funcionamiento anormal de la Administración de Justicia, darán derecho a una indemnización a cargo del Estado, conforme a la ley") y en el art. 292.1 LOPJ ("Los daños causados en cualesquiera bienes o derechos por error judicial, así como los que sean consecuencia del funcionamiento anormal de la Administración de Justicia, darán a todos los perjudicados derecho a una indemnización a cargo del estado, salvo en los casos de fuerza mayor, con arreglo a lo dispuesto en este Título").

5. RECAPITULACIÓN

Una vez analizado el acto de imputación formal de la persona jurídica en el procedimiento penal y los derechos que desde ese momento se le reconocen, en el presente Capítulo nos hemos centrado en analizar las diversas estrategias defensivas que se le presentan a una persona jurídica una vez pasa a ostentar la condición de investigada en el proceso y pasa a ser titular de todos los derechos constitucionales y procesales que su naturaleza jurídica le reconoce. Para ello, hemos analizado cuestiones tan diversas como si le compete a la entidad probar la ausencia de un defecto estructural en su organización, las medidas cautelares que se le pueden imponer y su capacidad para conformarse con la imputación que pesa sobre ella, llegando a las conclusiones principales que de seguido se expondrán.

En primer lugar, en lo que respecta a la cuestión de la carga de la prueba, partimos de la base de que es necesario concluir, en primer término, si el defecto estructural —o la ausencia o insuficiencia de las medidas de control— que presuntamente permite —o no evita— la comisión del ilícito penal por el que la persona jurídica puede responder resulta una cuestión que afecta a la tipicidad o la culpabilidad. A este respecto, en nuestra opinión, según se ha analizado, actualmente existen una serie de argumentos que dotan de mayor fuerza a la corriente defensora de que la acreditación del defecto estructural corresponde a la acusación y que, por consiguiente, las personas jurídicas no tendrán la obligación de acreditar un elemento negativo como sería la ausencia de dicho defecto. Los razonamientos que nos permiten alcanzar esta conclusión son los siguientes:

1. Que el peso de probar el fundamento de la responsabilidad penal de las personas, ya sean estas físicas o jurídicas, recaiga en la acusación, es una posición más garantista con los principios orientadores del Derecho Penal, principalmente con el derecho a la presunción de inocencia.
2. El sistema de autorresponsabilidad, y más concretamente la consideración del defecto estructural como fundamento de la responsabilidad penal de la persona jurídica, actuando como un elemento del tipo que debe ser acreditado por la acusación, presenta un planteamiento respetuoso con el principio de legalidad.

3. La STS 221/2016, de 16 de marzo[856] llegó a la conclusión de que no caben rebajas en las garantías de los sujetos sometidos al proceso penal y que, por consiguiente, las acusaciones no podrán desvincularse de la obligación de acreditar el fundamento de la responsabilidad penal de cualquier sujeto, incluida la persona jurídica.

Ahora bien, la conclusión de que la persona jurídica no está en la obligación de acreditar la ausencia de un defecto estructural en su organización no supone necesariamente que a esta no le interese tratar, precisamente, de acreditarlo. Es decir, será la propia entidad colectiva la que tendrá interés en probar la falta de defectos o carencias en sus sistemas de organización y gestión, más si cabe cuando ha cumplido con la legalidad. De esta manera, la propia persona jurídica podría acreditar su ausencia de responsabilidad penal y tratar de salir cuanto antes del proceso —a través de un sobreseimiento—, lo que le permitiría minimizar los daños reputacionales que resultan inherentes a la imputación judicial.

En segundo lugar, hemos visto que las medidas cautelares que pueden acordarse frente a las personas jurídicas vienen específicamente delimitadas en el art. 544 quater LECrim, en concreto, la clausura temporal de locales o establecimientos, la suspensión de las actividades sociales y la intervención judicial. Ahora bien, el hecho de que nuestra legislación procesal limite las medidas cautelares adoptables frente a personas jurídicas a las señaladas no excluye, a nuestro entender, la posibilidad de que puedan acordarse otras medidas de carácter exclusivamente patrimonial —y no personal—, como la constitución de fianza.

Junto a lo anterior, también se han abordado diversas cuestiones en relación con las medidas cautelares, como el modo de tramitar la solicitud de su adopción, el momento procesal en el que puede adoptarse, su duración o la necesaria concurrencia, al igual que ocurre con las medidas cautelares impuestas frente a personas físicas, del *fumus boni iuris* y el *periculum in mora*. En este sentido, las partes tendrán plena libertad para interponer escritos solicitando y oponiéndose a

---

[856] Resolución que, dicho sea de paso, no cuenta con voto particular que se le oponga.

la adopción de medidas cautelares —siendo únicamente preceptiva la celebración de una comparecencia para los supuestos de medidas cautelares personales—. Además, podrán adoptarse en cualquier momento del procedimiento, con independencia de la referencia que el art. 544 quater LECrim hace a la fase instructora y, por último, su duración no podrá ser en ningún caso superior a la duración de la pena en sí.

En cuanto a las medidas cautelares personales, consideramos que la clausura temporal de locales y establecimientos y la suspensión de actividades son medidas que generalmente se aplicarán conjuntamente, ya que presentan una estructura bastante similar y buscan una finalidad idéntica, como es prevenir la continuación de la actividad delictiva y la destrucción de pruebas. Ahora bien, su adopción deberá ponderarse adecuadamente, buscando un equilibrio entre la consecución de las finalidades pretendidas y la continuación de la vida empresarial de la sociedad, ya que puede correrse el riesgo de extinguir la sociedad si se clausuran excesivos establecimientos —o portales web a través de los que la persona jurídica opere— o se suspenden actividades vitales para la supervivencia de la entidad. En este mismo sentido, como bien advierte NEIRA PENA, será "preciso determinar si la clausura implica la inoperatividad total o tan solo la inoperatividad mercantil o fabril, permitiéndose actividades de mantenimiento y de gestión ordinaria que permitan conservar el valor del patrimonio social, de tal forma que, cumplida la condena, resulte económica y jurídicamente viable reanudar la actividad empresarial"[857].

En lo que respecta a la intervención judicial, que entendemos que debiera ser la medida cautelar más frecuentemente adoptada, dado que es la única que permite a la entidad continuar con su actividad completa, aunque esté fiscalizada por el órgano judicial, hemos denunciado a lo largo del presente Capítulo la inexistencia del reglamento que fue anunciado en el art. 33.7. g) CP, en relación con las penas aplicables a las personas jurídicas cuando se introdujo su responsabilidad penal hace más de una década y que estaba destinado a

---

[857] NEIRA PENA, Ana María. "Las penas aplicables a personas jurídicas". En *Las penas privativas de derechos y otras alternativas a la privación de libertad*, dirigido por Patricia FARALDO CABANA y Luz María PUENTE ABA, 393-426. Valencia: Tirant lo Blanch, 2013. Pág. 407.

regular los aspectos relacionados con el ejercicio de la función del interventor. Ante la ausencia de dicho reglamento, somos de la opinión de que debe ser la autoridad judicial quien especifique detalladamente las concretas capacidades y funciones que ostentará el interventor judicial —ya sean facultades meramente de intervención o facultades de administración— en su resolución judicial[858].

En cuanto a la finalidad de la presente medida cautelar, aunque el CP establece que su adopción responde a la finalidad de salvaguardar los derechos de los trabajadores y de los acreedores, lo cierto es que no vemos impedimento a que la adopción de esta medida tenga cualquier otra finalidad predicable de una medida cautelar (evitar la reiteración delictiva y/o la destrucción de pruebas), siempre que se respeten los derechos constitucionales y las garantías procesales de la persona jurídica y la medida sirva para asegurar un fin legítimo. Por el contrario, toda solicitud de una medida cautelar con una finalidad espuria deberá ser automáticamente rechazada por la autoridad judicial.

También señalábamos que por la posición que va a tener en la entidad, el interventor judicial tendrá acceso a mucha información sensible de la persona jurídica. No obstante, ninguna de esa información podrá ser facilitada por parte del interventor al órgano judicial, ni podrá ser utilizada para fundamentar la responsabilidad penal de la persona jurídica, dado que ello vulneraría flagrantemente el derecho de defensa que le asiste. A su vez, hemos sugerido que para una mejor intervención y/o administración de la persona jurídica por parte del órgano judicial, sería recomendable que este se valiera, además del interventor, de expertos independientes especializados que pudieran cooperar con él de cara a salvaguardar de la mejor manera posible los intereses de la persona jurídica en el día a día de su actividad. No obstante, somos conscientes de la dificultad que entraña la constitución de un censo o una lista de profesionales a los que se pueda solicitar su asesoramiento, así como la gestión de un informe de esos expertos independientes, que ni conocen la persona jurídica sobre la

---

858 Asimismo, vemos posible que se limite la capacidad de actuación del interventor en determinados supuestos (decisiones empresariales delicadas, operaciones económicas de grandes cantidades, etc.), sometiendo la adopción de determinadas decisiones a una previa autorización judicial.

que tendrían que emitir su dictamen, ni en muchas ocasiones podrían formular el mismo con la celeridad exigida por el mercado. Por otro lado, también valorábamos como positiva la posibilidad de que el tribunal y el propio interventor consultaran a los accionistas/socios y trabajadores de la persona jurídica las decisiones a adoptar, ya que estas personas son las que mejor conocen el funcionamiento y, sobre todo, las necesidades de la entidad. Por todo ello, hemos concluido que la mejor alternativa posible sería que el reglamento que el CP anuncia en su art. 33.7 y que todavía no ha sido promulgado, sea el encargado de regular todas estas posibilidades.

Por último, aunque los interventores deberán responder de las eventuales negligencias cometidas en el ejercicio de sus funciones, el temor a sufrir esas posibles represalias podría derivar en poco interés para asumir una labor de intervención en la persona jurídica, motivo por el que sugerimos que se adopte en todo caso por parte del interventor (con cargo al tribunal) un seguro de responsabilidad civil que cubra eventuales actuaciones negligentes en el desempeño de su cargo.

En relación con la conformidad, instituto al que puede acogerse la persona jurídica en su posición de parte pasiva del proceso penal, esta plantea algunas diferencias destacables respecto a las personas físicas que se acogen a ella. La primera diferencia relevante es que en el caso de una persona jurídica deberá ser necesariamente un tercero quien manifieste la conformidad de la entidad. Ese tercero será, en general, el representante especialmente designado. Sin embargo, no consideramos que existan objeciones para que también pueda expresar la conformidad de la persona jurídica el propio letrado, siempre que esté investido de poder suficiente para ello. En todo caso, el órgano judicial deberá cerciorarse que detrás de la manifestación realizada por el representante de la persona jurídica o su letrado se encuentra verdaderamente la voluntad de la entidad. En cuanto al momento procesal oportuno para expresar la conformidad, aunque nuestra legislación procesal ofrece al acusado tres momentos concretos en los que hacerlo —la formalización del escrito de defensa (art. 784.3 LECrim), el inicio de la audiencia preliminar (art. 785 LECrim) y el inicio del acto del juicio oral (art. 787 ter LECrim)—, lo cierto es que resulta una práctica común en nuestros tribunales que la conformidad se pueda alcanzar en cualquier momento con anterioridad al inicio de la práctica de la prueba en el plenario, con independencia de que la misma sea proclamada en sentencia.

Por último, en contra de lo que tradicionalmente venía exigiendo la institución de la conformidad en el proceso penal, el art. 655.8 LECrim faculta a la persona jurídica para expresar su conformidad con independencia de la posición que adopten el resto de los acusados, a los que no vinculará la misma. En nuestra opinión, esta fórmula, refrendada por la doctrina jurisprudencial, no es adecuada, ya que puede dar lugar a pronunciamientos judiciales contradictorios y, por ende, entendemos que el art. 655.8 LECrim debe reformarse. A falta de modificación legal, en aquellos supuestos en los que se dicten resoluciones contradictorias, podrá acudirse a alternativas como la interposición de un recurso de revisión de cara a revertir una situación injusta.

BIBLIOGRAFÍA

AGUILAR DOMÍNGUEZ, Alexis. "La delgada línea entre el fórum shopping y el fraude a la ley". *BJV, Instituto de Investigaciones Jurídicas-UNAM*, nº 13 (2018): 61-90.

ALONSO MANZANO, M.ª Jesús. "La jurisdicción y la competencia. El enjuiciamiento penal de las personas jurídicas". En *Compliance y actuación procesal de las personas jurídicas*, coordinado por Javier PUYOL MONTERO, 39-48. Madrid: Sepin, 2019.

AYALA GONZÁLEZ, Alejandro. "Responsabilidad penal de las personas jurídicas: interpretaciones cruzadas en las altas esferas". *InDret: Revista para el Análisis del Derecho*, nº 1 (2019): 1-30.

BACIGALUPO SAGGESE, Silvina. "Posición de garante del órgano de control y supervisión de riesgos penales en el ámbito societario". *Diario La Ley*, nº 9632 (2020).

BACIGALUPO SAGGESE, Silvina. "Los criterios de imputación de la responsabilidad penal de los entes colectivos y de sus órganos de gobierno (arts. 31 bis y 129 CP)". *Diario La Ley, Sección Doctrina*, nº 7541 (2011).

BACIGALUPO SAGGESE, Silvina. *La responsabilidad penal de las personas jurídicas. Un estudio sobre el sujeto del Derecho penal.* 1ª edición. Barcelona: Bosch, 1998.

BAJO FERNÁNDEZ, Miguel. "Vigencia de la RPPJ en el derecho sancionador español". En *Tratado de responsabilidad penal de las personas jurídicas: adaptada a la Ley 1/2015, de 30 de marzo, por la que se modifica el Código Penal*, coordinado por Miguel BAJO FERNÁNDEZ, Bernardo José FEIJÓO SÁNCHEZ y Carlos GÓMEZ-JARA DÍEZ, 25-54. 2ª edición. Navarra: Civitas, 2016.

BANACLOCHE PALAO, Julio. "La imputación de la persona jurídica en la fase de instrucción". En *Responsabilidad penal de las personas jurídicas. Aspectos sustantivos y procesales*, editado por Julio BANACLOCHE PALAO, Jesús ZARZALEJOS NIETO y Carlos GÓMEZ-JARA DÍEZ, 155-193. Madrid: La Ley, 2011.

BANACLOCHE PALAO, Julio. "Las diligencias de investigación relativas a la persona jurídica imputada". En *Responsabilidad penal de las personas jurídicas. Aspectos sustantivos y procesales*, editado por Julio BANACLOCHE PALAO, Jesús ZARZALEJOS NIETO y Carlos GÓMEZ-JARA DÍEZ, 197-223. Madrid: La Ley, 2011.

BANACLOCHE PALAO, Julio. "El derecho a ser informado de la acusación, a no declarar contra uno mismo y a no confesarse culpable". *Cuadernos de Derecho Público*, nº 10 (2000): 179-201.

BECÇARIA, Cesare. *Tratado de los delitos y de las penas*. Madrid: Universidad Carlos III de Madrid. 2015.

BELLOCH JULBE, Juan Alberto, TORRES Y LÓPEZ DE LACALLE, Enrique y GUERRA SAN MARTÍN, José. "El derecho a la presunción de inocencia". *La Ley: Revista jurídica española de doctrina, jurisprudencia y bibliografía*, nº 4 (1982).

BENDEZÚ BARNUEVO, Rocci Fiorella. "¿Pueden delinquir dolosamente las empresas?: Actual estado de la discusión sobre el dolo de las personas jurídicas en la doctrina española". *La Ley Compliance Penal*, nº 7 (2021).

CAELLAS CAMPRUBÍ, Mónica. "El estatuto procesal de la persona jurídica encausada en el Anteproyecto de la Ley de Enjuiciamiento Criminal". *La Ley Compliance Penal*, nº 4 (2021).

CARDENAL MONTRAVETA, Sergi. "Función de la pena y suspensión de su ejecución. ¿Ya no "se atenderá fundamentalmente a la peligrosidad criminal del sujeto"?". *InDret: Revista para el Análisis del Derecho*, nº 4 (2015): 1-33.

CARRASCO MONTORO, Javier. "La materialización positiva del whistleblowing en España: la Ley 2/2023, de 20 de febrero, reguladora de la protección de las personas que informen sobre infracciones normativas y de lucha contra la corrupción". *Diario La Ley*, nº 10296 (2023).

CARRETERO SÁNCHEZ, Santiago. "El papel de los Principios Generales del Derecho en la responsabilidad penal de las personas jurídicas". *Diario La Ley*, nº 8751 (2016).

CHOCLÁN MONTALVO, José Antonio. *La aplicación práctica del delito fiscal: cuestiones y soluciones: adaptado a la reforma penal de la L.O. 5-2010*. 2ª edición. Barcelona: Bosch, 2016.

CIGÜELA SOLA, Javier y ORTIZ DE URBINA GIMENO, Íñigo. "La responsabilidad penal de las personas jurídicas: fundamentos y sistemas de atribución". En *Lecciones de derecho penal económico y de la empresa. Parte general y especial*, dirigido por Jesús María SILVA SÁNCHEZ, 73-95. 1ª edición. Barcelona: Atelier, 2020.

CIGÜELA SOLA, Javier. "Cultura corporativa, compliance e injusto de la persona jurídica: aproximación criminológica y jurídico-penal". *La Ley Compliance Penal*, nº 2 (2020).

CIGÜELA SOLA, Javier. "Culpabilidad, identidad y organización colectiva". *Política Criminal*, vol. 12, nº 24 (2017): 908-931.

CUENCA SÁNCHEZ, Juan Carlos. "Responsabilidad penal de las personas jurídicas. Cuestiones procesales. Breve examen de la Ley 37/2011, de 10 de octubre". En *Aspectos Prácticos de la Responsabilidad Criminal de las Personas Jurídicas*, coordinado por José Miguel ZUGALDIA ESPINAR y Elena Blanca MARÍN DE ESPINOSA CEBALLOS, 217-227. Cizur Menor (Navarra): Thomson Reuters Aranzadi, 2013.

DE LA MATA BARRANCO, Norberto. "El órgano de control permanente de la persona jurídica (oficial de cumplimiento) en el marco de la responsabilidad penal corporativa". *Revista Penal México*, nº 21 (2022): 1-16.

DE LA MATA BARRANCO, Norberto. "La exclusión de la responsabilidad penal de las personas jurídicas. Protocolos de prevención de delitos". En *Res-*

ponsabilidad penal y procesal de las personas jurídicas, dirigido por Ángel JUANES PECES, 87-101. Madrid: Francis Lefebvre, 2015.

DE LA ROSA CORTINA, José Miguel. "Medidas cautelares frente a personas jurídicas imputadas". *Revista Aranzadi de Derecho y Proceso Penal*, nº 51 (2018): 19-49.

DEL MORAL GARCÍA, Antonio. "La responsabilidad penal de las personas jurídicas: Societas delinquere non potest..., sed puniri potest!". Disponible en: https://www.abogacia.es/actualidad/noticias/ (18 enero 2016).

DEL MORAL GARCÍA, Antonio. "Aspectos procesales de la responsabilidad penal de personas jurídicas". En *Aspectos prácticos de la responsabilidad criminal de las personas jurídicas*, coordinado por José Miguel ZUGALDIA ESPINAR y Elena Blanca MARÍN DE ESPINOSA CEBALLOS, 229-310. Cizur Menor (Navarra): Thomson Reuters Aranzadi, 2013.

DEL MORAL GARCÍA, Antonio. "El estatuto jurídico procesal". En *Jornada de Derecho Penal: Los retos de la organización empresarial ante la nueva reforma del Código Penal*. Madrid: Fundación Ramón Areces, 1 de junio de 2011. Disponible en: https://sgfm.elcorteingles.es/SGFM/FRA/recursos/doc/2011/Ponencias/1674156562_79201112405.pdf.

DEL MORAL GARCÍA, Antonio. "Peculiaridades del juicio oral con personas jurídicas acusadas". En *El juicio oral en el proceso penal. Especial referencia al procedimiento abreviado*, coordinado por Ignacio SERRANO BUTRAGUEÑO y Antonio DEL MORAL GARCÍA, 721-762. 2ª edición. Granada: Comares, 2010.

DEL ROSAL BLASCO, Bernardo. *Manual de responsabilidad penal y defensa penal corporativas*. 1ª edición. Madrid: La Ley Wolters Kluwer, 2018.

DEL ROSAL BLASCO, Bernardo. "Sobre los elementos estructurales de la responsabilidad penal de las personas jurídicas: reflexiones sobre las STSS núms. 154/2016 y 221/2016 y sobre la Circular núm. 1/2016 de la Fiscalía General del Estado". *Diario La Ley*, nº 8732 (2016).

DEL ROSAL BLASCO, Bernardo. "Responsabilidad penal de personas jurídicas: títulos de imputación y requisitos para la exención". En *Estudios sobre el Código Penal reformado (Leyes Orgánicas 1/2015 y 2/2015)*, dirigido por Lorenzo MORILLAS CUEVA, 81-125. Madrid: Dykinson. 2015.

DÍAZ MARTÍNEZ, Manuel. "El nuevo régimen jurídico de las medidas cautelares civiles en el proceso penal". *Diario la Ley*, nº 6059 (2004).

DÍAZ Y GARCÍA CONLLEDO, Miguel. "La responsabilidad penal de las personas jurídicas: un análisis dogmático." En *Tratado sobre Compliance Penal: responsabilidad penal de las personas jurídicas y modelos de organización y gestión*, dirigido por Juan Luis GÓMEZ COLOMER, 101-123. Valencia: Tirant lo Blanch, 2019.

DOPICO GÓMEZ-ALLER, Jacobo. "Responsabilidad penal de las personas jurídicas". En *Derecho penal económico y de la empresa*, de Norberto DE LA MATA BARRANCO, Jacobo DOPICO GÓMEZ-ALLER, Juan Antonio LASCURAÍN SÁNCHEZ y Adán NIETO MARTÍN, 129-168. Madrid: Dykinson, 2018.

DÓPICO GÓMEZ-ALLER, Jacobo y GASCÓN INCHAUSTI, Fernando. "Responsabilidad penal de las personas jurídicas". En *Penal*, coordinado por Fernando MOLINA FERNÁNDEZ, 381-439. Madrid: Francis Lefevbre, 2018.

DOPICO GÓMEZ-ALLER, Jacobo. "Proceso penal contra personas jurídicas: medidas cautelares, representantes y testigos". *Diario La Ley*, nº 7796 (2012).

ECHARRI CASI, Fermín Javier. "Las personas jurídicas y su imputación en el proceso penal: una nueva perspectiva de las garantías constitucionales". *Diario La Ley*, nº 7632 (2011).

ESTEBAN DE LA ROSA, Fernando. "Competencia internacional de los tribunales españoles para conocer de los delitos cometidos por personas jurídicas". En *Aspectos Prácticos de la Responsabilidad Criminal de las Personas Jurídicas*, coordinado por José Miguel ZUGALDIA ESPINAR y Elena Blanca MARÍN DE ESPINOSA CEBALLOS, 377-402. Cizur Menor (Navarra): Thomson Reuters Aranzadi, 2013.

ETXEBERRIA BEREZIARTURA, Eneko y ETXEBERRIA GURIDI, José Francisco. "Medidas cautelares y responsabilidad penal de las personas jurídicas". En *Tratado sobre compliance penal: responsabilidad penal de las personas jurídicas y modelos de organización y gestión*, dirigido por Juan Luis GÓMEZ COLOMER, 705-740. Valencia: Tirant lo Blanch, 2019.

FEIJÓO SÁNCHEZ, Bernardo José. *El delito corporativo en el Código penal español: cumplimiento normativo y fundamento de la responsabilidad penal de las empresas*. 2ª edición. Navarra: Civitas, 2016.

FEIJÓO SÁNCHEZ, Bernardo José. "Los requisitos del art. 31 bis 1". En *Tratado de responsabilidad penal de las personas jurídicas: adaptada a la Ley 1/2015, de 30 de marzo, por la que se modifica el Código Penal*, coordinado por Miguel BAJO FERNÁNDEZ, Bernardo José FEIJÓO SÁNCHEZ y Carlos GÓMEZ-JARA DÍEZ, 75-88. 2ª edición. Navarra: Civitas, 2016.

FEIJÓO SÁNCHEZ, Bernardo. "Autorregulación y Derecho Penal de la empresa: ¿una cuestión de responsabilidad individual?". En *Autorregulación y sanciones*, dirigido por Luis ARROYO JIMÉNEZ y Adán NIETO MARTÍN, 197-248. 2ª edición. Valladolid: Lex Nova, 2015.

FEIJÓO SÁNCHEZ, Bernardo. "Imputación objetiva en el Derecho penal económico: el alcance del riesgo permitido. Reflexiones sobre la conducta típica en el Derecho penal del mercado de valores e instrumentos financieros y de la corrupción entre particulares". En *La teoría del delito en la práctica penal económica*, dirigido por Jesús María SILVA SÁNCHEZ y Fernando MIRÓ LLINARES, 141-182. Madrid: La Ley, 2013.

FEIJÓO SÁNCHEZ, Bernardo José. "La responsabilidad penal de las personas jurídicas". En *Estudios sobre las reformas del Código Penal (operadas por las LO 5/2010, de 22 de junio y 3/2011, de 28 de enero)*, dirigido por Julio DÍAZ-MAROTO Y VILLAREJO, 65-141. Navarra: Civitas, 2011.

FEIJÓO SÁNCHEZ, Bernardo. *Resultado lesivo e imprudencia: estudio sobre los límites de la responsabilidad penal por imprudencia y el criterio del fin de protección de la norma de cuidado*. Barcelona: José Maria Bosch, 2001.

FERNÁNDEZ TERUELO, Javier. "Regulación vigente: exigencias legales que permiten la atribución de responsabilidad penal a la persona jurídica y estructura de imputación (CP art. 31 bis 1, 2 inciso 1° y 5)". En *Responsabilidad penal y procesal de las personas jurídicas*, dirigido por Ángel JUANES PECES, 59-85. Madrid: Francis Lefebvre, 2015.

FERNÁNDEZ TERUELO, Javier. "La responsabilidad penal de los dirigentes, representantes de la persona jurídica o de quienes ostentan facultades de organización y control dentro de la misma". En *Responsabilidad penal y procesal de las personas jurídicas*, dirigido por Ángel JUANES PECES, 239-259. Madrid: Francis Lefebvre, 2015.

FERRÉ OLIVÉ, Juan Carlos. "Autoría y participación". En *Curso de Derecho Penal Parte General*, coordinado por Eduardo DEMETRIO CRESPO y Cristina RODRÍGUEZ YAGÜE, 363-379. 3ª edición. Barcelona: Ediciones Experiencia, 2016.

GALÁN MUÑOZ, Alfonso. *Fundamentos y límites de la responsabilidad penal de las personas jurídicas tras la Ley Orgánica 1/2015*. Valencia: Tirant lo Blanch, 2017.

GALÁN MUÑOZ, Alfonso. "La responsabilidad penal de la persona jurídica tras la reforma de la LO 5/2010: Entre la hetero- y la autorresponsabilidad". *Revista General de Derecho Penal*, nº 16 (2011): 1-49.

GALBE TRAVER, Guillermo. "Cuatro tesis sobre el derecho a no auto incriminarse y los requerimientos documentales". *La Ley Penal*, nº 143 (2020).

GALBE TRAVER, Guillermo. "El secreto profesional del abogado in-house y el derecho a no auto incriminarse de la persona jurídica". *La Ley Penal*, nº 138 (2019).

GARAU ALBERTÍ, Cristina. "Derecho a no auto incriminarse de la persona jurídica". *Diario La Ley*, nº 9032 (2017).

GARCÍA BERRO, Florián. "La reciente jurisprudencia de ámbito europeo acerca del derecho a no auto incriminarse y sus implicaciones en el procedimiento tributario interno". En *Derecho de la Unión Europea y reformas del ordenamiento jurídico español*, dirigido por Antonio José SÁNCHEZ PINO y Alfonso SANZ CLAVIJO, 117-141. Huelva: Universidad de Huelva Publicaciones, 2011.

GARCÍA BERRO, Florián. "Derecho a no autoincriminarse de los contribuyentes y procedimiento sancionador separado: precisiones a la luz de la evolución jurisprudencial". *Revista Quincena Fiscal*, nº 19 (2010): 15-48.

GARCÍA CAVERO, Percy. "La eficacia del modelo de organización y gestión en la determinación de la responsabilidad penal de las personas jurídicas". *La Ley Compliance Penal*, nº 8 (2022).

GARCÍA-PANASCO MORALES, Guillermo. "El sistema vicarial y la carga de la prueba sobre los programas de compliance en la responsabilidad penal de las personas jurídicas: hacia la superación de un desencuentro". *Diario La Ley*, nº 9227 (2018).

GASCÓN INCHAUSTI, Fernando. "Las medidas cautelares en los procesos penales frente a personas jurídicas". En *Responsabilidad Penal y Procesal de las personas jurídicas*, dirigido por Ángel JUANES PECES, 323-328. Madrid: Francis Lefebvre, 2015.

GASCON INCHAUSTI, Fernando. *Proceso penal y persona jurídica*. Madrid: Marcial Pons, 2012.

GIL NOBAJAS, María Soledad. "Régimen de penas principales y accesorias: multa e inhabilitaciones especiales". En *Las respuestas a la corrupción desde la parte general del derecho penal. Particular atención a la corrupción asociada al crimen organizado transnacional. Parte II – Personas jurídicas*, dirigido por María Soledad GIL NOBAJAS, Héctor OLASOLO y Norberto HERNÁNDEZ JIMÉNEZ, 331-418. Valencia: Tirant lo Blanch, 2025.

GIL NOBAJAS, María Soledad. "Multinacionales, cadenas de suministro y responsabilidad penal corporativa". En *El sistema penal y los objetivos de desarrollo sostenible de la Agenda 2030*, dirigido por Javier GÓMEZ LANZ y María Soledad GIL NOBAJAS, 273-320. Valencia: Tirant lo Blanch, 2023.

GIL NOBAJAS, María Soledad. "Más de una década de responsabilidad penal de personas jurídicas: revisión jurisprudencial a la luz de los principios legitimadores del Derecho Penal". En *La anatomía de la justicia constitucional europea*, dirigido por Luis I. GORDILLO PÉREZ y coordinado por Naiara ARRIOLA ECHANIZ, 103-143. Madrid: Centro de estudios políticos y constitucionales, 2022.

GIL NOBAJAS, María Soledad. "Personas jurídicas versus entidades sin personalidad jurídica: análisis y revisión de la dimensión institucional que delimita la aplicación de los artículos 31 bis y 129 del Código Penal". *Revista General de Derecho Penal*, nº 29 (2018): 1-44.

GIL NOBAJAS, María Soledad. "Consideraciones en torno a la imposición y determinación de penas interdictivas a personas jurídicas". En *Prisión y alternativas en el nuevo Código Penal tras la reforma 2015*, dirigido por Jon-Mirena LANDA GOROSTIZA, 285-308. Madrid: Dykinson, 2016.

GIL NOBAJAS, María Soledad. "El delito de corrupción en los negocios (art. 286 bis): análisis de la responsabilidad penal del titular de la empresa, el administrador de hecho y la persona jurídica en un modelo puro de competencia". *Estudios Penales y Criminológicos*, vol. XXXV (2015): 567-624.

GIMBERNAT ORDEIG, Enrique. "A vueltas con la imputación objetiva, la participación delictiva, la omisión impropia y el derecho penal de la culpabilidad". *Nuevo foro penal*, nº 82 (2014): 83-133.

GIMENO BEVIÁ, Jordi. "La formación y comunicación en *Compliance* y su relevancia como prueba en el proceso penal". *La Ley Compliance Penal*, nº 1 (2020).

GIMENO BEVIA, Jordi. *Compliance y proceso penal: el proceso penal de las personas jurídicas: adaptada a las reformas del CP y LECrim de 2015, circular FGE 1-2016 y jurisprudencia del TS*. Cizur Menor (Navarra): Civitas Thomson Reuters, 2016.

GIMENO BEVIÁ, Jordi, "Jurisdicción y competencia en el enjuiciamiento penal de las personas jurídicas". En *Responsabilidad penal y procesal de las perso-*

nas jurídicas, dirigido por Ángel JUANES PECES, 261-275. Madrid: Francis Lefebvre, 2015.

GIMENO BEVÍA, Jordi. "La apuesta por el principio de oportunidad y los programas de Compliance en el proceso penal de las personas jurídicas". *Diario La Ley*, nº 8437 (2014).

GIMENO SENDRA, Vicente. "La necesaria reforma de la prisión provisional". *Diario La Ley, Sección Doctrina*, nº 1377 (2001).

GIMENO SENDRA, Vicente, MORENO CATENA, Víctor y CORTÉS DOMÍNGUEZ, Valentín. *Derecho procesal. Proceso Penal.* Valencia: Tirant lo Blach, 1993.

GOENA VIVES, Beatriz. "Investigaciones internas y expectativas de confidencialidad. Perspectivas a partir del derecho comparado angloamericano y continental". *La Ley Compliance Penal*, nº 6 (2021).

GOENA VIVES, Beatriz. "El secreto profesional del abogado in-house en la encrucijada: tendencias y retos en la era del compliance". *Revista Electrónica de Ciencia Penal y Criminología*, nº 21 (2019): 1-26.

GOENA VIVES, Beatriz. *Responsabilidad penal y atenuantes de la persona jurídica.* Madrid: Marcial Pons, 2017.

GÓMEZ MARTÍN, Víctor. "El compliance officer en los modelos de prevención de delitos: siete preguntas, ¿sin respuesta?". *La Ley Compliance Penal*, nº 1 (2020).

GÓMEZ TOMILLO, Manuel. *Introducción a la responsabilidad penal de las personas jurídicas.* 2ª edición. Navarra: Thomson Reuters Aranzadi, 2015.

GÓMEZ TOMILLO, Manuel. "Los distintos modelos de imputación de responsabilidad a las personas jurídicas: sistema español. Antecedentes." En *Responsabilidad penal y procesal de las personas jurídicas*, dirigido por Ángel JUANES PECES, 39-58. Madrid: Francis Lefebvre, 2015.

GÓMEZ-JARA DÍEZ, Carlos. *El Tribunal Supremo ante la responsabilidad penal de la persona jurídica. El inicio de una larga andadura.* 1ª edición. Pamplona: Aranzadi, 2017.

GÓMEZ-JARA DÍEZ, Carlos. "Fundamentos de la responsabilidad penal de las personas jurídicas". En *Tratado de responsabilidad penal de las personas jurídicas: adaptada a la Ley 1/2015, de 30 de marzo, por la que se modifica el Código Penal*, coordinado por Miguel BAJO FERNÁNDEZ, Bernardo José FEIJÓO SÁNCHEZ y Carlos GÓMEZ-JARA DÍEZ, 89-119. 2ª edición. Navarra: Civitas, 2016.

GÓMEZ-JARA DÍEZ, Carlos. "El injusto típico de la persona jurídica (tipicidad)". En *Tratado de responsabilidad penal de las personas jurídicas: adaptada a la Ley 1/2015, de 30 de marzo, por la que se modifica el Código Penal*, coordinado por Miguel BAJO FERNÁNDEZ, Bernardo José FEIJÓO SÁNCHEZ y Carlos GÓMEZ-JARA DÍEZ, 121-142. 2ª edición. Navarra: Civitas, 2016.

GÓMEZ-JARA DÍEZ, Carlos. "La culpabilidad de la persona jurídica". En *Tratado de responsabilidad penal de las personas jurídicas: adaptada a la Ley 1/2015, de 30 de marzo, por la que se modifica el Código Penal*, coordinado por Miguel BAJO FERNÁNDEZ, Bernardo José FEIJÓO SÁNCHEZ y Carlos GÓMEZ-JARA DÍEZ, 143-219. 2ª edición. Navarra: Civitas, 2016.

GÓMEZ-JARA DÍEZ, Carlos. "El pleno jurisdiccional del Tribunal Supremo sobre responsabilidad penal de las personas jurídicas: fundamentos, voces discrepantes y propuesta reconciliadora". *Diario La Ley*, nº 8724 (2016).

GÓMEZ-JARA DÍEZ, Carlos. "¿Qué modelo de Responsabilidad Penal de las Personas Jurídicas?: una respuesta a las críticas planteadas al modelo constructivista de autoresponsabilidad penal empresarial". En *La responsabilidad penal de las personas jurídicas*, coordinado por Miguel ONTIVEROS ALONSO, 177-205. Valencia: Tirant lo Blanch, 2014.

GÓMEZ-JARA DÍEZ, Carlos. "La culpabilidad penal (propia) de la persona jurídica: reto para la teoría, necesidad para la práctica". En *La teoría del delito en la práctica penal económica*, dirigido por Jesús María SILVA SÁNCHEZ y Fernando MIRÓ LLINARES, 503-543. Madrid: La Ley, 2013.

GÓMEZ-JARA DÍEZ, Carlos. "Fundamentos de la responsabilidad penal de las personas jurídicas". En *Responsabilidad penal de las personas jurídicas. Aspectos sustantivos y procesales*, editado por Julio BANACLOCHE PALAO, Jesús ZARZALEJOS NIETO y Carlos GÓMEZ-JARA DÍEZ, 25-47. Madrid: La Ley, 2011.

GÓMEZ-JARA DÍEZ, Carlos. "El sistema de imputación de responsabilidad penal de las personas jurídicas". En *Responsabilidad penal de las personas jurídicas. Aspectos sustantivos y procesales*, editado por Julio BANACLOCHE PALAO, Jesús ZARZALEJOS NIETO y Carlos GÓMEZ-JARA DÍEZ, 65-86. Madrid: La Ley, 2011.

GÓMEZ-JARA DÍEZ, Carlos. *Fundamentos modernos de la responsabilidad penal de las personas jurídicas: bases teóricas, regulación internacional y nueva legislación española*. Buenos Aires: B de F, 2010.

GÓMEZ-JARA DÍEZ, Carlos. "¿Responsabilidad penal de todas las personas jurídicas? Una antecrítica al símil de la ameba acuñado por Alex Van Weezel". *Política criminal*, vol. 5, nº 10 (2010): 455-475.

GÓMEZ-JARA DÍEZ, Carlos. "Autoorganización empresarial y autorresponsabilidad empresarial. Hacía una verdadera responsabilidad penal de las personas jurídicas." *Revista Electrónica de Ciencia Penal y Criminología*, nº 08-05 (2006): 1-27.

GÓMEZ-JARA DÍEZ, Carlos. *La culpabilidad penal de la empresa*. Madrid: Marcial Pons, 2005.

GONZÁLEZ CUSSAC, José Luis. "Responsabilidad penal de las personas jurídicas: arts. 31 bis, ter, quáter y quinquies". En *Comentarios a la reforma del Código Penal de 2015*, dirigido por José Luis GONZÁLEZ CUSSAC, 151-210. 2ª edición. Valencia: Tirant lo Blanch, 2015.

GONZÁLEZ LÓPEZ, Juan José. "Imputación de personas jurídicas y derecho a la no colaboración activa". *Revista Jurídica de Castilla y León*, nº 40 (2016): 35-66.

GRACIA MARTÍN, Luis. "Los delitos de comisión por omisión (una exposición crítica a la doctrina dominante)". En *Modernas tendencias en la ciencia del derecho penal y en la criminología*, 411-488. Madrid: Universidad Nacional de Educación a Distancia, 2001.

GUTIÉRREZ PÉREZ, Elena. "Los compliance programs como eximente o atenuante de la responsabilidad penal de las personas jurídicas. La 'eficacia e idoneidad' como principios rectores tras la reforma de 2015". *Revista General de Derecho Penal*, nº 24 (2015): 1-24.

JERICÓ OJER, Leticia. "Primeras aproximaciones a la Ley reguladora de la protección de la persona informante y de lucha contra la corrupción: sus principales implicaciones desde la perspectiva penal". *Revista Electrónica de Ciencia Penal y Criminología*, nº 25-08 (2023): 1-55.

LARRAURI PIJOAN, Elena. "Introducción a la imputación objetiva". *Estudios penales y criminológicos*, nº 12 (1987-1988): 219-248.

LASCURAÍN SÁNCHEZ, Juan Antonio. *Los delitos de omisión: fundamento de los deberes de garantía*. Madrid: Civitas, 2002.

LIÑÁN LAFUENTE, Alfredo. *La responsabilidad penal del compliance officer*. Cizur Menor (Navarra): Thomson Reuters Aranzadi, 2019.

LÓPEZ CALERA, Nicolás María. "El interés público: entre la ideología y el derecho". *Anales de la Cátedra Francisco Suárez*, nº 44 (2010): 123-148.

LUZÓN PEÑA, Diego Manuel. "Comisión por omisión e imputación objetiva sin causalidad: creación o aumento del peligro o riesgo por la omisión misma como criterio normativo de equivalencia a la causación activa". En *Estudios de Derecho Penal: homenaje al profesor Santiago Mir Puig*, coordinado por Jesús María SILVA SÁNCHEZ, Joan J. QUERAL JIMÉNEZ, Mirentxu CORCOY BIDASOLO y María Teresa CASTIÑEIRA PALOU, 685-702. Uruguay: B de F, 2017.

LUZÓN PEÑA, Diego Manuel. "Comisión por omisión: creación o aumento del peligro o riesgo por la omisión misma como criterio normativo de equivalencia a la causación activa". *Foro FICP (Tribuna y Boletín de la FICP)*, nº 2017-1 (2017): 219-232.

MACHADO DE SOUZA, Renato y RODRÍGUEZ GARCÍA, Nicolás. *Justicia negociada y personas jurídicas: la 'modernización' de los sistemas penales en clave norteamericana*. Valencia: Tirant lo Blanch, 2022.

MAGRO SERVET, Vicente. "¿Es válido que el juez inste el requerimiento de documentos al investigado en el proceso penal a instancias de la acusación?". *Diario La Ley*, nº 9602 (2020).

MARTÍNEZ-BUJÁN PÉREZ, Carlos. "La estructura de la infracción penal de la persona jurídica: el presupuesto (el déficit organizativo peligroso) y el resultado/condición objetiva de punibilidad (el hecho de conexión posterior)". *Revista Electrónica de Responsabilidad Penal de Personas Jurídicas y Compliance*, vol. 3 (2023).

MATELLANES RODRÍGUEZ, Nuria. "La imputación objetiva de resultado". En *Curso de Derecho Penal Parte General*, coordinado por Eduardo DEMETRIO CRESPO y Cristina RODRÍGUEZ YAGÜE, 219-235. 3ª edición. Barcelona: Ediciones Experiencia, 2016.

MATEOS RODRÍGUEZ-ARIAS, Antonio. "Principio de oportunidad, justicia negociada y posición de las partes en el proceso penal". *Revista Aranzadi de Derecho y Proceso Penal*, nº 56 (2019): 161-198.

MAZA MARTÍN, José Manuel. "Aspectos sustantivos y procesales de la responsabilidad penal de las personas jurídicas". *Diario La Ley, Sección Dictamen*, nº 7752 (2011).

MIR PUIG, Santiago. *Derecho Penal. Parte General*. 10ª edición. Barcelona: Reppertor. 2015.

MOLINS RAICH, Marc. "Análisis crítico del sistema de designación del representante procesal de la persona jurídica en el proceso penal". En *Compliance y actuación procesal de las personas jurídicas*, coordinado por Javier PUYOL MONTERO, 63-86. Madrid: Sepin, 2019.

MONTANER FERNÁNDEZ, Raquel. "El criminal compliance preventivo y la delimitación del riesgo penal ambiental empresarial". *Diario La Ley*, nº 142 (2020).

MONTANER FERNÁNDEZ, Raquel. "La exención de responsabilidad penal de las personas jurídicas: Regulación jurídico-penal vs. UNE 1960". *La Ley Penal*, nº 132 (2018).

MONTANER FERNÁNDEZ, Raquel y FORTUNY, Miquel. "La exención de responsabilidad penal de las personas jurídicas: Regulación jurídico-penal vs. UNE 19601 (2ª parte)". *La Ley Penal*, nº 132 (2018).

MORALES GARCÍA, Oscar. "La persona jurídica ante el derecho y el proceso penal". *Actualidad Jurídica Uría Menéndez (Número especial. Homenaje al profesor D. Juan Luis Iglesias Prada)*, nº 30 (2011): 142-154.

NEILA NEILA, José María. *La responsabilidad penal* ante los delitos cometidos por administradores sociales y personas jurídicas: adaptada a la Ley de Sociedades de Capital, a la reforma del Código Penal de 2010 y a las medidas de agilización procesal de 2011, así como al RDL 9-2012, de 16 de marzo. 1ª edición. Barcelona: Bosch, 2012.

NEIRA PENA, Ana María. *La instrucción de los procesos penales frente a las personas jurídicas*. Valencia: Tirant lo Blanch, 2017.

NEIRA PENA, Ana María. "Las penas aplicables a personas jurídicas". En *Las penas privativas de derechos y otras alternativas a la privación de libertad*, dirigido por Patricia FARALDO CABANA y Luz María PUENTE ABA, 393-426. Valencia: Tirant lo Blanch, 2013.

NEIRA PENA. Ana María. "La imputación de la persona jurídica". En *Los retos del Poder Judicial ante la sociedad globalizada. Actas del IV Congreso Gallego de Derecho Procesal (I Internacional)*, dirigido por Agustín Jesús PÉREZ CRUZ MARÍN y Xulio FERREIRO BAAMONDE, 595-613. A Coruña: Servicio de Publicaciones de la Universidad de A Coruña, 2011.

NIETO MARTÍN, Adán y BLUMENBERG, Axel-Dirk. ""Nemo tenetur se ipsum accusare" en el derecho penal económico europeo". En *Los derechos fundamentales en el Derecho penal europeo*, dirigido por Luis María DÍEZ-PICAZO y Adán NIETO MARTÍN, 397-419. Cizur Menor (Navarra): Civitas, 2010.

NIETO MARTÍN, Adán. *La responsabilidad penal de las personas jurídicas: un modelo legislativo*. Madrid: Iustel, 2008.

NIEVA FENOLL, Jordi. *Fundamentos de derecho procesal penal*. Buenos Aires: Edisofer, 2011.

OLLÉ SESÉ, Manuel. *Crimen internacional y jurisdicción penal nacional: de la justicia universal a la jurisdicción penal interestatal*. Cizur Menor (Navarra): Thomson Reuters Aranzadi, 2019.

PALMA HERRERA, José Manuel y GONZÁLEZ TAPIA, María Isabel. *Procedimientos operativos estandarizados y responsabilidad penal de la persona jurídica*. Madrid: Dykinson, 2014.

PASCUAL CADENA, Antonio. *El plan de prevención de riesgos penales y responsabilidad corporativa*. Barcelona: Bosch, 2016.

PERANDONES ALARCÓN, María. "Una visión crítica de la actual institución del jurado". *La Ley Penal*, nº 119 (2016).

PÉREZ FERRER, Fátima. "Cuestiones fundamentales de la responsabilidad penal de las personas jurídicas y los programas de cumplimiento normativo (Compliance)". *Revista de Derecho, Empresa y Sociedad (REDS)*, nº 13 (2018): 122-138.

PÉREZ MACHÍO, Ana Isabel. *La responsabilidad penal de las personas jurídicas en el Código Penal español: a propósito de los programas de cumplimiento normativo como instrumentos idóneos para un sistema de justicia penal preventiva*. Granada: Comares, 2017.

PORTAL MANRUBIA, José. "Medidas cautelares contra la persona jurídica según la nueva reforma del Código Penal". *Revista Aranzadi Doctrinal*, nº 5 (2011): 149-170.

PUENTE ABA, Luz María. *El delito de financiación ilegal de partidos políticos*. Valencia: Tirant lo Blanch, 2017.

PUENTE ABA, Luz María. "Publicación de la sentencia y sanciones para las personas jurídicas (art. 288 CP)". En *Comentarios a la reforma del Código Penal de 2015*, dirigido por José L. GONZÁLEZ CUSSAC, 941-944. Valencia: Tirant lo Blanch, 2015.

RAGUÉS I VALLÉS, Ramón. *La actuación en beneficio de la persona jurídica como presupuesto para su responsabilidad penal*. Madrid: Marcial Pons, 2017.

RENEDO ARENAL, María Amparo. "La imputación de la persona jurídica". En *Proceso Penal y responsabilidad penal de personas jurídicas*, dirigido por Agustín Jesús PÉREZ-CRUZ MARTÍN y coordinado por Ana María NEIRA PENA, 93-110. Cizur Menor (Navarra): Thomson Reuters Aranzadi, 2017.

RODRÍGUEZ GARCÍA, Nicolás. "La conformidad en el Anteproyecto de Ley de Enjuiciamiento Criminal de 2020: reflexiones y materiales para su futura redefinición". *Revista de la Asociación de Profesores de Derecho Procesal de las Universidades Españolas*, nº 5 (2022): 9-60.

RODRÍGUEZ GARCÍA, Nicolás y RODRÍGUEZ LÓPEZ, Fernando. *Compliance y responsabilidad de las personas jurídicas*. Valencia: Tirant lo Blanch, 2021.

RODRÍGUEZ GARCÍA, Nicolás. "La conformidad de las personas jurídicas en el proceso penal español". *La Ley Penal*, nº 113 (2015).

RODRÍGUEZ TIRADO, Ana María. "La determinación de la persona jurídica investigada ¿y de los entes sin personalidad jurídica? Determinación del procedimiento penal aplicable". En *Proceso Penal y responsabilidad penal de personas jurídicas*, dirigido por Agustín Jesús PÉREZ-CRUZ MARTÍN y coordinado por Ana María NEIRA PENA, 129-156. Cizur Menor (Navarra): Thomson Reuters Aranzadi, 2017.

SÁNCHEZ MARTÍN, Miguel Ángel. *Responsabilidad penal de las personas jurídicas. Plan de Prevención de riesgos penales y Códigos Éticos de Conducta.* Pamplona: Aranzadi, 2017.

SANZ CASTILLO, Sara. "La conformidad parcial no evita el juicio en el proceso penal: ¿se basará la sentencia en la prueba o en el acuerdo?". *Actualidad Jurídica Uría Menéndez*, nº 50 (2018): 117-123.

SERRANO ZARAGOZA, Óscar. "Contenido y límites del derecho a la no auto incriminación de las personas jurídicas en tanto sujetos pasivos del proceso penal". *Diario La Ley*. nº 8415 (2014).

SILVA SÁNCHEZ, Jesús María. "¿"Quia peccatum est" o "ne peccetur"? Una modesta llamada de atención al Tribunal Supremo sobre la "pena" corporativa". *InDret: Revista para el análisis del Derecho*, nº 1 (2021): VI-IX.

SILVA SÁNCHEZ, Jesús María. *La expansión del derecho penal: aspectos de la política criminal en las sociedades posindustriales.* 3ª edición. Madrid-Uruguay: Edisofer-B de F, 2011.

SILVA SÁNCHEZ, Jesús María. "La evolución ideológica de la discusión sobre la "responsabilidad penal" de las personas jurídicas". *Derecho penal y criminología*, vol. 29, nº 86-87 (2008): 129-148.

SILVA SÁNCHEZ, Jesús María. *El delito de omisión. Concepto y sistema.* Barcelona: Bosch, 1986.

SIMÓN CASTELLANO, Pere. "Requerimientos de información y derecho de defensa de la persona jurídica (Reflexiones en torno al caso BBVA-Villarejo)". *Diario La Ley*, nº 9691 (2020).

TIEDEMANN, Klaus. "Responsabilidad penal de las personas jurídicas". En *Responsabilidad penal de las personas jurídicas*, coordinado por José HURTADO POZO, 97-126. España: Grijley, 1997.

TORRAS COLL, José María, GIMENO BEVIÁ, Jordi y FORTUNY CENDRA, Miquel. "Instrumentos alternativos al proceso penal de la persona jurídica: desde las diligencias de investigación del Ministerio Fiscal y la mediación penal hacia los DPA norteamericanos". *Diario La Ley*, nº 9443 (2019).

TURIENZO FERNÁNDEZ, Alejandro. "¿Oportunidad procesal en las causas penales seguidas contra personas jurídicas? Una reflexión a la luz de la práctica de los NPAs y DPAs en Estados Unidos". *InDret: Revista para el Análisis del Derecho*, nº 2 (2020): 508-557.

VELASCO NUÑEZ, Eloy. "Medidas cautelares sobre la persona jurídica delincuente". *Diario la Ley*, nº 8169 (2013).

VELASCO PERDIGONES, Juan Carlos. "La responsabilidad penal de la empresa: cuestiones actuales". *La Ley Penal*, nº 129 (2017).

VILLEGAS GARCÍA, María Ángeles y ENCINAR DEL POZO, Miguel Ángel. "La Responsabilidad penal de las personas jurídicas. La jurisprudencia de la Sala de lo Penal del Tribunal Supremo". *Diario La Ley*, nº 9106 (2017).

VILLEGAS GARCÍA, María Ángeles y ENCINAR DEL POCO, Miguel Ángel. "El yates memo: o todo o nada (a propósito del papel del Ministerio Fiscal en la exigencia de responsabilidad penal a las grandes corporaciones)". *Diario La Ley*, nº 8945 (2017).

ZARZALEJOS NIETO, Jesús. "Apuntes sobre la ejecución de penas impuestas a las personas jurídicas". En *Responsabilidad penal de las personas jurídicas. Aspectos sustantivos y procesales*, editado por Julio BANACLOCHE PALAO, Jesús ZARZALEJOS NIETO y Carlos GÓMEZ-JARA DÍEZ, 289-298. Madrid: La Ley, 2011.

ZUGALDIA ESPINAR, José Miguel. "Bases para una teoría de la imputación de la persona jurídica". *Cuadernos de política criminal*, nº 81 (2003): 537-554.

ZUGALDIA ESPINAR, José Miguel. "¿Qué queda en pie en el derecho penal del principio mínima intervención, máximas garantías?". *Cuadernos de política criminal*, nº 79 (2003): 109-123.

ZÚÑIGA RODRÍGUEZ, Laura. *Bases para un modelo de imputación de responsabilidad penal a las personas jurídicas*. 3ª edición. Pamplona: Aranzadi, 2009.

JURISPRUDENCIA

Europea

Tribunal de Justicia de las Comunidades Europeas

- STJCE de 18 de mayo de 1982 (AM&S Europe Limited c. Comisión). Asunto 155/79.

Tribunal Europeo de Derechos Humanos

- STEDH de 6 de diciembre de 2012 (Michaud c. Francia), nº 12323/11.
- STEDH de 28 de junio de 2007 (Ekimdzhiev y otros c. Bulgaria), nº 70078/12.
- STEDH de 28 de abril de 2005 (Buck c. Alemania), nº 41604/98.
- STEDH de 25 de noviembre de 2004 (Aalmoes y otros c. Países Bajos), nº 16269/02.
- STEDH de 8 de abril de 2004 (Weh c. Austria), nº 38544/97.
- STEDH de 16 de abril de 2002 (Société Colas Est y otros c. Francia), nº 37971/97.
- STEDH de 20 octubre de 1997 (Serves c. Francia), nº 20225/92.
- STEDH de 25 de junio de 1997 (Halford c. Reino Unido), nº 20605/92.
- STEDH de 17 de diciembre de 1996 (Saunders c. Reino Unido), nº 19187/91.

Interna

Tribunal Constitucional

- STC nº 54/2015, de 16 de marzo de 2015. Ponente: Juan José González Rivas. ECLI:ES:TC:2015:54.
- STC nº 155/2014, de 25 de septiembre de 2014. Ponente: Antonio Narváez Rodríguez. ECLI:ES:TC:2014:155.
- STC nº 160/2012, de 20 de septiembre de 2012. Ponente: Luís Ignacio Ortega Álvarez. ECLI:ES:TC:2012:160.
- STC nº 120/2010, de 24 de noviembre de 2010. Ponente: Manuel Aragón Reyes. ECLI:ES:TC:2010:131.
- STC nº 120/2005, de 10 mayo de 2005. Ponente: Pascual Sala Sánchez. ECLI:ES:TC:2005:120.
- STC nº 30/2005, de 14 de febrero de 2005. Ponente: Elisa Pérez Vera. ECLI:ES:TC:2005:30.
- STC nº 28/2002, de 11 de febrero de 2002. Ponente: Eugeni Gay Montalvo. ECLI:ES:TC:2002:28.
- STC nº 127/2001, de 4 de junio de 2001. Ponente: Julio Diego González Campos. ECLI:ES:TC:2001:127.
- STC nº 202/2000, de 24 de julio de 2000. Ponente: Vicente Conde Martín de Hijas. ECLI:ES:TC:2000:202.

- STC nº 69/1999, de 26 de abril de 1999. Ponente: Julio Diego González Campos. ECLI:ES:TC:1999:69.
- STC nº 56/1998, de 16 de marzo de 1998. Ponente: Carles Viver Pi-Sunyer. ECLI:ES:TC:1998:56.
- STC nº 228/1997, de 16 de diciembre de 1997. Ponente: Pablo García Manzano. ECLI:ES:TC:1997:228.
- STC nº 161/1997, de 2 de octubre de 1997. Ponente: Carles Viver Pi-Sunyer. ECLI:ES:TC:1997:161.
- STC nº 139/1995, 26 de septiembre de 1995. Ponente: Manuel Jiménez de Parga y Cabrera. ECLI:ES:TC:1995:139.
- STC nº 246/1991, de 19 de diciembre de 1991. Ponente: Francisco Tomás y Valiente. ECLI:ES:TC:1991:246.
- STC nº 46/1990, de 15 de marzo de 1990. Ponente: Vicente Gimeno Sendra. ECLI:ES:TC:1990:46.
- ATC nº 171/1989, de 3 de abril de 1989. Ponente: Fernando García-Mon y González Regueral. ECLI:ES:TC:1989:171.
- STC nº 23/1989, de 2 de febrero de 1989. Ponente: Gloria Begué Cantón. ECLI:ES:TC:1989:23.
- STC nº 219/1988, de 22 de noviembre de 1988. Ponente: Carlos de la Vega Benayas. ECLI:ES:TC:1988:219.
- STC nº 64/1988, de 12 de abril de 1988. Ponente: Luis Díez-Picazo y Ponce de León. ECLI:ES:TC:1988:64.
- STC nº 144/1987, de 23 de septiembre de 1987. Ponente: Francisco Rubio Llorente. ECLI:ES:TC:1987:144.
- STC nº 137/1985, de 17 de octubre de 1985. Ponente: Francisco Pera Verdaguer. ECLI:ES:TC:1985:137.
- STC nº 19/1983, de 14 de marzo de 1983. Ponente: Rafael Gómez-Ferrer. ECLI:ES:TC:1983:19.
- STC nº 27/1981, de 20 de julio de 1981. Ponente: Plácido Fernández Vargas. ECLI:ES:TC:1981:27.

Tribunal Supremo

- STS nº 298/2024, de 8 de abril de 2024. Ponente: Antonio del Moral García. ECLI:ES:TS:2024:1932.
- STS nº 89/2023, de 10 de febrero de 2023. Ponente: Leopoldo Puente Segura. ECLI:ES:TS:2023:441.
- STS nº 894/2022, de 11 de noviembre de 2022. Ponente: Ángel Luís Hurtado Adrián. ECLI:ES:TS:2022:4116.
- STS nº 747/2022, de 27 de julio de 2022. Ponente: Antonio del Moral García. ECLI:ES:TS:2022:3236.
- STS nº 710/2021, de 20 de septiembre de 2021. Ponente: Ana María Ferrer García. ECLI:ES:TS:2021:3449.
- STS nº 123/2019, de 8 de marzo de 2019. Ponente: Miguel Colmenero Menéndez de Luarca. ECLI:ES:TS:2019:757.

- STS nº 108/2019, de 5 de marzo de 2019. Ponente: Carmen Lamela Díaz. ECLI:ES:TS:2019:736.
- STS nº 746/2018, de 13 de febrero de 2019. Ponente: Antonio del Moral García. ECLI:ES:TS:2019:392.
- STS nº 742/2018, de 7 de febrero de 2019. Ponente: Luciano Varela Castro. ECLI:ES:TS:2019:279.
- STS nº 467/2018, de 15 de octubre de 2018. Ponente: Juan Ramón Berdugo Gómez de la Torre. ECLI:ES:TS:2018:4033.
- STS nº 316/2018, de 28 de junio de 2018. Ponente: Vicente Magro Servet. ECLI:ES:TS:2018:2498.
- STS nº 277/2018, de 8 de junio de 2018. Ponente: Antonio del Moral García. ECLI:ES:TS:2018:2056.
- STS nº 94/2018, de 23 de febrero de 2018. Ponente: Miguel Colmenero Menéndez de Luarca. ECLI:ES:TS:2018:850.
- STS nº 668/2017, de 11 de octubre de 2017. Ponente: Manuel Marchena Gómez. ECLI:ES:TS:2017:3544.
- STS nº 583/2017, de 19 de julio de 2017. Ponente: Antonio del Moral García. ECLI:ES:TS:2017:3210.
- STS nº 455/2017, de 21 de junio de 2017. Ponente: Juan Saavedra Ruíz. ECLI:ES:TS:2017:2528.
- STS nº 260/2017, de 6 de abril de 2017. Ponente: Juan Ramón Berdugo Gómez de la Torre. ECLI:ES:TS:2017:1305.
- STS nº 121/2017, de 23 de febrero de 2017. Ponente: Francisco Monterde Ferrer. ECLI:ES:TS:2017:737.
- STS nº 31/2017, de 26 de enero de 2017. Ponente: Miguel Colmenero Menéndez de Luarca. ECLI:ES:TS:2017:187.
- STS nº 744/2016, de 6 de octubre de 2016. Ponente: Pablo Llarena Conde. ECLI:ES:TS:2016:4416.
- STS nº 516/2016, de 13 de junio de 2016. Ponente: Pedro José Vela Torres. ECLI:ES:TS:2016:516.
- STS nº 221/2016, de 16 de marzo de 2016. Ponente: Manuel Marchena Gómez. ECLI:ES:TS:2016:966.
- STS nº 154/2016, de 29 de febrero de 2016. Ponente: José Manuel Maza Martín. ECLI:ES:TS:2016:613.
- STS nº 514/2015, de 2 de septiembre de 2015. Ponente: Manuel Marchena Gómez. ECLI:ES:TS:2015:3813.
- STS nº 54/2015, de 11 de febrero de 2015. Ponente: Juan Ramón Berdugo Gómez de la Torre. ECLI:ES:TS:2015:385.
- STS nº 679/2013, de 25 de julio, de 2013. Ponente: Cándido Conde-Pumpido Tourón. ECLI:ES:TS:2013:4252.
- STS nº 657/2013, de 15 de julio de 2013. Ponente: Carlos Granado Pérez. ECLI:ES:TS:2013:3864.
- STS nº 45/2011, de 11 de febrero de 2011. Ponente: Juan Ramón Berdugo Gómez de la Torre. ECLI:ES:TS:2011:682.

- STS nº recurso 4572/2004, de 23 de abril de 2010. Ponente: Manuel Martín Timón. ECLI:ES:TS:2010:2341.
- STS nº 84/2010, de 18 de febrero de 2010. Ponente: Juan Ramón Berdugo Gómez de la Torre. ECLI:ES:TS:2010:1098.
- STS nº 312/2009, de 25 de marzo de 2009. Ponente: Diego Antonio Ramos Gancedo. ECLI:ES:TS:2009:2092.
- STS nº 398/2008, de 23 de junio de 2008. Ponente: Julián Artemio Sánchez Melgar. ECLI:ES:TS:2008:3692.
- STS nº 59/2007, de 26 de enero de 2007. Ponente: Andrés Martínez Arrieta. ECLI:ES:TS:2007:471.
- STS nº 816/2006, de 26 de julio de 2006. Ponente: Juan Ramón Berdugo Gómez de la Torre. ECLI:ES:TS:2006:4580.
- STS nº 1736/2000, de 15 noviembre de 2000. Ponente: Víctor Fuentes López. ECLI:ES:TS:2000:8331.
- STS nº 499/1983, de 5 abril de 1983. Ponente: Martín Jesús Rodríguez López. ECLI:ES:TS:1983:1583.

Audiencia Nacional

- ANN nº 422/2021, de 15 julio de 2021. Ponente: Juan Francisco Martel Rivero. ECLI:AN:2021:5956ª.
- SAN nº 5/2021, de 3 de marzo de 2021. Ponente: Fermín Javier Echarri Casi. ECLI:ES:AN:2021:1840.
- ANN nº recurso 128/2014, de 19 de mayo de 2014. Ponente: José Ricardo Juan de Prada Solaesa. ECLI:ES:AN:2014:359ª.

Audiencia Provincial

- SAP Barcelona nº 63/2022, Sec. 6ª, de 1 de febrero de 2022. Ponente: José Manuel del Amo Sánchez. ECLI:ES:APZ:2016:1564.
- SAP Zaragoza nº 176/2016, Sec. 6ª, de 22 de septiembre de 2016. Ponente: Rubén Blasco Obede. ECLI:ES:APZ:2016:1564.

Juzgado de lo Penal

- SJP Madrid nº 63/2017, Sec. 8ª, de 13 de febrero de 2017. Ponente: Jacobo Virgil Levi. ECLI:ES:JP:2017:19.

NORMATIVA

Europea

- Decisión marco 2009/948/JAI del Consejo, de 30 de noviembre de 2009, sobre la prevención y resolución de conflictos de ejercicio de jurisdicción en los procesos penales. *Diario Oficial de la Unión Europea*, 15 de diciembre de 2009, nº 328.

Interna

- Constitución Española. *BOE*, 29 de diciembre de 1978, nº 311.
- Ley Orgánica 1/2025, de 2 de enero, de medidas en materia de eficiencia del Servicio Público de Justicia. BOE, 3 de enero de 2025, nº 3.
- Ley Orgánica 3/2023, de 28 de marzo, de modificación de la Ley Orgánica 10/1995, de 23 de noviembre, del Código Penal, en materia de maltrato animal. *BOE*, 29 de marzo de 2023, nº 75.
- Ley Orgánica 14/2022, de 22 de diciembre, de transposición de directivas europeas y otras disposiciones para la adaptación de la legislación penal al ordenamiento de la Unión Europea, y reforma de los delitos contra la integridad moral, desórdenes públicos y contrabando de armas de doble uso. *BOE*, 23 de diciembre de 2022, nº 307.
- Ley Orgánica 10/2022, de 6 de septiembre, de garantía integral de la libertad sexual. *BOE*, 7 de septiembre de 2022, nº 215.
- Ley Orgánica 9/2021, de 1 de julio, de aplicación del Reglamento (UE) 2017/1939 del Consejo, de 12 de octubre de 2017, por el que se establece una cooperación reforzada para la creación de la Fiscalía Europea. *BOE*, 2 de julio de 2021, nº 157.
- Ley Orgánica 8/2021, de 4 de junio, de protección integral a la infancia y la adolescencia frente a la violencia. *BOE*, 5 de junio de 2021, nº 134.
- Ley Orgánica 1/2019, de 20 de febrero, por la que se modifica la Ley Orgánica 10/1995, de 23 de noviembre, del Código Penal, para transponer Directivas de la Unión Europea en los ámbitos financiero y de terrorismo, y abordar cuestiones de índole internacional. *BOE*, 21 de febrero de 2019, nº 45.
- Ley Orgánica 13/2015, de 5 de octubre, de modificación de la Ley de Enjuiciamiento Criminal para el fortalecimiento de las garantías procesales y la regulación de las medidas de investigación tecnológica. *BOE*, 6 de octubre de 2016, nº 239.
- Ley Orgánica 1/2015, de 30 de marzo, por la que se modifica la Ley Orgánica 10/1995, de 23 de noviembre, del Código Penal. *BOE*, 31 de marzo de 2015, nº 77.
- Ley Orgánica 7/2012, de 27 de diciembre, por la que se modifica la Ley Orgánica 10/1995, de 23 de noviembre, del Código Penal en materia de trans-

parencia y lucha contra el fraude fiscal y en la Seguridad Social. *BOE*, 28 de diciembre de 2012, nº 312.
- Ley Orgánica 6/2011, de 30 de junio, por la que se modifica la Ley Orgánica 12/1995, de 12 de diciembre, de represión del contrabando. *BOE*, 1 de julio de 2011, nº 156.
- Ley Orgánica 5/2010, de 22 de junio, por la que se modifica la Ley Orgánica 10/1995, de 23 de noviembre, del Código Penal. *BOE*, 23 de junio de 2010, nº 152.
- Ley Orgánica 13/2003, de 24 de octubre, de reforma de la Ley de Enjuiciamiento Criminal en materia de prisión provisional. *BOE*, 27 de octubre de 2003, nº 257.
- Ley Orgánica 10/1995, de 23 de noviembre del Código Penal. *BOE*, 24 de noviembre de 1995, nº 281.
- Ley Orgánica 5/1995, de 22 de mayo, del Tribunal del Jurado. *BOE*, 23 de mayo de 1995, nº 122.
- Ley Orgánica 6/1985, de 1 de julio, del Poder Judicial. *BOE*, 2 de julio de 1985, nº 157.
- Ley 2/2023, de 20 de febrero, reguladora de la protección de las personas que informen sobre infracciones normativas y de lucha contra la corrupción. *BOE*, 21 de febrero de 2023, nº 44.
- Ley 41/2015, de 5 de octubre, de modificación de la Ley de Enjuiciamiento Criminal para la agilización de la justicia penal y el fortalecimiento de las garantías procesales. *BOE*, 6 de octubre de 2016, nº 239.
- Ley 3/2015, de 30 de marzo, reguladora del ejercicio del alto cargo de la Administración General del Estado. *BOE*, 20 de abril de 2015, nº 77.
- Ley 23/2014, de 20 de noviembre, de reconocimiento mutuo de resoluciones penales de la Unión Europea. *BOE*, 21 de noviembre de 2014, nº 282.
- Ley 37/2011, de 10 de octubre, de medidas de agilización procesal. *BOE*, 11 de octubre de 2011, nº 245.
- Ley 1/2000, de 7 de enero, de Enjuiciamiento Civil. *BOE*, 8 de enero de 2000, nº 7.
- Ley 50/1981, de 30 de diciembre, por la que se regula el Estatuto Orgánico del Ministerio Fiscal. *BOE*, 13 de enero de 1981, nº 11.
- Real Decreto Legislativo 1/2010, de 2 de julio, por el que se aprueba el texto refundido de la Ley de Sociedades de Capital. *BOE*, 3 de julio de 2010, nº 161.
- Real Decreto de 24 de julio de 1889 por el que se publica el Código Civil, *Gaceta de Madrid*, de 25 de julio de 1889, nº 206.
- Real Decreto de 14 de septiembre de 1882 por el que se aprueba la Ley de Enjuiciamiento Criminal. *Gaceta de Madrid*, de 17 de septiembre de 1882, nº 260.

Textos prelegislativos

- Proyecto de Ley Orgánica del Derecho de Defensa, de 2 febrero de 2024. *Boletín Oficial de las Cortes Generales*. XV Legislatura. Serie A, nº 6-1.

– Anteproyecto de Ley de Enjuiciamiento Criminal de 2020. Disponible en: https://www.mjusticia.gob.es/es/AreaTematica/ActividadLegislativa/Documents/210126%20ANTEPROYECTO%20LECRIM%202020%20INFORMACION%20PUBLICA%20%281%29.pdf.
– Borrador de Código Procesal Penal de 2013. Disponible en: https://confilegal.com/wp-content/uploads/2018/05/2013-BORRADOR-DE-C%C3%93DIGO-PROCESAL-PENAL-PP.pdf.
– Anteproyecto de la Ley de Enjuiciamiento Criminal del año 2011. Disponible en: https://www.mjusticia.gob.es/es/AreaTematica/ActividadLegislativa/Documents/210126%20ANTEPROYECTO%20LECRIM%202020%20INFORMACION%20PUBLICA%20(1).pdf.

INFORMES Y CIRCULARES

- Fiscalía General del Estado. Circular 1/2016, 22 de enero, sobre la responsabilidad penal de las personas jurídicas conforme a la reforma del Código Penal efectuada por Ley Orgánica 1/2015. FIS-C-2016-00001.
- Fiscalía General del Estado. Circular 1/2011, 1 de junio, relativa a la responsabilidad penal de las personas jurídicas conforme a la reforma del Código Penal efectuada por Ley Orgánica número 5/2010. FIS-C-2011-00001.
- Consejo General del Poder Judicial. Informe al anteproyecto de Ley orgánica por la que se modifica la Ley Orgánica 10/1995, de 23 de noviembre, del Código Penal. 26 febrero 2009.